U0137896

國家圖書館西諦藏書善本圖録

第七册　集部三

國家圖書館古籍館　編

海峡出版发行集团 THE STRAITS PUBLISHING & DISTRIBUTING GROUP | 鹭江出版社 LUJIANG PUBLISHING HOUSE
2019年・厦门

國家圖書館西諦藏書善本圖録

編　委　會

集

集部三

〇〇〇

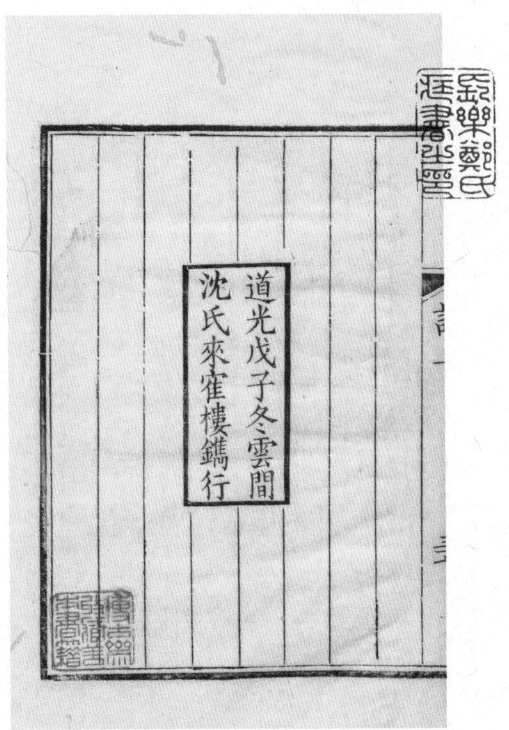

道光戊子冬雲間

沈氏來雀樓鐫行

目録

集部三

小説類

元本出相北西廂記二卷會真記詩詞跋序辯證年譜碑文附後一卷 —— 三
剪燈新話句解二卷 —— 四
翡翠軒一卷梅杏爭春一卷 —— 五
新編宋文忠公蘇學士東坡詩話二卷 —— 六
二刻拍案驚奇四十卷 —— 八
幻影八卷三十回 —— 一〇
西湖二集三十四卷西湖秋色一百韻一卷 —— 一一
石點頭十四卷 —— 一三
醉醒石十五回 —— 一六
女才子十二卷首一卷 —— 一八
傳奇漫録四卷 —— 二〇
新刊京本春秋五霸七雄全像列國志傳八卷 —— 二一
新鐫陳眉公先生批評春秋列國志傳十二卷 —— 二四
新刻劍嘯閣批評西漢演義八卷新刻劍嘯閣批評東漢演義十卷 —— 二七
李卓吾先生批評三國志一百二十回 —— 二九
新鐫東西晋演義十二卷五十回 —— 三二
新鐫全像通俗演義隋煬帝艷史八卷四十回 —— 三三
四雪草堂重訂通俗隋唐演義二十卷一百回 —— 三六
新刊徐文長先生批評隋唐演義十卷一百十四節 —— 三八
新刊出像補訂參采史鑒唐書志傳通俗演義題評八卷 —— 四一
按史校正唐秦王傳八卷六十四回 —— 四四
新鐫玉茗堂批評按鑒參補出像南宋志傳十卷五十回北宋志傳十卷五十回 —— 四六

鐫出像楊家府世代忠勇演義志傳八卷 —— 四八
鐫出像楊家府世代忠勇演義志傳八卷 —— 五一
新刊大宋中興通俗演義十卷 —— 五四
新鐫全像武穆精忠傳八卷 —— 五六
岳武穆盡忠報國傳七卷 —— 五八
新刻皇明開運輯略武功名世英烈傳六卷首一卷 —— 六〇
皇明英烈志傳四卷六十回 —— 六一
鐫于少保萃忠傳十卷七十回 —— 六二
京鍥皇明通俗演義全像戚南塘勦平倭寇志傳□卷 —— 六四
新編皇明通俗演義七曜平妖全傳六卷七十二回 —— 六六
水滸傳二十卷一百回 —— 六八
忠義水滸傳一百回 —— 六九
忠義水滸全書一百二十回宣和遺事一卷 —— 七一
忠義水滸全書一百二十回宣和遺事一卷 —— 七四
英雄譜四十卷 —— 七六
英雄譜四十卷目録二卷圖二卷 —— 七七
忠義水滸傳一百回 —— 七九
水滸傳註略二卷 —— 八三
水滸傳註略二卷 —— 八四
平妖傳八卷四十回 —— 八五
新鐫繡像小説吴江雪四卷二十四回 —— 八六
鐫像古本西遊證道書一百回 —— 八七
新刻鍾伯敬先生批評封神演義十九卷一百回 —— 九〇
新刻鍾伯敬先生批評封神演義十九卷一百回 —— 九二
新刻鍾伯敬先生批評封神演義十九卷一百回 —— 九三
新刻鍾伯敬先生批評封神演義二十卷一百回 —— 九四
新鐫批評出像通俗演義禪真後史十集六十回 —— 九六
天花藏批評平山冷燕四才子小傳藏本二十回 —— 九八
快士傳十六卷 —— 九九
新鐫才美巧相逢宛如約四卷十六回 —— 一〇一
貫華堂評論金雲翹傳四卷二十回 —— 一〇三
新鐫繡像濟顛大師全傳三十六則 —— 一〇五
濟顛語録不分卷 —— 一〇七
紅樓夢一百二十回 —— 一〇八
紅樓夢一百二十回 —— 一一三
紅樓夢八十回 —— 一一六

詩餘類

宋元明三十三家詞五十三卷 —— 一一九
宋五家詞六卷 —— 一二一
國朝名家詩餘四十卷 —— 一二二
百名家詞鈔一百卷 —— 一二三
百名家詞鈔一百卷 —— 一二五
百名家詞鈔初集六十卷 —— 一二七
名家詞鈔六十種六十卷 —— 一二九
浙西六家詞十一卷 —— 一三一
樂章集一卷 —— 一三二
山谷詞一卷 —— 一三四
赤城詞一卷 —— 一三六
介庵琴趣外篇六卷 —— 一三七
稼軒長短句十二卷 —— 一三八
稼軒長短句十二卷 —— 一三九
龜巢詞一卷補遺一卷 —— 一四〇
寫情集二卷 —— 一四一
樂府遺音一卷 —— 一四二
桂洲詞一卷 —— 一四四
桂翁詞六卷鷗園新曲一卷 —— 一四五
陳建安詩餘一卷 —— 一四六
葵軒詞一卷 —— 一四七
楊升庵先生長短句四卷楊升庵先生夫人樂府詞餘五卷 —— 一四八

草賢堂詞箋十卷蘗弦齋詞箋一卷雜箋一卷雪堂詞箋一卷非水居詞箋三卷 —— 一五〇
紅牙集一卷 —— 一五一
香嚴齋詞一卷詞話一卷 —— 一五二
藝香詞六卷 —— 一五三
扶荔詞三卷别録一卷 —— 一五四
峽流詞三卷 —— 一五五
浣雪詞鈔二卷 —— 一五六
納蘭詞五卷補遺一卷 —— 一五七
燕友樓集一卷百花凡譜一卷 —— 一五八
耐歌詞四卷首一卷笠翁詞韻四卷 —— 一五九
蓼花詞一卷 —— 一六〇
清懷詞草一卷滇南福清洞天二十四詠一卷 —— 一六一
含英閣詩餘三卷 —— 一六二
清濤詞二卷 —— 一六三
錦瑟詞三卷詞話一卷 —— 一六五
板橋集六編七卷 —— 一六七
冬心先生自度曲一卷 —— 一六八
疎影樓詞續鈔一卷 —— 一七〇
玉篴樓詞一卷 —— 一七一
玉壺山房詞選二卷 —— 一七二
定盦詞五卷 —— 一七五
憶雲詞甲稿一卷乙稿一卷丙稿一卷丁稿一卷 —— 一七七
花間集十卷補二卷音釋二卷 —— 一八〇
花間集十卷 —— 一八一
尊前集二卷 —— 一八二
唐宋諸賢絶妙詞選十卷 —— 一八三
類選箋釋草堂詩餘六卷續選草堂詩餘二卷類編箋釋國朝詩餘五卷 —— 一八四
精選名賢詞話草堂詩餘二卷 —— 一八五
草堂詩餘五卷 —— 一八六
新鍥訂正評註便讀草堂詩餘七卷 —— 一八七
續草堂詩餘二卷 —— 一八八
花草粹編十二卷 —— 一八九
詩餘廣選十六卷雜説一卷徐卓晤歌一卷 —— 一九〇
古今詞選七卷蘭思詞鈔二卷蘭思詞鈔二集二卷 —— 一九一
古今詞彙三編八卷 —— 一九二
古今詞選十二卷 —— 一九三
三百詞譜六卷 —— 一九四
詩餘神髓不分卷 —— 一九五
林下詞選十四卷 —— 一九六
林下詞選十四卷 —— 一九七
詞潔六卷前集一卷 —— 一九八
陽春白雪八卷外集一卷考異一卷 —— 一九九
陽春白雪□卷 —— 二〇〇
中州樂府集一卷 —— 二〇一
瑶華集二十二卷附二卷詞人姓氏爵里表一卷 —— 二〇二
詩餘花鈿集四卷首一卷末一卷 —— 二〇三
千秋歲倡和詞一卷 —— 二〇五
西陵詞選八卷 —— 二〇七
詞苑叢談十二卷 —— 二〇八
增正詩餘圖譜三卷 —— 二一〇
增正詩餘圖譜三卷 —— 二一一
詩餘圖譜二卷 —— 二一二
記紅集三卷詞韻簡一卷 —— 二一四

曲類

董解元西廂記二卷 —— 二一七
元曲選一百種一百卷 —— 二一九
元曲選圖一卷 —— 二二〇
元本出相北西廂記二卷會真記一卷釋義一卷 —— 二二三
西廂記傳奇二卷 —— 二二六
重刻訂正元本批點畫意北西廂五卷會真記一卷 —— 二二七

重刻訂正元本批點畫意北西廂五卷會真記一卷 —— 二三〇
新刻徐文長公參訂西廂記二卷會真記一卷蒲東詩一卷新刻錢塘夢一卷園林午夢記一卷 —— 二三二
田水月山房北西廂藏本五卷 —— 二三三
新訂徐文長先生批點音釋北西廂二卷會真記一卷附録蒲東詩一卷 —— 二三五
李卓吾先生批點西廂記真本二卷錢塘夢一卷園林午夢一卷 —— 二三八
李卓吾先生批點西廂記真本二卷 —— 二三九
新校註古本西廂記五卷彙考一卷 —— 二四一
西廂記五卷解證五卷會真記一卷附録一卷 —— 二四四
北西廂五卷會真記一卷 —— 二四五
北西廂五卷會真記一卷 —— 二四八
詳校元本西廂記二卷會真記一卷 —— 二四九
西廂記五卷會真記一卷末一卷 —— 二五〇
貫華堂繪像第六才子西廂八卷醉心編一卷 —— 二五一
貫華堂第六才子書西廂記八卷 —— 二五四
舟山堂繪像第六才子書八卷 —— 二五六
雅趣藏書一卷 —— 二五八
雅趣藏書一卷 —— 二六〇
四聲猿四卷 —— 二六三
徐文長四聲猿四卷 —— 二六五
徐文長四聲猿四卷 —— 二六六
大雅堂雜劇四卷 —— 二六八
不伏老一卷 —— 二七〇
兩紗二卷附一卷 —— 二七一
坦庵詞曲六種九卷 —— 二七四
坦庵詞曲六種九卷 —— 二七六
通天臺一卷臨春閣一卷 —— 二七七
祭皋陶一卷 —— 二七八
西堂樂府七卷 —— 二七九
明翠湖亭四韻事四卷 —— 二八〇
唐堂樂府五種六卷 —— 二八一
鬱輪袍一卷 —— 二八三
鬱輪袍一卷 —— 二八四
續離騷四卷 —— 二八五
續四聲猿四卷 —— 二八七
研露樓兩種曲二卷 —— 二八八
桃花吟一卷四色石四卷 —— 二九〇
吟風閣四卷譜二卷 —— 二九二
吟風閣四卷譜二卷 —— 二九三
花間九奏九卷 —— 二九四
鐙月閒情十七種二十卷 —— 二九六
小四夢四卷 —— 二九八
醉高歌傳奇三卷 —— 二九九
太平班雜劇五卷 —— 三〇〇
九蓮燈一卷 —— 三〇一
繡刻演劇六十種一百二十卷 —— 三〇二
曇花記二卷 —— 三〇四
墨憨齋新曲十種二十卷 —— 三〇五
十種傳奇二十二卷 —— 三〇七
李卓吾先生批評幽閨記二卷 —— 三〇九
新刊重訂出相附釋標註拜月亭記二卷 —— 三一一
琵琶記三卷釋義一卷 —— 三一三
重校琵琶記四卷釋義大全一卷 —— 三一五
琵琶記四卷附録一卷 —— 三一八
新刻魏仲雪先生批點琵琶記二卷 —— 三二〇
李卓吾先生批評琵琶記二卷 —— 三二一
繪風亭評第七才子書琵琶記六卷釋義一卷 —— 三二三
新刻原本王狀元荆釵記二卷 —— 三二五
古本荆釵記二卷 —— 三二六
李卓吾先生批評古本荆釵記二卷 —— 三二八
重校蘇季子金印記二卷 —— 三二九
重校金印記四卷 —— 三三一
新刻出像音註張許雙忠記二卷 —— 三三三

新刻吴越春秋樂府二卷 —— 三三四
怡雲閣浣紗記二卷 —— 三三六
繡襦記二卷 —— 三三七
新刻牡丹亭還魂記四卷 —— 三三九
牡丹亭還魂記二卷 —— 三四一
牡丹亭還魂記二卷 —— 三四二
牡丹亭還魂記二卷 —— 三四四
清暉閣批點玉茗堂還魂記二卷 —— 三四五
吴吴山三婦合評牡丹亭還魂記二卷 —— 三四七
新刻出像點板音註李十郎紫簫記四卷 —— 三四八
南柯夢二卷 —— 三四九
湯義仍先生邯鄲夢記二卷 —— 三五〇
湯義仍先生南柯夢記二卷 —— 三五一
南西廂記二卷 —— 三五二
玉茗堂批評紅梅記二卷 —— 三五三
新鐫紅拂記二卷 —— 三五五
紅拂記四卷 —— 三五七
曇花記二卷 —— 三五九
曇花記四卷 —— 三六〇
新刻全像易鞋記二卷 —— 三六一
新鐫女貞觀重會玉簪記二卷 —— 三六二
新鍥徽本圖像音釋崔探花合襟桃花記二卷 —— 三六六
新刻趙狀元三錯認紅梨記二卷 —— 三六八
新刻出相點板宵光記二卷 —— 三七〇
宵光劍二卷 —— 三七一
新刻宋璟鸘釵記二卷 —— 三七二
白雪樓二種四卷 —— 三七三
東郭記二卷 —— 三七七
張玉娘閨房三清鸚鵡墓貞文記二卷 —— 三七八
五局傳奇五種十卷 —— 三七九
懷遠堂批點燕子箋記二卷 —— 三八〇
雪韻堂批點燕子箋記二卷 —— 三八二
詠懷堂新編十錯認春燈謎記二卷 —— 三八三
鴛鴦棒二卷 —— 三八五
新刻出像音註何文秀玉釵記四卷 —— 三八七
刻李九我先生批評破窰記二卷 —— 三八八
新刻全像古城記二卷 —— 三八九
新刻出像音註蘇英皇后鸚鵡記二卷 —— 三九一
重校四美記二卷 —— 三九二
玉茗堂批評異夢記二卷 —— 三九三
四友記二卷 —— 三九七
秣陵春傳奇二卷 —— 三九八
一笠庵新編一捧雪傳奇二卷 —— 三九九
一笠庵新編第七種傳奇眉山秀二卷 —— 四〇〇
一笠庵新編兩鬚眉傳奇二卷 —— 四〇一
乾坤嘯二卷 —— 四〇二
笠翁傳奇十種二十卷 —— 四〇三
意中緣傳奇二卷 —— 四〇四
玉搔頭傳奇二卷 —— 四〇五
巧團圓傳奇二卷 —— 四〇六
傳奇十一種十九卷 —— 四〇七
胭脂雪二卷 —— 四〇八
金瓶梅圖不分卷 —— 四〇九
金瓶梅二卷 —— 四一〇
秋虎丘二卷 —— 四一一
擁雙豔三種六卷 —— 四一三
容居堂三種曲六卷 —— 四一五
後一捧雪二卷 —— 四一六
長生殿傳奇二卷 —— 四一七
桃花扇傳奇二卷 —— 四一九
桃花扇傳奇二卷 —— 四二〇
拜針樓一卷 —— 四二一
御爐香二卷 —— 四二二
昭代簫韶十本二十卷首一卷 —— 四二三
五鹿塊傳奇二卷 —— 四二六
太平樂府玉勾十三種十四卷 —— 四二七
旗亭記二卷 —— 四二八
旗亭記二卷玉尺樓傳奇二卷 —— 四二九
惺齋新曲六種十三卷 —— 四三〇

竹初樂府三種□卷 四三一
石恂齋傳奇四種十二卷 四三二
攄梧軒玉環緣二卷 四三三
鸚鵡夢記二卷 四三四
新西廂二卷 四三五
蘭桂仙傳奇二卷曲譜二卷 四三六
桂花塔二卷 四三八
遊仙夢不分卷 四四〇
雁停樓不分卷 四四二
三星圓初集二卷二集二卷三集二卷四集二卷 四四三
春草堂黄河遠二卷 四四五
合浦珠傳奇二卷 四四七
廣寒香傳奇二卷 四四九
青溪笑二卷 四五〇
銀瓶牡丹三卷三十九齣 四五二
冬至承應玉女獻盆一卷 四五三
清内廷承應劇本二十種二十卷 四五四
遺真記六卷題詞一卷詩話一卷 四五五
出師表二卷 四五六
慶安瀾傳奇二卷 四五七
摘星樓傳奇二卷 四五八
兩度梅三卷 四五九
遇龍封官一卷喜崇臺一卷三家店一卷財源輻輳一卷醉寫一卷 四六〇
朝野新聲太平樂府九卷 四六一
梨園按試樂府新聲三卷 四六二
樂府群珠不分卷 四六三
吴騷集四卷二集四卷 四六四
新鐫古今大雅南宫詞紀六卷 四六六
新鐫古今大雅北宫詞紀六卷 四六七
新鐫古今大雅南宫詞紀六卷 四七一
新鐫古今大雅南宫詞紀六卷 四七二
新鐫古今大雅北宫詞紀六卷 四七三
精選點板崑調十部集樂府先春二卷首一卷 四七四
彩筆情辭十二卷 四七六
太霞新奏十四卷 四七七
白雪齋選訂樂府吴騷合編四卷衡曲塵譚一卷曲律一卷 四七八
新刊張小山北曲聯樂府三卷外集一卷 四七九
張小山樂府一卷 四八〇
樂府餘音一卷 四八一
碧山樂府二卷 四八三
碧山樂府四卷 四八四
沜東樂府二卷 四八五
王西樓先生樂府一卷 四八六
陶情樂府四卷續集一卷拾遺一卷 四八七
坐隱先生精訂陳大聲樂府全集十二卷 四八八
坐隱先生精訂梨雲寄傲二卷 四八九
明農軒樂府一卷 四九〇
秦詞正訛二卷 四九一
江東白苧二卷續二卷 四九三
江東白苧二卷續二卷 四九四
坐隱先生精訂馮海浮山堂詞稿二卷 四九五
秋水庵花影集五卷 四九七
鵲亭樂府四卷 四九九
流楚集不分卷 五〇〇
山歌十卷 五〇一
白雪遺音四卷 五〇二
劇本叢鈔十五種十五卷 五〇三
詞林摘豔十卷 五〇四
雍熙樂府二十卷 五〇五
選古今南北劇十卷 五〇六
新刻出像點板增訂樂府珊珊集四卷 五〇七
吴歈萃雅四卷 五〇八
詞林逸響四卷 五〇九
新鐫出像點板怡春錦曲六卷 五一一
南音三籟四卷譚曲雜劄一卷曲律一卷 五一二
新刻出像點板時尚崑腔雜曲醉怡情八卷 五一三

太和正音譜三卷 —— 五一四
范氏博山堂三種曲六卷北曲譜十二卷 —— 五一五
北詞譜十四卷臆論一卷附一卷 —— 五一六
新定宗北歸音六卷 —— 五一七
新定宗北歸音六卷 —— 五一八
元詞備考五卷 —— 五二〇
九宮譜定十二卷總論一卷 —— 五二一
新編南詞定律十三卷首一卷 —— 五二二
骷髏格一卷辯音連聲歸母捷法一卷 —— 五二三
新定十二律京腔譜十六卷 —— 五二四
南詞便覽不分卷 —— 五二六
嘯餘譜十卷 —— 五二七
曲律四卷 —— 五二八
度曲須知二卷絃索辨訛三卷 —— 五二九
弦索調時劇新譜二卷 —— 五三一
較正北西廂譜二卷 —— 五三二
西廂記譜五卷 —— 五三三
芥舟書舍全集曲譜八卷 —— 五三四
曲譜大成□□卷 —— 五三六
録鬼簿二卷續編一卷 —— 五三七
曲録六卷 —— 五四〇

彈詞鼓詞類

陳眉公正廿一史彈詞二卷 —— 五四五
改本白仙傳四卷 —— 五四六
新編白蛇傳雷峰塔十卷 —— 五四七
再生緣二十卷 —— 五四八
孝義真蹟珍珠塔二十四回 —— 五四九
繡縟記彈詞十三回 —— 五五〇

寶卷類

弘陽苦功悟道經二卷 —— 五五三
正信除疑無修證自在經一卷 —— 五五四
目連救母出離地獄生天寶卷一卷 —— 五五五
佛說大方廣圓覺修多羅了意寶卷一卷 —— 五五七
普靜如來鑰匙寶卷六卷 —— 五五八
銷釋孟姜忠烈貞節賢良寶卷二卷 —— 五五九
藥師本願功德寶卷一卷佛說三十五佛佛名經一卷 —— 五六〇

後　記

集

集部三——小説類

000

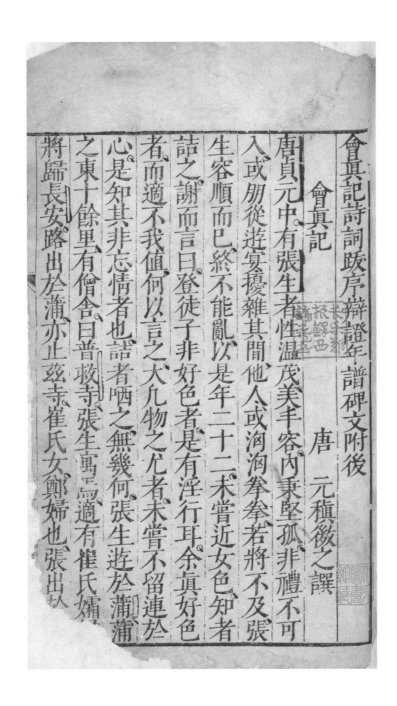

會眞記詩詞跋序辯證年譜碑文附後

會眞記　　唐　元稹微之譔

唐貞元中有張生者性溫茂美丰容內秉堅孤非禮不可入或朋從遊宴擾雜其間他人或汹汹拳拳若將不及張生容順而已終不能亂以是年二十二未嘗近女色知者詰之謝而言曰登徒子非好色者是有淫行耳余眞好色者而適不我値何以言之大凡物之尤者未嘗不留連於心是知其非忘情者也詰者哂之無幾何張生遊於蒲蒲之東十餘里有僧舍曰普救寺張生寓焉適有崔氏孀婦將歸長安路出於蒲亦止茲寺崔氏女鄭婦也張出於

元本出相北西廂記二卷會真記詩詞跋序辯證年譜碑文附後一卷

明萬曆汪氏玩虎軒刻本

一册　存一卷：附後

半葉十行二十二字，白口，四周單邊。版框 20.0×13.8 厘米

16237（10623）

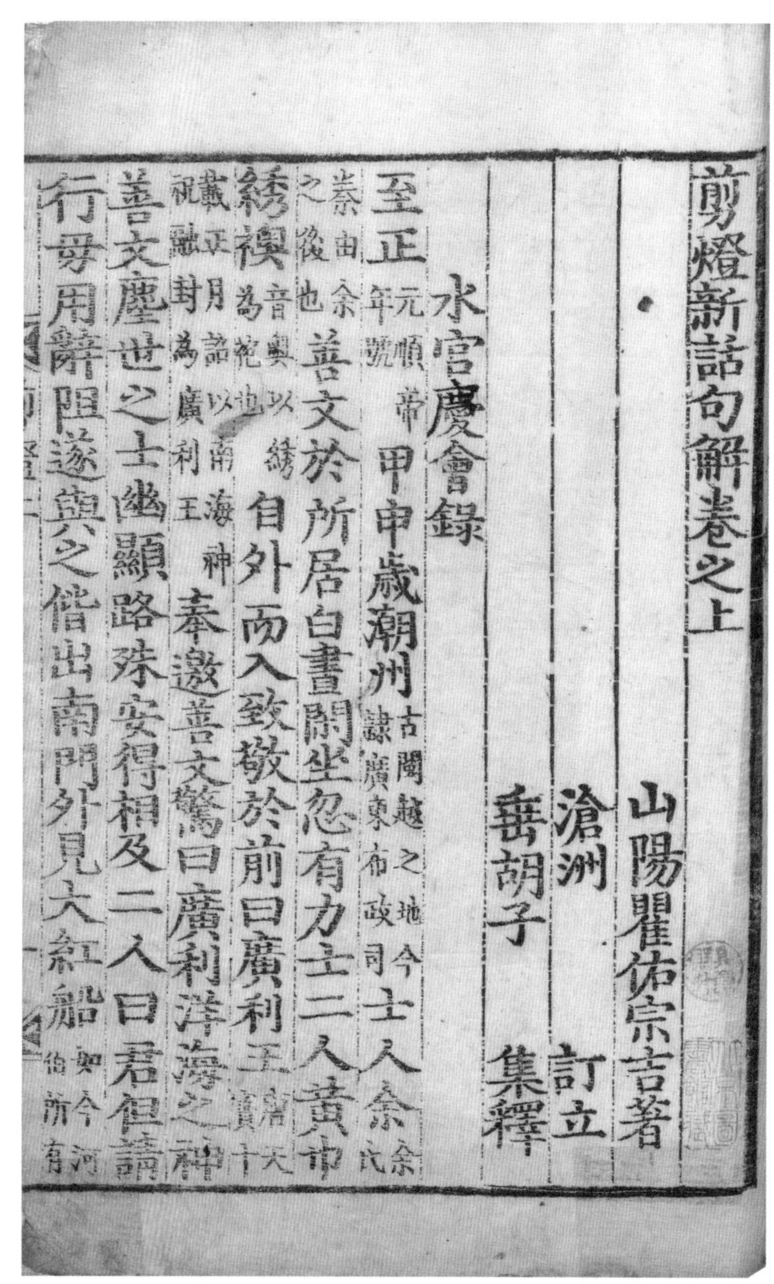
剪燈新話句解卷之上

山陽瞿佑宗吉著

滄洲　訂立

垂胡子　集釋

水宮慶會録

至正元順帝年號甲申歲潮州古閩越之地今隷廣東布政司士人余余氏崇由余之後也善文於所居白晝閑坐忽有力士二人黃巾繡襖音奧以繡為袍也自外而入致敬於前曰廣利王居天寶十載正月詔以南海神祝融封為廣利王奉邀善文驚曰廣利洋海之神善文塵世之士幽顯路殊安得相及二人曰君但請行毋用辭阻遂與之偕出南門外見大紅船如今河伯所有

剪燈新話句解二卷　〔明〕瞿佑撰

朝鮮刻本

二册

半葉十一行二十字，小字雙行同，白口，四周單邊。版框 23.5×16.8 厘米

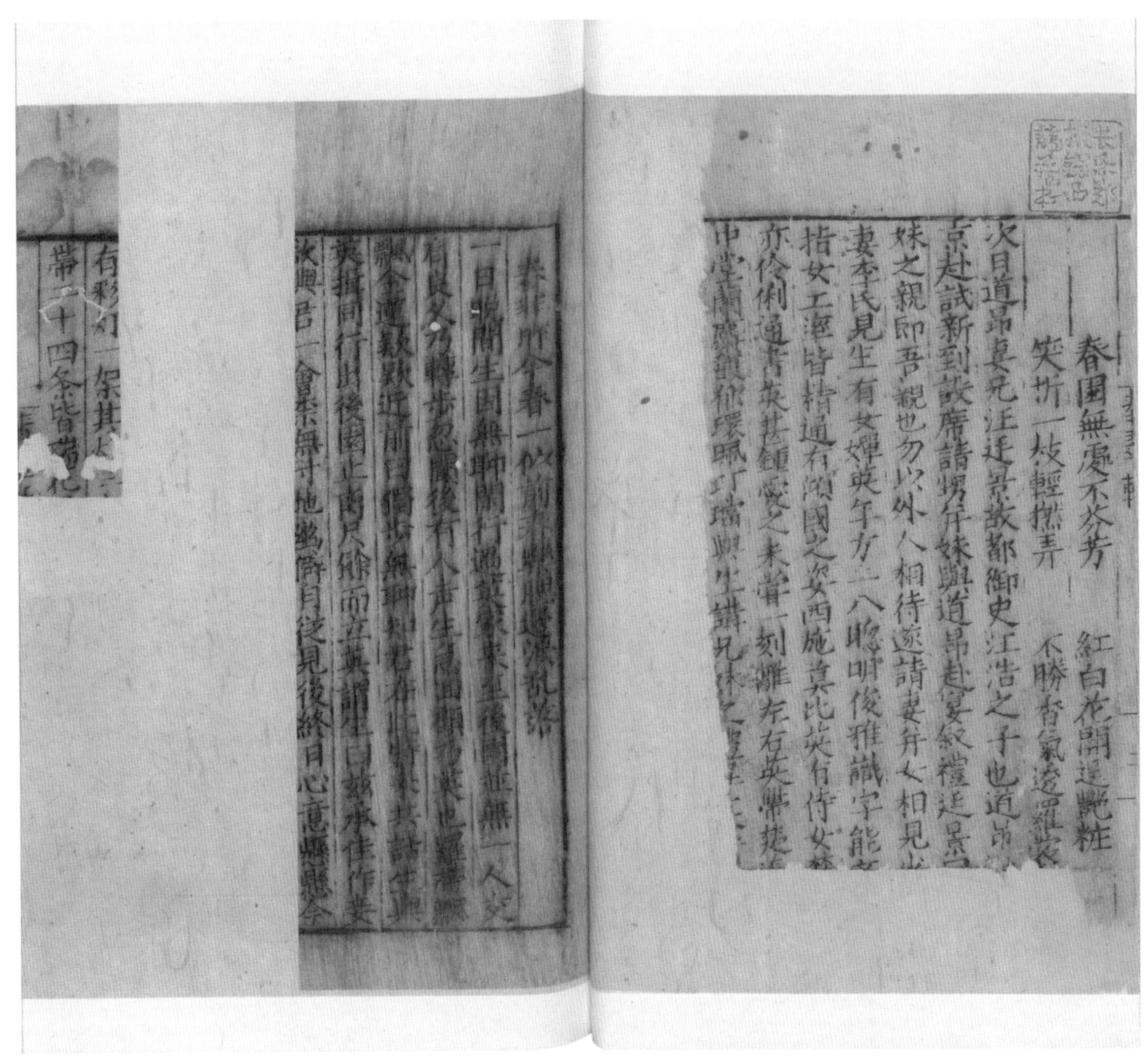

翡翠軒一卷梅杏爭春一卷

明洪氏清平山堂刻本

一册

半葉十一行二十二字，白口，四周單邊。版框 16.5×12.9 厘米

15735（8926）

佛印問答精鐫繡像

東坡詩話

二酉堂梓行

新編宋文忠公蘇學士東坡詩話二卷

清京都二酉堂刻本

一册

半葉十一行二十五字，白口，四周雙邊。版框 18.0×10.7 厘米

15760（8969）

東坡詩話

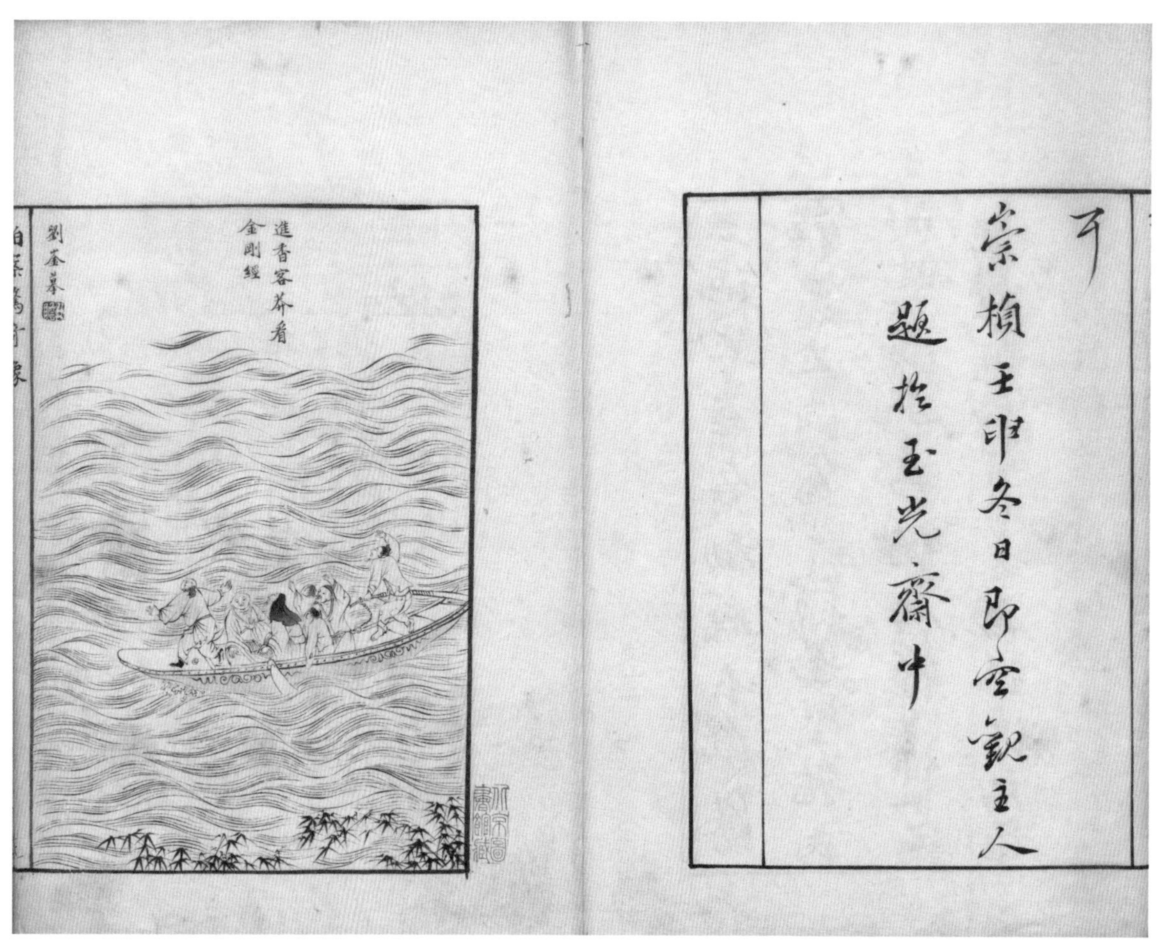

二刻拍案驚奇四十卷 〔明〕凌濛初撰

清影繪本［據明崇禎五年（1632）尚有堂刻本影繪］

一册　存圖

版框 20.2×14.3 厘米

T03900（補 27）

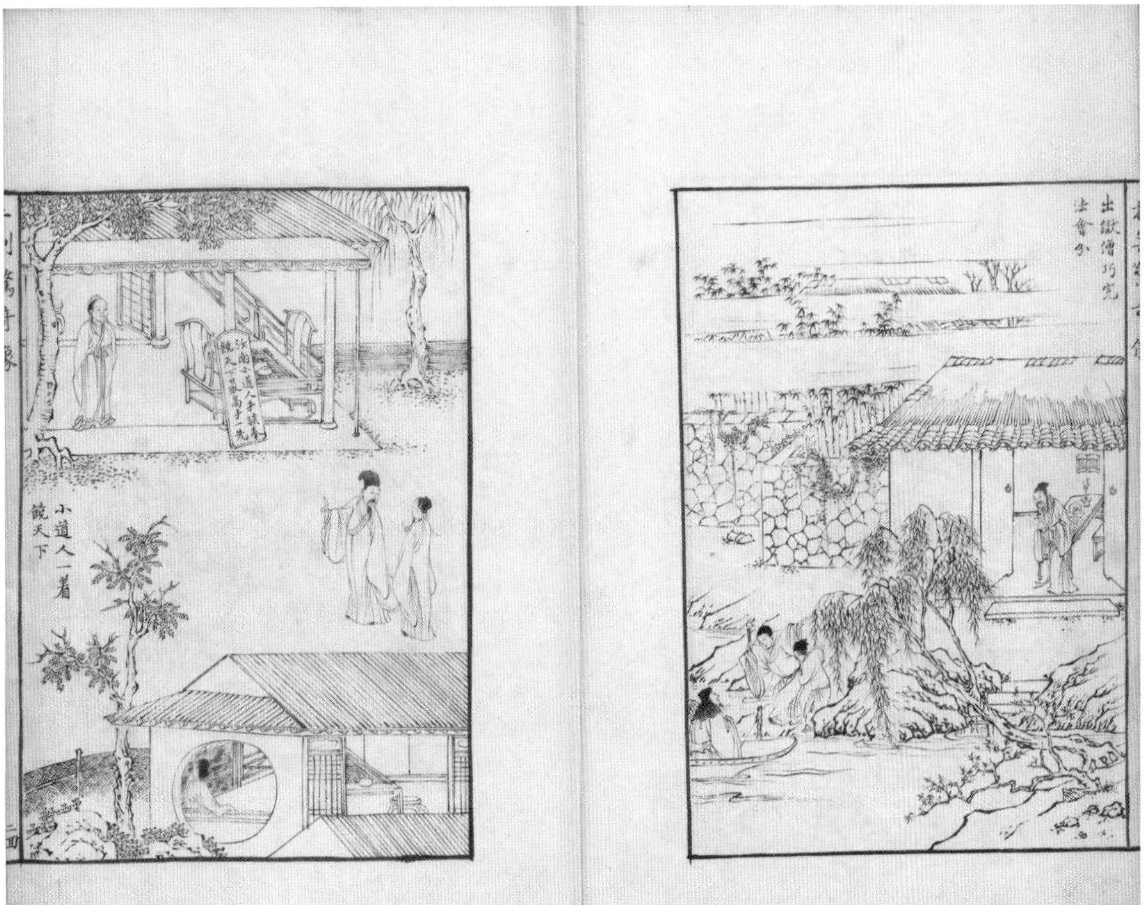
出獄僧巧完
法會分
小道人一着
饒天下
汝南小道人手談奉
饒天下最高手一先

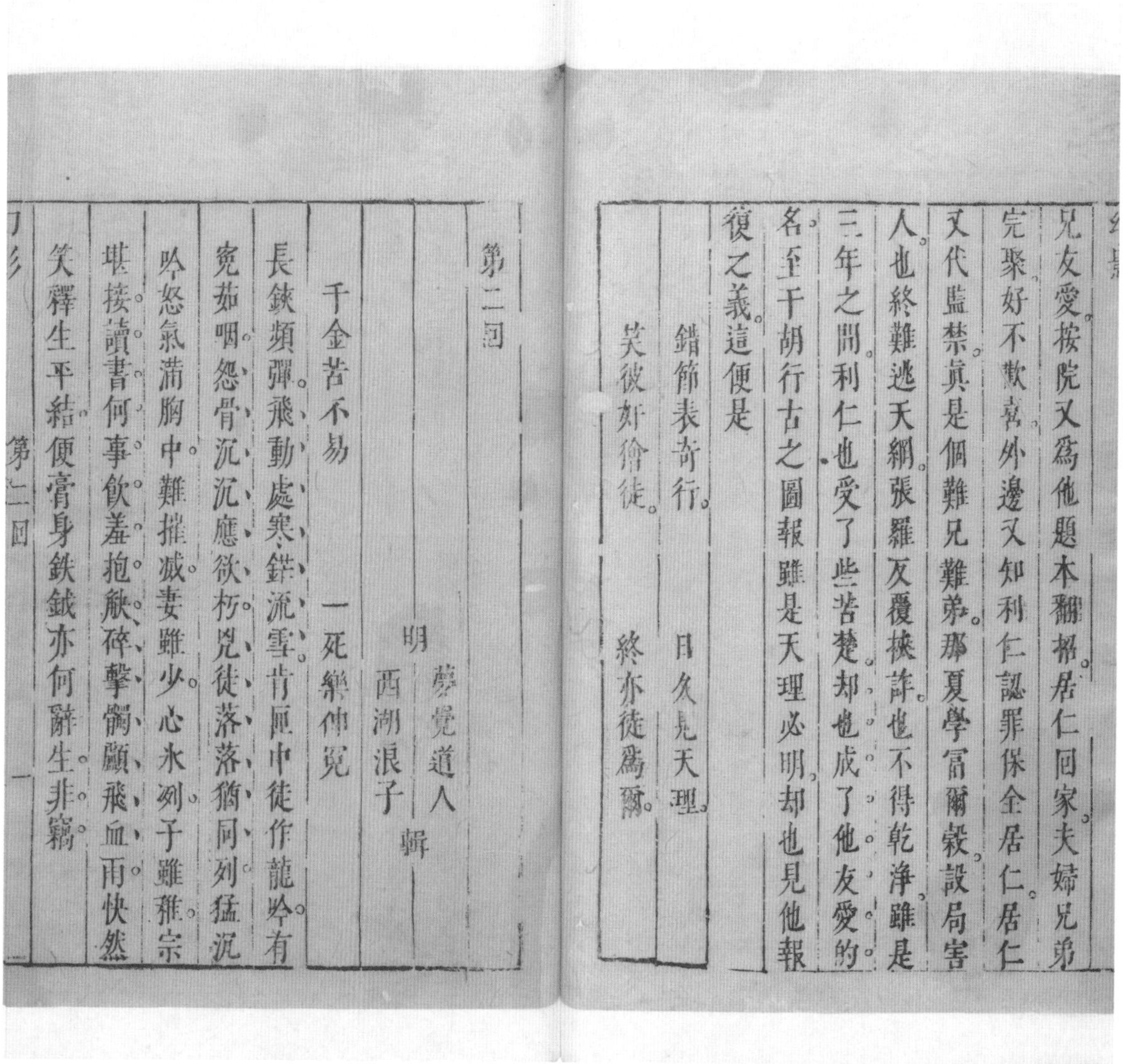

幻影八卷三十回　題〔明〕夢覺道人、西湖主人撰

明末刻本

三册　存七回：一至七

半葉九行二十字，白口，四周單邊。版框 20.2×14.9 厘米

西湖二集三十四卷西湖秋色一百韻一卷 〔明〕周楫撰

明末雲林聚錦堂刻本

九册　存十七卷：一至十三、三十二至三十四，西湖秋色一百韻一卷

半葉十行二十字，白口，四周單邊，無直格。版框 20.4×14.2 厘米

西湖二集卷之一

吳越王再世索江山

蕭條書劍困埃塵十年多少悲辛松生寒澗背陽春勉强精神一且可逢場作戲寧須對客言貧後來知我豈無人莫漫沾巾

這首詞兒名畫堂春是杭州才子馬浩瀾之作因國初錢塘一個有才的人姓瞿名佑字宗吉高才博學風致[illegible]朗落筆千言含珠吐玉磊磊驚人他[illegible]曉得他有才華適[illegible]

石點頭十四卷 題〔明〕天然癡叟撰 〔明〕馮夢龍評

明末金閶葉敬池刻遞修本

十二册

半葉九行二十字，白口，四周單邊或左右雙邊，無直格。版框 19.9×13.7 厘米

15746（8921）

第一卷

郭挺之榜前認子

陰陽畀賦了無私。李不成桃蘭不芝。
是虎方能生虎子。非麟安得產麟兒。
肉身縱使睽千里。氣血何曾隔一絲。
誠看根根還本本。豈容人類有差池。

從來父之生子。未有不知者。莫說夫妻交媾。有徵有驗。就是婢妾外遇。私已瞞人。然自家心裏。亦不嘗不明明白白。但恐忙中忽畧。醉後糊塗。遂有已經生子

醉醒石十五回　題〔明〕東魯古狂生撰

清初刻本

六册

半葉九行十九字，白口，四周單邊。版框 20.0×13.7 厘米

15753（8928）

醉醒石

第一回

救窮途名顯當官　申冤獄慶流奕世

畫堂春

從來惟善感天知、況是理枉扶危、人神相敬、依逸豫無期。積書未必能讀、積金未必能肥。不如積德與孫枝、富貴何疑。

易傳曰、積善之家、必有餘慶。積不善之家、必有餘殃。此言禍福惟人自名、非天之有私厚薄也、然積

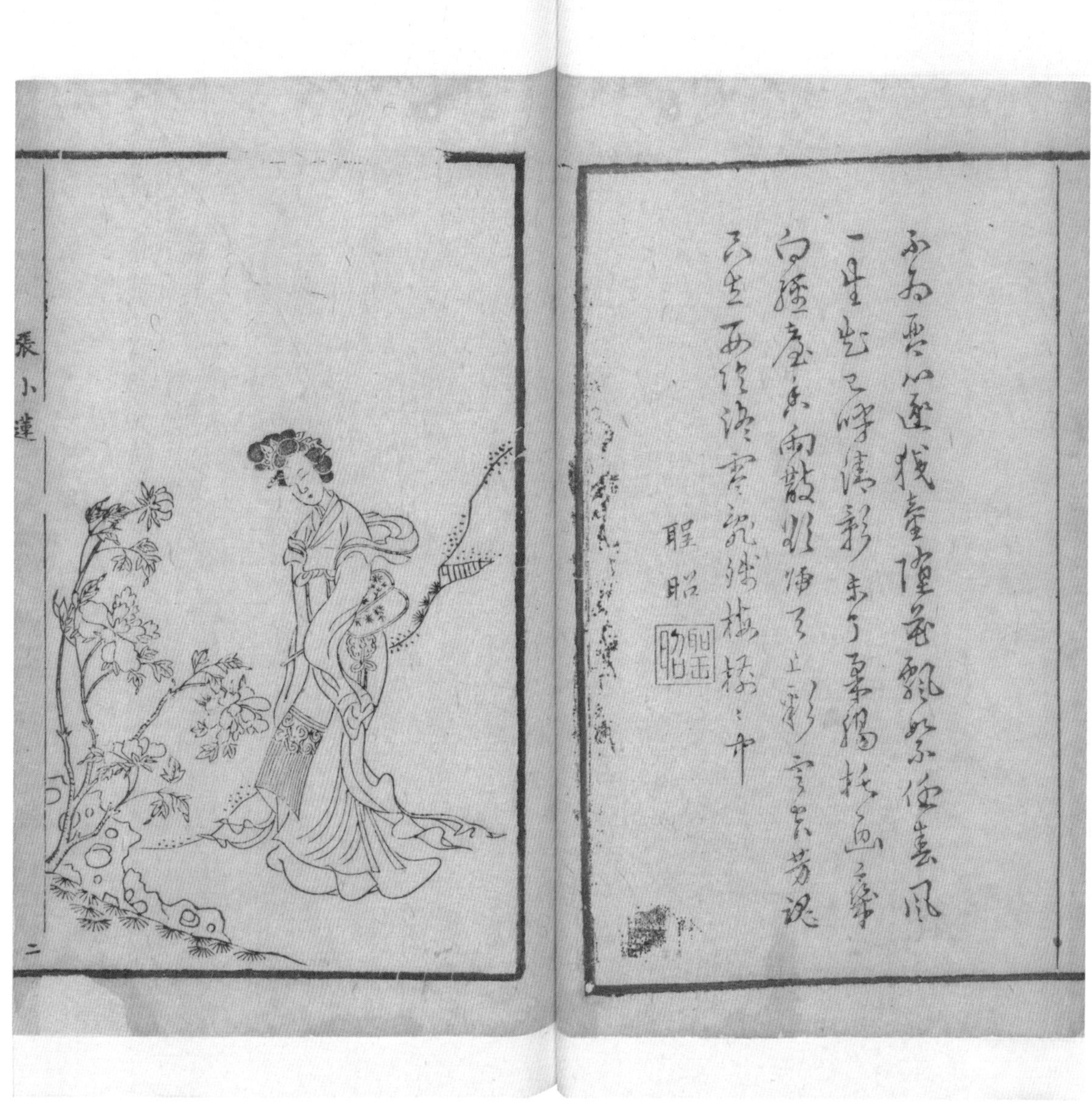

女才子十二卷首一卷 〔明〕徐震撰

明末刻本

六册

半葉八行十九字，白口，四周單邊，無直格。版框 18.7×12.1 厘米

15744（8924）

女才子卷一

小青

鴛湖煙水散人著

引

雪廬主人曰、千百年來、艷女才女怨女。未有一人如小青者。臨邛章臺艷矣。才矣。而不怨。綠珠小玉艷矣。才矣。而歡極憾終。要亦怨其所不必怨。孰與姬之託根失所。閒

類庵會註本

傳奇漫錄

書坊紅蓼阮自信鋟梓

傳奇漫録卷之一

項王祠記

承旨胡宗鷟工於詩尤長規諷嘲詼[公演州土城人今東城縣一云屋唐豪縣無砖社陳芸宗朝登科累官至翰林奉旨壽八十餘有討閑效顰詩集史記元宵道人張灯設席延文客為歡公受簡請題席上賦詩百篇立就又為安撫使有侵於民芸宗怪問之拜謝云一子受皇恩全家食天禄帝原之其工於詩尤長嘲詼類如此]陳末奉命北使經項王祠下題詩云

百二山河起戰鋒[田肯賀漢高都關中云秦得百二焉注云得百中之二也言秦地險固二萬人足當諸侯百萬人也]携將子弟入關中煙消函

傳奇漫録四卷　〔越南〕阮嶼撰

越南阮自信書坊刻本

四册

半葉九行二十字，小字雙行同，白口，四周雙邊。版框 21.4×14.6 厘米

16844（147）

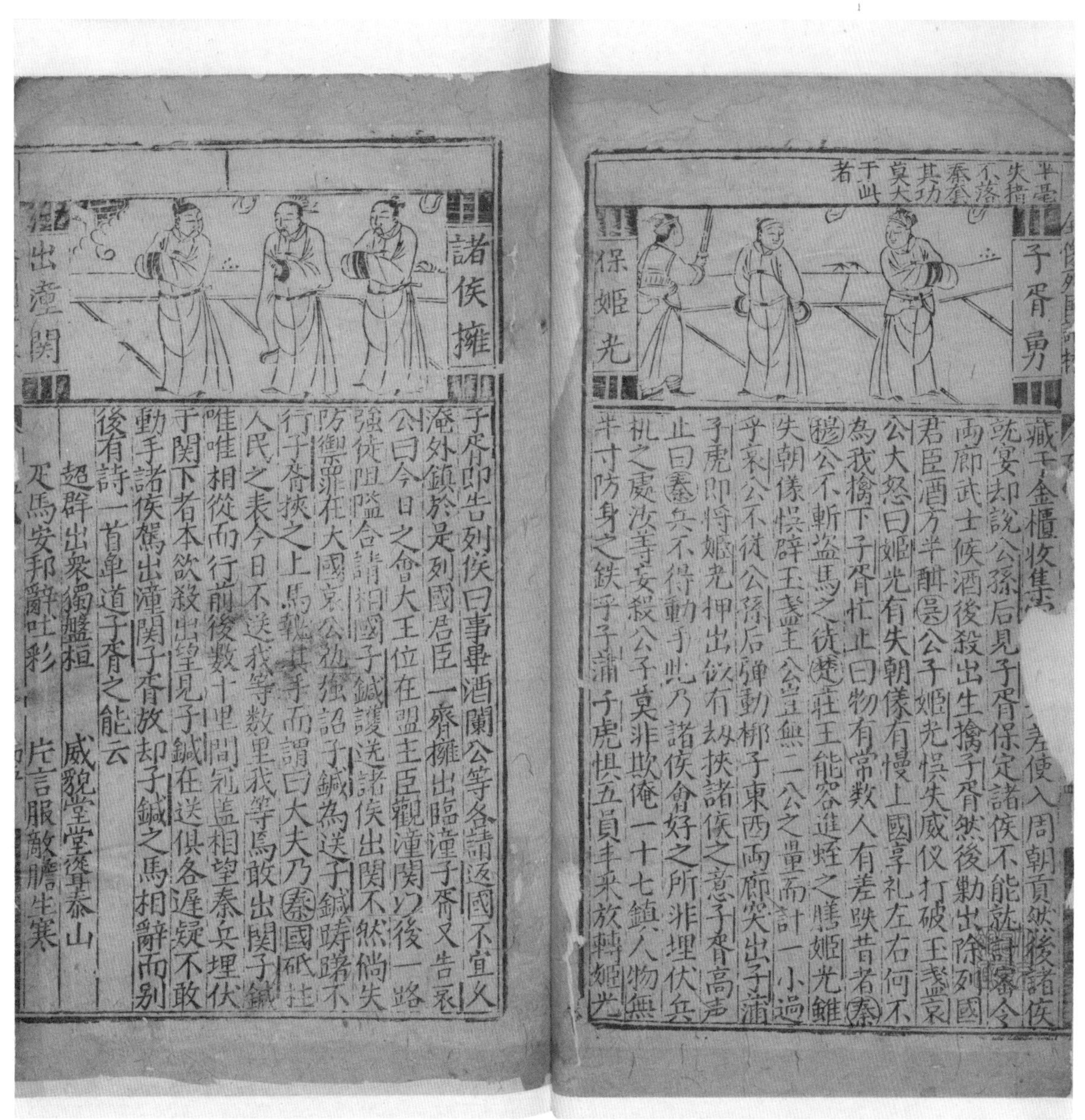

新刊京本春秋五霸七雄全像列國志傳八卷 〔明〕余邵魚撰 〔明〕余象斗評林

明萬曆書林余象斗刻本

六册 存三卷：五至六、八

半葉十三行二十字，下黑口，四周雙邊。上圖下文，眉欄鐫評。版框 22.4×12.5 厘米

16288（10679）

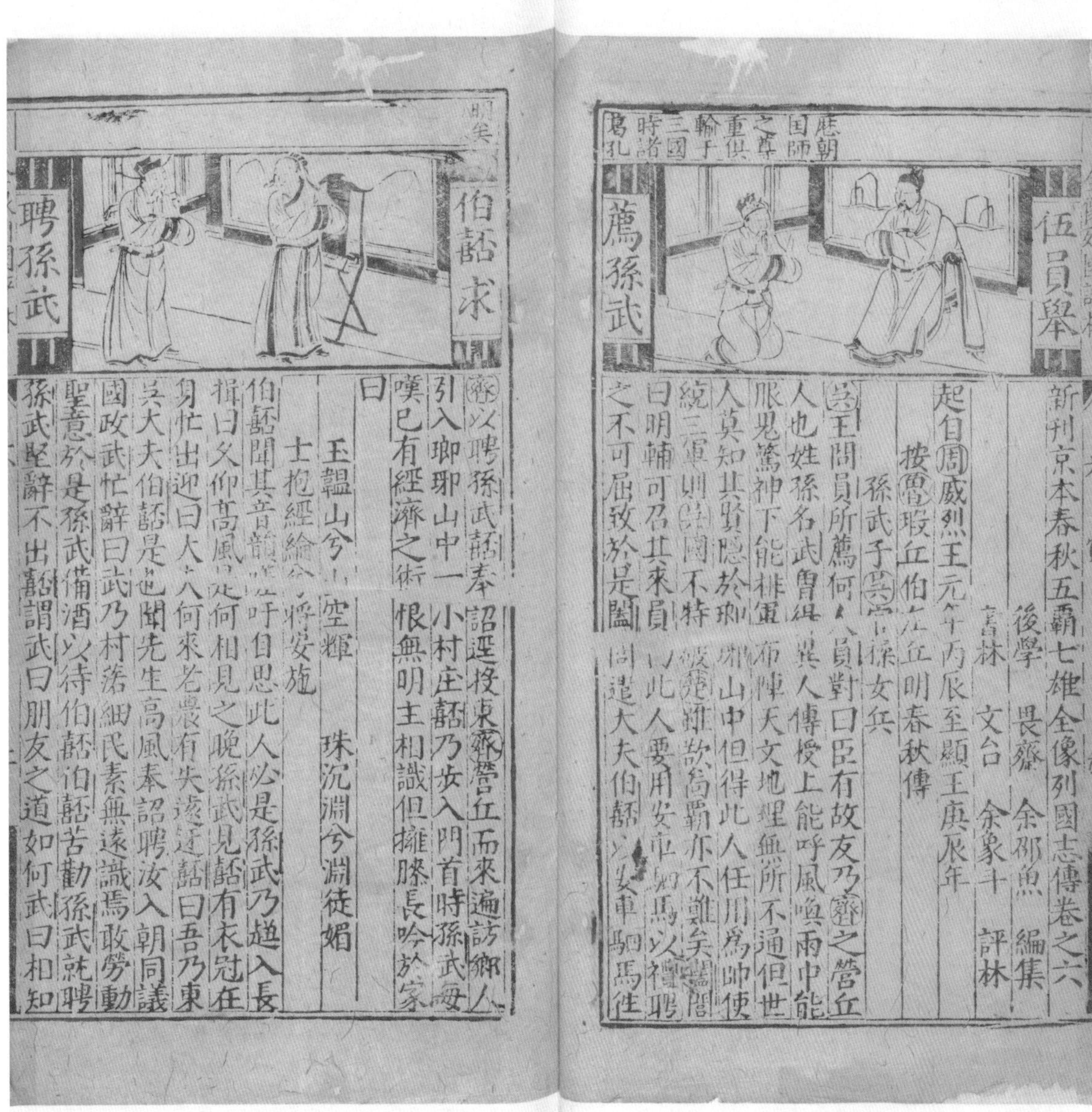

歷朝国師之尊重俱輸于三國時諸葛孔

伍員舉薦孫武

新刊京本春秋五霸七雄全像列國志傳卷之六

後學 畏齋 余邵魚 編集

書林 文台 余象斗 評林

起自周威烈王元年丙辰至顯王庚辰年

按魯瑕丘伯左丘明春秋傳

孫武子吳宮教女兵

吳王問員所薦何人員對曰臣有故友乃齊之營丘人也姓孫名武曾得異人傳授上能呼風喚雨中能服鬼驚神下能排軍布陣天文地理無所不通但世人莫知其賢隱於瑯琊山中但得此人任用爲帥使統三軍則諸國不特破楚雖欲爲霸亦不難矣闔閭曰明輔可召其來員曰此人要用安車駟馬以禮聘之不可屈致於是闔閭遣大夫伯嚭以安車駟馬往

伯嚭求聘孫武

齊以聘孫武嚭奉詔逕投東齊營丘而來遍訪鄉人引入瑯琊山中一小村庄嚭乃步入門首時孫武每嘆已有經濟之術恨無明主相識但擁膝長吟於家曰

玉韞山兮山空輝　珠沉淵兮淵徒媚

士抱經綸兮將安施

伯嚭聞其音韻嗟吁自思此人必是孫武乃趨入長揖曰久仰高風恨何相見之晚孫武見嚭有衣冠在身忙出迎曰大人何來老農有失遠迓嚭曰吾乃東吳大夫伯嚭是也聞先生高風奉詔聘汝入朝同議國政武忙辭曰武乃村落細民素無遠識焉敢勞動聖意於是孫武備酒以待伯嚭伯嚭苦勸孫武就聘孫武堅辭不出嚭謂武曰朋友之道如何武曰相知

陳眉公批
得月齋周譽吾梓
全像列國傳

新鐫陳眉公先生批評春秋列國志傳十二卷　〔明〕余邵魚撰　〔明〕陳繼儒評

明得月齋周譽吾刻本

十二册

半葉十一行二十字，白口，四周單邊，無直格。版框 21.1×14.1 厘米

15736（8910）

妲己顯室被魅

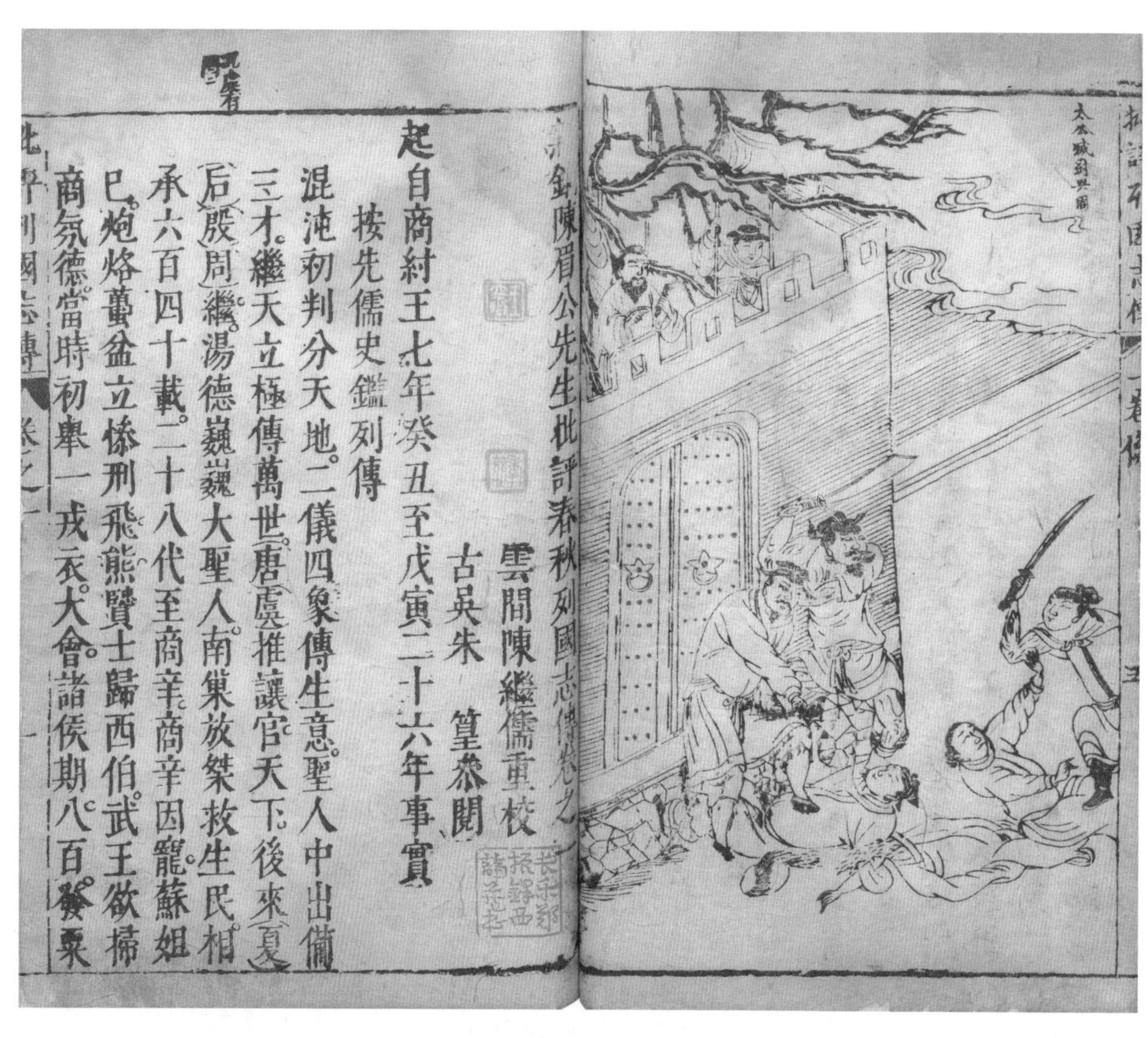

新鐫陳眉公先生批評春秋列國志傳卷之一

雲間陳繼儒重校
古吳朱　篁參閱

起自商紂王七年癸丑至戊寅二十六年事實

按先儒史鑑列傳

混沌初判分天地。二儀四象傳生意。聖人中出備三才。繼天立極傳萬世。唐虞推讓官天下。後來夏后殷周繼。湯德巍巍大聖人。南巢放桀救生民。相承六百四十載。二十八代至商辛。商辛因寵蘇妲巳。炮烙蠆盆立條刑。飛熊賢士歸西伯。武王欲掃商氛德當時。初舉一戎衣。大會諸侯期八百。發粟

批評列國志傳　卷之一　一

新刻劍嘯閣批評西漢演義八卷 〔明〕甄偉撰　**新刻劍嘯閣批評東漢演義十卷** 〔明〕謝詔撰

明末刻清印本

七册　存十卷：新刻劍嘯閣批評東漢演義十卷

半葉十行二十二字，白口，四周單邊，無直格。版框 20.7×14.2 厘米

T03912（8967）

新刻劒嘯閣批評東漢演義傳卷之一

東漢

按鑑平帝大臣姓王名莽字巨君大名元城人王曼之子也曼兄弟八人俱任公侯之位惟曼早死未封莽自幼孤伯叔王鳳王崇等撫養及長莽恭儉勤身經書博覽常好整飾衣冠人謂曰儒生也外交英俊內事諸父曲有禮意因元帝選其姑入宮得寵立為孝元太后故封莽為新都侯爵位益尊節操愈謙虛名隆洽勝壓諸父至平帝即位莽生一女姿容絕色貌質超羣進與平帝為妃遂加莽為皇丈太師安漢公兼領樞密院事由

房門之寵專权太盛兼以哀平短祚兩柄在手纂弑之端所由來也

李卓吾先生批評三國志一百二十回　〔明〕羅本撰　〔明〕李贄評

明末書林藜光樓植槐堂刻本

十九册　缺目録一卷

半葉十行二十二字，白口，四周單邊，無直格。版框 20.8×14.5 厘米

T02830（6188）

三國志像
諸葛亮三出祁山
孔明智敗司馬懿
第九十九回

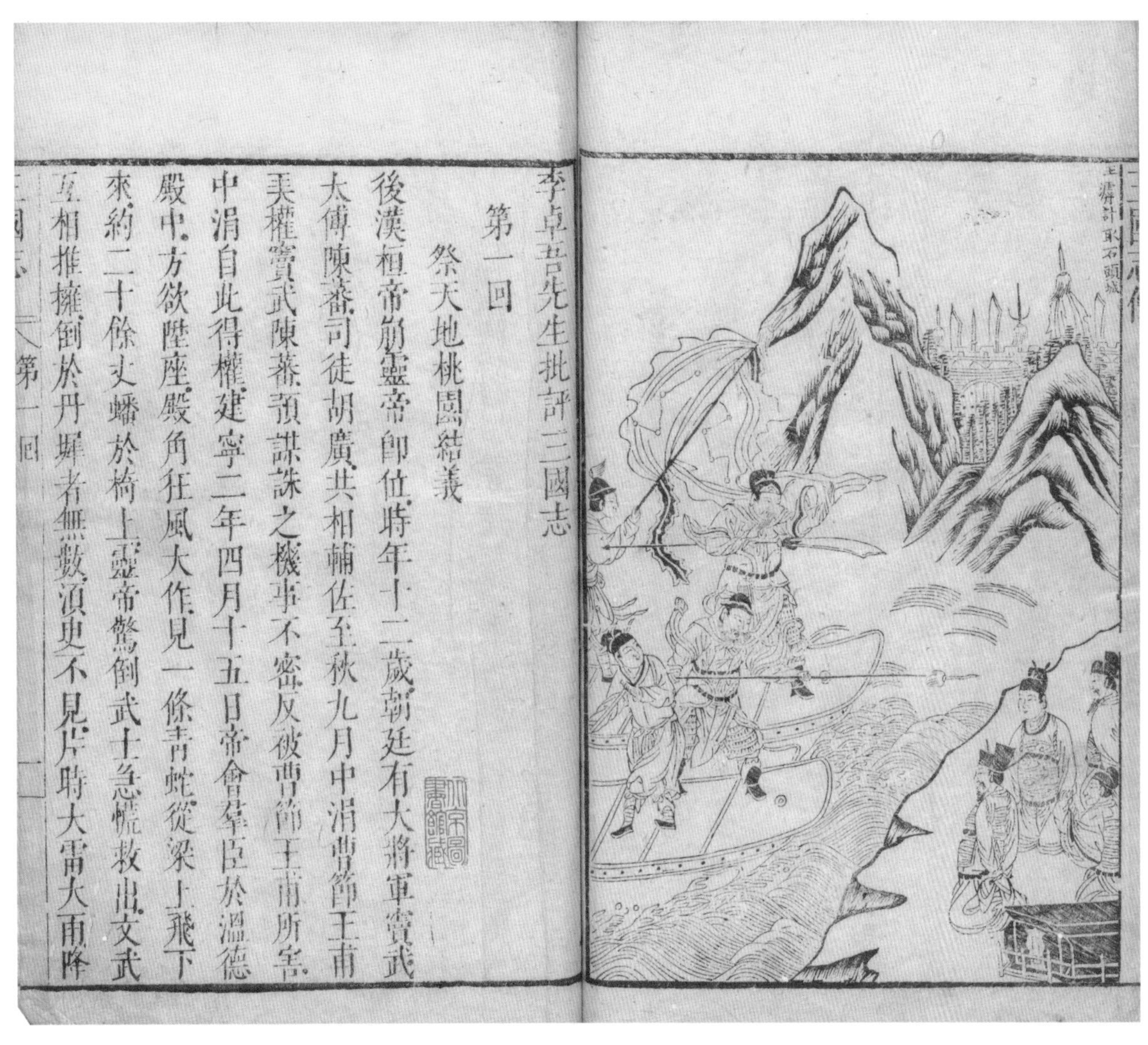

李卓吾先生批評三國志

第一回

祭天地桃園結義

後漢桓帝崩靈帝即位時年十二歲朝廷有大將軍竇武太傅陳蕃司徒胡廣共相輔佐至秋九月中涓曹節王甫弄權竇武陳蕃預謀誅之機事不密反被曹節王甫所害中涓自此得權建寧二年四月十五日帝會羣臣於溫德殿中方欲陞座殿角狂風大作見一條青蛇從梁上飛下來約二十餘丈蟠於椅上靈帝驚倒武士急慌救出文武互相推擁倒於丹墀者無數須臾不見片時大雷大雨降

三國志　卷一　第一回　二

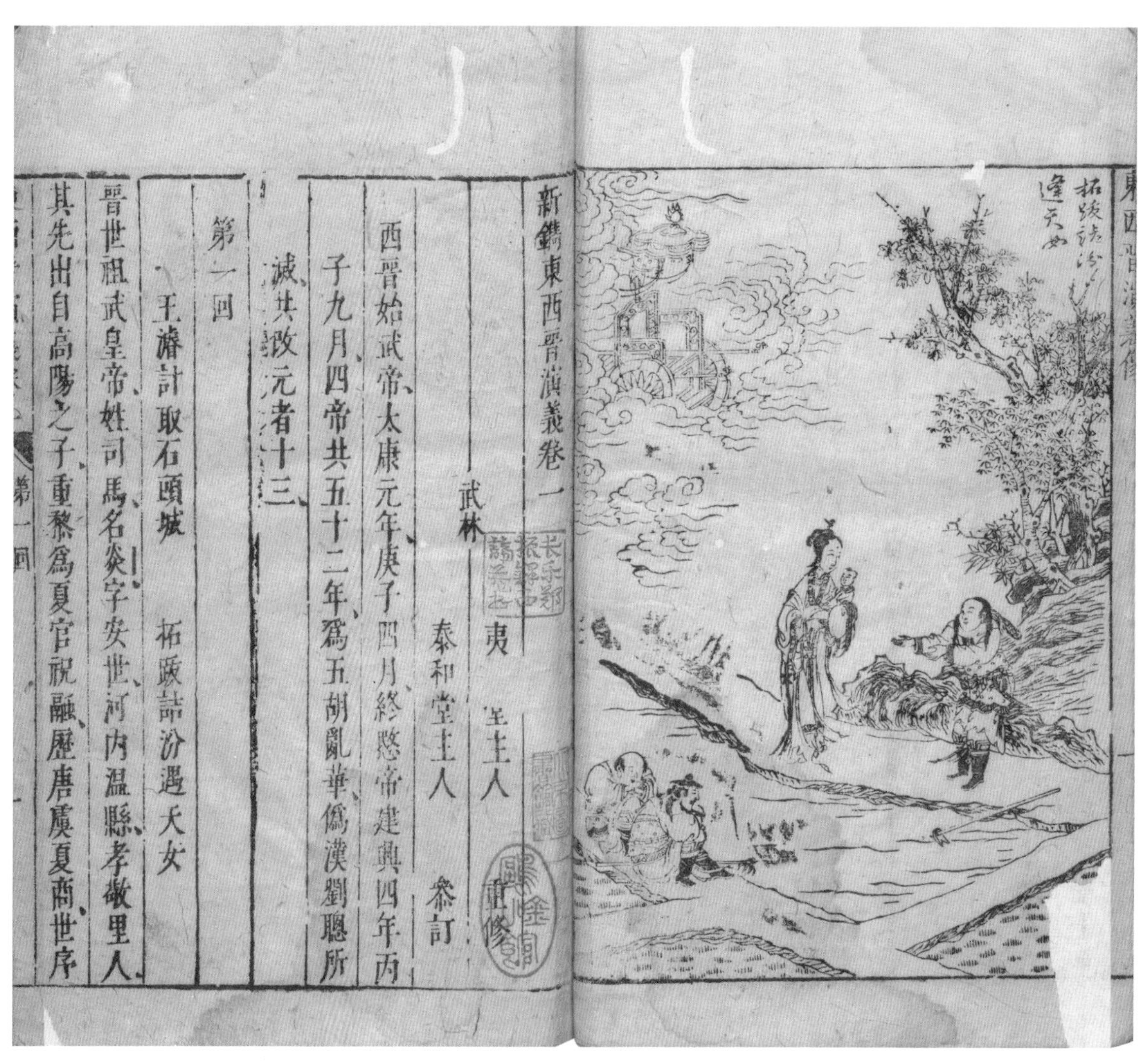

新鐫東西晋演義十二卷五十回　〔明〕楊爾曾撰

明泰和堂刻本

三册　存六卷二十四回：一至二、五至六、九至十（一至八、十七至二十四、三十三至四十回）

半葉十行二十二字，白口，四周單邊。版框 21.9×14.8 厘米

T03449（8914）

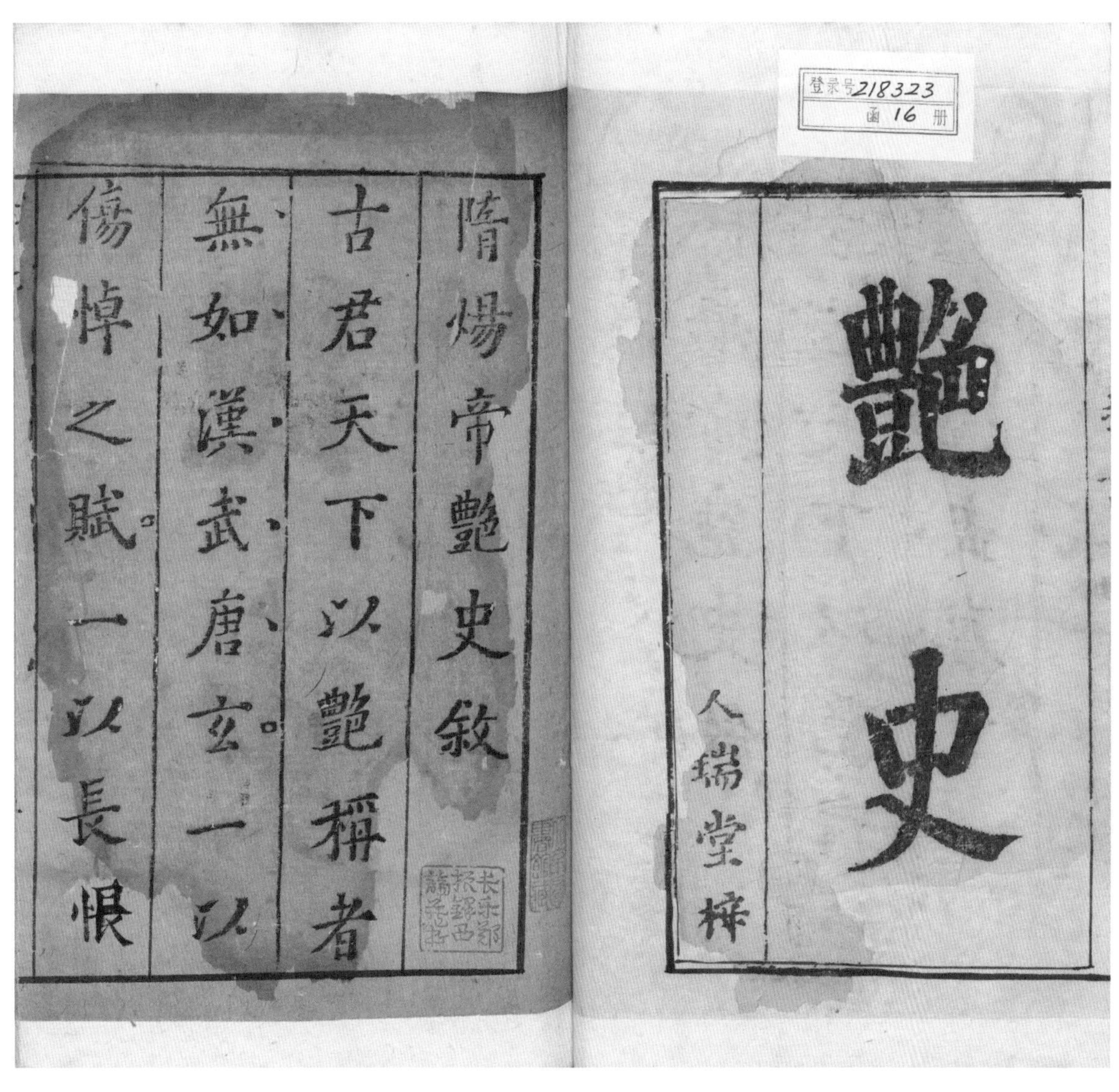

新鐫全像通俗演義隋煬帝艷史八卷四十回　題〔清〕齊東野人撰

明崇禎人瑞堂刻本　野史主人序、委蛇居士題辭

十六册

半葉九行二十字，白口，四周單邊，無直格。版框 20.5×14.0 厘米

新鐫全像通俗演義隋煬帝艷史卷一

齊東野人編演

不經先生批評

第一回

隋文皇帶酒幸宮妃　獨孤后夢龍生太子

詞曰

試問水歸何處，無明徹夜東流，酒乜不管古今愁，浪花如噴雪，新月似銀鈎，暗想當年富貴，掛錦帆直至揚州，風流人去幾千秋，兩行金綫柳

四雪草堂重訂通俗隋唐演義二十卷一百回 〔清〕褚人穫撰

清康熙四雪草堂刻本

二册　存圖

版框 19.8×13.9 厘米

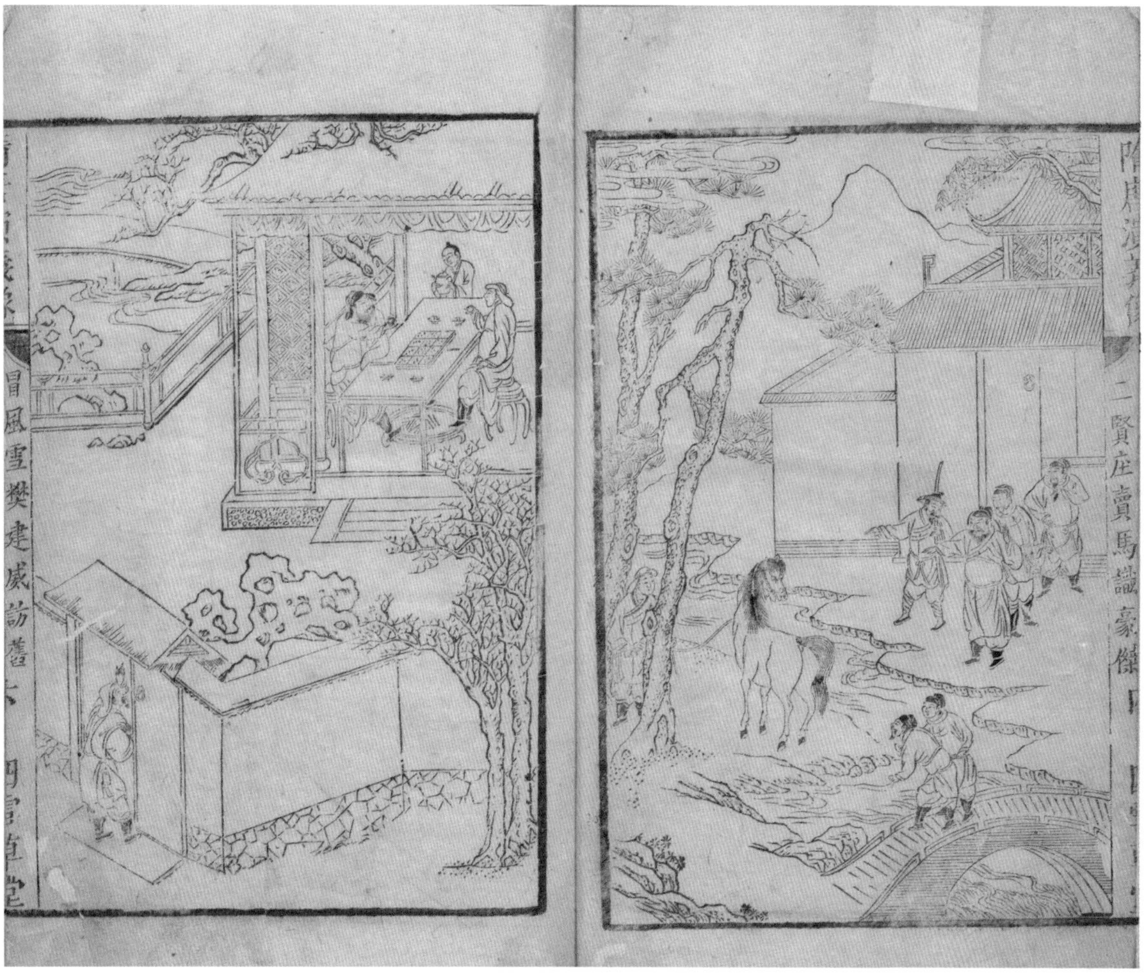
二賢庄賣馬識豪傑
冒風雪樊建威訪舊

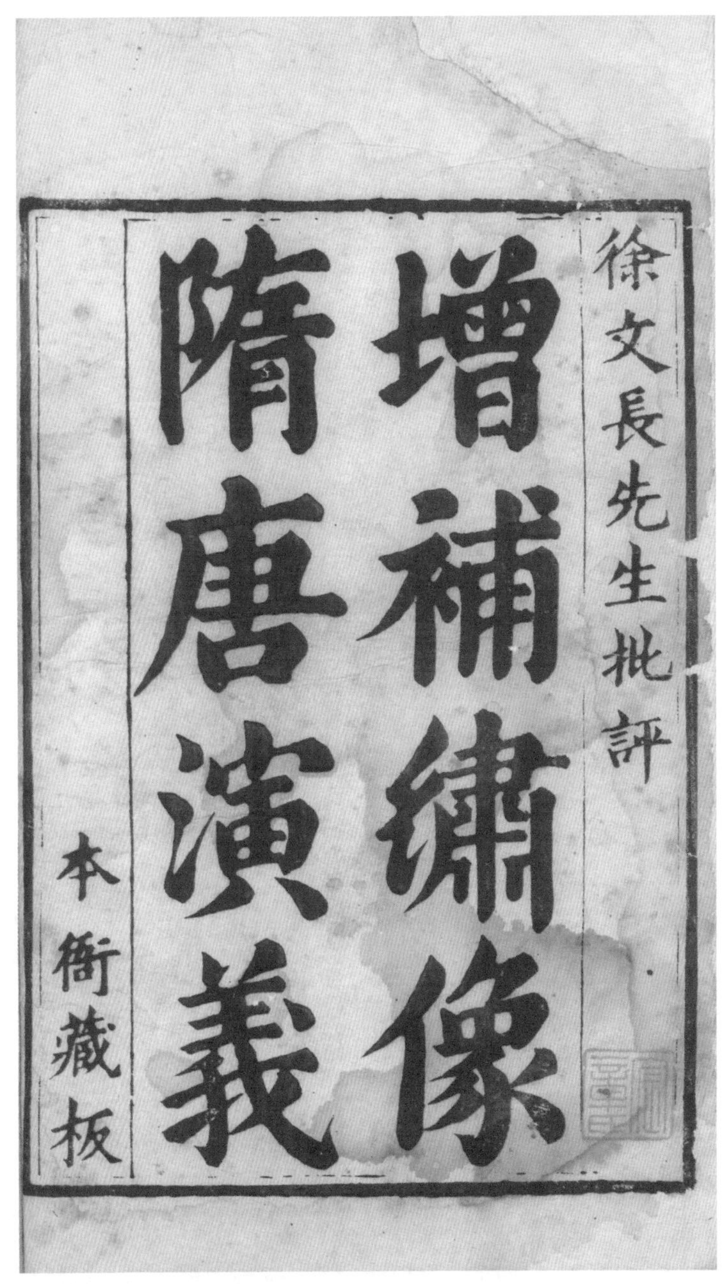

新刊徐文長先生批評隋唐演義十卷一百十四節　〔明〕徐渭評

明末刻本

一册　存目録、圖

版框 20.5×14.2 厘米

T03875（15083）

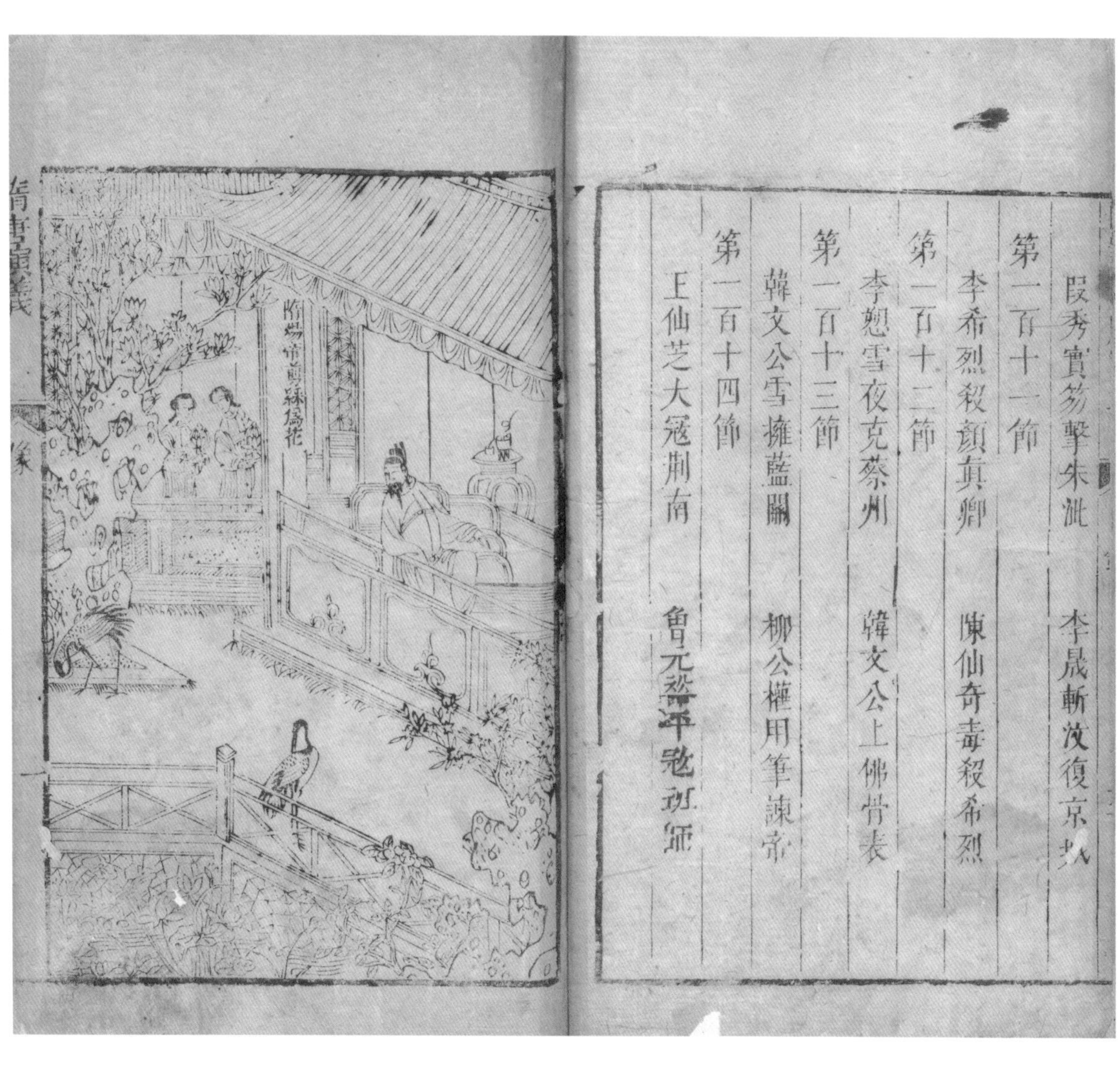

隋唐演義　像

段秀實笏擊朱泚　李晟斬泚復京城

第一百十一節

李希烈殺顏真卿　陳仙奇毒殺希烈

第一百十二節

李愬雪夜克蔡州　韓文公上佛骨表

第一百十三節

韓文公雪擁藍關　柳公權用筆諫帝

第一百十四節

王仙芝大寇荆南　魯元[illegible]評[illegible]

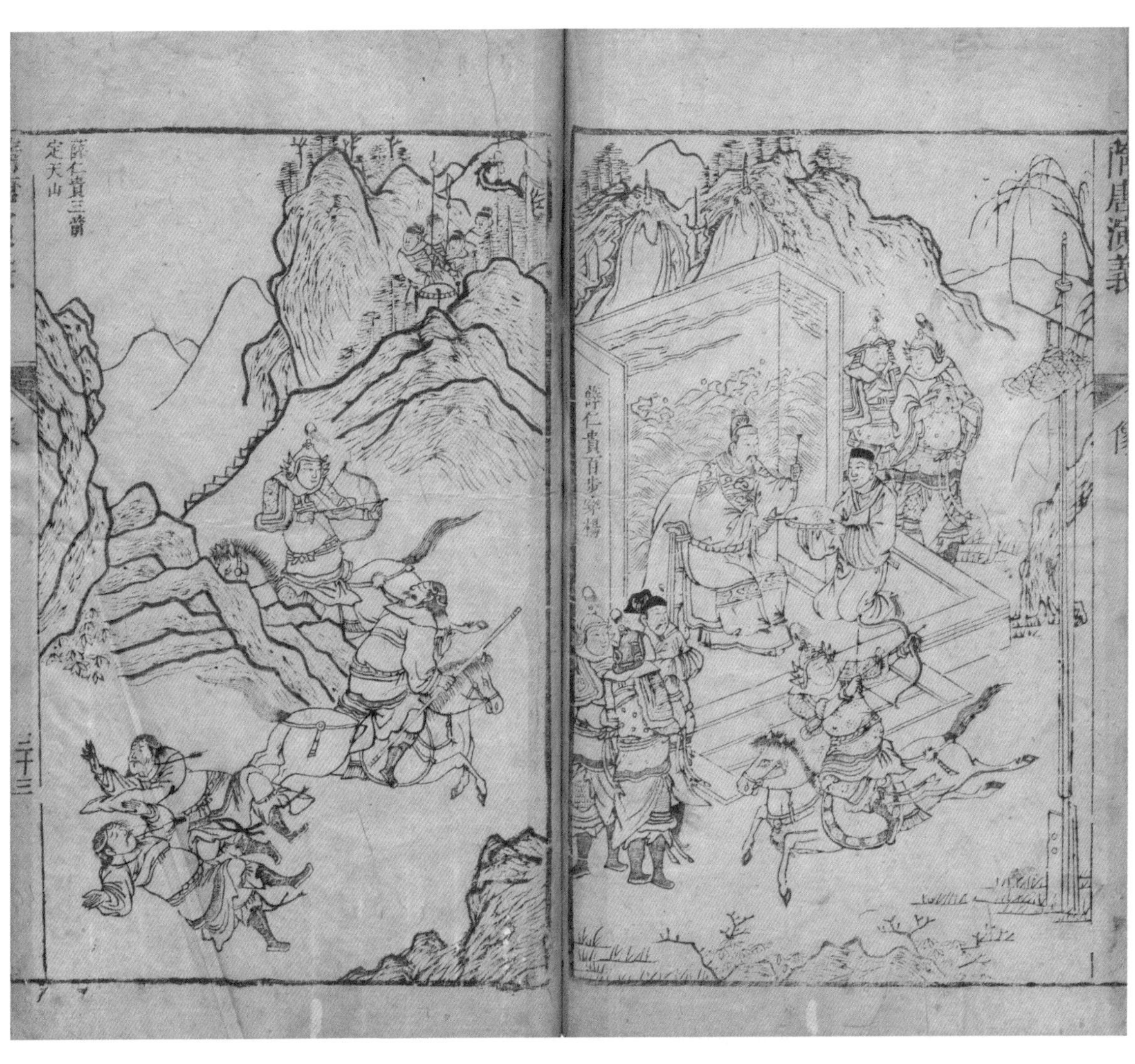

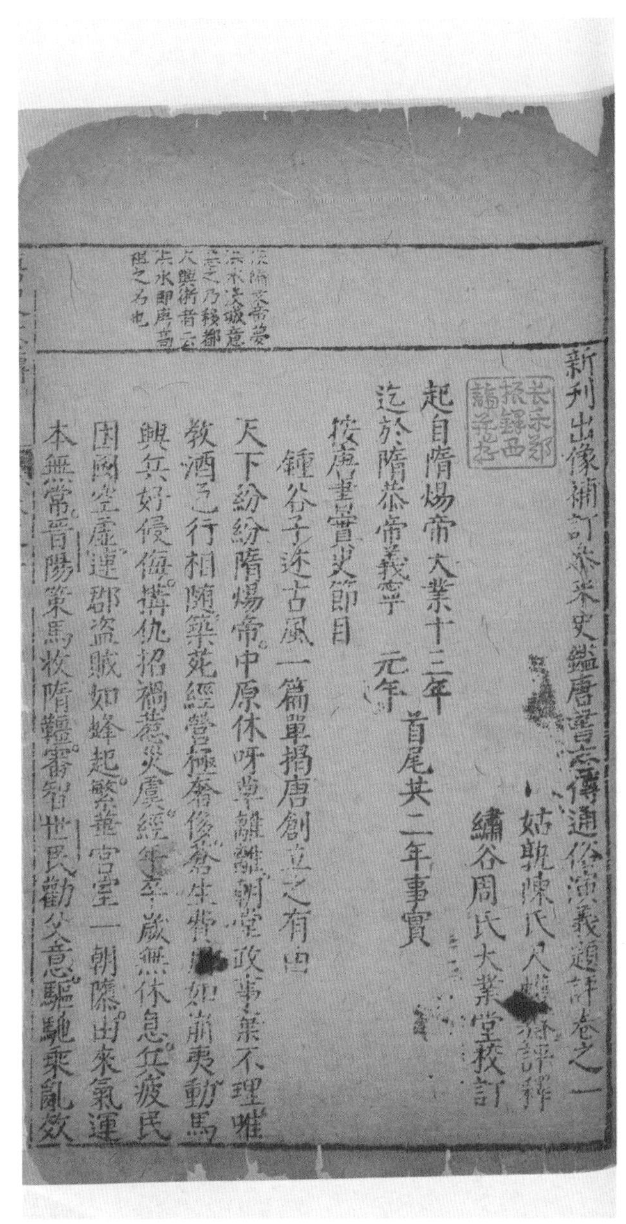
新刊出像補訂參采史鑑唐書志傳通俗演義題評卷之一

姑孰陳氏尺蠖齋評釋

繡谷周氏大業堂校訂

起自隋煬帝大業十三年 首尾共二年事實

迄於隋恭帝義寧元年

按唐書實史節目

鍾谷子述古風一篇單揭唐創立之有由

天下紛紛隋煬帝，中原休呀鼎離離。朝堂政事棄不理，惟教酒色行相隨。築苑經營極奢侈，蒼生費[illegible]如崩夷。動馬興兵好侵侮，携仇招禍惹災虞。經年卒歲無休息，兵疲民困國空虛。連郡盜賊如蜂起，繁華宮室一朝隳。由來氣運本無常，晉陽策馬收隋轡。審智世民勸父意，驅馳乘亂效

按隋文帝夢洪水淹城，意惡之，乃移都大興。術者云洪水即唐高祖之名也。

新刊出像補訂參采史鑒唐書志傳通俗演義題評八卷 〔明〕熊大木撰　題〔明〕陳氏尺蠖齋評釋

明書林周氏大業堂刻本　鄭振鐸跋

十四册　存七卷：一至四、六至八

半葉十二行二十四字，白口，四周單邊，無直格。眉欄鐫評。版框 21.3×14.0 厘米

15741（8912）

諸將佐且陳智畧

唐史志

一九五三年七月廿八日　西諦

余嘗於三年前從孫實君處得明周氏大業堂刊本唐書志傳通俗演義八冊，是不全本，亦以重值收之。蓋明刊小說書最為難得，大業堂鐫小說不少，余一本都無，故遇此書決不肯放過。今晨偕曉鈴訪書隆福寺，曉鈴云有粹雅堂至今尚是半年，幹五頗有善本好書，因同過之。主人張君出此相眎，云彼舊曾任三友堂，知三友堂所得小說戲曲書多歸余，孫實君之唐傳亦係彼所售予中國五六兩本，今此第八本，理宜亦歸之余，余頷之，乃以四財金取歸，不知第五本何時復可得也。

按史校正唐秦王傳八卷六十四回 〔明〕諸聖鄰撰

明天啓刻本

八册

半葉十行二十二字，白口，四周單邊。版框 21.3×14.1 厘米

T03923（8970）

按史校正唐傳演義卷之三

澹圃主人編次
清修居士參訂

詞

我愛春。春意好。山嘴吐晴烟。牆頭戴芳艸。黄鸝罵杏花。惹得遊蜂惱。海棠憔悴牡丹愁。只恐韶光容易老。
我愛夏。夏日長。玉碾棋聲碎。羅翻扇影凉。南風賣奇貨。滿路芰荷香。蟬在綠陰深處噪。也須回首顧螳螂。
我愛秋。秋色楚。籬菊憶陶潛。征鴻嗅蘇武。黄葉落空堦。隨風亂飄舞。雙雙社燕數歸期。舊巢應待明年補。

新鐫玉茗堂批評按鑒參補出像南宋志傳十卷五十回北宋志傳十卷五十回　題〔明〕研石山樵訂正　〔明〕織里畸人校閱

明末金閶葉崐池刻清重修本

六册　存十卷：南宋志傳十卷五十回

半葉十行二十字，白口，四周單邊，無直格。版框 20.1×13.2 厘米

T03924（8966）

新鐫玉茗堂批評按鑑參補南宋志傳卷一

研石山樵訂正　織里畸人校閲

唐明宗天成元年丙戌歲起、是歲凡四國三鎮、至
唐廢帝清泰三年丙申歲止凡十一年

第一回　董節度應讖興王、石敬瑭發兵征蜀
第二回　李潞王汴京稱帝、石敬瑭領鎮河東
第三回　劉知遠議興王策、石敬瑭奉使契丹
第四回　契丹大戰高行周、唐王下詔議親王
第五回　趙德鈞迎降契丹　石敬瑭兵入大梁

敘述一篇

唐自關中起義兵、乾坤一統億昇平傳至昭宗

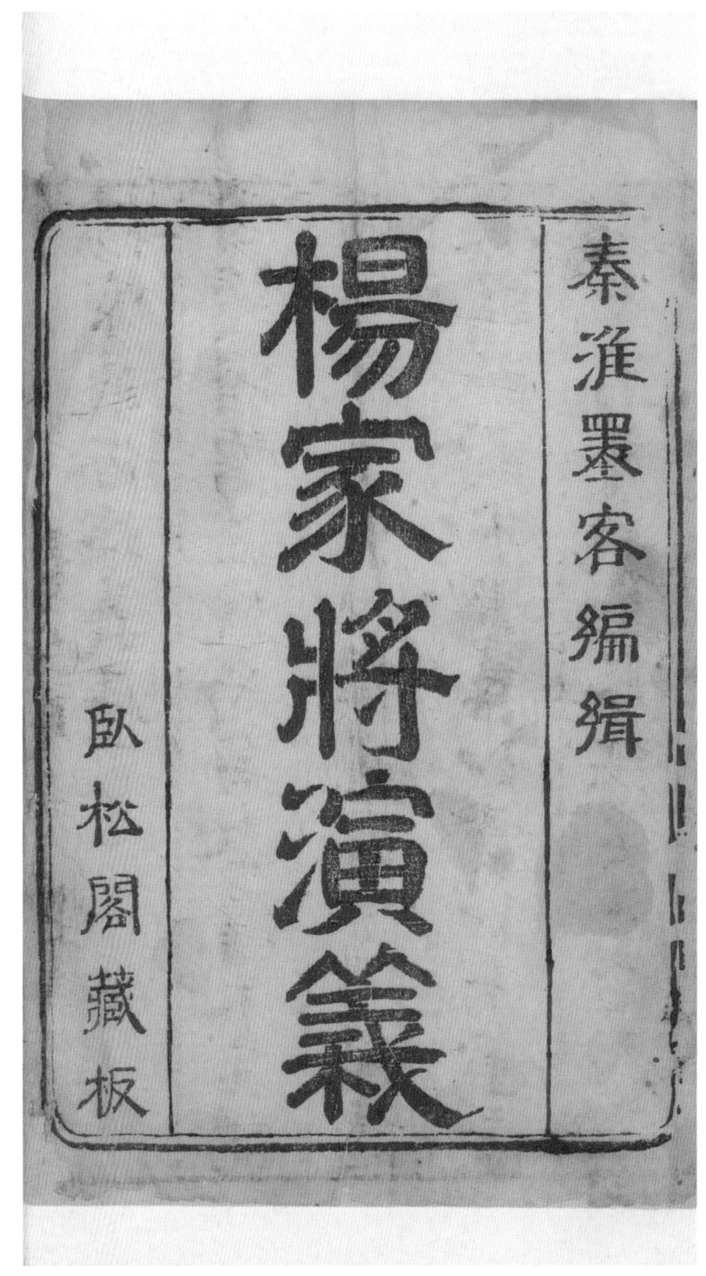

鐫出像楊家府世代忠勇演義志傳八卷　〔明〕紀振倫校　題煙波釣叟參訂

明萬曆三十四年（1606）臥松閣刻本

十六册

半葉十行二十字，白口，四周單邊。版框 21.6×14.4 厘米

16864（8920）

鐫出像楊家府世代忠勇演義志傳一卷

秦淮墨客 校閱

烟波釣叟 參訂

詩曰

楊氏鷹興翊宋深。風聞將落盡寒心。青衿叱咤風雷迅。縱髯揮揚劒戟新。暗地有蠅汚白璧。明廷無象鑄黃金。英雄跳出樊籠外。坐對江山慨古今。

宋太祖受禪登基

宋太祖。姓趙。名匡胤。涿郡人。父名弘殷。爲周朝檢校司徒。岳州防禦使。母杜氏。安喜人。生匡胤于洛陽夾

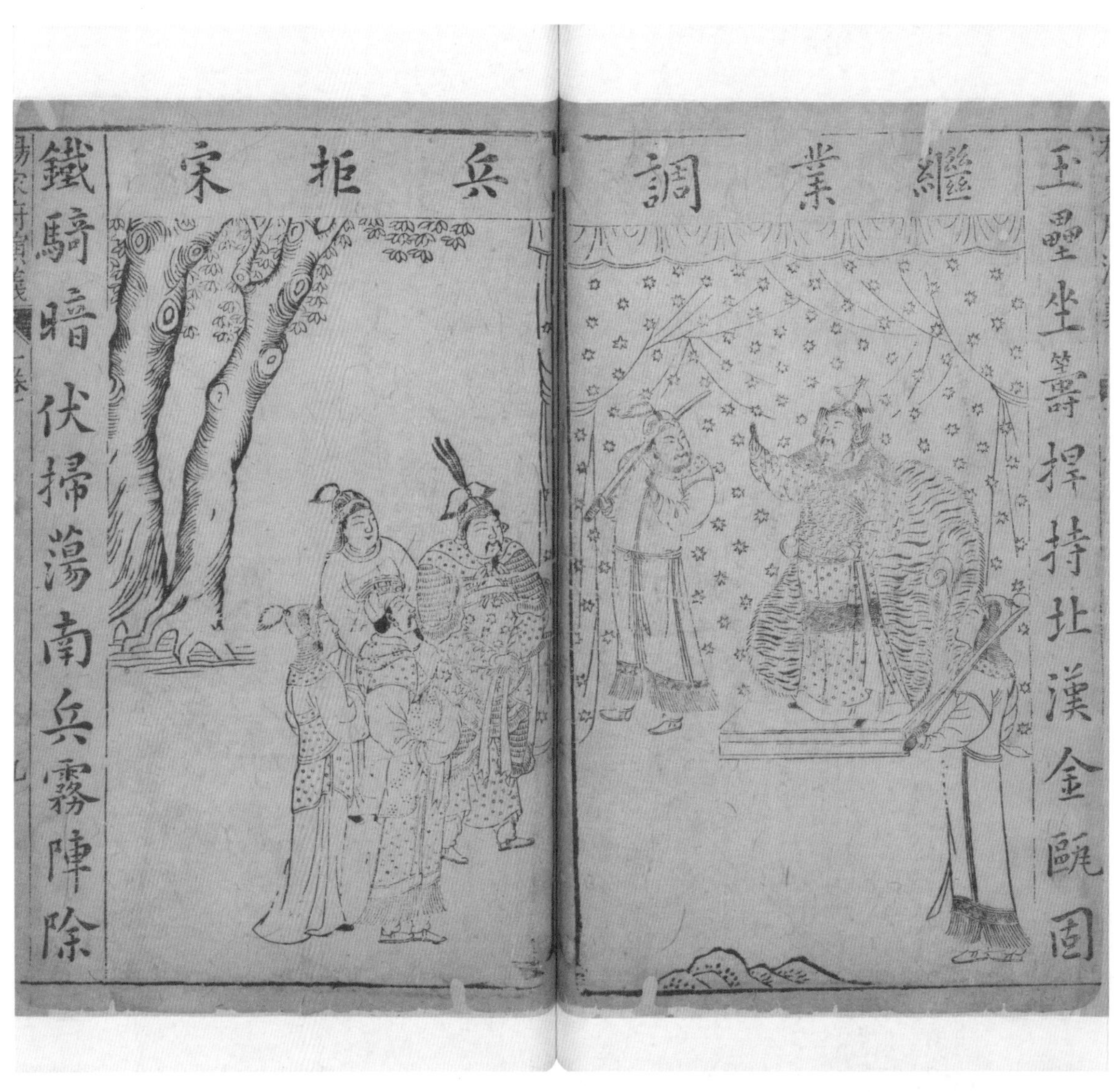
繼業調兵拒宋
玉壘坐籌捍持北漢金甌固
鐵騎暗伏掃蕩南兵霧陣除

鐫出像楊家府世代忠勇演義志傳八卷 〔明〕紀振倫校　題煙波釣叟參訂

明萬曆三十四年（1606）卧松閣刻本

四册　存三卷：一、四至五

半葉十行二十字，白口，四周單邊。版框 21.2×14.1 厘米

T03925（8965）

遼比試
杰然兄妹自從邊閫掃烽塵

鐫出像楊家府世代忠勇演義志傳一卷

秦淮墨客 校閱

烟波釣叟 參訂

詩曰

楊氏麐興翊宋深。風聞將落盡寒心。青衿叱咤風雷迅。綠鬢揮揚劒戟新。暗地有蠅污白璧。明廷無象鑄黃金。英雄跳出樊籠外。坐對江山慨古今。

宋太祖受禪登基

宋太祖。姓趙。名匡胤。涿郡人。父名弘殷。爲周朝撿校司徒。岳州防禦使。母杜氏。安喜人。生匡胤于洛陽夾

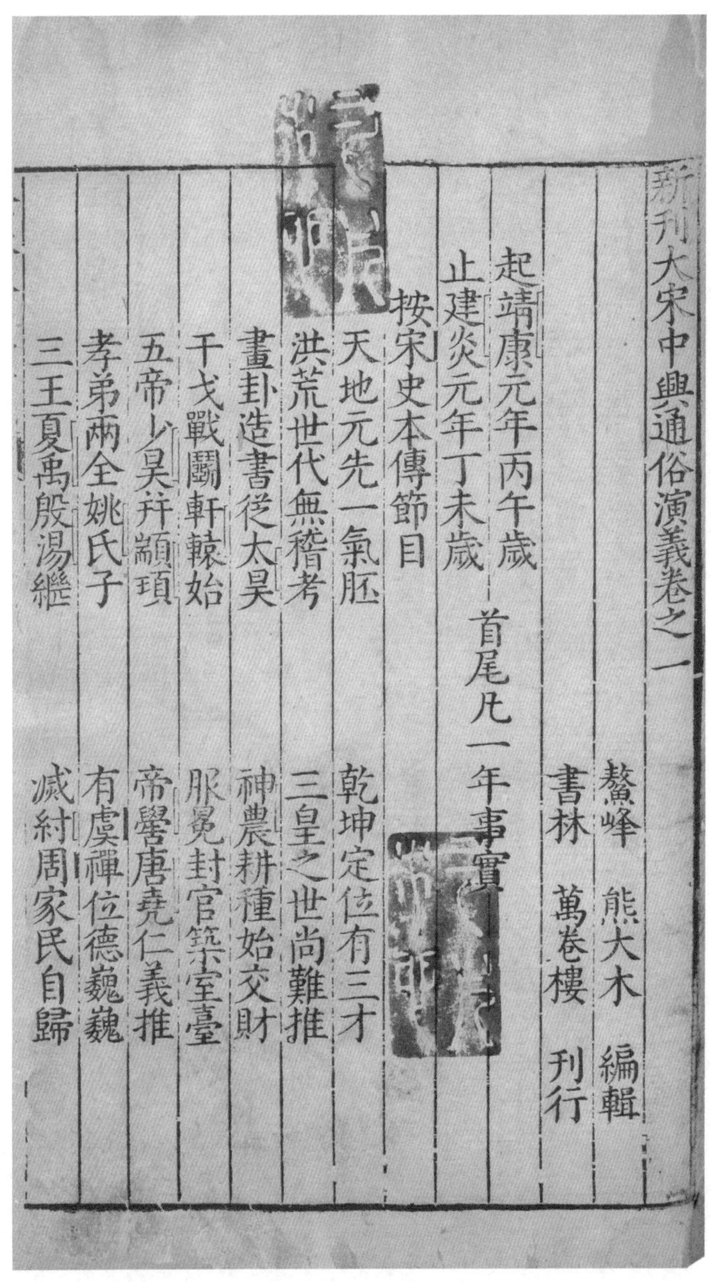
新刊大宋中興通俗演義卷之一　　鰲峰　熊大木　編輯
書林　萬卷樓　刊行
起靖康元年丙午歲
止建炎元年丁未歲　首尾凡一年事實
按宋史本傳節目
天地元先一氣肧　乾坤定位有三才
洪荒世代無稽考　三皇之世尚難推
畫卦造書從太昊　神農耕種始交財
干戈戰鬬軒轅始　服冕封官築室臺
五帝少昊并顓頊　帝嚳唐堯仁義推
孝弟兩全姚氏子　有虞禪位德巍巍
三王夏禹殷湯繼　滅紂周家民自歸

新刊大宋中興通俗演義十卷　〔明〕熊大木撰

明萬曆書林萬卷樓刻本

一册　存一卷：一

半葉十三行二十六字，白口，四周單邊。版框 21.7×14.2 厘米

15725（8919）

離亂七雄矦十二　秦傳一世國多灾
漢王入關楚背約　重瞳雖勇刎于垓
漢家據蜀分三國　簒魏除劉晉祚輝
兩晉出于司馬懿　江南接晉宋齊來
後梁國滅陳家繼　北有胡君作亂階
北周已被楊堅簒　兩朝歸一國稱隋
煬帝不仁從李氏　唐家立國用人材
二十四君衰帝盡　五代梁唐晉漢柴
周家二姓幷柴郭　天氣循環瑞氣回
甲馬營中生明主　紫氣紅光映玉臺
受周禪位爲天子　一統山河歸正排

斡離不舉兵南寇

却說宋朝徽宗皇帝。大興土木。極侈窮奢。寵用小人。誅戮大臣。天下民怨。盜賊蜂起。猶與金人約滅大遼。開邊生事。未及一年。金太宗完顔晟差斡離不領人馬從東路進。自燕直犯河北。大太子粘罕領人馬從西路進。自河東直犯代忻等州。徑取太原。宋家無備。如入無人之境。況中原久不知兵。內無賢相。外無勇將。束手無措。坐看中原沒于夷狄。生靈塗炭。不可勝悲。是時金兵將至汴梁。邊報狎至。朝廷震懼。不復議戰守。惟日謀避金人之計。始遣李鄴代給事中至金營講和。降詔罪已。名天下勤王之師。且命皇太子爲開封府牧。以理天下事。當日衆臣聞賊馬逼近。聚議都堂中。茫然無策。只將各人家屬散之四方。以避禍矣。有太常少卿李綱素與給事中吳敏相善。及聞朝廷欲以皇太子爲開封府牧。羣臣各欲退避。是夜過吳敏家。與敏議曰。目今金兵臨城。衆人束手無計。事已急矣。陛下以皇太子建牧之議。豈非欲委以留守之任乎。且東宮恭儉之德聞于天下。當禪以正位。以守宗社。是也。今建以爲牧。非也。尚值庶民塗炭。大盜倡獗如此。

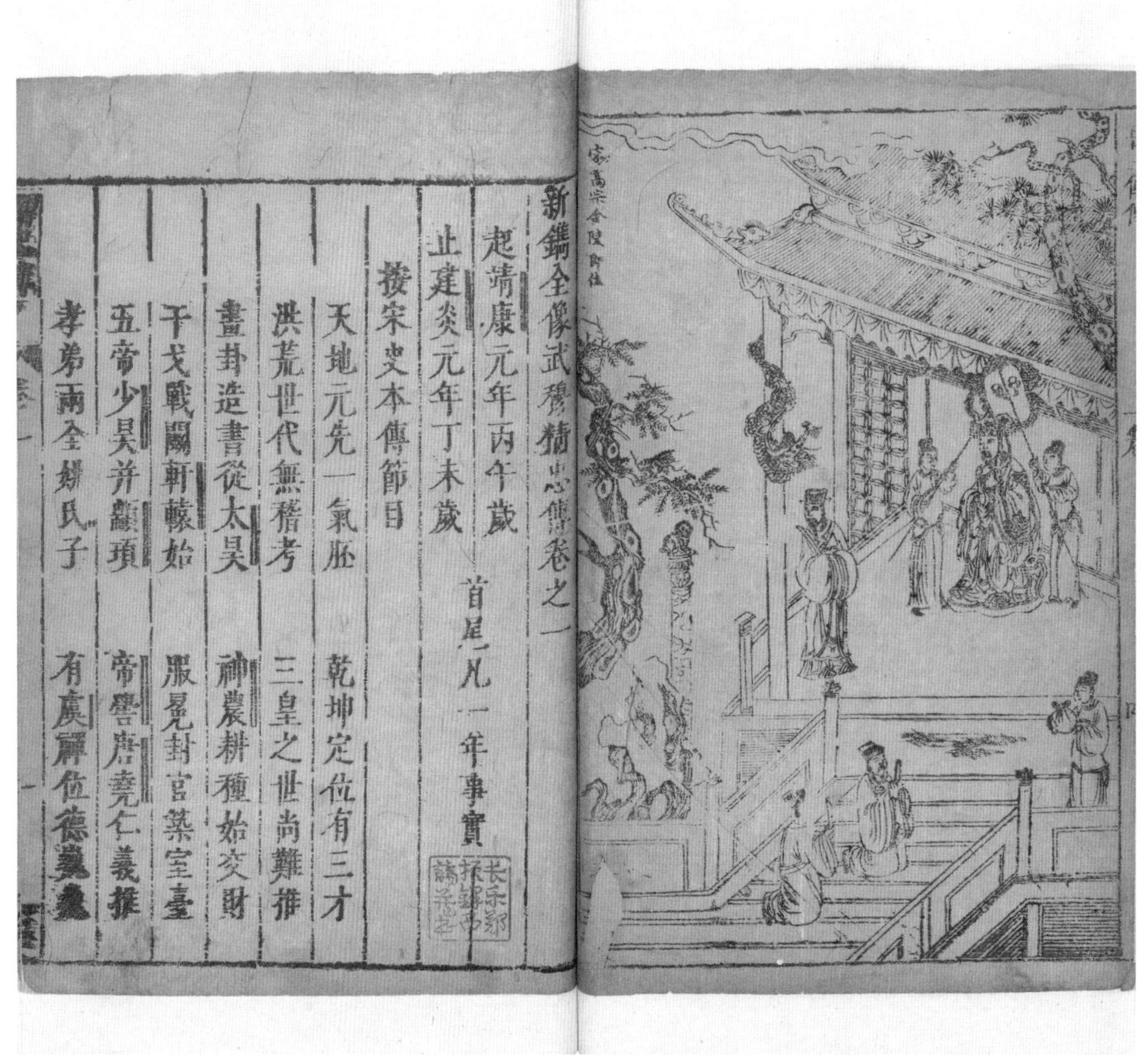

新鐫全像武穆精忠傳八卷

明末刻遞修本

八册　存四卷：一至三、七

半葉十行二十字，白口，四周單邊。版框 20.0×14.5 厘米

三王夏禹殷湯繼　滅紂周家民自歸
爭亂七雄侯十二　秦傳一世國多矣
漢王入關楚背約　重瞳雖勇刎于垓
漢家據蜀分三國　篡魏除劉晉祚摧
兩晉出於司馬懿　江南接晉宋齊來
後梁國滅陳家繼　北有胡君作亂階
北周已被陽堅篡　兩朝歸一國稱隋
煬帝不仁從李氏　唐家立國用人材
二十四君哀帝盡　五代梁唐晉漢柴
周家二姓并柴郭　八氣循環瑞氣回
甲馬營中生明主　紫氣紅光映玉臺
受周禪位爲天子　一統山河歸正排

斡離不舉兵南寇

却說宋朝徽宗皇帝、大興土木、極侈窮奢、寵用小人、詐戮大臣、天下民怨、盜賊蜂起、猶與金人約滅大遼、開邊生事、未及一年、金太宗完顏晟差斡離不領人馬從東路進、自燕直犯河北、大太子粘罕領人馬從西路進、自河東直犯代忻等州、徑取太原、宋家無備、如入無人之境、況中原久不知兵、內無賢相、外無勇將、束手無策、坐看中原沒于夷狄、生靈塗炭、不可勝

岳武穆盡忠報國傳七卷 〔明〕于華玉刪訂

明末友益齋刻本

十册

半葉十行二十字，白口，四周單邊。版框 20.8×14.6 厘米

15738（8918）

岳武穆盡忠報國傳卷之一

臥治軒 評

大宋繼漢唐之後。傳世十八。歷年三百二十。尊仁崇道。文治有餘。而武功不競。遼橫于初。金侵于中。元滅于後。雖有寇萊公岳少保文丞相三數元忠。折衝禦侮其間。國勢稍振。而夷狄之禍。卒與宋朝相終始而莫之殄者。何也。權臣在內。而大將能立功于外。從古未之有也。雖然萊公見忌于王欽若而遼盟旣成。文丞相見嫉于賈似道而授命遂志。差可令人無憾。獨是岳少保盡忠報國。大志垂成。而賊檜貳心議和竟

刻全像增補
校正一字無差
皇明英烈傳

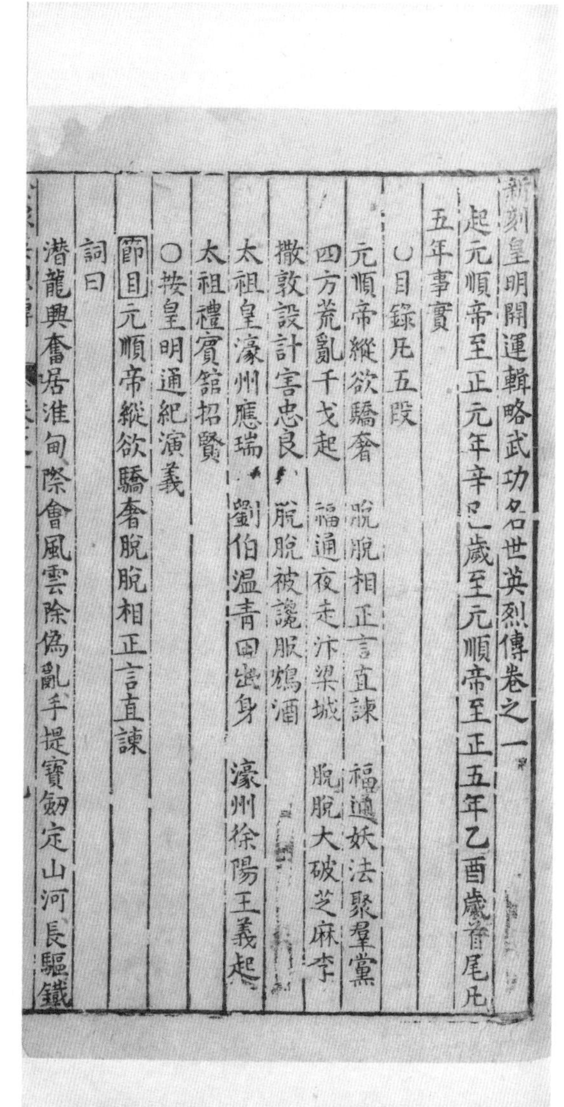

新刻皇明開運輯略武功名世英烈傳卷之一
起元順帝至正元年辛巳歲至元順帝至正五年乙酉歲首尾凡
五年事實
◎目錄凡五段
元順帝縱欲驕奢　脫脫相正言直諫　福通妖法聚羣黨
四方荒亂干戈起　福通夜走汴梁城　脫脫大破芝麻李
撒敦設計害忠良　脫脫被讒服鴆酒
太祖皇濠州應瑞　劉伯温青田出身　濠州徐陽王義起
太祖禮賓館招賢
○按皇明通紀演義
節目元順帝縱欲驕奢脫脫相正言直諫
詞曰
潛龍興奮居淮甸際會風雲除僞亂手提寶劍定山河長驅鐵

新刻皇明開運輯略武功名世英烈傳六卷首一卷

明刻本

十二册

半葉十三行二十六字，小字雙行同，白口，四周單邊。版框 23.0×14.4 厘米

15752（8932）

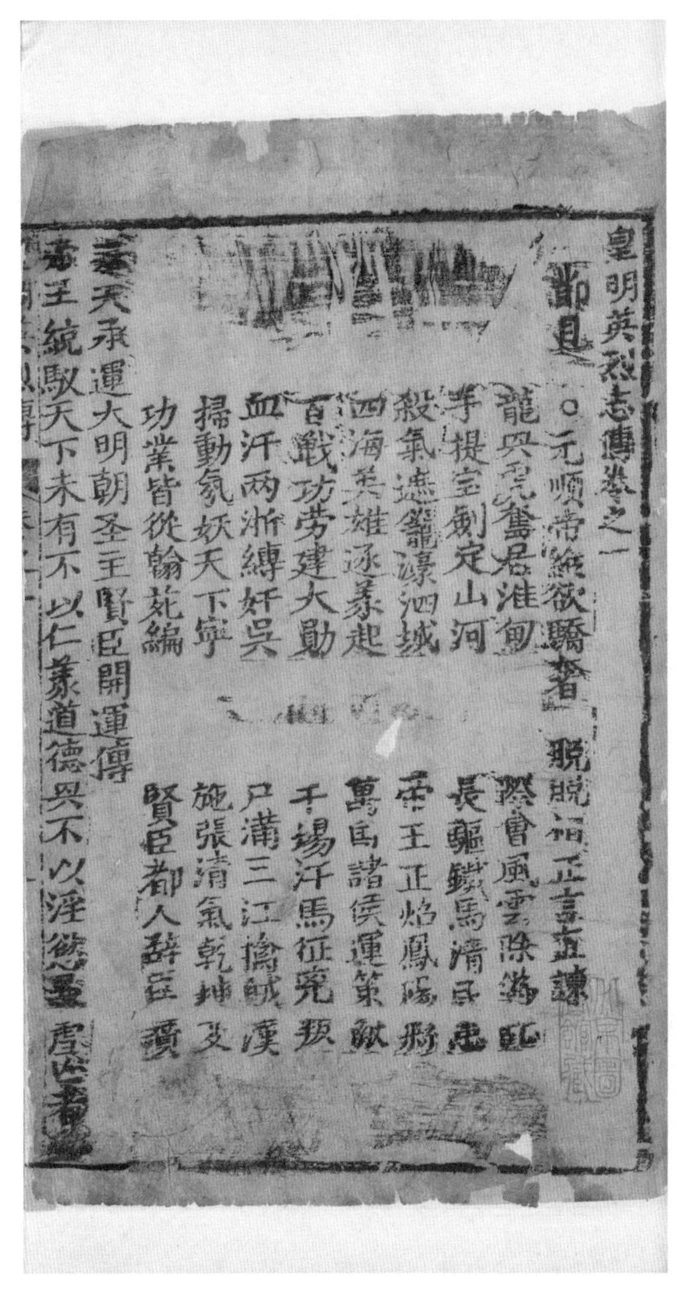

皇明英烈志傳四卷六十回

明刻本

六册

半葉十二行二十四字，白口，四周單邊，無直格。版框 19.4×12.8 厘米

鐫于少保萃忠傳十卷七十回　〔明〕孫高亮撰　〔明〕沈國元評

明末刻本

一册　存二卷十六回：九至十（五十五至七十回）

半葉十行二十字，白口，四周單邊。版框 20.0×14.3 厘米

15829（9229）

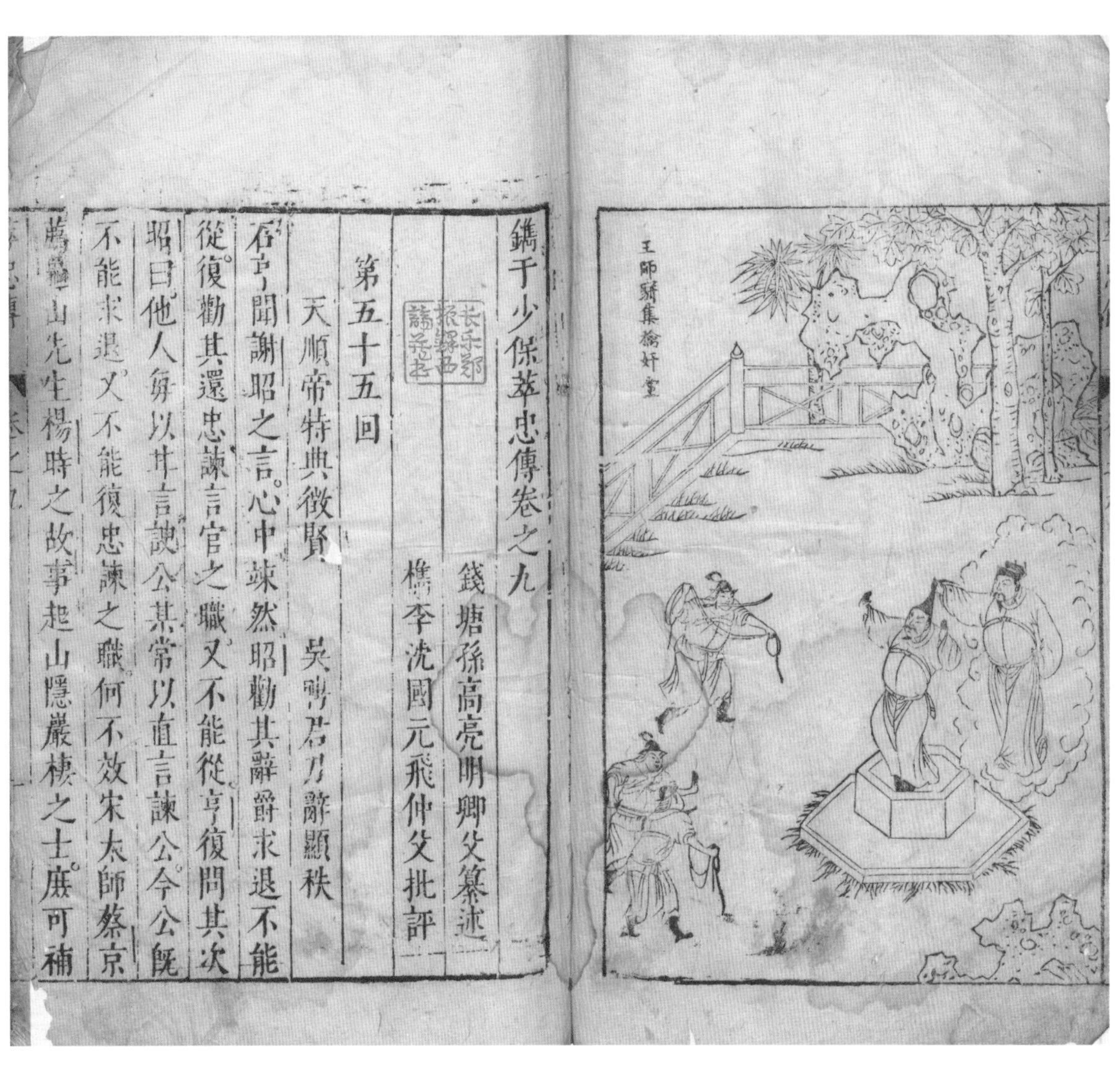

鐫于少保萃忠傳卷之九

錢塘孫高亮明卿父纂述

檇李沈國元飛仲父批評

第五十五回

天順帝特典徵賢　吳聘君力辭顯秩

石亨聞謝昭之言。心中竦然。昭勸其辭爵求退不能從。復勸其還忠諫言官之職。又不能從。亨復問其次。昭曰。他人每以非言譏公。某常以直言諫公。今公既不能求退。又不能復忠諫之職。何不效宋太師蔡京薦龜山先生楊時之故事。起山隱巖棲之士。庶可補

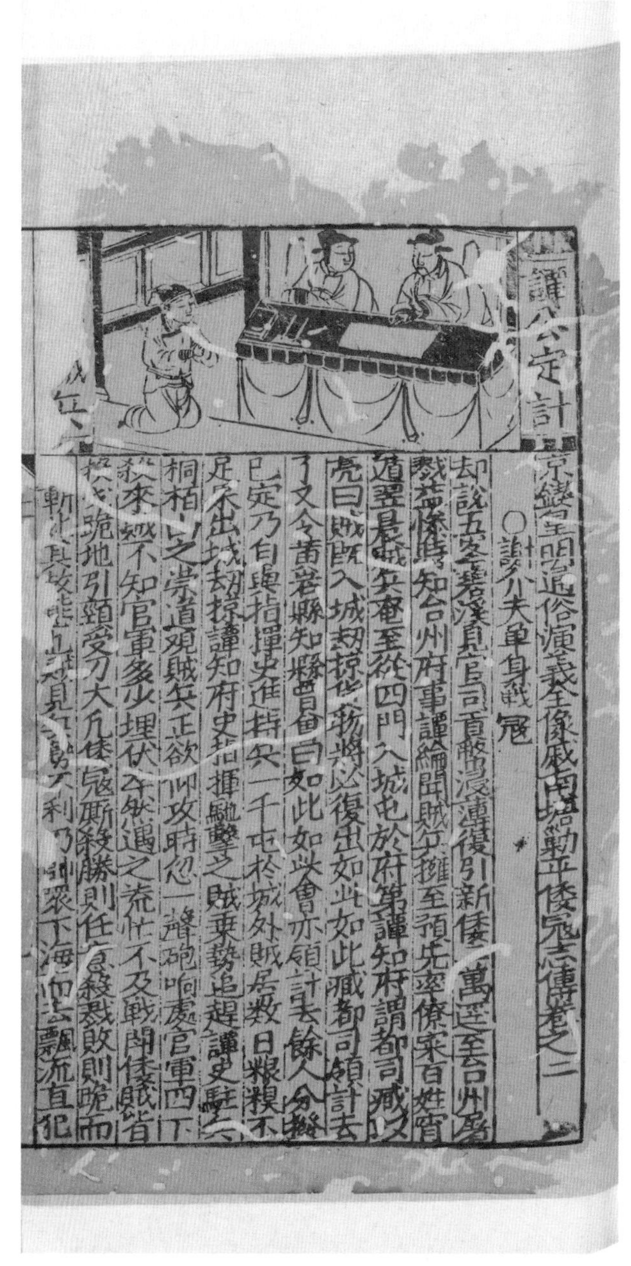

京鍥皇明通俗演義全像戚南塘勦平倭寇志傳□卷

明刻本　鄭振鐸跋

三册　存三卷：一至三

半葉十三行二十四字，白口，四周單邊。上圖下文。版框 20.3×12.4 厘米

16710（補 451）

新編皇明通俗演義七曜平妖全傳六卷七十二回 題清隱道士撰　延平處士訂正

明末刻清修本

六册

半葉十行二十字，白口，四周單邊，無直格。版框 19.7×13.2 厘米

19558（8916）

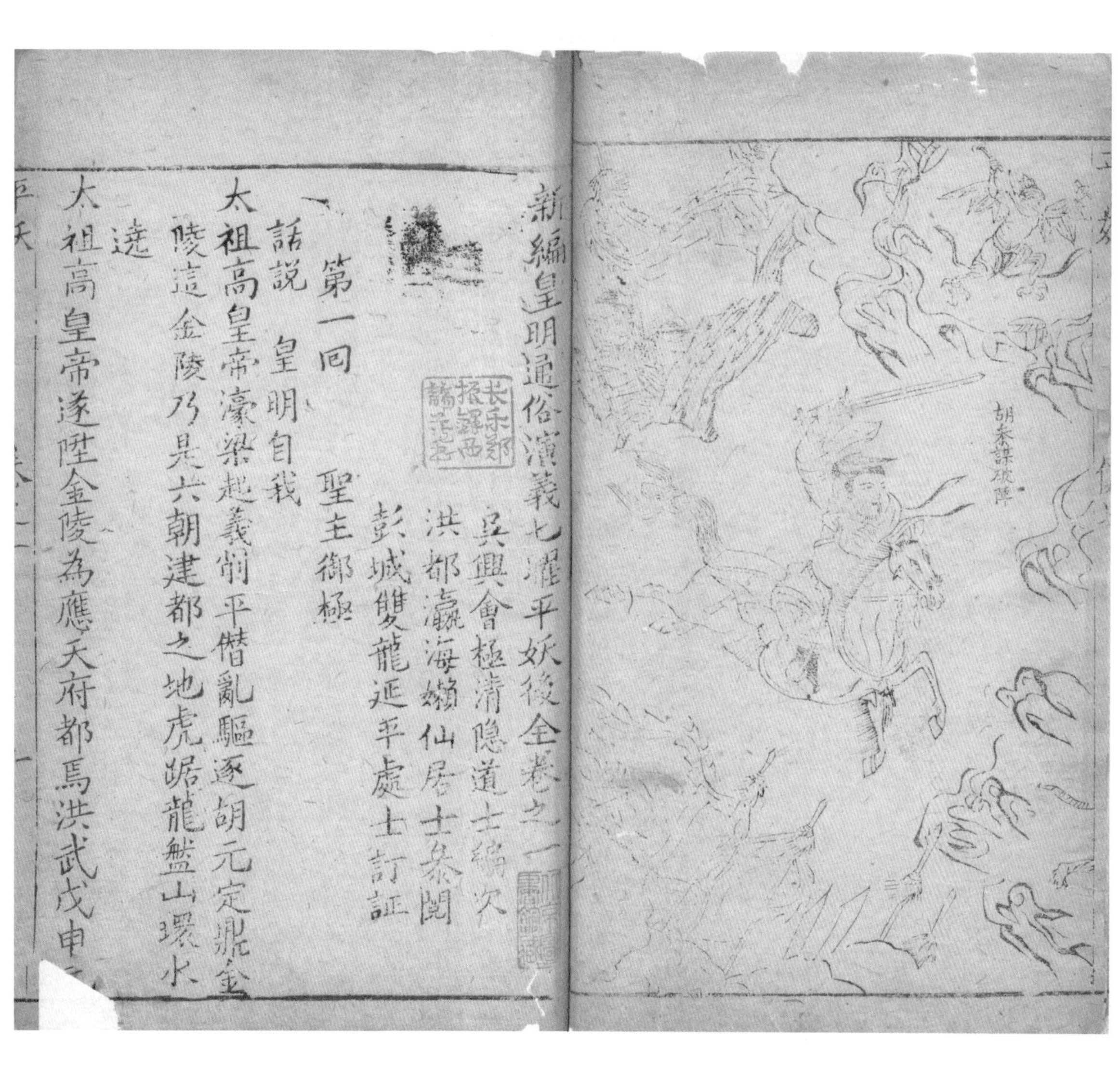

新編皇明通俗演義七曜平妖後全卷之一

吳興會極清隱道士編次
洪都瀛海嫡仙居士參閱
彭城雙龍延平處士訂証

第一回　聖主御極

話說　皇明自我
太祖高皇帝濠梁起義削平僭亂驅逐胡元定鼎金
陵這金陵乃是六朝建都之地虎踞龍盤山環水
遶
太祖高皇帝遂陞金陵為應天府都焉洪武戊申

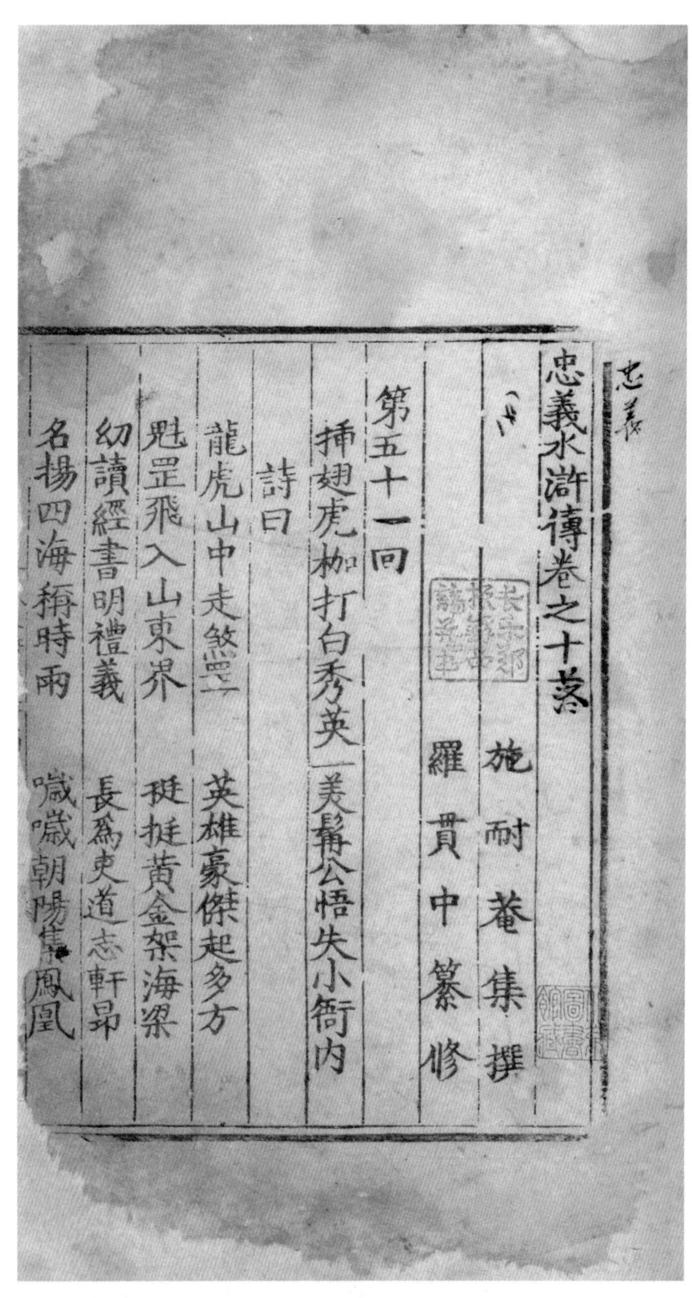
忠義水滸傳卷之十落
施耐菴集撰
羅貫中纂修
第五十一回
插翅虎枷打白秀英　美髯公悟失小衙内
詩曰
龍虎山中走煞罡　英雄豪傑起多方
魁罡飛入山東界　挺挺黄金架海梁
幼讀經書明禮義　長爲吏道志軒昂
名揚四海稱時雨　噦噦朝陽集鳳凰

水滸傳二十卷一百回　〔元〕施耐庵撰

明刻本

三册　存一卷五回：十一（五十一至五十五回）

半葉十行二十字，白口，四周單邊。版框 17.3×13 厘米

12433（8907）

忠義水滸傳一百回　〔元〕施耐庵撰

明末刻本

十二册　存四十四回：一至四十四

半葉十行二十二字，白口，四周單邊，無直格。版框 20.8×14.3 厘米

16733（補 601、補 621）

仍以為妖魔妙

極沒要緊亦有點綴正似春秋紀年之始

忠義水滸傳

第一回　張天師祈禳瘟疫　洪太尉誤走妖魔

話說大宋仁宗天子在位、嘉祐三年三月三日五更三點天子駕坐紫宸殿、受百官朝賀、但見

祥雲迷鳳閣、瑞氣罩龍樓、含煙御柳拂旌旗、帶露宮花迎劍戟、天香影裏、玉簪朱履聚丹墀、仙樂聲中、綉襖錦衣扶御駕、珍珠簾捲、黃金殿上現金輿、鳳羽扇開、白玉堦前停寶輦、隱隱淨鞭三下響、層層文武兩班齊

當有殿頭官喝道、有事出班早奏、無事捲簾退朝、只見班

忠義水滸全書一百二十回〔元〕施耐庵撰　〔明〕羅本纂修　〔明〕李贄評閲　**宣和遺事一卷**

明末郁郁堂刻本　鄭振鐸跋

三十二册

半葉十行二十二字，白口，四周單邊，無直格。版框 20.9×14.5 厘米

T02995（補 152）

何以爲始
意也

亦似春秋
亂世之始

音豫

忠義水滸全書

第一回　張天師祈禳瘟疫　洪太尉誤走妖魔

話說大宋仁宗天子在位，嘉祐三年三月三日五更三點，天子駕坐紫宸殿，受百官朝賀。但見

祥雲迷鳳閣，瑞氣罩龍樓。含煙御柳拂旌旗，帶露宮花迎劍戟。天香影裏，玉簪朱履聚丹墀；仙樂聲中，綉襖錦衣扶御駕。珍珠簾捲，黄金殿上現金轝；鳳羽扇開，白玉堦前停寶輦。隱隱淨鞭三下響，層層文武兩班齊。

當有殿頭官喝道：有事出班早奏，無事捲簾退朝。只見班

我於十多年前曾購得楊定見本水滸全傳一部今遍覓不獲不知於何時何地失去亦不憶曾為何人所借去偶於北京中國書店見到此書一部躊躇欲購之却又怕舊藏本可能突然出現今晨想起水滸研究工作亟待進行此書乃是不可少的一個本子便下了決心到中國書店盡傾囊中所有携書而歸不可謂非豪舉也

一九五八年四月二十四日　西諦記

忠義水滸全書一百二十回　〔元〕施耐庵撰　〔明〕羅本纂修　〔明〕李贄評閲　**宣和遺事一卷**

明末郁郁堂刻本

一册　存：扉頁、小引、凡例、姓氏、引首、目録、圖一百二十幅，宣和遺事一卷

半葉十行二十二字，白口，四周單邊。版框20.4×14.0厘米

T02994（補622）

八
智取生辰綱
説三阮撞籌

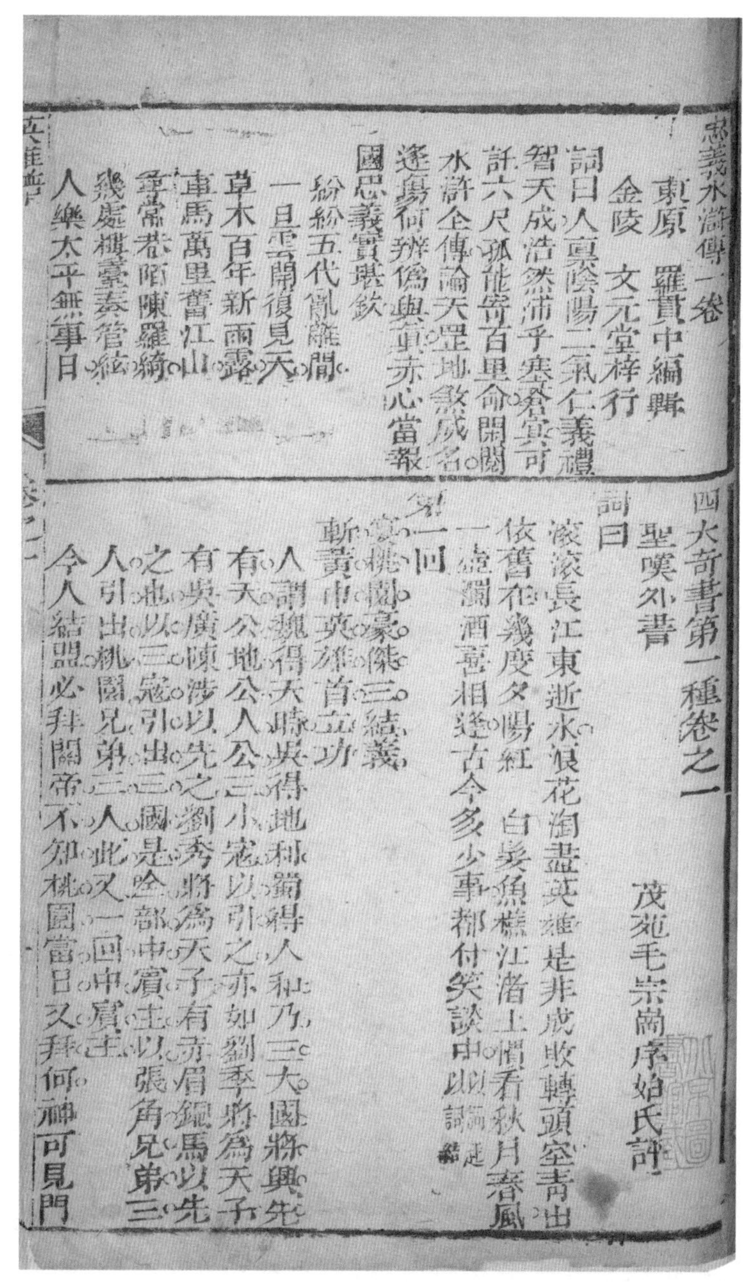

英雄譜四十卷 〔明〕熊飛輯

清初文元堂刻本

二十册

上下兩欄，上欄半葉十六行十二字，下欄半葉十五行二十三字，白口，四周單邊，無直格。版框 21.8×14.5 厘米

T04350（5867）

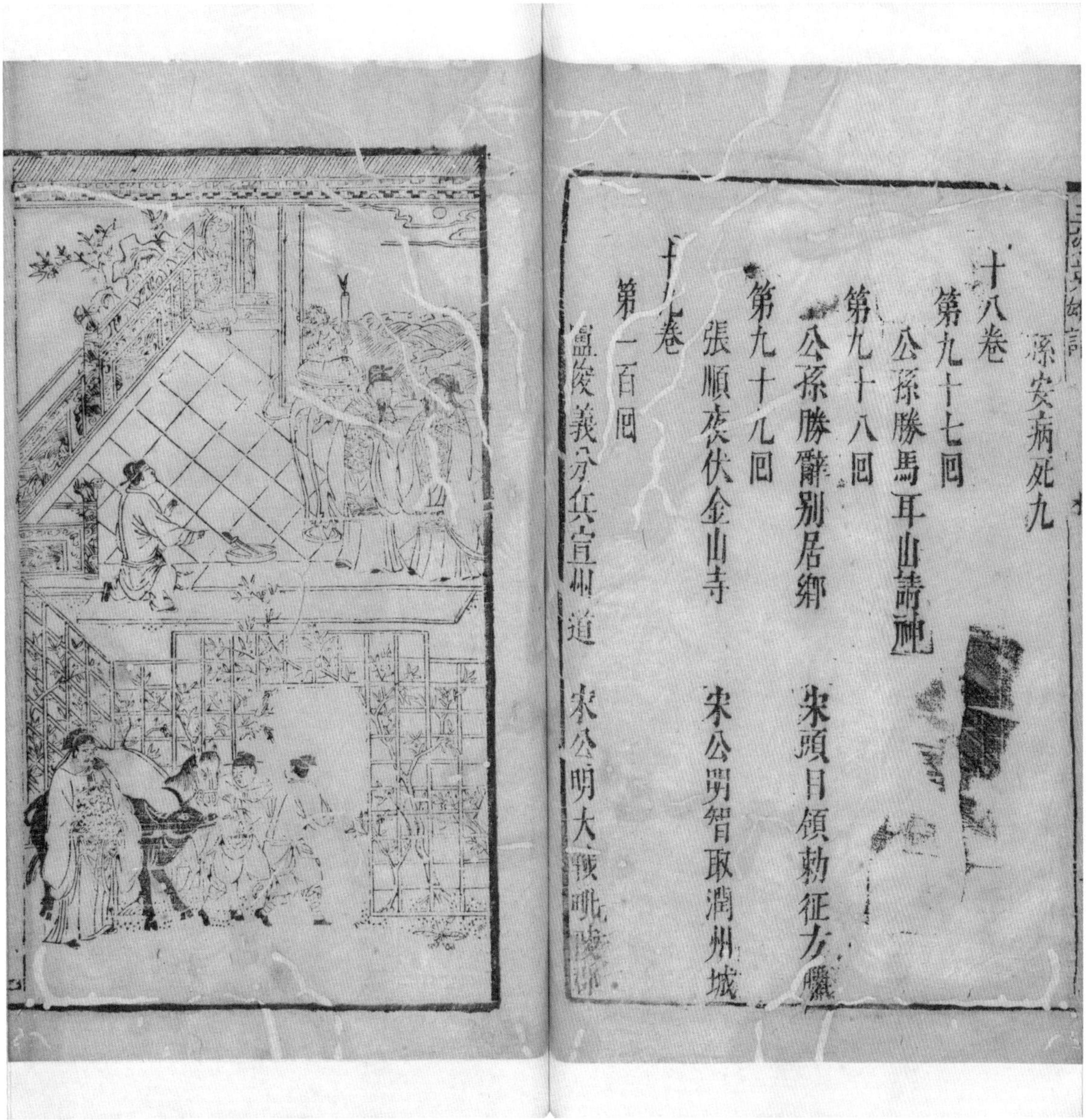
孫安病死九
十八卷
第九十七回
公孫勝馬耳山請神
第九十八回
公孫勝辭別居鄉　宋頭目領勅征方臘
第九十九回
張順夜伏金山寺　宋公明智取潤州城
十九卷
第一百回
盧俊義分兵宣州道　宋公明大戰毗陵郡

英雄譜四十卷目録二卷圖二卷　〔明〕熊飛輯

明崇禎熊氏雄飛館刻本

一册　存三卷：三國志目録一卷、圖一卷、水滸傳目録一卷

半葉十一行二十字，白口，四周單邊。版框 22.4×12.9 厘米

16712（補 439）

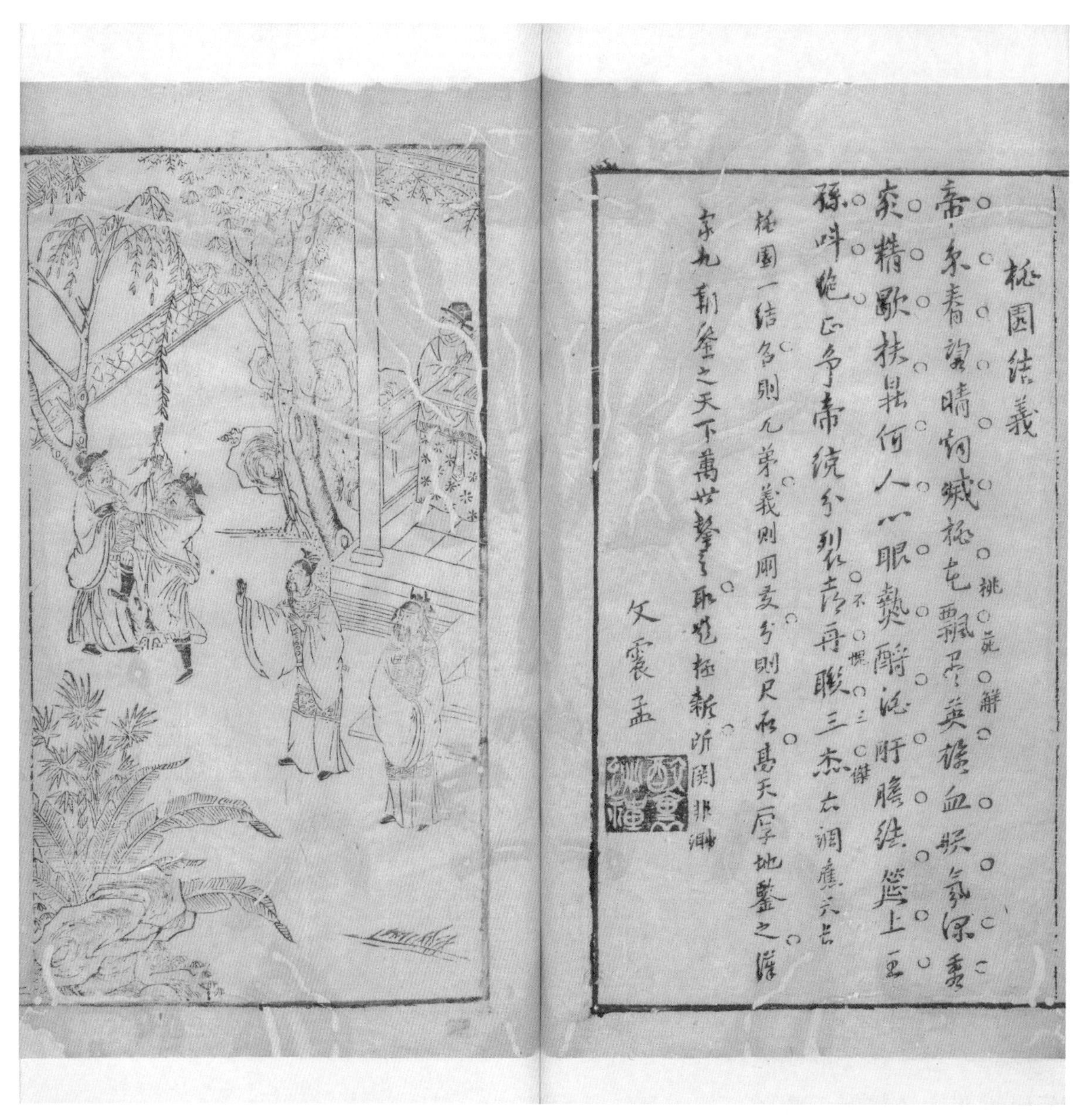
桃園結義
文震孟

忠義水滸傳一百回 〔元〕施耐庵撰

明刻本

十一册　存六十六回：一至二十、二十六至七十一

半葉十行二十二字，白口，四周單邊，無直格。版框 21.1×14.9 厘米

16294（10705）

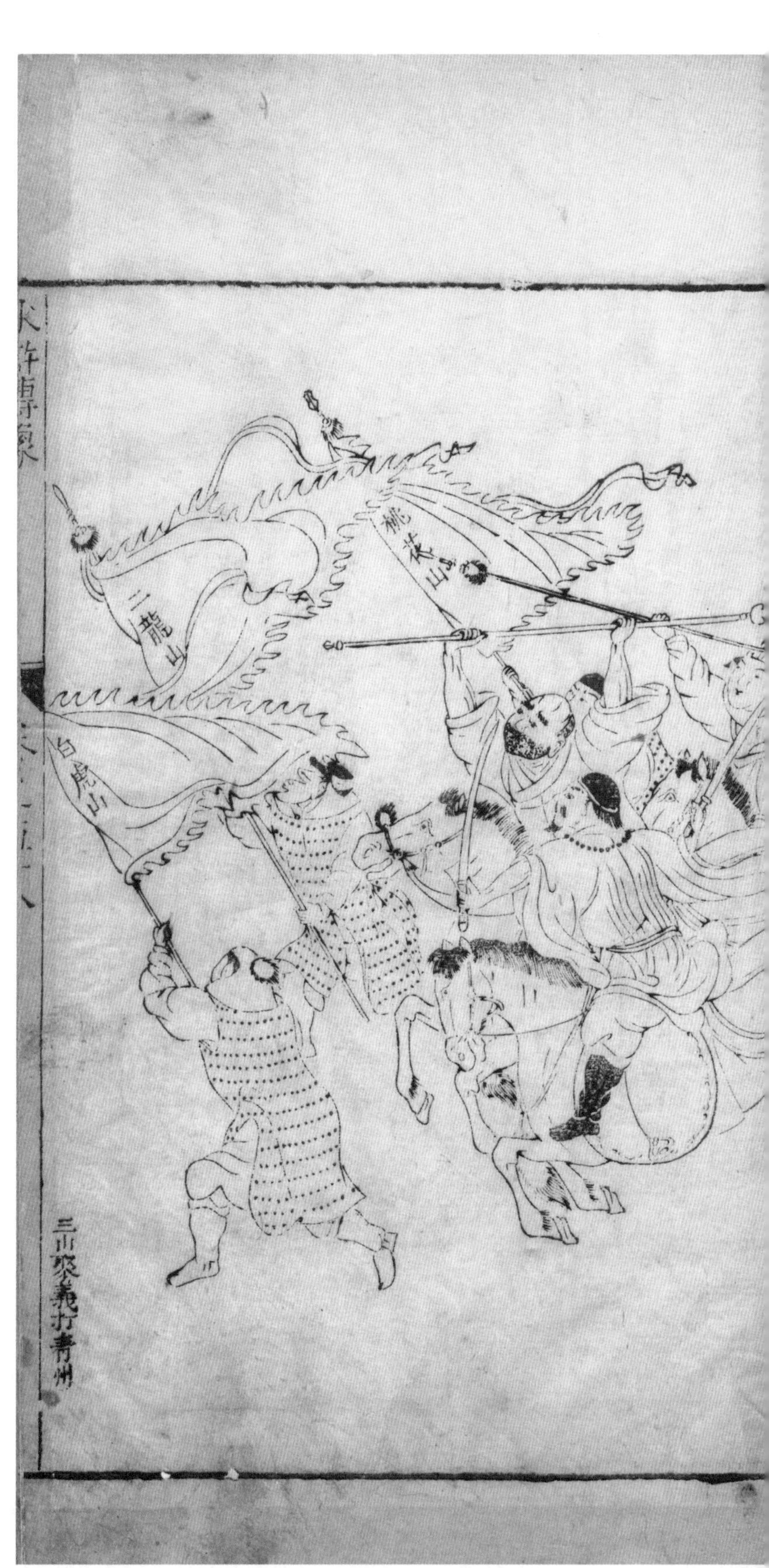
二龍山
桃花山
白虎山
三山聚義打青州

第一回

張天師祈禳瘟疫　洪太尉誤走妖魔

話說大宋仁宗天子在位嘉祐三年三月三日五更三點天子駕坐紫宸殿受百官朝賀但見

祥雲迷鳳閣瑞氣罩龍樓含烟御柳拂旌旗帶露宮花迎劍戟天香影裏玉簪珠履聚丹墀仙樂聲中繡襖錦衣扶御駕珍珠簾捲黃金殿上現金轝鳳羽扇開白玉堦前停寶輦隱隱淨鞭三下響層層文武兩班齊

當有殿頭官喝道有事出班早奏無事捲簾退朝只見班部叢中宰相趙哲參政文彥博出班奏曰目今京師瘟疫

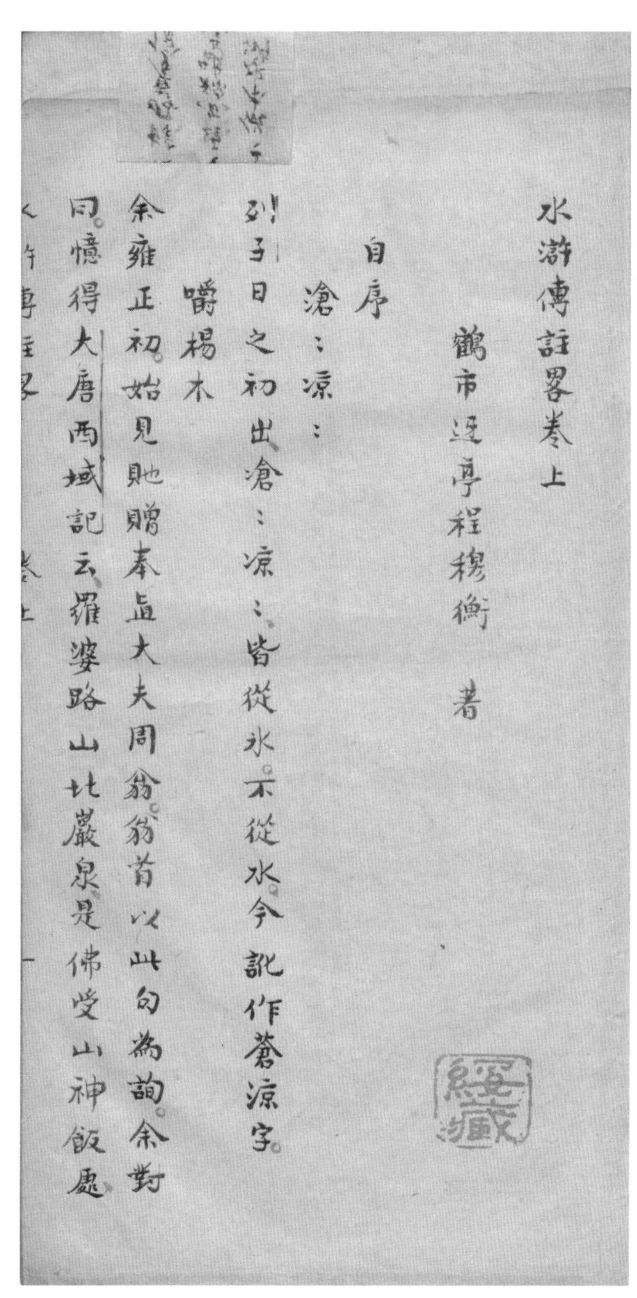

水滸傳註略二卷 〔清〕程穆衡撰

清抄本　清王開沃訂補

四册

半葉九行二十三字，無欄格

15740（8908）

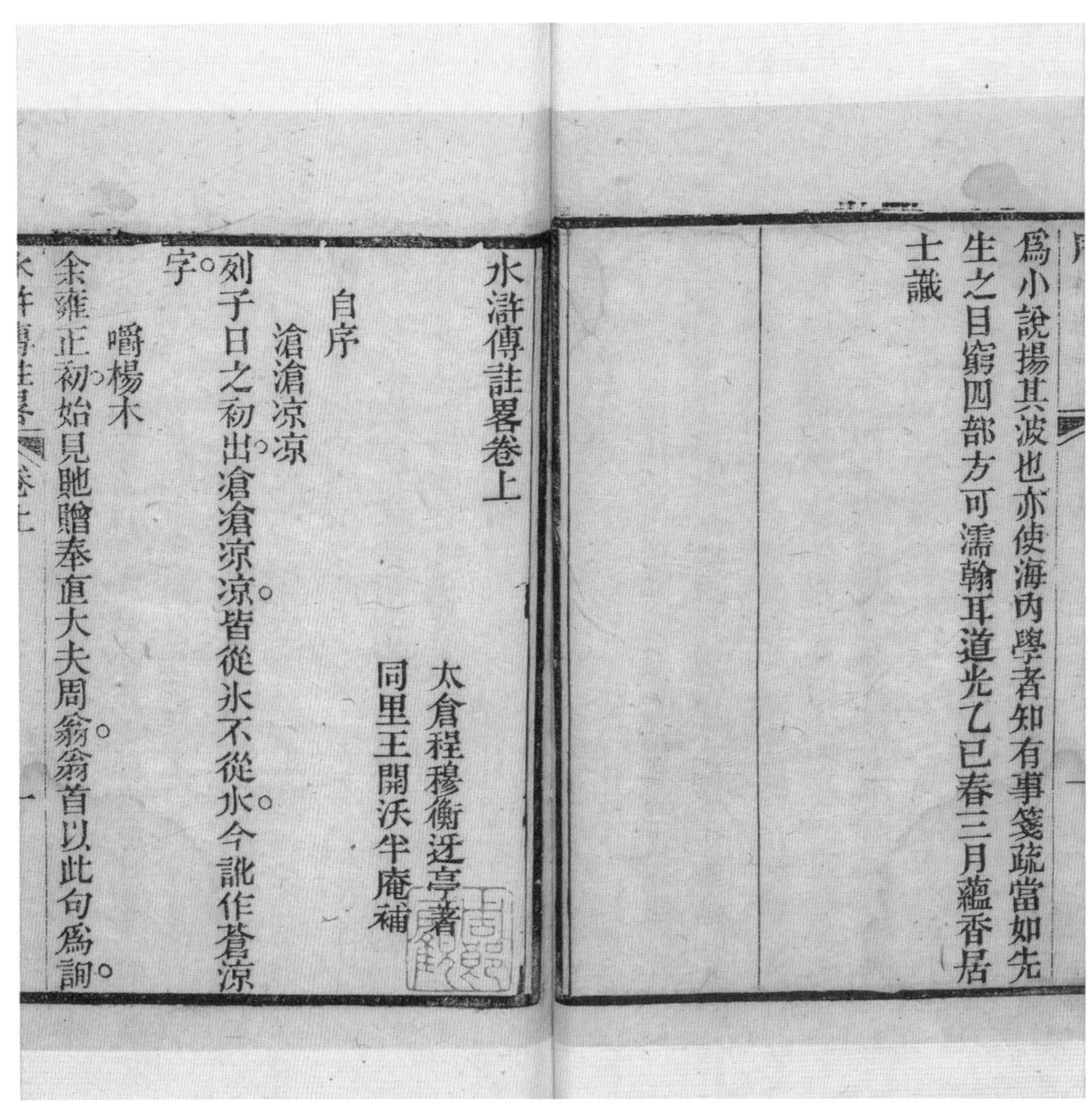

水滸傳註略二卷　〔清〕程穆衡撰　〔清〕王開沃補

清道光二十五年（1845）王氏聽香閣刻本

二册

半葉九行二十一字，白口，左右雙邊，無直格。版框 14.1×9.9 厘米

16695（補 438）

平妖傳卷一
第一回　授劍術處女下山　盜法書袁公歸洞
生生化化本無涯　但是含情總一家
不信精靈能變幻　旋風吹起活燈花
話說大唐開元年間鎮澤地方有箇劉直卿官人曾做諫議大
夫因上文字打宰相李林甫不中棄職家居夫人曾勸丈夫莫
要多口到此未免搶白幾句那官人是箇正直男子如何肯伏
氣為此言語往來上夫人心中不樂害成一病請醫調治
兩歎不能痊可忍一日夜間夫人坐在牀上喫了幾口
養娘收過粥碗只見銀燈昏暗養娘道夫人且喜好箇
夫人道我有甚喜事且與我剔去則箇落得眼前明亮
覺爽快養娘向前將兩指拈起燈杖打一剔剔下紅

平妖傳八卷四十回　〔明〕羅本撰　〔明〕馮夢龍補

清刻本

一册　存一卷四回：一（一至四回）

半葉十二行二十四字，黑口，四周單邊。版框 19.7×12.7 厘米

T03874（補 264）

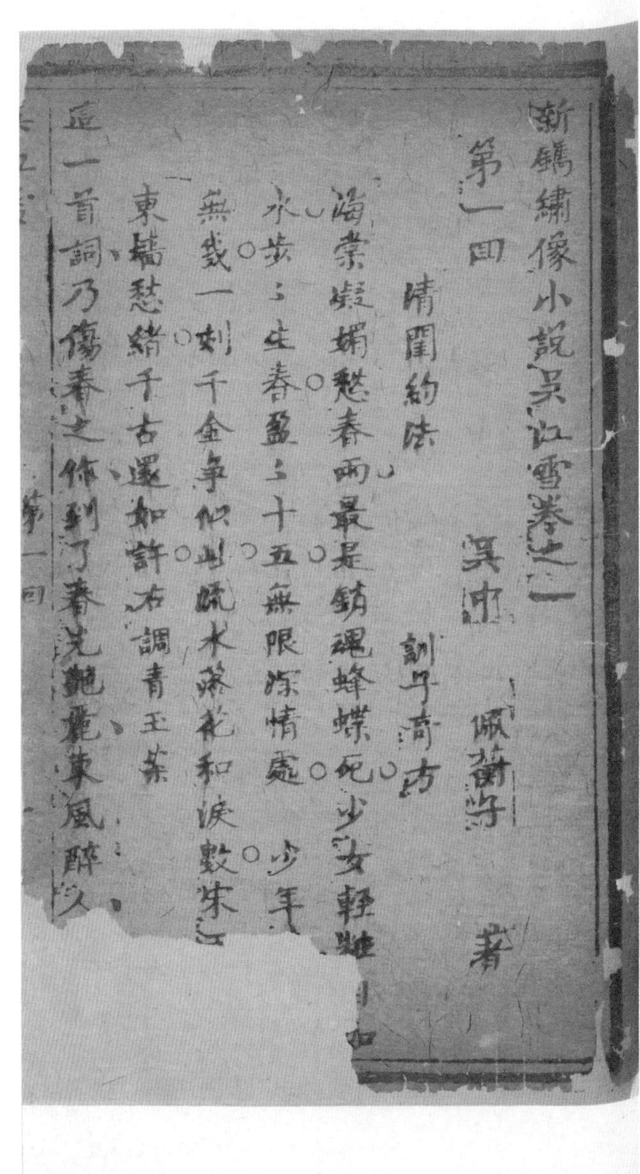

新鐫繡像小説吴江雪四卷二十四回　題〔清〕佩蘅子撰

清初刻本

八册

半葉八行二十二字，白口，四周雙邊，無直格。版框 20.0×12.0 厘米

16863（5942）

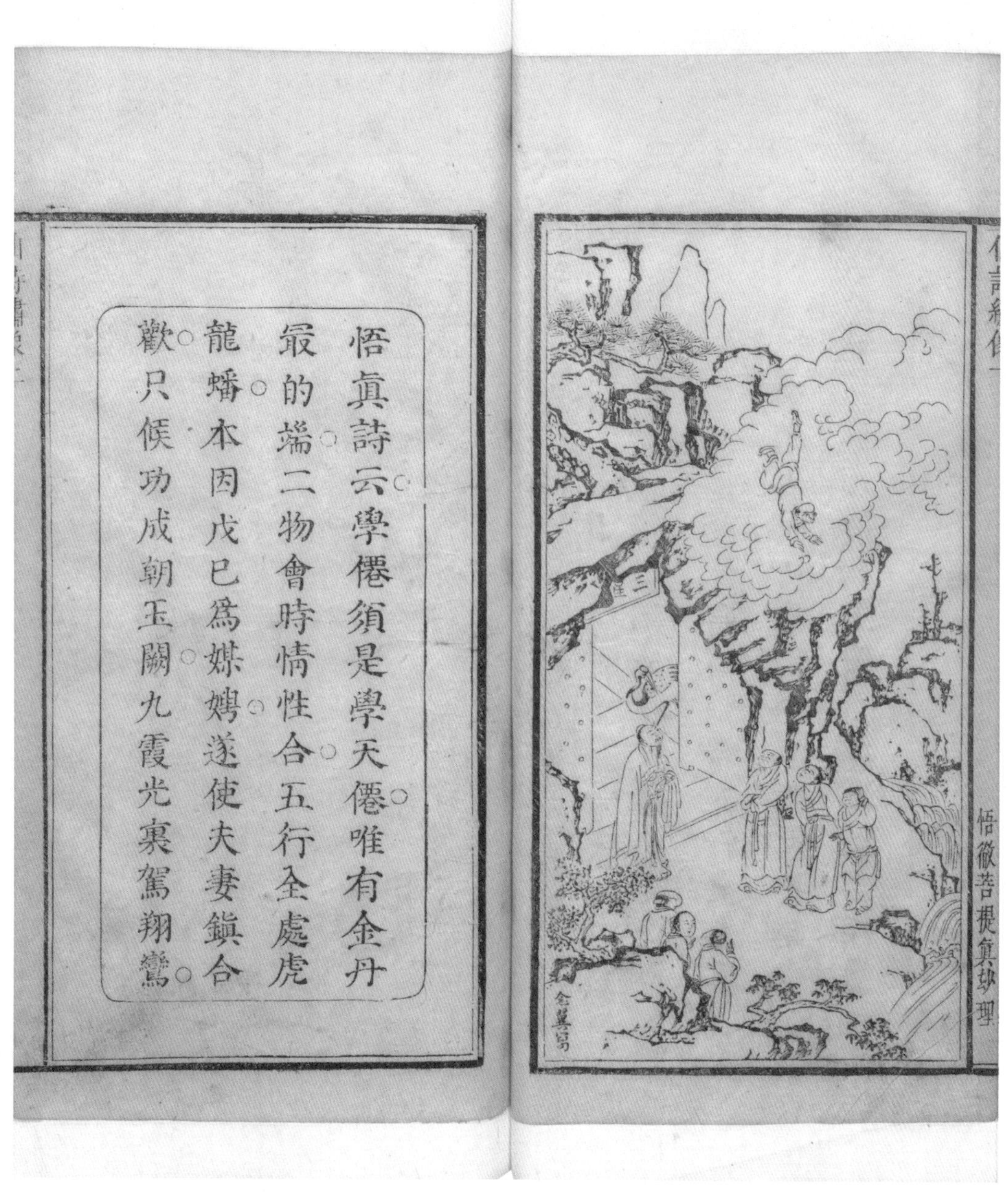

鐫像古本西遊證道書一百回　〔明〕吴承恩撰　〔清〕黄太鴻、汪象旭箋評

清初刻本

二十册

半葉九行二十六字，白口，四周雙邊，無直格。版框 20.7×11.4 厘米

15572（6183）

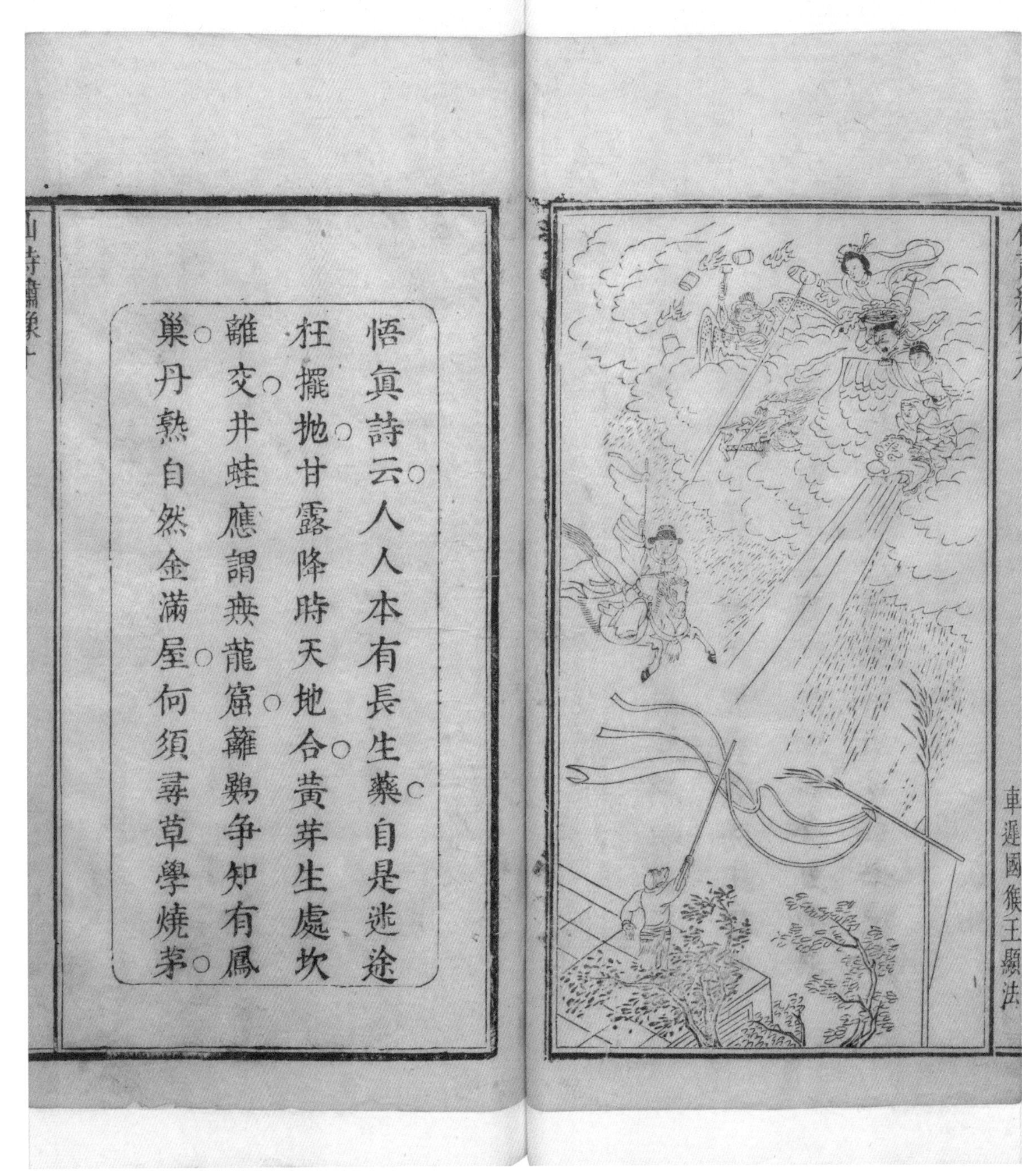

悟眞詩云○人人本有長生藥○自是迷途
枉擺拋○甘露降時天地合○黃芽生處坎
離交○井蛙應謂無龍窟○籬鷃争知有鳳
巢○丹熟自然金滿屋○何須尋草學燒茅○

鐫像古本西遊證道書

西陵　殘夢道人汪憺漪　箋評
鍾山　半非居士黄笑蒼　印正

第一回

靈根孕育源流出　心性脩持大道生

憺漪子曰西遊記一書仙佛同源之書也何以知之曰即以其書知之彼一百回中自取經以至正果首尾皆佛家之事而其間心猿意馬木母金公嬰兒姹女夾脊雙關等類又無一非伭門妙諦豈非仙佛合一者乎大抵老釋原無二道世尊曾言過去

新刻鍾伯敬先生批評封神演義十九卷一百回 〔明〕陸西星撰 〔明〕鍾惺評

清康熙四雪草堂刻本

二十册

半葉十一行二十四字，白口，四周單邊，無直格。版框 20.6×14.5 厘米

T03220（5883）

新刻鍾伯敬先生批評封神演義卷之一

第一回　紂王女媧宮進香

古風一首

混沌初分盤古先太極兩儀四象懸子天丑地人寅出避除獸患有巢賢燧人取火免鮮食伏羲畫卦陰陽前神農治世嘗百草軒轅禮樂婚姻聯少昊五帝民物阜禹王治水洪波蠲承平享國至四百桀王無道乾坤顛日縱妹喜荒酒色成湯造亳洗腥羶放桀南郊拯暴虐雲霓如願後蘇全三十一世傳殷紂商家脉絡如斷弦紊亂朝綱絕倫紀殺妻誅子信讒言穢污宮闈寵妲己蠆盆炮烙忠貞冤鹿臺聚斂萬姓苦愁聲怨氣應障天直諫剖心盡焚炙孕婦剖剔朝涉殲崇信

新刻鍾伯敬先生批評封神演義十九卷一百回 〔明〕陸西星撰 〔明〕鍾惺評

清康熙四雪草堂刻本

一册 存圖

版框 21.3×14.4 厘米

T03330（8923）

新刻鍾伯敬先生批評封神演義十九卷一百回　〔明〕陸西星撰　〔明〕鍾惺評

清康熙四雪草堂刻本

一册　存目録、圖

版框 21.6×14.5 厘米

T03869（8968）

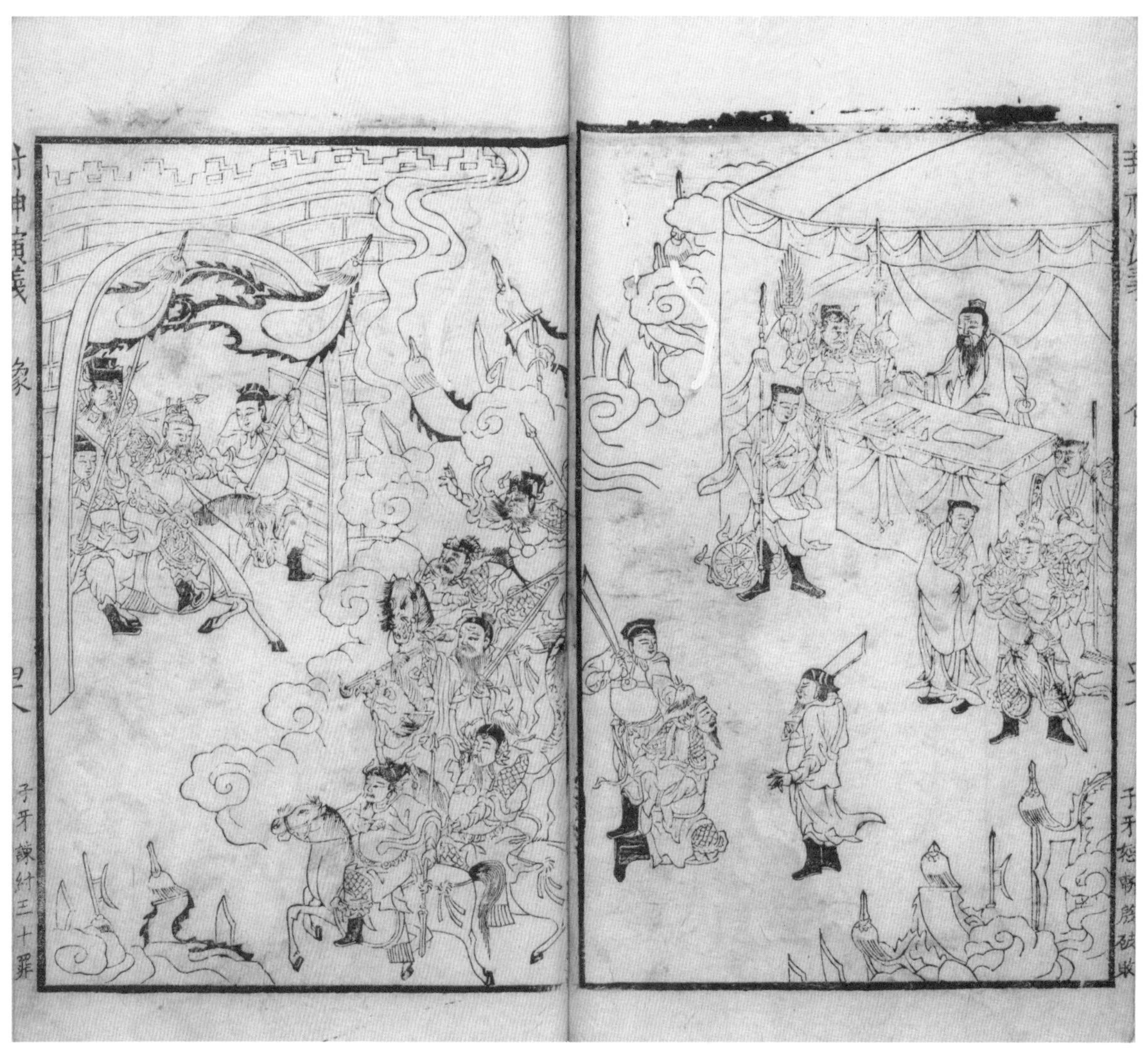

新刻鍾伯敬先生批評封神演義二十卷一百回 〔明〕陸西星撰 〔明〕鍾惺評

清康熙刻本

二十一册

半葉十行二十字，白口，四周單邊。版框 20.6×14.5 厘米

15743（8913）

新刻鍾伯敬先生批評封神演義卷一

第一回　紂王女媧宮進香

古風一首

混沌初分盤古先。太極兩儀四象懸。子天丑地人寅出。避除獸患有巢賢。燧人取火免鮮食。伏羲畫卦陰陽前。神農治世嘗百艸。軒轅禮樂婚姻聯。少昊五帝民物阜。禹王治水洪波蠲。承平享國至四百。桀王無道乾坤顛。日縱妹嬉荒酒色。成湯造亳洗腥羶。放桀南郊拯暴虐。雲霓如願後蘇全。三十一世傳殷紂。商家脉絡如斷弦。紊亂朝綱絕倫紀。

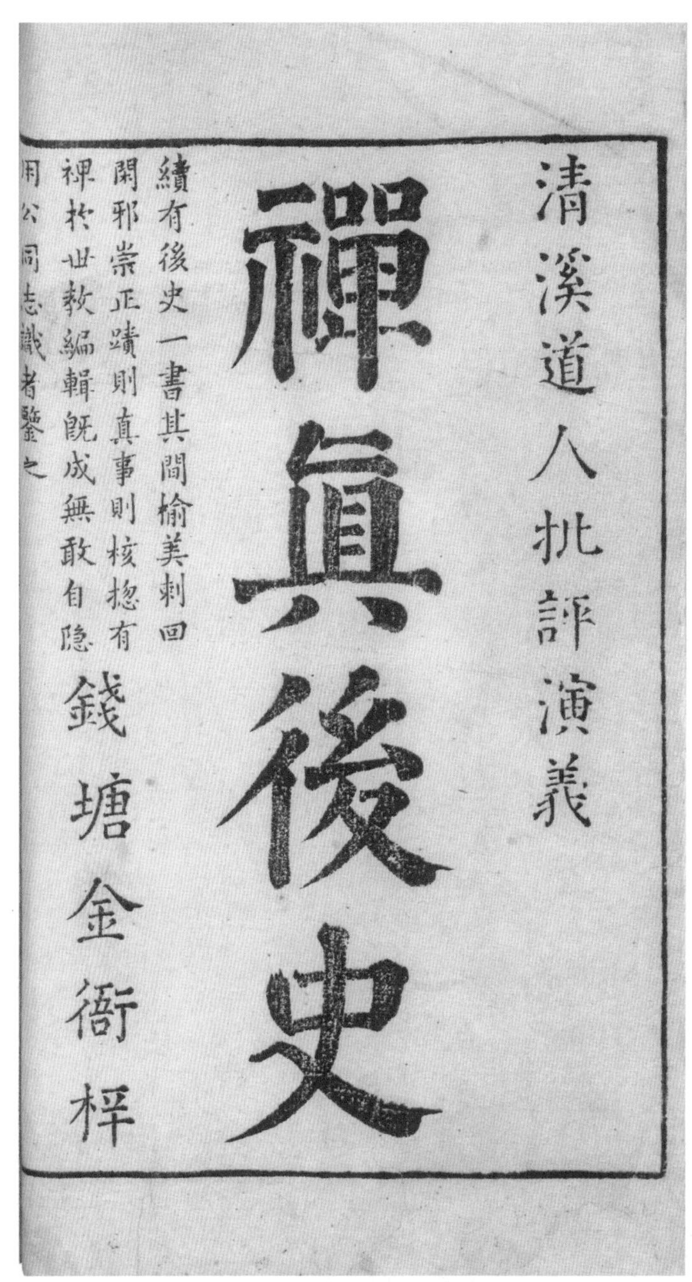
清溪道人批評演義
禪真後史
續有後史一書其間揄美刺回
閑邪崇正蹟則真事則核揔有
裨於世教編輯既成無敢自隱
用公同志識者鑒之
錢塘金衙梓

新鐫批評出像通俗演義禪真後史十集六十回 〔明〕方汝浩撰

明末錢塘金衙刻本

十六册

半葉九行二十字，白口，四周單邊。版框 20.4×14.2 厘米

15742（8911）

新鐫批評出像通俗演義禪真後史甲集卷之一

清溪道人編次

冲和居士評校

第一回

耿寡婦爲子延師　瞿先生守身矢節

詩曰

淸商蕭颯漢江秋、紅紫枝頭色正柔、

墜葉逐流隨月渡、殘芳殢雨倩風揉

鶯簧漫擬鵾鵬調、毬拍空傳鸞鳳儔

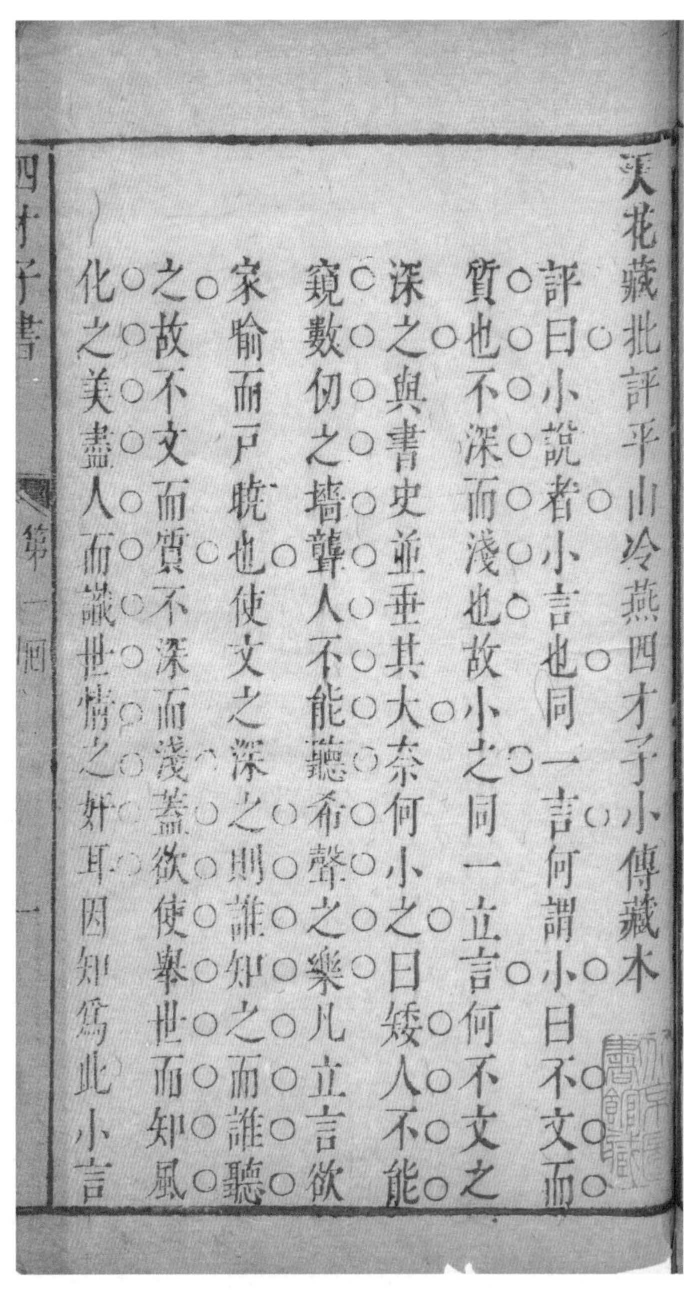

天花藏批評平山冷燕四才子小傳藏本
○評曰小說者小言也同一言何謂小曰不文而
○質也○不深而淺也○故小之○同一立言○何不文之
○深之與書史並垂其大奈何小之曰矮人不能
○窺數仞之墻聾人不能聽希聲之樂凡立言欲
○家喻而戶曉也使文之深之則誰知之而誰聽
○之○故不文而質不深而淺蓋欲使舉世而知風
○化之美盡人而識世情之奸耳因知爲此小言

四才子書 卷一 第一回 一

天花藏批評平山冷燕四才子小傳藏本二十回 〔清〕天花藏主人評點

清順治十五年（1658）刻本

六册

半葉八行二十字，白口，四周單邊，無直格。版框 18.3×11.8 厘米

T03934（6192）

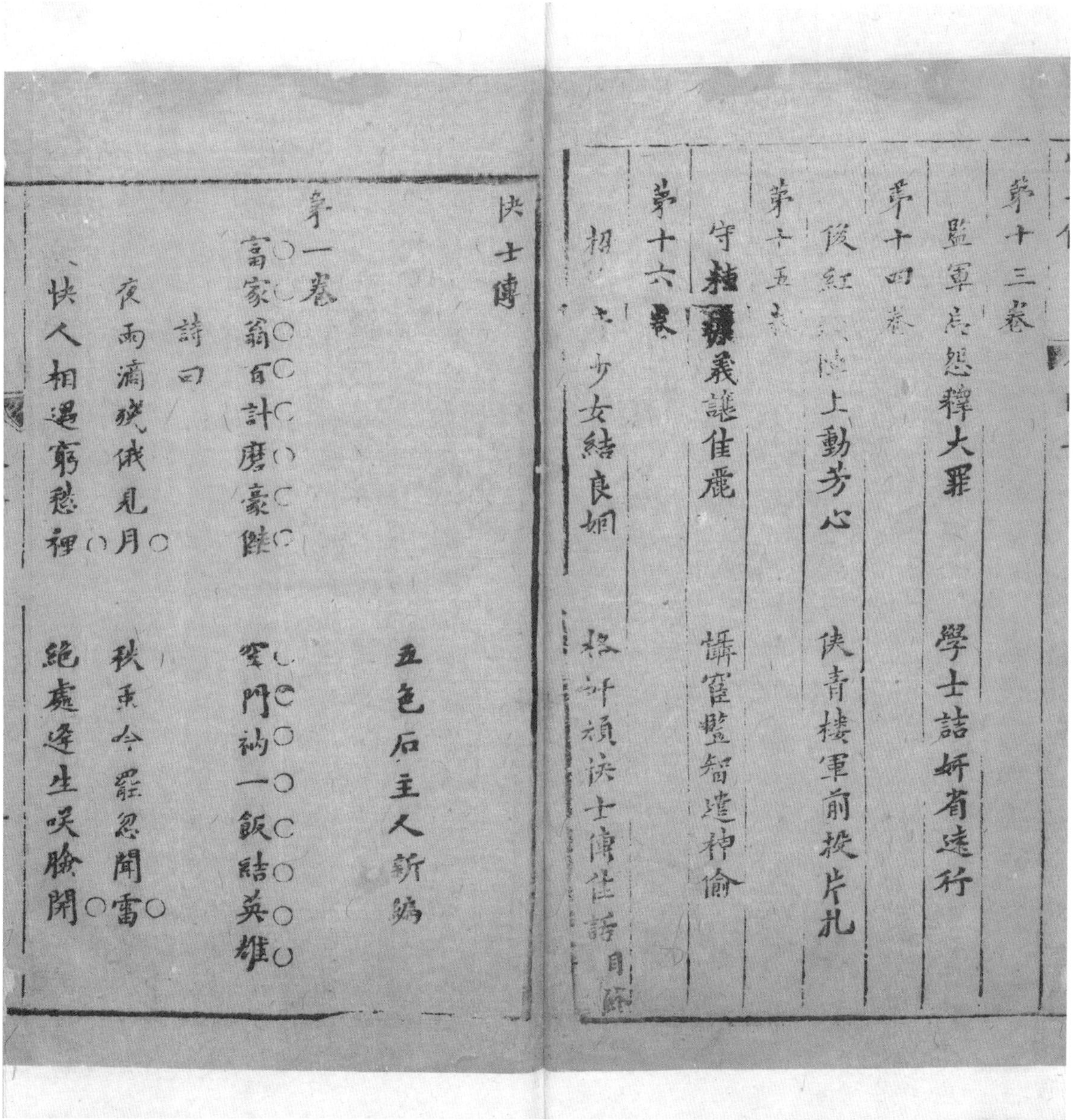

快士傳十六卷　題〔清〕五色石主人撰

清初刻本

八册

半葉八行二十字，白口，四周單邊，無直格。版框 19.2×11.8 厘米

說平話的要使聽者快心雖云平話却是平常不淂吾說佳人才子已成套語君說神仙鬼怪亦屬虛談其他說道學太腐說富貴太俗說勳戚將帥宮掖官宦江河市井巨憝神偷青樓寺院又不免太雜今只說一个快人幹幾件快事其人未始非才子未嘗不道學未嘗不富貴所遇未嘗無佳人又未嘗無神仙鬼怪勳戚將帥宮掖官宦江河市井巨憝神偷青樓寺院紛然並出于其間却偏能大快人意與別的平話不同你道如何是快人如何是快事人生世上莫快于恩怨分明又莫快于財色不染有恩不報誠爲負恩有怨不報亦爲負怨故恩當明怨亦當明使酒尚氣不失爲英雄貪財好色便不成豪傑故酒與氣不必論財與色决當輕然報恩報怨各有兩樣報法輕財輕色亦有兩樣輕法大恩大報小恩小報彼如此來我如此答是以恰如所施爲報投者木李報者瓊瑤一飯之恵酧以千金綈袍之贈赦其死罪是以

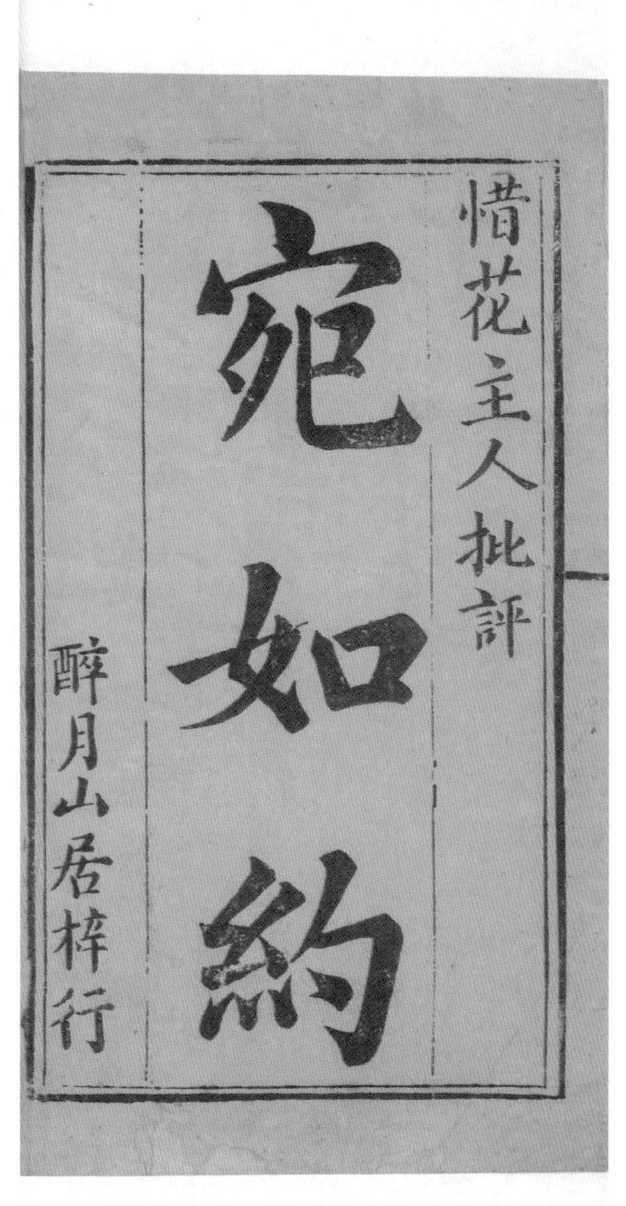

新鐫才美巧相逢宛如約四卷十六回 題惜花主人批評

清醉月山居刻本

四册

半葉十一行二十六字，白口，四周單邊，無直格。版框 17.7×10.5 厘米

19559（5997）

新鐫才美巧相逢宛如約一卷

一回　天水佳人洗蛾眉充白面　司空學士開花徑代紅絲

壁美荆山蘭香空谷教人何處垂青目蛾眉枌做俏書生誰人不道風流足○鴛侶難求鸞期莫卜玉堂怎得金蓮屋借他柳隱與花迎方緣有箇人如玉　右調踏莎行

話說前朝浙江處州府麗水縣小蓬萊山中有一地方叫做列眉村為何叫做列眉村只因這村中四山環繞秀色聳出一望有如双黛故相傳得名這列眉村雖然風景幽異却去郡百里遠在萬深山處別是一穴人跡罕到所以知之者少村內有一个喬木人家姓趙聞他祖上在宋朝就有做過宰相的歷來仕宦不絕只到近日方纔都習農桑将讀書一脉竟無人料理雖書不讀却因山中地廣人希田

貫華堂評論金雲翹傳四卷二十回　題〔清〕青心才人撰

清衛花軒刻本

十册

半葉十行二十五字，白口，四周單邊，無直格。版框 17.7×11.3 厘米

16871（5959）

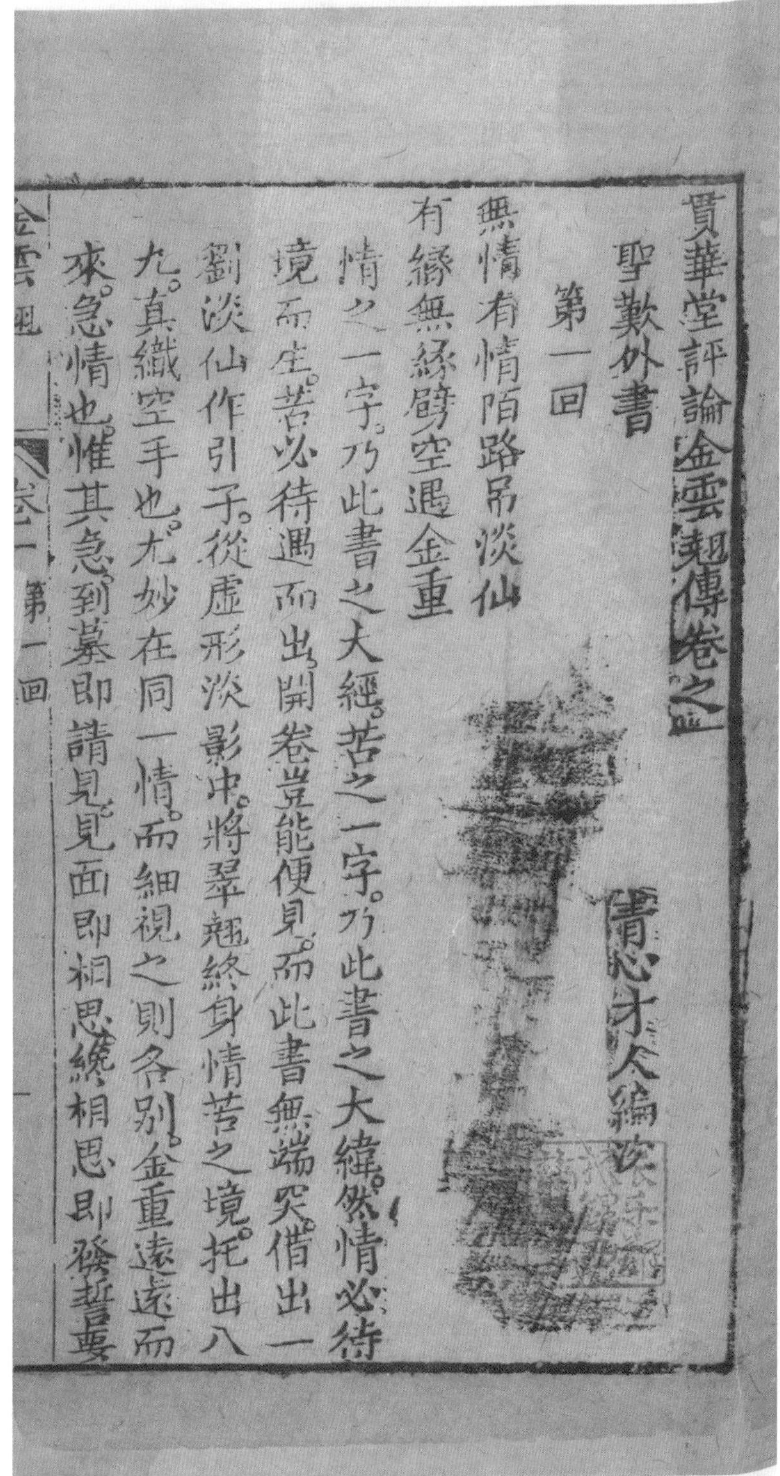

貫華堂評論金雲翹傳卷之一

聖歎外書　　　　青心才人編次

第一回

無情有情陌路吊淡仙
有緣無緣劈空遇金重

情之一字。乃此書之大經。苦之一字。乃此書之大緯。然情必待境而生。苦必待遇而出。開卷豈能便見。而此書無端突借出一劉淡仙作引子。從虛形淡影中。將翠翹終身情苦之境。托出八九。真織空手也。尤妙在同一情。而細視之則各別。金重遠遠而來。急情也。惟其急。到募即請見。見面即相思。總相思即發誓要

金雲翹　卷一　第一回　一

新鐫繡像濟顛大師全傳三十六則　題西湖香嬰居士重編　題鴛水紫髯道人評閱

清康熙刻本

一册　存目録、圖、第一則

半葉八行二十字，白口，左右雙邊，無直格。版框 18.8×11.5 厘米

新鐫繡像濟顛大師全傳

西湖香嬰居士重編
鴛水紫髯道人評閱

第一則

太上皇情耽逸豫　宋孝宗順旨怡親

自古天台出聖賢。破瓢殘笠見金仙。
休拈句字誇聰特。莫向囈癡笑懶殘。
兩道眉毛常掃地。一張鼻孔倒撩天

濟顛語録

詩云　　　　雲林寺常住流通

業網掀翻出愛纏　金田得入效金仙
鬚隨刀落塵根淨　衣逐雲生頂相圓
悟處脫離煩惱海　定來超出死生關
皇恩佛德俱酬足　一朶爭開火裏蓮

此八句詩。見三教中惟禪最妙。且說大宋高宗時。有一金身羅漢在天台山托化。來臨安府顯聖。天台山在浙東台州府國清寺有一長老名一本號性空。乃累劫修來活佛。時值年終。密佈彤雲。揚揚飛雪。長老在方丈中獨坐。令厨下整晚飯。三聲[illegible]僧皆集。至齋堂飯罷。長老仍於方丈禪

濟顛語録不分卷

清初刻本

二册

半葉十行二十八字，白口，四周單邊。版框 20.7×12.4 厘米

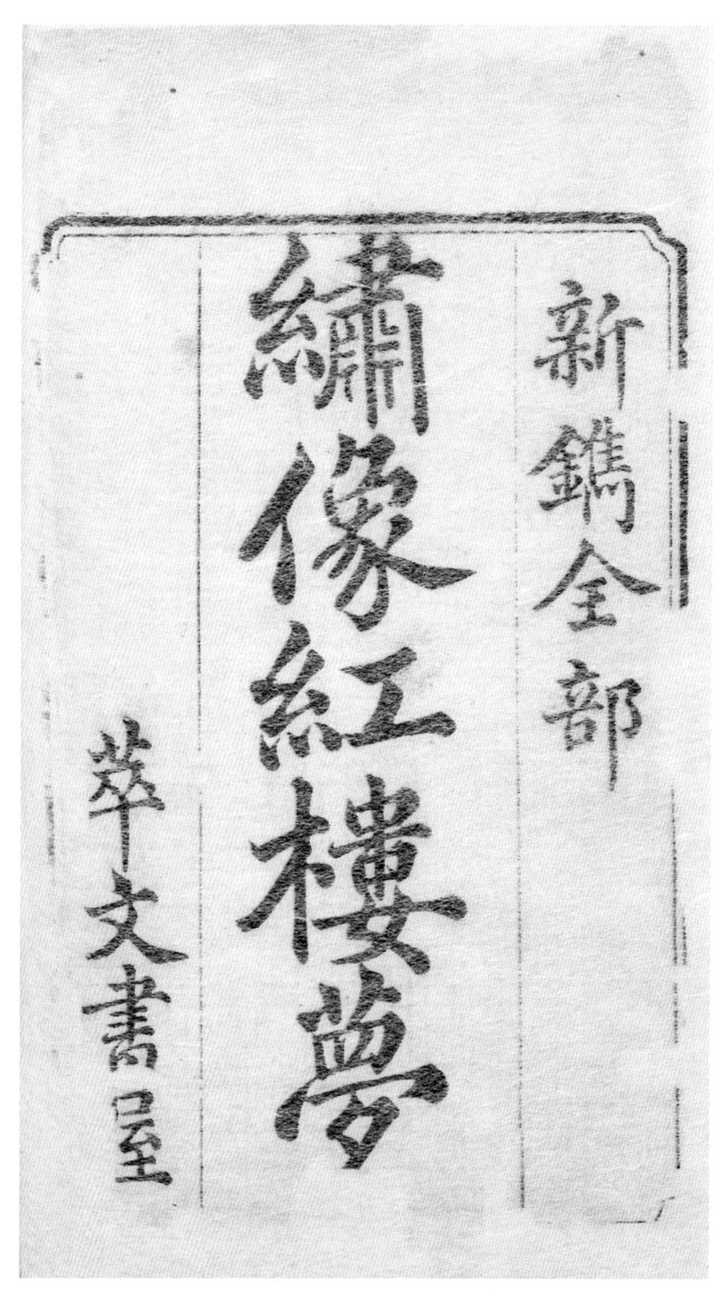

紅樓夢一百二十回　〔清〕曹霑、高鶚撰

清乾隆五十七年（1792）萃文書屋活字印本

二十四册

半葉十行二十四字，白口，四周雙邊。版框 17.2×11.6 厘米

15571（6036）

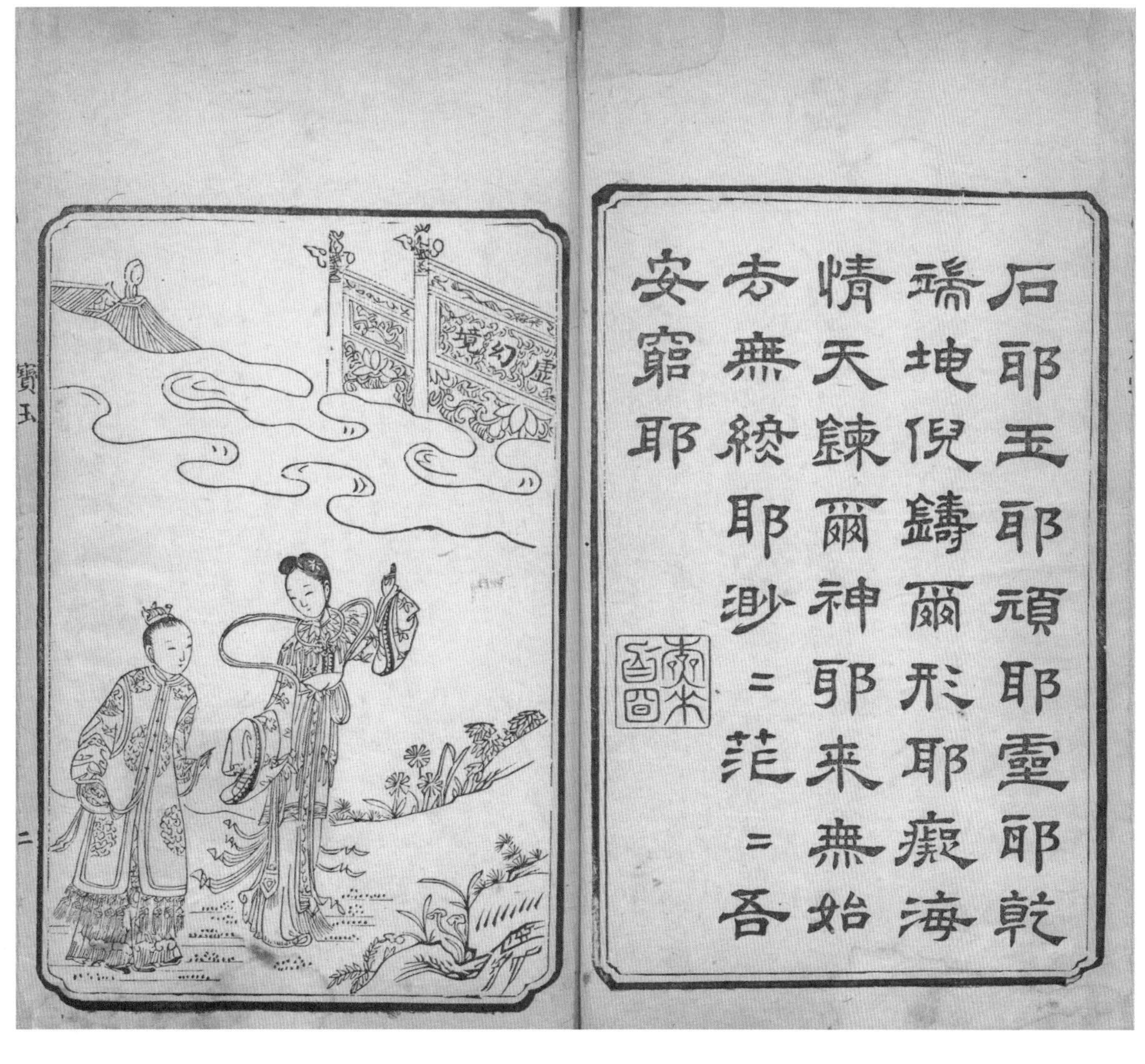
寶玉
二
虚幻境
石耶玉耶頑耶靈耶乾端地倪鑄爾形耶癡海情天錬爾神耶來無始去無終耶渺渺茫茫吾安窮耶

賈氏宗祠
三

琳瑯以重朱貢王廷花月
情多自開繡洞虛總童而
情緣縈結真如會而多相
但空從此歸來式寶地示
分墨長有盡天

怡紅公子

紅樓夢第一回

甄士隱夢幻識通靈　賈雨村風塵懷閨秀

此開卷第一回也作者自云曾歷過一番夢幻之後故將真事隱去而借通靈說此石頭記一書也故曰甄士隱云云但書中所記何事何人自已又云今風塵碌碌一事無成忽念及當日所有之女子一一細考較去覺其行止見識皆出我之上我堂堂鬚眉誠不若彼裙釵我實愧則有餘悔又無益大無可如何之日也當此日欲將已往所賴天恩祖德錦衣紈袴之時飫甘饜肥之日背父兄教育之恩負師友規訓之德以致今日一技無成半生潦倒之罪編述一集以告天下知我之負罪固多然

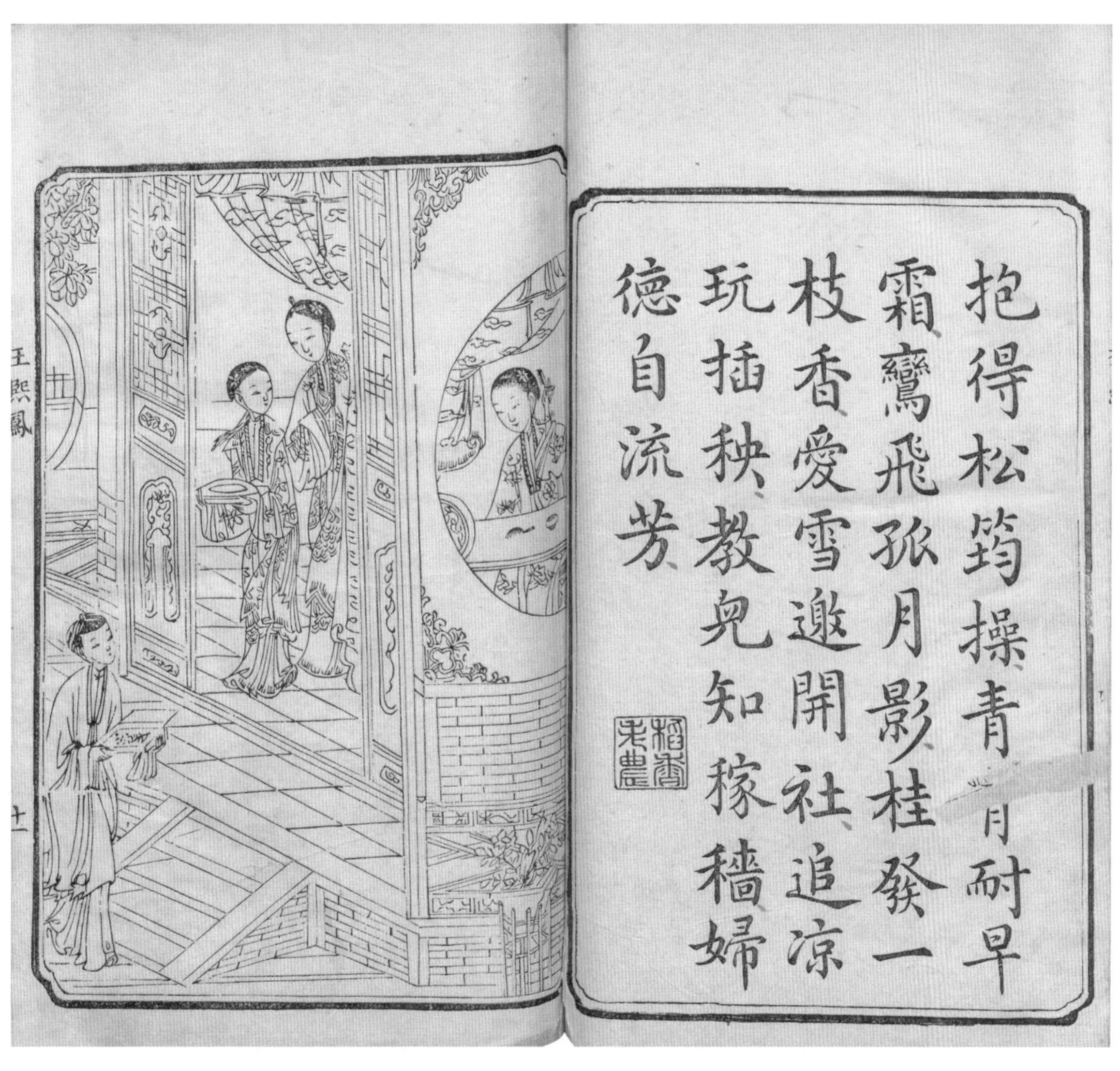
抱得松筠操青青耐早
霜鸞飛孤月影桂發一
枝香愛雪邀開社追涼
玩插秧教兒知稼穡婦
德自流芳
稻香老農

紅樓夢一百二十回　〔清〕曹霑、高鶚撰

清乾隆五十六年（1791）萃文書屋活字印本　張汝執跋

十六册　存八十回：一至八十

半葉十行二十四字，白口，四周雙邊。版框 17.2×11.6 厘米

15694（6257）

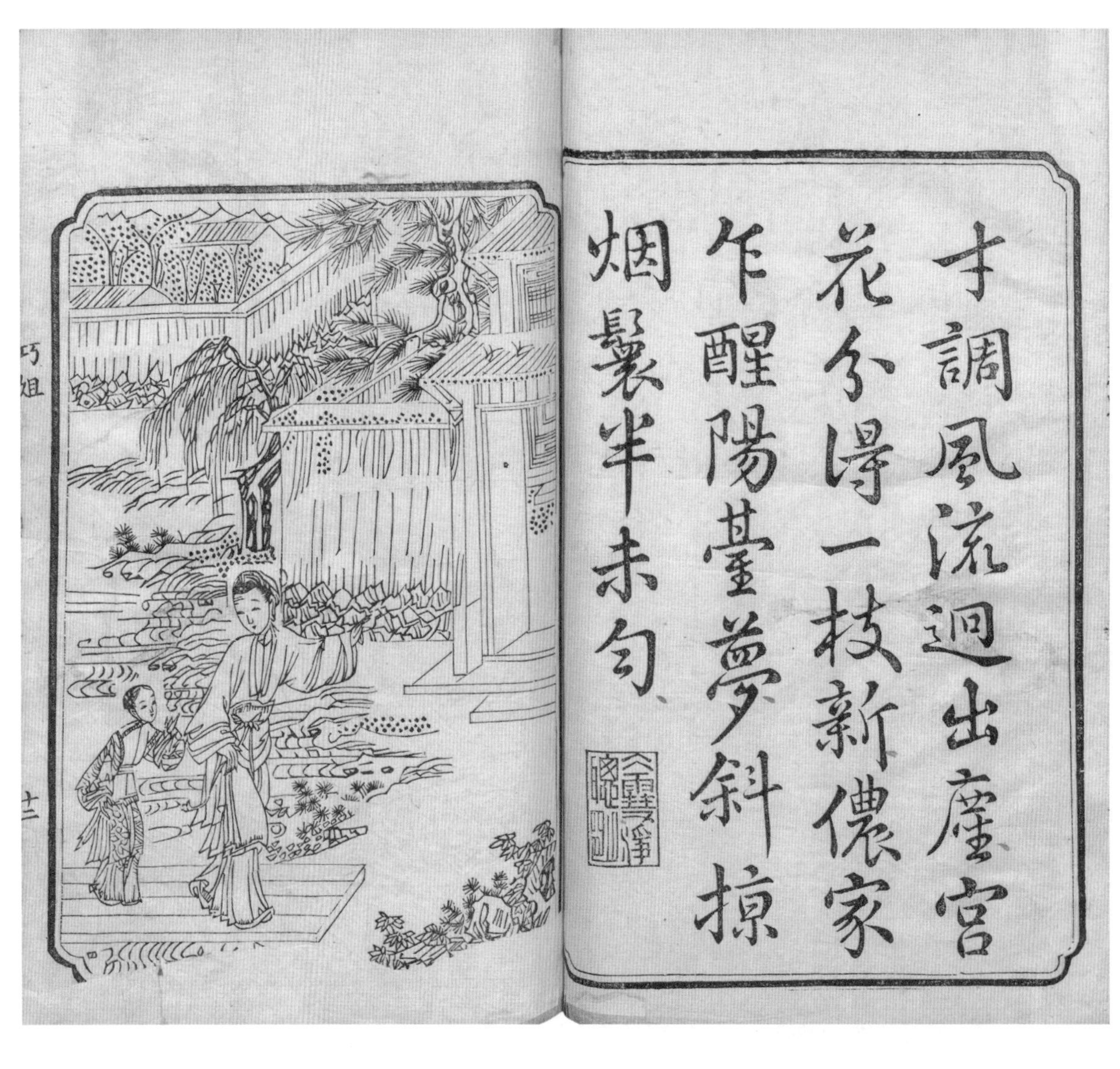

才調風流迴出塵宮
花分得一枝新儂家
乍醒陽臺夢斜掠
烟鬟半未勻

而手原題自
支歷二清楚之
何事何人便是
個幻字

紅樓夢第一回

甄士隱夢幻識通靈　賈雨村風塵懷閨秀

此開卷第一回也作者自云曾歷過一番夢幻之後故將真事隱去而借通靈說此石頭記一書也故曰甄士隱云云但書中所記何事何人自己又云今風塵碌碌一事無成忽念及當日所有之女子一一細考較去覺其行止見識皆出我之上我堂堂鬚眉誠不若彼裙釵我實愧則有餘悔又無益大無可如何之日也當此日欲將已往所賴天恩祖德錦衣紈袴之時飫甘饜肥之日背父兄教育之恩負師友規訓之德以致今日一技無成半生潦倒之罪編述一集以告天下知我之負罪固多然

一無考較不過借此影射以抒己意耳所以

眼目

真是

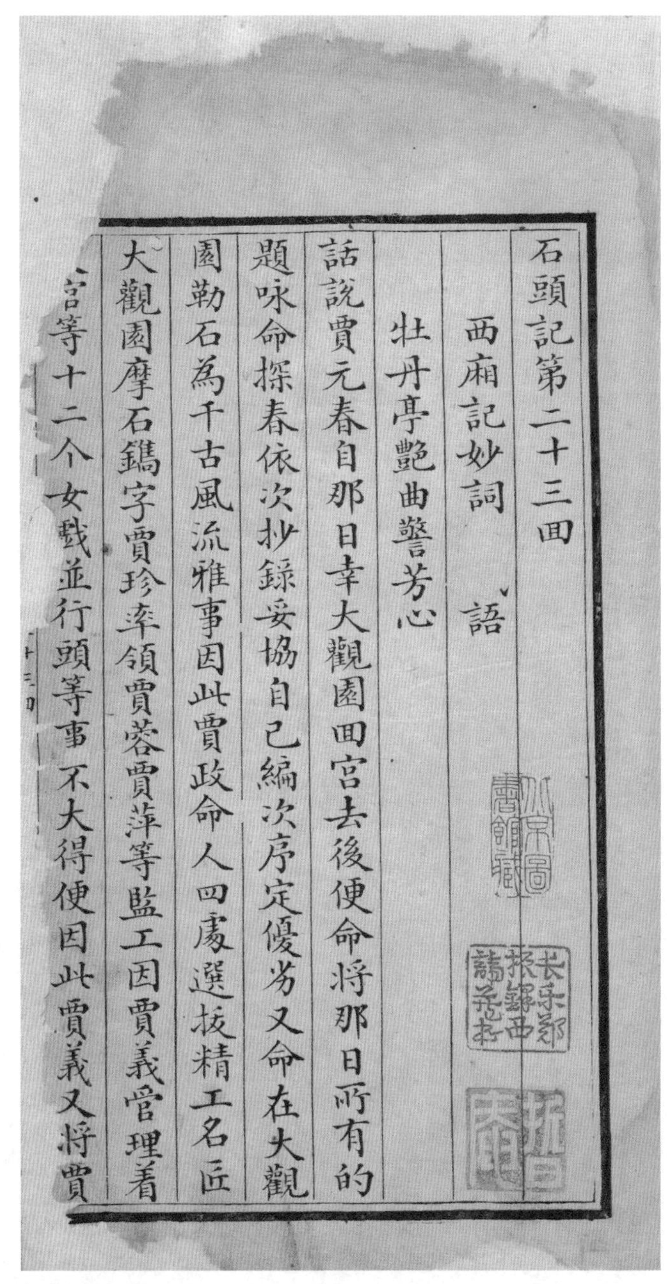

石頭記第二十三回

西厢記妙詞通戲語

牡丹亭艷曲警芳心

話説賈元春自那日幸大觀園回宫去後便命將那日所有的題咏命探春依次抄録妥協自己編次序定優劣又命在大觀園勒石爲千古風流雅事因此賈政命人回處選拔精工名匠大觀園摩石鐫字賈珍率領賈蓉賈萍等監工因賈義管理着宫等十二个女戲並行頭等事不大得便因此賈義又將賈

紅樓夢八十回　〔清〕曹霑撰

清抄本

一册　存二回：二十三至二十四

半葉八行二十四字，白口，四周雙邊。版框 20.9×12.5 厘米

集

集部三——詩餘類

〇〇〇

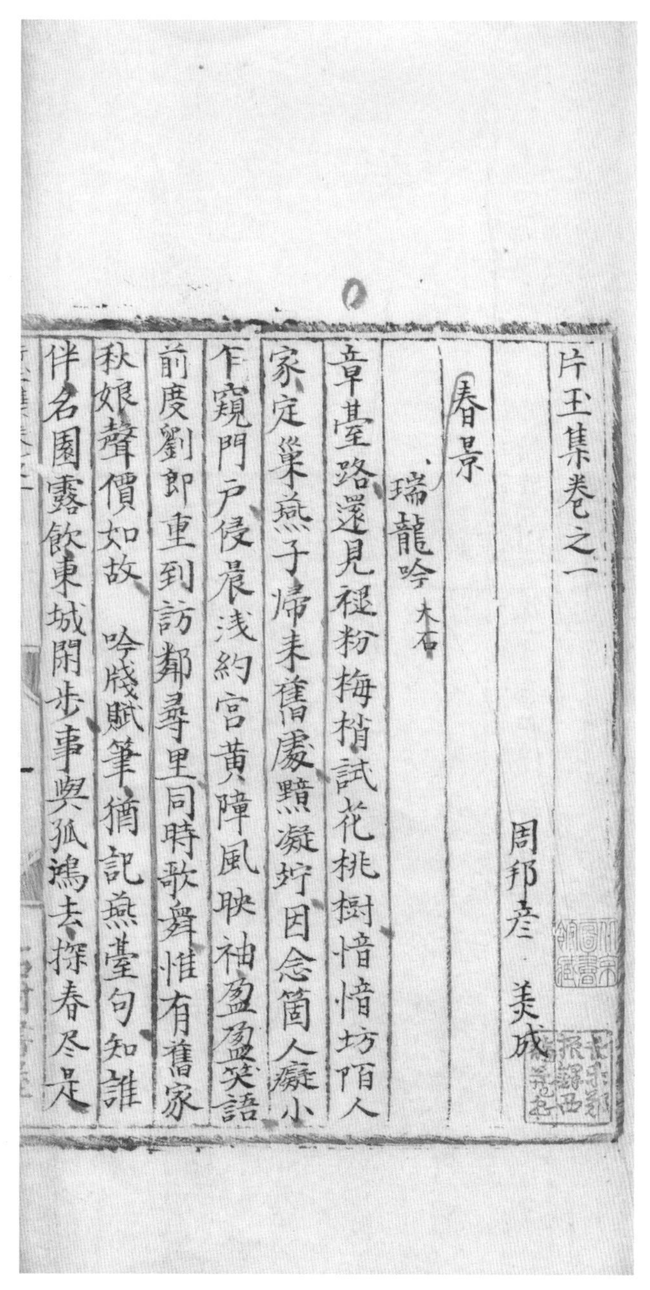
片玉集卷之一

周邦彥　美成

春景

瑞龍吟　大石

章臺路還見褪粉梅梢試花桃樹愔愔坊陌人
家定巢燕子歸來舊處黯凝佇因念箇人癡小
乍窺門戶侵晨淺約宮黃障風映袖盈盈笑語
前度劉郎重到訪鄰尋里同時歌舞惟有舊家
秋娘聲價如故　吟牋賦筆猶記燕臺句知誰
伴名園露飲東城閑步事與孤鴻去探春盡是

宋元明三十三家詞五十三卷

明石村書屋抄本

十六册

半葉十行十八字，藍格，白口，四周雙邊。版框 19.1×14.4 厘米

15663（8777）

白石先生詞

姜夔 堯章 十一

一萼紅

古城陰有官梅幾許紅萼未新看池面氷膠墻腰雪老雲意還又沉沉翠藤共閑穿徑竹笑語驚起臥沙禽野老林泉故王臺榭呼喚登臨

南去北来何事蕩湘雲楚水目極傷心朱戶黏鷄金盤簇燕空嘆時序侵尋記曾共西樓雅集想垂柳還裊萬絲金待得歸鞍到時只怕春深

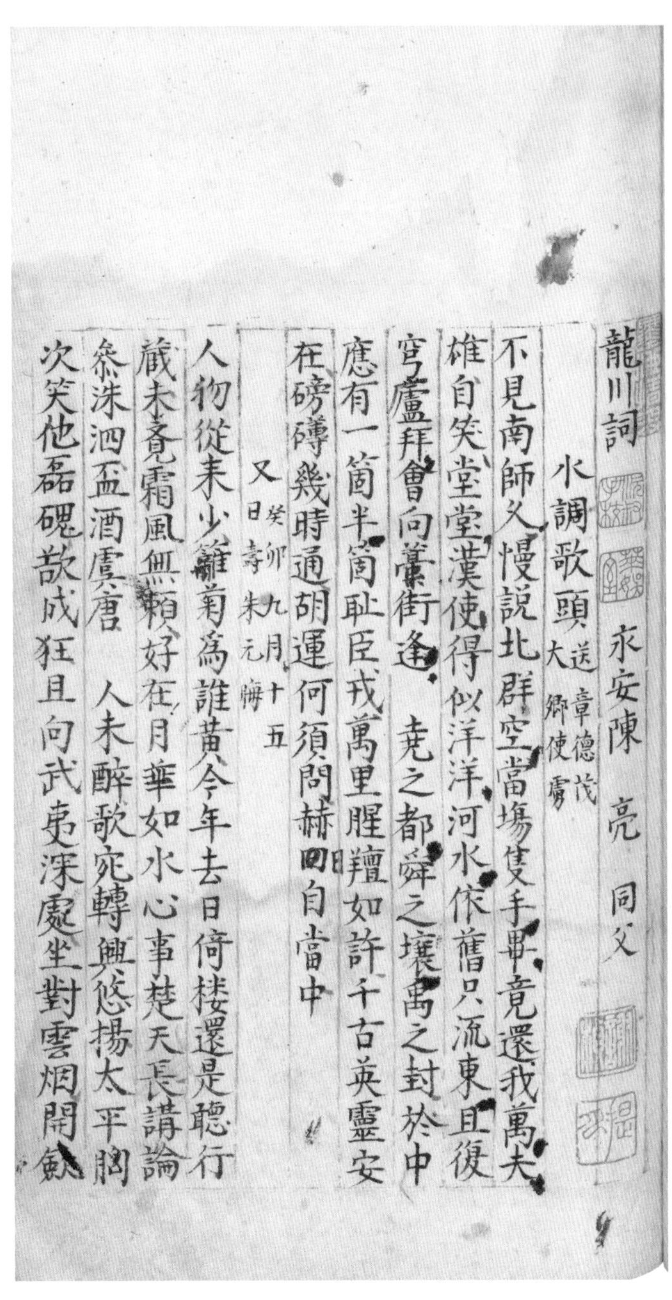

宋五家詞六卷

明抄本

二册

半葉十二行二十字，藍格，白口，四周單邊。版框 19.0×14.4 厘米

15649（8760）

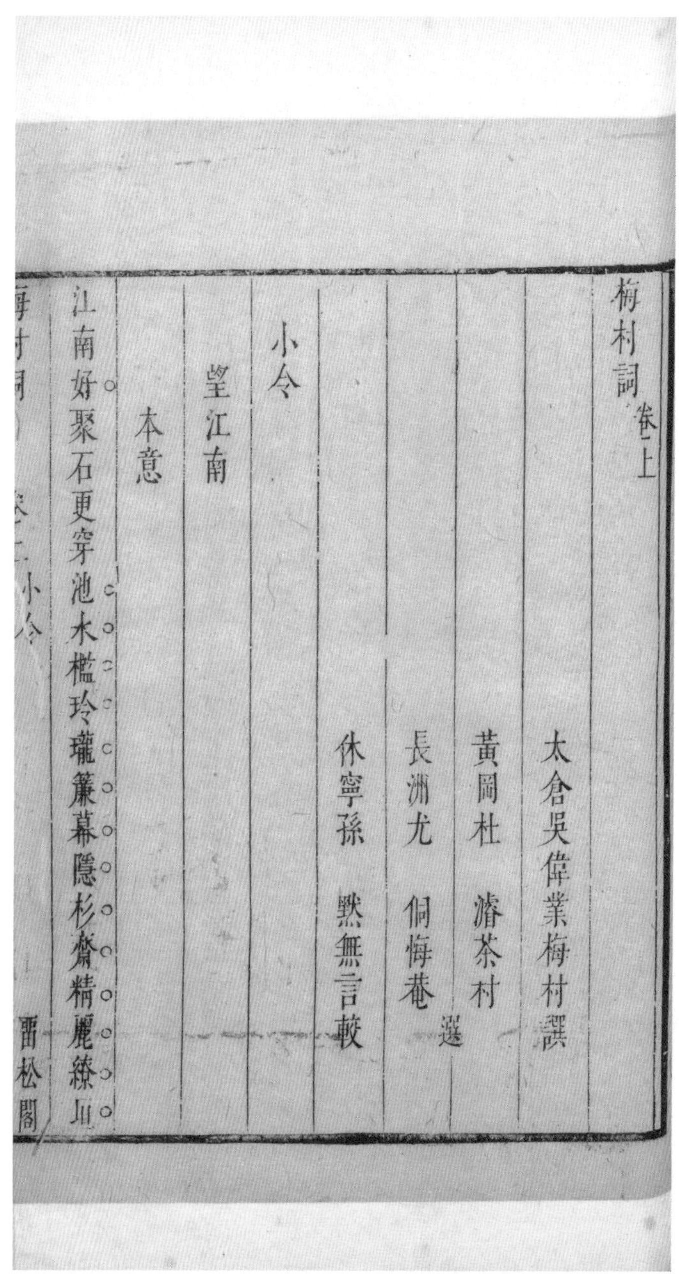
梅村詞卷上

太倉吳偉業梅村譔

黃岡杜　濬茶村

長洲尤　侗悔菴　選

休寧孫　默無言較

小令

望江南

本意

江南好聚石更穿池木檻玲瓏簾幕隱杉齋精麗絳

梅村詞　卷上　小令　留松閣

國朝名家詩餘四十卷　〔清〕孫默編

清康熙孫氏留松閣刻本

二十四册

半葉九行二十一字，白口，左右雙邊。版框 18.6×13.8 厘米

15413（1366）

梅村詞

婁東　吳偉業　駿公

如夢令

鎮日鶯愁燕懶。徧地落紅誰管。睡起爇沉香。小飲碧螺春盌。簾捲。簾捲。一任柳絲風輭。

前調

烟鎖畫橋人病。燕子玉關歸信。報道負情儂。屈指還家春盡。休聽。休聽。又是海棠開近。

生查子

名家詞鈔　梅村　一

百名家詞鈔一百卷　〔清〕聶先、曾王孫編

清康熙綠蔭堂刻本

三十一册　存七十八種七十八卷

半葉九行二十字，黑口，四周單邊。版框 18.8×14.1 厘米

15420（1489）

香嚴齋詞

廬江　龔鼎孳　孝升

點絳脣　詠草和林和靖韻

簾外河橋綠圍裙帶無人主繡韉行處。踏碎梨花雨目送春山南浦烟光暮牽春去柔腸無數蘇小門前路

菩薩蠻　雨後看月用李太白閨情韻

嵐光倒影金波織洞簫吹散孤雲碧吳越此南樓。遮燈有莫愁迴廊人小立漏箭催何急送月兩三程

序

長水　曾王孫　譔

皇朝定鼎四十餘年禮樂文章蔚然周漢而
長短塡詞尤稱極盛吾鄉禾山侍郎竹垞
太史逸才絕俗之流巖穴知名之士無不
人握隋珠家寶荆玉南湖一片水幾於濯

百名家詞鈔一百卷　〔清〕聶先、曾王孫編

清康熙綠蔭堂刻本

三十二册　存八十七種八十七卷

半葉九行二十字，黑口，四周單邊。版框 18.8×14.0 厘米

15425（1488）

梅村詞

婁東　吳偉業　駿公

如夢令

鎮日鶯愁燕懶。徧地落紅誰管。睡起爇沉香。小飲碧螺春盌。簾捲簾捲。一任柳絲風軟。

前調

烟鎖畫橋人病。燕子玉關歸信。報道負情儂。屈指還家春盡。休聽休聽。又是海棠開近。

生查子

聶晉人
曾道扶　兩先生纂
百名家詞鈔
徵刻名媛詞鈔
瑤章懇賜弁發
金閶綠蔭堂梓

百名家詞鈔初集六十卷　〔清〕聶先、曾王孫編

清康熙綠蔭堂刻本

十册　存五十八種五十八卷

半葉九行二十字，黑口，四周單邊。版框 18.9×14.2 厘米

15424（1489）

香嚴齋詞

廬江 龔鼎孳 孝升

點絳唇 詠草和林和靖韻

簾外河橋，綠圍裙帶無人主。繡韉行處。踏碎梨花雨
目送春山，南浦烟光暮。牽春去。柔腸無數。蘇小門
前路

菩薩蠻 雨後看月用李太白閨情韻

嵐光倒影金波織。洞簫吹散孤雲碧。吳越此南樓。遮
燈有莫愁。 迴廊人小立。漏箭催何急。送月兩三程

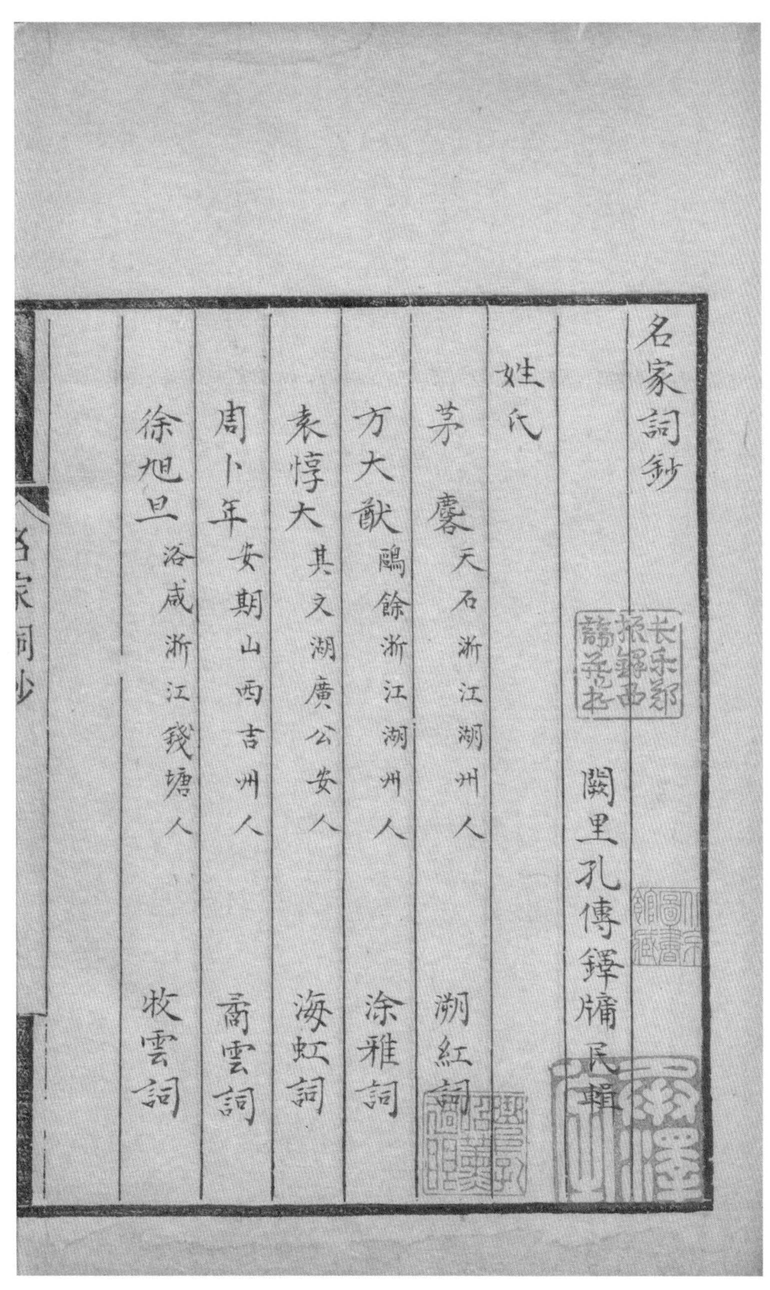

名家詞鈔六十種六十卷　〔清〕孔傳鐸編

清抄本

六册

半葉九行二十字，黑口，四周單邊。版框 18.3×13.7 厘米

15916（9957）

溯紅詞

吴興　茅　麐　天石

定風波　閨情

絡盡東風柳萬條一聲鶯囀百花搖無奈絮飛春欲去微雨又催新緑與紅交　怕捲珠簾防惹恨誰信粘天芳草遍東臯惟有多情梁上燕長伴一樓明月度清宵

生查子　閨怨

春色漸宜人正是歸時候獨自倚香篝影怕空房瘦

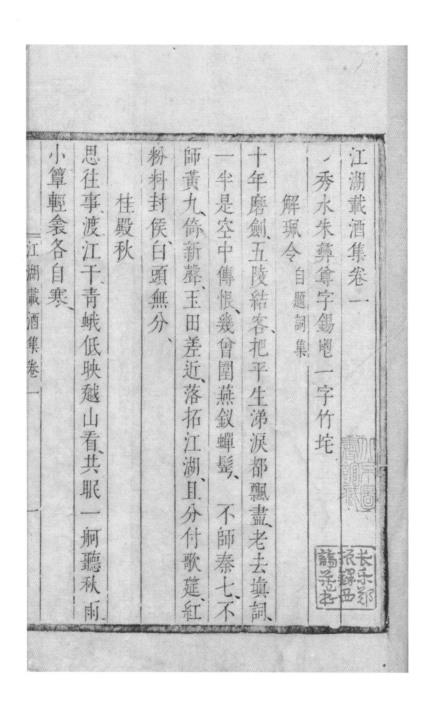

江湖載酒集卷一

秀水朱彝尊字錫鬯一字竹垞

解珮令　自題詞集

十年磨劍、五陵結客、把平生涕淚都飄盡、老去填詞、一半是空中傳恨、幾曾圍燕釵蟬鬢、　不師秦七、不師黃九、倚新聲玉田差近、落拓江湖、且分付歌筵紅粉、料封侯白頭無分、

桂殿秋

思往事、渡江干、青蛾低映越山看、共眠一舸聽秋雨、小簟輕衾各自寒、

江湖載酒集卷一　一

浙西六家詞十一卷　〔清〕龔翔麟編

清康熙龔氏玉玲瓏閣刻本

二册

半葉十行二十字，小字雙行同，白口，左右雙邊。版框 17.0×12.8 厘米

T03032（1203）

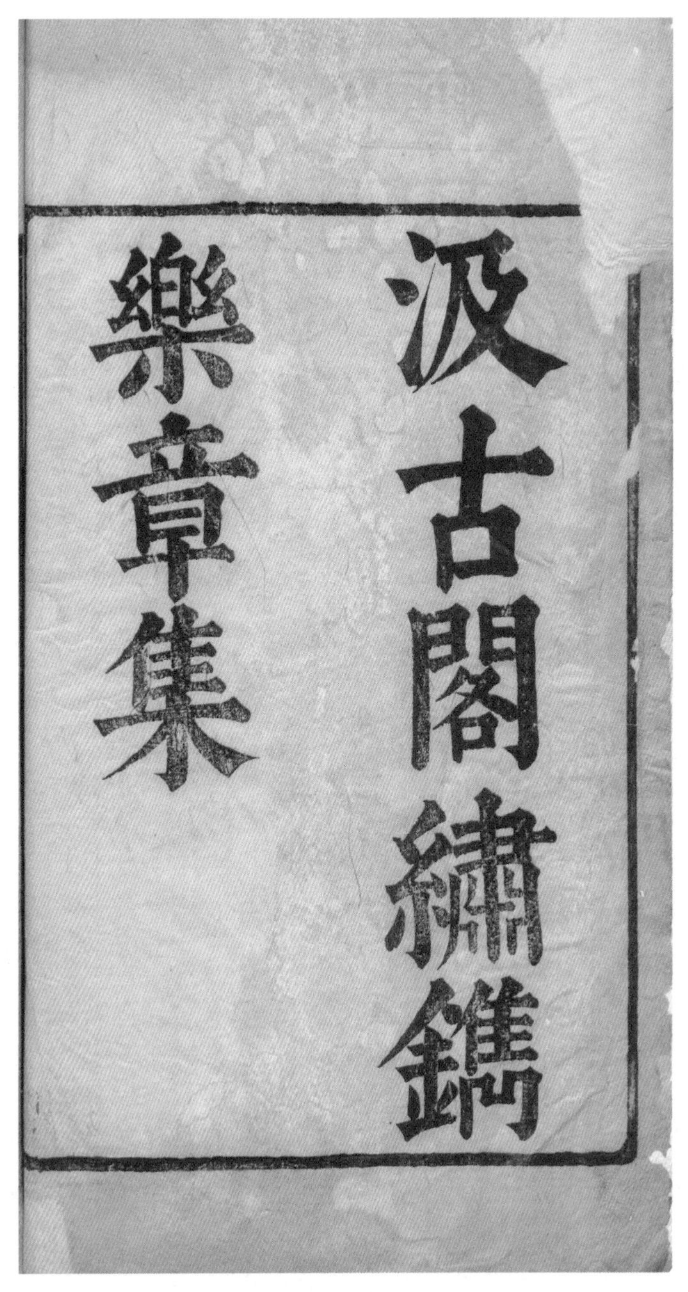

樂章集一卷　〔宋〕柳永撰

明崇禎毛氏汲古閣刻宋名家詞本

一册

半葉八行十八字，白口，左右雙邊。版框 19.0×14.5 厘米

T03324（9533）

樂章集

宋 柳永

正宮

黃鶯兒 詠鶯

園林晴晝誰爲主。暖律潛催。幽谷暄和。黃鸝翩翩。乍遷芳樹。觀露溼縷金衣。葉映如簧語。曉來枝上綿蠻。似把芳心。深意低訴。　無據。乍出暖煙來。又趁遊蜂去。恣狂蹤跡。兩兩相呼。終朝霧

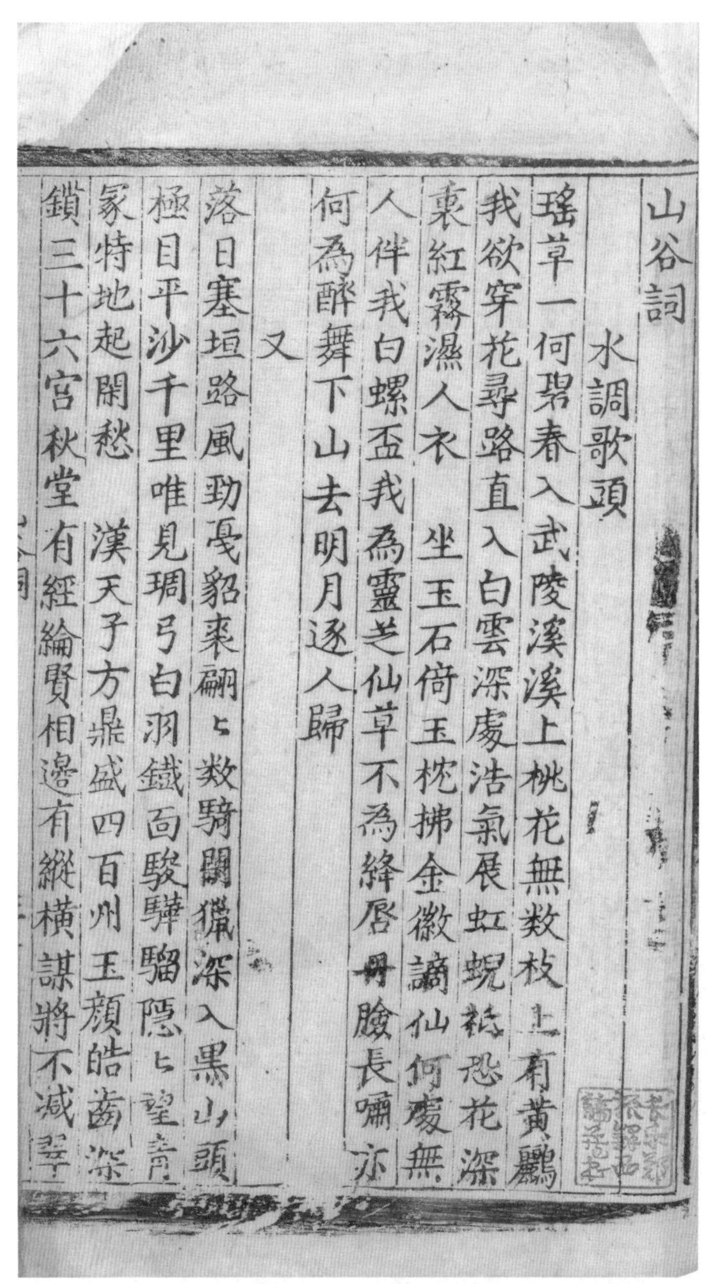
山谷詞

水調歌頭

瑤草一何碧春入武陵溪溪上桃花無数枝上有黄鸝
我欲穿花尋路直入白雲深處浩氣展虹蜺祇恐花深
裏紅露濕人衣　坐玉石倚玉枕拂金徽謫仙何處無
人伴我白螺盃我為靈芝仙草不為絳唇丹臉長嘯亦
何為醉舞下山去明月逐人歸

又

落日塞垣路風勁戞貂裘翩翩数騎閑獵深入黑山頭
極目平沙千里唯見琱弓白羽鐵面駿驊騮隱隱望青
冢特地起閑愁　漢天子方鼎盛四百州玉顔皓齒深
鎖三十六宮秋堂有經綸賢相邊有縱横謀將不減翠

山谷詞一卷　〔宋〕黄庭堅撰

明刻本

一册

半葉十二行二十一字，白口，四周雙邊。版框 23.9×15.5 厘米

誰分付其柰兖家無定據約雲朝又還雨暮將淚入鴛衾總不成行步　元來也解知思慮一封書深相許情知玉帳堪歡爲向金門進取直待腰金拖紫後有夫人縣君相與爭柰會分疎沒嫌伊門路

一落索

誰道秋來烟景素任遊人不顧一番時態一番新到得意皆歡慕　紫萸黃菊繁華處對風庭月露愁來即便去尋芳更作甚悲秋賦

促拍滿路花　往時有人書此詞於州東酒肆壁間愛其詞不能歌也二十年前有醉道士歌於廣陵市中羣小兒隨歌得之乃知其爲促拍滿路花也俗子口傳加釀鄙語政敗其好處山谷老人爲録舊文以告深於義味者

秋風吹渭水落葉滿長安黃塵車馬道獨清閑自然爐鼎虎繞與龍盤九轉丹砂就琴心三疊蘂宮看舞胎仙任萬釘寶帶貂蟬富貴欲熏天黃粱炊未熟夢驚殘是非海裏直道作人難袖手江南去白蘋紅蓼又尋湓浦廬山

山谷詞終

赤城詞一卷　〔宋〕陳克撰

朱祖謀抄本

一册

半葉十一行二十一字，小緑格，左右雙邊。版框 15.4×11.0 厘米

16918（1202）

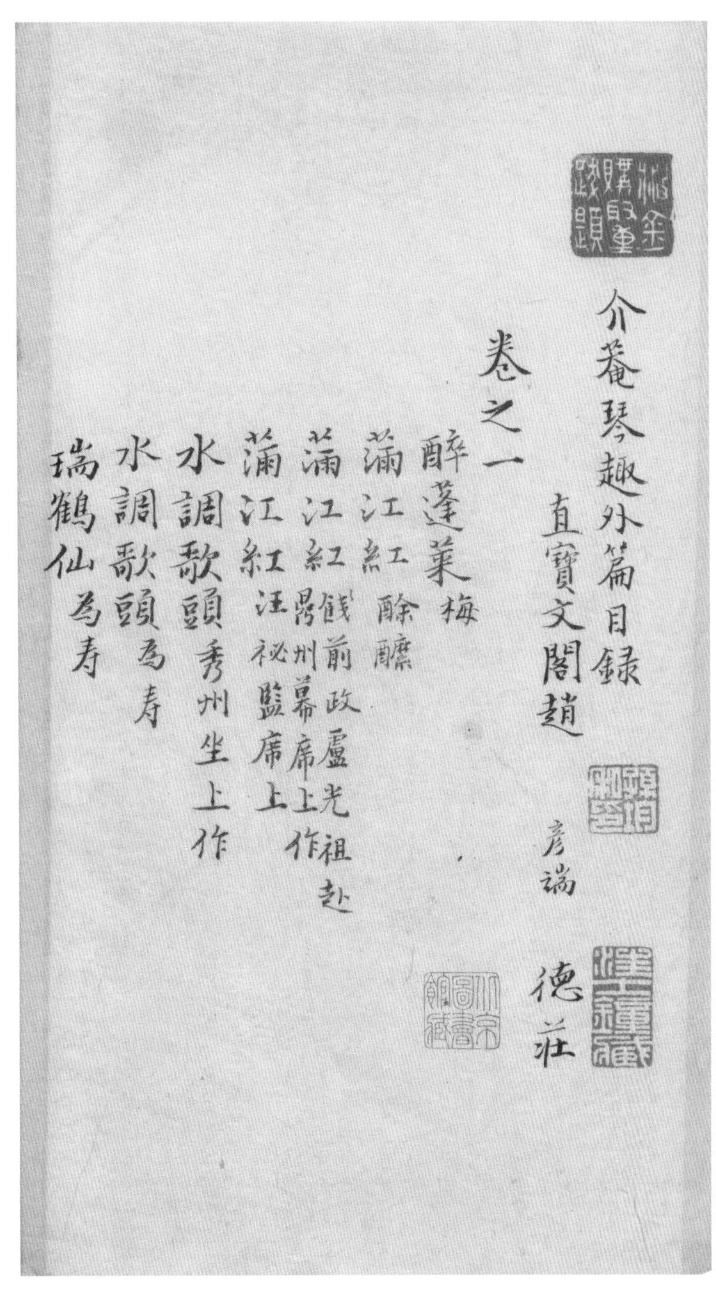
介菴琴趣外篇目録
直寶文閣趙彥端德莊
卷之一
醉蓬萊 梅
滿江紅 酴醾
滿江紅 錢前政盧光祖赴昌州幕席上作
滿江紅 汪秘監席上
水調歌頭 秀州坐上作
水調歌頭 為寿
瑞鶴仙 為寿

介庵琴趣外篇六卷 〔宋〕趙彥端撰

清抄本

一册

半葉十行十八字，無欄格

15645（8767）

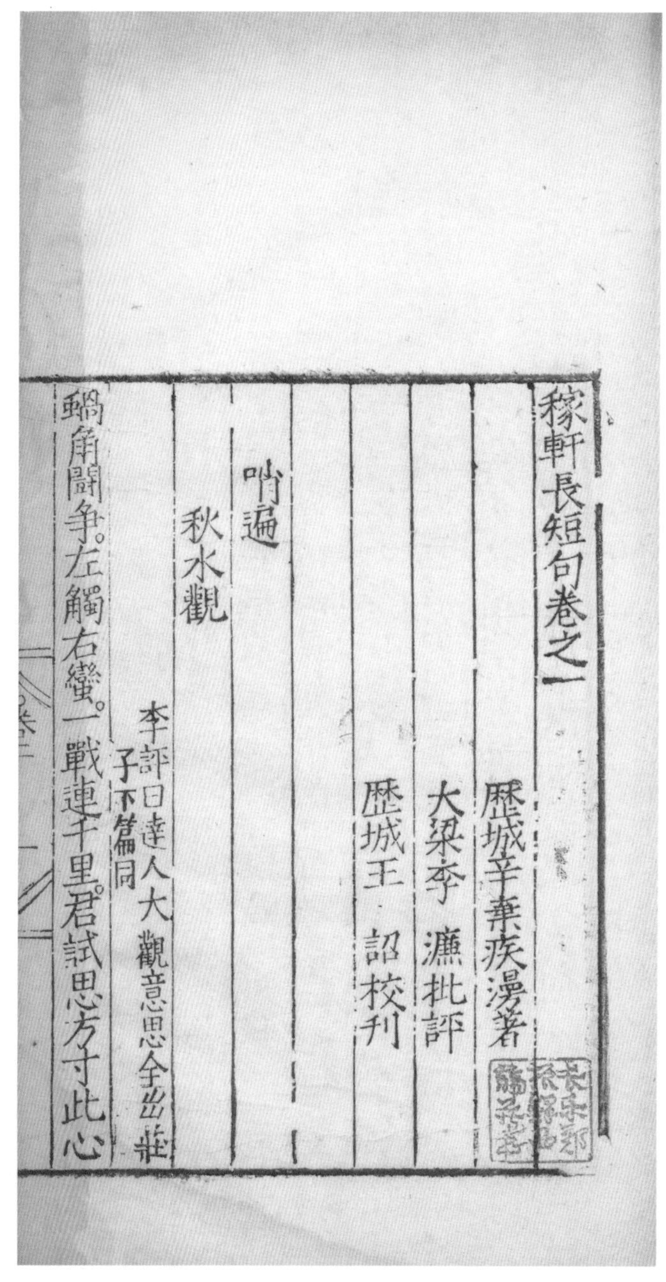
稼軒長短句卷之一

歷城辛棄疾湧著

大梁李　濂批評

歷城王　詔校刊

哨遍

秋水觀　李評曰達人大觀意思全出莊子下篇同

蝸角鬬爭。左觸右蠻。一戰連千里。君試思方寸此心

稼軒長短句十二卷　〔宋〕辛棄疾撰　〔明〕李濂評

明嘉靖十五年（1536）王詔刻本

二册

半葉九行二十字，白口，四周單邊。版框 16.7×12.6 厘米

15654（8768）

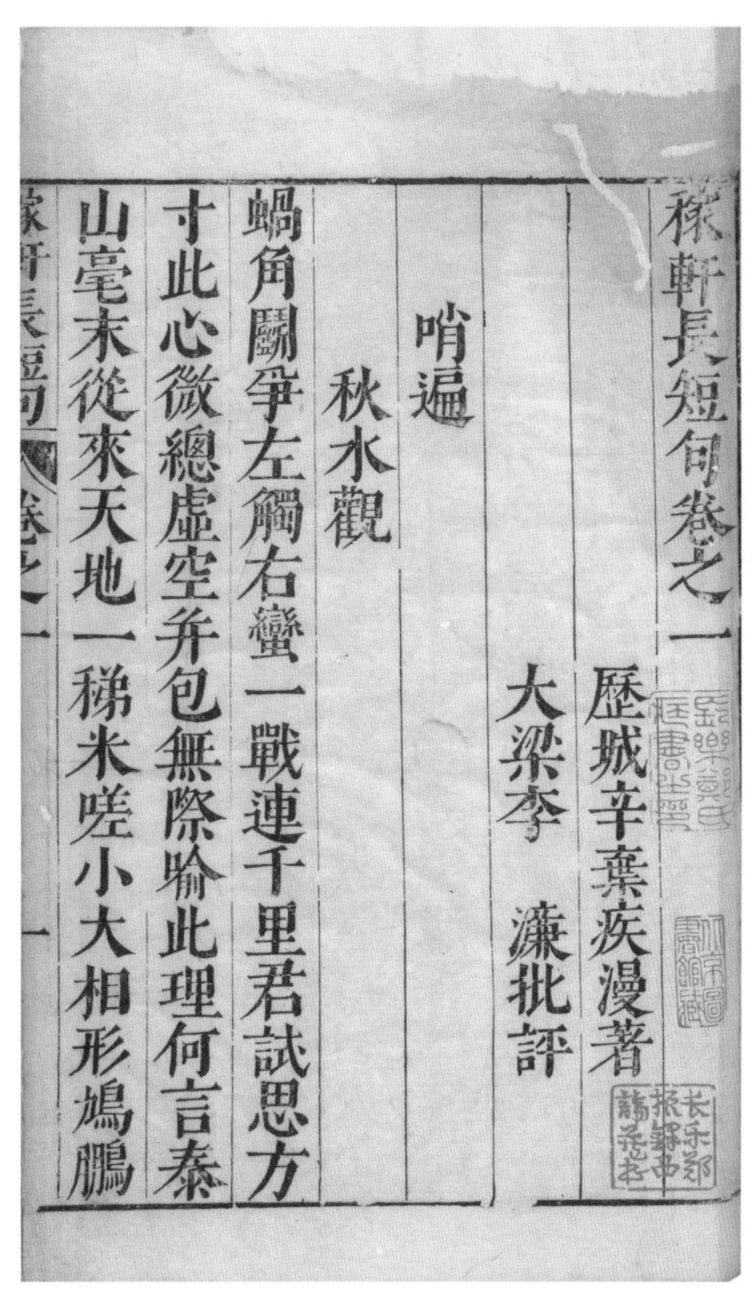

稼軒長短句十二卷　〔宋〕辛棄疾撰

明刻本　佚名跋

一册　存四卷：一至四

半葉八行十七字，白口，四周單邊。版框 21.1×15.0 厘米

T03320（10058）

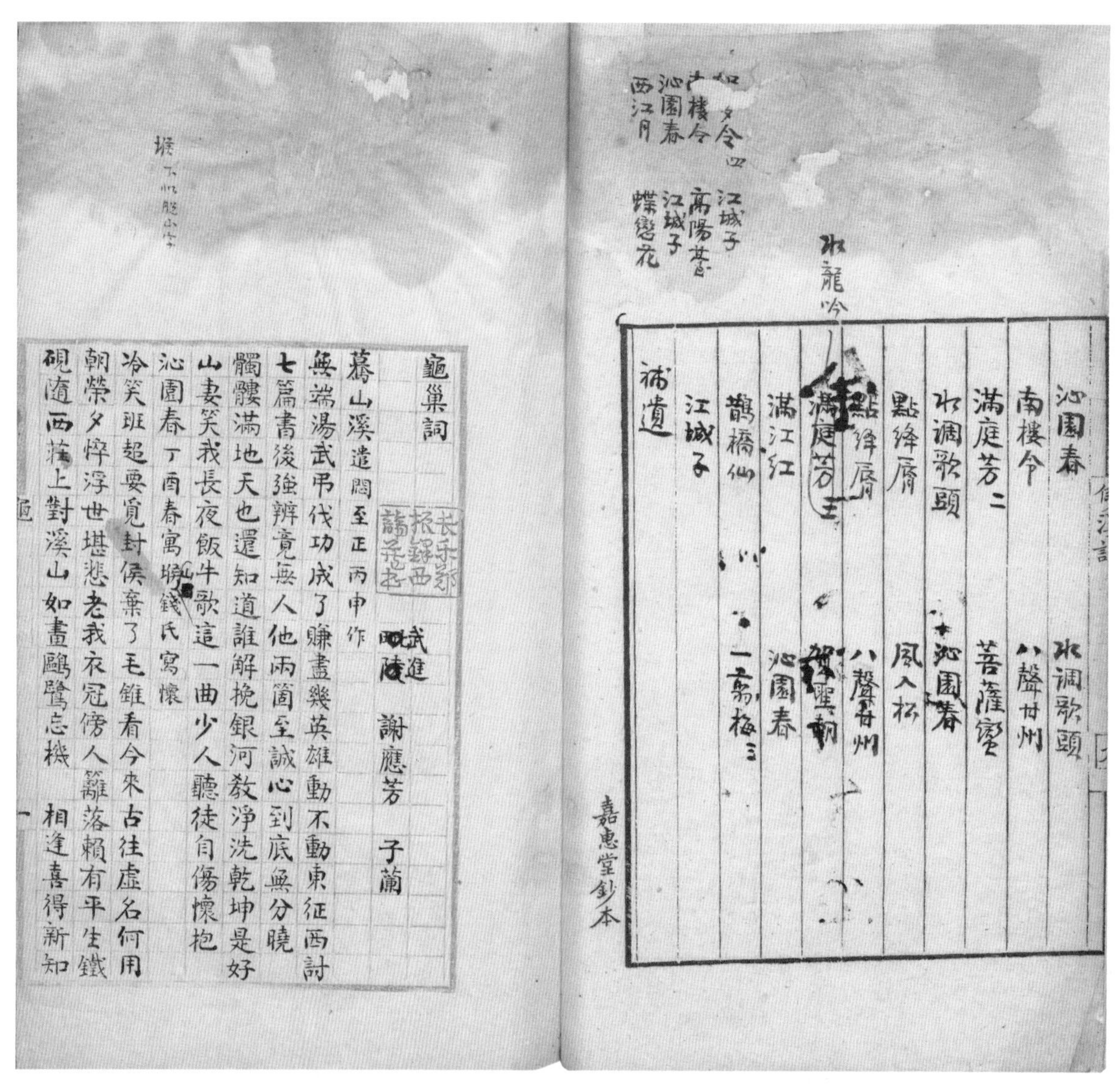

龜巢詞一卷補遺一卷　〔元〕謝應芳撰

朱祖謀抄本　朱祖謀校

一册

半葉十一行二十一字，小緑格，緑口，左右雙邊。版框 15.6×11.0 厘米

15423（1471）

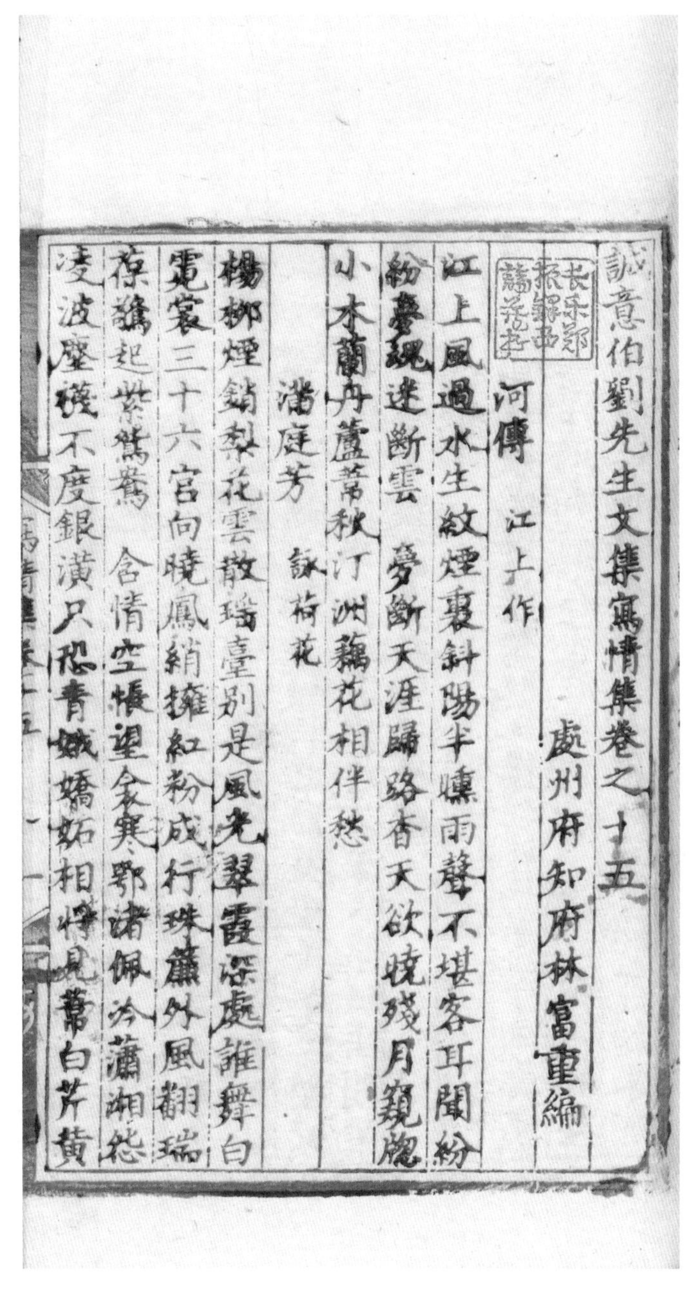

誠意伯劉先生文集寫情集卷之十五

處州府知府林富重編

河傳　江上作

江上風過水生紋煙裏斜陽半曛雨聲不堪客耳聞紛紛夢魂迷斷雲　夢斷天涯歸路杳天欲曉殘月窺牕小木蘭舟蘆葦秋汀洲藕花相伴愁

滿庭芳　詠荷花

楊柳煙銷梨花雲散瑤臺别是風光翠霞深處誰舞白霓裳三十六宮向曉鳳綃擁紅粉成行珠簾外風翻翠葢驚起紫鴛鴦　含情空悵望衾寒鄂渚佩冷瀟湘愁凌波塵襪不度銀潢只恐青娥嫉妬相將見暮白芷黃

寫情集二卷　〔明〕劉基撰

明刻誠意伯劉先生文集本

一册

半葉十一行二十一字，黑口，四周雙邊。版框 20.4×14.0 厘米

15690（8824）

樂府遺音序

古人之詩如今之歌　可恊之聲律故可用之閨門鄉黨而達於邦國以感發人之善心而懲創逸志其有關於世教非小小也迨夫周室陵夷詩廢不講而世俗之樂流於淫僻詩樂始岐而為二至漢高祖有房中歌十七章武帝定郊祀之禮乃立樂府采詩夜誦有趙代秦楚之謳凡歌詩二十八家二百十四篇此樂府之始也下迨魏晋唐宋始以詩詞為樂府多述民俗之事矣然大率作於文人才士而非采之里巷者也其於古人勸懲之意微矣鄉先達存齋瞿

樂府遺音一卷　〔明〕瞿佑撰

明抄本

一册

半葉十行二十字，無欄格

樂府遺音

錢塘存齋瞿佑宗吉

南詞

滿庭芳 西湖夜泛

露葦催黄煙蒲駐緑水光山色相連紅衣落盡辜負採蓮船點檢六橋楊柳但幾箇抱葉殘蟬秋容晚雲寒雁背風冷鷺鴦肩 華筵容易散愁添酒量病減詩顛況情懷冲澹漸入中年掃退舞裙歌扇盡付與一枕高眠清閑好脫巾露髮仰面看青天

賀新郎 題秦女吹簫圖

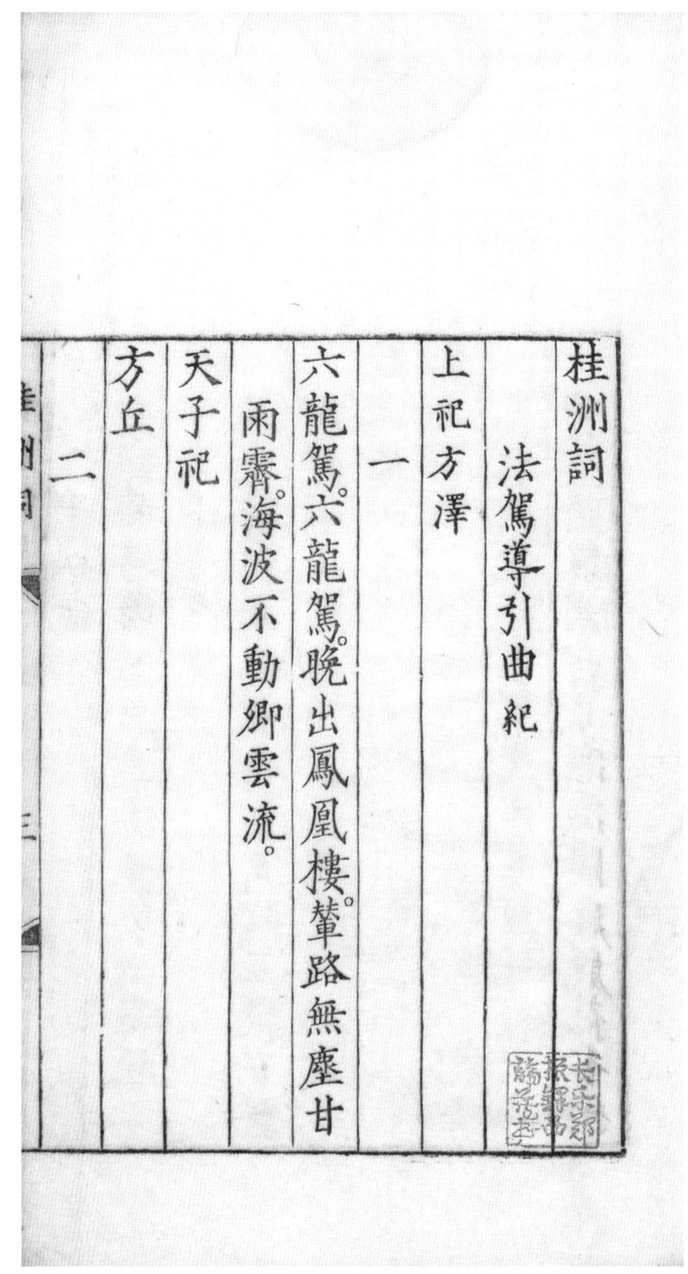
桂洲詞
法駕導引曲　紀
上祀方澤
一
六龍駕。六龍駕。晚出鳳凰樓。輦路無塵甘雨霽。海波不動卿雲流。
天子祀
方丘
二

桂洲詞一卷　〔明〕夏言撰

明嘉靖十九年（1540）石遷高刻本

一册

半葉九行十六字，白口，四周單邊。版框 18.8×14.2 厘米

15700（8823）

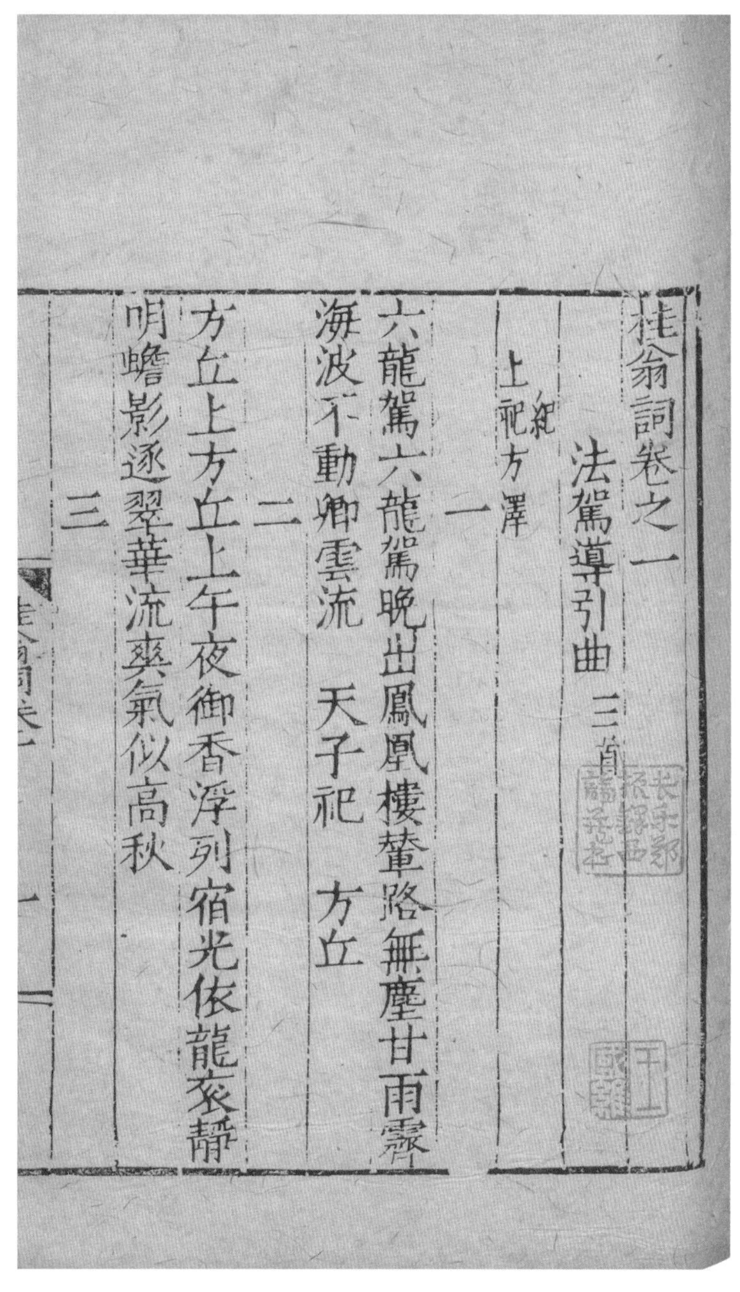
桂翁詞卷之一
法駕導引曲　三首
紀上祀方澤
一
六龍駕六龍駕晚出鳳凰樓輦路無塵甘雨霽海波不動卿雲流　天子祀　方丘
二
方丘上方丘上午夜御香浮列宿光依龍衮靜明蟾影逐翠華流爽氣似高秋
三

桂翁詞六卷鷗園新曲一卷　〔明〕夏言撰

明嘉靖四十五年（1566）雙泉童氏刻本

四册

半葉十行十八字，白口，左右雙邊。版框 17.4×13.7 厘米

15710（8853）

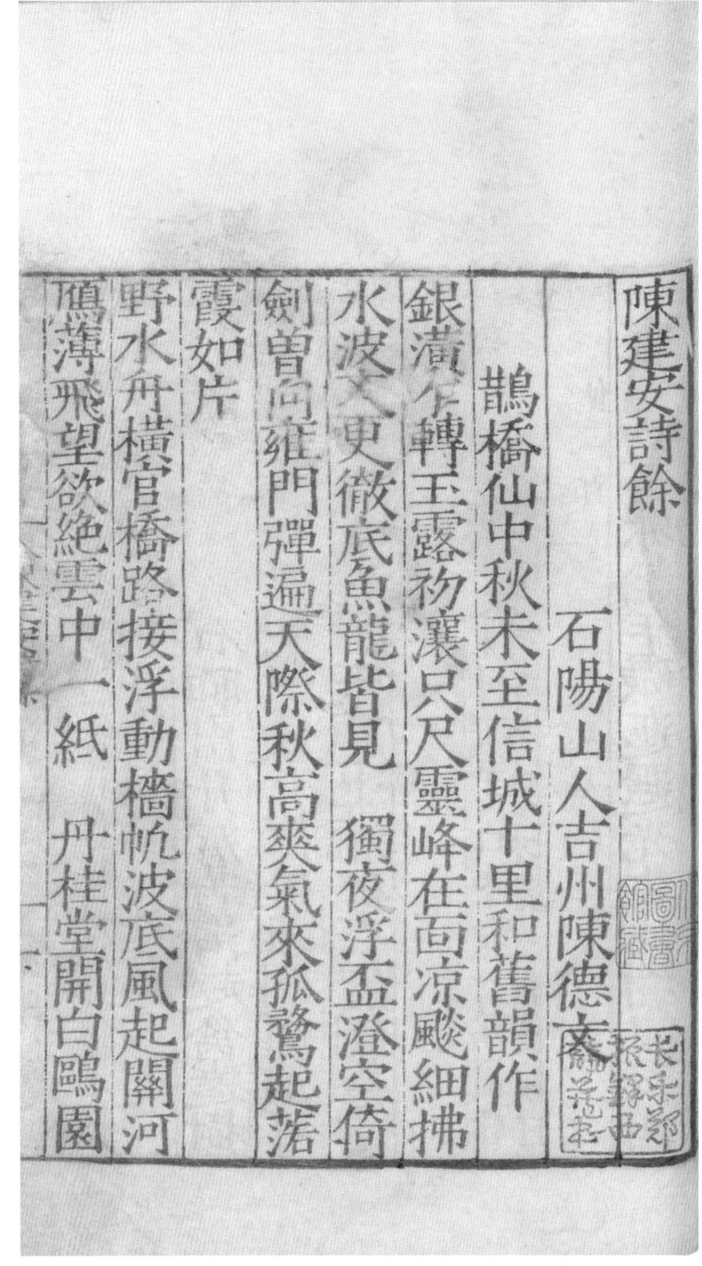
陳建安詩餘
石陽山人吉州陳德文
鵲橋仙中秋未至信城十里和舊韻作
銀漢乍轉玉露初瀼只尺靈峰在面凉飈細拂水波又更徹底魚龍皆見　獨夜浮盃澄空倚劍曾向雒門彈遍天際秋高爽氣來孤鶩起落霞如片
野水舟橫官橋路接浮動檣帆波底風起關河鴈薄飛望欲絶雲中一紙　丹桂堂開白鷗園

陳建安詩餘一卷　〔明〕陳德文撰

明嘉靖刻藍印本

一册

半葉九行十八字，白口，四周單邊。版框 15.8×11.9 厘米

15686（8808）

葵軒詞

貴溪　夏暘汝霖　撰

浪淘沙

春去已多時綠暗紅稀子規猶自盡情啼新笋出林荷貼水梅雨絲絲　閑步畫欄西飛絮沾衣旋盛盧橘倒金巵且托醁醽消永晝拚醉如泥

醉春風

底事傷懷抱春愁那可告眼前世態不如心笑笑笑曲變新腔棊更別局琴非古調　杜宇聲

葵軒詞一卷　〔明〕夏暘撰

明刻本

一册

半葉十行十八字，白口，左右雙邊。版框 17.5×13.7 厘米

15688（8810）

楊升庵先生長短句四卷 〔明〕楊慎撰　**楊升庵先生夫人樂府詞餘五卷** 〔明〕黄峨撰

明刻本

一册

半葉九行二十字，白口，左右雙邊。版框 20.4×14.4 厘米

15683（8812）

楊升菴先生長短句卷一

臨江仙

紅塵鞍馬紅亭路天涯一望無窮長安日下楚雲東嗚鞭楊栁陌分袂杏花叢○離拍易終人易散佳人玉筋啼紅今宵明月與君同愁心聞淚鶴倦寢聽歸鴻

池北池南新綠樹頭樹底殘紅多情休怨雨和風東君元是客歸去自匆匆○悵望鴛鴦別浦蕭條翡翠芳叢夢回香冷酒微中杜鵑聲不斷簾外月朦朧

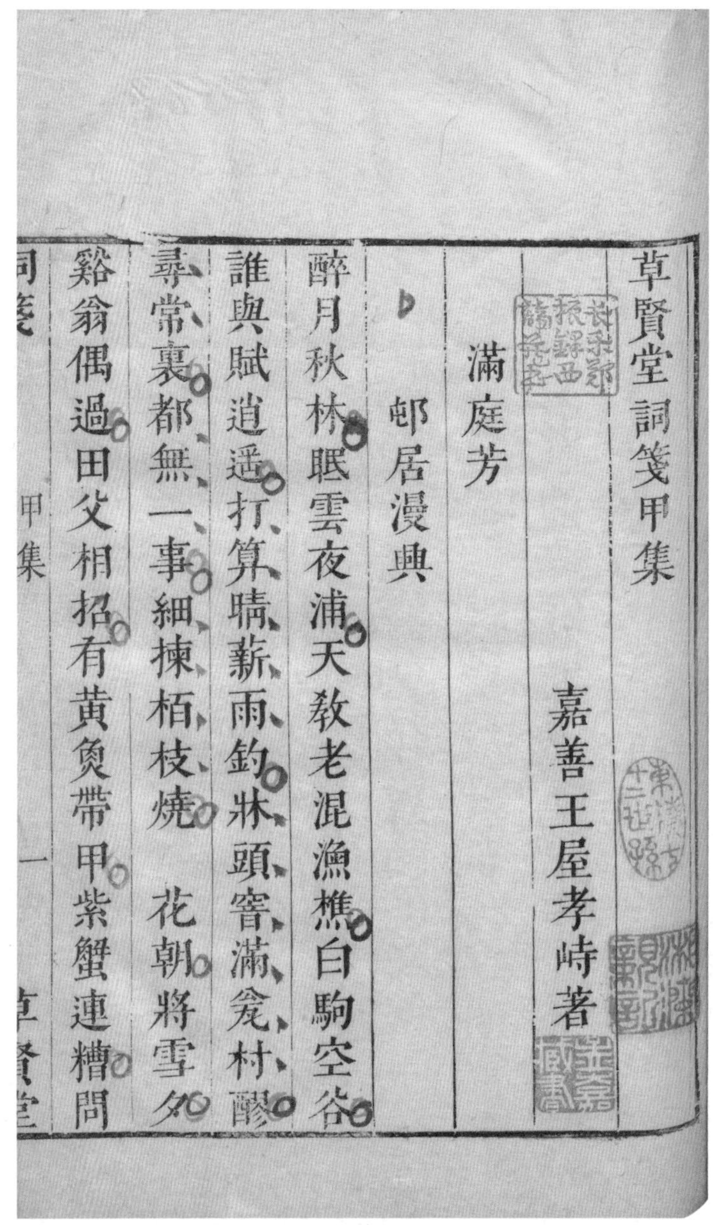

草賢堂詞箋十卷蘗弦齋詞箋一卷雜箋一卷 〔明〕王屋撰　**雪堂詞箋一卷** 〔明〕錢繼章撰
非水居詞箋三卷 〔明〕吴熙撰

明崇禎八至九年（1635—1636）吴熙等刻本

四册

半葉八行十八字，白口，左右雙邊。版框 19.4×14.4 厘米

15681（8797）

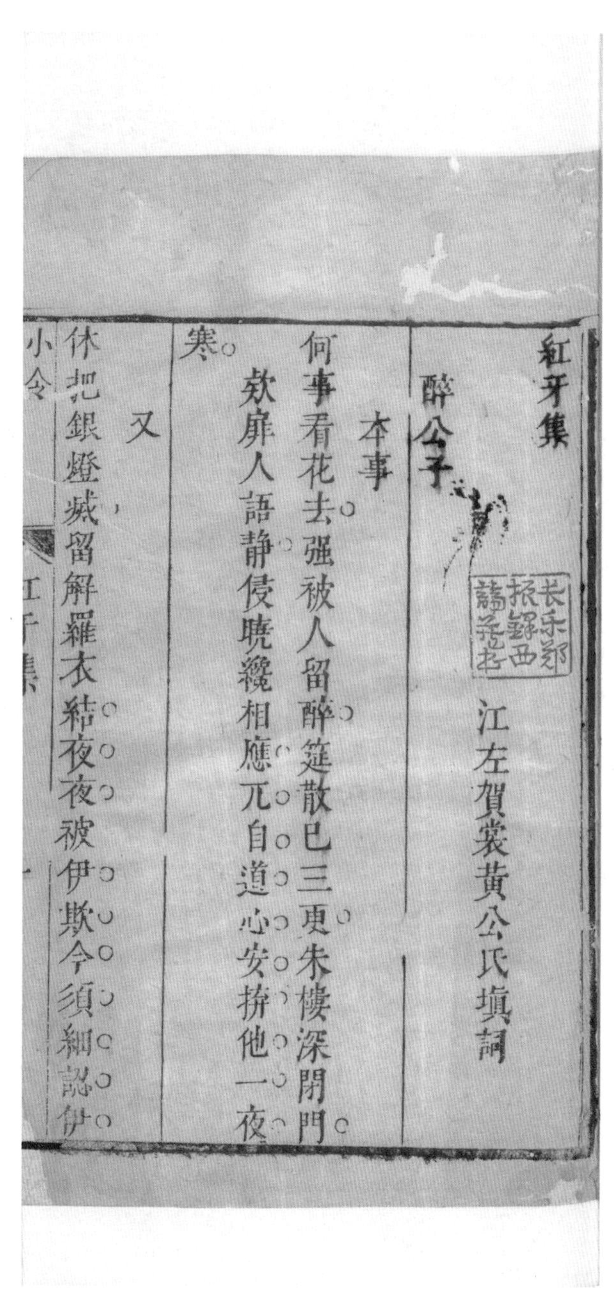

紅牙集一卷　〔清〕賀裳撰

清初刻本

一册

半葉九行二十字，白口，左右雙邊。版框 17.5×12.3 厘米

15409（1197）

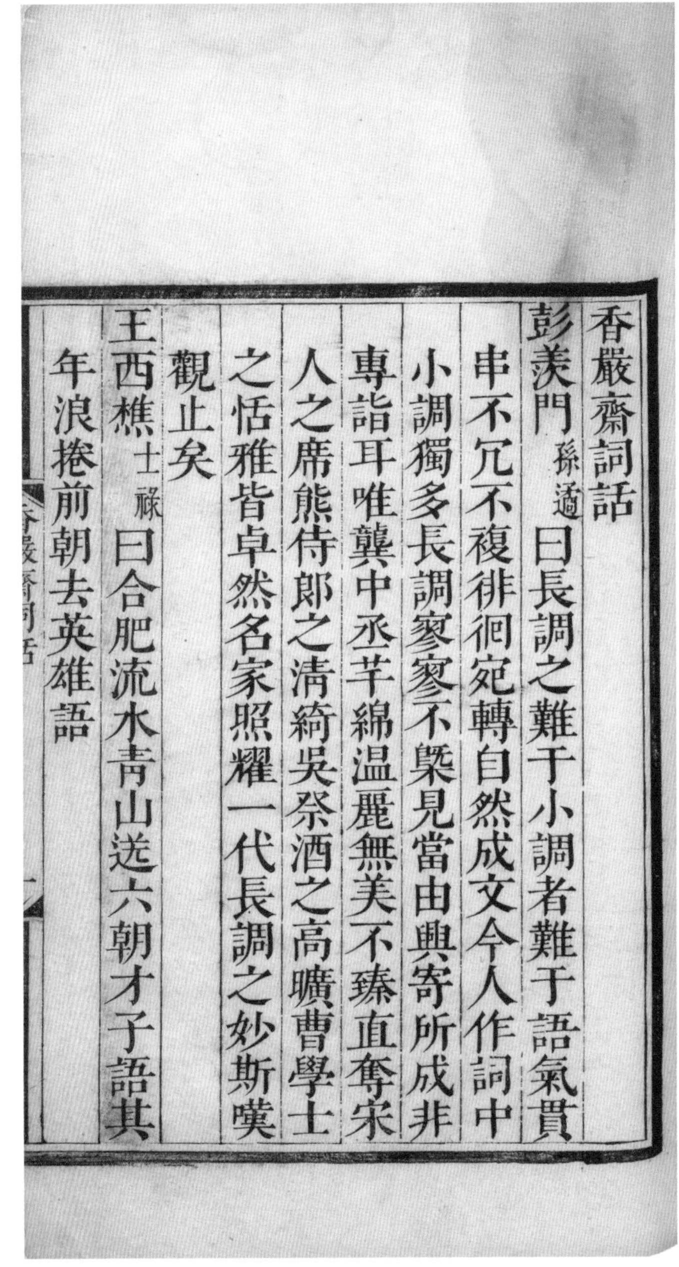

香嚴齋詞話

彭羡門孫遹曰長調之難于小調者難于語氣貫串不冗不複徘徊宛轉自然成文今人作詞中小調獨多長調寥寥不槩見當由興寄所成非專詣耳唯龔中丞芊綿温麗無美不臻直奪宋人之席熊侍郎之清綺吳祭酒之高曠曹學士之恬雅皆卓然名家照耀一代長調之妙斯歎觀止矣

王西樵士祿曰合肥流水青山送六朝才子語其年浪捲前朝去英雄語

香嚴齋詞一卷　〔清〕龔鼎孳撰　**詞話一卷**

清康熙十一年（1672）徐釚刻本

一册

半葉十行十九字，黑口，四周雙邊。版框 17.5×13.1 厘米

15405（1077）

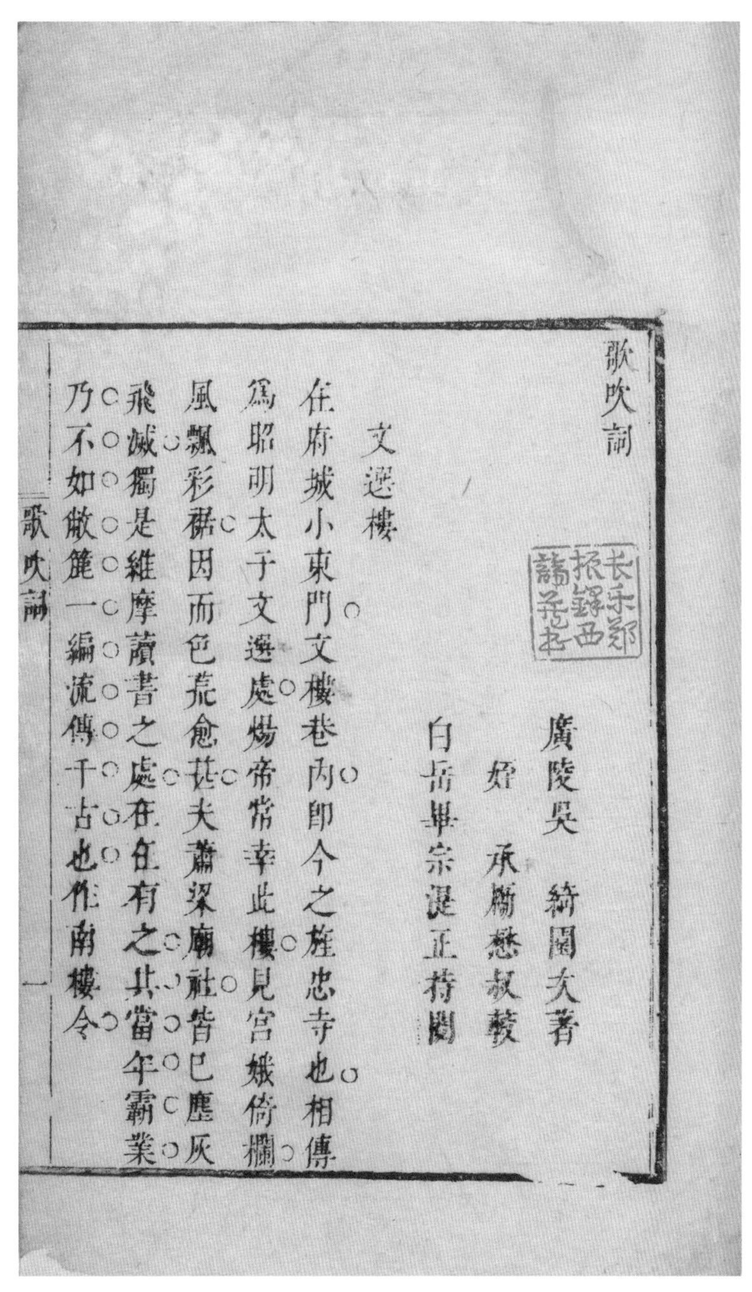
歌吹詞

廣陵吳　綺園次著
姪　承勷懋叔較
白岳畢宗湜正持閱

文選樓

在府城小東門文樓巷內即今之旌忠寺也相傳爲昭明太子文選處煬帝常幸此樓見宮娥倚欄風飄彩裙因而色荒愈甚夫蕭梁廟社皆已塵灰飛滅獨是維摩讀書之處在在有之其當年霸業乃不如敝篚一編流傳千古也作南樓令

歌吹詞　一

藝香詞六卷　〔清〕吴綺撰

清康熙刻本

四册

半葉十行二十字，白口，左右雙邊，無直格。版框 16.2×12.6 厘米

15421（1484）

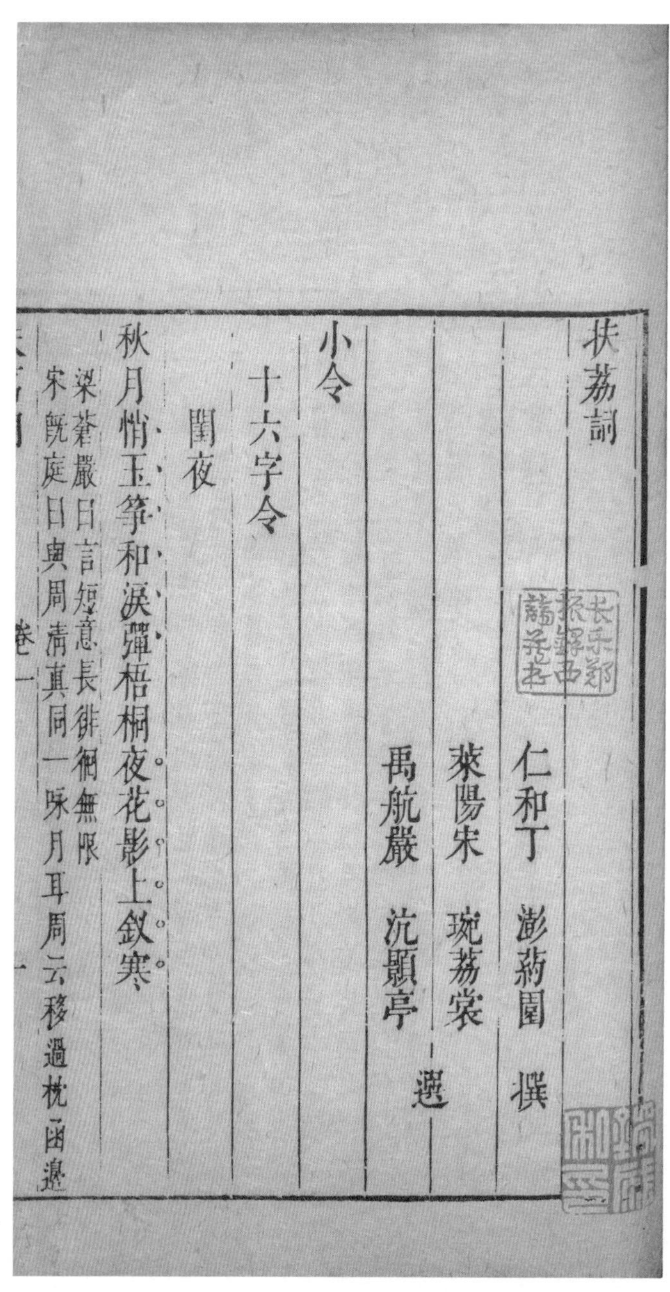
扶荔詞
仁和丁　澎藥園　撰
萊陽宋　琬荔裳
禹航嚴　沆顥亭　選
小令
十六字令
閨夜
秋。月悄。玉筝和淚彈。梧桐夜。花影上釵寒。
梁蒼巖曰言短意長徘徊無限
宋旣庭曰與周清真同一咏月耳周云移過枕函邊

扶荔詞三卷別録一卷　〔清〕丁澎撰

清康熙刻本

二册

半葉九行二十一字，小字雙行同，白口，左右雙邊。版框 18.2×13.5 厘米

15408（1088）

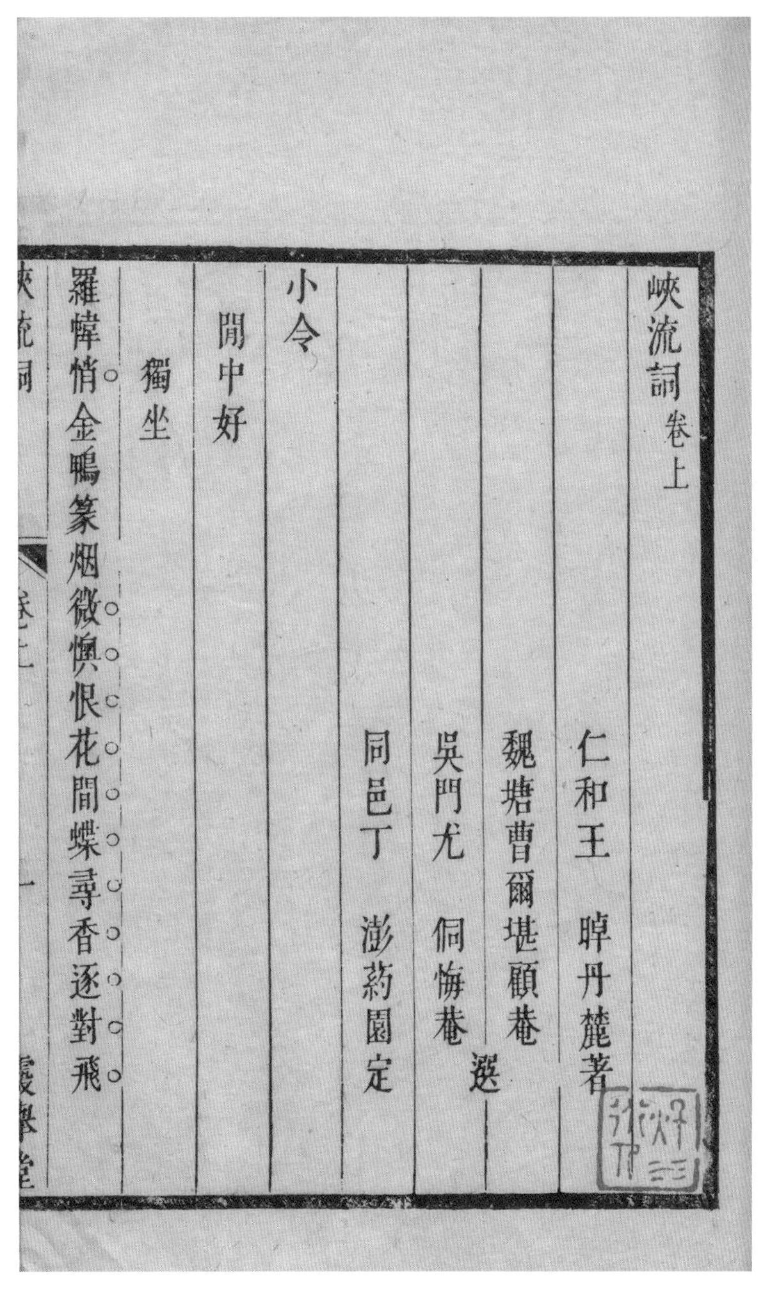
峽流詞卷上

仁和王　晫丹麓著

魏塘曹爾堪顧菴

吳門尤　侗悔菴　選

同邑丁　澎葯園定

小令

閒中好

獨坐

羅幃悄金鴨篆烟微懊恨花間蝶尋香逐對飛

峽流詞　卷上　一　霞舉堂

峽流詞三卷　〔清〕王晫撰

清霞舉堂刻本

二册

半葉九行二十字，白口，四周單邊。版框 17.7×13.3 厘米

15389（669）

浣雪詞鈔卷上

遂安毛際可鶴舫氏著

永城李天馥容齋父
新城王士禛阮亭父　評

錢塘吳陳琰寶崖父校

瑶花

[illegible]蘭

部光未老。梅萼初殘。喜玉蘭開早。亭亭素質無人
鬪[illegible]艷。名[illegible]春好。孤高風韻。似承露珠盤林杪。憶

浣雪詞鈔二卷　〔清〕毛際可撰　〔清〕李天馥、王士禛評

清康熙刻本

二册

半葉九行十九字，白口，四周單邊。版框 19.6×14.2 厘米

16913（1037）

納蘭詞卷一
長白納蘭成德容若著　鎮洋汪元治仲安編輯
憶江南
昏鴉盡小立恨因誰急雪乍翻香閣絮輕風吹到膽瓶梅心字已成灰
赤棗子
驚曉漏護春眠格外嬌慵只一作止誤自憐寄語釀花風日好綠窗來與上琴絃
憶王孫
西風一夜翦芭蕉倦眼經秋耐寂寥强把心情付濁醪

納蘭詞　卷一　一

納蘭詞五卷補遺一卷　〔清〕納蘭性德撰　〔清〕汪元治輯

清道光十二年（1832）汪元治結鐵網齋刻本

一册

半葉十行二十一字，白口，左右雙邊。版框 19.2×13.7 厘米

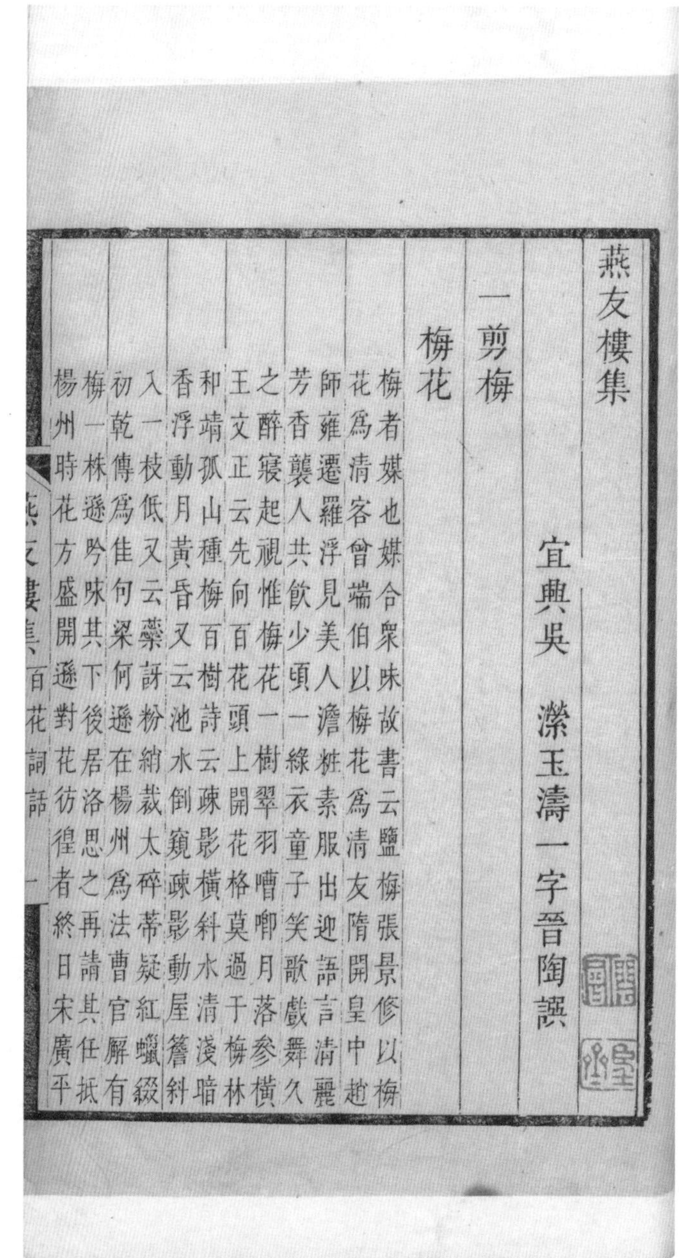

燕友樓集

宜興吳　瀠玉濤一字晉陶譔

一剪梅

梅花

梅者媒也媒合衆味故書云鹽梅張景修以梅花爲清客曾端伯以梅花爲清友隋開皇中趙師雍遷羅浮見美人澹粧素服出迎語言清麗芳香襲人共飲少頃一綠衣童子笑歌戲舞久之醉寢起視惟梅花一樹翠羽嘈啷月落參橫王文正云先向百花頭上開花格莫過于梅林和靖孤山種梅百樹詩云踈影橫斜水清淺暗香浮動月黃昏又云池水倒窺踈影動屋簷斜入一枝低又云蘂訝粉綃裁太碎蒂疑紅蠟綴初乾傳爲佳句梁何遜在楊州爲法曹官廨有梅一林遜吟咏其下後居洛思之再請其任抵楊州時花方盛開遜對花彷徨者終日宋廣平

燕友樓集一卷　〔清〕吴瀠撰　**百花凡譜一卷**　〔清〕吴瀠輯

清康熙刻本

二册

半葉十行二十一字，小字雙行同，黑口，左右雙邊。版框 18.1×13.2 厘米

16611（9704）

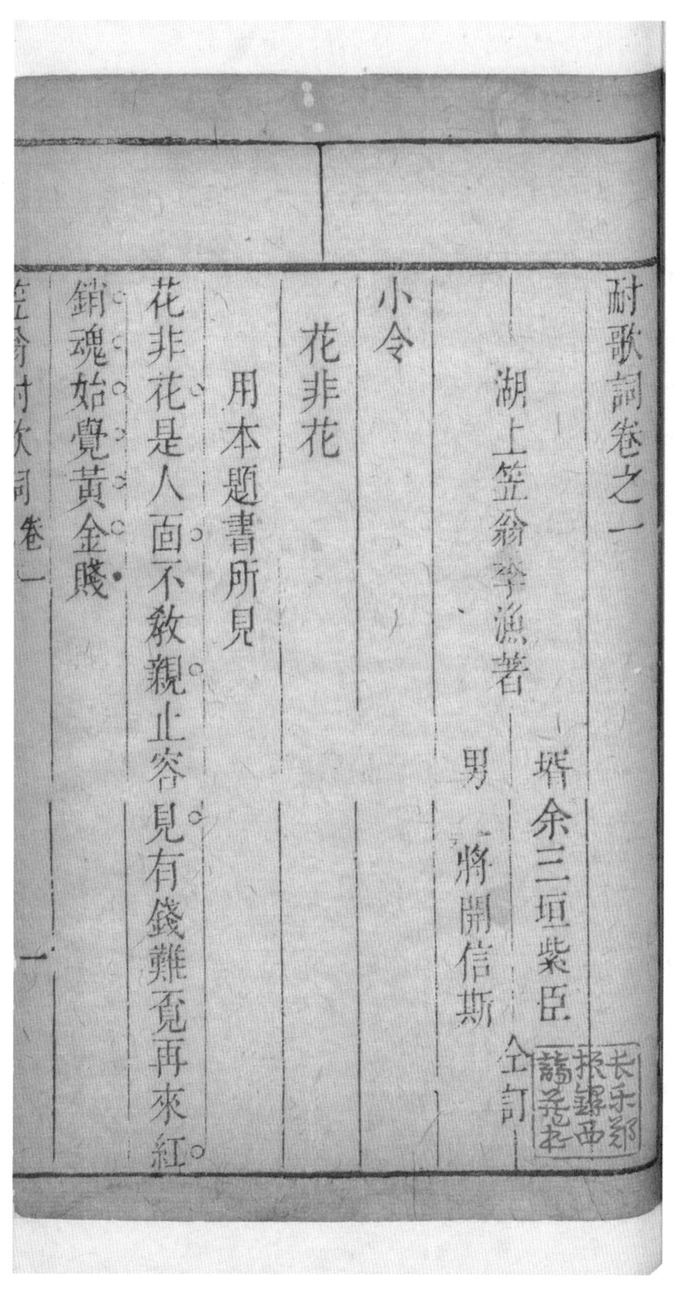

耐歌詞卷之一

湖上笠翁李漁著　壻余三垣紫臣

男　將開信斯　仝訂

小令

花非花

用本題書所見

花非花是人面不教覩止容見有錢難覓再來紅

銷魂始覺黃金賤

笠翁耐歌詞　卷一　一

耐歌詞四卷首一卷笠翁詞韻四卷　〔清〕李漁撰

清康熙刻本

四册

半葉八行十九字，白口，四周單邊。眉欄鐫評。版框 20.0×12.8 厘米

16910（1078）

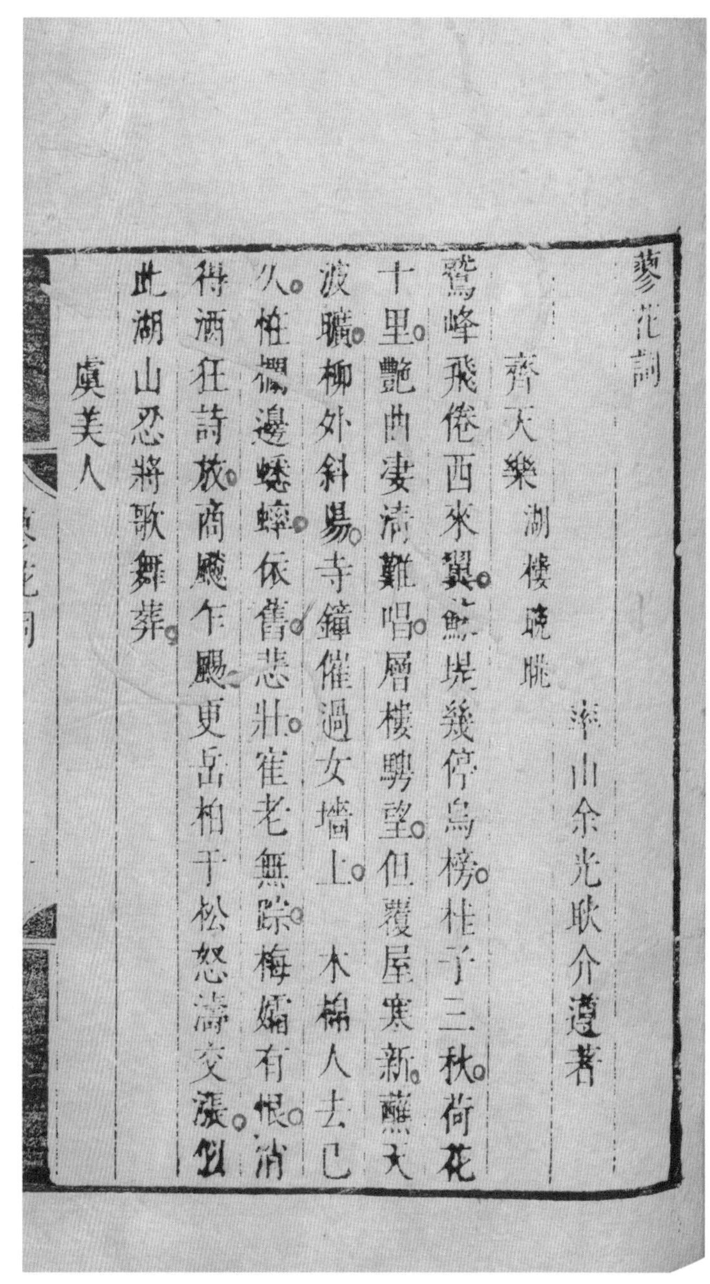

蓼花詞一卷　〔清〕余光耿撰

清康熙刻本

一册

半葉十行十九字，黑口，四周單邊。版框 18.5×13.2 厘米

16491（12717）

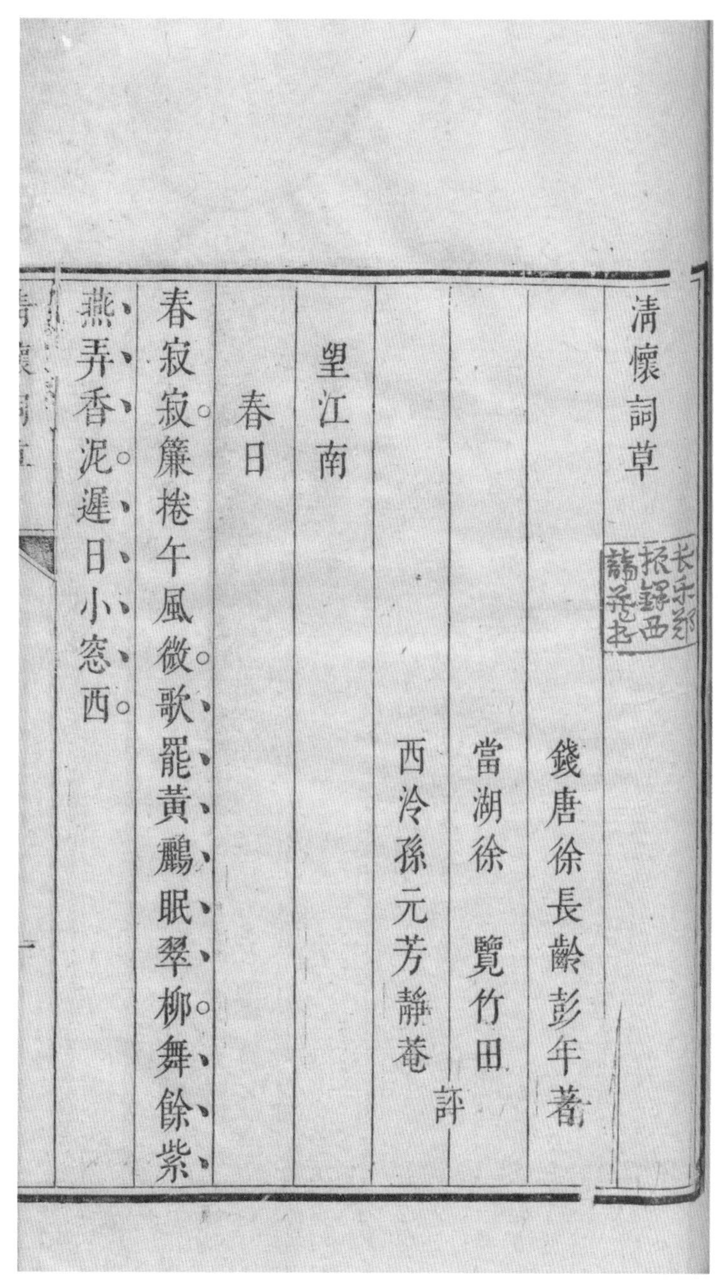
清懷詞草

錢唐徐長齡彭年著

當湖徐　覽竹田

西泠孫元芳靜菴　評

望江南

春日

春寂寂。簾捲午風微。歌罷黃鸝眠翠柳。舞餘紫燕弄香泥。遲日小窗西。

清懷詞草一卷滇南福清洞天二十四詠一卷　〔清〕徐長齡撰　〔清〕徐覽、孫元芳評

清康熙刻本

一册

半葉八行十八字，白口，四周雙邊。版框 18.1×14.3 厘米

15429（1563）

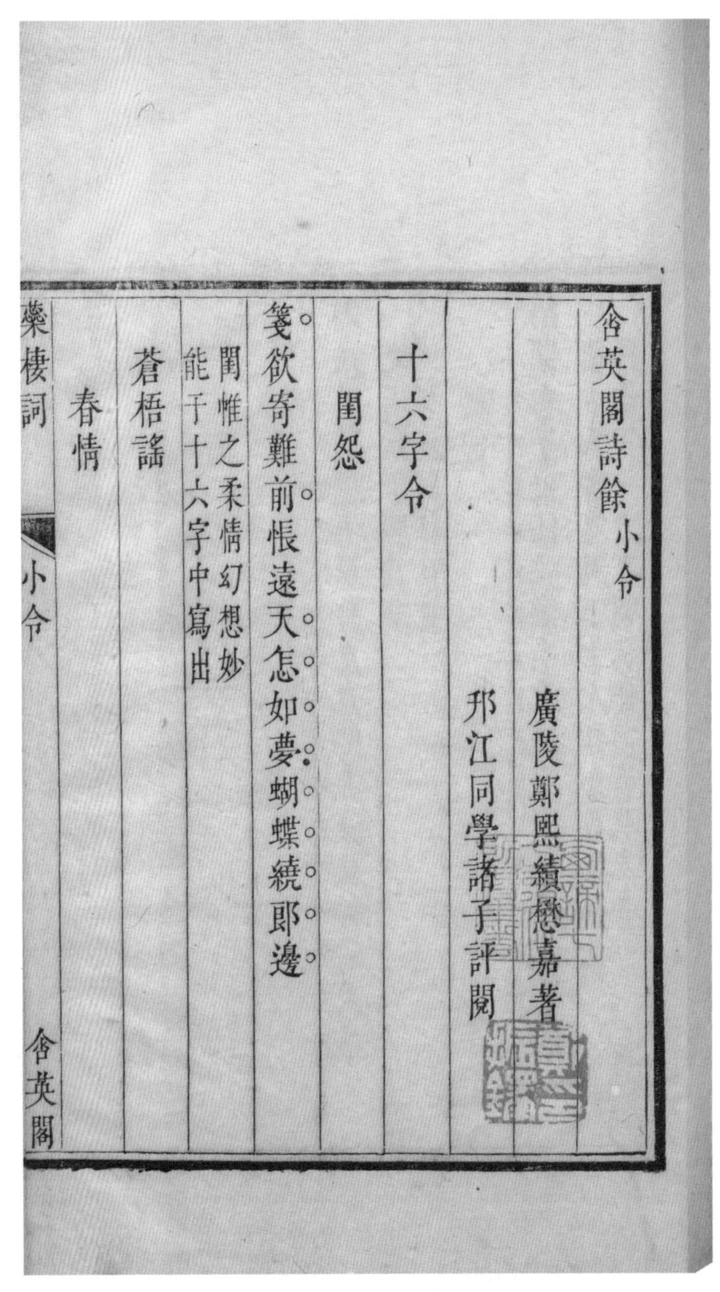

含英閣詩餘三卷　〔清〕鄭熙績撰

清康熙二十六年（1687）含英閣自刻本

一册

半葉九行二十字，小字雙行同，白口，四周雙邊。版框 18.0×13.2 厘米

15407（1136）

清濤詞二卷 〔清〕孔傳鋕撰

清康熙刻本

二册

半葉九行十九字，白口，左右雙邊。版框 17.0×12.6 厘米

16921（1040）

清濤詞卷上

闕里孔傳鋕西銘著

錫山顧彩湘槎選

兄傳鐸振路氏閲訂

憶王孫

遠山都被杏林遮蝶舞翩翾蜂放衙遊女雙雙出浣紗是誰家人道風光勝若耶

字字清絶更有何塵滓犯其筆端

望江怨

錦瑟詞三卷　〔清〕汪懋麟撰　**詞話一卷**

清康熙刻本

一册

半葉十行十九字，黑口，四周雙邊。版框 17.6×13.0 厘米

15401（1035）

錦瑟詞

揚州　汪　懋麟

小令

菩薩蠻見作

中庭茉莉香初落。誰搖鸚鵡簾櫳索。千喚步纔移。苔間斂袵遲。　昵人秋水碧。低向鬟邊揖。偷眼看。雙鈎。倦。紅露鳳頭。

前調重見

爲郎特地新粧早。看來還比初時好。相對莫嫌生。儂今眼更明。　低鬟垂素手。無計開檀口。故贈鳳

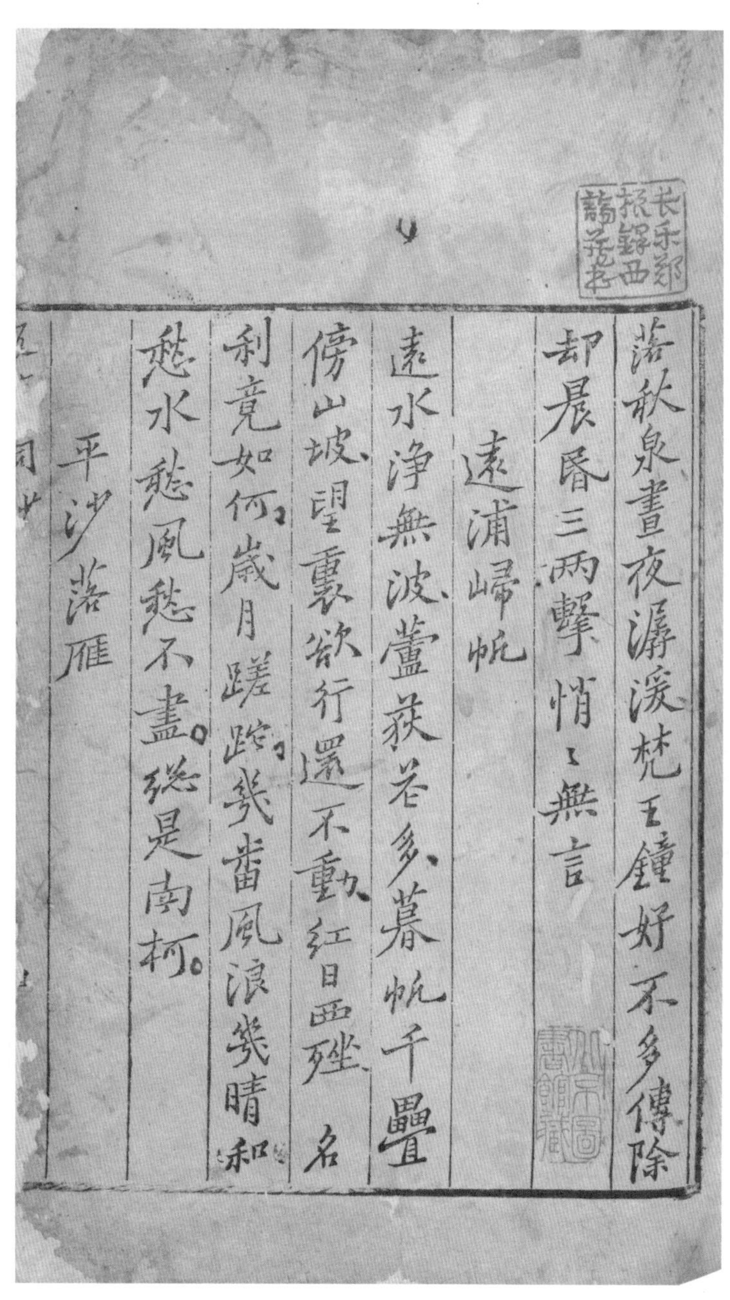

板橋集六編七卷　〔清〕鄭燮撰

清乾隆清暉書屋刻本

一册　存二卷：板橋詞鈔一卷、小唱一卷

半葉八行字不等，白口，左右雙邊。版框 16.8×13.3 厘米

T00680（1154）

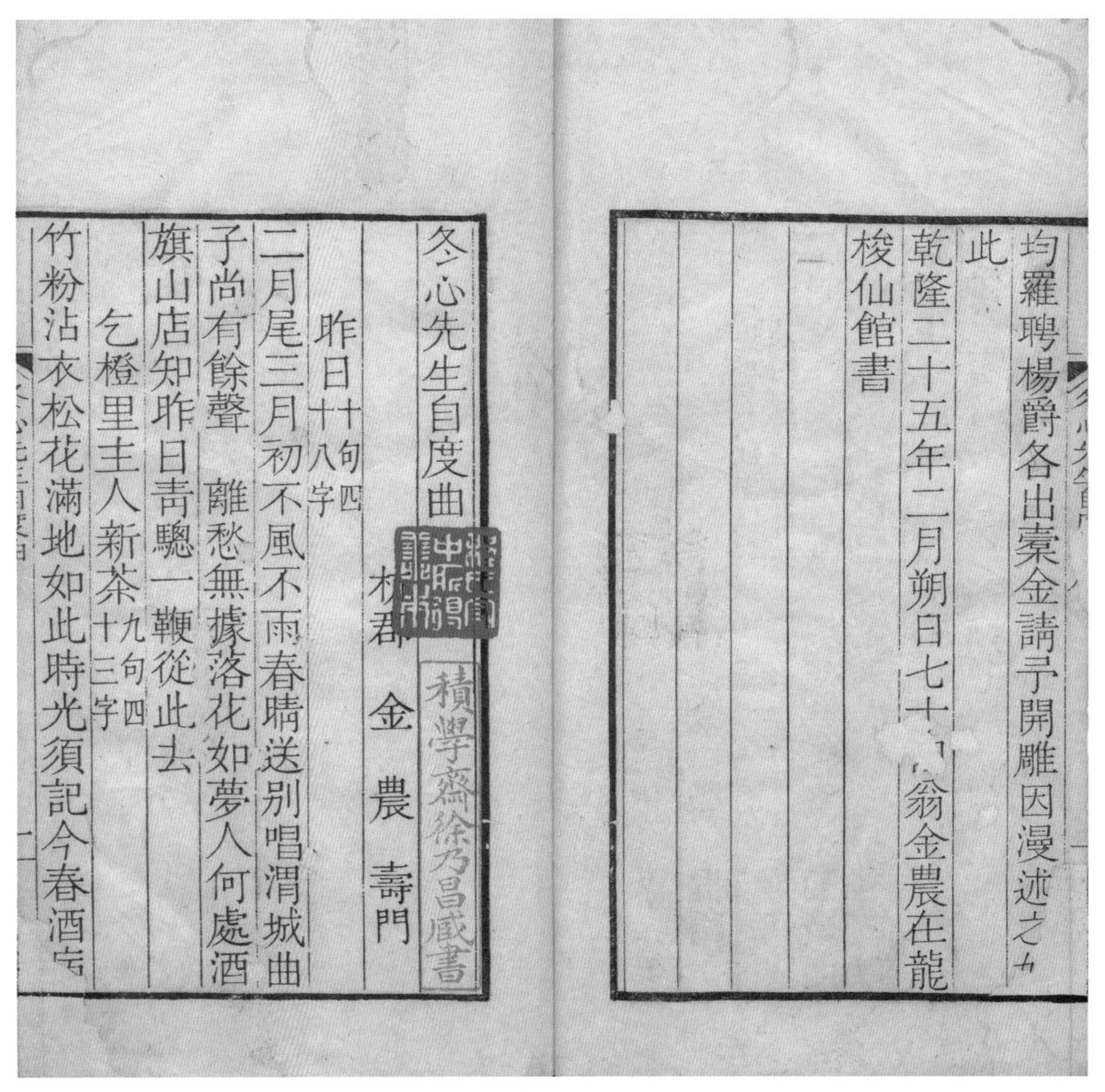

冬心先生自度曲一卷　〔清〕金農撰

清乾隆二十五年（1760）金農刻本

一册

半葉八行十八字，細黑口，左右雙邊。版框 15.7×9.8 厘米

15535（3509）

呵凍僧窗爲寫寒梅兩樹氷姿霜蕚此心如在
山塢　君歸去嚥酸香閑把花鬚細數想明月
窺林清光一斛照冷吟人苦

金陵湯鳴岐仿古本字畫錄寫并刻

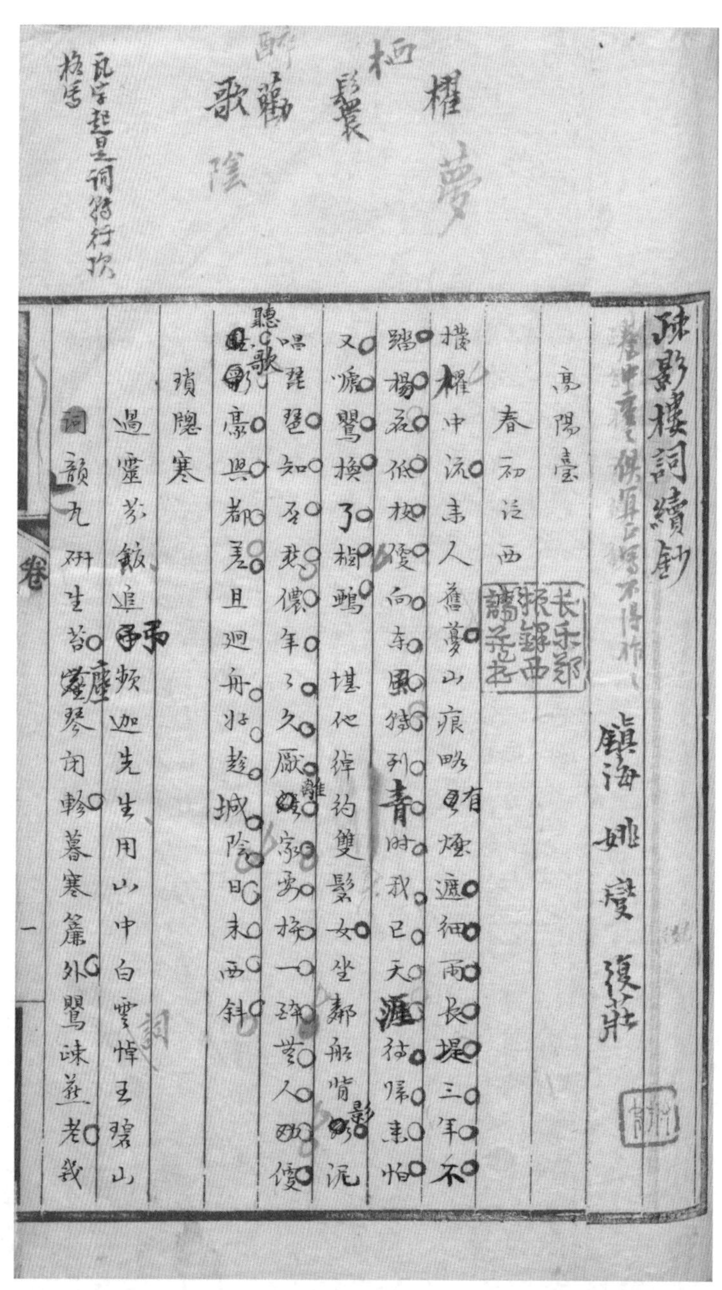

疎影樓詞續鈔一卷　〔清〕姚燮撰

稿本

一册

半葉十一行二十二字，紅格，左右雙邊。版框 18.2×14.5 厘米

16588（9595）

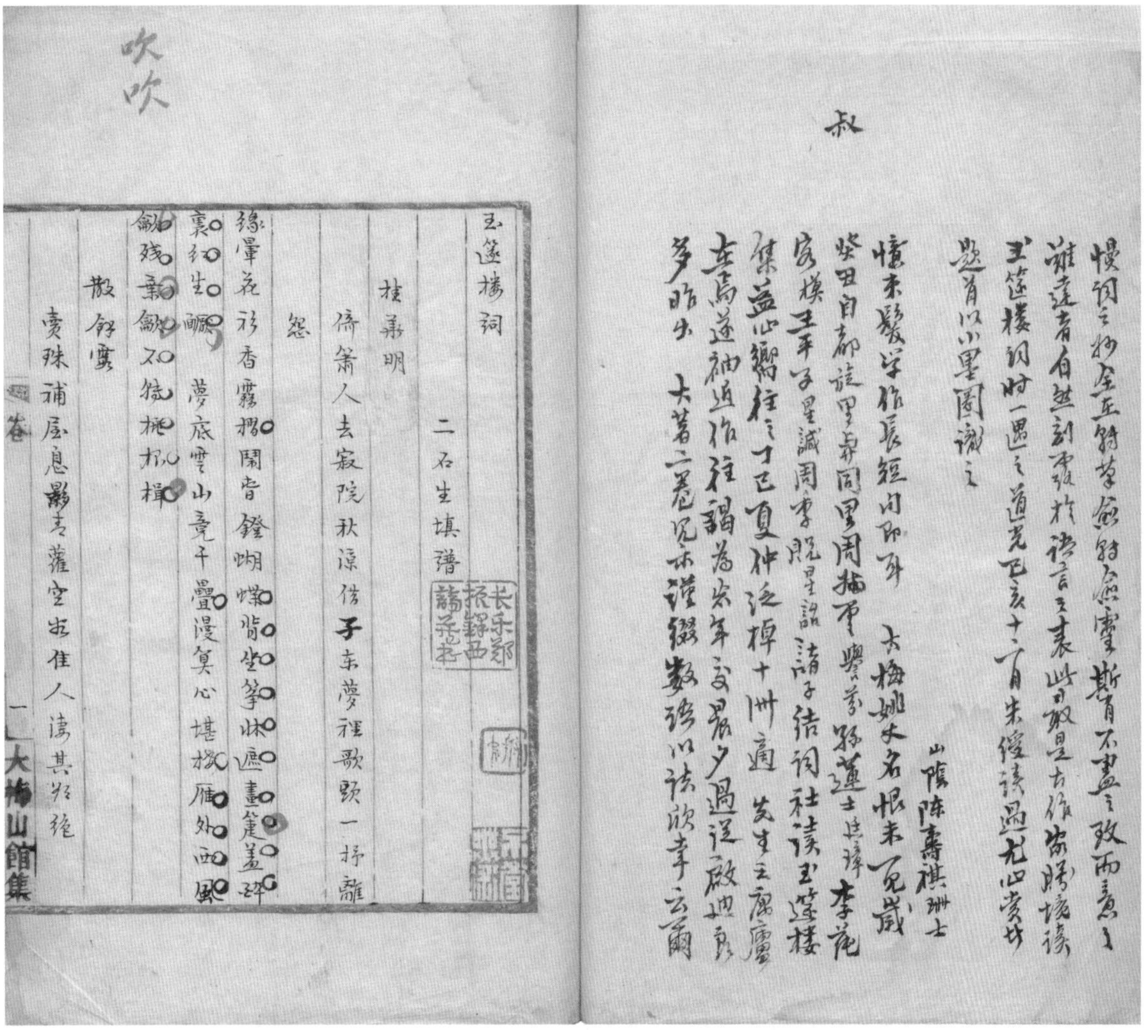

玉篴樓詞一卷　〔清〕姚燮撰

稿本

一册

第一至十三葉：半葉十行二十一字，藍格，白口，左右雙邊；第十四至二十一葉：半葉十一行二十一字，紅格，左右雙邊。版框 17.2×13.4 厘米

16587（9594）

玉壺山房詞選二卷　〔清〕改琦撰

清道光八年（1828）沈文偉來雀樓刻本

二册

半葉八行十六字，白口，四周雙邊。版框 14.2×10.5 厘米

16838（1183）

玉壺山房詞選卷上

玉壺山人改琦自編

華亭鶴史沈文偉較刊

法駕導引

聖姑廟神絃曲

桃花水桃花水玉洞曉烟紅滿地流雲仙鶴語紫簫吹軟夜東風春夢忒匆匆花髮結花髮結樓閣化爲雲舞罷山香擫

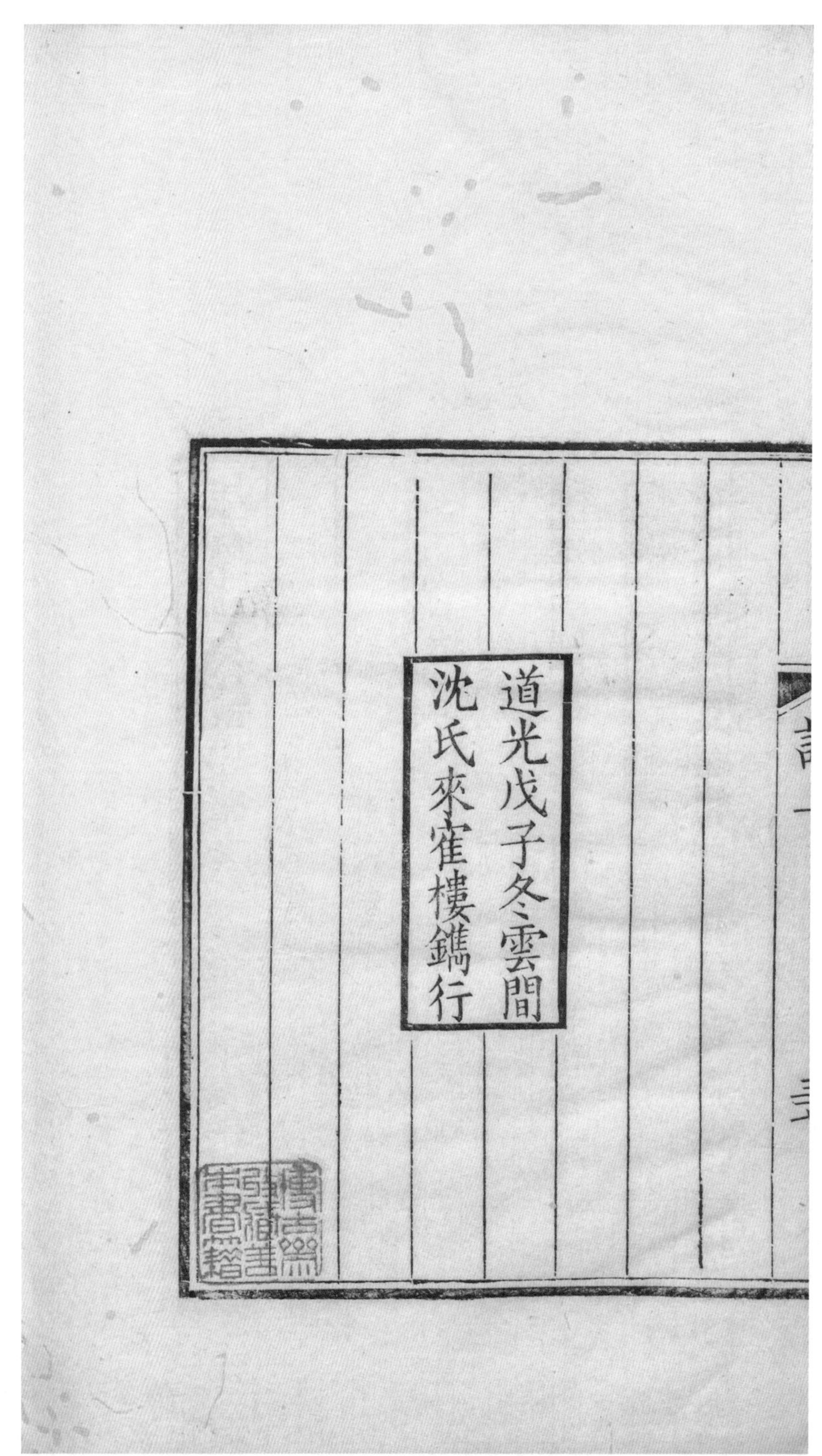
道光戊子冬雲間
沈氏來隺樓鐫行

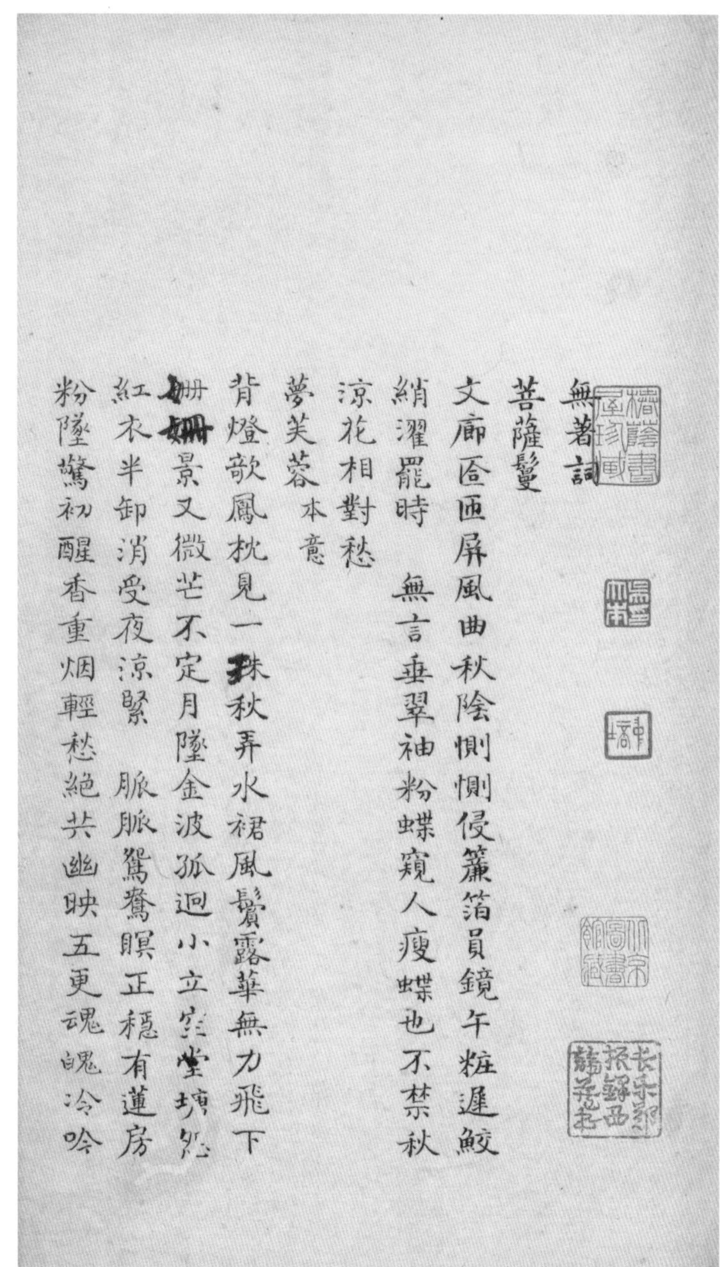
無著詞
菩薩蠻
文廊匼匝屏風曲秋陰惻惻侵簾箔員鏡午粧遲鮫
綃濯罷時　無言垂翠袖粉蝶窺人瘦蝶也不禁秋
涼花相對愁
夢芙蓉 本意
背燈欹鳳枕見一珠秋弄水裙風鬢露華無力飛下
珊景又微茫不定月墜金波孤迴小立空塘怨
紅衣半卸消受夜涼緊　脉脉鴛鴦瞑正穩有蓮房
粉墜驚初醒香重烟輕愁絕共幽映五更魂魄冷吟

定盦詞五卷 〔清〕龔自珍撰

清抄本　清龔橙校並跋

一册

半葉十行二十字，無欄格

15634（8750）

此先集定本咸豐辛酉冬識
于山先生上海索觀詞稿錄副請
龔橙校上
正

是冊舊藏城東祝氏心淵先生處
五月中倩霜厓來舍易二十金去
祝氏書庫闌矣夢雲居士識于蘭
景山房時丹桂初綻未放焉

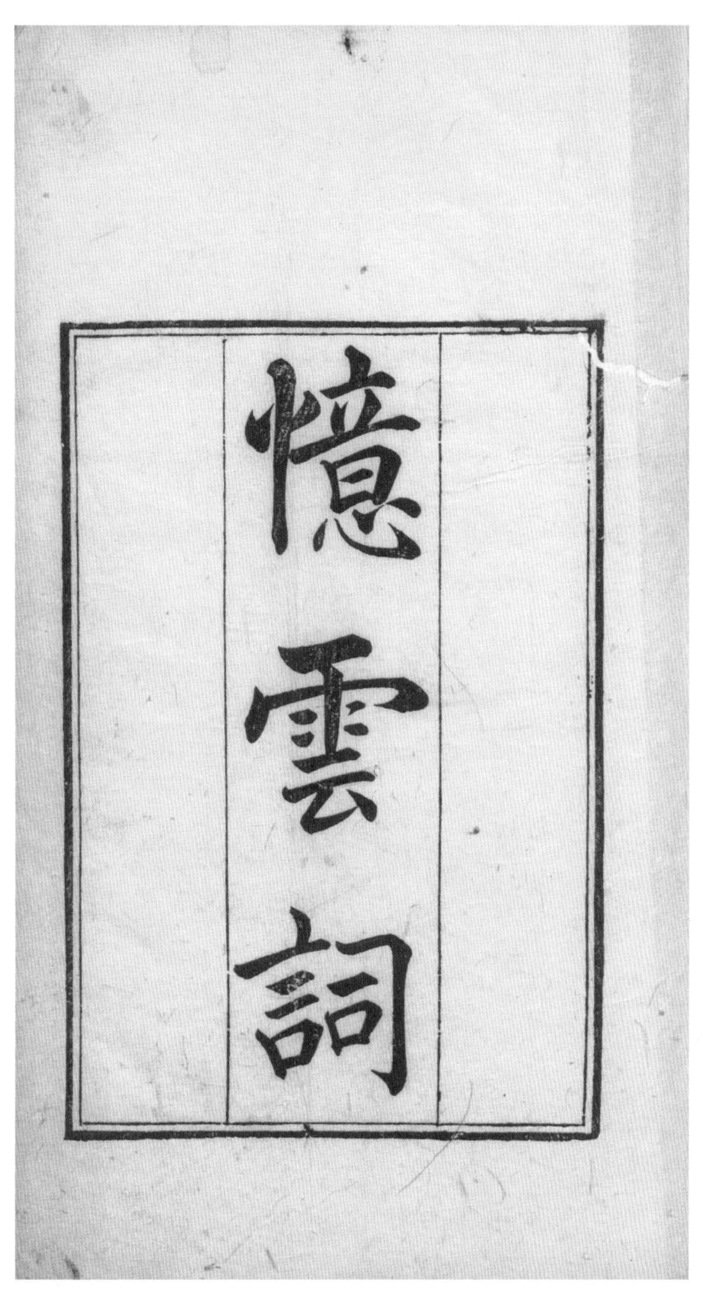

憶雲詞甲稿一卷乙稿一卷丙稿一卷丁稿一卷　〔清〕項鴻祚撰

清道光刻本

一册

半葉十一行十九字，白口，左右雙邊。版框 16.5×11.6 厘米

15422（1464）

憶雲詞甲槀

錢唐　項鴻祚　蓮生

點絳脣

秋意

夢怯秋清，小屏題徧相思句。露濃如雨。不響梧桐樹。　采藥闌空，是舊吹笙處。愁凝佇。暗蛩無語。涼月隨人去。

浪淘沙

元夜有懷

綠酒負金蕉。疊鼓春宵。小屏風底暗香焦。悶夢一牀推不去，夜夜楓橋。　往事只魂消。雙鯉迢迢。梅

項生蓮生詞筆清麗極悠揚綿邈之致心嚮慕之惜格調
不高多襲舊語是入張王之門而未遠升堂者余舊藏
此詞僅甲乙兩稾合成舊本初不知更有丙丁兩稿也庚申
春初偶于姚翁處得之檢得全卷急以青蚨百五十枚購歸
展誦逾旬暢愜心目書以志幸

且逗生

項生天質極高過目不忘集中多襲玉田竹山碧山草窗夢窗詞句要為增減如自己
出足徵其靈心慧性惜不永年余然以學力當之與南宋人頗領造物忌才令
人徒嘆奈何耳　同治甲子冬至後二日燈下惜而識于海陵廣舍

其樹山房詞為我
於西江繼之者近推江都丁裕盦先生項生亦偶然採其其往日余之造固力我十年可無
寸進亦天質限之與　笏菴又記

憶雲詞丁稾

武林鴻文齋姚氏刊

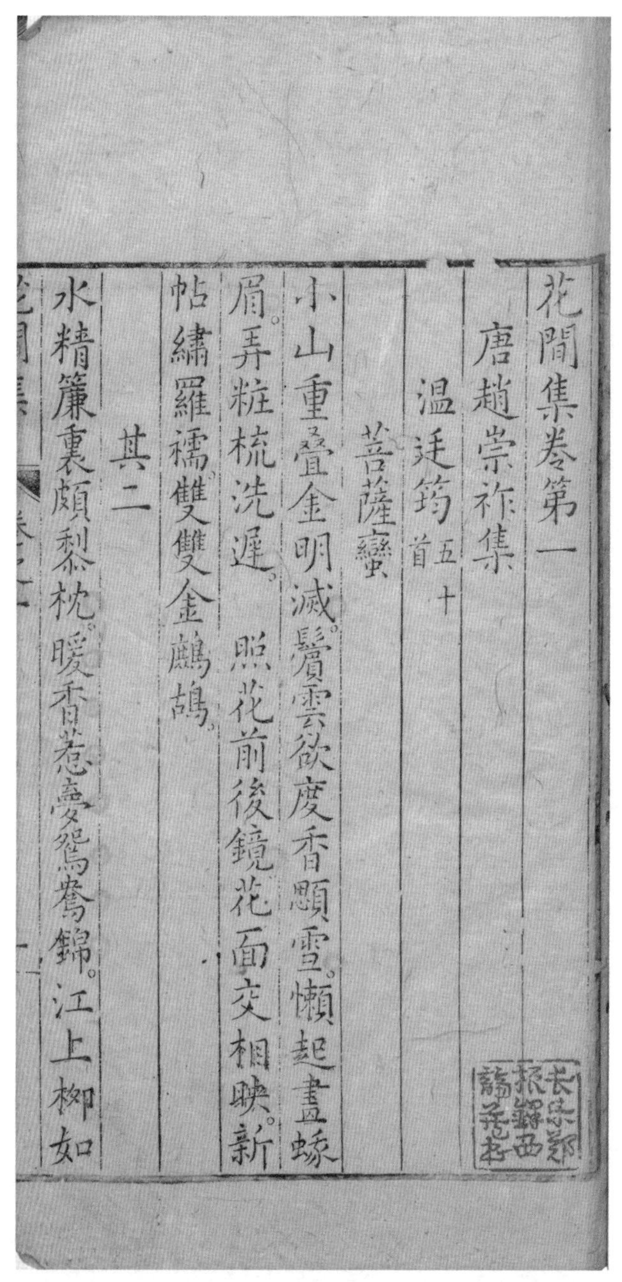

花間集十卷〔五代〕趙崇祚輯　**補二卷**〔明〕温博輯　**音釋二卷**〔明〕茅一楨撰

明萬曆八年（1580）茅氏凌霞山房刻萬曆四十年（1612）重修本

一册

半葉九行十八字，白口，左右雙邊。版框 18.1×11.9 厘米

15617（8731）

花間集卷第一

銀青光禄大夫行衛尉少卿趙崇祚集

温廷筠五十首

菩薩蠻

小山重疊金明滅。鬢雲欲度香顋雪。懶起畫蛾眉。弄粧梳洗遲。照花前後鏡。花面交相映。新帖繡羅襦。雙雙金鷓鴣。

其二

水精簾裏頗黎枕。暖香惹夢鴛鴦錦。江上柳如煙。鴈飛殘月天。藕絲秋色淺。人勝參差剪。雙

花間集十卷　〔五代〕趙崇祚輯

明正德十六年（1521）陸元大刻本

一册

半葉十行十八字，白口，左右雙邊。版框 17.7×13.0 厘米

16523（9453）

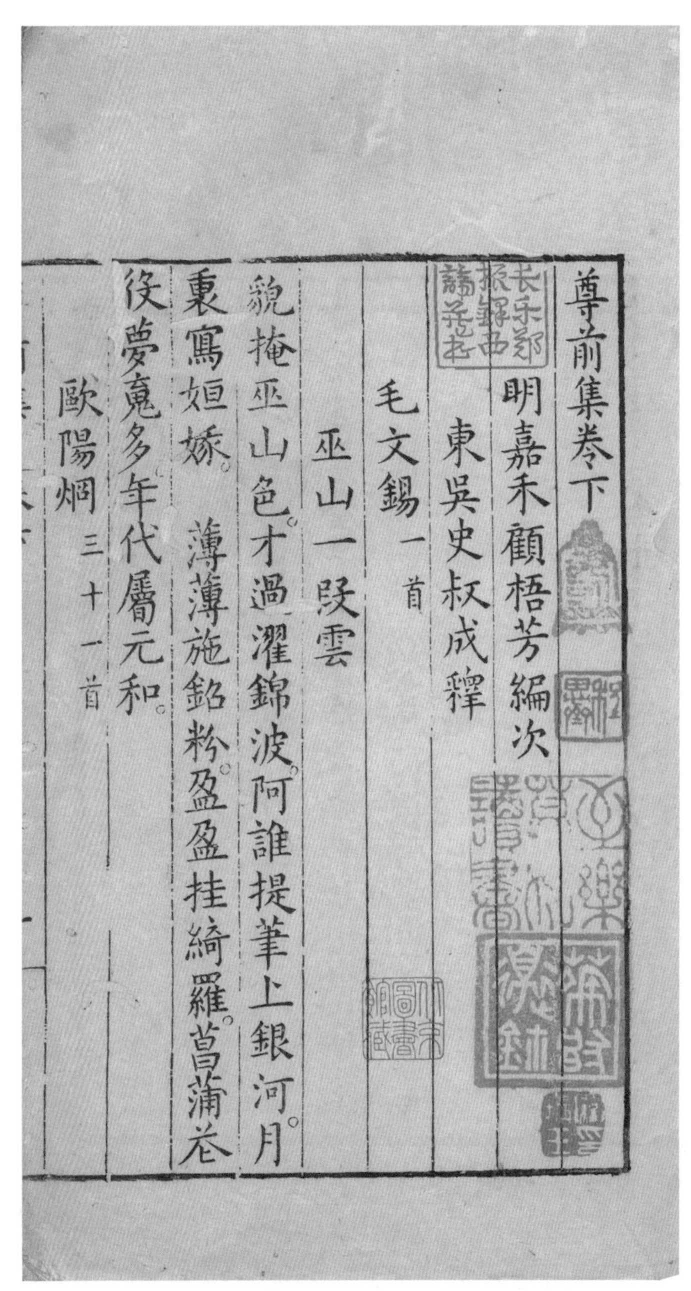

尊前集二卷

明刻本

一册　存一卷：下

半葉九行十八字，白口，四周單邊。版框 17.9×11.7 厘米

16255（10343）

吴淑姬 三首　阮氏 一首
盧氏 一首　聶勝瓊 一首
陳鳳儀 一首　陸氏侍兒 一首

唐宋諸賢絶妙詞選綱目

唐宋諸賢絶妙詞選卷之一
○唐詞 凡看唐人詞曲當看其命意造語工緻處蓋語簡而意深所以為奇作也
李太白 名白賀知章號之為謫仙
菩薩蠻 二詞為百代詞曲之祖
平林漠〻煙如織寒山一帶傷心碧暝色入高樓有
人樓上愁○玉梯空佇立宿鳥歸飛急何處是歸程
長亭連短亭
憶秦娥
簫聲咽秦娥夢斷秦樓月秦樓月年〻柳色灞陵傷

唐宋諸賢絶妙詞選十卷　〔宋〕黄昇輯

明萬曆四十二年（1614）秦堣刻本

二册

半葉十行二十字，細黑口，左右雙邊。版框 19.0×13.8 厘米

15661（8776）

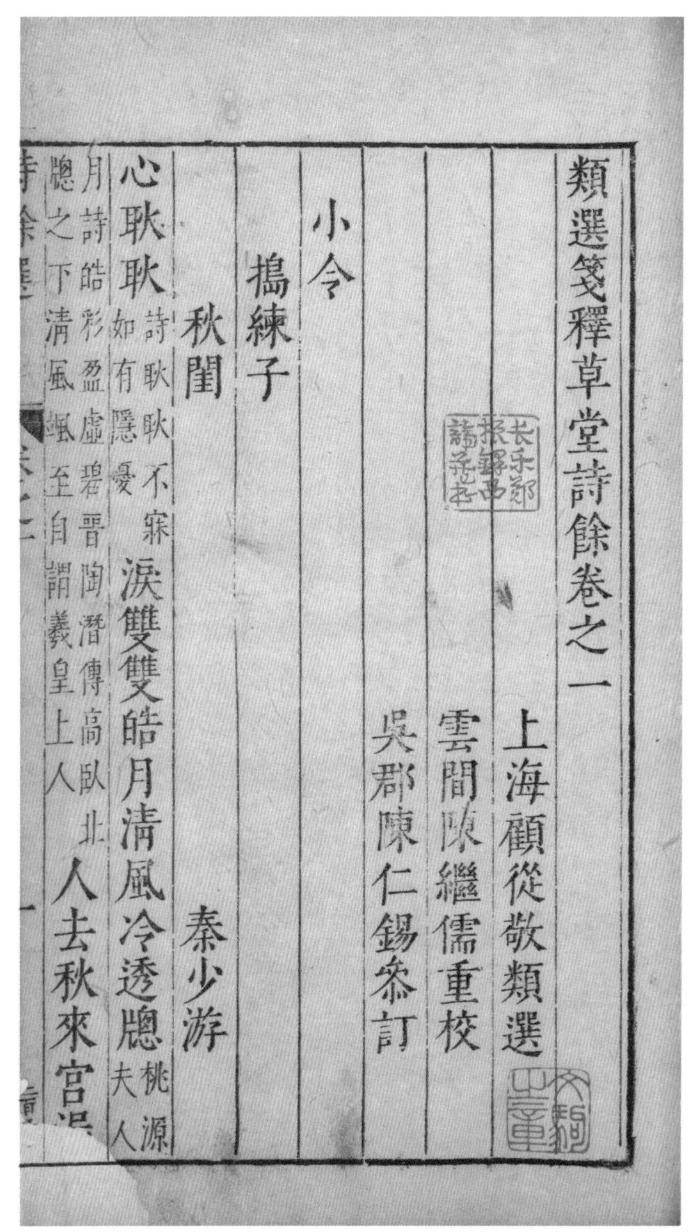

類選箋釋草堂詩餘六卷　〔明〕顧從敬輯　**續選草堂詩餘二卷**　〔明〕錢允治箋釋　**類編箋釋國朝詩餘五卷**　〔明〕錢允治輯　〔明〕陳仁錫釋

明萬曆四十二年（1614）刻本

六册

半葉九行二十字，白口，左右雙邊。版框 23.0×14.1 厘米

16925（1231）

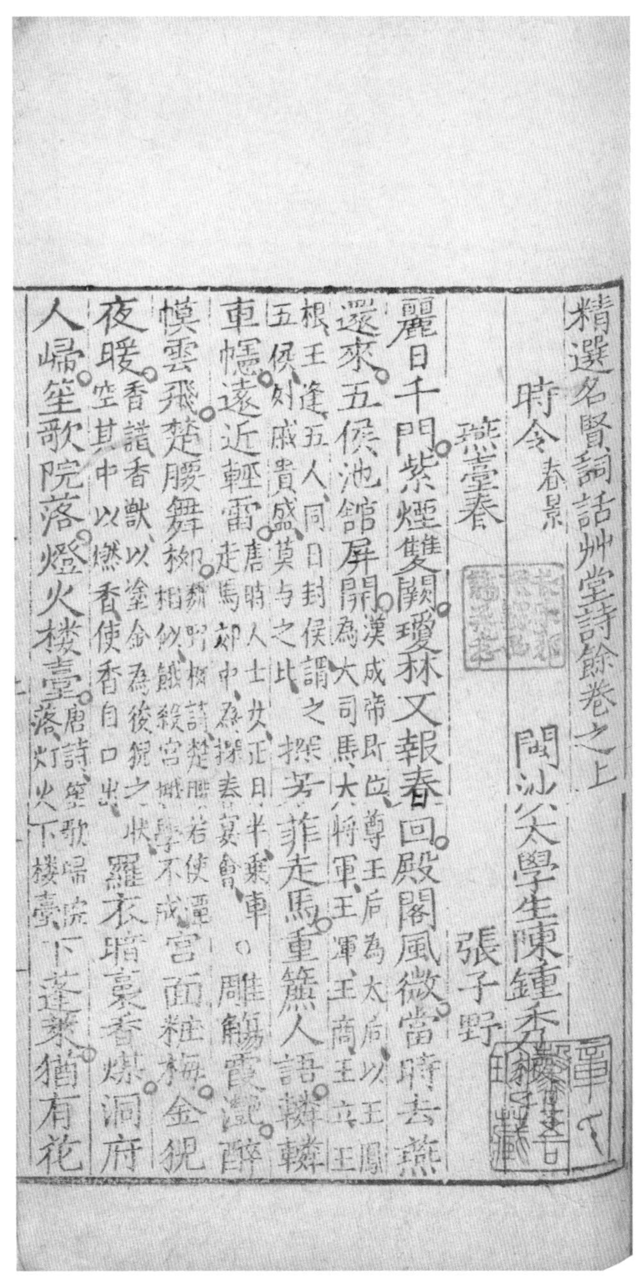
精選名賢詞話艸堂詩餘卷之上
時令春景　閩沙太學生陳鍾秀
燕臺春　張子野
麗日千門紫煙雙闕瓊林又報春回殿閣風微當時去燕
還來五侯池館屏開漢成帝即位尊王后為太后以王鳳為大司馬大將軍王譚王商王立王
根王逢五人同日封侯謂之五侯外戚貴盛莫与之比探芳菲走馬重簾人語轔轔
車幰遠近輕雷唐時人士女正月半乘車走馬郊中為探春宴會雕觴霞灩醉
幙雲飛楚腰舞柳[illegible]野梅詩楚腰若使還相似餓殺宮娥學不成宮面粧梅金猊
夜暖香譜香獸以塗金為後猊之狀空其中以燃香使香自口出羅衣暗裛香煤洞府
人歸笙歌院落燈火樓臺唐詩笙歌歸院落灯火下樓臺下蓬萊猶有花

精選名賢詞話草堂詩餘二卷

明陳鍾秀刻本

二册

半葉十行二十二字，小字雙行同，白口，四周單邊。版框 18.5×13.2 厘米

15644（8765）

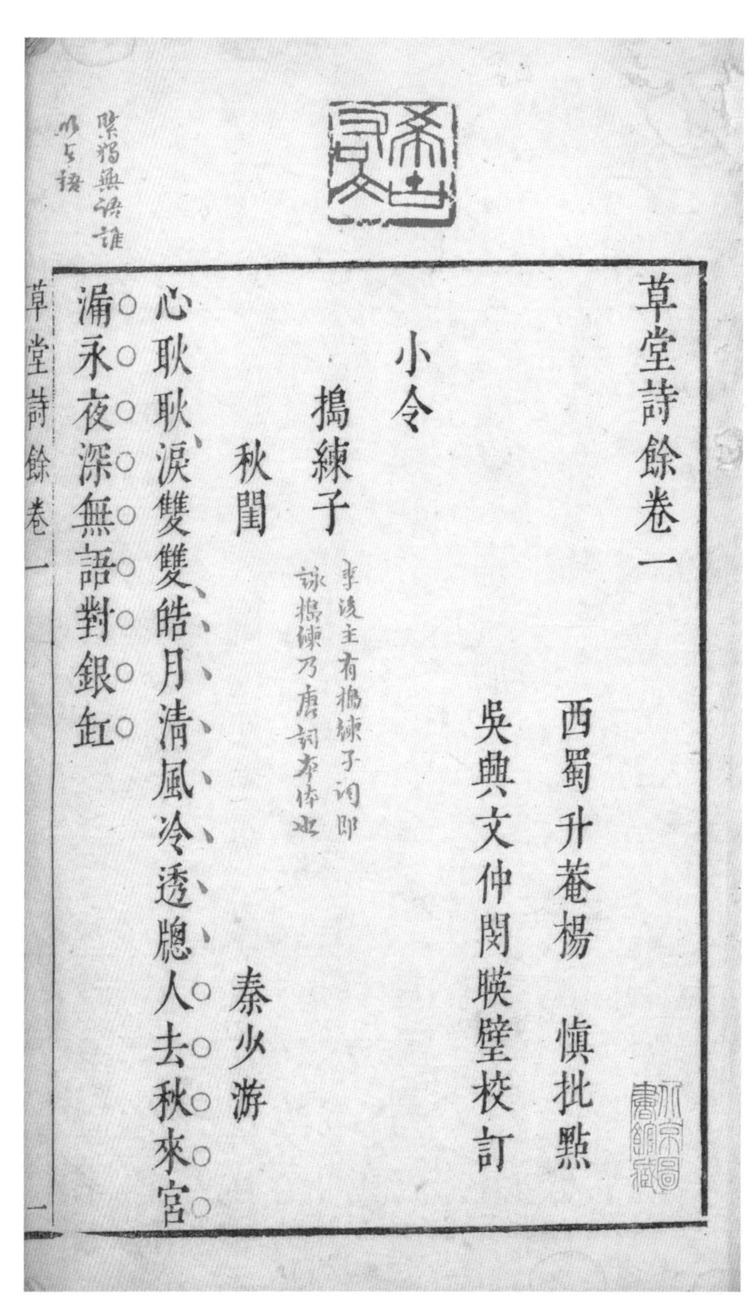

草堂詩餘五卷　〔明〕楊慎評點

明閔暎壁刻朱墨套印本

一册　存二卷：一至二

半葉八行十八字，白口，四周單邊。版框 20.5×14.7 厘米

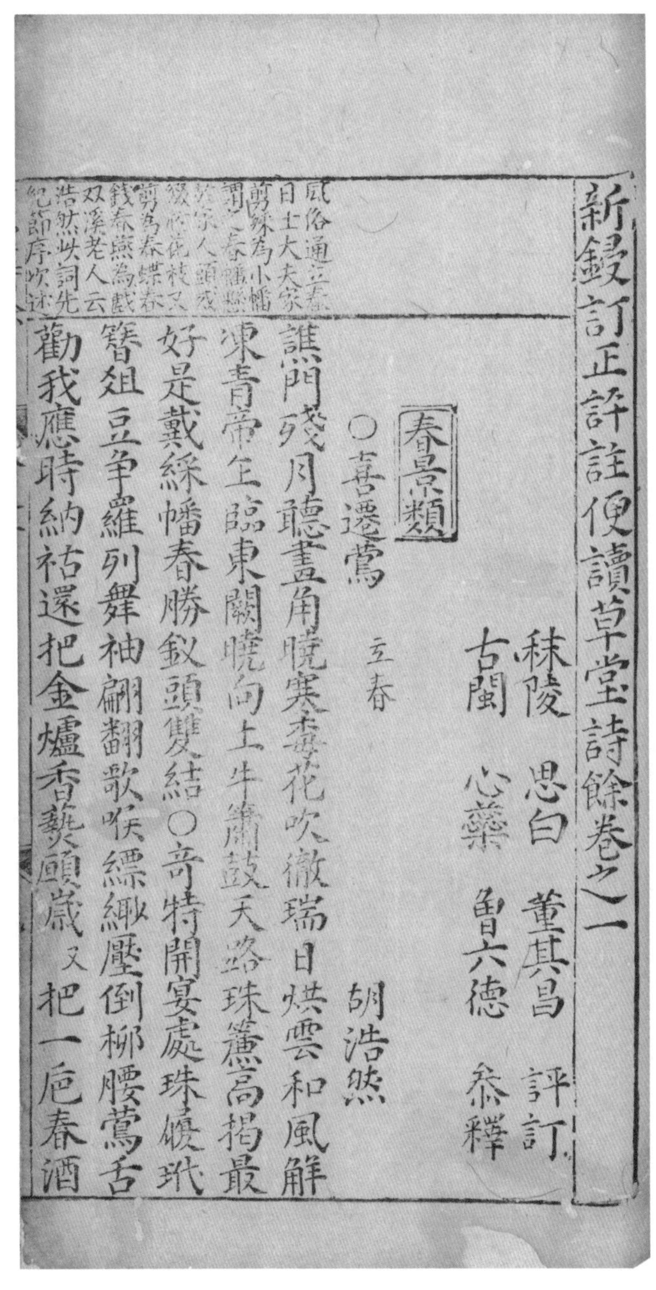

新鍥訂正評註便讀草堂詩餘七卷　〔明〕董其昌評訂　〔明〕曾六德參釋

明萬曆三十年（1602）喬山書舍刻本

二册

半葉十行二十字，白口，四周單邊，無直格。眉欄鎸評。版框 20.4×12.7 厘米

16699（補 477）

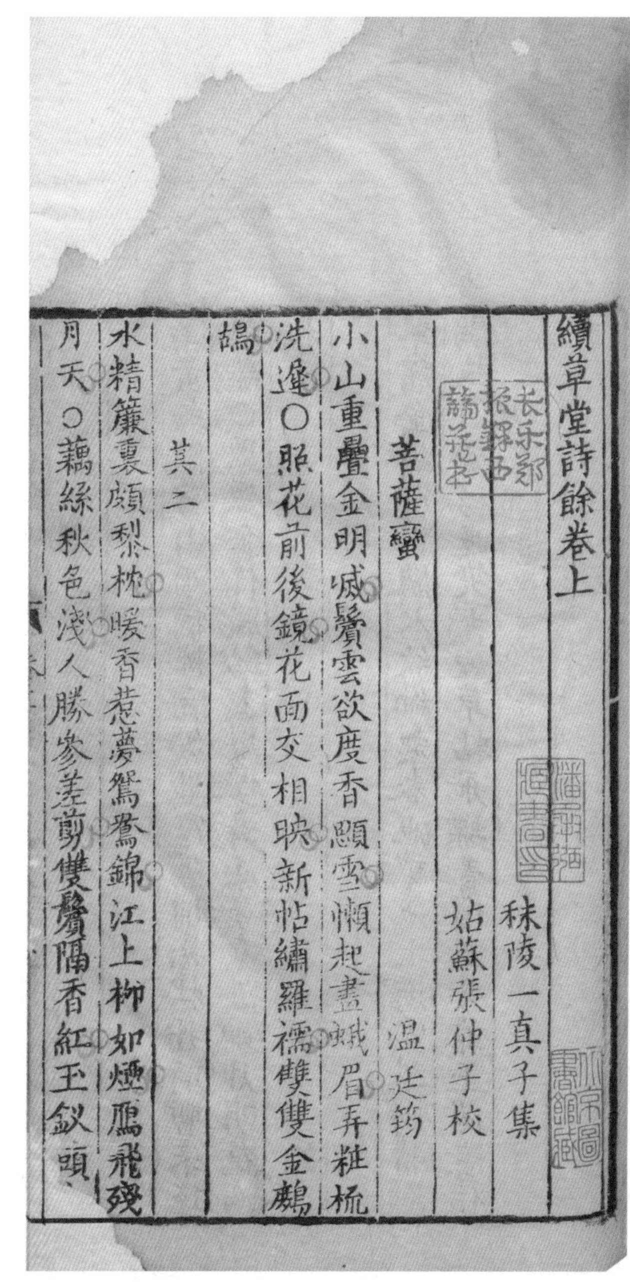

續草堂詩餘二卷　題〔明〕秣陵一真子輯

明末刻本

一册

半葉十行二十二字，白口，左右雙邊。版框 17.5×11.7 厘米

T03004（9456）

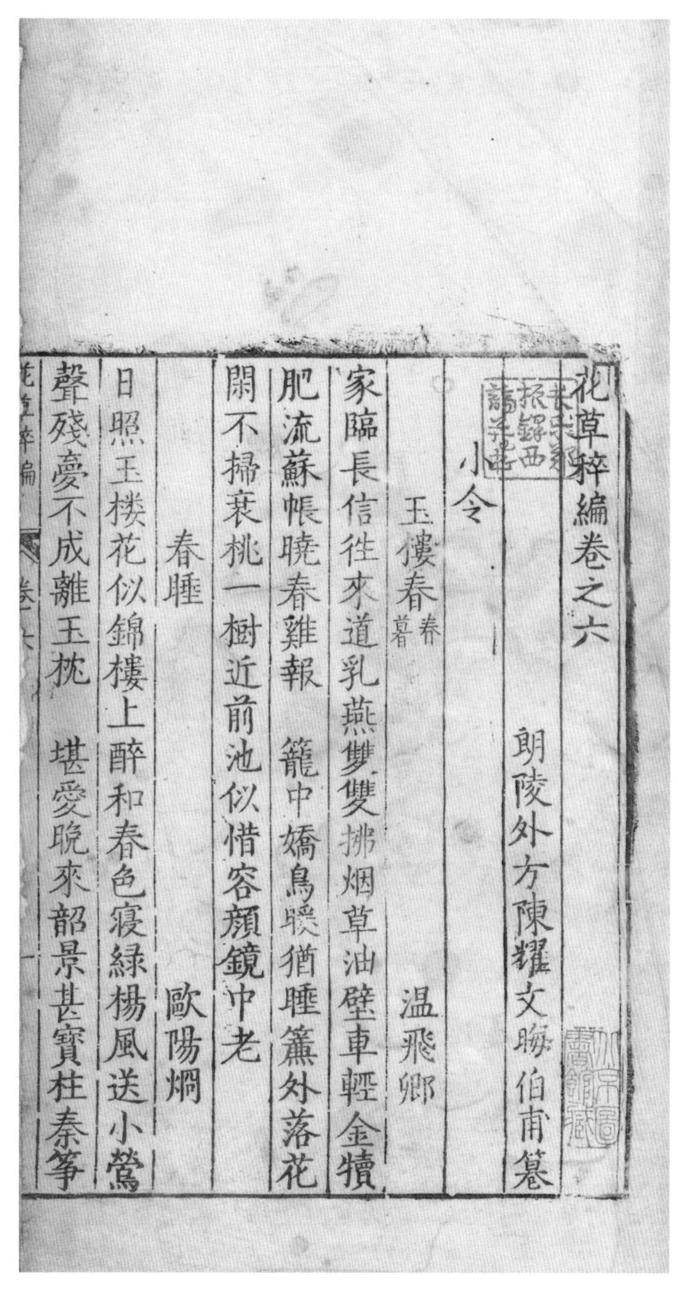
花草粹編卷之六
朗陵外方陳耀文晦伯甫纂
小令
玉樓春春暮　温飛卿
家臨長信往來道乳燕雙雙拂烟草油壁車輕金犢
肥流蘇帳曉春雞報　籠中嬌鳥暖猶睡簾外落花
閑不掃衰桃一樹近前池似惜容顔鏡中老
春睡　歐陽炯
日照玉樓花似錦樓上醉和春色寝緑楊風送小鶯
聲殘夢不成離玉枕　堪愛晚來韶景甚寶柱秦箏
花草粹編　卷六　一

花草粹編十二卷　〔明〕陳耀文輯

明萬曆十一年（1583）陳耀文刻本

四册　存四卷：六、十至十二

半葉十行二十字，白口，左右雙邊。版框 18.1×13.6 厘米

T03134（1415）

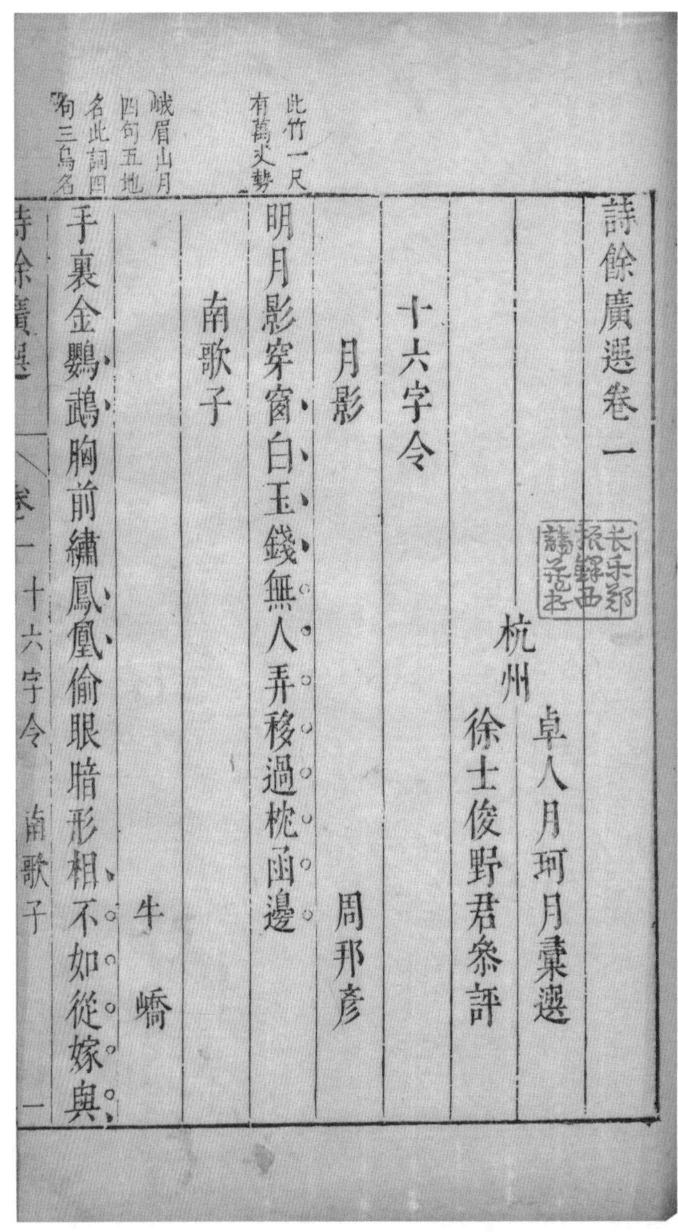
詩餘廣選卷一
杭州　卓人月珂月彙選
徐士俊野君參評
十六字令
月影　周邦彦
明月影穿窗白玉錢無人弄移過枕函邊
南歌子　牛嶠
手裏金鸚鵡胸前繡鳳凰偷眼暗形相不如從嫁與

詩餘廣選十六卷雜説一卷　〔明〕卓人月輯　〔明〕徐士俊評　**徐卓晤歌一卷**　〔明〕徐士俊、卓人月撰

明末刻本

六册

半葉九行二十字，白口，四周單邊。版框 20.4×13.9 厘米

15419（1411）

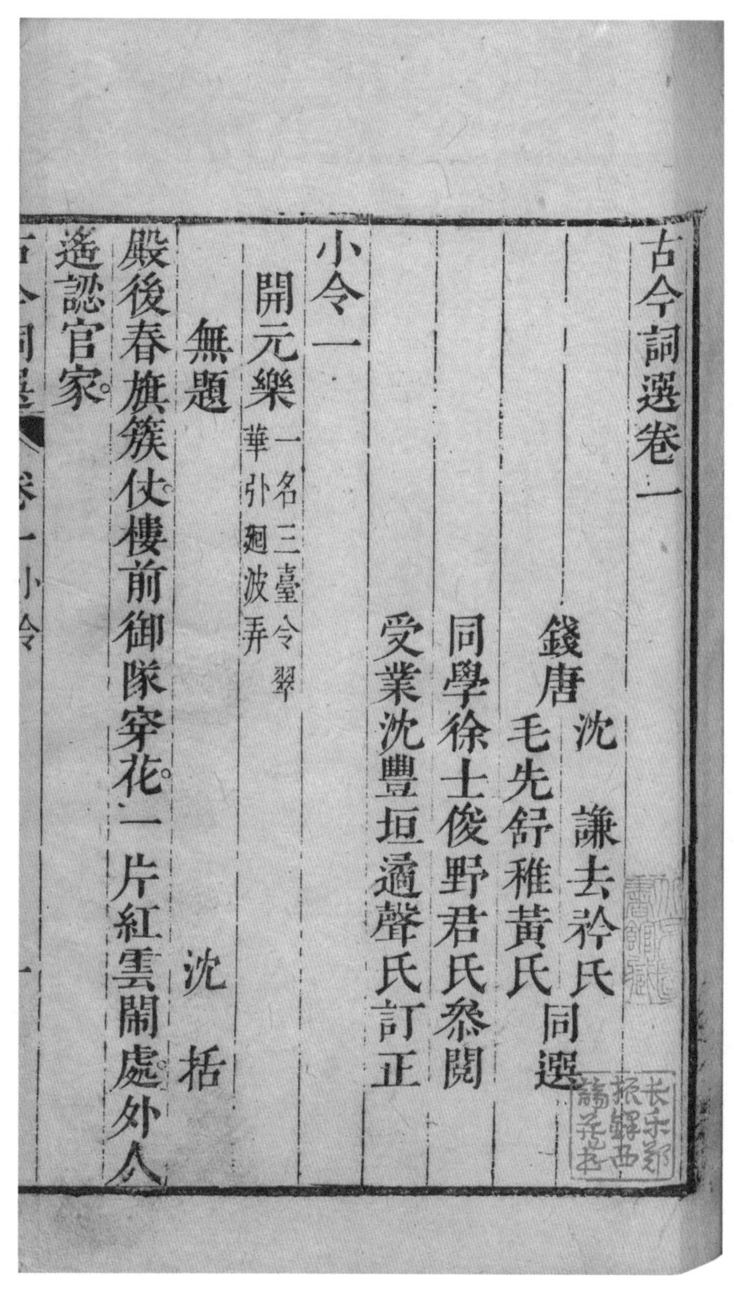

古今詞選卷一

錢唐 沈 謙去矜氏 同選
毛先舒稚黃氏

同學徐士俊野君氏參閱

受業沈豐垣遹聲氏訂正

小令一

開元樂 一名三臺令翠華引廻波弄

無題 沈 括

殿後春旗簇仗。樓前御隊穿花。一片紅雲鬧處，外人遥認官家。

古今詞選 卷一 小令 一

古今詞選七卷 〔清〕沈謙、毛先舒編 **蘭思詞鈔二卷蘭思詞鈔二集二卷** 〔清〕沈豐垣撰

清康熙十一年（1672）吴山草堂刻本

二册

半葉十行二十字，白口，左右雙邊。版框 19.5×13.8 厘米

T00443（1423）

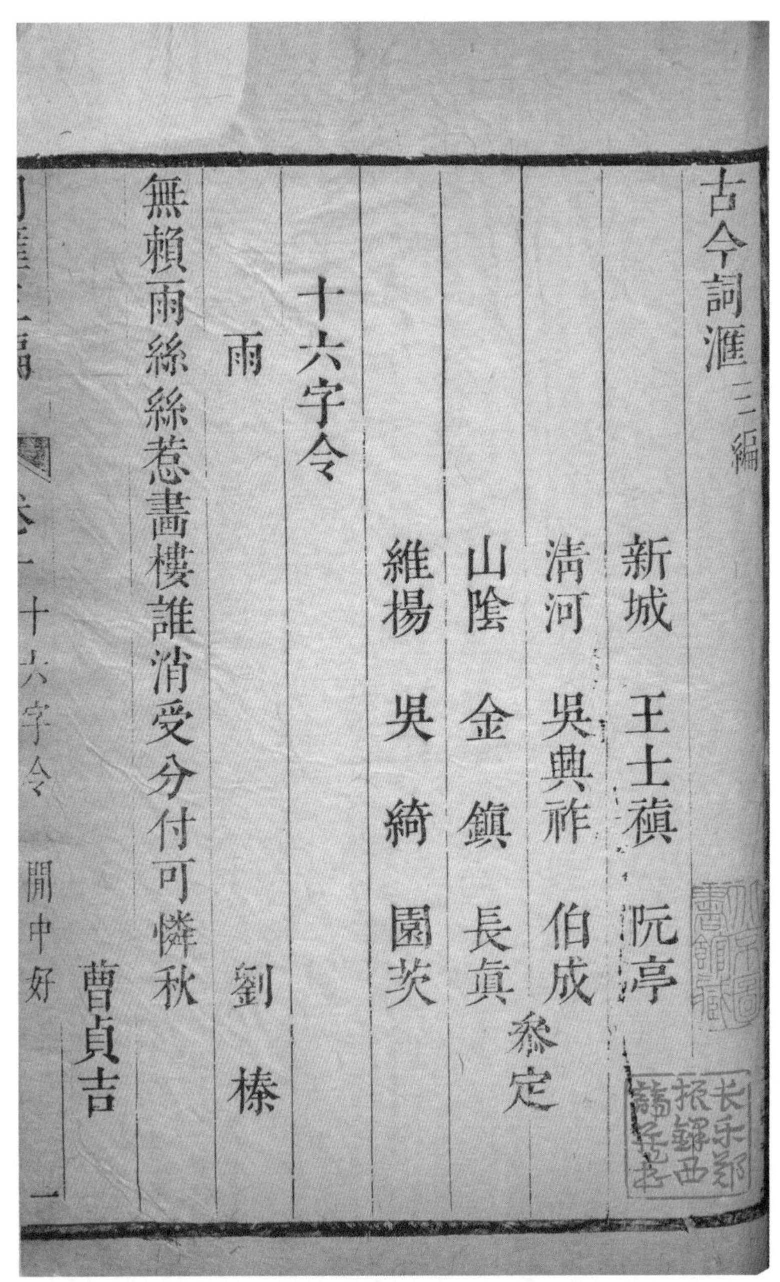

古今詞彙三編八卷　〔清〕卓回輯

清康熙十八年（1679）刻本

六册　存六卷：一至六

半葉九行二十字，白口，四周單邊。版框 18.8×13.1 厘米

T03135（1375）

古今詞選卷一

吳江沈時棟焦音選

蒼梧謠　周邦彥

眠。月影穿窗白玉錢。無人弄。移過枕函邊。

南歌子　溫庭筠

手裏金鸚鵡。胸前繡鳳凰。偷眼暗形相。不如從嫁與。作鴛鴦。

又　揚州　彭孫遹

青雀芙蓉舫。紅闌楊柳橋。聽徹玉人簫。一場花月夢。

古今詞選　卷一　一　瘦吟樓

古今詞選十二卷　〔清〕沈時棟輯

清康熙五十五年（1716）沈氏瘦吟樓刻本

八册

半葉九行二十字，白口，左右雙邊。版框 16.7×12.2 厘米

15417（1369）

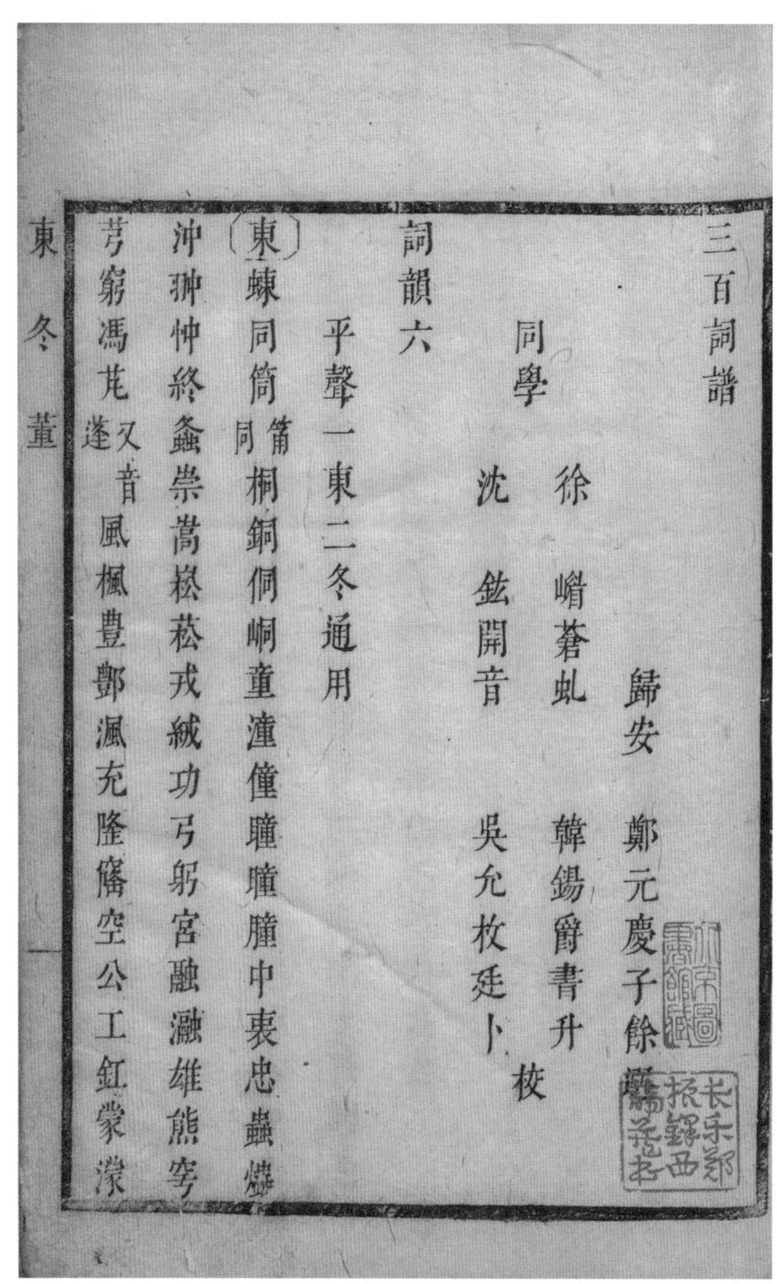

三百詞譜六卷　〔清〕鄭元慶輯

清康熙二十八年（1689）鄭元慶刻本

二册　存三卷：長調四至五，詞韻六

半葉九行二十字，白口，四周單邊，無直格。版框 18.5×13.8 厘米

T03492（10888）

詩餘神髓

越州雲山卧客選　豐草齋學者鈔

小令

憶王孫

春景　李重元

萋萋芳草憶王孫。柳外樓高空斷魂。杜宇聲聲不忍

聞。欲黄昏。雨打梨花深閉門。

夏景

風蒲獵獵小池塘。過雨荷花滿院香。沉李浮瓜氷雪

詩餘神髓不分卷　題〔清〕越州雲山卧客輯

清康熙五十七年（1718）趙椿抄本　清趙訢跋

一册

半葉十行二十字，無欄格

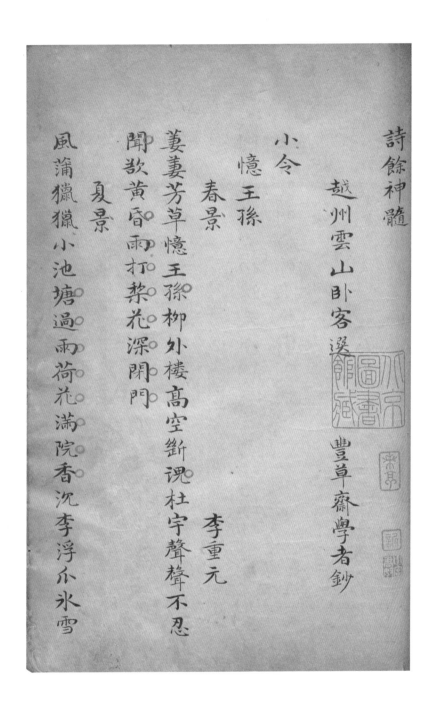

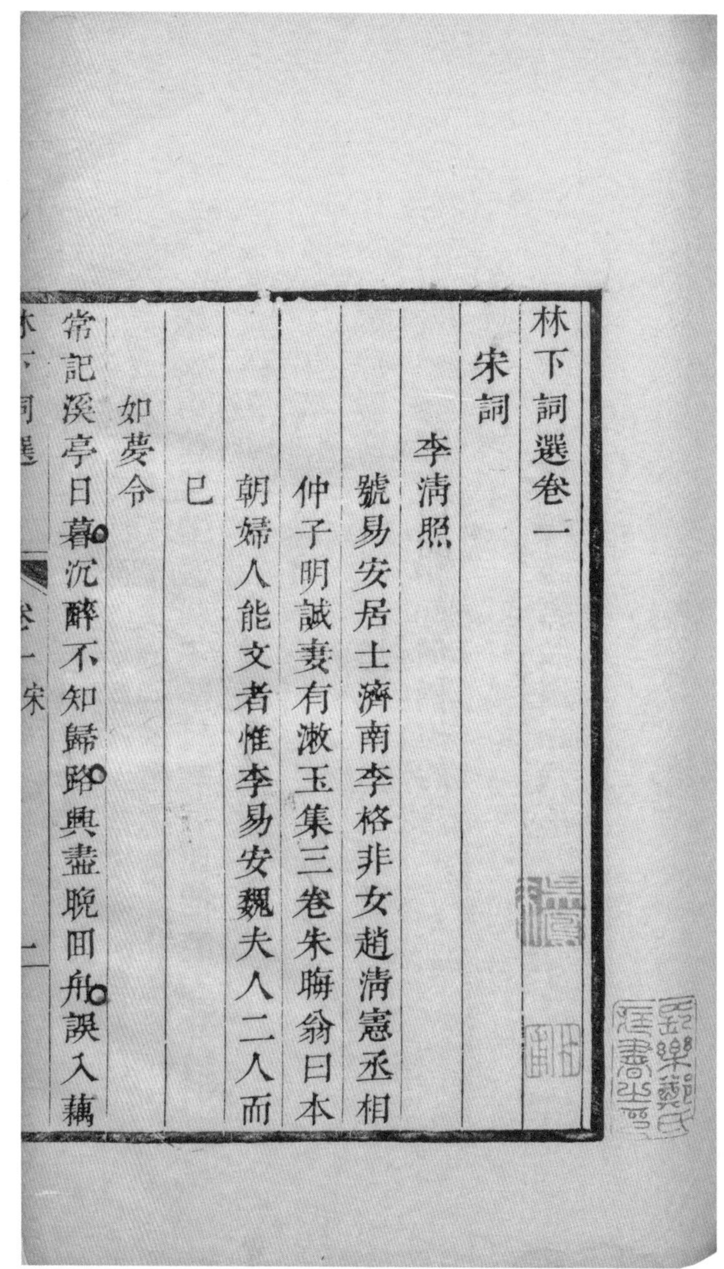

林下詞選卷一

宋詞

李清照

號易安居士濟南李格非女趙清憲丞相仲子明誠妻有漱玉集三卷朱晦翁曰本朝婦人能文者惟李易安魏夫人二人而已

如夢令

常記溪亭日暮。沉醉不知歸路。興盡晚回舟。誤入藕

林下詞選 卷一 宋 一

林下詞選十四卷 〔清〕周銘輯

清康熙十年（1671）周氏寧靜堂刻金成棟重修本

四册

半葉九行二十字，白口，左右雙邊。版框 17.6×12.3 厘米

16001（10157）

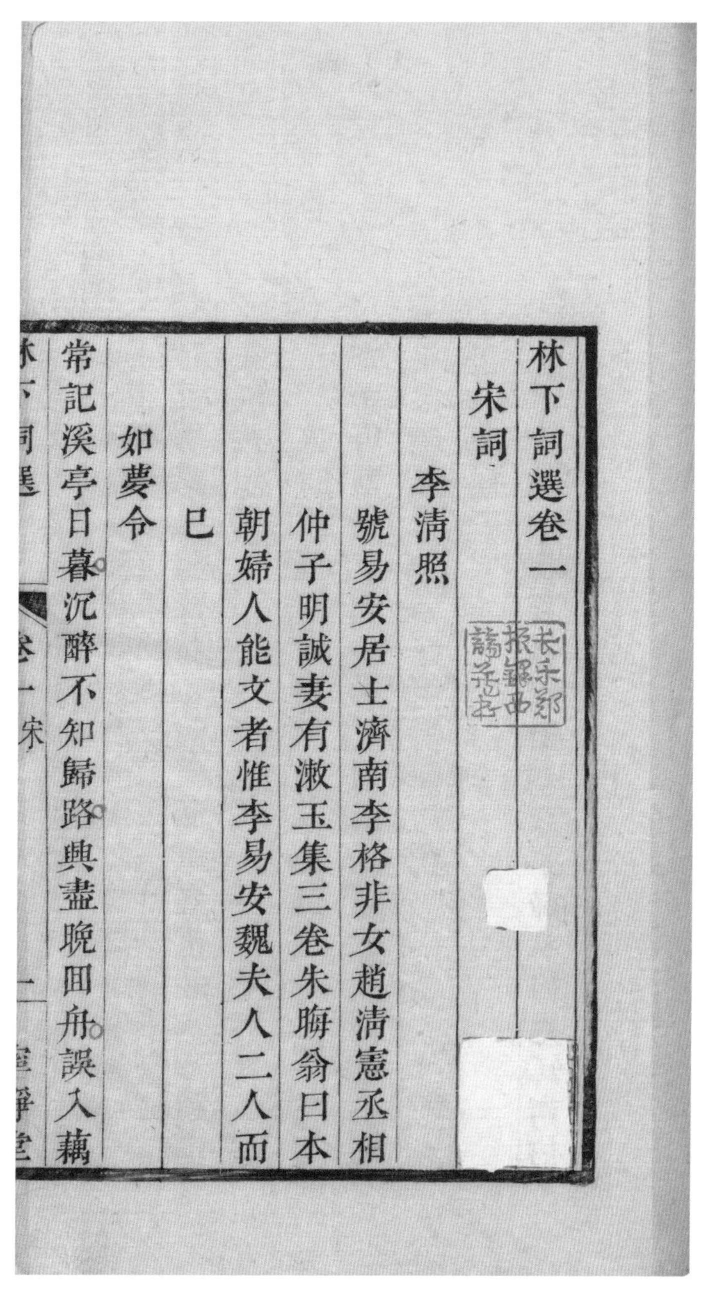

林下詞選十四卷　〔清〕周銘輯

清康熙十年（1671）周氏寧靜堂刻本

二册

半葉九行二十字，白口，四周雙邊。版框 17.6×12.3 厘米

16841（1216）

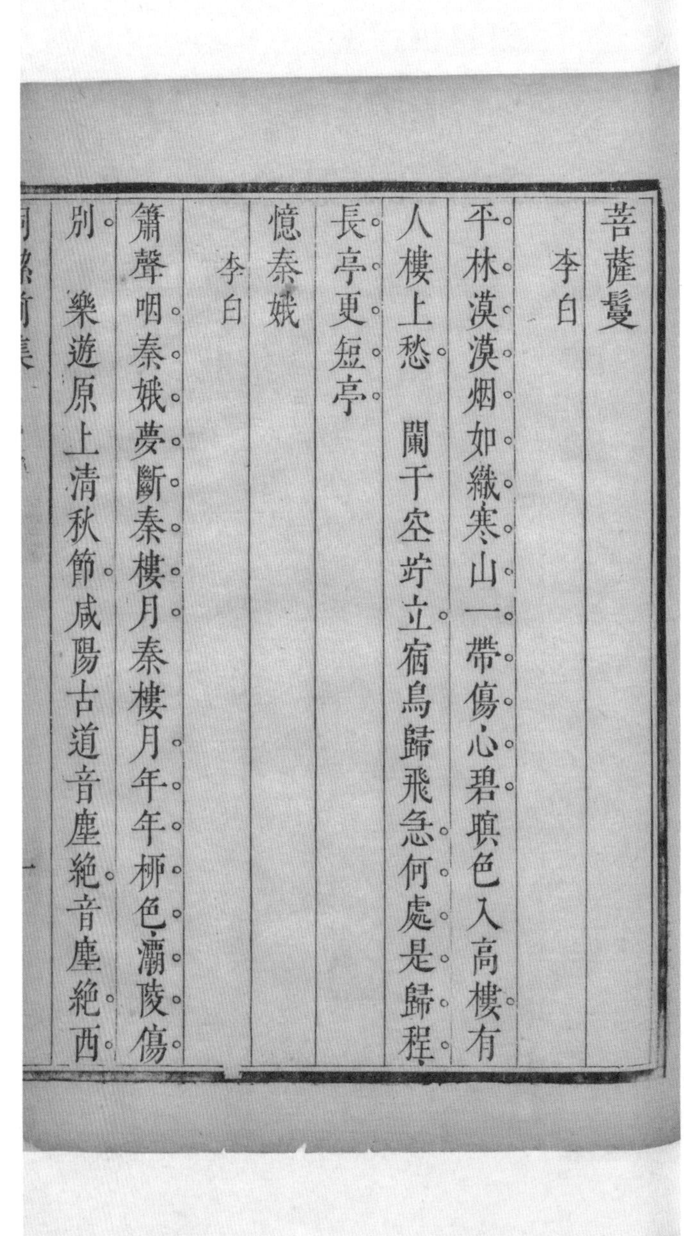

菩薩蠻

李白

平林漠漠烟如織寒山一帶傷心碧暝色入高樓有人樓上愁　闌干空竚立宿鳥歸飛急何處是歸程長亭更短亭

憶秦娥

李白

簫聲咽秦娥夢斷秦樓月秦樓月年年柳色灞陵傷別　樂遊原上清秋節咸陽古道音塵絕音塵絕西

詞潔六卷前集一卷　〔清〕先著、程洪輯

清康熙刻本

八册

半葉九行二十字，白口，四周雙邊。版框 19.6×14.6 厘米

15416（1498）

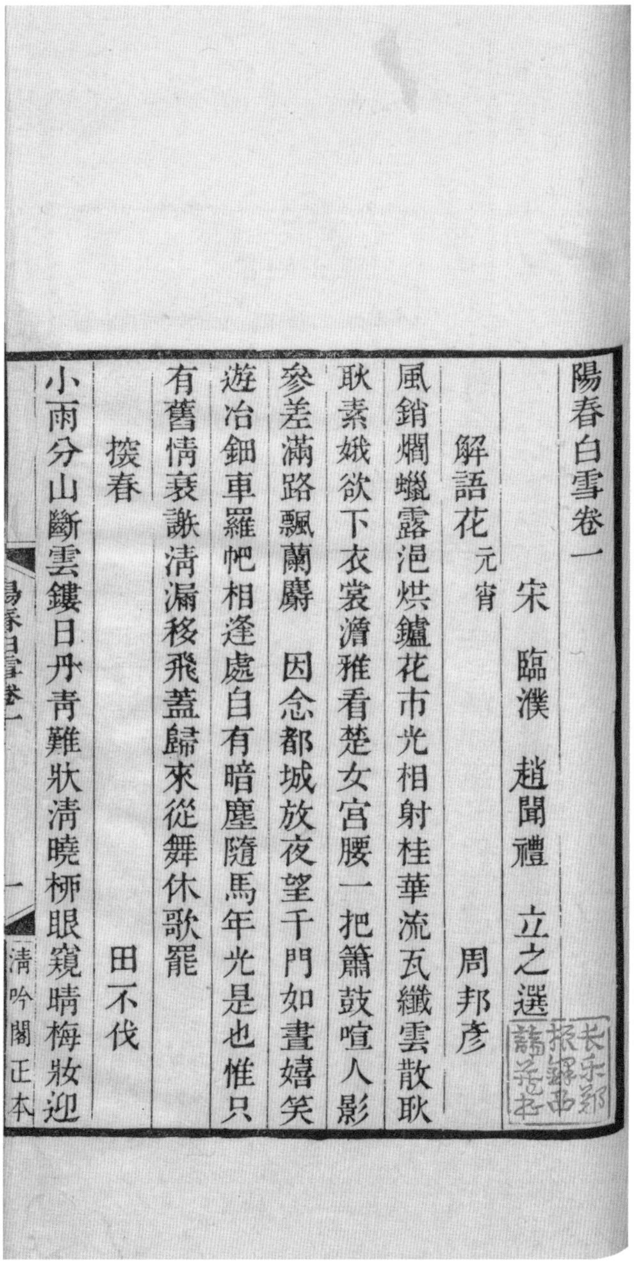
陽春白雪卷一
宋 臨濮 趙聞禮 立之選
解語花 元宵 周邦彥
風銷燗蠟露浥烘鑪花市光相射桂華流瓦纖雲散耿
耿素娥欲下衣裳淡雅看楚女宮腰一把簫鼓喧人影
參差滿路飄蘭麝 因念都城放夜望千門如晝嬉笑
遊冶鈿車羅帕相逢處自有暗塵隨馬年光是也惟只
有舊情衰謝清漏移飛蓋歸來從舞休歌罷
探春 田不伐
小雨分山斷雲鏤日丹青難狀清曉栖眼窺晴梅妝迎
陽春白雪卷一 一 清吟閣正本
長樂鄭振鐸西諦藏書

陽春白雪八卷外集一卷 〔宋〕趙聞禮輯 **考異一卷** 〔清〕瞿世瑛撰

清道光十年（1830）瞿氏清吟閣刻本

二册

半葉十行二十一字，黑口，四周單邊。版框 15.2×12.8 厘米

15412（1239）

陽春白雪卷一
皇明宗室高唐王岱翁集纂
瑞龍吟 春景　周美成
章臺路還是褪粉梅梢試花桃樹愔愔坊陌人家定巢燕子歸
來舊處○黯凝竚因念箇人癡小乍窺門戶侵晨淺約宮黃障
風映袖盈盈笑語○前度劉郎重到訪鄰尋里同時歌舞惟有
舊家秋娘聲價如故吟牋賦筆猶記燕臺句知誰伴名園露飲
東城閑步事與孤鴻去探春盡是傷離緒官柳低金縷歸騎晚
纖纖池塘飛雨斷腸院落一簾風絮
驀山溪　黃山谷
鴛鴦翡翠小小思珍偶眉黛斂秋波儘湖南山明水秀娉娉嫋
嫋恰似十三餘春未透花枝瘦正是愁時候○尋芳載酒肯落
誰人後只恐遠歸來綠成陰青梅如豆心期得處每自不由人
長亭柳君知否千里猶回首

陽春白雪□卷

明刻本

二册　存一卷：一

半葉十四行二十四字，白口，四周單邊。版框 21.6×14.6 厘米

15415（1233）

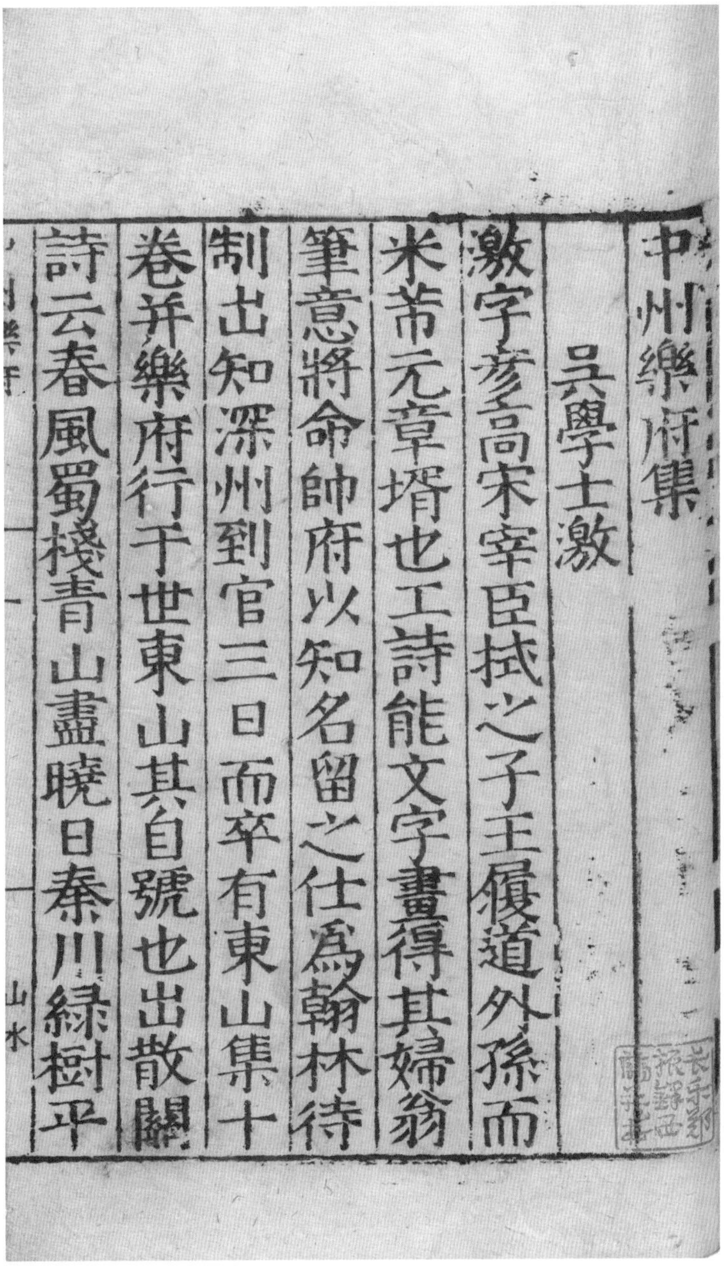

中州樂府集

吴學士激

激字彥高宋宰臣拭之子王履道外孫而
米芾元章壻也工詩能文字畫得其婦翁
筆意將命帥府以知名留之仕爲翰林待
制出知深州到官三日而卒有東山集十
卷并樂府行于世東山其自號也出散關
詩云春風蜀棧青山盡曉日秦川綠樹平

中州樂府集一卷　〔金〕元好問輯

明嘉靖十五年（1536）高登九峰書院刻本

一册

半葉八行十六字，白口，四周單邊。版框 19.3×14.6 厘米

15635（8747）

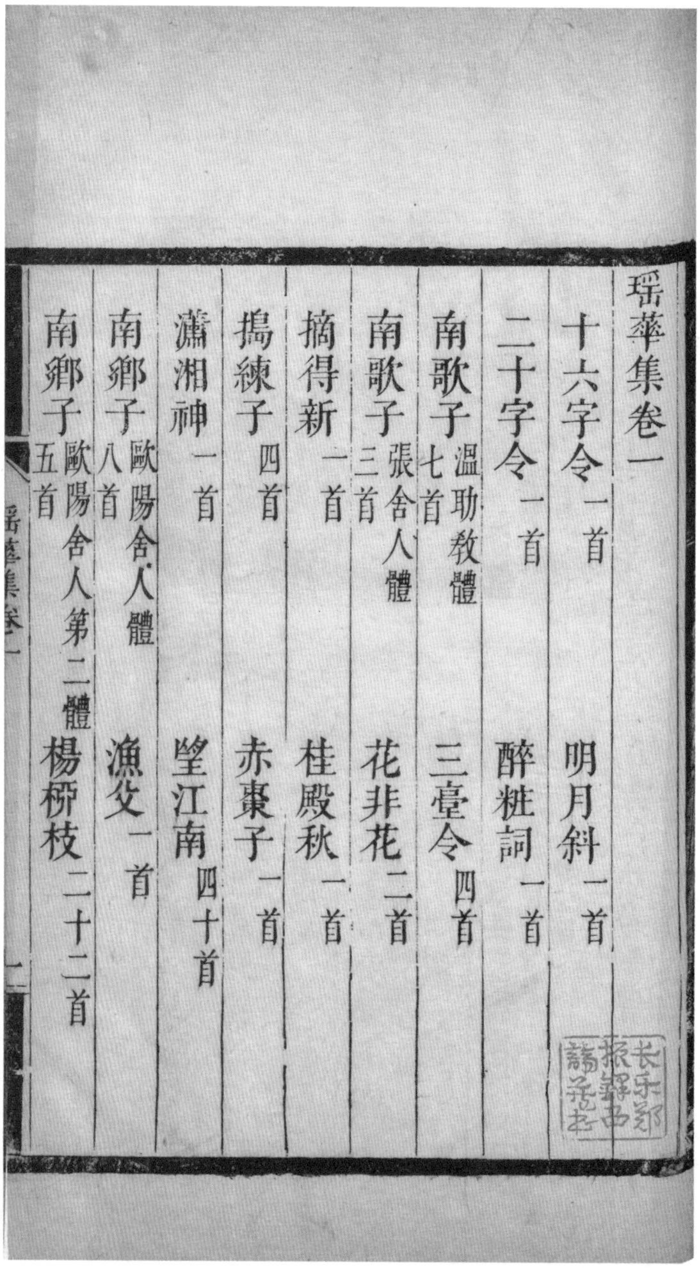
瑤華集卷一
十六字令一首　明月斜一首
二十字令一首　醉粧詞一首
南歌子温助教體七首　三臺令四首
南歌子張舍人體三首　花非花二首
摘得新一首　桂殿秋一首
搗練子四首　赤棗子一首
瀟湘神一首　望江南四十首
南鄉子歐陽舍人體八首　漁父一首
南鄉子歐陽舍人第二體五首　楊柳枝二十二首
瑤華集卷一　一

瑤華集二十二卷附二卷詞人姓氏爵里表一卷　〔清〕蔣景祁輯

清康熙二十五年（1686）蔣景祁天藜閣刻本

六册

半葉十行二十一字，白口，左右雙邊。版框 19.4×14.3 厘米

15411（1232）

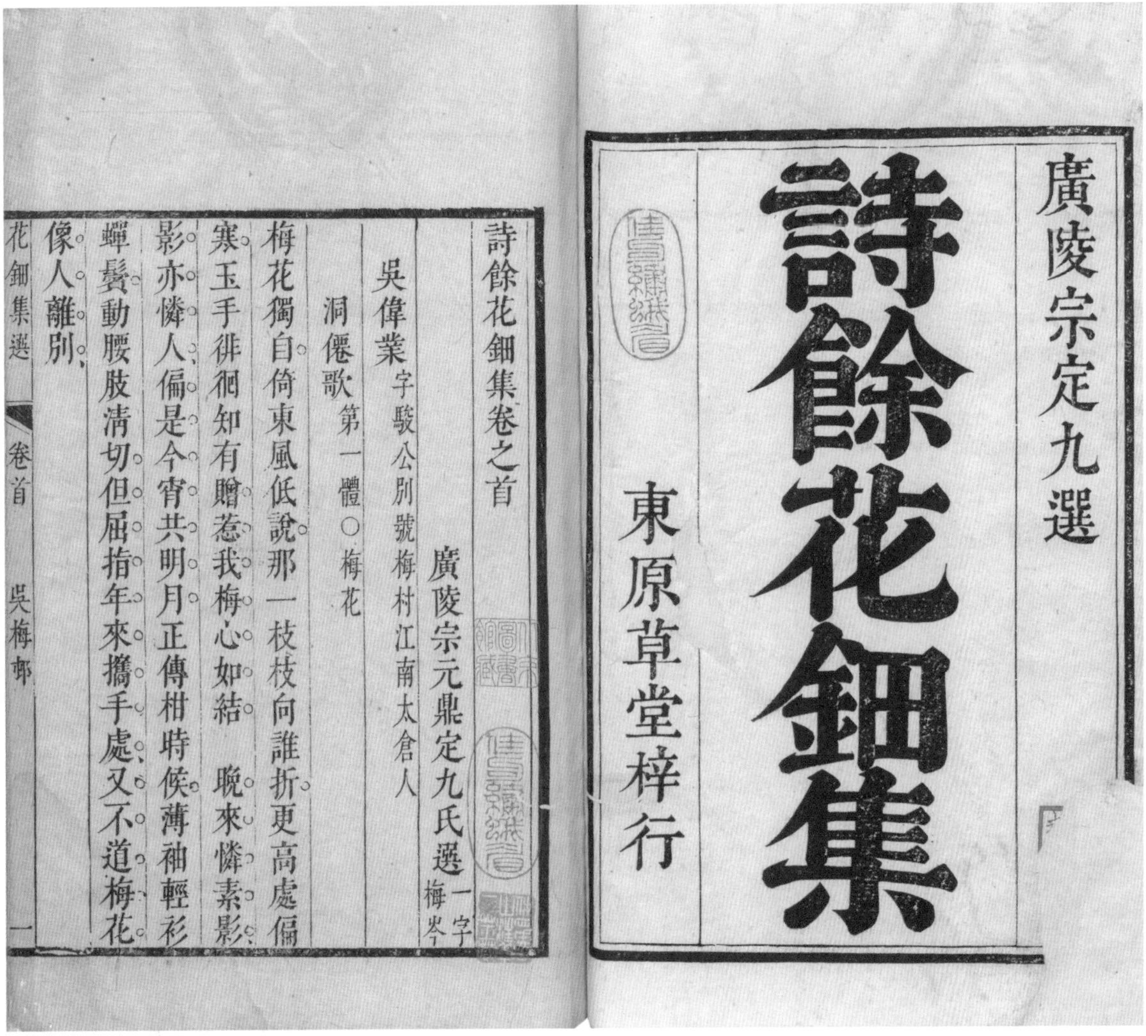

廣陵宗定九選

詩餘花鈿集

東原草堂梓行

詩餘花鈿集卷之首

廣陵宗元鼎定九氏選 一字梅岑

吳偉業 字駿公別號梅村江南太倉人

洞僊歌 第一體○梅花

梅花獨自倚東風低說那一枝枝向誰折更高處偏寒玉手徘徊知有贈惹我梅心如結 晩來憐素影影亦憐人偏是今宵共明月正傳柑時候薄袖輕衫蟬鬢動腰肢清切但屈指年來攜手處又不道梅花像人離別

花鈿集選 卷首 吳梅邨 一

詩餘花鈿集四卷首一卷末一卷 〔清〕宗元鼎輯

清初東原草堂刻本

二册

半葉九行二十字，白口，左右雙邊。版框 17.6×12.8 厘米

16638（補 114）

詩餘花鈿集卷之一

廣陵宗元鼎定九氏選（一字梅岑）

梁清標（字玉立別號蒼巖北直真定人）

如夢令　秋夜

露下秋宵方永睡起殘粧猶靚攜手步虛檐人面月華相映絕勝絕勝小立滿身花影

其二　朝回

翡翠衾寒拖逗惱煞雞聲偏驟帶得御香歸猶喜曉粧纔就生受生受正是畫眉時候

武林王丹麓輯

千秋雅調

牆東艸堂藏板

千秋歲倡和詞一卷　〔清〕王晫輯

清康熙書林文治堂刻本

二册

半葉十行二十字，白口，四周單邊。版框 19.1×13.0 厘米

15453（1809）

千秋歲倡和詞 一名千秋雅調

隨到隨刻 不拘銓次

書林文治堂校梓

首倡

王　晫丹麓 仁和

千秋歲　初度感懷

乙丑三月十日爲僕五十誕辰學易未能知非自愧繫年華之不再徒老大之堪悲偶述小詞聊復寄慨覽者或惜其志依韻賜以和言則僕一日猶千秋也

年華偷換百歲今過半青鬢易朱顏變金多人自貴

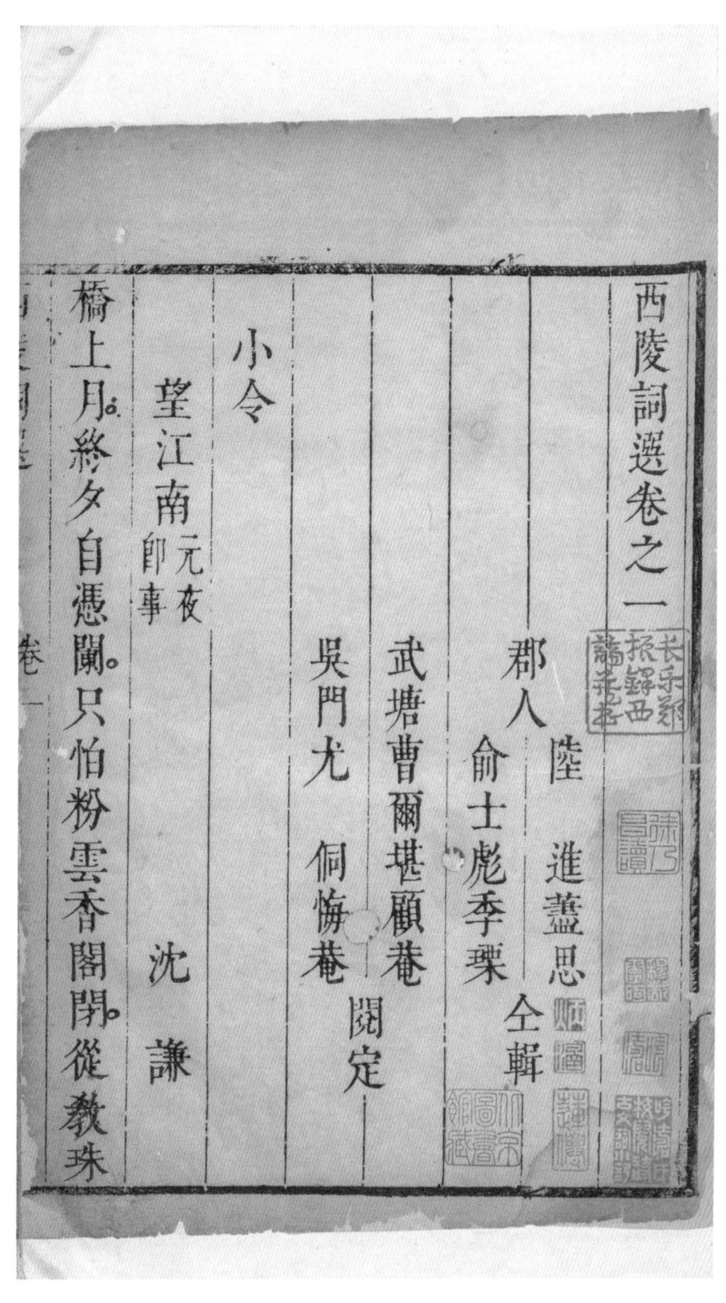
西陵詞選卷之一
郡人　陸　進藎思
俞士彪季䅘　仝輯
武塘曹爾堪顧菴
吳門尤　侗悔菴　閱定
小令
望江南元夜即事　沈　謙
橋上月。終夕自憑闌。只怕粉雲香閣閉。從教珠

西陵詞選八卷　〔清〕陸進、俞士彪輯

清康熙刻本

八册

半葉八行十八字，白口，左右雙邊。版框 19.2×14.0 厘米

15418（1410）

徐虹亭太史編輯
詞苑叢談
寶翰樓藏書記

詞苑叢談十二卷　〔清〕徐釚撰

清康熙二十七年（1688）丁煒刻寶翰樓印本

四册

半葉九行二十字，小字雙行同，白口，左右雙邊。版框 17.7×12.2 厘米

T00481（1206）

詞苑叢談卷一

松陵徐　釚電發編輯

體製

梁武帝江南弄云衆花雜色滿上林舒芳曜彩垂輕陰連手躞蹀舞春心舞春心臨歲腴中人望獨踟躕此絶妙好詞已在淸平調菩薩蠻之先矣

沈約六憶詩其三云憶眠時人眠獨未眠解羅不待勸就枕更須牽復恐旁人見嬌羞在燭前亦詞之濫觴也

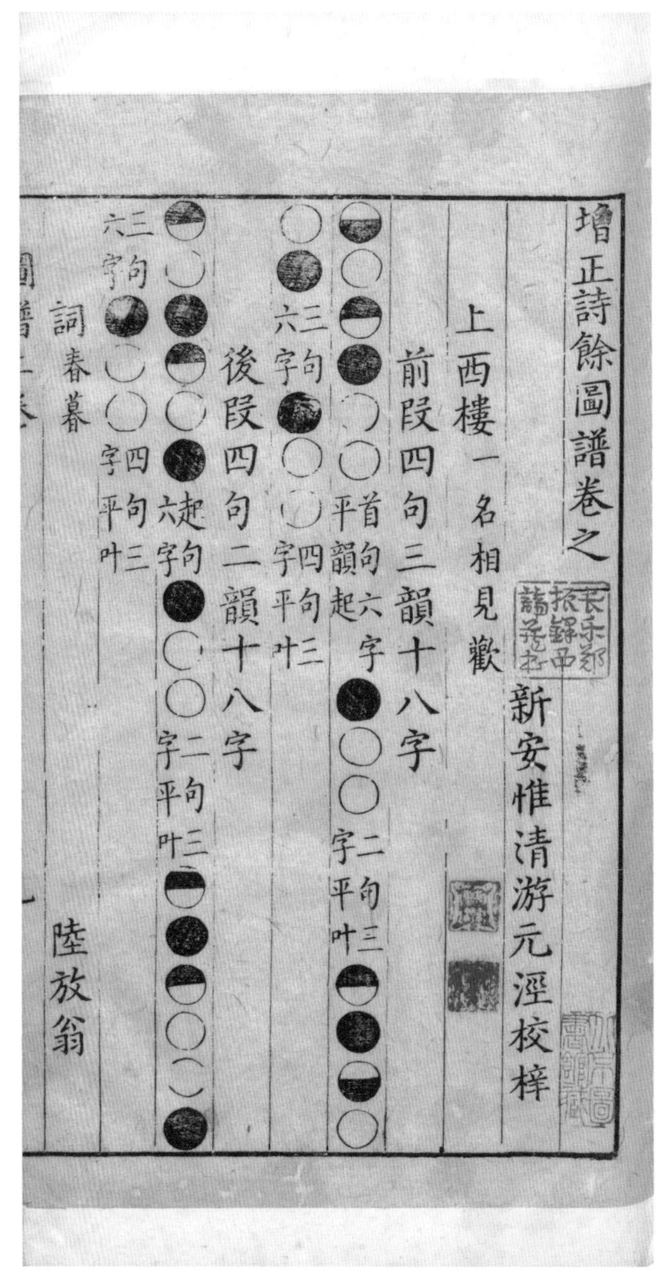
增正詩餘圖譜卷之
新安惟清游元涇校梓
上西樓一名相見歡
前段四句三韻十八字
首句六字平韻起　二句三字平叶
三句六字　四句三字平叶
後段四句二韻十八字
起句六字　二句三字平叶
三句六字　四句三字平叶
詞春暮　陸放翁

增正詩餘圖譜三卷　〔明〕張綎撰　〔明〕游元涇增訂

明萬曆二十九年（1601）游元涇刻本

三册

半葉十行二十字，白口，四周單邊。版框 21.5×13.7 厘米

T03095（1393）

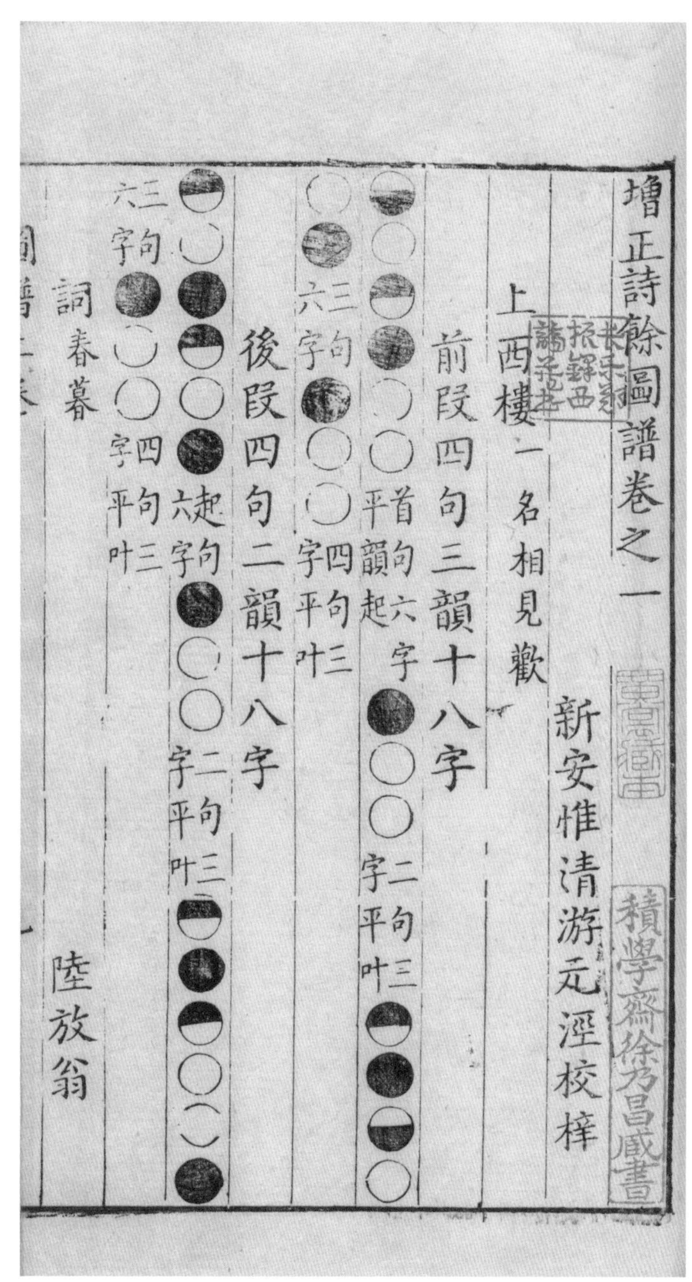
增正詩餘圖譜卷之一
新安惟清游元涇校梓
上西樓 一名相見歡
前段四句三韻十八字
首句六字平韻起
二句三字平叶
三句六字
四句三字平叶
後段四句二韻十八字
起句六字
二句三字平叶
三句六字
四句三字平叶
詞春暮
陸放翁

增正詩餘圖譜三卷　〔明〕張綖撰　〔明〕游元涇增訂

明萬曆二十九年（1601）游元涇刻本

三册

半葉十行二十字，白口，四周單邊。版框 21.5×13.7 厘米

16367（10853）

東魯萬惟檀子馨父　手著

上西樓　秋意一名相見歡

◐○◐●○○前段平起●○○平叶◐●◐○○●

禁城搖落丹楓首句六字罷晨鐘二句三字收拾薄衾還牖三句六字

●○○平叶◐○●◐○●後段●○○平叶

意忡忡四句三字○無端惹起歸輿起句六字聽秋風二句三字

◐●◐○○●●○○平叶

一曲鴈行凄楚三句六字小樓東四句三字

詩餘圖譜　二卷

詩餘圖譜二卷　〔明〕萬惟檀撰

明崇禎十年（1637）萬惟檀刻本

二册

半葉九行二十字，白口，四周單邊。版框 21.5×14.3 厘米

16920（1263）

眼可不論然以律之黃鍾則又非黍筒牛鐸所能測已

一圖譜各列一詞以爲格非敢擅易名人但以古作者豪爽不拘亦有參差上下字數多寡平仄出入盖興到筆隨不礙詞人之致然以疊爲定體則不敢一一開載也

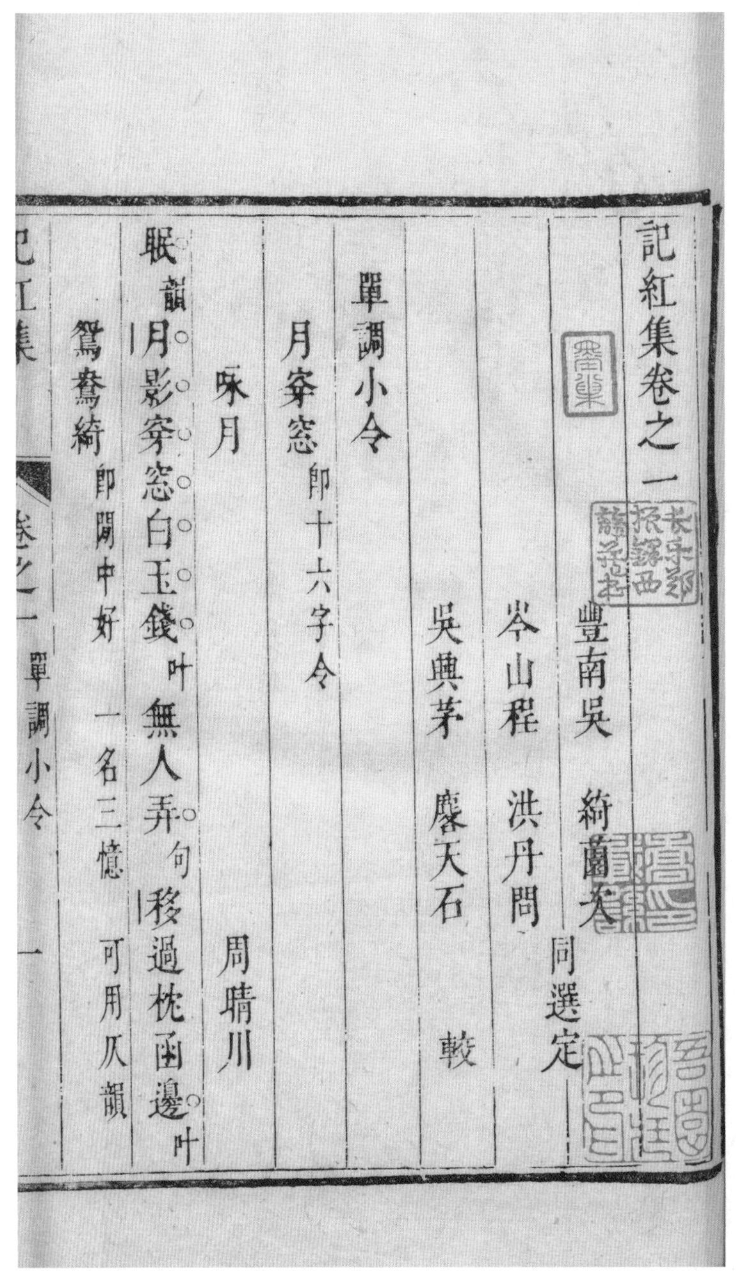

記紅集三卷詞韻簡一卷　〔清〕吴綺、程洪輯

清康熙二十五年（1686）吴綺、程洪刻本

二册

半葉九行二十字，白口，四周雙邊。版框 20.5×14.3 厘米

15646（8758）

集

集部三——曲類

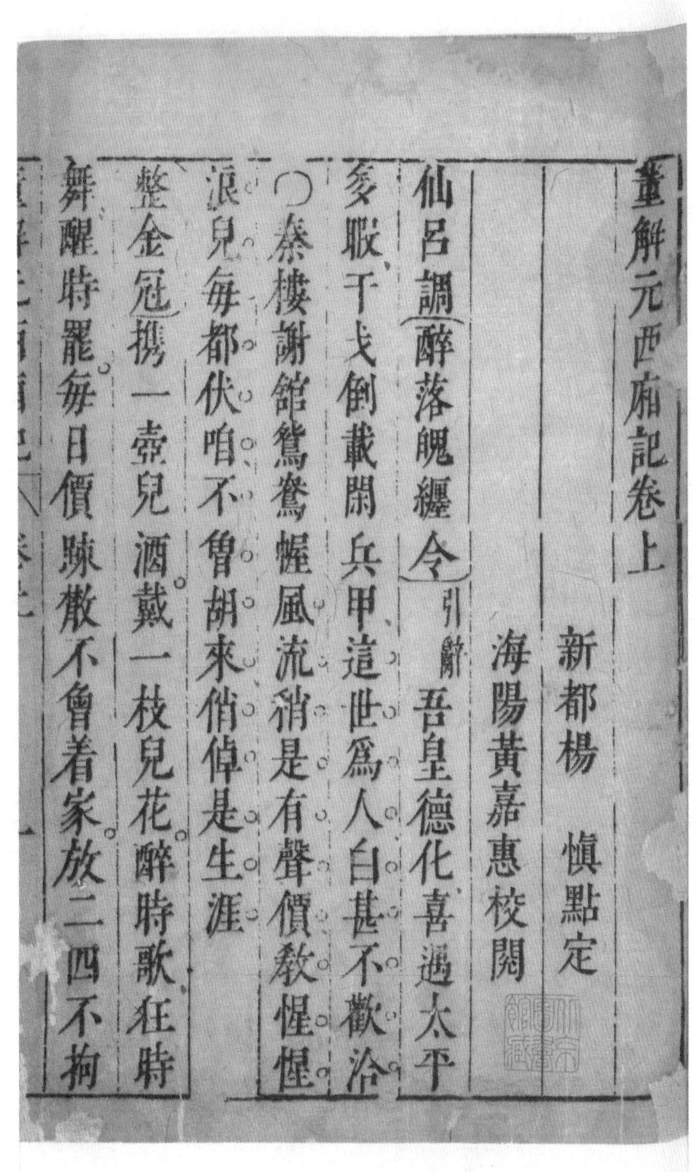

董解元西廂記二卷

明黄嘉惠刻本　鄭振鐸跋

四册

半葉九行十八字，白口，四周單邊。版框 19.2×13.8 厘米

16753（補 631）

予初讀西廂記諸宮調乃用坊間排印本再讀則用西廂十則本後得西廂六幻本則未遑三讀之矣曾見朱墨本又見海陽適適子本今復得黃嘉惠本共凡四本間更有屠隆評本則未之見也何時能合諸本細細校讀一過歟　西諦

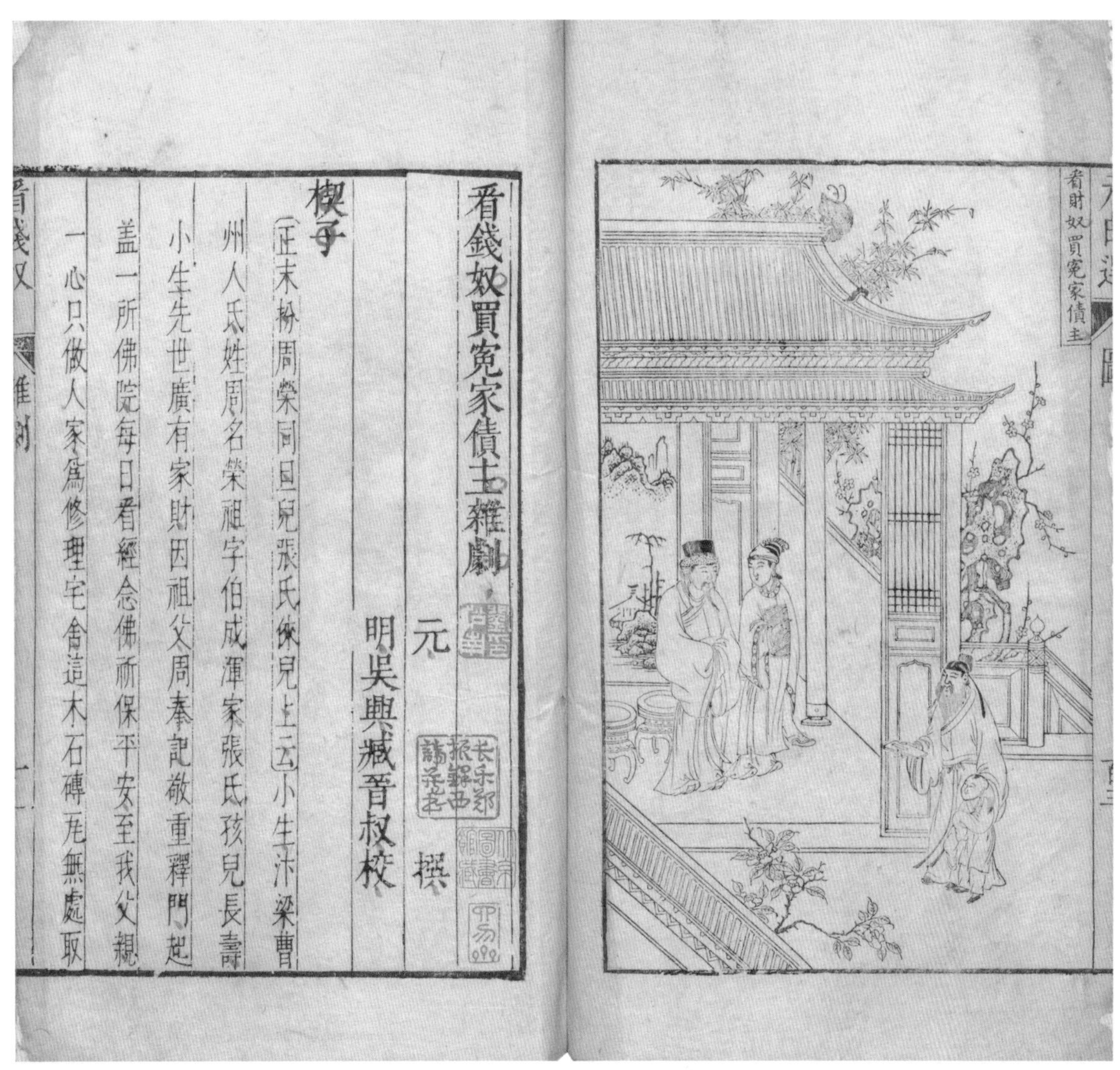

元曲選一百種一百卷　〔明〕臧懋循編

明萬曆刻本

一册　存五種五卷：看錢奴買冤家債主雜劇一卷、都孔目風雨還牢末雜劇一卷、洞庭湖柳毅傳書雜劇一卷、風雨像生貨郎旦雜劇一卷、望江亭中秋切鱠雜劇一卷

半葉九行二十字，白口，左右雙邊。版框 20.8×13.5 厘米

16371（11053）

元曲選圖一卷

明萬曆刻本

一册

版框 20.7×13.7 厘米

16215（10521）

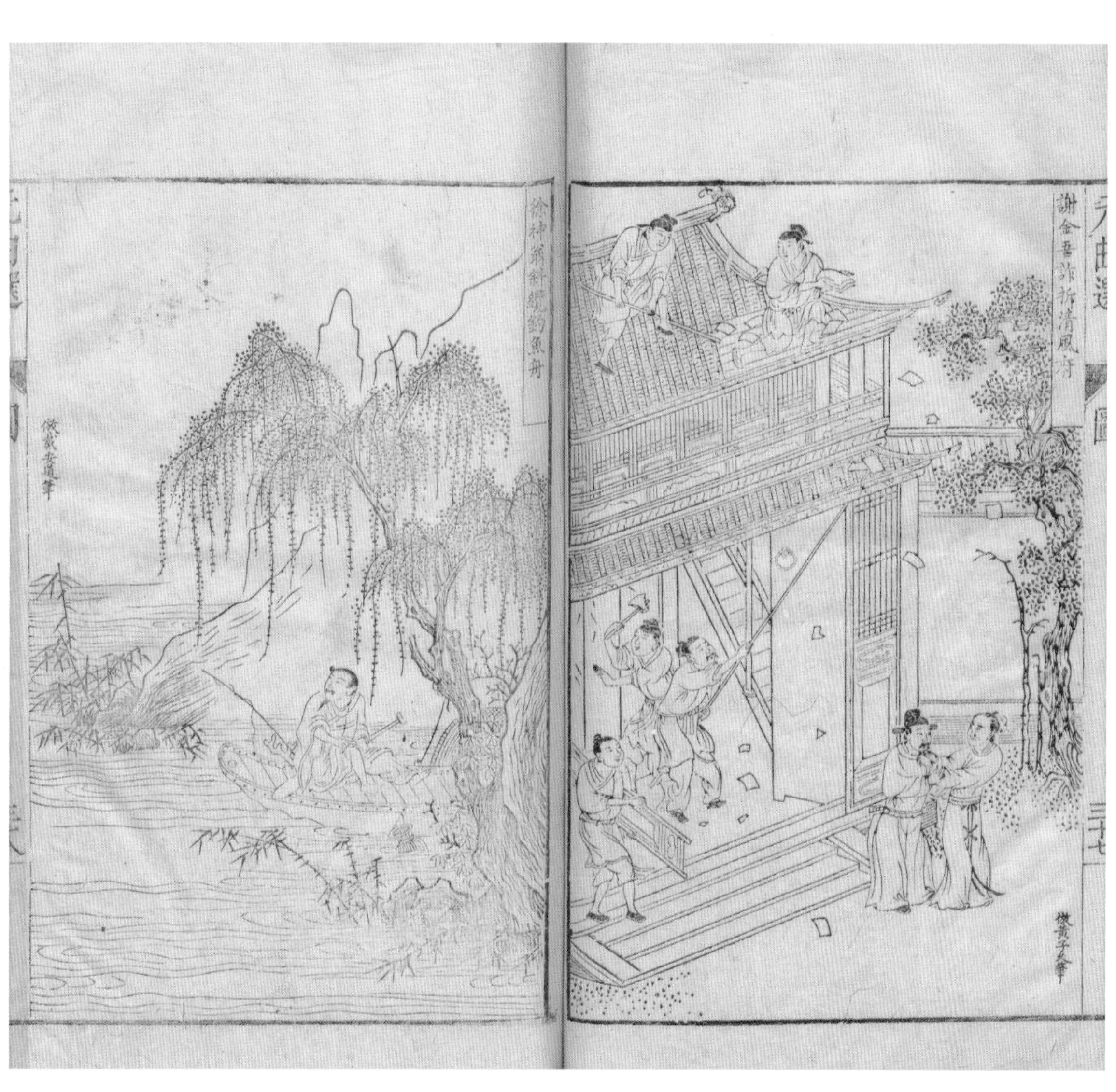
徐神翁斜纜釣魚舟
謝金吾詐拆清風府

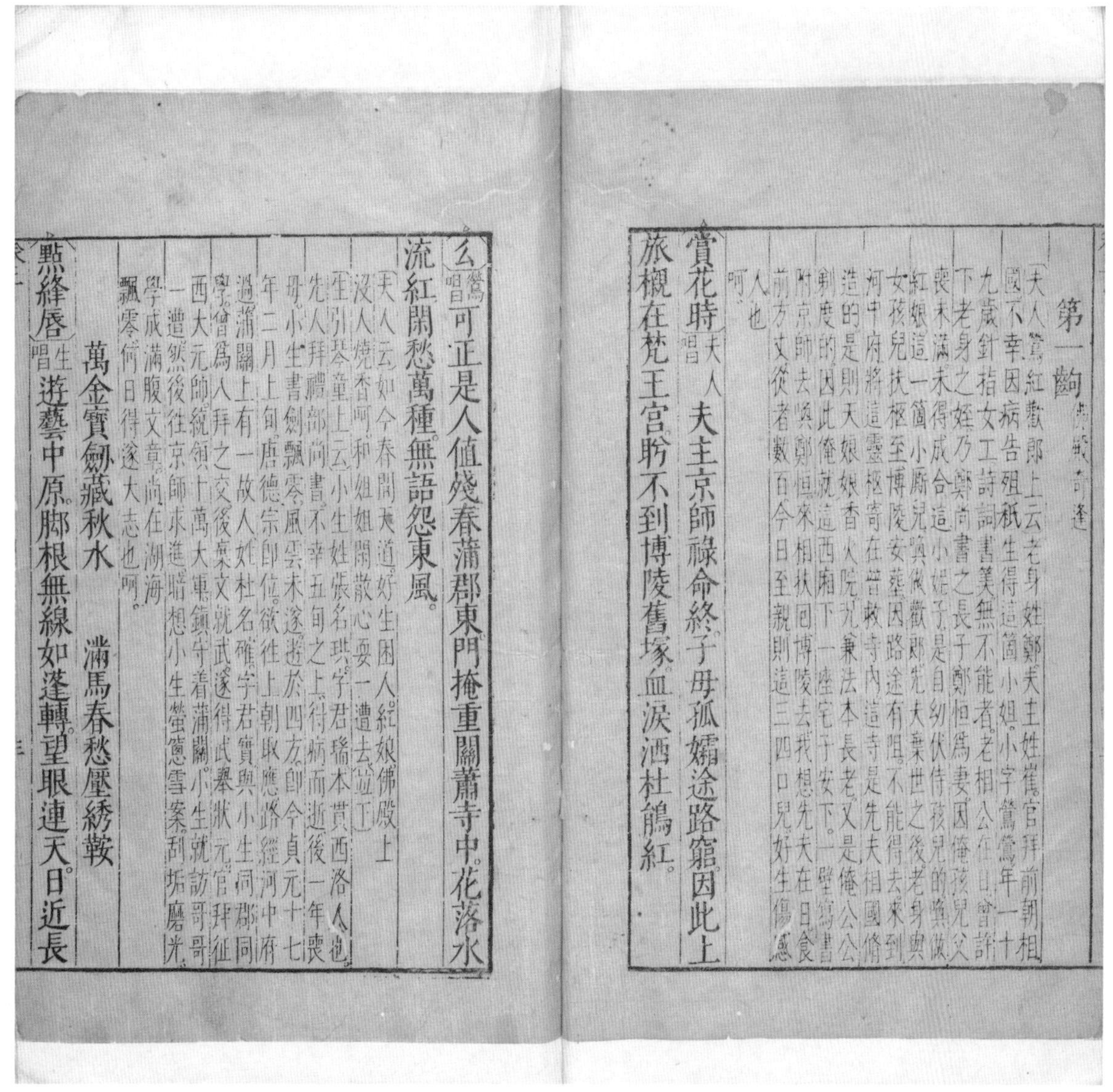

元本出相北西廂記二卷 〔元〕王德信、關漢卿撰 〔明〕王世貞、李贄評 **會真記一卷** 〔唐〕元稹撰 **釋義一卷**

明萬曆三十八年（1610）起鳳館刻本

二册

半葉十行二十二字，小字雙行同，白口，四周單邊。版框 20.7×14.0 厘米

16274（10674）

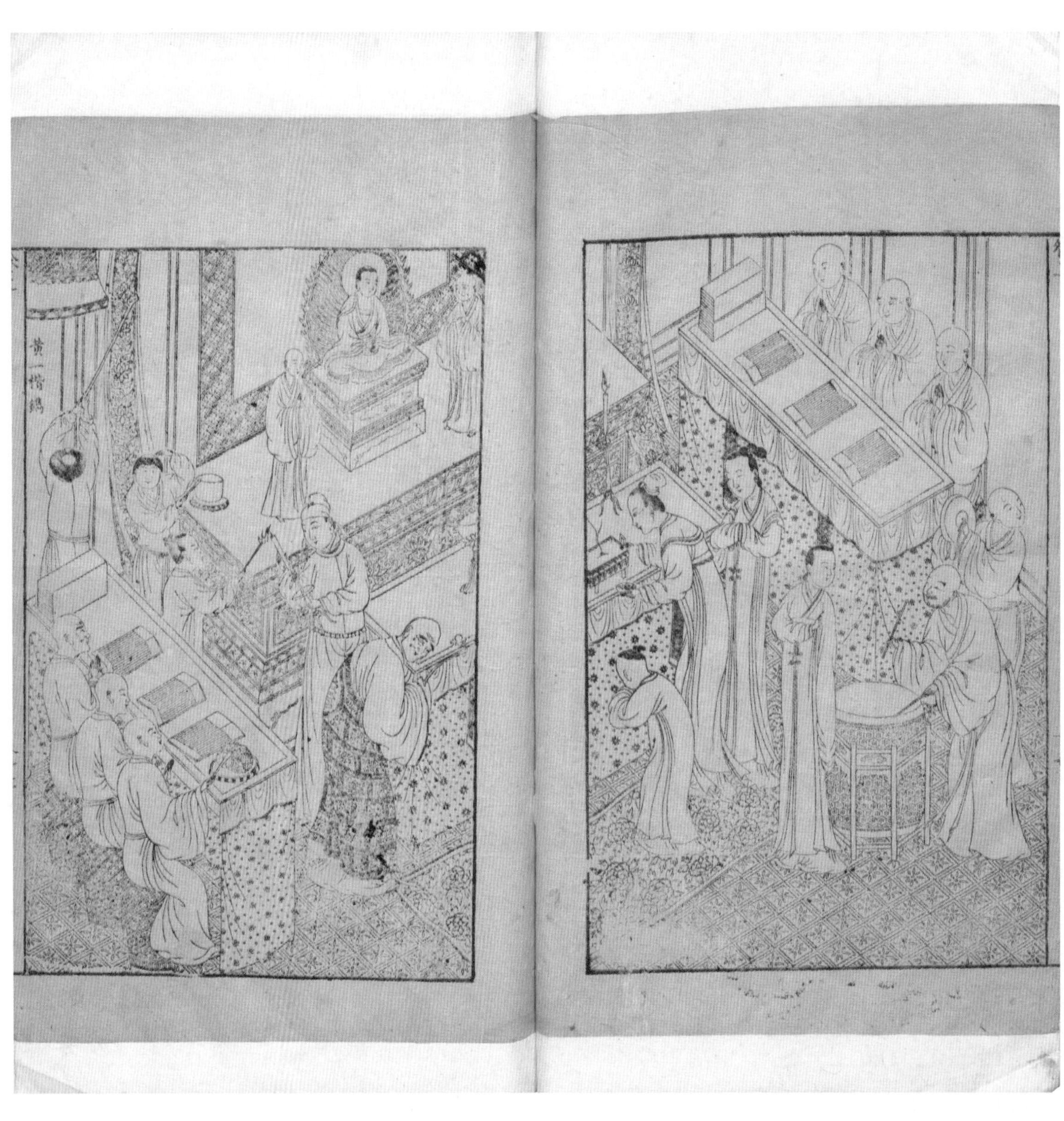
黄一楷鐫

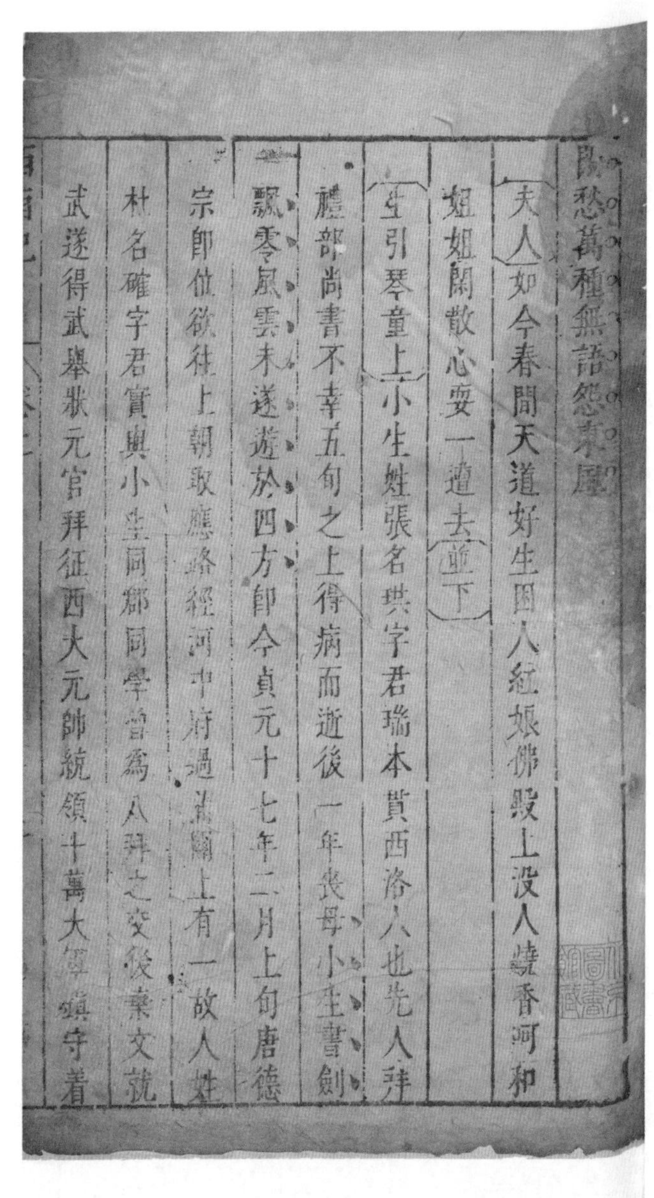

西廂記傳奇二卷　〔元〕王德信撰

明末刻本

二册

半葉九行二十四字，白口，四周單邊。版框 20.4×12.5 厘米

16746（補 629）

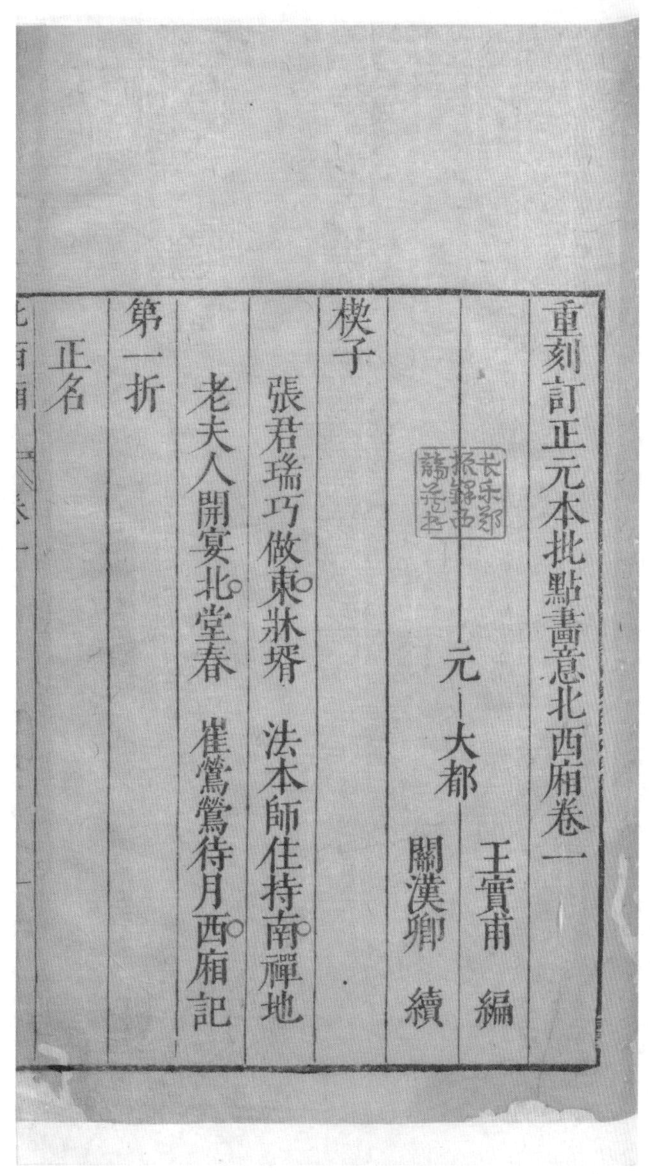
重刻訂正元本批點畫意北西廂卷一

元 大都 王實甫 編

關漢卿 續

楔子

張君瑞巧做東牀壻　法本師住持南禪地

老夫人開宴北堂春　崔鶯鶯待月西廂記

第一折

正名

重刻訂正元本批點畫意北西廂五卷　〔元〕王德信、關漢卿撰　〔明〕徐渭評註　**會真記一卷**　〔唐〕元稹撰

明刻本

四册

半葉八行二十字，白口，四周單邊。版框 18.7×14.1 厘米

16232（10620）

袖拂花枝驚玉
筍步移落砌露
金蓮
萬曆辛亥冬日
虛齋主漫筆
新安黃應光鐫

曲大好大訪、可謂[illegible]九分矣、中有俚鑿〻太蔽露[illegible]小疵、而第四折中尤甚、令人有皇汗處、

崔家富貴、文王以天子之貴、敵之尚不可得、但此際亦似寒落矣、況曰母子孤孀途路窮、而中間有軟玉屏珠簾玉鈎等句、亦當避忌者、

老夫人開春院　崔鶯鶯燒夜香

小紅娘傳好事　張君瑞鬧道場

第一套　佛殿奇逢

(夫人鶯紅歡郎上云)老身姓鄭夫主姓崔官拜前朝相國不幸因病告殂秖生得這箇小姐小字鶯鶯年十九歲針黹女工詩詞書算無有不能老相公在日曾許下老身之姪乃鄭尚書之長子鄭恒為妻因喪服未滿未得成合又有這個小妮子是自幼伏侍孩兒的喚做紅娘這小厮兒喚做歡郎是俺先夫在日討來壓子息的俺夫主棄世老身與女孩兒扶柩至博陵安葬因路途有阻不能得去來到河中府將這靈柩寄在普救寺內這寺乃是武則天娘娘俺夫主蓋造的香火院況兼本寺長老法本又是俺公公剃度的和尚因此上就這寺內西廂下一座宅子安下一壁寫書附京師去喚鄭恒來相扶回博陵去我想先夫在日食前方丈從者數百今日至親則這三四口兒好生傷感人也呵

【賞花時】(夫)夫主京師祿命終。子母孤孀途路窮。因此上旅櫬在梵王宮。盼不到博陵舊塚。血淚灑杜鵑紅

櫬音秤　塚音腫

(夫云)今日暮春天氣好生困人紅娘你看佛殿上沒人燒香呵和小姐閒耍散心一回去來(紅)謹依嚴命(夫下)(紅向鶯云)夫人着俺和姐姐佛殿上閒耍一回去來

重刻訂正元本批點畫意北西廂五卷　〔元〕王德信、關漢卿撰　〔明〕徐渭評註　**會真記一卷**　〔唐〕元稹撰

明刻本

二册　存二卷：四至五

半葉八行二十字，小字雙行同，白口，四周單邊。版框 20.9×13.8 厘米

T03230（10626）

鶯上小庭春寂寂涼月夜懨懨正是春色惱人眠不得月移花影上闌干紅娘傳簡去與張生約今夕與他相見等紅娘來做個商量紅上姐姐着我送簡兒與張生許他今宵赴約俺那小姐我怕又說謊送了他性命不是耍我見小姐看他說甚麼鶯紅娘收拾臥房我睡去紅不爭你要睡呵那里發付那人鶯甚麼人紅姐姐你又來了也送了人性命不是耍處你若又番悔我出首與夫人你着我將簡帖兒約下他來鶯這小賤人到會放刁羞人答答的怎生去紅有甚麼羞到那里則合着眼者催鶯科去來去來老夫人睡了也鶯走科紅俺姐姐語言雖是強腳步兒却早先行

端正好 因姐姐玉精神花模樣無倒斷曉夜思量今夜着個片至誠心改抹嗜漫天謊出畫閣向書房離楚岫赴高唐學竊玉試偷香巫娥女楚襄王楚襄王敢先在陽臺上下

生上昨夜紅娘所遺之簡約小生今夜成就這早晚初更盡也不見來呵小姐休說謊咱人間良夜靜不靜天上美人來不來

點絳唇 佇立閒堦夜深香靄橫金界瀟灑書齋悶殺讀書客

混江龍 彩雲何在月明如水浸樓臺僧居禪室鴉噪庭槐風弄竹聲則道金珮響月移花影疑是玉人來

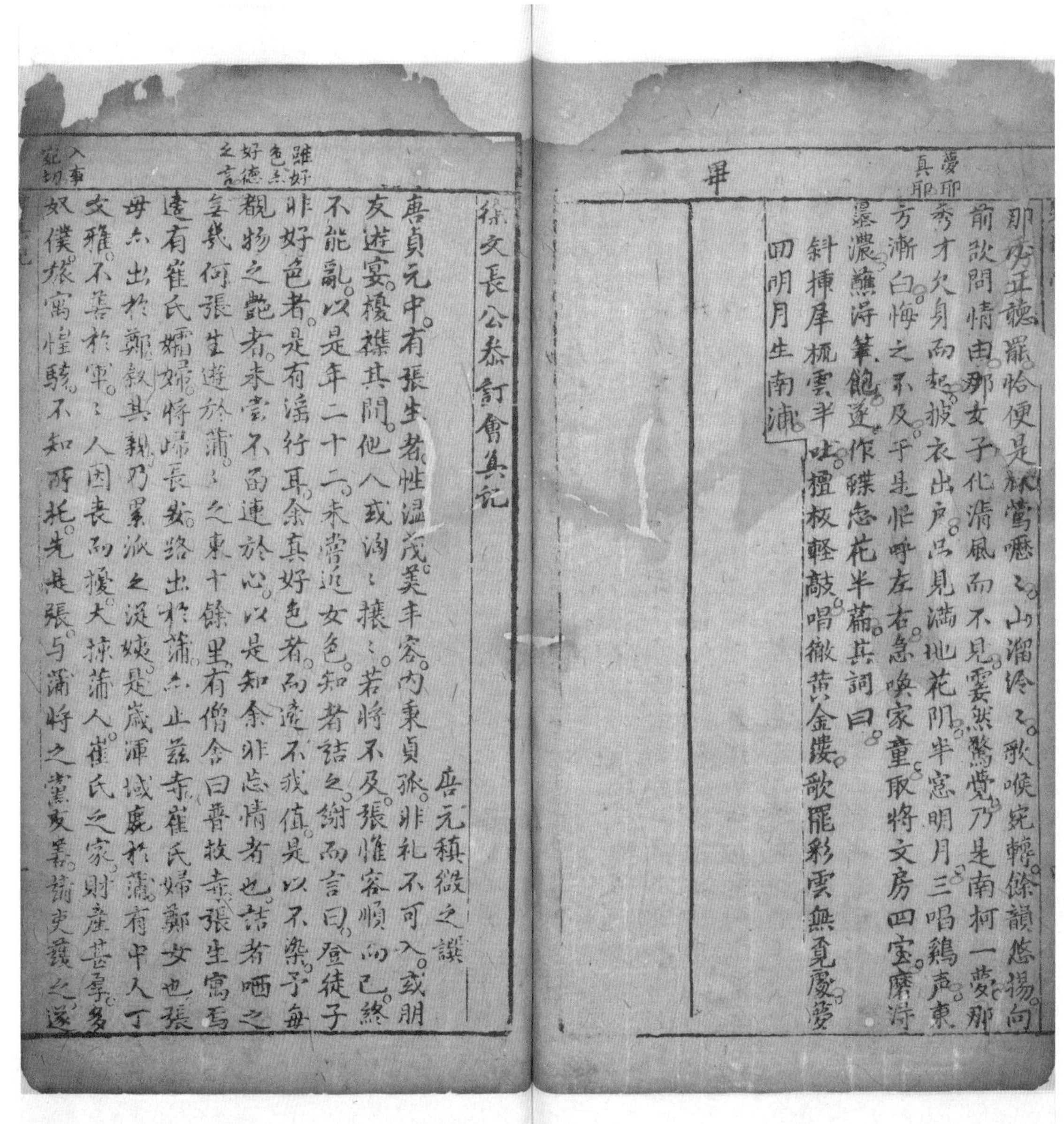

新刻徐文長公參訂西廂記二卷〔元〕王德信撰　〔明〕□佑卿評釋　**會真記一卷**〔唐〕元稹撰　**蒲東詩一卷新刻錢塘夢一卷園林午夢記一卷**

明潭邑書林歲寒友刻本

三册

半葉九行二十五字，小字雙行同，白口，四周單邊，無直格。眉欄鐫評。版框 21.1×11.9 厘米

16745（補 628）

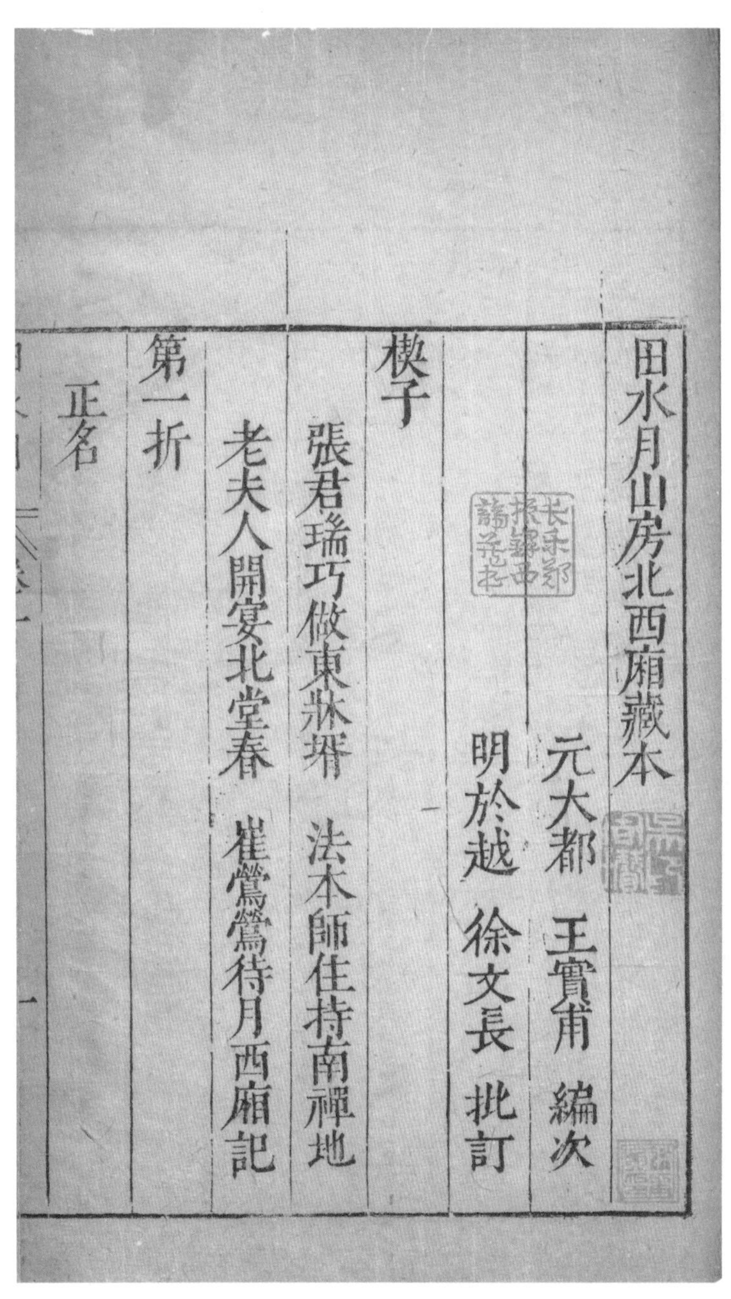

田水月山房北西廂藏本

元大都 王實甫 編次

明於越 徐文長 批訂

楔子

張君瑞巧做東牀壻 法本師住持南禪地

老夫人開宴北堂春 崔鶯鶯待月西廂記

第一折

正名

田水月山房北西廂藏本五卷 〔元〕王德信撰 〔明〕徐渭評

明刻本

二册

半葉八行二十字，小字雙行同，白口，四周單邊。版框 18.7×14.2 厘米

16226（10608）

凡人礼佛祈求消災長只被今之軟玉溫香不必偎傍若得一探便能消災障何必礼佛為也湯是探湯義非蕩字偎傍即南語親近也俗本作親傍非北語

當從本傍以二十二字為正

一等搶白而以正道教之妙妙

道是相偎傍若能勾湯他一湯到與人消災障◎

(本)都到方丈喫茶(到方丈科)(生)小生更衣咱(生先出方丈科)那小娘子一定出來也我則在這裡等待問他咱(紅辭本科)(紅)我不喫茶了恐夫人怪我去遲回話也(紅出生揖迎科)小娘子拜揖(紅)先生萬福(生)小娘子莫非鶯鶯小姐的侍妾乎(紅)我便是何勞先生動問(生)小生姓張名珙字君瑞本貫西洛人也年方二十三歲正月十七日子時建生並不曾娶妻(紅)誰問你來我又不是算命先生要你那生年月日何用(生)敢問小娘子小姐常出來麼(紅)出來便怎麼(生)小生有句知心的話兒對他說(紅怒科)噫先生是讀書君子豈不聞男女授受不親禮也瓜田李下道不得個非禮勿視非禮勿聽非禮勿言非禮勿動俺老夫人治家嚴肅有冰霜之操內無應門五尺之童非呼喚不敢輒入中

自思量以下不合不當也言你着穿母訓不應回頭看我既看我是不畏母也我祇獨不思哉待颺不即俗云歆丟丟不下赤緊者打緊之意

堂向日小姐潛出閨房老夫人知之召小姐於庭下責之曰你為女子不告而出閨門倘遇遊客遊僧私窺之豈不自恥小姐立謝而言曰今當改過自新不敢再犯是他親女尚然如此何況以下侍妾乎先生習先王之道不干己事何苦用心早是妾知可以容恕若夫人知此決不干休今後得問的便問不得問休得胡問(下)

(生)這相思索是害殺我也

此段曲折有味

【哨遍】聽說罷心懷悒快把一天愁都撮在眉尖上說夫人潔操凜冰霜不召呼誰敢輒入中堂自思想早知◎你心兒畏懼老母親威嚴呵小姐你不合臨去也回頭望待颺下教人怎颺赤緊的情沾肺腑意染肝腸

此等亦奏

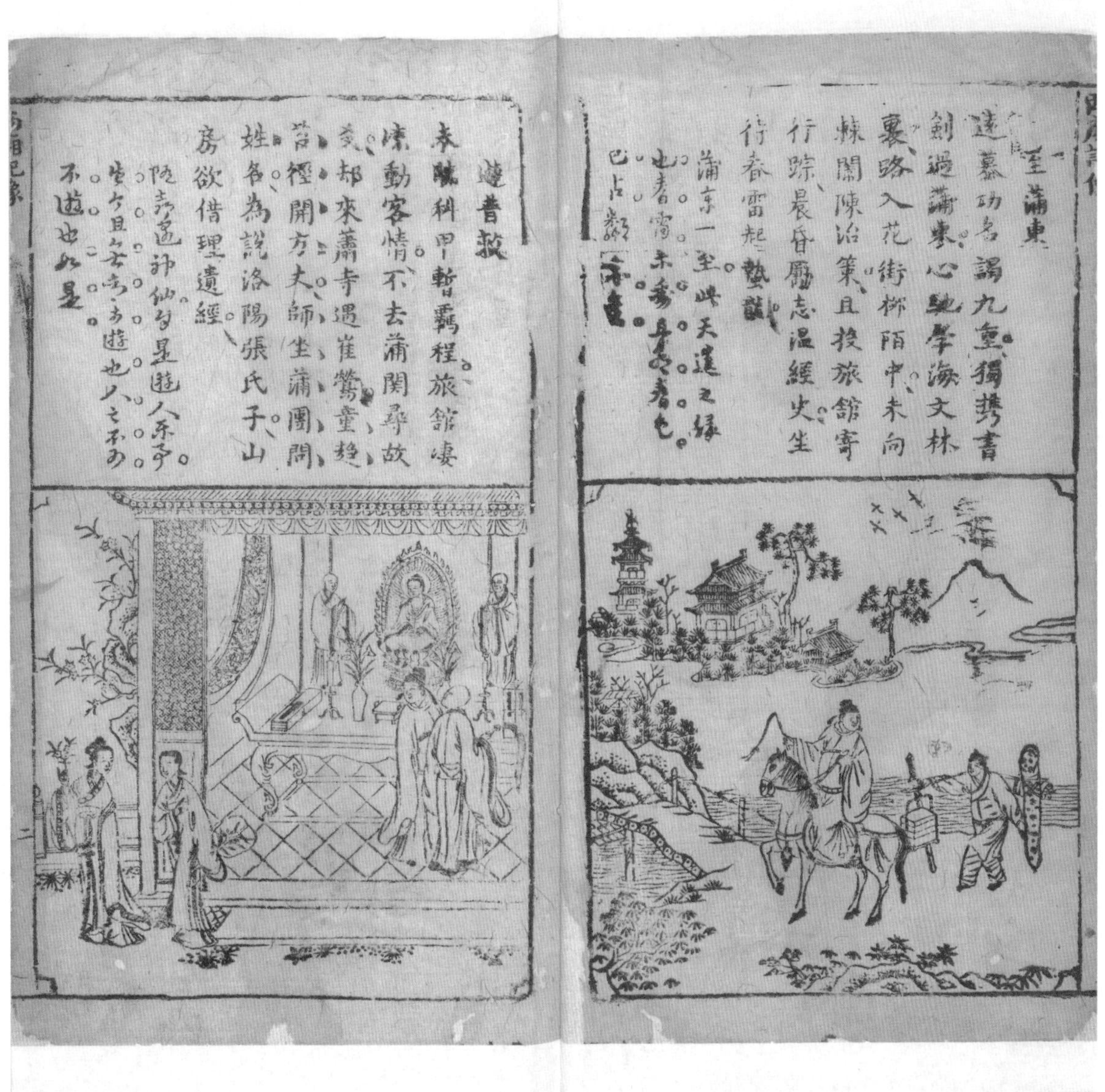

新訂徐文長先生批點音釋北西廂二卷 〔元〕王德信撰　〔明〕徐渭評　**會真記一卷** 〔唐〕元稹撰　**附録蒲東詩一卷**

明末刻本

三册

半葉十一行二十五字，小字雙行同，白口，四周單邊，無直格。版框 20.5×12.2 厘米

16243（10652）

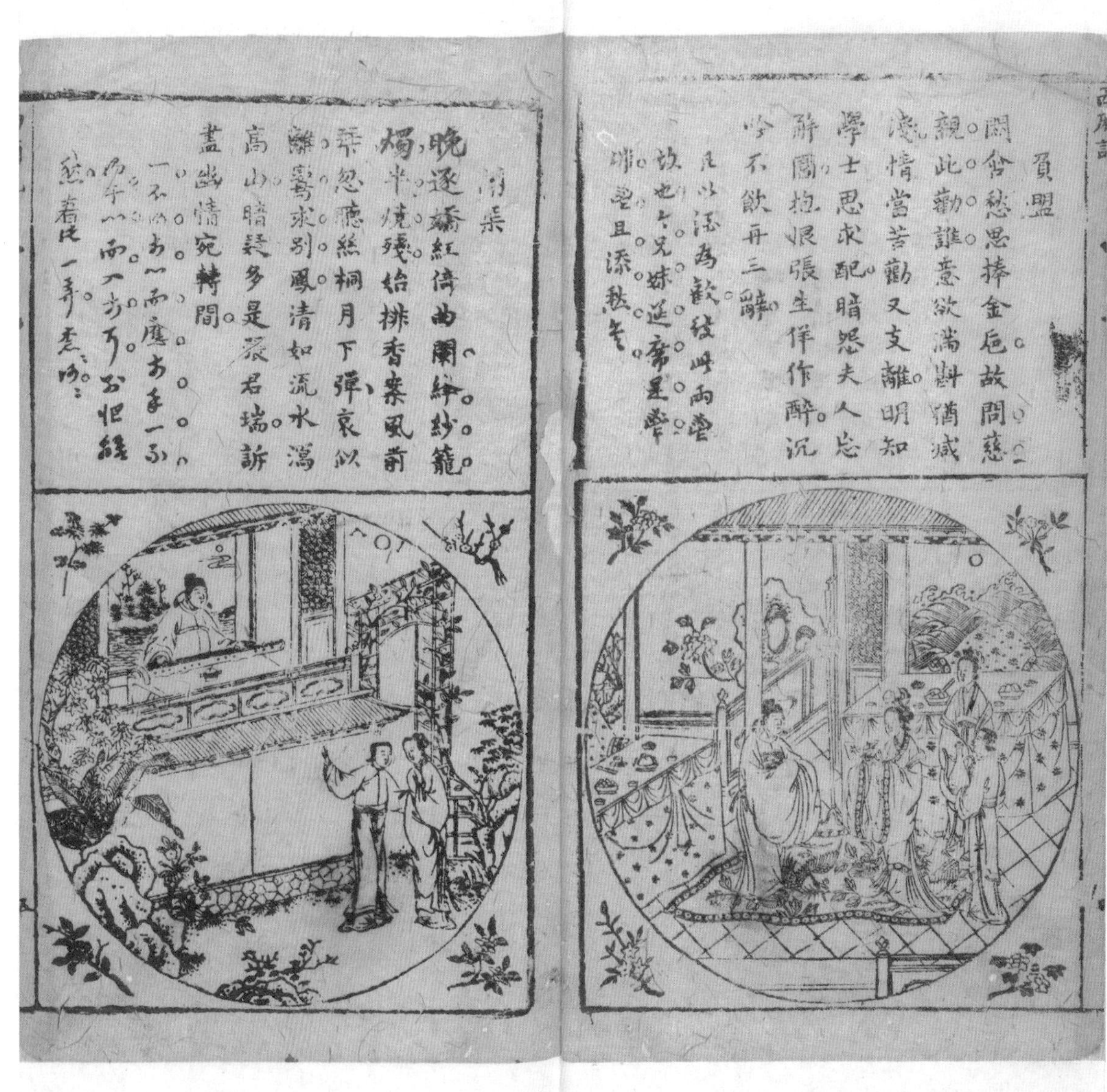

負盟

鬪合愁思捧金卮故問慈親此勸誰意欲滿斟猶減淺情當苦勸又支離明知學士思求配暗怨夫人忘觧圍抱恨張生佯作醉沉吟不飲再三辭

清柒

晚逐嬌紅倚曲闌絳紗籠燭半燒殘始排香案風前舉忽聽絲桐月下彈哀似離鸞求別鳳清如流水瀉高山暗疑多是張君瑞訴盡幽情宛轉間

錦回

恩波新沐氣昂〻畫錦榮歸耀故鄉雙珮朝天辭北闕一鞭指引望西廂別來偏覺風霜久歸去寧辭道路長馬上到家春正好錦衣猶帶御爐香

鈔左御姬一闋喜中出喜收回至處之不為之捉去和跪一摘手裏

新鐫徐文長先生真本北西廂會真記

元稹微之　譔

唐貞元中有張生者性溫茂美丰容內秉堅孤非禮不可入或朋從遊宴擾雜其間他人或洶洶拳拳若將不及張生容順而已終不能亂以是年一十二未嘗近女色知者詰之謝而言曰登徒子非好色者是有淫行耳余真好色者而適不我值何以言之大凡物之尤者未嘗不留連於心是知其非忘情者也詰者哂之無幾何張生遊於蒲蒲之東十餘里有僧舍曰普救寺張生寓焉適有鄭氏孀婦將歸長安路出於蒲亦止茲寺崔氏女鄭婦也張出於鄭緒其親乃異派之從母是歲渾瑊薨於蒲有中人丁文雅不善於軍軍人因喪而擾大掠蒲人崔氏之家財產甚厚多奴僕旅寓惶駭不知所託先是張與蒲將之黨友善請吏護之遂不及於難十餘

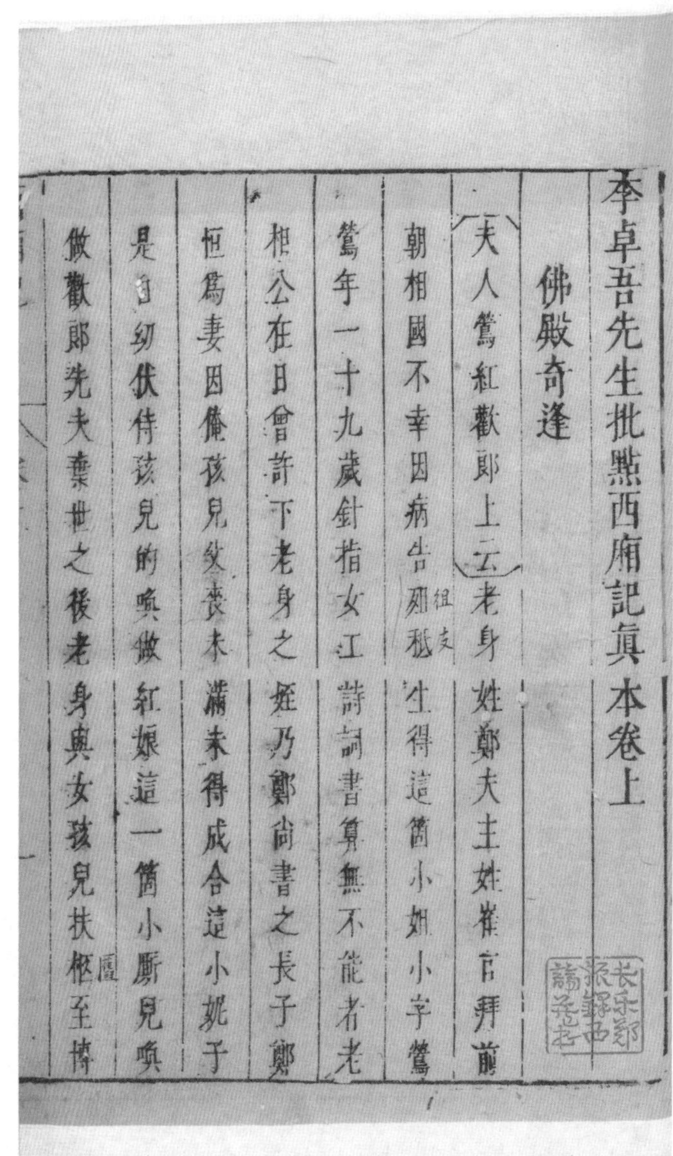

李卓吾先生批點西廂記真本二卷　〔元〕王德信撰　〔明〕李贄批點　**錢塘夢一卷園林午夢一卷**

明崇禎刻本

二册

半葉九行二十字，白口，四周單邊。版框 20.3×14.7 厘米

16247（10671）

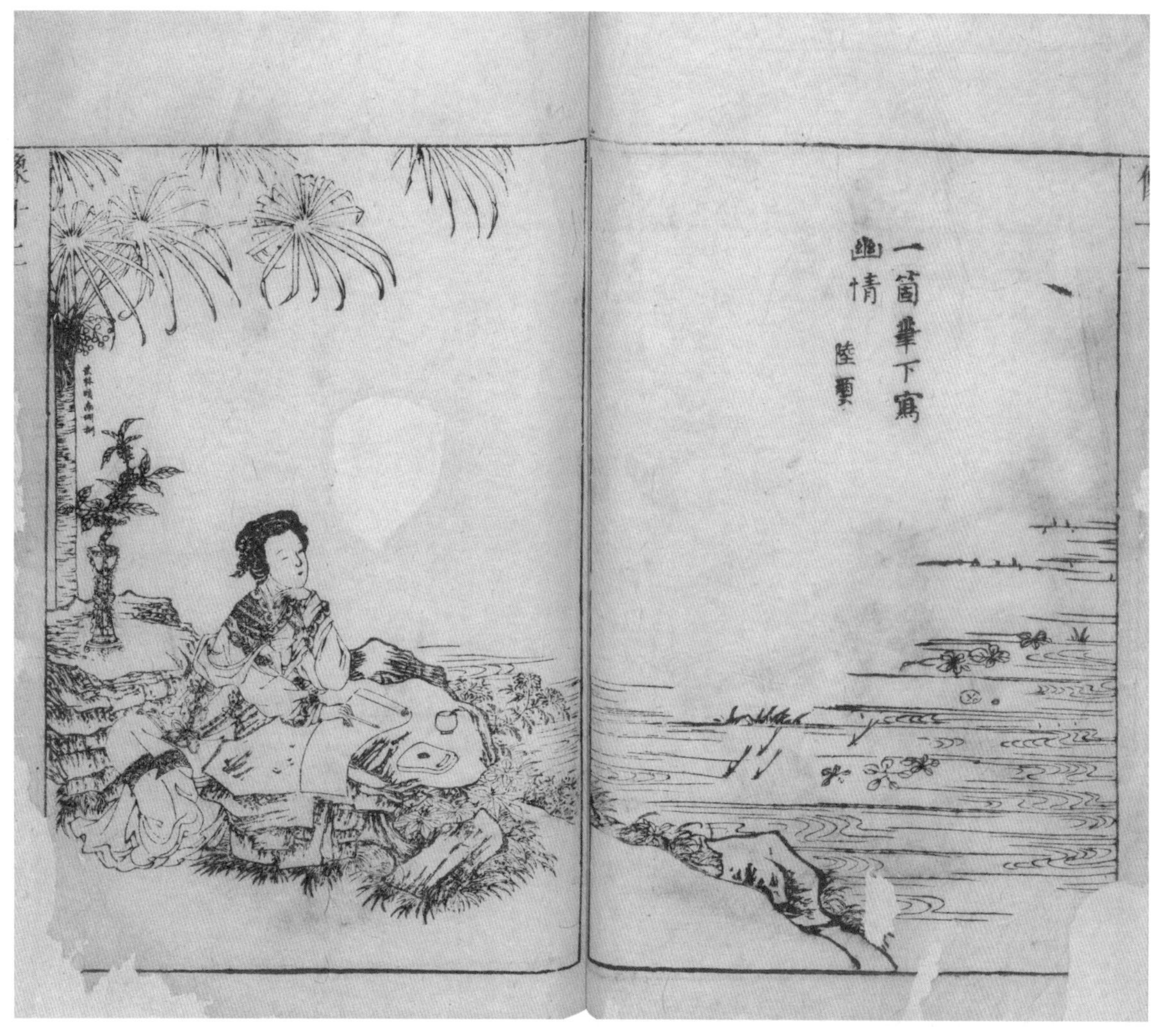

李卓吾先生批點西廂記真本二卷 〔元〕王德信撰 〔明〕李贄批點

明末刻本

一册　存一卷：上

半葉九行二十字，白口，四周單邊。版框 20.4×14.7 厘米

16239（10625）

李卓吾先生批點西廂記眞本卷上

佛殿奇逢

〔夫人鶯紅歡郎上云〕老身姓鄭夫主姓崔官拜前朝相國不幸因病告殂秪生得這箇小姐小字鶯鶯年一十九歲針指女工詩詞書算無不能者老相公在日曾許下老身之姪乃鄭尚書之長子鄭恒爲妻因俺孩兒父喪未滿未得成合這小妮子是自幼伏侍孩兒的喚做紅娘這一箇小廝兒喚做歡郎先夫棄世之後老身與女孩兒扶柩至博

新校註古本西廂記五卷　〔元〕王德信撰　〔明〕王驥德校註　**彙考一卷**　〔明〕王驥德撰

明萬曆四十二年（1614）王氏香雪居刻本

八册

半葉十行二十字，白口，四周單邊。版框 21.4×14.3 厘米

16229（10609）

新校注古本西廂記卷一

元大都王實甫　編　　山陰徐　渭附解

明會稽方諸生校注　　明吳江詞隱生　評

　　古虞謝伯美
　　山陰朱朝鼎同校

第一折

楔子引曲二章用東鍾韻　夫人　旦

第一套仙呂宮曲一十五章用先天韻　生

第二套中呂宮曲二十章用江陽韻　生

第三套越調曲一十五章用庚清韻　生

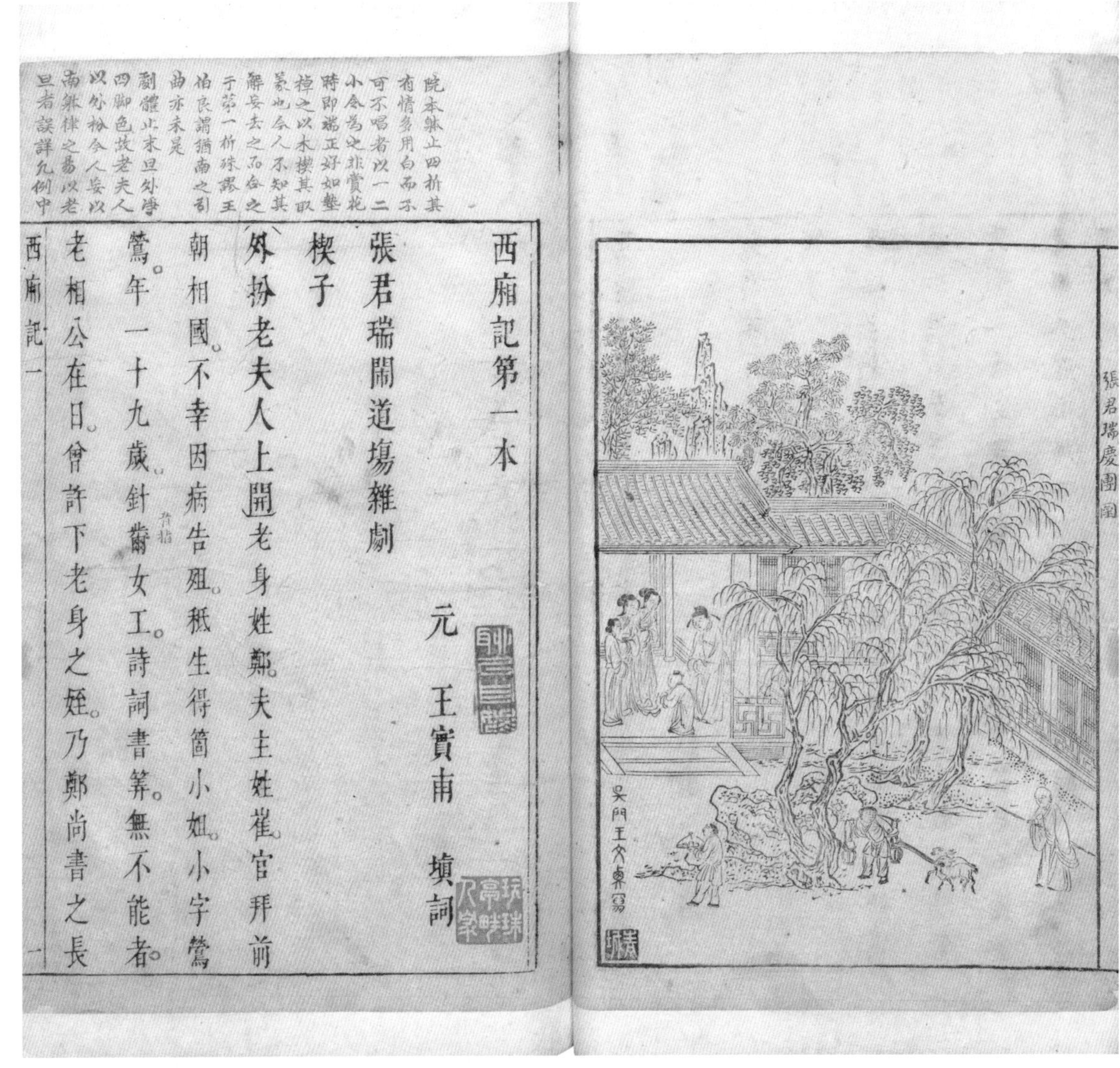

西廂記五卷　〔元〕王德信、關漢卿撰　〔明〕凌濛初評　**解證五卷**　〔明〕凌濛初撰　**會真記一卷**　〔唐〕元稹撰　**附録一卷**

明凌濛初刻朱墨套印本

四册

半葉八行十八字，白口，左右雙邊。版框 20.6×14.7 厘米

16233（10619）

北西廂五卷 〔元〕王德信撰 〔明〕延閣主人訂正 **會真記一卷** 〔唐〕元稹撰

明崇禎三年（1630）李廷謨刻本

四册

半葉十一行二十字，白口，四周單邊。版框 20.3×14.0 厘米

16234（10621）

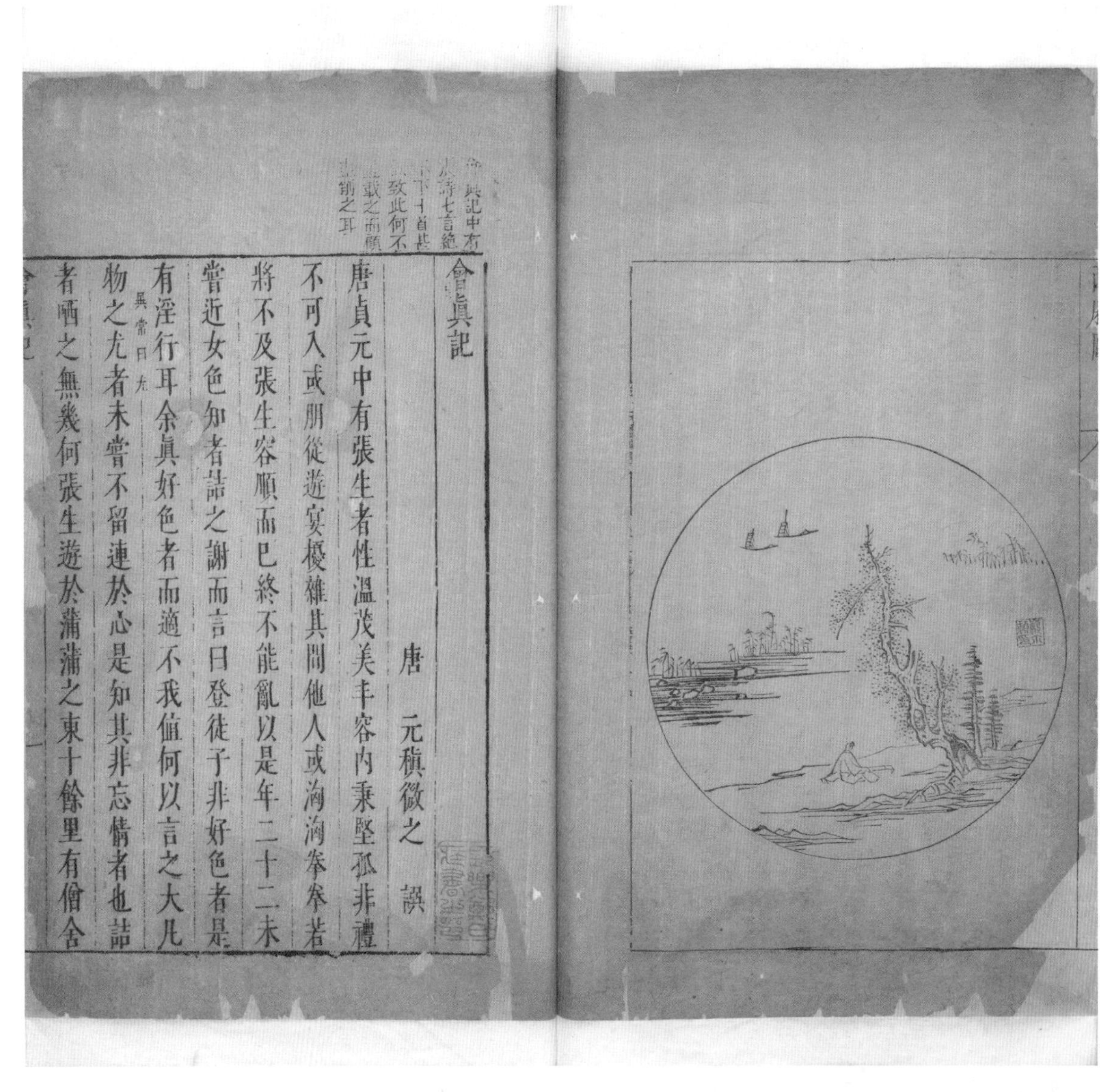

會眞記中有□詩七言絕□□十首甚□致此何不□載之而顧□删之耳 [illegible]

會眞記

唐　元稹微之　譔

唐貞元中有張生者性溫茂美丰容內秉堅孤非禮不可入或朋從遊宴擾雜其間他人或洶洶拳拳若將不及張生容順而已終不能亂以是年二十二未嘗近女色知者詰之謝而言曰登徒子非好色者是有淫行耳余眞好色者而適不我值何以言之大凡物之尤者未嘗不留連於心是知其非忘情者也詰者哂之無幾何張生遊於蒲蒲之東十餘里有僧舍

異嘗曰尤

雜本相沿十差其九可以正是者惟碧筠齋所刻耳今坊中少見惜哉埋沒此等妙詞也本既沿訛解復杜撰然而無有乎爾則

北西廂卷一

元大都 王實甫編
關漢卿續
明山陰延閣主人訂正

楔子

張君瑞巧做東牀壻　法本師住持南禪地
老夫人開宴北堂春　崔鶯鶯待月西廂記

第一折

（老夫人引二旦歡郎上開）老身姓鄭夫主姓崔官拜前朝相國不幸因病告殂秖生得這箇小姐小

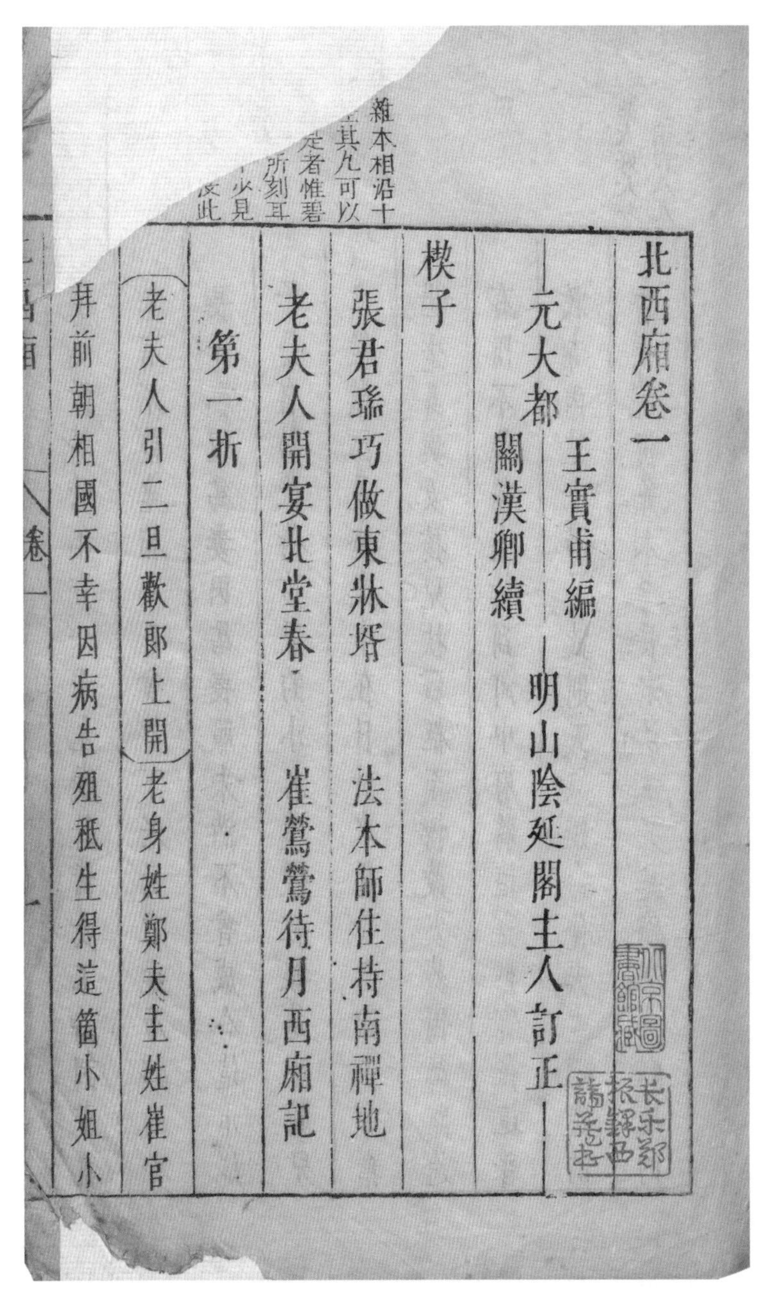

北西廂五卷　〔元〕王德信、關漢卿撰　〔明〕延閣主人訂正　**會真記一卷**　〔唐〕元稹撰

明崇禎三年（1630）李廷謨刻本

一册　存五卷：北西廂五卷

半葉九行二十字，白口，四周單邊。版框 20.3×14.0 厘米

T03231（10653）

竟則另分爲一本故周本作五本本首各有題目正名四句末以絡絲娘煞尾結之爲承上接下之詞察每本四折雜劇體耳全本或未然得覩元刻益悉偏執之隘故拈出之凡曲中時本錯誤字畧註於上其易鑒别與白中字句不盡及

貪章館主人封岳識

詳校元本西廂記卷之上

元大都王實父編

第一齣佛殿奇逢

（夫人引鶯鶯歡郎紅娘上云）老身姓鄭。夫主姓崔。官拜當朝相國。不幸因病告殂。生得這個小姐。小字鶯鶯。年一十七歲。針指女工。詩詞書算。無不能者。相公在日。曾許下老身之姪。先尚書之長子鄭恒爲婚。相公棄世之後。老身與女孩兒。將領著歡郎孩兒。扶柩回博陵安葬。因路途有阻。不能得去。來到河中府。將靈柩暫停在普救寺內。這寺是相公先年修造的。是

時本作前朝課德宗已立二十一年矣

時本作衹生得豈未攷會眞記弱子幼女及命其子曰歡郎之句耶

時本作十九歲誤會眞記所載甚明

詳校元本西廂記二卷　〔元〕王德信撰　會真記一卷　〔唐〕元稹撰

清封岳刻本

二册

半葉十行二十一字，白口，四周單邊。版框 21.0×14.4 厘米

16249（10676）

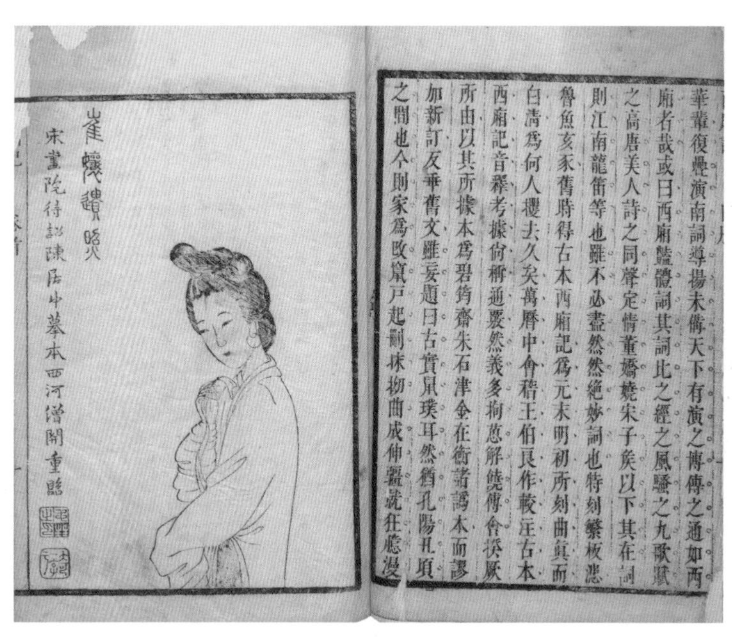

華龍復疊演南詞導揚未備天下有演之傳傳之通如西
廂者哉或曰西廂豔體詞其詞比之經之風騷之九歌賦
之高唐美人詩之同聲定情董嬌嬈宋子侯以下其在詞
則江南龍衛等也雖不必盡然然絕妙詞也特刻繁板悪
魯魚亥豕舊時得古本西廂記爲元末明初所刻曲眞而
白淸爲何人攫去久矣萬曆中會稽王伯良作較注古本
西廂記音釋考據尙稱通覈然義多拘葸解饒傳合揆厥
所由以其所據本爲碧筠齋朱石津金在衡諸譌本而謬
加新訂反爭舊文雖妄題曰古實鼠璞耳然猶孔陽孔頊
之鬨也今則家爲改竄戸起剗抹拗曲成伸翻就往態漫

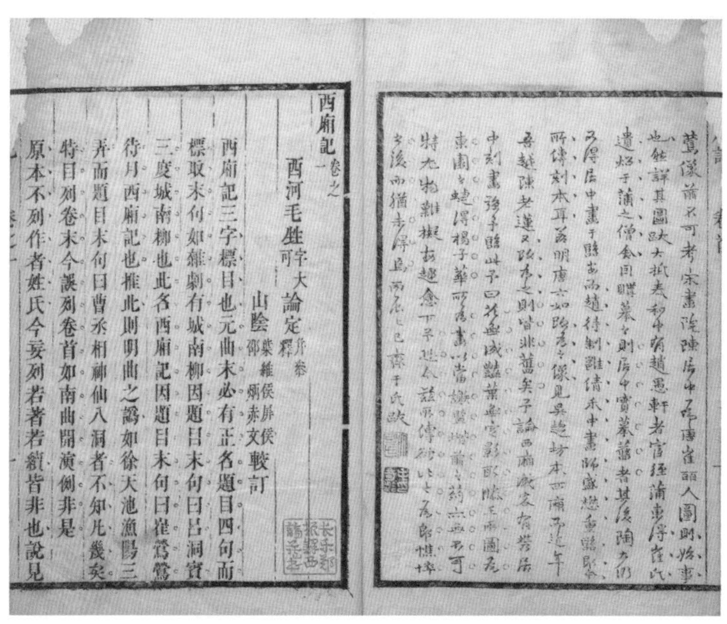

西廂記卷之一
西河毛甡字大可論定釋并參
山陰 葉維屛侯 鄧炳赤文侯 較訂
西廂記三字標目也元曲末必有正名題目四句而
標取末句如雜劇有城南柳因題目末句曰呂洞賓
三度城南柳也此名西廂記因題目末句曰崔鶯鶯
待月西廂記也推此則明曲之譌如徐天池漁陽三
弄而題目末句曰曹丞相禰仙入洞者不知凡幾矣
特目列卷末今誤列卷首如南曲開演例非是
原本不列作者姓氏今妄列若著若續皆非也說見

西廂記五卷 〔元〕王德信、關漢卿撰 〔清〕毛甡論釋 **會真記一卷** 〔唐〕元稹撰 **末一卷** 〔清〕毛甡輯

清康熙學者堂刻本

六册

半葉十行二十二字，白口，四周單邊。版框 19.5×13.8 厘米

16275（10691）

貫華堂繪像第六才子西廂八卷　〔元〕王德信、關漢卿撰　〔清〕金人瑞批點　**醉心編一卷**

清康熙四十七年（1708）刻本

十册

半葉九行十九字，白口，左右雙邊。版框 18.0×12.9 厘米

T03215（11146）

嚲着香肩将
花咲拈

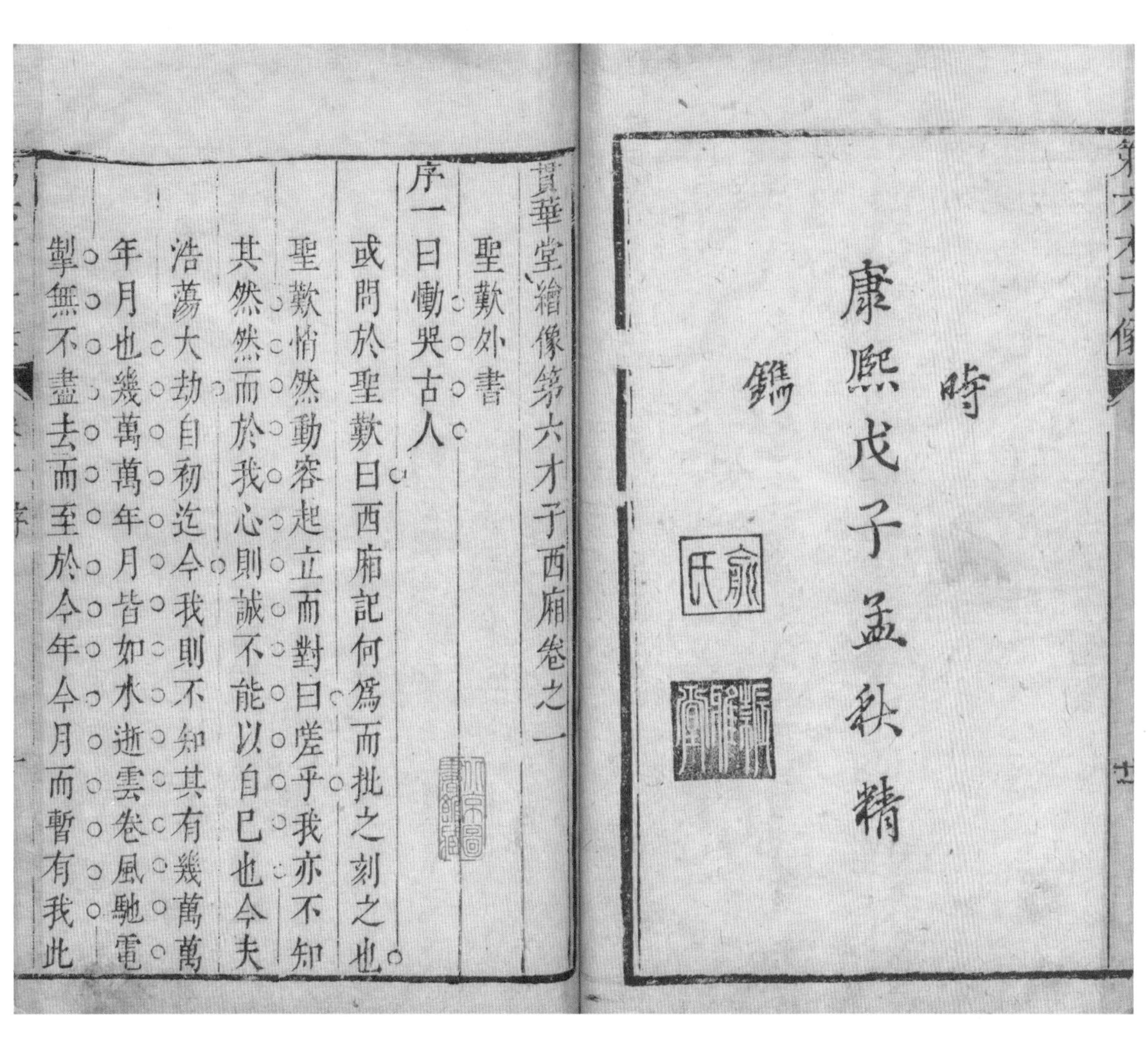

時
康熙戊子孟秋精
鐫

貫華堂繪像第六才子西廂卷之一

聖歎外書

序一曰慟哭古人

或問於聖歎曰西廂記何爲而批之刻之也聖歎悄然動容起立而對曰嗟乎我亦不知其然然而於我心則誠不能以自已也今夫浩蕩大劫自初迄今我則不知其有幾萬萬年月也幾萬萬年月皆如水逝雲卷風馳電掣無不盡去而至於今年今月而暫有我此

貫華堂第六才子書西廂記八卷　〔元〕王德信、關漢卿撰　〔清〕金人瑞評

清刻本

十二册

半葉九行十九字，白口，左右雙邊。版框 17.8×12.9 厘米

T02273（11075）

貫華堂第六才子書西廂記卷之一

聖歎外書

序一曰慟哭古人

或問於聖歎曰西廂記何爲而批之刻之也聖歎悄然動容起立而對曰嗟乎我亦不知其然之而於我心則誠不能以自已也今夫浩蕩大劫自初迄今我則不知其有幾萬萬年月也幾萬萬年月皆如水逝雲卷風馳電掣無不盡去而至於今年今月而暫有我此

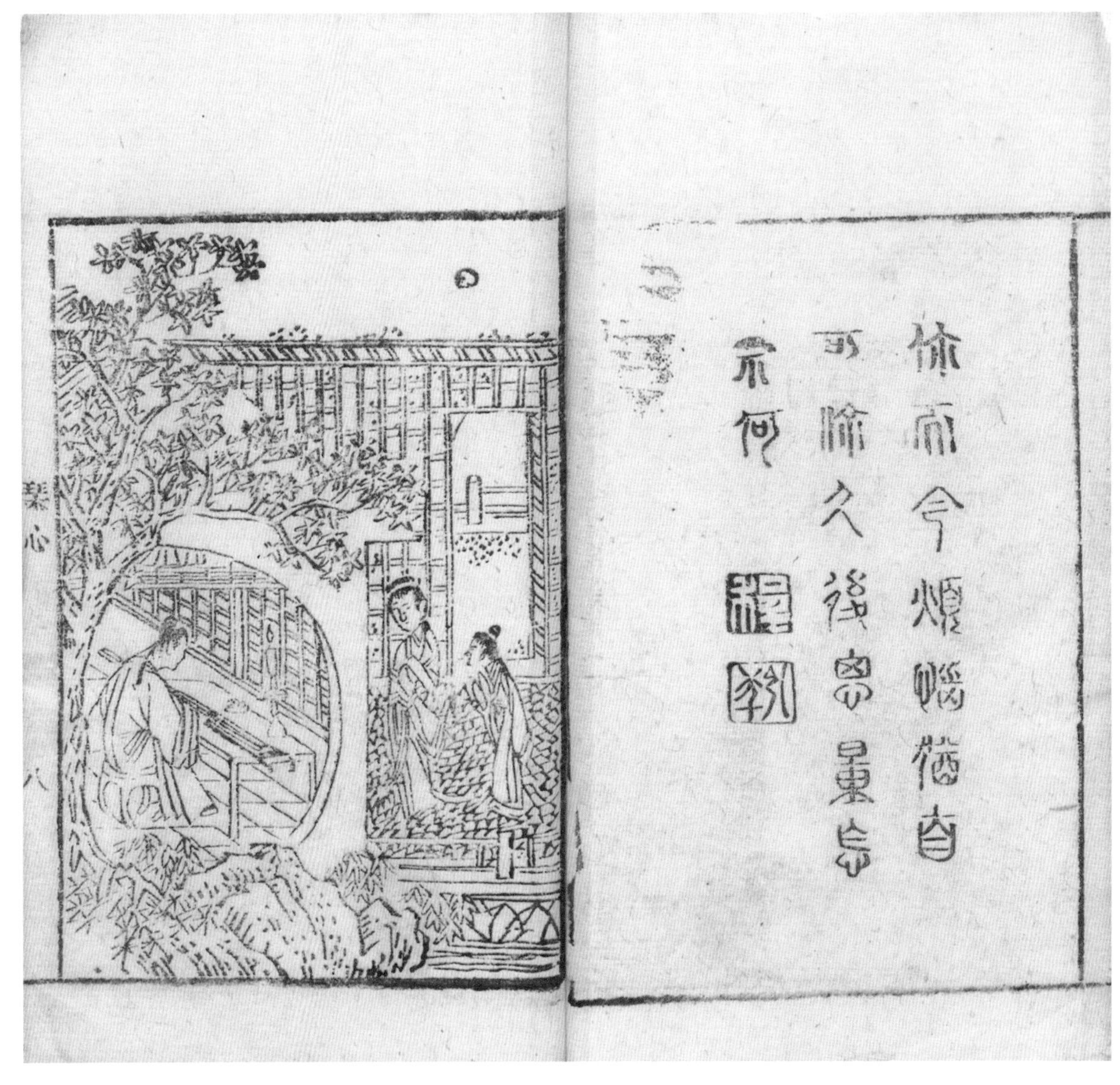

舟山堂繪像第六才子書八卷　〔元〕王德信、關漢卿撰　〔清〕金人瑞評

清雍正十一年（1733）刻本

六册

半葉八行十六字，白口，四周雙邊，無直格。版框 9.9×6.9 厘米

T03572（11269）

願天下有情的
都成了眷屬

舟山堂繪像第六才子書卷之一

聖歎外書

序一、曰慟哭古人

或問於聖歎曰西廂記何爲而批之刻之也聖歎悄然動容起立而對曰嗟乎我亦不知其然然而於我心則誠不能以自已也今夫浩蕩大劫自初迄今我則不知其有幾萬萬年月

雅趣藏書一卷　〔清〕錢書撰

清康熙四十二年（1703）刻朱墨套印本

二册

半葉九行二十五字，白口，四周單邊。版框 20.9×13.3 厘米

16335（10882）

鶯鶯聽琴
三

雅趣藏書一卷　〔清〕錢書撰

清康熙四十二年（1703）刻朱墨套印本

二册

半葉九行二十五字，白口，四周單邊。版框 20.9×13.6 厘米

T03477（10883）

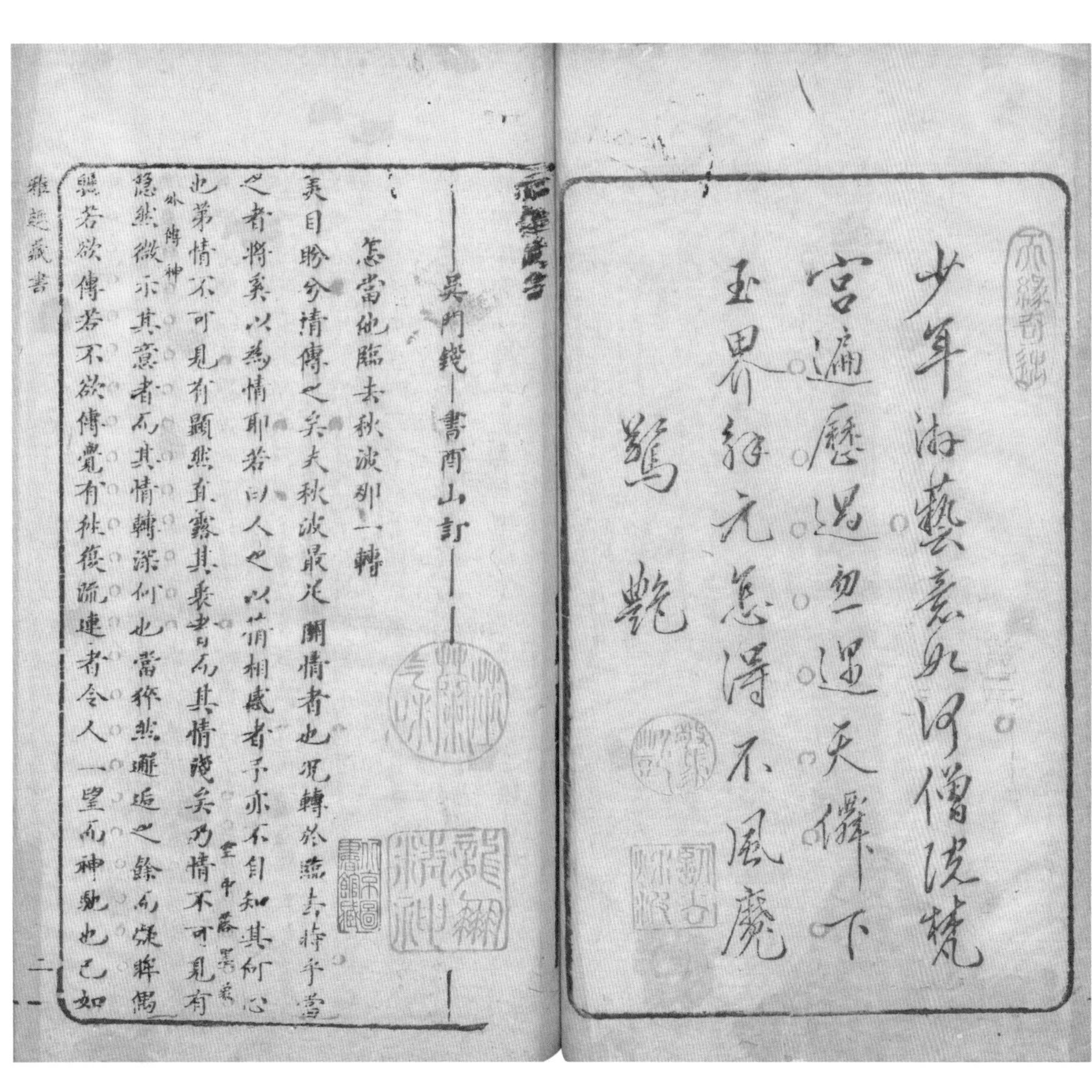

少年游藝意如何，僧說梵宮遍歷過，忽遇天仙下玉界，解元怎得不風魔。鷺艷

吳門錢書酉山訂

怎當他臨去秋波那一轉

美目盼兮清傳之矣夫秋波最足關情者也況轉於臨去時乎嘗之者將奚以為情耶若以人也以情相感者予亦不自知其何心也第情不可見有顯然直露其衷曲而其情淺矣乃情不可見有隱然微示其意者而其情轉深何也當猝然邂逅之餘而倏爾偶顯若欲傳若不欲傳覺有秋後流連者令人一望而神馳也已如

外傳神

雅趣藏書　二

月下佳期

四聲猿四卷　〔明〕徐渭撰

明刻本

一册

半葉十行二十字，白口，四周單邊。版框 19.0×13.6 厘米

16794（補 604）

四聲猿

天池生

狂鼓史漁陽三弄

外扮判官引鬼上　咱這裡筭子忒明白善惡到頭來撒不得賴就如那少債的會躲也躲不得幾多時却從來没有不還的債咱家姓察名幽字能平别號火珠道人平生以善斷持公在第五殿閻羅天子殿下做一箇明白灑落的好判官當日禰正平先生與曹操老瞞對訐那一宗案卷是咱家所掌俺殿主向來以禰先生氣槩超羣才華出衆凡

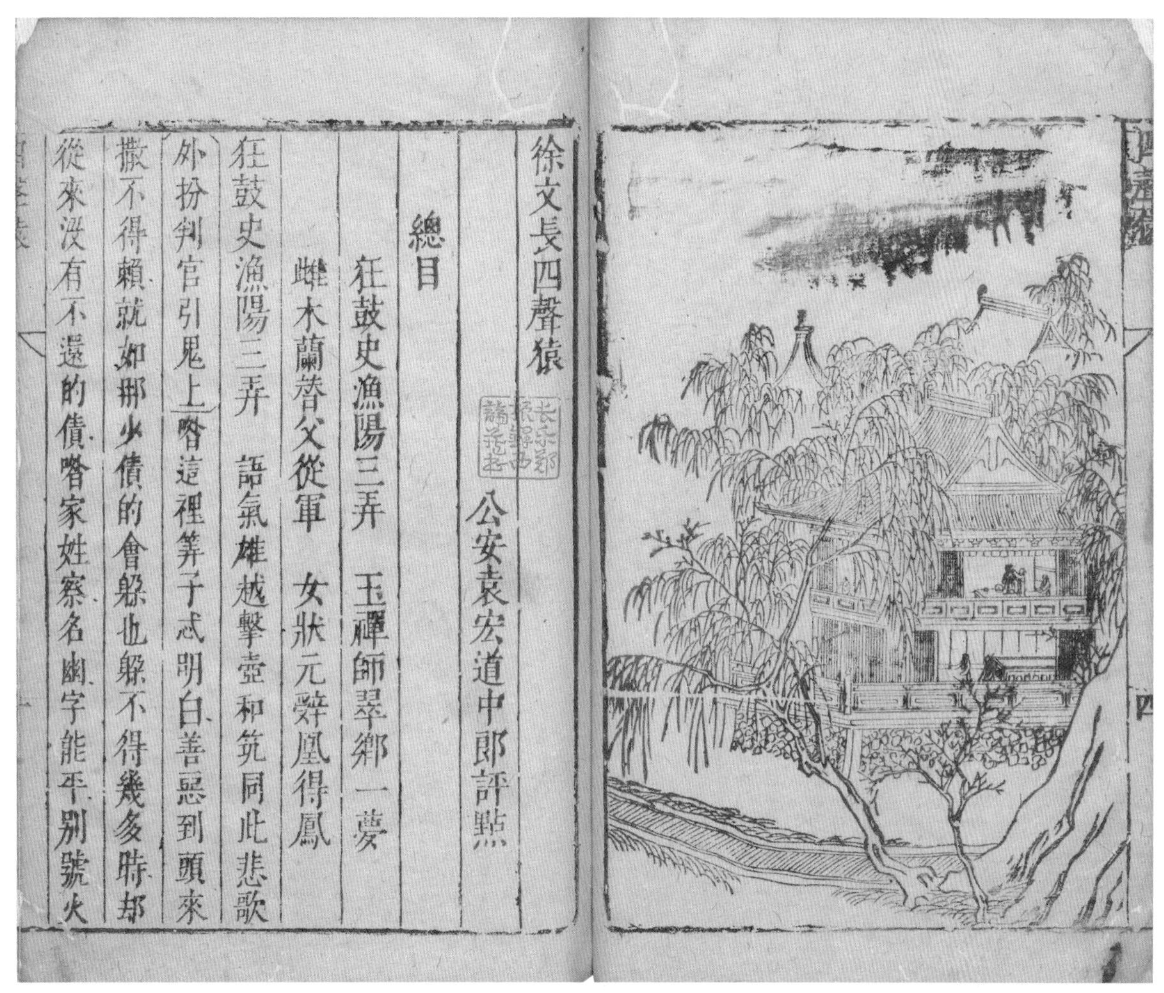
徐文長四聲猿　公安袁宏道中郎評點

總目

狂鼓史漁陽三弄　玉禪師翠鄉一夢

雌木蘭替父從軍　女狀元辭凰得鳳

狂鼓史漁陽三弄　語氣雄越擊壺和筑同此悲歌

外扮判官引鬼上　咱這裡算子忒明白善惡到頭來

撒不得賴就如那少債的會躲也躲不得幾多時却

從來沒有不還的債咱家姓察名幽字能平别號火

徐文長四聲猿四卷　〔明〕徐渭撰　〔明〕袁宏道評點

明刻遞修本

一册

半葉九行二十字，白口，四周單邊。版框 21.2×14.9 厘米

16246（10665）

徐文長四聲猿四卷　〔明〕徐渭撰　〔明〕袁宏道評點

明萬曆四十二年（1614）鍾人傑刻本

一册

半葉九行二十字，白口，四周單邊。版框 21.7×14.7 厘米

16245（10664）

徐文長四聲猿

公安袁宏道中郎評點

總目

狂鼓史漁陽三弄　玉禪師翠鄉一夢
雌木蘭替父從軍　女狀元辭凰得鳳

狂鼓史漁陽三弄

語氣雄越擊壺和筑同此悲歌

（外扮判官引鬼上）喒這裡筭子忒明白善惡到頭來撒不得賴就如那少債的會躲也躲不得幾多時却從來沒有不還的債喒家姓察名幽字能平別號火

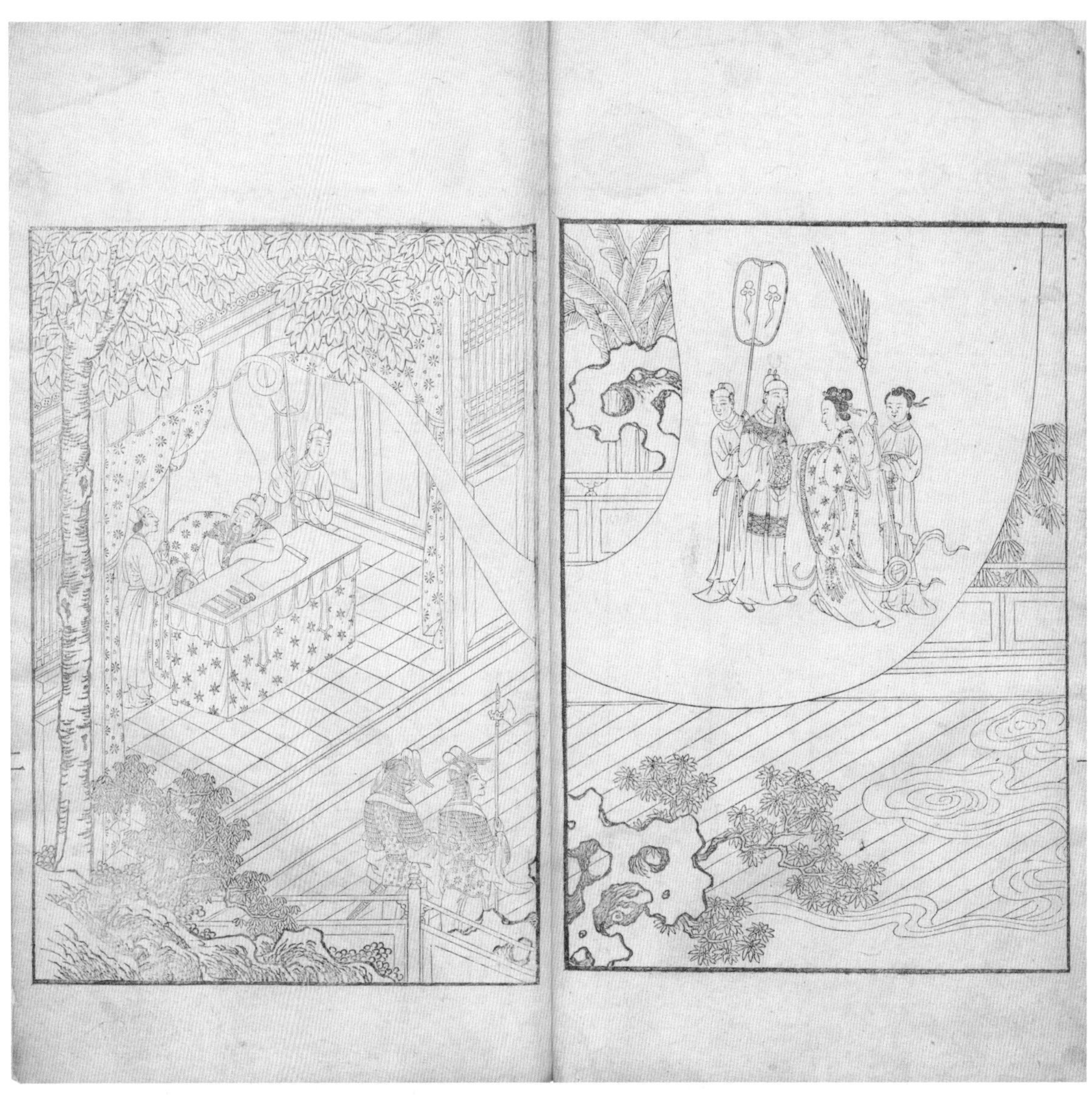

大雅堂雜劇四卷　〔明〕汪道昆撰

明刻本

一册

半葉十行二十字，白口，四周單邊。版框 19.0×13.6 厘米

16793（補 604）

高唐記

如夢令 末上開場白

歲事悠悠轉轂世路紛紛覆鹿人醉我何醒莫待黃粱生熟明燭明燭夢斷巫山六六酒闌人倦厭聽繁音昔賢曾賦高唐今日齣成下里正是夢裏尋真非是幻曲中奏雅不須多道猶未了宋大夫早上

高陽臺引 生宋大夫上唱

載筆摛詞當筵授簡叨陪晝日三接澤畔招魂纍臣何處悲咽江風初動青蘋末斷腸處洞庭飛葉且隨他下里巴人品題風月君不行兮夷猶蹇誰留兮中

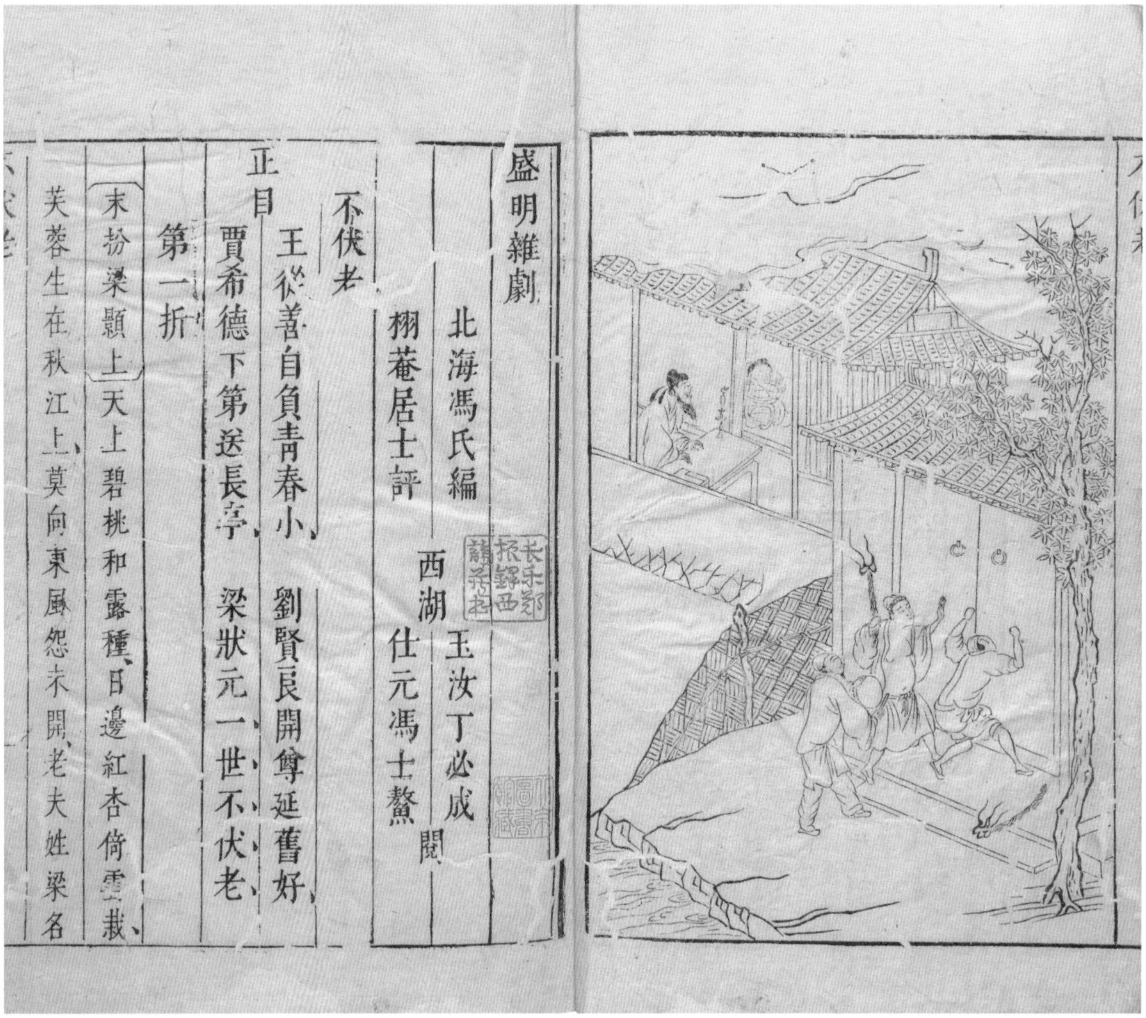

盛明雜劇
北海馮氏編　玉汝丁必成
栩菴居士評　西湖　仕元馮士鰲　閱
不伏老
王從善自負青春小、劉賢良開尊延舊好、
正目　賈希德下第送長亭、梁狀元一世不伏老
第一折
末扮梁顥上天上碧桃和露種、日邊紅杏倚雲栽、
芙蓉生在秋江上、莫向東風怨未開、老夫姓梁名

不伏老一卷　〔明〕馮惟敏撰

明崇禎刻盛明雜劇二集本

一册

半葉九行二十字，白口，左右雙邊。版框 20.2×14.5 厘米

16919（10658）

兩紗二卷附一卷 〔明〕來集之撰

明末燈語齋刻本

二册

半葉九行二十字，白口，四周單邊。版框 20.9×14.9 厘米

17020（10591）

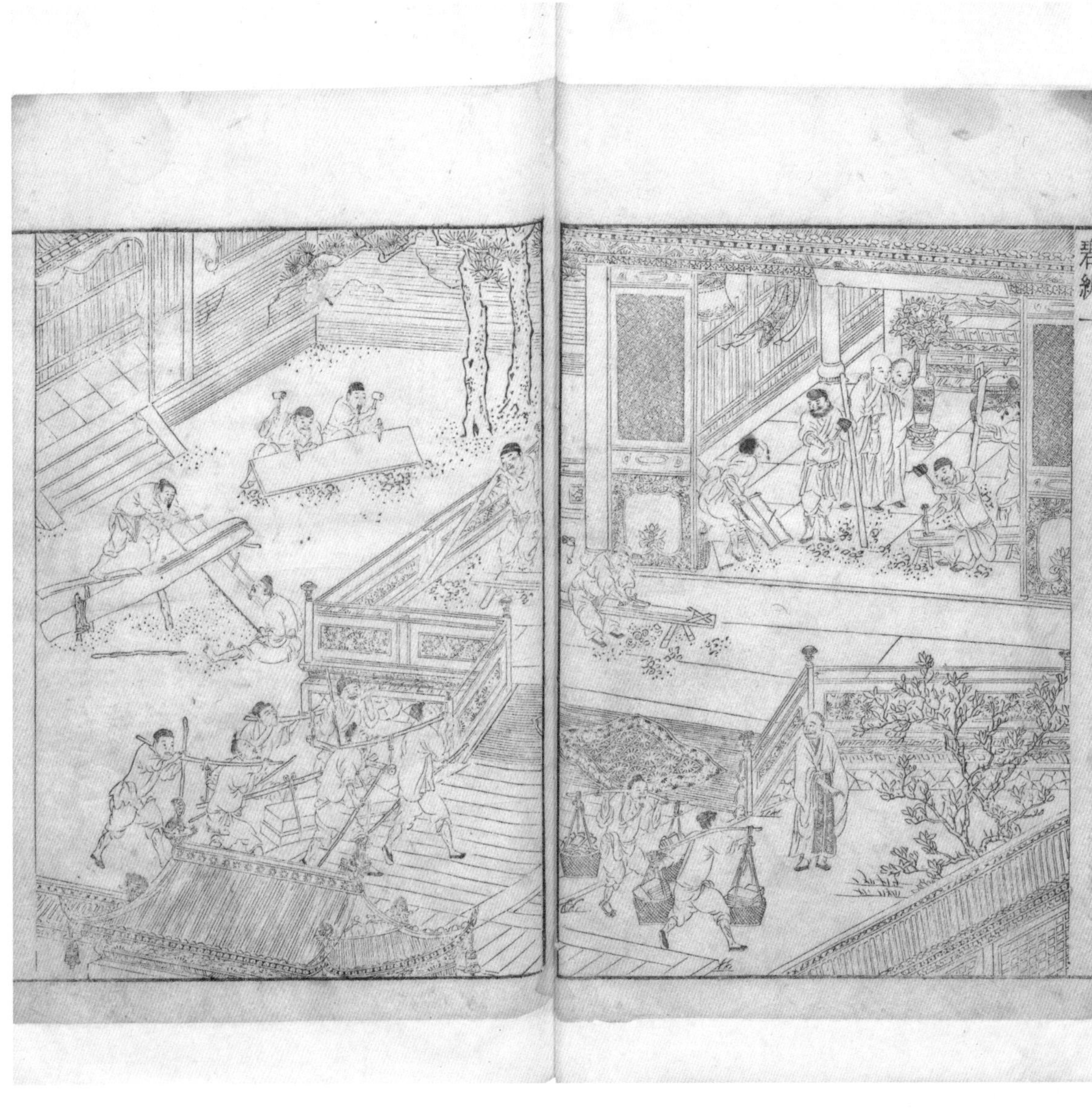
碧紗

女紅紗塗林試官

胥江　來鎔元成著
兄道程式如評

喬試官紗籠眼俗　瘸秀才金多入錄
好主司不看文章　好文章不做題目（至公堂主客聯）

淨扮試官上云文章無價究也憑不得主司文章有價究也憑不得秀士若道文章無價明明白白地誰不分箇箸直錢圓若道文章有價黑黑漆漆的那箇會得掂斤播兩所以那窓下論文場中言命俺翰林

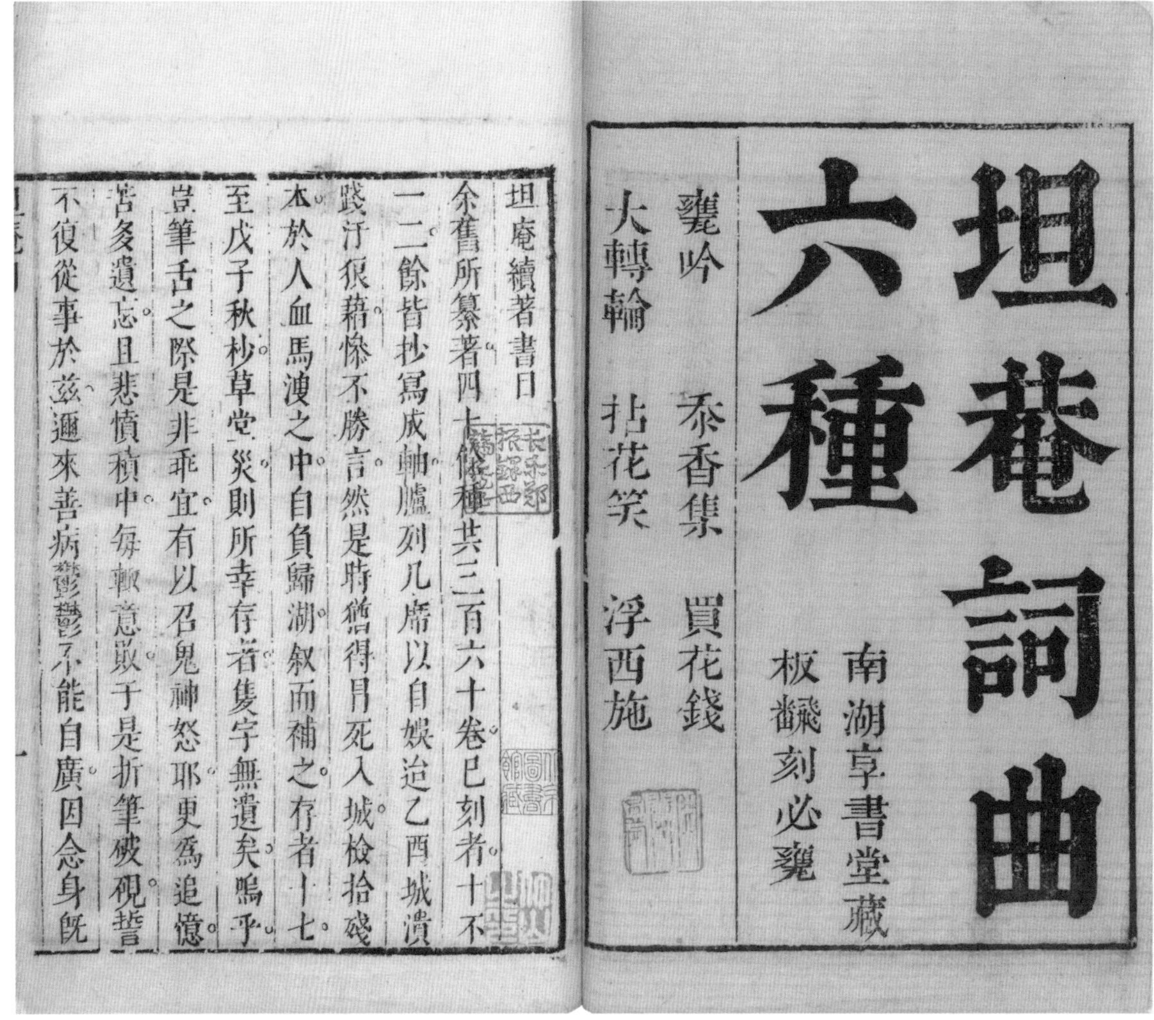
坦菴詞曲六種
南湖享書堂藏
板𨬋刻必究
甕吟　忝香集　買花錢
大轉輪　拈花笑　浮西施
坦庵續著書目
余舊所纂著四十餘種共三百六十卷已刻者十不
一二餘皆抄寫成軸臚列几席以自娱迨乙酉城潰
踐汙狼藉慘不勝言然是時猶得冒死入城撿拾殘
本於人血馬湩之中自負歸湖叙而補之存者十七
至戊子秋杪草堂災則所幸存者隻字無遺矣嗚乎
豈筆舌之際是非乖宜有以召鬼神怒耶更爲追憶
昔多遺忘且悲憤積中每輒意敗于是折筆破硯誓
不復從事於茲邇來善病鬱鬱不能自廣因念身旣

坦庵詞曲六種九卷　〔清〕徐石麒撰

清初南湖享書堂刻本

二册

半葉九行二十字，白口，四周單邊。版框 18.2×13.6 厘米

15701（8837）

坦庵詩餘甕吟卷一

邗上徐石麒又陵著　同社諸子評閱

十六字令

別意

將進酒長歌駐短亭閒停拍雙淚落新聲（將進酒古樂府名）

夢遊僊

湖干新詠

湖居好地僻可逃名岸上桃花迷釣叟門前柳樹隱先生相識亦何曾（武陵捕魚人迷路入桃花源遇避秦人既歸思再往不可得○陶潛）

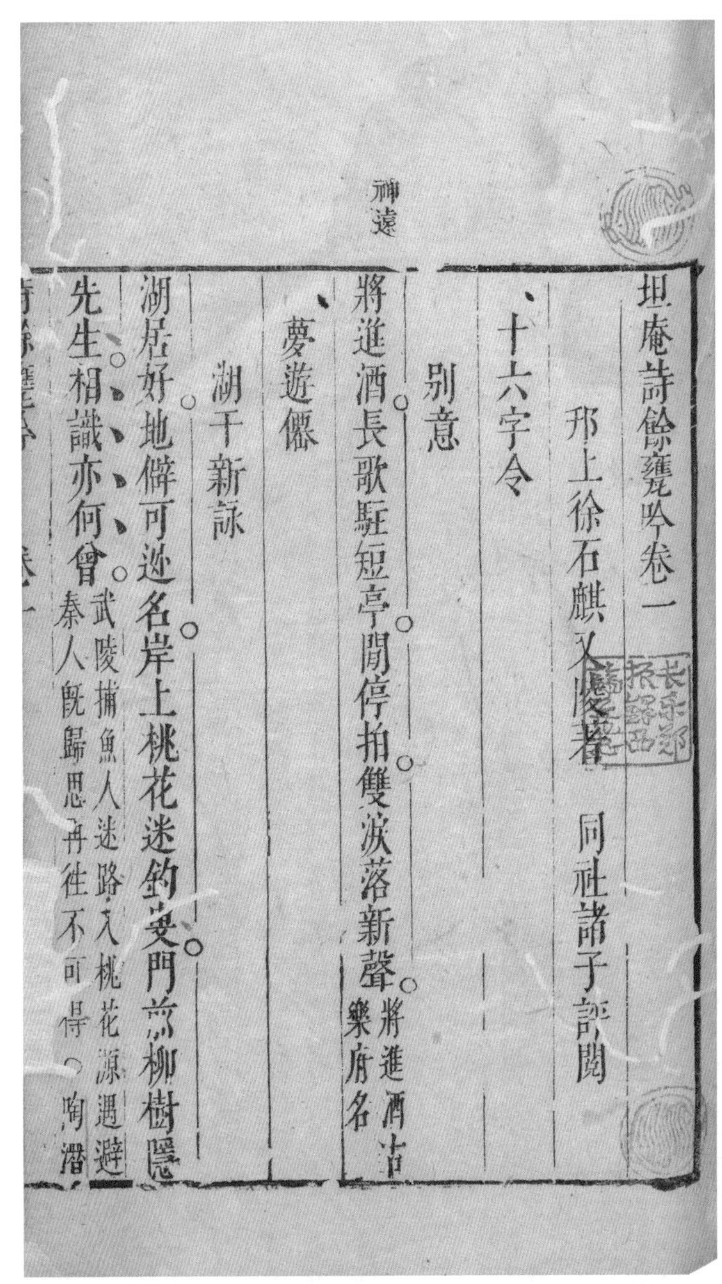
神遠

坦庵詩餘甕吟卷一

邗上徐石麒又陵著　同社諸子評閱

十六字令

別意

將進酒長歌駐短亭間停拍雙淚落新聲將進酒古樂府名

夢遊儸

湖干新詠

湖居好地僻可逃名岸上桃花迷釣叟門前柳樹隱先生相識亦何曾武陵捕魚人迷路入桃花源遇避秦人既歸思再往不可得陶潛

坦庵詞曲六種九卷　〔清〕徐石麒撰

清初南湖亭書堂刻本

一册

半葉九行二十字，白口，四周單邊。版框 18.2×13.6 厘米

15702（8838）

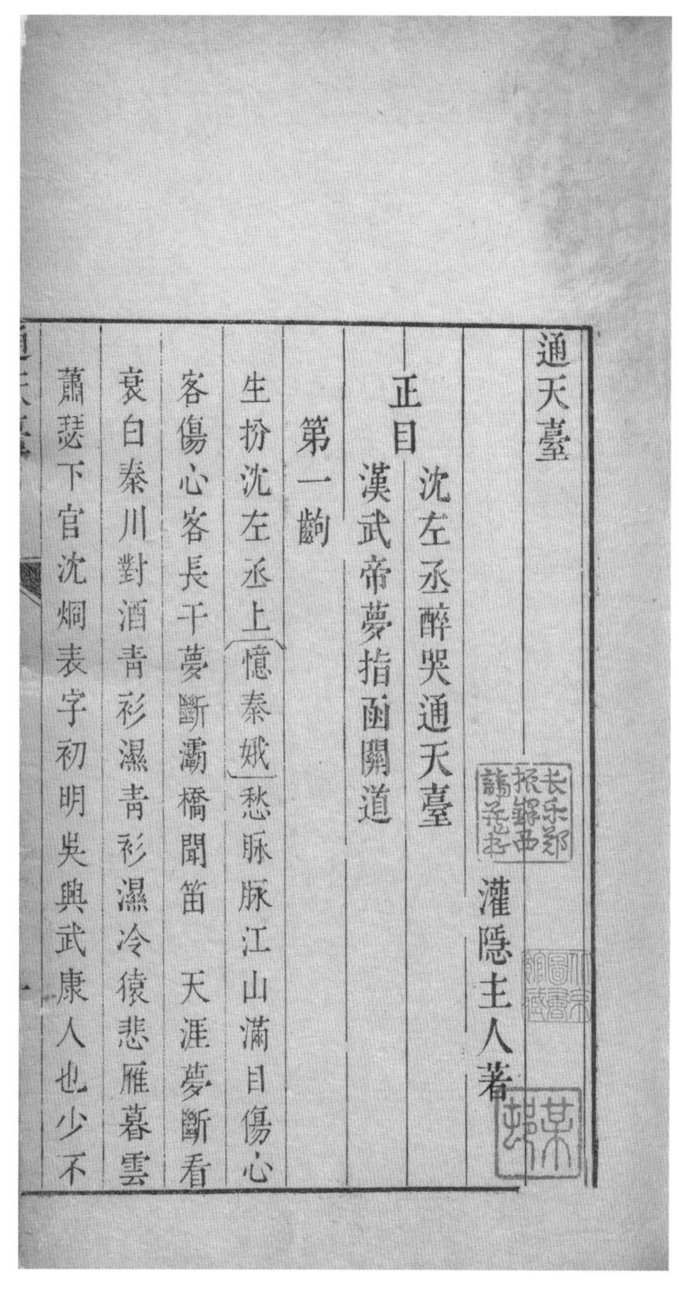

通天臺

灌隱主人著

正目　沈左丞醉哭通天臺

漢武帝夢指函關道

第一齣

生扮沈左丞上【憶秦娥】愁脉脉江山滿目傷心客傷心客長干夢斷灞橋聞笛　天涯夢斷看衰白秦川對酒青衫濕青衫濕冷猿悲雁暮雲蕭瑟下官沈炯表字初明吳興武康人也少不

通天臺一卷臨春閣一卷　〔清〕吴偉業撰

清初刻本

一册

半葉九行十九字，白口，左右雙邊。版框 18.9×12.8 厘米

16370（10995）

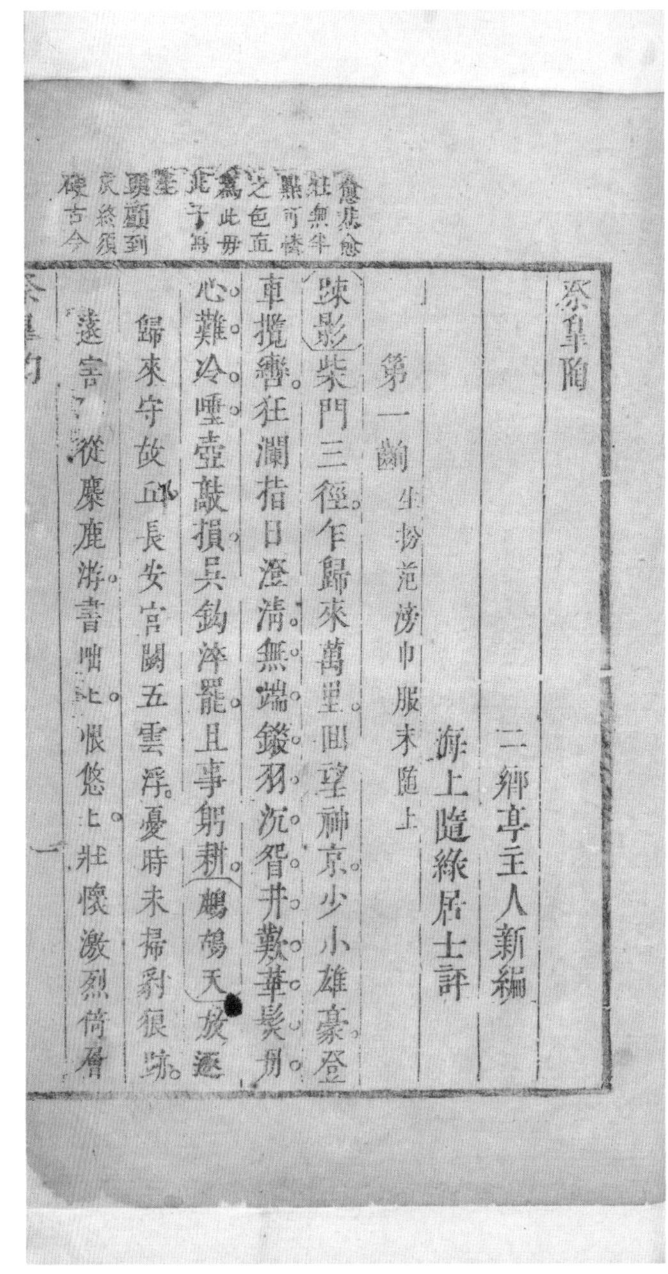

愈悲愈壯無半點可憐之色直為此冊[illegible]子寫[illegible]頭顱到底終須礙古今

祭皋陶

二鄉亭主人新編

海上隨緣居士評

第一齣　生扮范滂巾服末隨上

【踈影】柴門三徑。作歸來萬里。回望神京。少小雄豪。登車攬轡。狂瀾指日澄清。無端鎩羽沉胥井。歎華髮身心難冷。唾壺敲損吳鈎。淬罷且事躬耕。【鷓鴣天】放逐歸來守故丘。長安宮闕五雲浮。憂時未掃豺狼跡。遂害〻從麋鹿遊。書咄〻。恨悠〻。壯懷激烈倚層

祭皋陶　一

祭皋陶一卷　〔清〕宋琬撰　〔清〕隨緣居士評

清康熙刻本

一册

半葉九行二十字，白口，四周單邊。版框 18.9×13.2 厘米

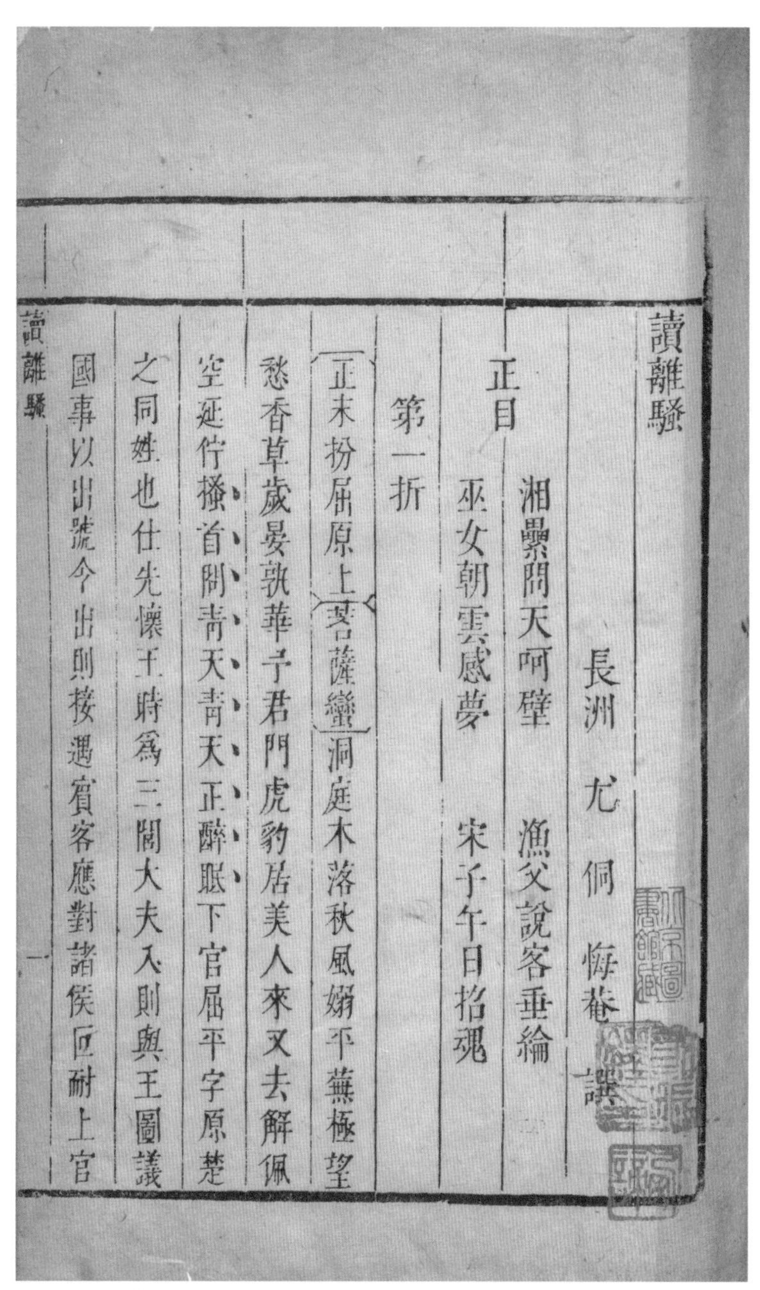

西堂樂府七卷　〔清〕尤侗撰

清康熙刻本

一册　存五種五卷：讀離騷一卷、弔琵琶一卷、桃花源一卷、黑白衛一卷、清平調一卷

半葉十行二十一字，白口，四周單邊。眉欄鎸評。版框 19.8×14.1 厘米

T02677（11260）

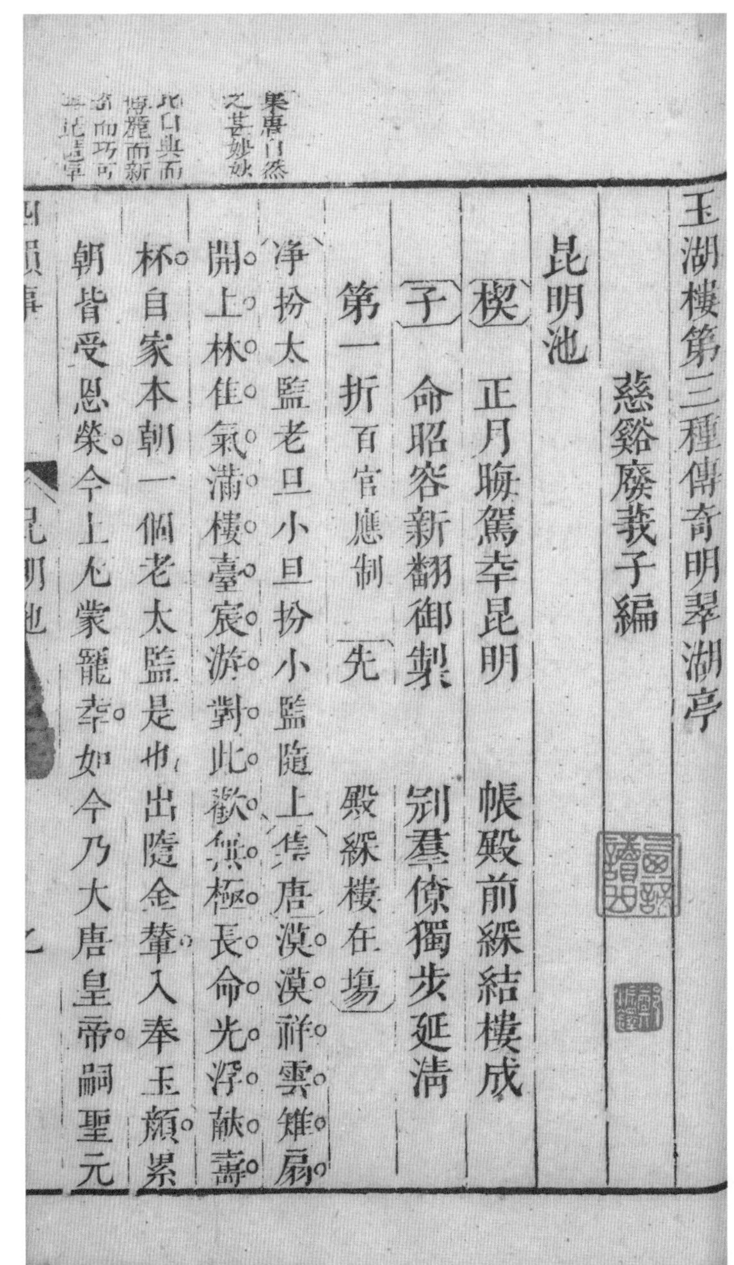

明翠湖亭四韻事四卷　〔清〕裘璉撰

清康熙裘氏絳雲居刻本

一册

半葉十行二十二字，白口，四周單邊。版框 20.0×14.4 厘米

16293（11258）

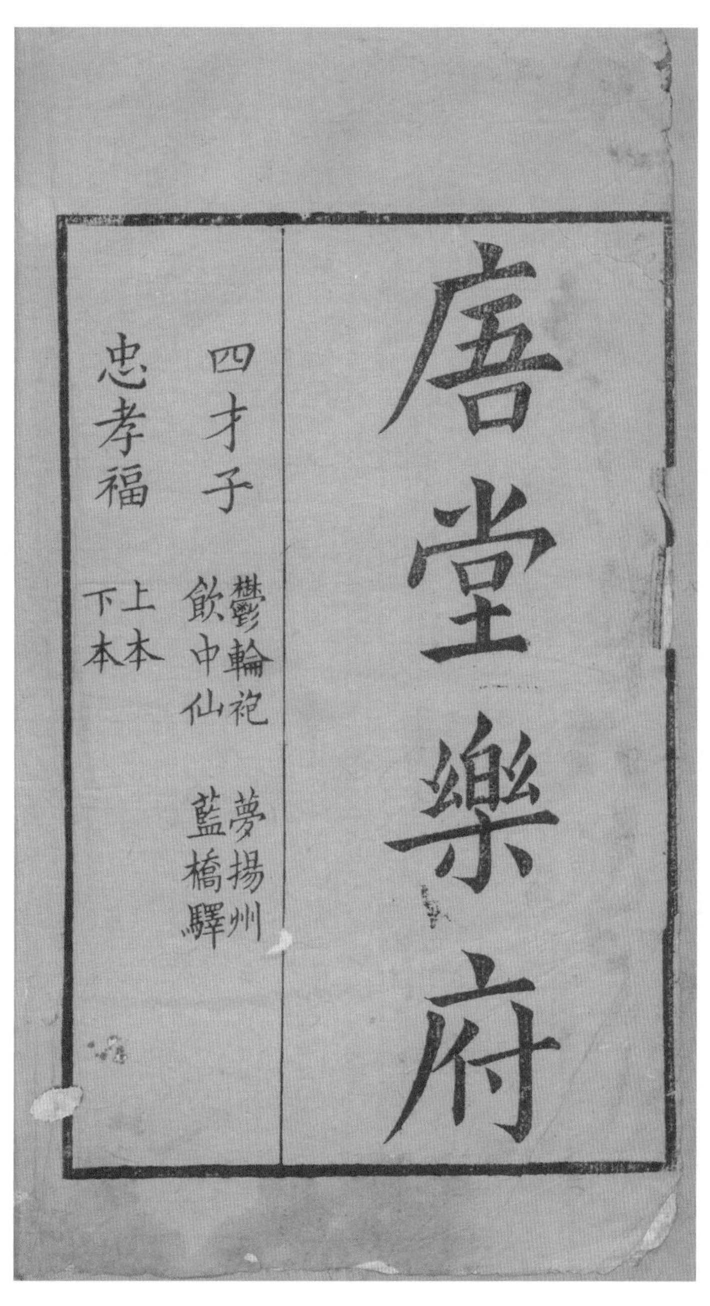

唐堂樂府五種六卷　〔清〕黄兆森撰

清康熙五十五年（1716）黄兆森刻本

二册

半葉十行二十字，黑口，左右雙邊。版框 17.5×11.4 厘米

16363（11238）

鬱輪袍

松江　石牧　塡詞

西江月（末開場）豪氣風塵消盡才華歲月催殘旗亭何處覓雙鬟隨分酒樽歌板。一曲新聲自度四弦舊譜誰彈知音莫當戲文看想出英雄淚眼。

不肯追趨張九皐　岐王教演鬱輪袍
琵琶曲好聞公主　穩看王維奪錦標

第一折　指迷

滿庭芳（生巾服扮王維上）慧業文人風流才子誰能長守蓬蒿身名俱泰天豈負吾曹休把韶華浪捲趁

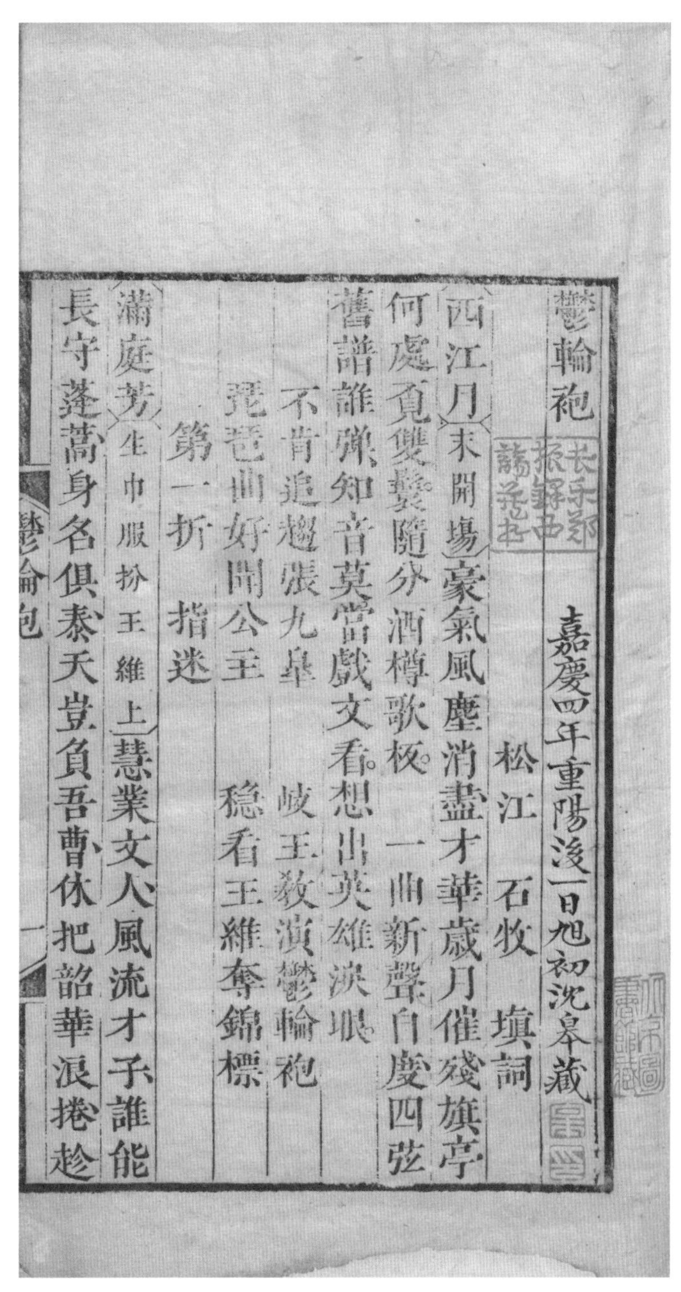

鬱輪袍一卷　〔清〕黄兆森撰

清康熙五十五年（1716）黄兆森刻四才子奇書本　清沈皋跋

一册

半葉十行二十字，小字單行同，黑口，左右雙邊。版框 17.3×11.4 厘米

T03218（11186）

鬱輪袍

松江　石牧　填詞

西江月 末開場 豪氣風塵消盡才華歲月催殘旗亭何處覓雙鬟。隨分酒樽歌板。一曲新聲自度四弦舊譜誰彈知音莫當戲文看。想出英雄淚眼。

不肯追趨張九皋　岐王教演鬱輪袍

琵琶曲好聞公主　穩看王維奪錦標

第一折　指迷

滿庭芳 生巾服扮王維上 慧業文人風流才子誰能長守蓬蒿身名俱泰天豈負吾曹休把韶華浪擲趁

鬱輪袍　一

鬱輪袍一卷　〔清〕黄兆森撰

清康熙五十五年（1716）黄兆森刻四才子奇書本

一册

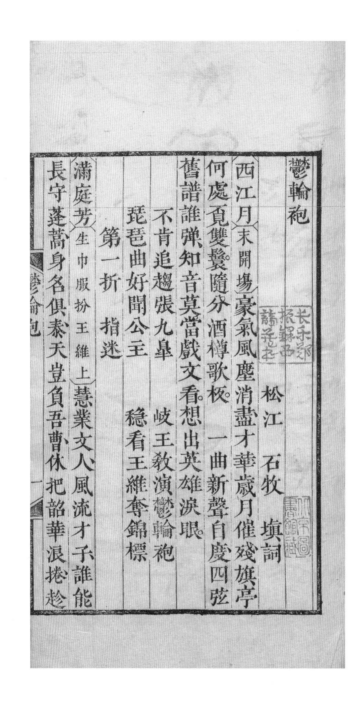

半葉十行二十字，小字單行同，黑口，左右雙邊。版框 17.3×11.4 厘米

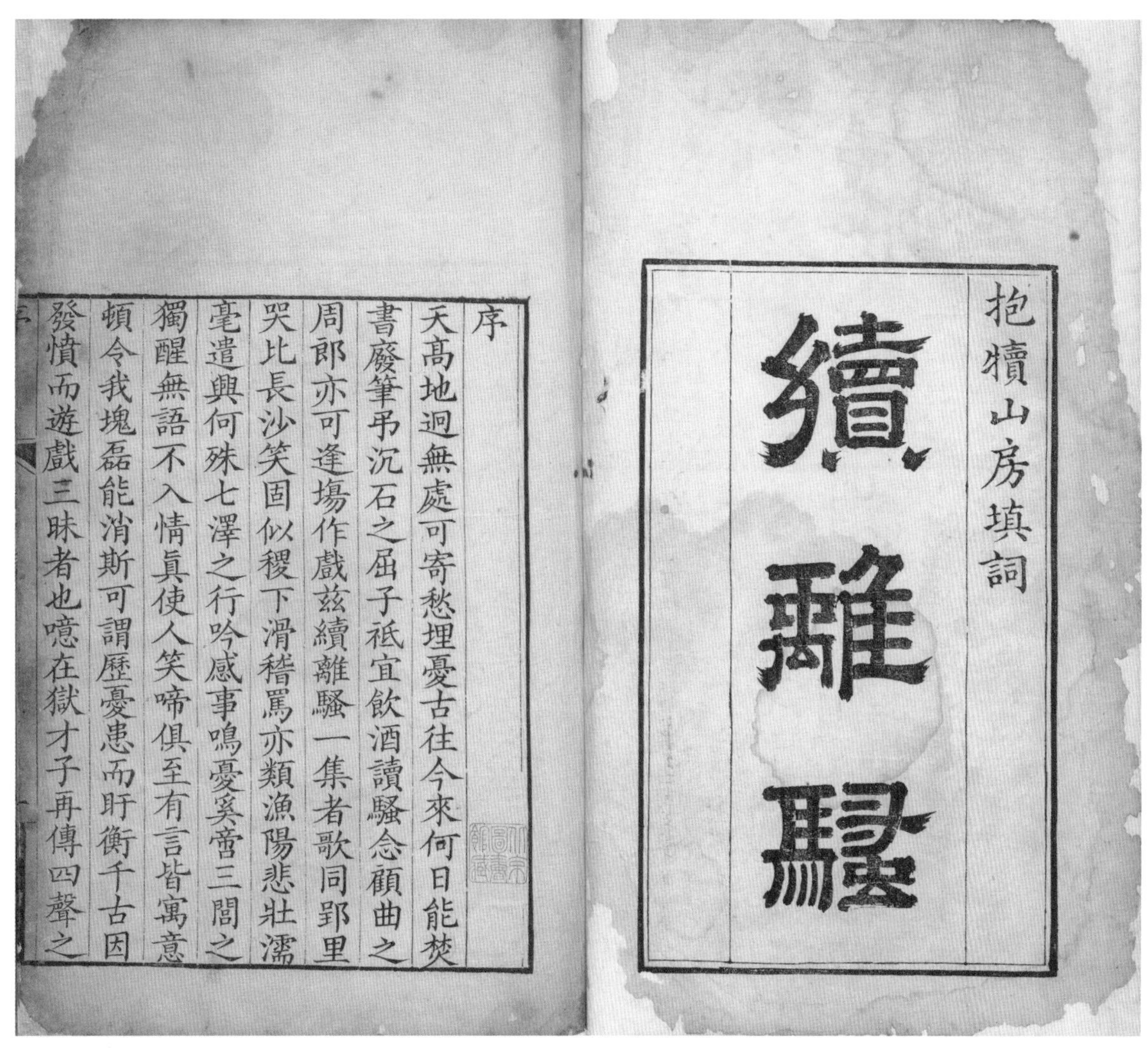

抱犢山房填詞

續離騷

序

天高地迥無處可寄愁埋憂古往今來何日能焚
書廢筆弔沉石之屈子祗宜飲酒讀騷念顧曲之
周郎亦可逢場作戲茲續離騷一集者歌同郢里
哭比長沙笑固似稷下滑稽罵亦類漁陽悲壯濡
毫遣興何殊七澤之行吟感事鳴憂奚啻三閭之
獨醒無語不入情真使人笑啼俱至有言皆寓意
頓令我塊磊能消斯可謂歷憂患而盱衡千古因
發憤而遊戲三昧者也噫在獄才子再傳四聲之

續離騷四卷　〔清〕嵇永仁撰

清刻本

一册

半葉九行十九字，黑口，左右雙邊。版框 17.8×14.0 厘米

16346（11204）

續離騷

抱犢山農填詞　難中遺稿

引

填詞者文之餘也歌哭笑罵者情所鍾也文生於情始爲眞文情生於文始爲眞情離騷迺千古繪情之書故其文一唱三嘆往復流連纏綿而不可解所以飲酒讀離騷便成名士緣情之所鍾正在我輩忠孝節義非情深者莫能解耳屈大夫行吟澤畔憂愁幽思而騷作語曰歌哭

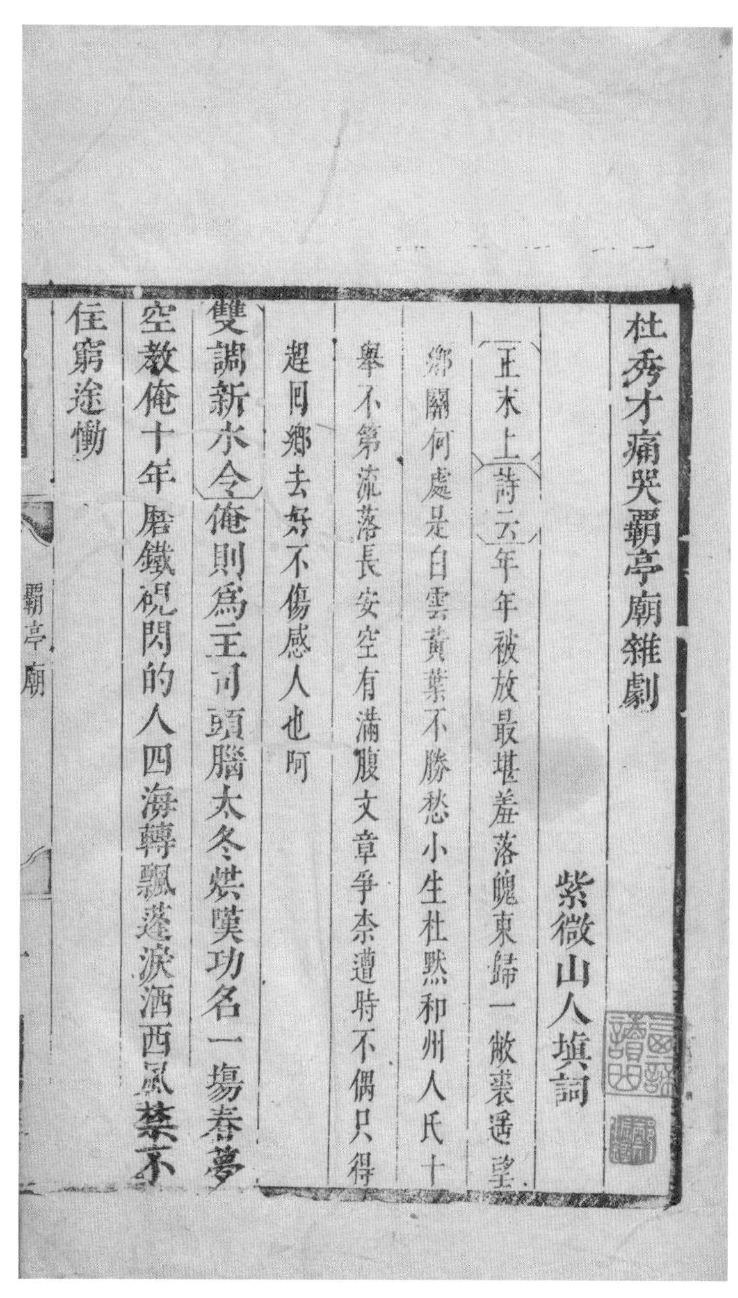
杜秀才痛哭霸亭廟雜劇

紫微山人填詞

〔正末上詩云〕年年被放最堪羞落魄東歸一敝裘遙望鄉關何處是白雲黃葉不勝愁小生杜默和州人氏十舉不第流落長安空有滿腹文章爭奈遭時不偶只得趕回鄉去好不傷感人也阿

〔雙調新水令〕俺則爲主司頭腦太冬烘嘆功名一場春夢空教俺十年磨鐵硯悶的人四海轉飄蓬淚灑西風禁不住窮途慟

霸亭廟

續四聲猿四卷　〔清〕張韜撰

清康熙刻本

一册

半葉九行二十二字，黑口，四周單邊。版框 17.9×13.5 厘米

16342（10898）

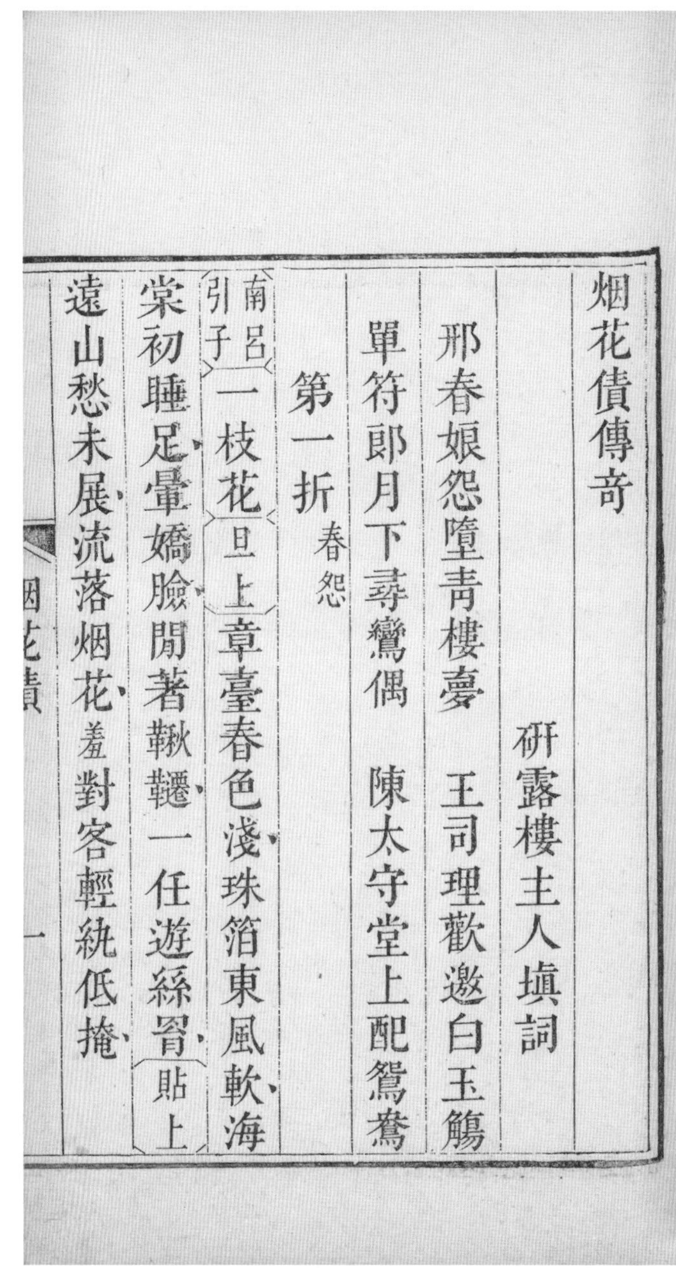

烟花債傳奇

研露樓主人塡詞

邢春娘怨墮青樓夢　王司理歡邀白玉觴

單符郎月下尋鸞偶　陳太守堂上配鴛鴦

第一折　春怨

南呂引子一枝花旦上章臺春色淺、珠箔東風軟、海棠初睡足、暈嬌臉、閒著鞦韆、一任遊絲罥、貼上遠山愁未展、流落烟花、羞對客輕紈低掩、

烟花債　一

研露樓兩種曲二卷　〔清〕崔應階撰

清乾隆刻本

二册

半葉八行十八字，白口，四周雙邊。版框 18.0×12.5（煙花債）、17.7×12.4（情中幻）厘米

16311（11248、11249）

情中幻傳奇

研露樓主人塡詞

鄭六郎春旅遇狐仙　韋九郎義激成歡聒
任幻娘弄術攝寵奴　黎山母指引歸眞路

第一齣　春覯

旦扮狐仙幻娘小旦扮嫿奴老旦扮歡姑生扮韋崟小生扮鄭六郎丑扮劒童

雙調引子【惜奴嬌】（老旦小旦隨旦上）地老天荒養靈根神常

桃花吟
海上曹錫黼菽圃填詞
弟 錫辰 錫棠 男 洪梁 洪頤 洪潤 仝校
楔子 先天韻 詩餘
西江月 何幸時和世泰共遊化日光天花晨月夕且流連一曲笙歌別院 搬演莫翻舊譜謳吟獨造新編雪兒試把奏瓊筵聊佐太平清晏
東風齊着力 崔子高才娉婷麗質夙世姻緣清

桃花吟一卷四色石四卷 〔清〕曹錫黼撰

清乾隆曹氏頤情閣刻本

一册

半葉九行十八字，白口，四周單邊。版框 15.5×11.0 厘米

16341（11220）

張雀網廷平感世

〔生攜丑上〕且坐吟閒院落獨自凭欄着日高人靜西風惡一抹秋雲薄三徑就荒朱戶悄掩黃花寂寞　無限恨只憑庭雀剛麼去又攢却依依如有平生約但意緒渾非昨年時杯酒相娛樂記深宵一諾則俺翟公下邽人也官拜廷尉賓客填門忽爾聖上將俺休致那前日的賓客竟不知投那裡去了這幾日抱了小恙不耐煩覷那廳事不免前去檢點

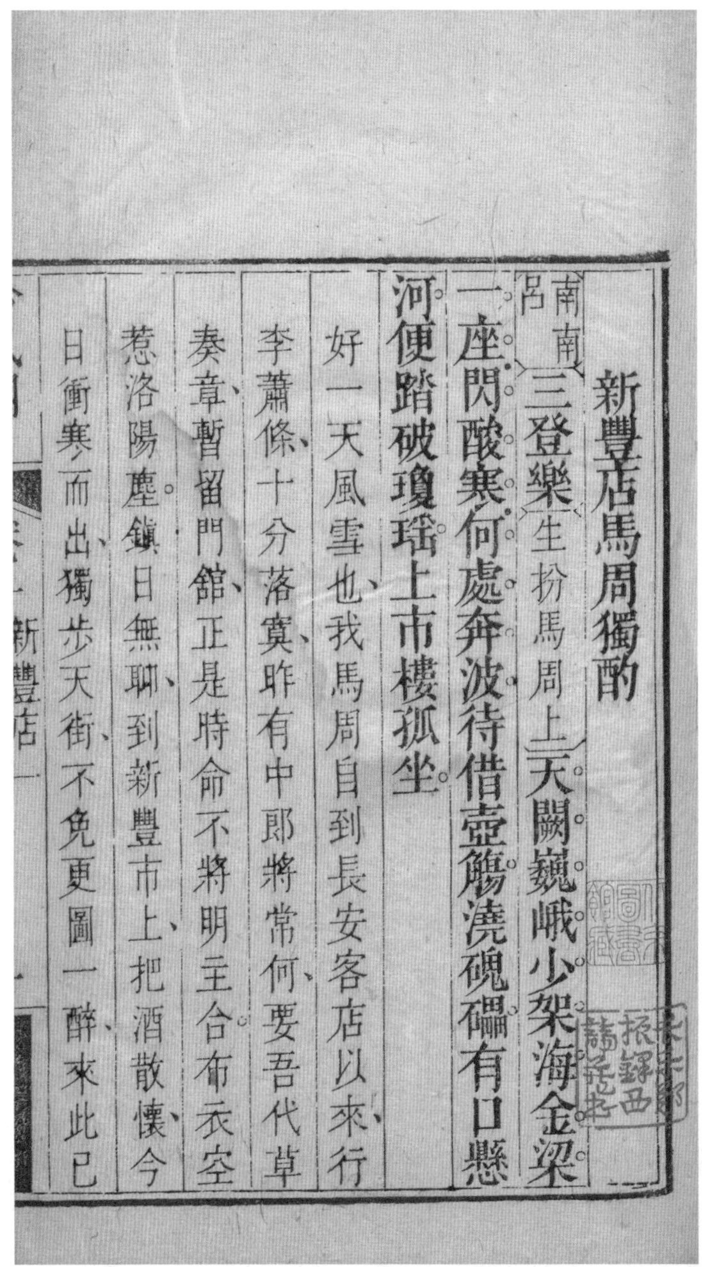

新豐店馬周獨酌
南呂南 三登樂 生扮馬周上 天闕巍峨少架海金梁一座閃酸寒何處奔波待借壺觴澆磈礧有口懸河便踏破瓊瑤上市樓孤坐
好一天風雪也我馬周自到長安客店以來行李蕭條十分落寞昨有中郎將常何要吾代草奏章暫留門館正是時命不將明主合布衣空惹洛陽塵鎮日無聊到新豐市上把酒散懷今日衝寒而出獨步天街不免更圖一醉來此已

吟風閣　卷一　新豐店　一

吟風閣四卷譜二卷　〔清〕楊潮觀撰

清乾隆二十九年（1764）楊氏恰好處刻本

八册

半葉九行十九字，白口，四周雙邊。版框 17.4×12.5 厘米

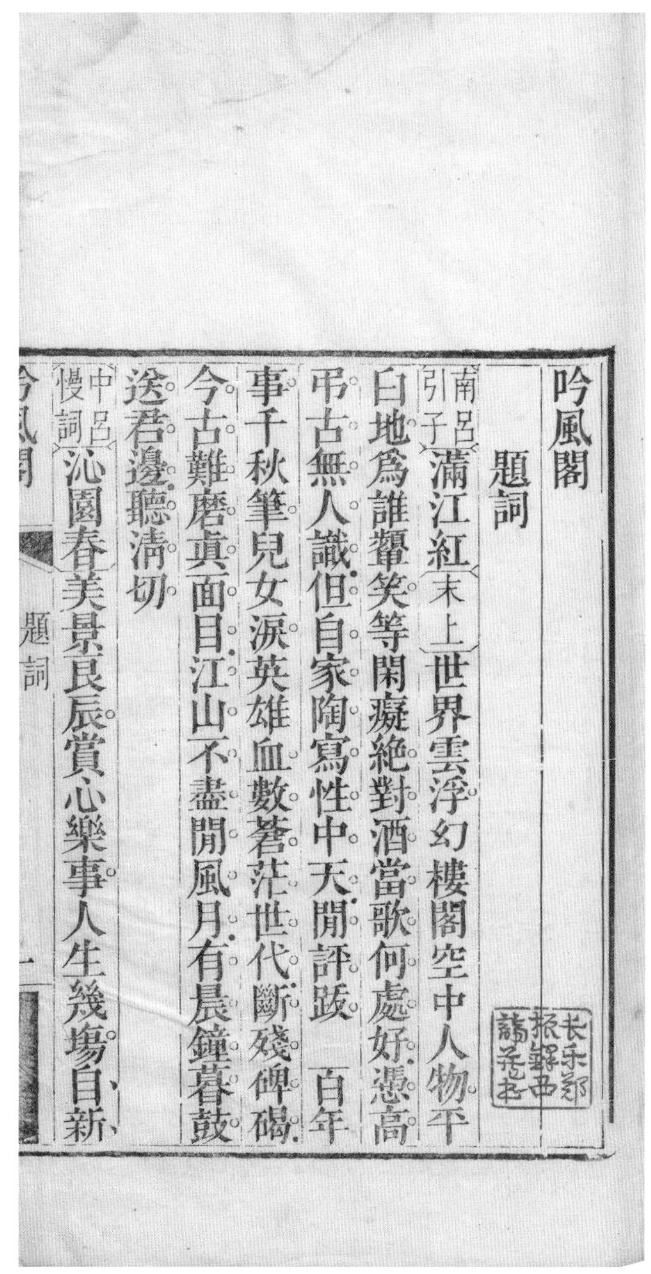

吟風閣四卷譜二卷　〔清〕楊潮觀撰

清乾隆二十九年（1764）楊氏恰好處刻本

四册

半葉九行十九字，白口，四周雙邊。版框 17.3×12.7 厘米

16360（11029）

花間九奏九卷　〔清〕石韞玉撰

清石氏花韻庵刻本

一册

半葉九行二十字，下黑口，左右雙邊。版框 17.5×12.7 厘米

16358（11112）

伏生授經

（旦上）萬卷藏書付劫灰。補天還仗女媧才皇天再啓文明運。官裏差人問字來。俺乃濟南伏生之女、俺爹爹生在周時、官爲柱史家傳尚書之學、因爲秦始皇并吞六國、焚書坑儒、爹爹逃入濟南山中、不敢出世、白白的虛度了一生、當今漢室開基、掃除凶逆、文明再啓士氣重新、置寫書之官、懸獻書之賞、禮儀樂章、漸復舊觀、止有尚書未出、近日朝廷知道我家世習尚書、特差大中大夫晁錯前來

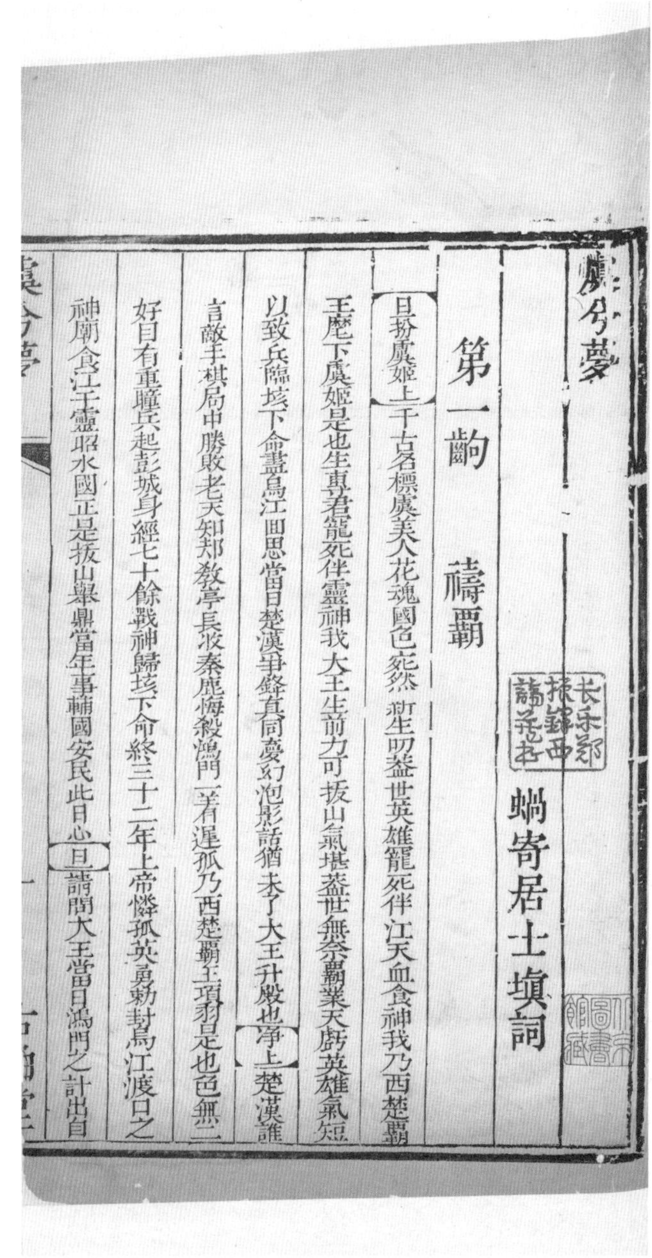

鐙月閒情十七種二十卷　〔清〕唐英撰

清乾隆嘉慶間唐氏古柏堂刻本　鄭振鐸跋

十四册　存十四種十六卷

半葉九行二十字，小字四十字，白口，四周雙邊。版框 20.5×13.7 厘米

16353（11202）

天寒欲雪情懷甚惡偶檢架上古柏堂傳奇見祇有十四種闕第十五種憶昨晚在隆福寺大雅堂覩其從山東購來書中有燈月閒情第十五種双釘案一冊因即驅車至大雅堂携此冊歸恰好配成全書大是高興一書之全其難如此豈坐享其成之輩所能瞭然乎

一九五二年十二月三十日燈下西諦

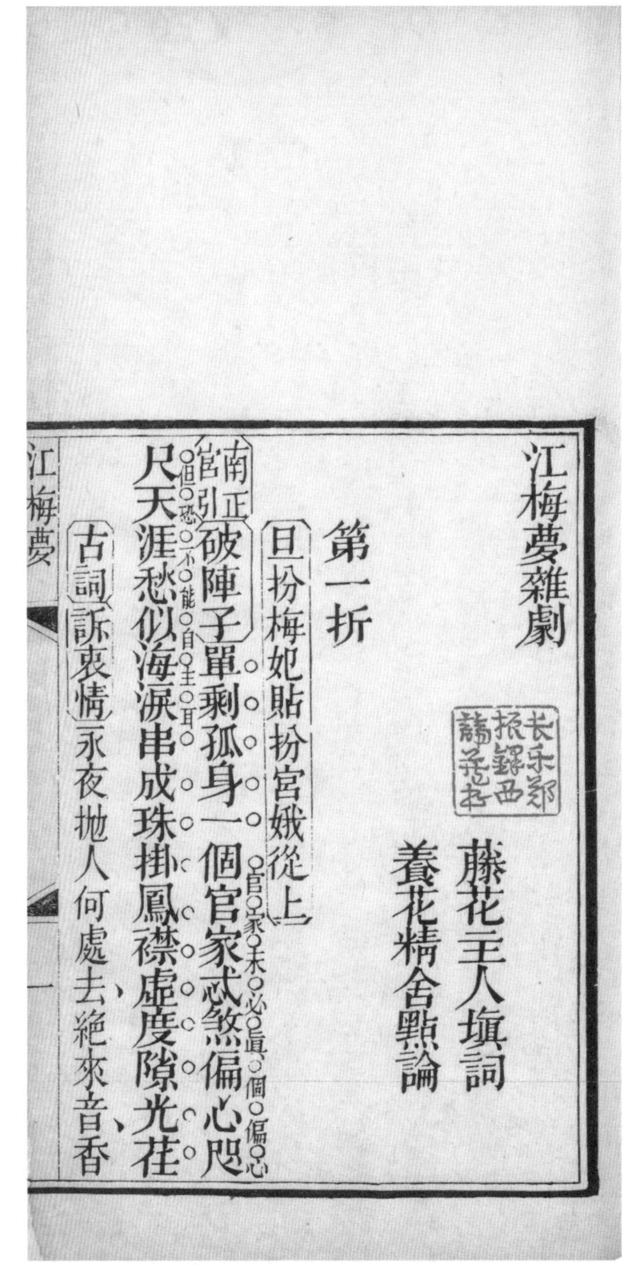

江梅夢雜劇

藤花主人塡詞

養花精舍點論

第一折

旦扮梅妃貼扮宮娥從上

〔南正宮引〕〔破陣子〕單剩孤身一個官家忒煞偏心咫尺天涯愁似海淚串成珠掛鳳襟虛度隙光荏

〔古詞〕〔訴衷情〕永夜拋人何處去、絕來音、香

江梅夢　一

小四夢四卷　〔清〕梁廷枏撰

清道光刻本

四册

半葉八行十八字，白口，四周雙邊，無直格。版框 15.3×11.1 厘米

16352（11209）

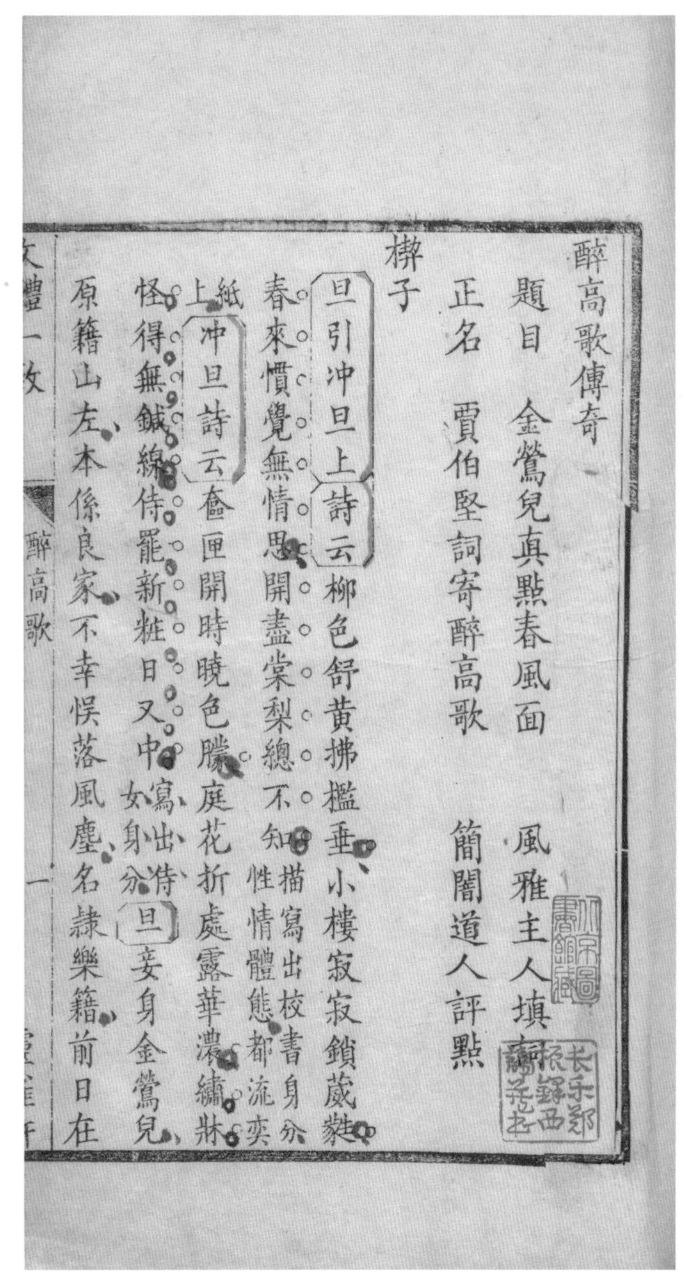

醉高歌傳奇三卷　〔清〕張雍敬撰

清乾隆三年（1738）靈雀軒刻本

四册

半葉九行二十二字，小字單雙行同，白口，左右雙邊，無直格。版框 20.0×13.0 厘米

T02968（11380）

目錄
第一齣　五福
第二齣　仙集
第三齣　佈瑞
第四齣　勸農

福天

五福
（二直殿二朝官五福天官上唱）
【醉花陰】雨順風調萬民好慶豐年人人歡樂似這等民安泰樂滔滔在華胥世見了些人壽年豐也不似清時妙似這等官不差民無擾則俺奉玉旨將福祿褒（白）北闕文光繞帝星南來紫氣徹天門東瀛瑞靄迎朝日西望瑤池集衆真吾乃五[illegible]官是也（賜福天官白）今當聖天子翠華臨幸雨順風調國泰民安麥秀九岐稻生雙穗

太平班雜劇五卷

清抄本

六册

半葉九行二十字，白口，四周花邊。版框 17.1×11.4 厘米

16362（11118）

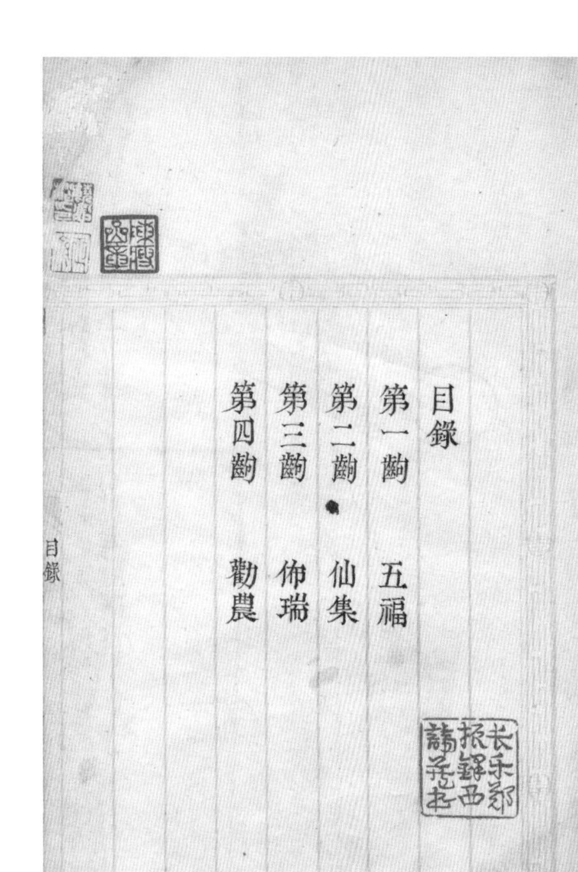

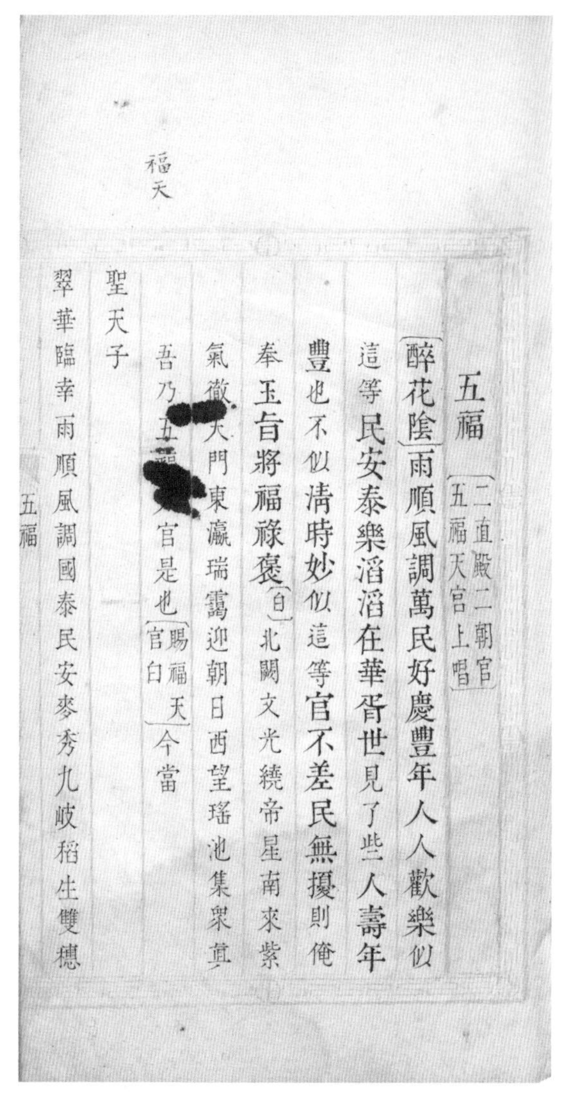

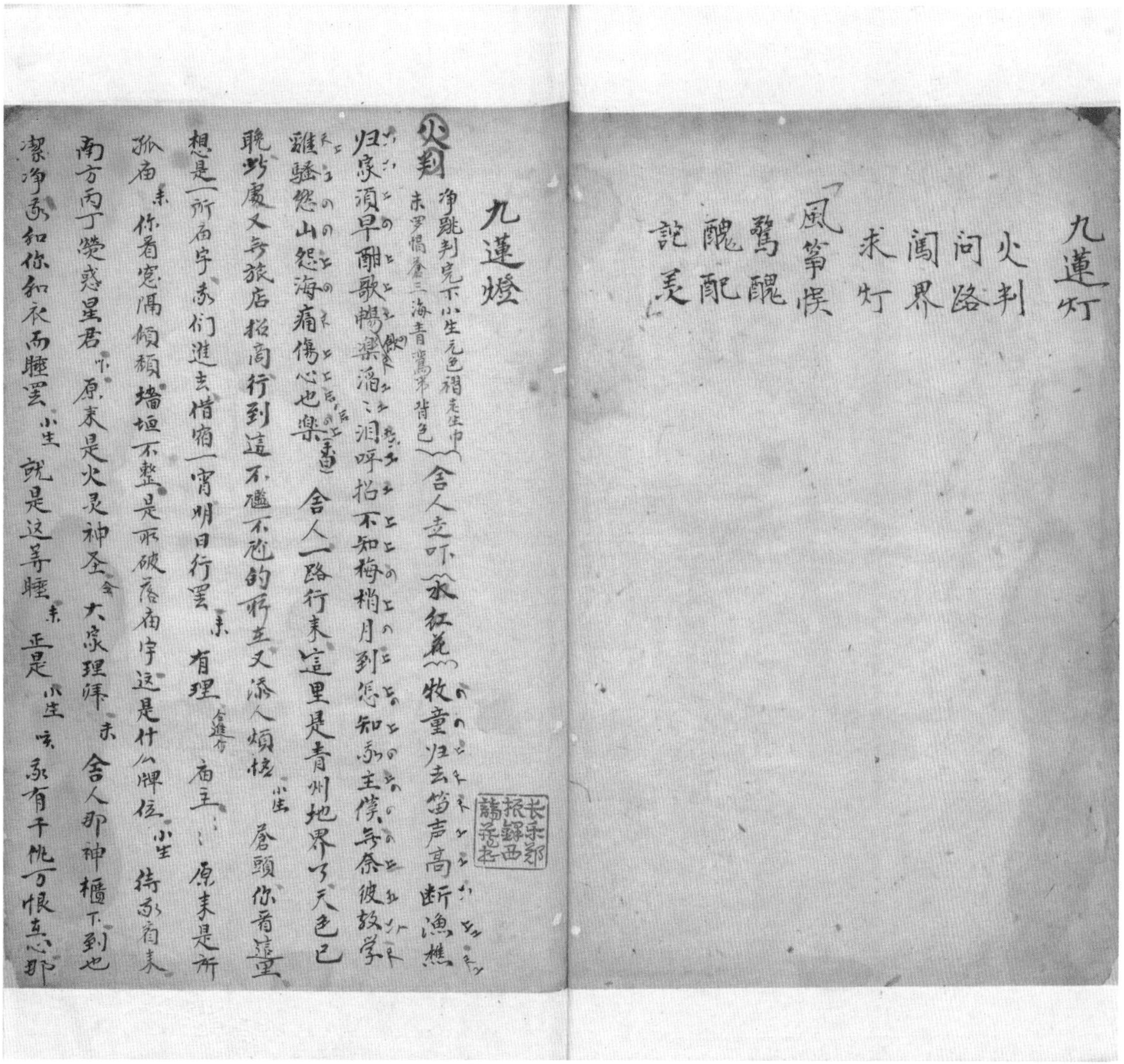

九蓮燈一卷

清抄本

一册

半葉九行約三十字，無欄格

繡刻演劇六十種一百二十卷　〔明〕毛晉編

明末毛氏汲古閣刻本

五十九册　存五十八種一百十六卷：缺琵琶記二卷、八義記二卷

半葉九行十九字，白口，左右雙邊。版框 20.1×13.3 厘米

16334（10831）

荆釵記上

第一齣　末上

【臨江僊】一段新奇眞故事，須教兩極馳名。三千今古腹中存，開言驚四座，打動五靈神。六府齊才并七步，八方豪氣凌雲。歌聲遏住九霄雲，十分全會者，少不得仁義禮先行。問答照常

【沁園春】才子王生，佳人錢氏，賢孝温良。以荆釵爲聘，配爲夫婦。春闈催試，拆散鸞凰。獨步蟾宫，高攀

曇花記上

第一齣 末上

玉女搖仙珮 千秋壯氣一點靈臺蹭蹬風雲世路貝葉香爐桃花僊塢悉辦英雄退步教閣陳歌舞歎風流一徃都無深趣請細看璚宮繡戶盡屬衰草寒烟荒土何物最傷情墓上牛羊天邊烏兔追省楚宮掩袖漢殿裁紈總是蛾眉生妒澆却彩毫鮑郎才盡何事又拈綺語身在清虛府須不是當日雕龍繡虎試娓娓光明慧月廉纖法雨涅槃

曇花記上　一

曇花記二卷　〔明〕屠隆撰

明末毛氏汲古閣刻繡刻演劇六十種本

二册

半葉九行十九字，白口，左右雙邊。版框 20.0×13.2 厘米

16348（11138）

乾隆五十七年冬鐫

墨憨齋原本

新曲十種

新灌園　酒家傭　女丈夫　量江記　精忠旗

雙雄記　萬事足　夢磊記　灑雪堂　楚江情

敘

奇如灌園何可無傳而傳奇如
世所傳之灌園則愚謂其無可
傳且憂其終不傳也夫法章以
亡國之餘父死人手身爲人奴

十種傳奇

墨憨齋新曲十種二十卷

明末刻清乾隆五十七年（1792）重修本

十册

半葉八行二十一字，小字雙行同，白口，左右雙邊。版框 19.9×14.2 厘米

16228（10610）

墨憨齋新灌園傳奇上

古吳張伯起創稾
同郡龍子猶更定

第一折　家門大意

（末上）

【東風齊著力】驕縱齊王。窮奢極欲。罔聽危言。燕兵掩至。逃竄竟徒然。幸有王孫母訓。勉忠義力報君寃。移名姓。儲君學圃。潛隱家園。　此際恨綿綿。何意遇玉人青眼相憐。分甘送煖。悄地結良緣。賴得宗英用計。圖匡復重

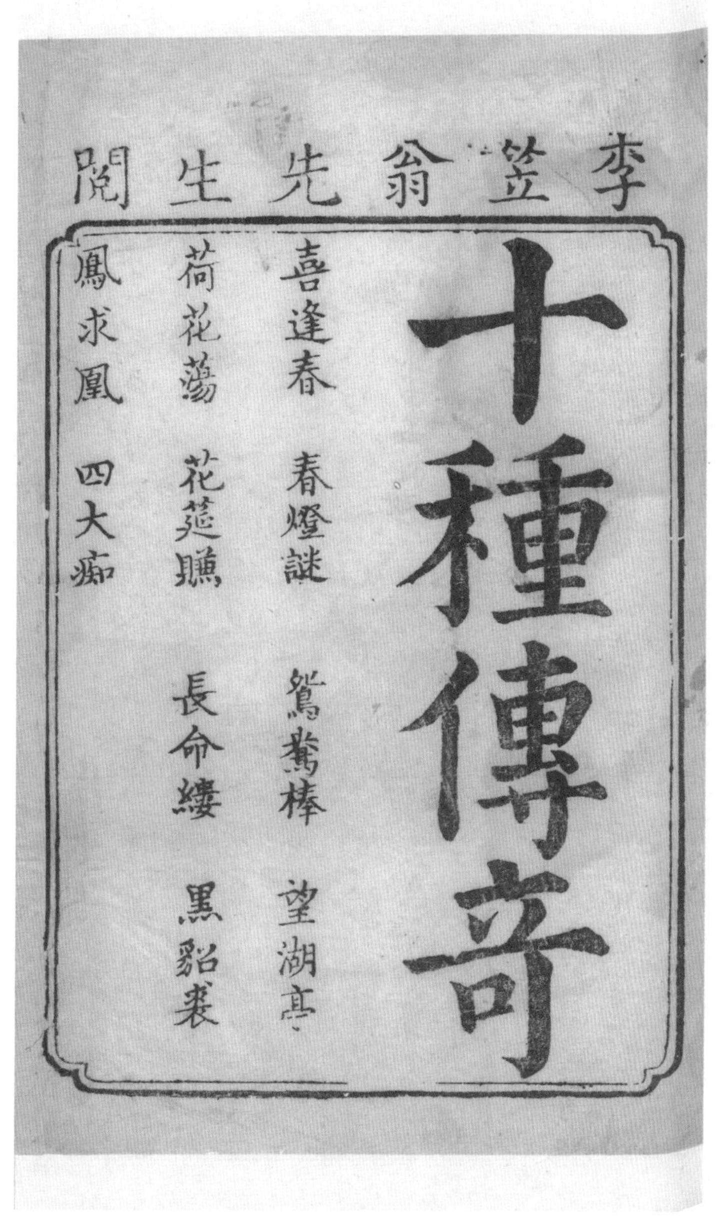

十種傳奇二十二卷

明末刻本

二十四册

半葉九行二十字，白口，四周單邊。版框 20.0×14.1 厘米

16263（10642—10650、11411）

喜逢春　上

金陵桃葉渡清嘯生隱括

吳門鄒帆溼藻香子校閱

第一齣　提綱

玉樓春（末）榮華過眼如朝露。許史金張何足慕。簾間香豔列侯鯖。寧似紅塵生范釜。　紛紛蠅聚趨當路。排陷蛾眉生嫉妬。便教爭裂芰荷裳。一點丹心垂萬古。

漢宮春陽羨毛公。早名標金榜。四海聲揚。官授黃門

李卓吾先生批評幽閨記二卷　〔元〕施惠撰　〔明〕李贄評

明容與堂刻本

二册

半葉十行二十二字，白口，四周單邊。眉欄鐫評。版框 22.5×13.9 厘米

16191（10590）

李卓吾先生批評幽閨記卷之上

虎林容與堂梓

第一齣開場始末

〔西江月〕（末）輕薄人情似紙遷移世事如棋今來古往不勝悲何用虛名虛利遇景且須行樂當場謾共啣杯莫教花落子規啼懊恨春光去矣

〔沁園春〕蔣氏世隆中都貢士妹子瑞蓮遇興福逃生結爲兄弟瑞蘭王女失母爲隨遷荒村尋妹頻呼小字音韻相同事偶然應聲處佳人才子旅館就良緣岳翁瞥見生嗔怒拆散鴛鴦最可憐歎幽閨寂寞亭前拜月幾多心事分付與嬋娟兄中文科弟登武舉恩賜尚書贅狀元當此際

新刊重訂出相附釋標註拜月亭記二卷　〔元〕施惠撰

明萬曆十七年（1589）唐氏世德堂刻本

二册

半葉八行二十一字，白口，四周雙邊。眉欄鎸評釋。版框 22.3×12.9 厘米

16190（10588）

新刊重訂出相附釋標註月亭記卷之一

星源游[illegible]賢堂重訂

繡谷唐氏世德堂校梓

海陽程氏敦倫堂叅錄

第一折　末上開場

【滿江紅】（末上）自古錢塘物華盛地。靈人傑。昔日化魚龍之所。勢分兩浙。十萬人家富豪奢。處士風流文章穴。占鰲頭（大魚）帍榜蘊心胸。題風月。詩書具閑披閱。風化事堪

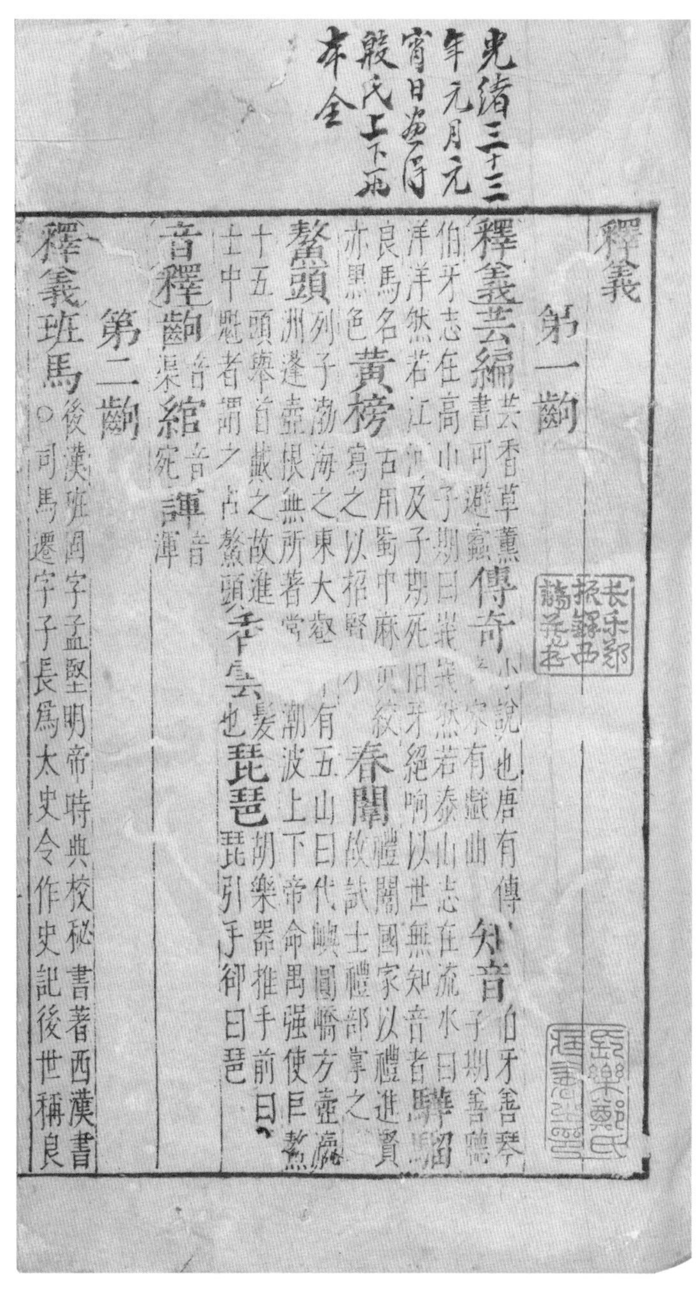

琵琶記三卷　〔元〕高明撰　**釋義一卷**

明刻本

二册

半葉十行二十二字，白口，四周單邊。版框 20.8×13.7 厘米

16180（10599）

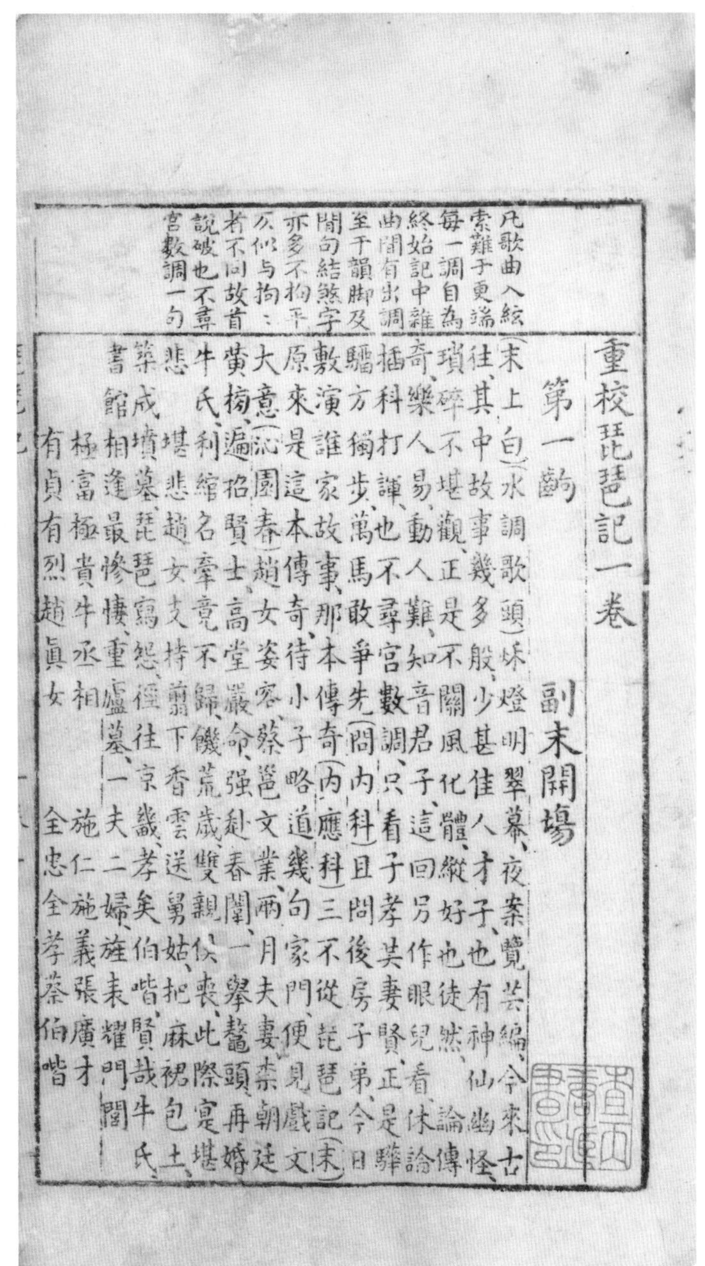

重校琵琶記四卷 〔元〕高明撰 **釋義大全一卷**

明萬曆二十六年（1598）陳氏繼志齋刻本　鄭振鐸跋

四册

半葉十行二十字，小字雙行同，白口，四周單邊。眉欄鐫評。版框 21.7×14.3 厘米

16230（10611）

琵琶記

得此本琵琶記已二十餘年近始付中國書店裝成四冊可翻閱　一九五〇年一月七日西諦

琵琶記　一

琵琶記四卷　〔元〕高明撰　**附録一卷**

明凌濛初刻朱墨套印本

四册

半葉八行十八字，白口，四周單邊。版框 20.1×14.5 厘米

16179（10586）

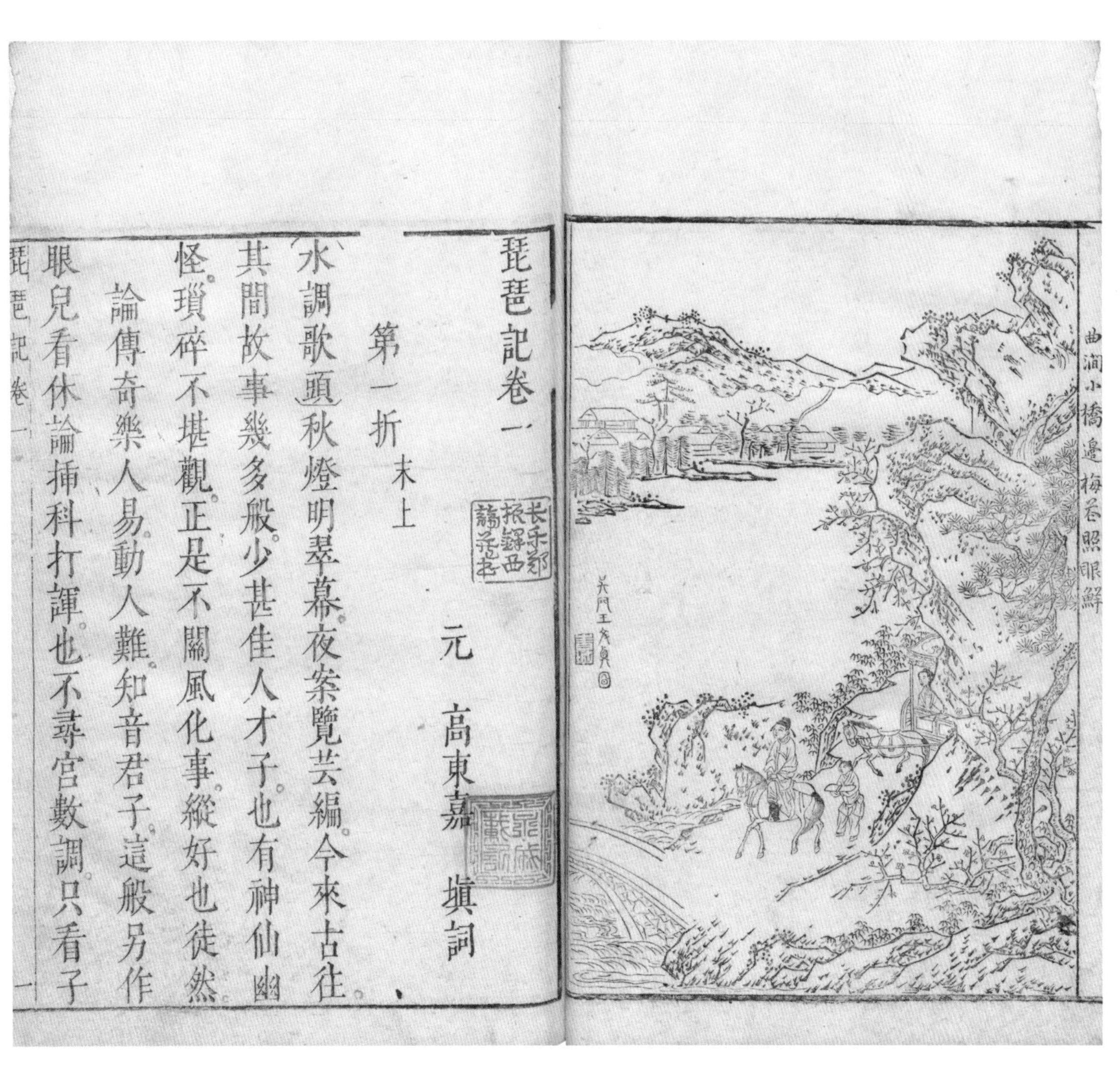

琵琶記卷一

第一折 末上

元　高東嘉　塡詞

水調歌頭秋燈明翠幕夜案覽芸編今來古往其間故事幾多般少甚佳人才子也有神仙幽怪瑣碎不堪觀正是不關風化事縱好也徒然論傳奇樂人易動人難知音君子這般另作眼兒看休論插科打諢也不尋宮數調只看子

琵琶記卷一　一

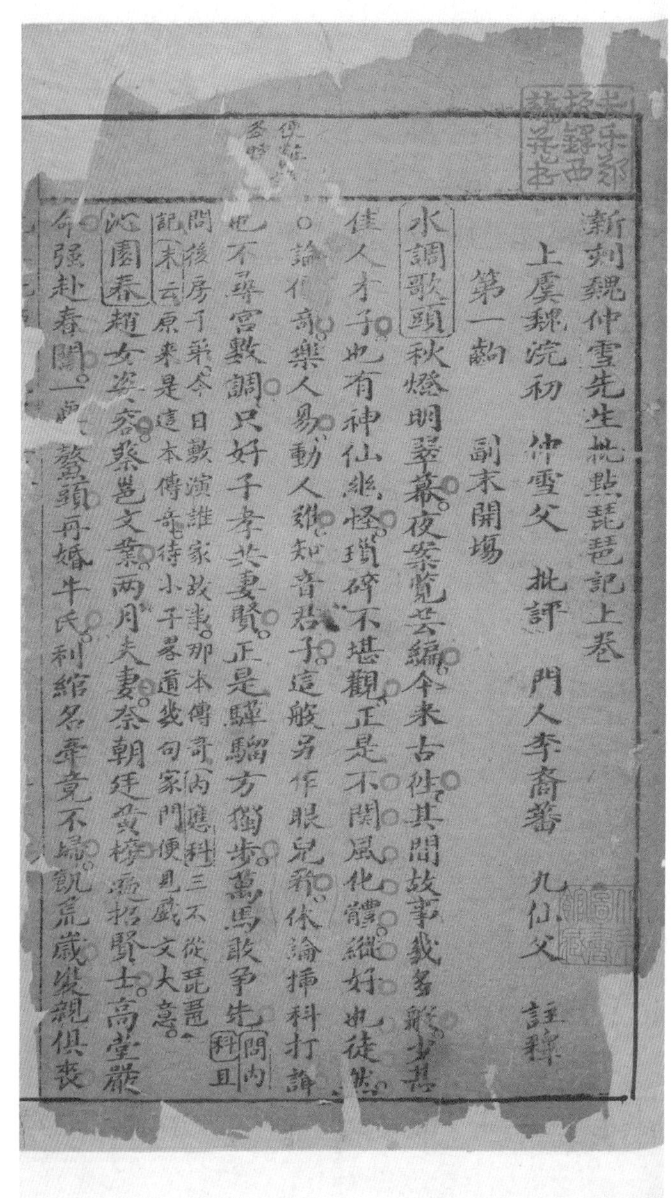

新刻魏仲雪先生批點琵琶記二卷　〔元〕高明撰　〔明〕魏浣初評　〔明〕李裔蕃註

明末刻本

四册

半葉十行二十七字，白口，四周單邊，無直格。眉欄鎸評。版框 19.5×11.9 厘米

16188（10589）

李卓吾先生批評琵琶記二卷 〔元〕高明撰 〔明〕李贄評

明容與堂刻本

四册

半葉十行二十二字，白口，四周單邊。眉欄鐫評。版框 22.6×13.9 厘米

16189（10587）

便○粧○許○多○腔

李卓吾先生批評琵琶記卷之上

虎林容與堂梓

第一齣 副末開場

（水調歌頭）秋燈明翠幕夜案覽芸編今來古往其間故事幾多般少甚佳人才子也有神僊幽怪瑣碎不堪觀正是不關風化體縱好也徒然○論傳奇樂人易動人難知音君子這般另作眼兒看休論插科打諢也不尋宮數調只看子孝共妻賢正是驊騮方獨步萬馬敢爭先（問內科）且問後房子弟今日敷演誰家故事那本傳奇（內應科）三不從琵琶記（末云）原來是這本傳奇待小子畧道幾句

醒

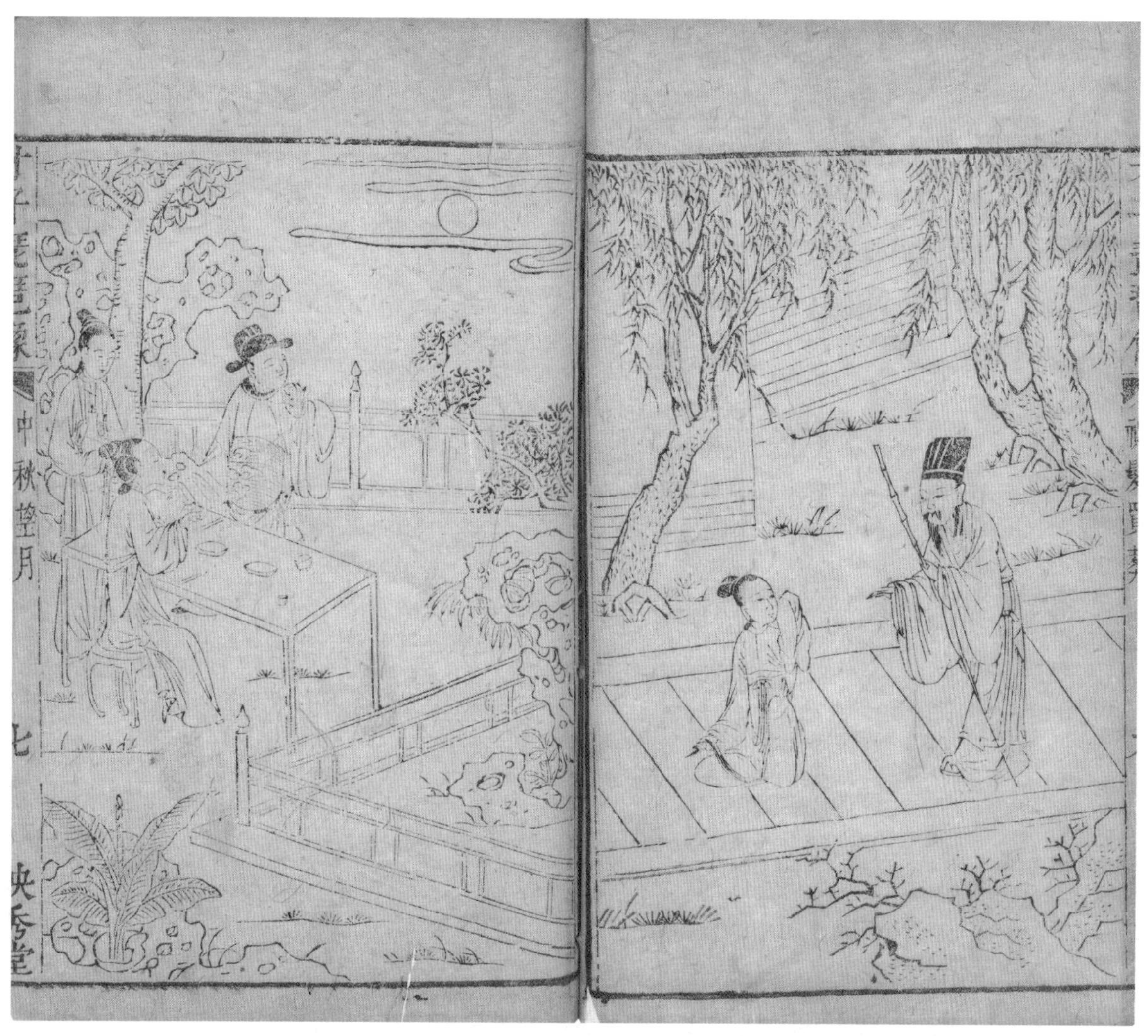

繪風亭評第七才子書琵琶記六卷釋義一卷　〔元〕高明撰　〔清〕毛宗崗評

清映秀堂刻本

七册

半葉八行十九字，小字單雙行同，白口，左右雙邊。版框 18.4×13.0 厘米

T03467（11237）

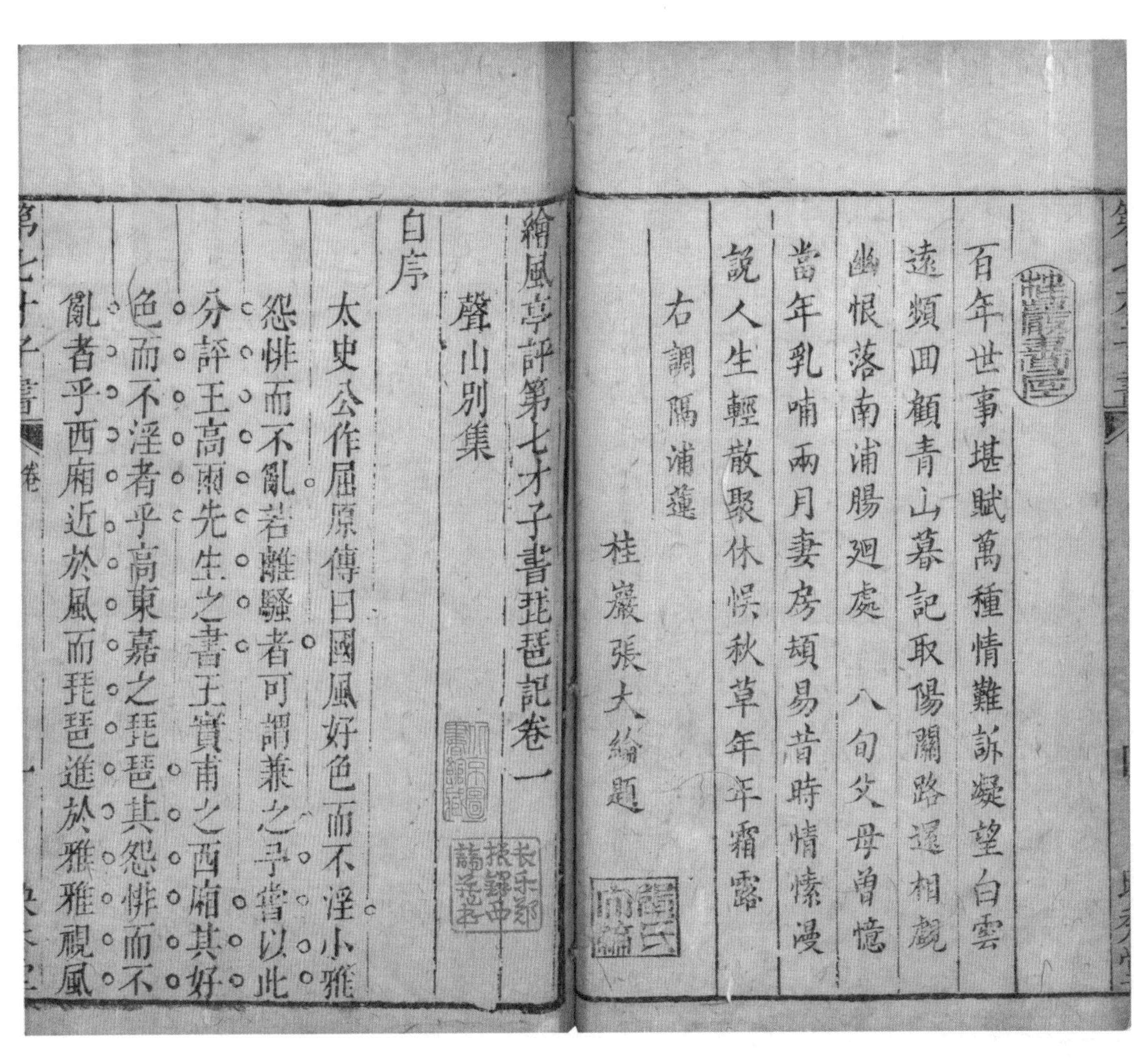

百年世事堪賦萬種情難訴凝望白雲
遠頻回顧青山暮記取陽關路還相覷
幽恨落南浦腸迴處　八旬父母曾憶
當年乳哺兩月妻房頓易昔時情愫漫
說人生輕散聚休悞秋草年年霜露
右調隔浦蓮
桂巖張大綸題

繪風亭評第七才子書琵琶記卷一
聲山別集
自序
太史公作屈原傳曰國風好色而不淫小雅
怨悱而不亂若離騷者可謂兼之矣昔以此
分許王高兩先生之書王實甫之西廂其好
色而不淫者乎高東嘉之琵琶其怨悱而不
亂者乎西廂近於風而琵琶進於雅雅視風

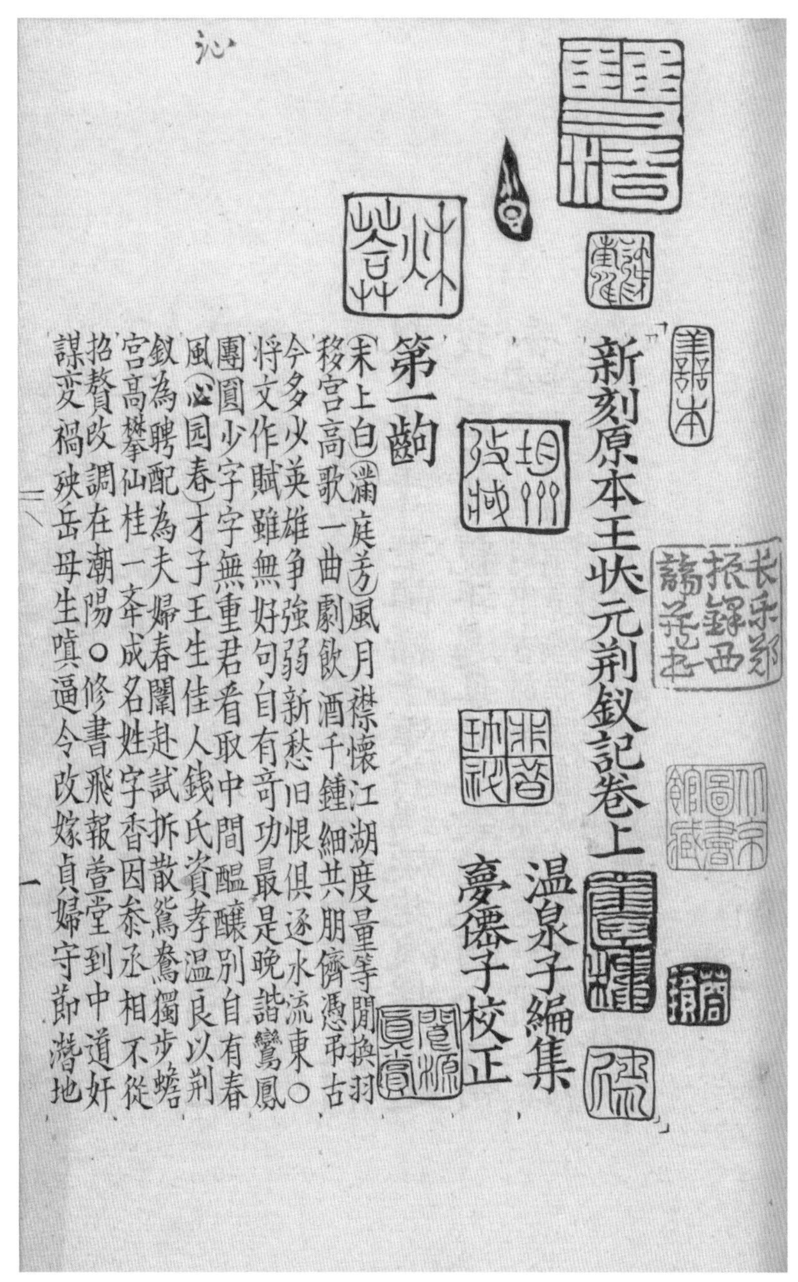

新刻原本王狀元荆釵記二卷　〔明〕朱權撰

民國影抄本（據明姑蘇葉氏刻本影抄）

二册

半葉九行十八字，小字雙行同，無欄格

古本荆釵記二卷　〔明〕朱權撰　〔明〕屠隆評

明刻本　吴梅、金兆蕃跋

四册

半葉十行二十字，小字雙行同，白口，左右雙邊。版框 20.6×14.0 厘米

16725（補 583）

古本荆釵記卷上

第一齣　家門

【臨江僊】〔末上〕一段新奇真故事。須教兩極馳名。三千今古腹中存。開言驚四座。打動五靈神。六府齊才并七步。八方豪氣凌雲。歌聲遏任九霄雲。十分全會者少。不得仁義禮先行。〔問內科〕借問後房子弟。今日搬演誰家故事。那本傳奇。〔內應科〕今日搬演一本義夫節婦荆釵記。〔末〕原來此本傳奇。待小子畧道家門。便見戲文大意。

【沁園春】才子王生。佳人錢氏。賢孝溫良。以荆釵爲聘。江陽配爲夫婦。春闈催試。折散鸞凰。獨步蟾宫。高攀仙韻桂。一舉鰲頭姓字香。忝丞相不從招贅。改調潮陽。

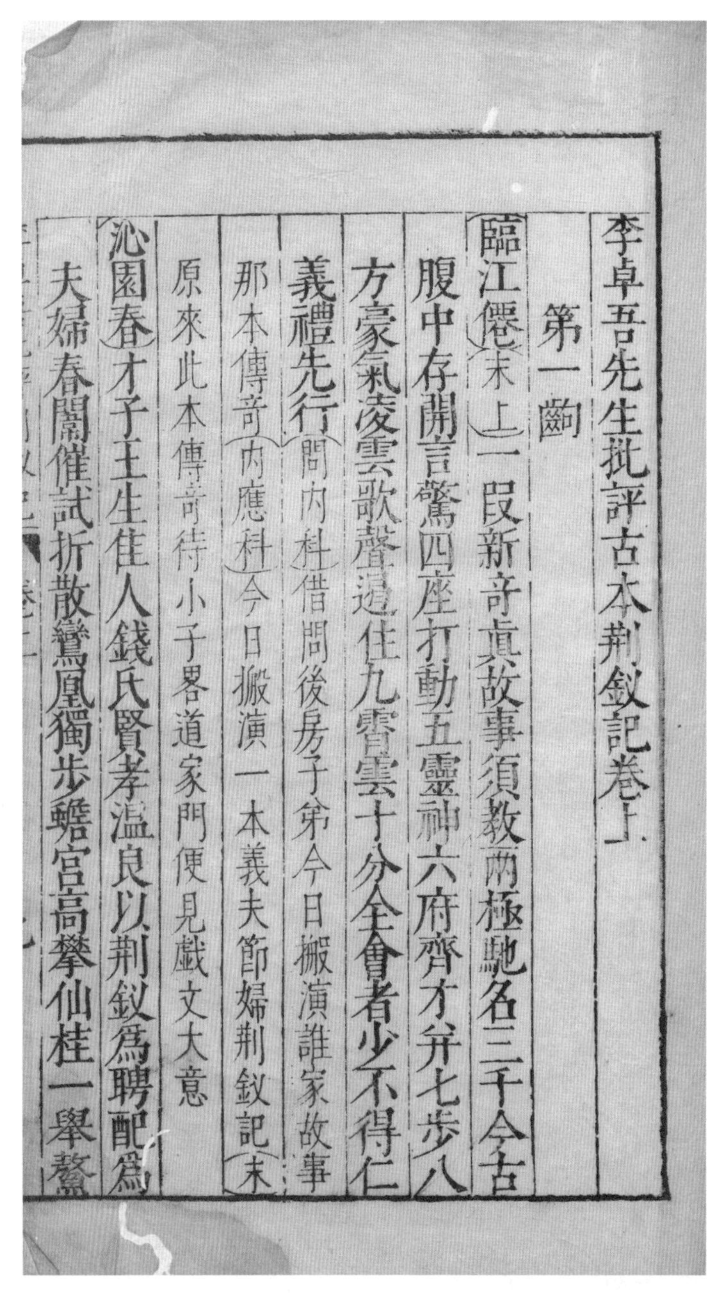

李卓吾先生批評古本荊釵記二卷　〔明〕朱權撰　〔明〕李贄評

明刻本

一册　存一卷：上

半葉十行二十二字，白口，四周單邊。眉欄鐫評。版框 23.2×13.9 厘米

16923（10663）

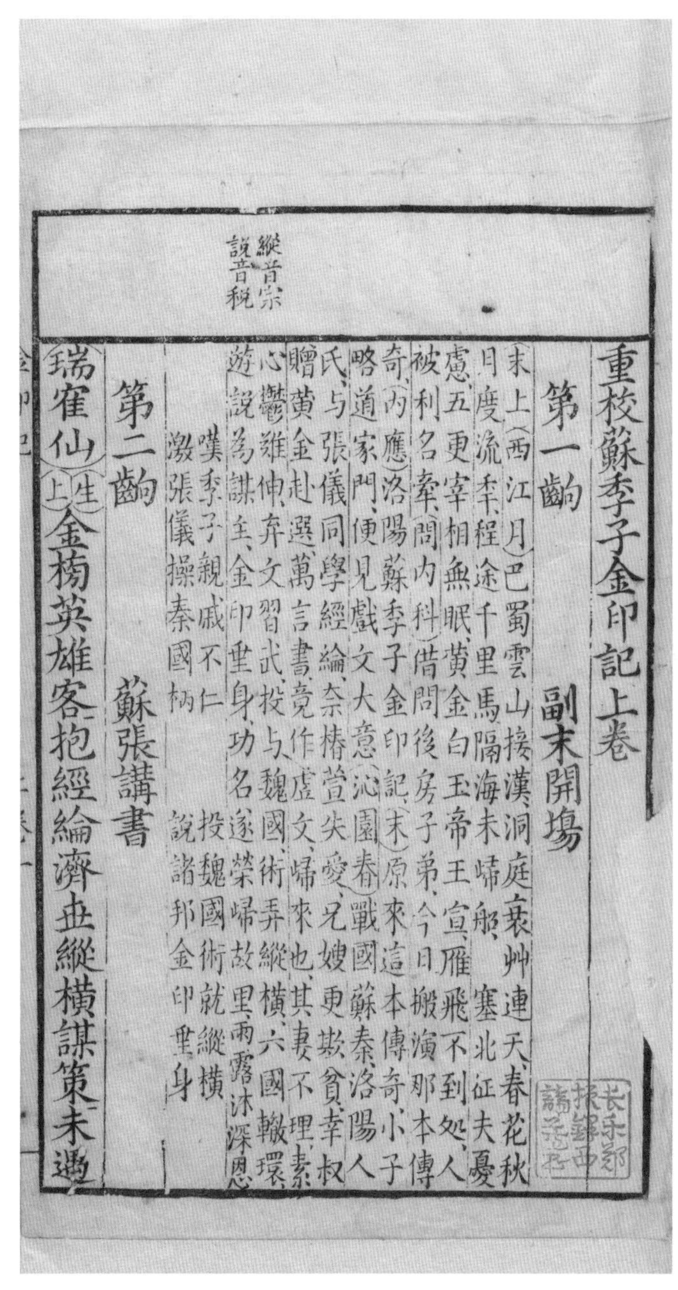

重校蘇季子金印記二卷　〔明〕蘇復之撰

明陳氏繼志齋刻本

二册

半葉十行二十字，小字雙行同，白口，四周單邊。眉欄鐫音釋。版框 21.6×14.2 厘米

16248（10672）

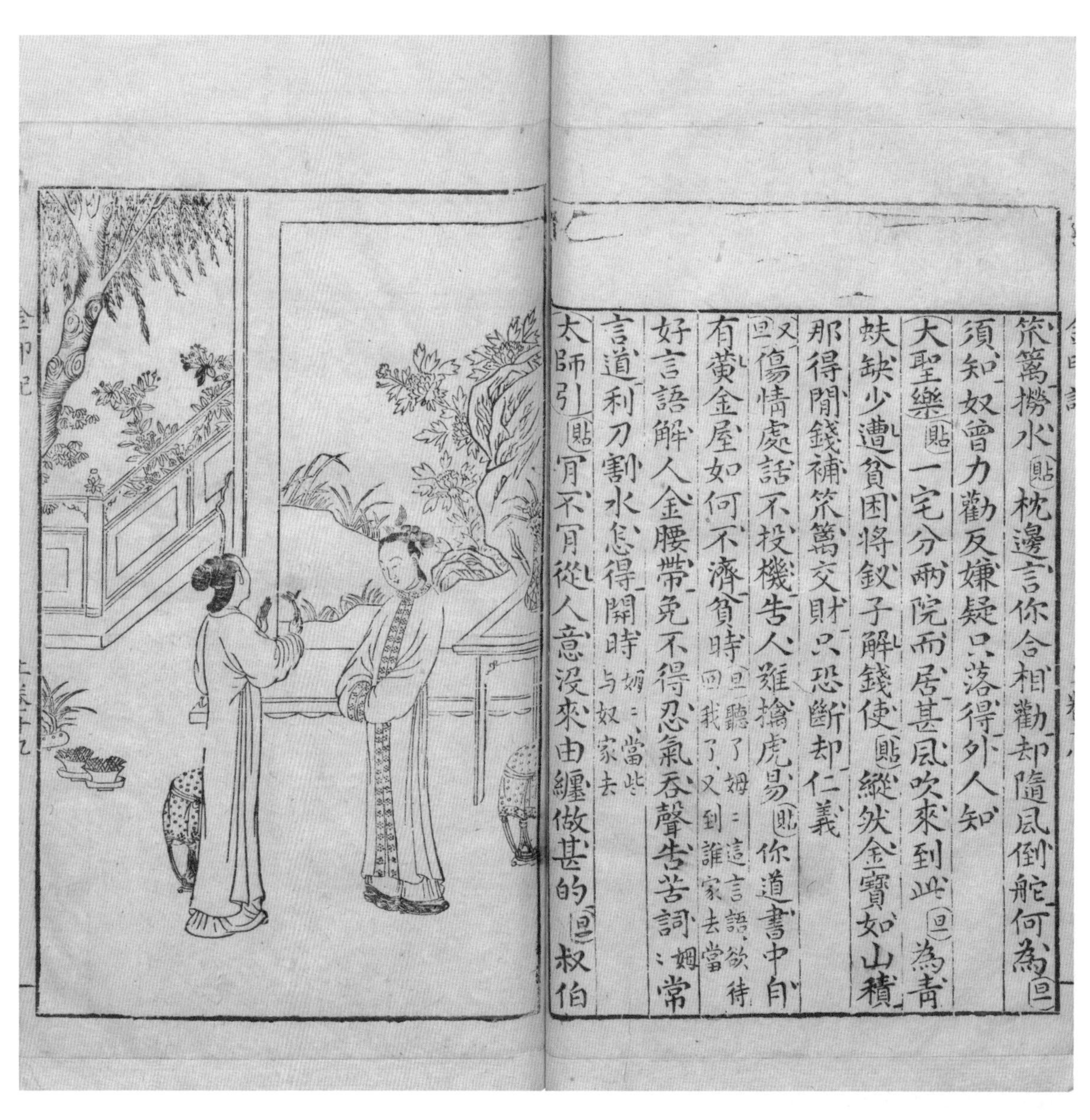

笊籬撈水(貼)枕邊言你合相勸却隨風倒舵何為(旦)
須知奴曾力勸反嫌疑只落得外人知
(大聖樂)(貼)一宅分兩院而居甚風吹來到此(旦)為青
蚨缺少遭貧困將釵子解錢使(貼)縱然金寶如山積
那得閒錢補笊籬交財只恐斷却仁義
(又)(旦)傷情處話不投機告人難擒虎易(貼)你道書中自
有黄金屋如何不濟貧時(旦)聽了姆〻這言語欲待回我了又到誰家去當
好言語解人金腰帶免不得忍氣吞聲告苦詞〻姆常
言道利刀割水怎得開時姆〻當此与奴家去
(太師引)(貼)冐不冐從人意沒來由纏做甚的(旦)叔伯

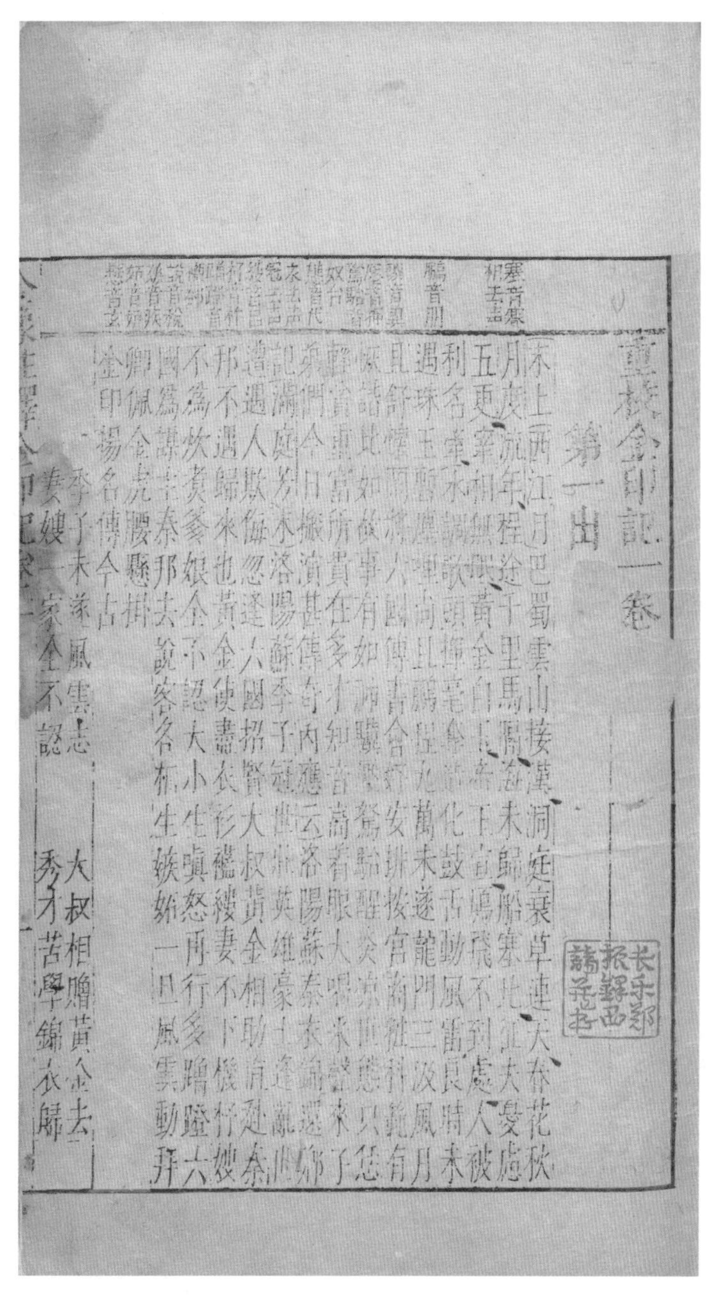

重校金印記四卷　〔明〕蘇復之撰　〔明〕羅懋登釋義

明刻本

二册

半葉十行二十字，白口，四周單邊。眉欄鐫音釋。版框 20.7×14.5 厘米

16181（10583）

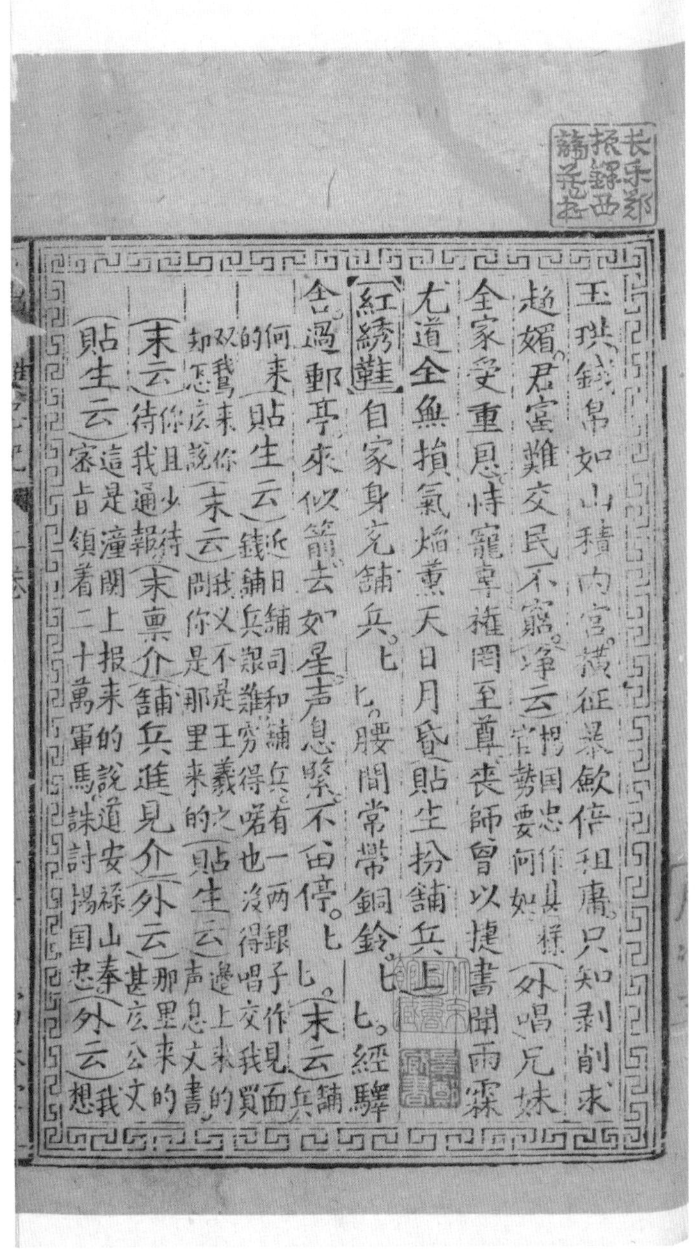

新刻出像音註張許雙忠記二卷 〔明〕姚茂良撰

明唐氏富春堂刻本

二册

半葉十行二十一字，白口，四周花邊。版框 19.4×13.3 厘米

16187（10598）

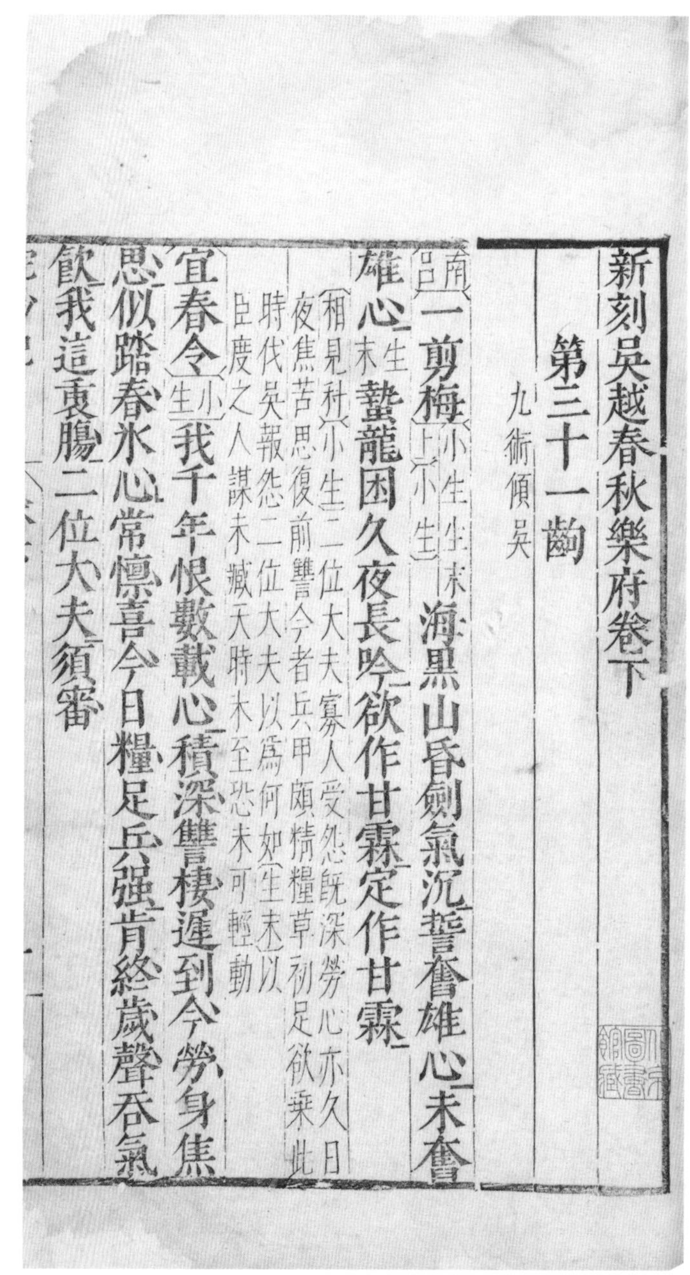

新刻吴越春秋樂府二卷　〔明〕梁辰魚撰

明刻本

一册　存一卷：下

半葉十行二十一字，小字雙行同，白口，四周單邊。版框 20.1×13.7 厘米

16744（補 630）

怡雲閣浣紗記上卷

第一齣

(紅林檎近)末佳客難重遇勝遊不再逢夜月映臺館春風叩簾櫳何暇談名說利漫自倚翠偎紅請看換羽移宮興廢酒杯中○驥足悲伏櫪鴻翼困樊籠試尋往古傷心全寄詞鋒問何人作此平生慷慨負薪吳市梁伯龍(問內科)借問後房子弟今日搬演誰家故事那本傳奇(內應科)今日搬演一本范蠡謀王圖霸勾踐復越亡吳伍胥揚靈東海西子扁舟五湖(末)原來此本傳奇待小子畧道家門便見戲文大意

怡雲閣浣紗記二卷　〔明〕梁辰魚撰

明末讀書坊刻本

四册

半葉十行二十二字，小字單行同，白口，四周單邊。版框 21.1×13.9 厘米

T03316（10593）

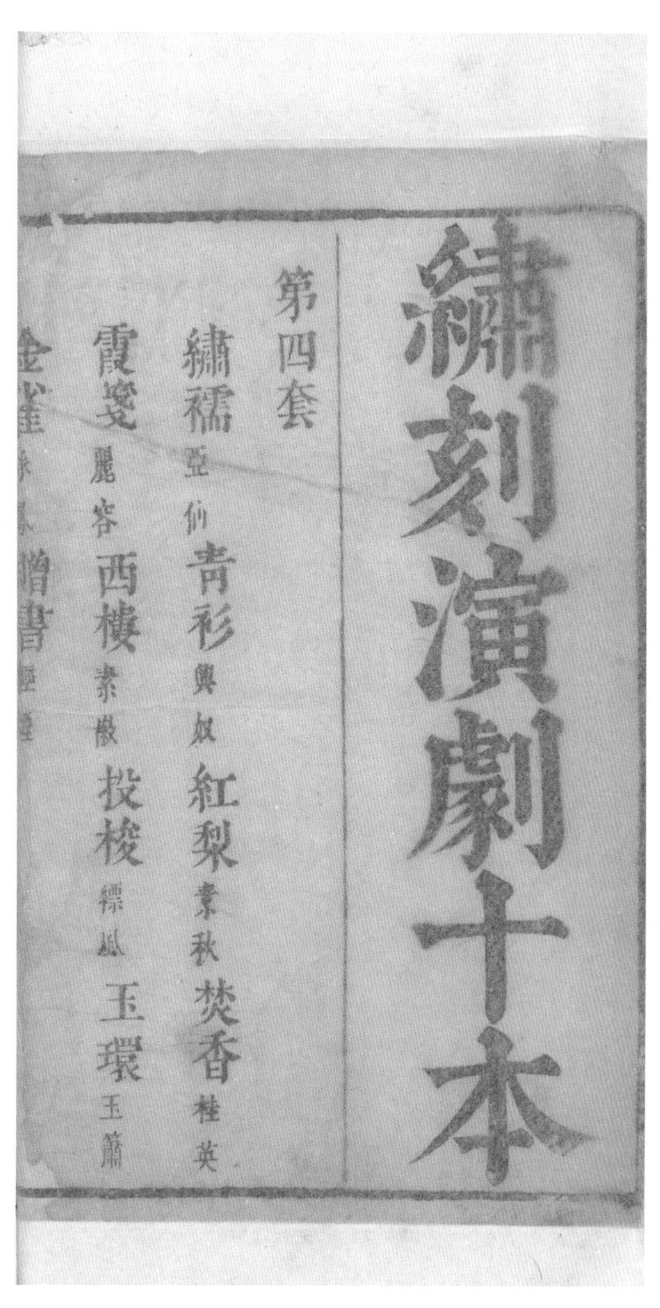

繡刻演劇十本

第四套

繡襦亞仙　青衫興奴　紅梨素秋　焚香桂英

霞箋麗容　西樓素徽　投梭縹風　玉環玉簫

繡襦記二卷　〔明〕徐霖撰

明末毛氏汲古閣刻繡刻演劇本

二册

半葉九行十九字，白口，左右雙邊。版框 20.0×13.1 厘米

T02718（10832）

繡襦記　上

第一齣　末上

鄭子元和滎陽人氏雋朗超羣應長安鄉試李娃眷戀追歡買笑暮雨朝雲忽爾囊空李娘計遣路賺東西怨莫伸遭磨折殘生幾喪進退無門貧寒徹骨傷神嘆飢吻號猿衣結鶉幸逢娃痛惜繡襦護體乳酥滋胃復振精神剔目勸學登科參軍之任父子萍逢訴此因行婚禮重諧伉儷天寵沐殊

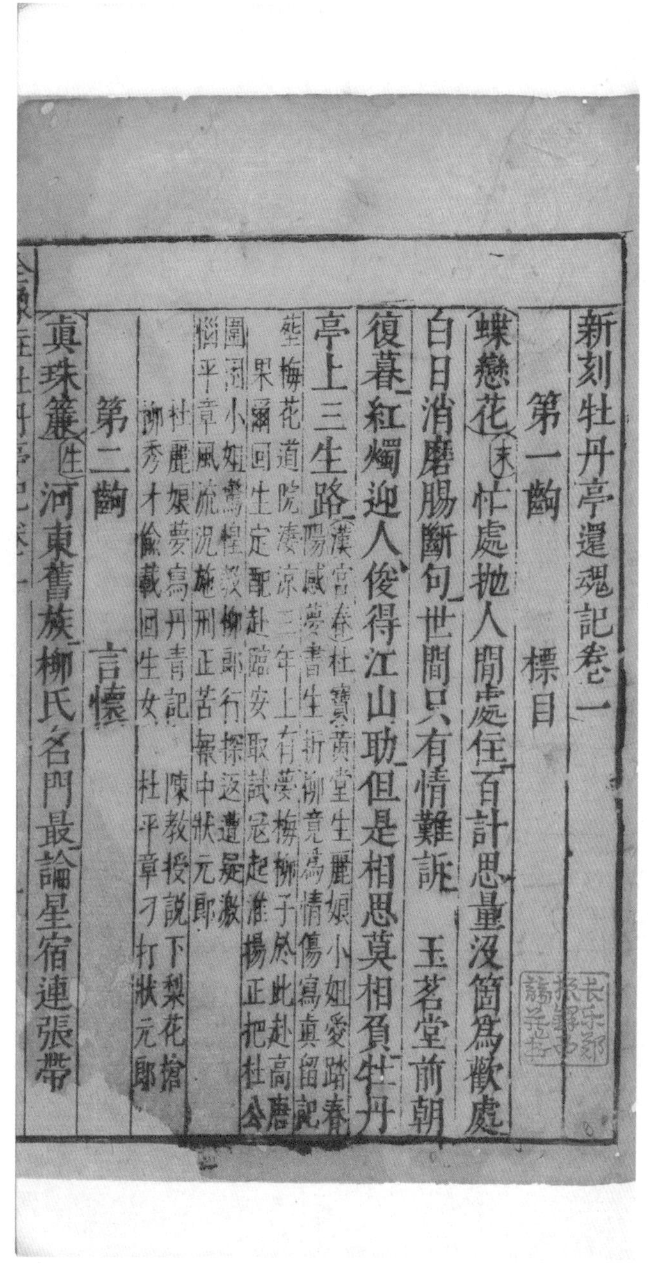

新刻牡丹亭還魂記四卷　〔明〕湯顯祖撰

明唐氏文林閣刻本

四册

半葉十一行二十字，白口，四周單邊。眉欄鎸音釋。版框 21.0×14.4 厘米

16231（10616）

牡丹亭還魂記卷上

明臨川湯顯祖若士編　歙縣玉亭朱元鎮較

第壹齣 標目

蝶戀花末上忙處抛人閑處住。百計思量。沒箇爲歡處。白日消磨腸斷句。世間只有情難訴。玉茗堂前朝復暮。紅燭迎人。俊得江山助。但是相思莫相負。牡丹亭上三生路。

漢宮春杜寶黄堂。生麗娘小姐。愛踏春陽。感夢書生折柳。竟爲情傷。寫真留記。葬梅花道院淒涼。三年上。有夢梅柳子。於此赴高唐。果爾回生定配。赴臨安取試。寇起淮揚。正把杜公圍困。小姐驚惶。教柳郎行探。返遭疑激惱平章。風流况。施行正苦。報中狀元郎。

杜麗娘夢寫丹青記　陳教授說下梨花槍

牡丹亭還魂記二卷　〔明〕湯顯祖撰

明刻本

二册

半葉十行二十二字，小字雙行同，白口，四周單邊。版框 21.2×13.0 厘米

16260（10660）

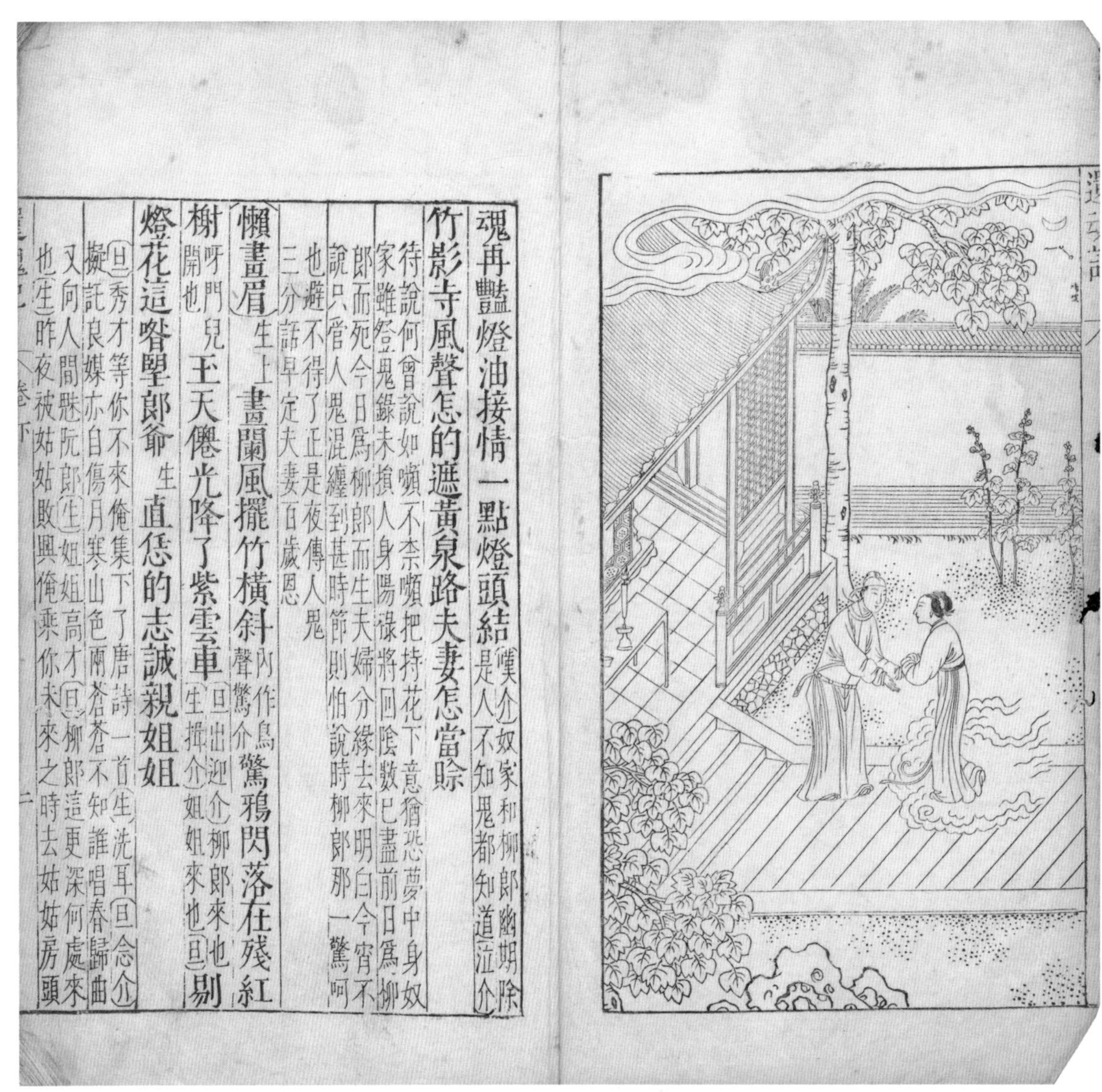

牡丹亭還魂記二卷　〔明〕湯顯祖撰

明萬曆刻本（卷上配另一明刻本）

三册

半葉十行二十二字，小字雙行同，白口，四周單邊。版框 21.2×13.4 厘米

16261（10661）

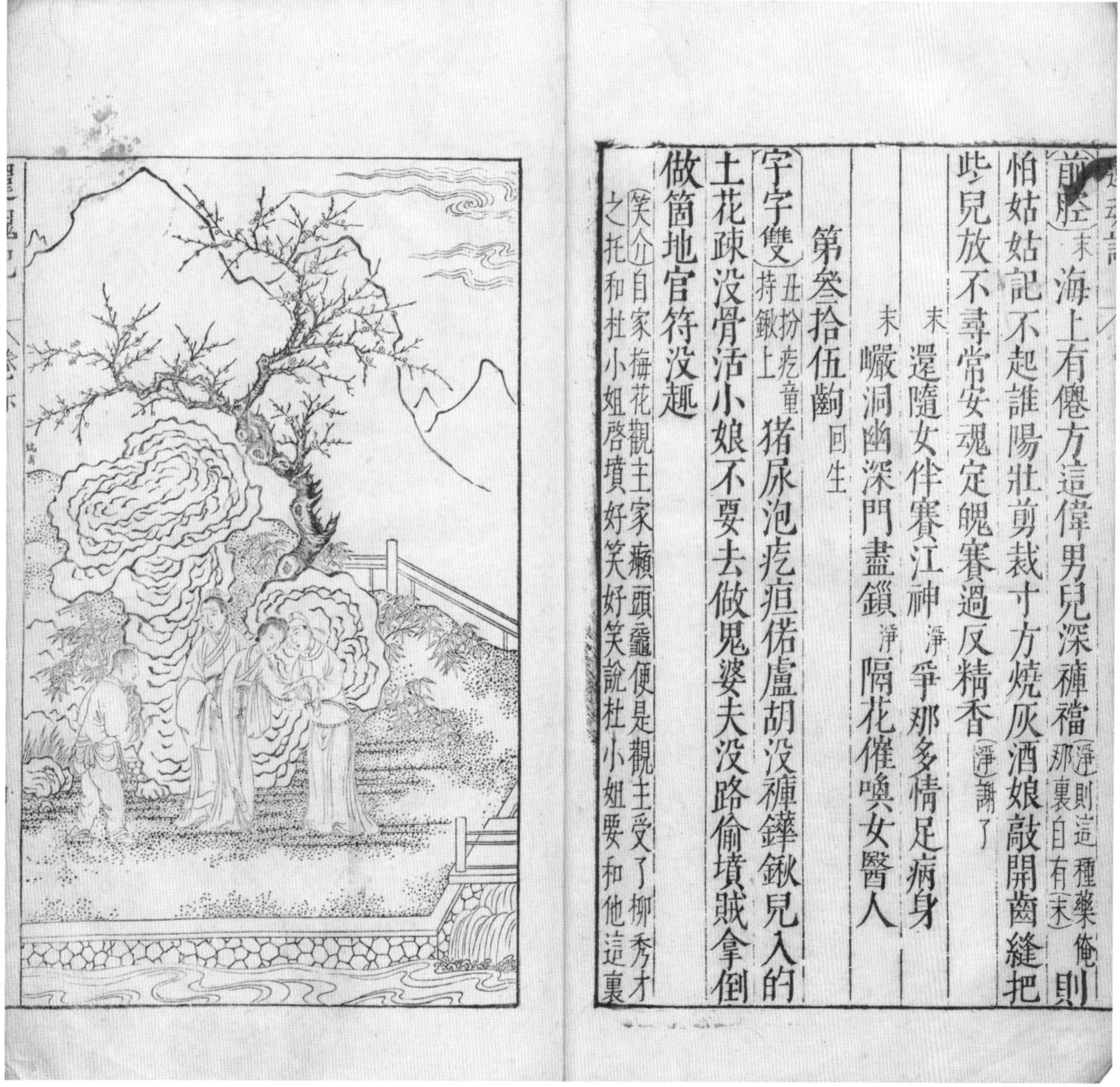

【前腔】末 海上有傯方這偉男兒深褌襠（淨）則這種藥俺那裏自有（末）則怕姑姑記不起誰陽壯剪裁寸方燒灰酒娘敲開齒縫把些兒放不尋常安魂定魄賽過反精香（淨）謝了

末 還隨女伴賽江神 淨 爭那多情足病身

末 巖洞幽深門盡鎖 淨 隔花催喚女醫人

第叄拾伍齣 回生

【字字雙】丑扮疙童持鍬上 猪尿泡疙疸偌盧胡没褌鏵鍬兒入的土花疎没骨活小娘不要去做鬼婆夫没路偷墳賊拿倒做箇地官符没趣

（笑介）自家梅花觀主家癩頭黿便是觀主受了柳秀才之托和杜小姐啓墳好笑好笑說杜小姐要和他這裏

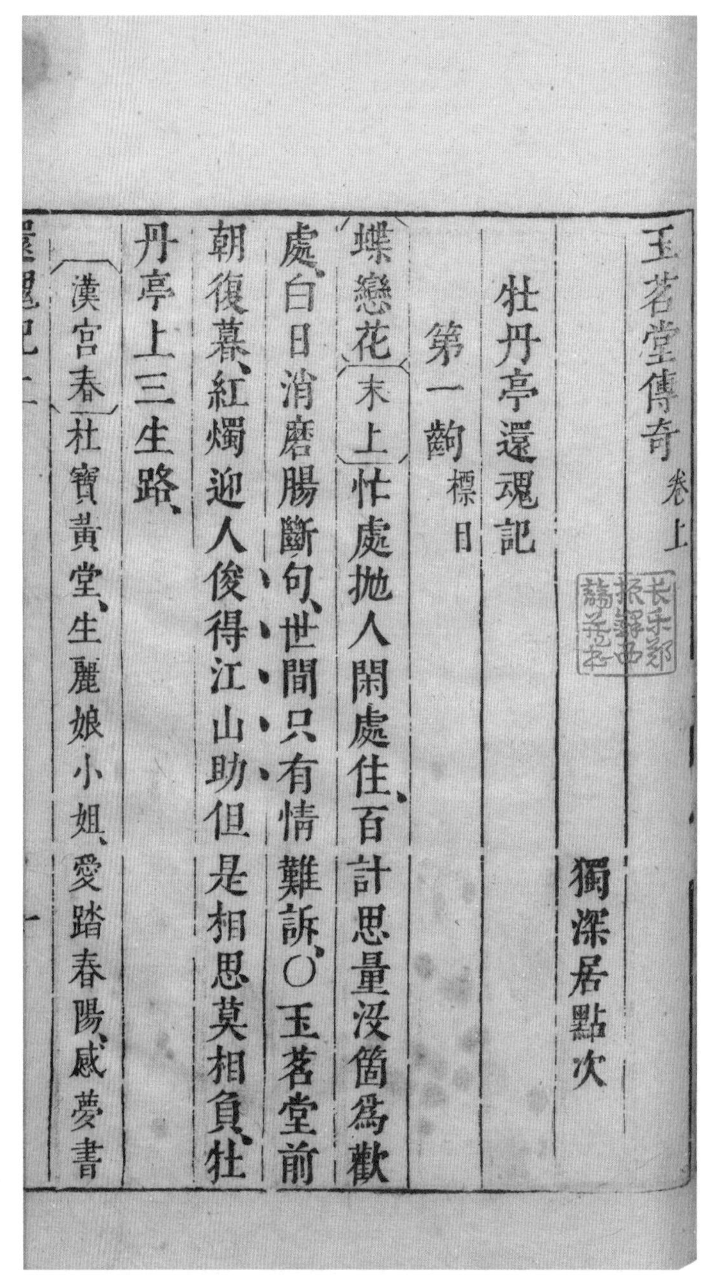
玉茗堂傳奇　卷上　　獨深居點次

牡丹亭還魂記

第一齣　標目

〔蝶戀花〕（末上）忙處拋人閑處住、百計思量沒箇爲歡處白日消磨腸斷句、世間只有情難訴〇玉茗堂前朝復暮、紅燭迎人俊得江山助但是相思莫相負牡丹亭上三生路、

〔漢宮春〕杜寶黃堂、生麗娘小姐、愛踏春陽、感夢書

還魂記上　一

牡丹亭還魂記二卷　〔明〕湯顯祖撰　〔明〕沈際飛評點

明刻玉茗堂傳奇本

四册

半葉九行二十字，白口，四周單邊。版框 20.5×14.3 厘米

16178（10596）

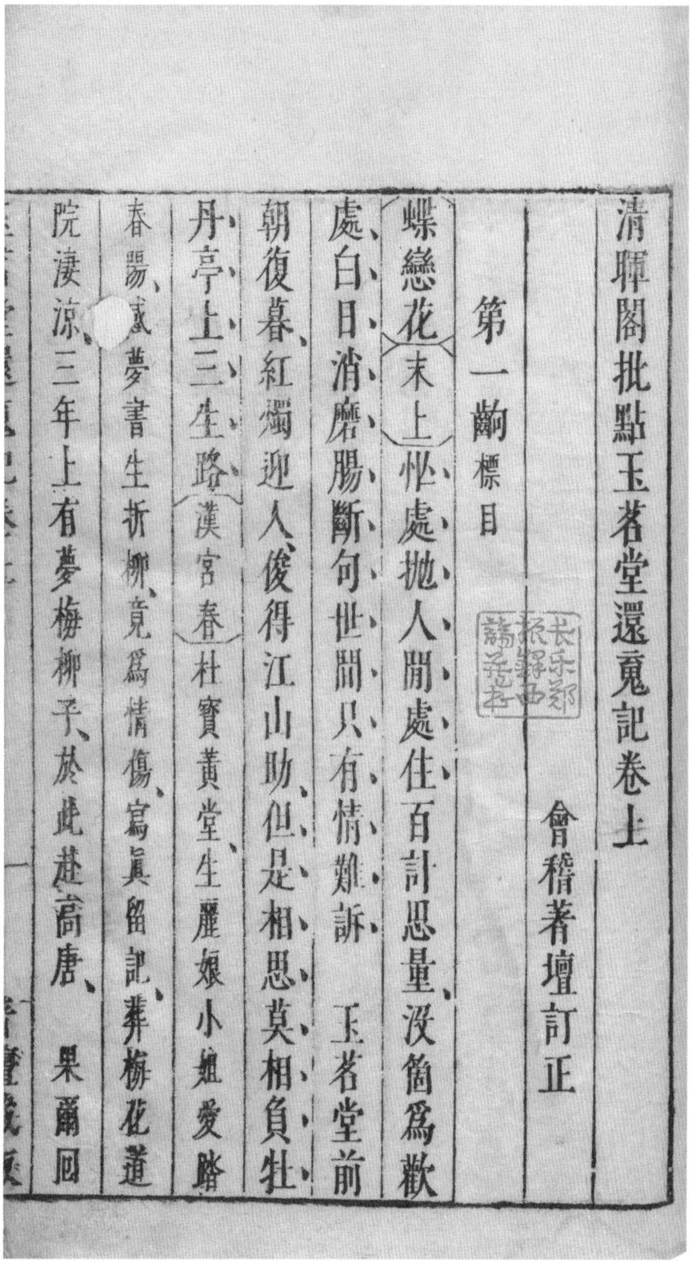

清暉閣批點玉茗堂還魂記二卷　〔明〕湯顯祖撰

明末張弘毅著壇刻本　鄭振鐸跋

四册

半葉九行二十字，白口，四周單邊。版框 20.6×13.8 厘米

16240（10615）

印出世人乃稍覩西廂本來面目至還魂一記今人所知者都為冰絲館刻本暖紅室所刊亦是翻冰絲館本六十種曲收還魂二部一是原本一是改本知者已罕至明萬曆原本則見者益少矣予有萬曆刊石林居士序本白綿紙印最為精好插圖出虬村諸黃手尤流麗可愛線條細如毛髮而人物神態活躍有聲色他本皆不及遠甚冰絲館本插圖即出於此本繼又獲清暉閣批點玉茗堂還魂記一種則為冰絲館本批點所自出予尤寶愛之自罹劫以來予舊藏書燬於兵火者半出以易米者亦半書庫中物垂垂盡失獨此二種及其他詞曲諸本就守之未失然精勤素眇其能終保與否乎書竟擲筆三嘆紉秋

昔李開先藏詞曲甚富自稱詞山曲海黃蕘圃亦多收詞曲自顏其所居曰學山海之居予弱冠即好收書歷三十載所得所見不下二三萬種就中亦以詞曲為多惜以家貧多累每覩好書未能盡收耳嘗得楊升菴夫婦散曲夏桂洲詞陶情樂府碧山樂府浙東樂府夏暘詞諸書均明刊本也劫中復得秦時雍秦詞正訛半部尤為得意而明刊傳奇所收亦多西廂還魂二種尤着意羅致異本嘗於南北各肆搜得明刊西廂各本凡十四五種劉龍田本最為罕見獨以未有嘉靖以前刊本為憾耳遂從雜劇樂府中輯得西廂全曲後孫君楷第以注字

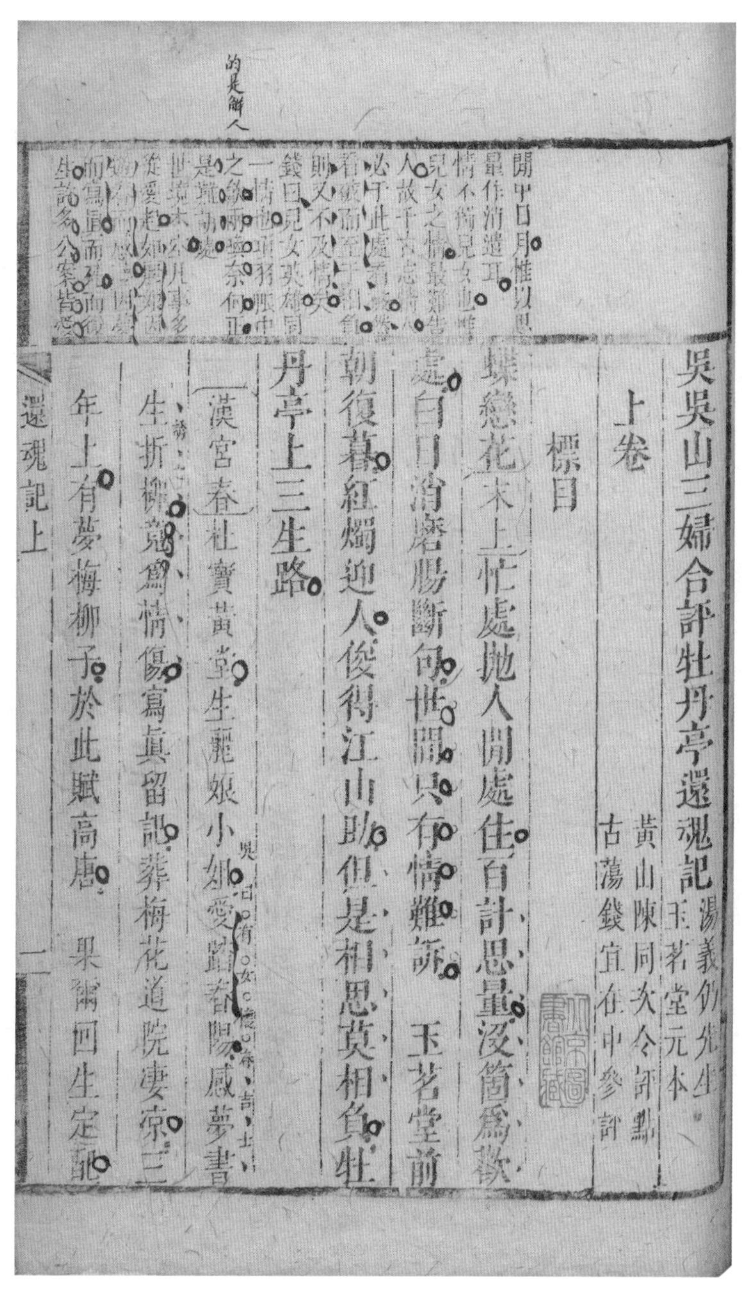

吴吴山三婦合評牡丹亭還魂記二卷　〔明〕湯顯祖撰　〔清〕陳同、談則、錢宜評點

清康熙刻夢園印本

二册　存一卷：上

半葉十行二十字，黑口，四周單邊。眉欄鐫評。版框 20.1×14.9 厘米

T03216（10890）

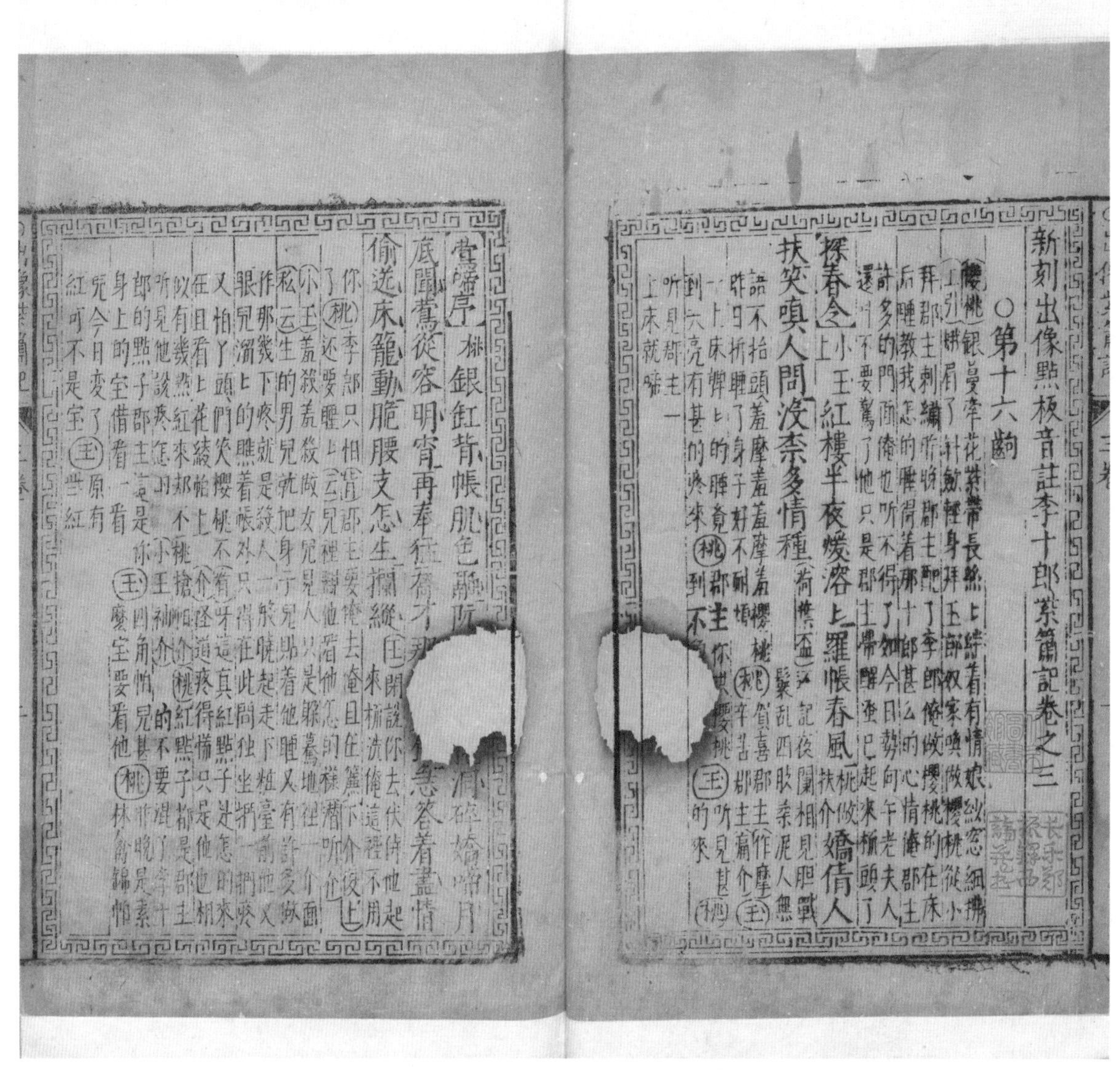

新刻出像點板音註李十郎紫簫記四卷　〔明〕湯顯祖撰

明唐氏富春堂刻本（卷一至二配攝影本）

四册

半葉十行二十一字，白口，四周花邊。版框 19.2×13.1 厘米

16223（10604、10605）

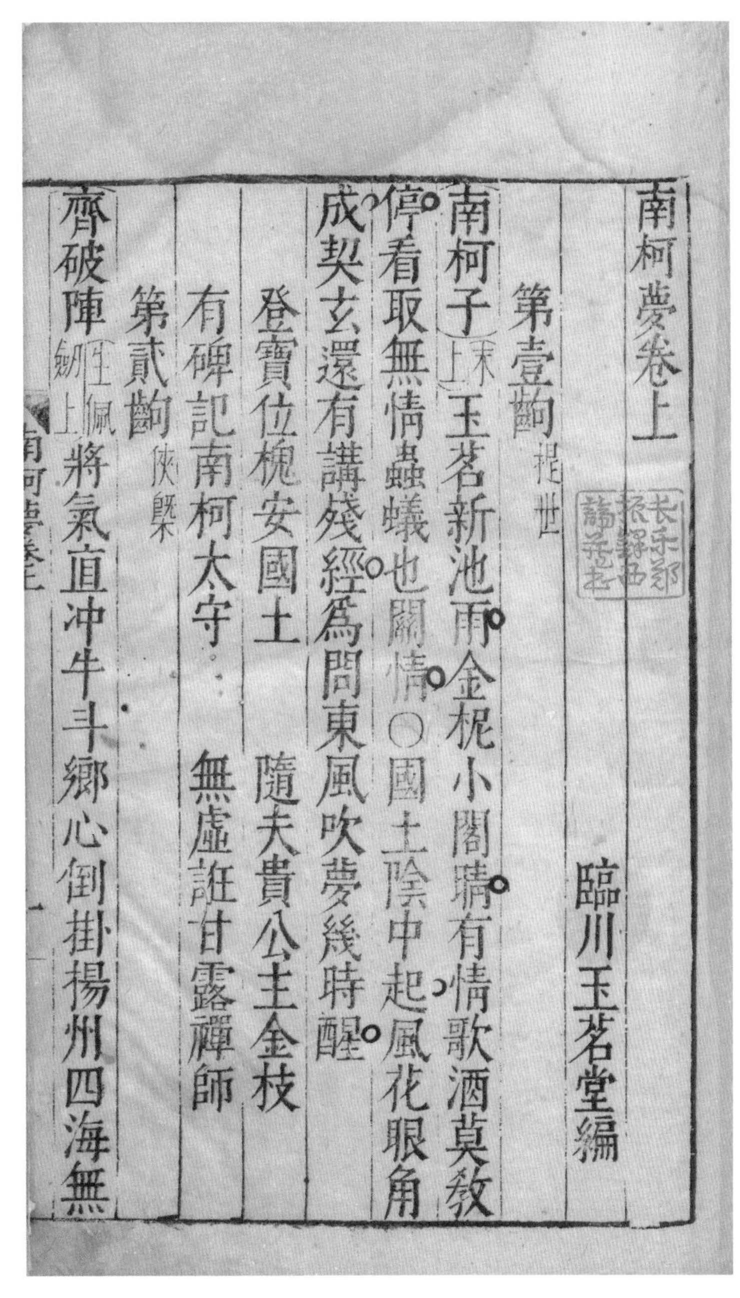

南柯夢二卷　〔明〕湯顯祖撰

明刻本

二册

半葉十行二十字，白口，四周單邊。版框 20.8×13.3 厘米

16220（10603）

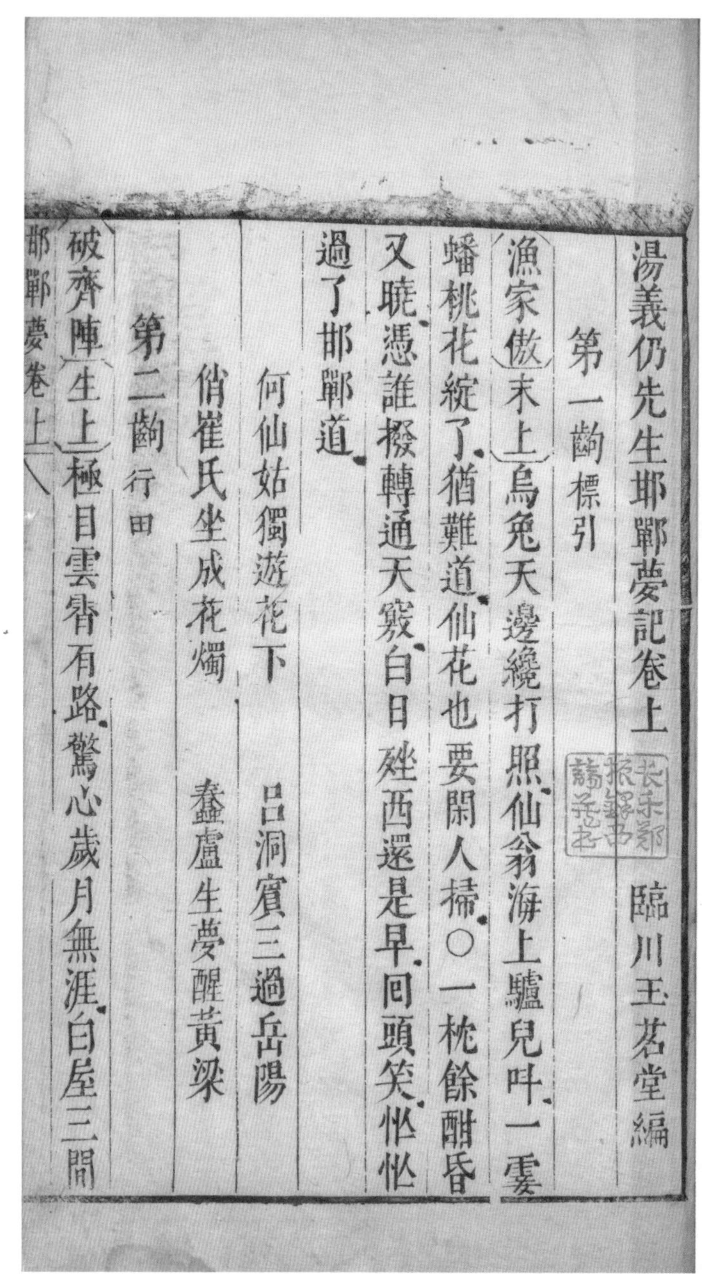

湯義仍先生邯鄲夢記二卷　〔明〕湯顯祖撰

明末刻玉茗堂四種傳奇本

二册

半葉十行二十一字，白口，四周單邊。版框 20.4×14.1 厘米

16276（10692）

湯義仍先生南柯夢記卷上　　臨川玉茗堂編

第一齣　提世

南柯子（末）玉茗新池雨金柅小閣晴有情歌酒莫教看取無情蟲蟻也關情○國土陰中起風花眼角成埶玄還有講殘經爲問東風吹夢幾時醒

登寶閣槐安國土　隨夫貴公主金枝

有碑記南柯太守　無虛誑甘露禪師

第二齣　俠槩

齊破陣（生佩劍上）將氣直冲牛斗鄉心倒掛揚州四海無家蒼生沒眼拄破了英雄笑口自小兒豪門慣使酒

南柯夢卷上

湯義仍先生南柯夢記二卷　〔明〕湯顯祖撰

明末刻玉茗堂四種傳奇本

二册

半葉十行二十一字，白口，四周單邊。版框 20.4×13.9 厘米

16277（10692）

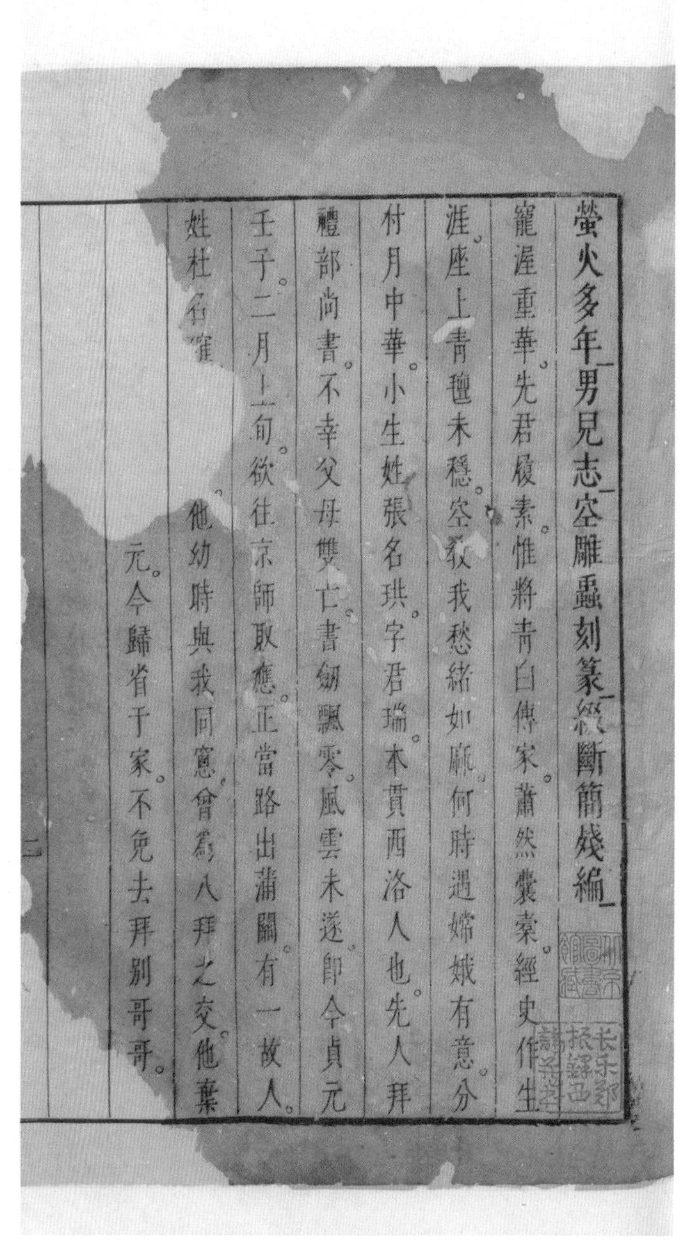

南西廂記二卷　〔明〕李日華撰

明刻本

二册

半葉九行二十二字，白口，四周單邊。版框 22.1×14.8 厘米

16251（10675）

玉茗堂批評紅梅記二卷　〔明〕周朝俊撰　〔明〕湯顯祖評

明刻本

二册

半葉十行二十一字，白口，四周單邊。版框 21.2×13.5 厘米

16221（10602）

是這等寬於開場詞子後四句落場詩必要念了

聲字奇

玉茗堂批評紅梅記卷上

第一齣　提綱　末上

（玉梅春）人生難遇歡時節，世路無門行轉蹶。且向花前覓句，落紅梅，酒後高歌飛白雪。蛾眉穉齒終銷滅，冨貴榮華轉眼歇。惟有西湖不改舊時春，歌舞于今猶未絕。

壞宋室江山賈似道　娛朱門風月李慧娘

成百歲良緣盧氏女　月一時女婿裴家郎

第二齣　泛湖　生上

（海棠春）明牕淨院無人到，月色梅聲清悄。巖洞瑣煙深

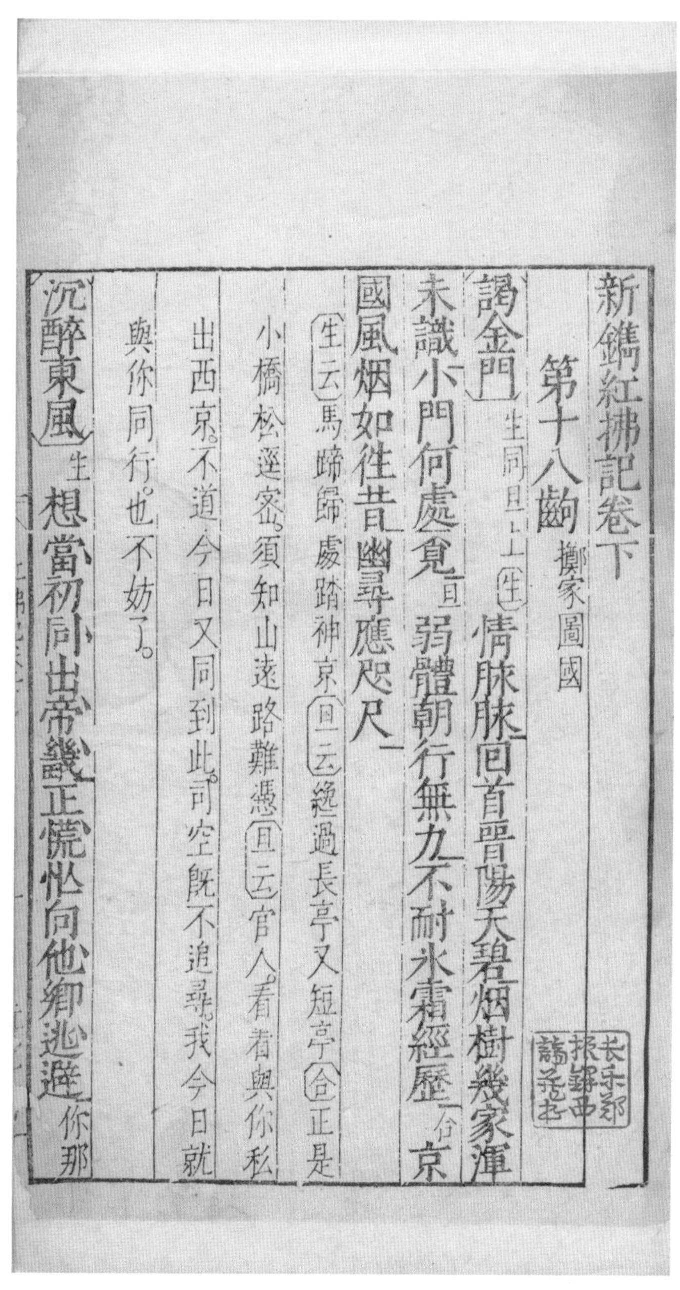
新鐫紅拂記卷下

第十八齣　擲家圖國

謁金門　生同旦上　生　情脉脉回首晉陽天碧烟樹幾家渾未識小門何處覓　旦　弱體朝行無力不耐氷霜經歷　合　京國風烟如往昔幽尋應咫尺

生云馬蹄歸處踏神京　旦云緫過長亭又短亭　合　正是小橋松逕密須知山遠路難憑　旦云官人看看與你私出西京不道今日又同到此可空既不追尋我今日就與你同行也不妨了

沉醉東風　生　想當初同出帝畿正慌忙向他鄉逃避　你那

新鐫紅拂記二卷　〔明〕張鳳翼撰

明汪氏玩虎軒刻本

一册　存一卷：下

半葉十行二十二字，白口，四周單邊。版框 20.0×13.8 厘米

16314（11407）

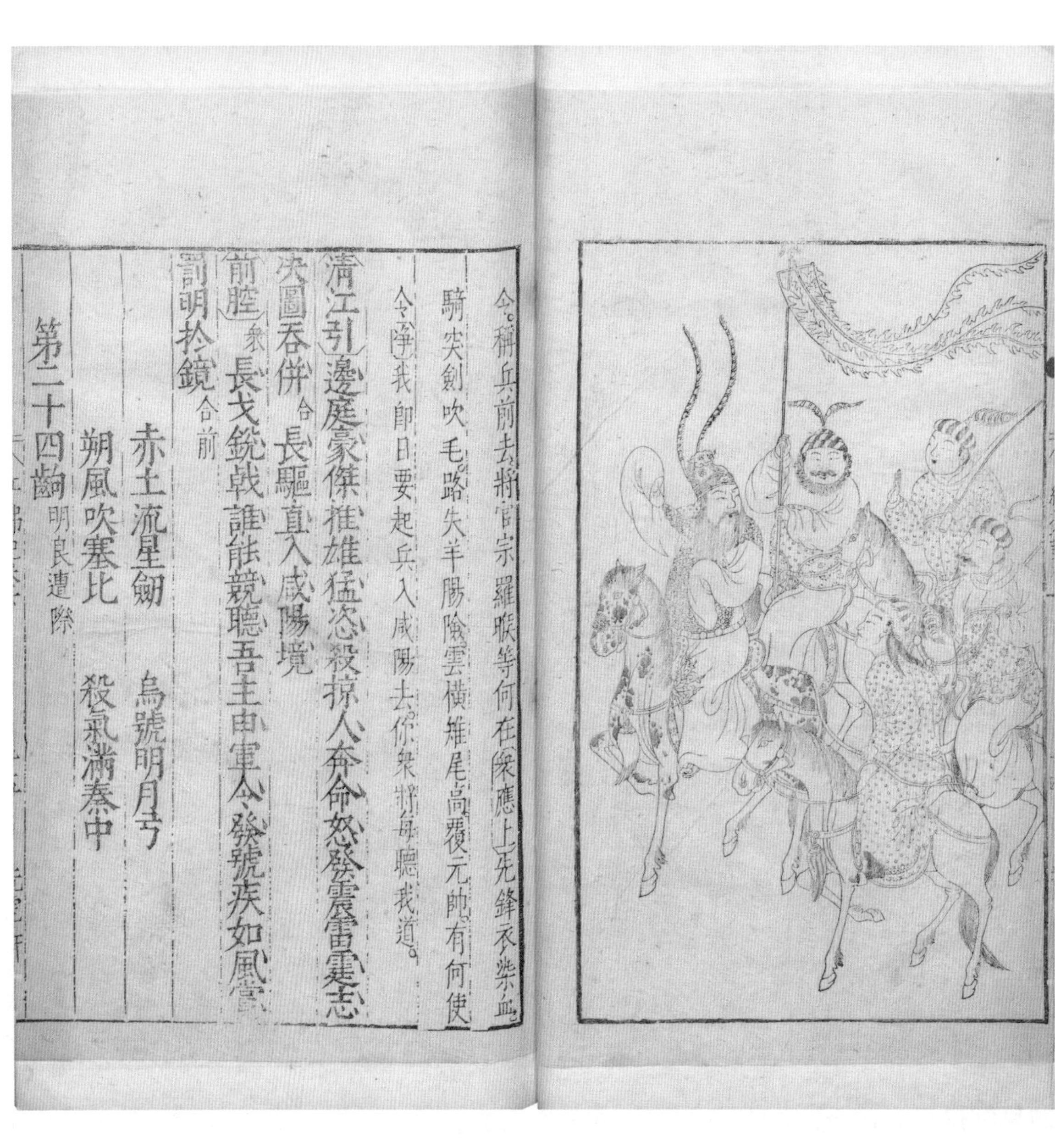
令。稱兵前去。將官宗羅睺等何在。（衆應上）先鋒衣紫血騎突劍吹毛。路失羊腸險。雲橫雉尾高。覆元戎有何使令。（淨）我即日要起兵入咸陽去。你衆將每聽我道。

【清江引】邊庭豪傑推雄猛。恣殺掠人奔命。怒發震雷霆。志決圖吞併。（合）長驅直入咸陽境。

【前腔】（衆）長戈銳戟誰能競。聽吾主由軍令。發號疾如風。賞罰明於鏡。（合前）

赤土流星劒　烏號明月弓
朔風吹塞比　殺氣滿秦中

第二十四齣　明良遭際

虬髯客傳　唐張説撰

隋煬帝之幸江都命司空楊素守
又以時亂天下之權重望崇者莫
自奉禮異人臣每公卿入言賓客
踞牀而見令美人捧出侍婢羅列
年愈甚無復知所負荷有扶危持
衛公李靖以布衣上謁獻奇策素亦
揖曰天下方亂英雄競起公爲帝室

虬髯客傳　一

紅拂記四卷　〔明〕張鳳翼撰　〔明〕湯顯祖評

明凌玄洲刻朱墨套印本

一册　存一卷：一

半葉八行十八字，白口，四周單邊。版框 20.7×14.6 厘米

16329（11402）

结亦有情法更老

所與。况非英雄者乎。人臣之謬思亂者。乃螳臂之拒走輪耳。我皇家垂福萬葉。豈虛然哉。或曰衛公之兵法。半乃虬髯所傳也。

若此傳本張燕公譔或曰杜光庭非也其事與唐史不合史稱大業十四年文皇年十八起義兵而煬帝以元年幸江都是時文皇有六齡安得謂僅二十而看天子相乎若以此年爲十二年事則楊素之亡已久且衛公嘗上高祖急變豈能識天子塵埃中耶其爲子虛烏有之說無疑矣說之豈真昧此特故爲是舛謬以顯其寓言耳雖然亦奇甚矣

凌玄洲識

評　自是大英雄寓其無聊之志

渡江

庚申秋日王文衡寫

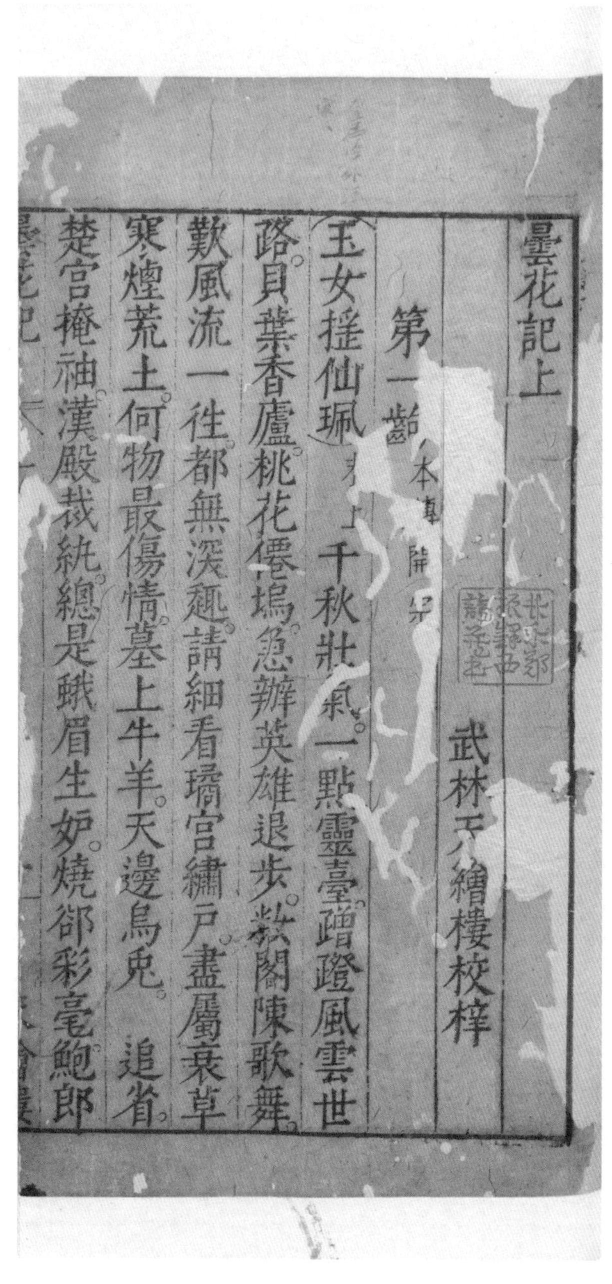

曇花記二卷　〔明〕屠隆撰

明天繪樓刻本

四册

半葉八行二十字，小字雙行同，白口，四周單邊。版框 20.6×12.5 厘米

16225（10606）

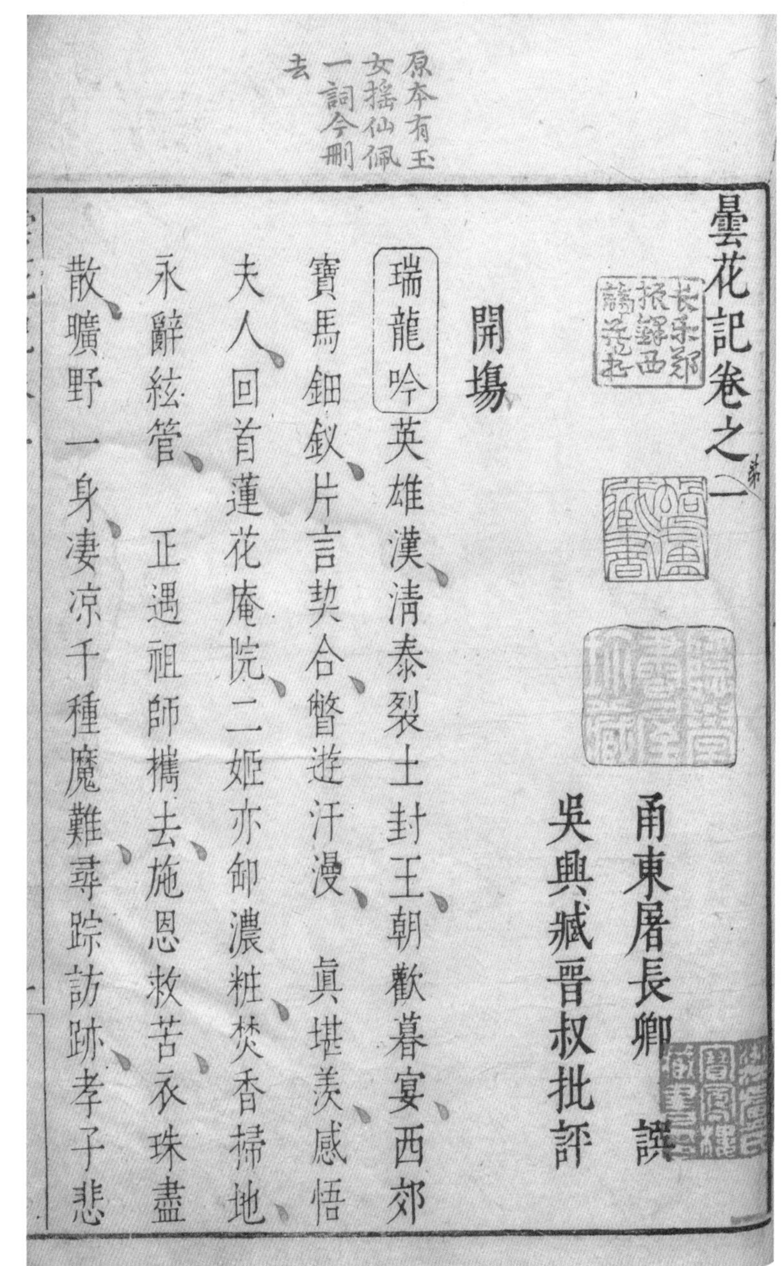

曇花記四卷　〔明〕屠隆撰

明刻朱墨套印本

一册　存二卷：一至二

半葉九行十九字，白口，四周單邊。版框 20.6×14.8 厘米

16244（10657）

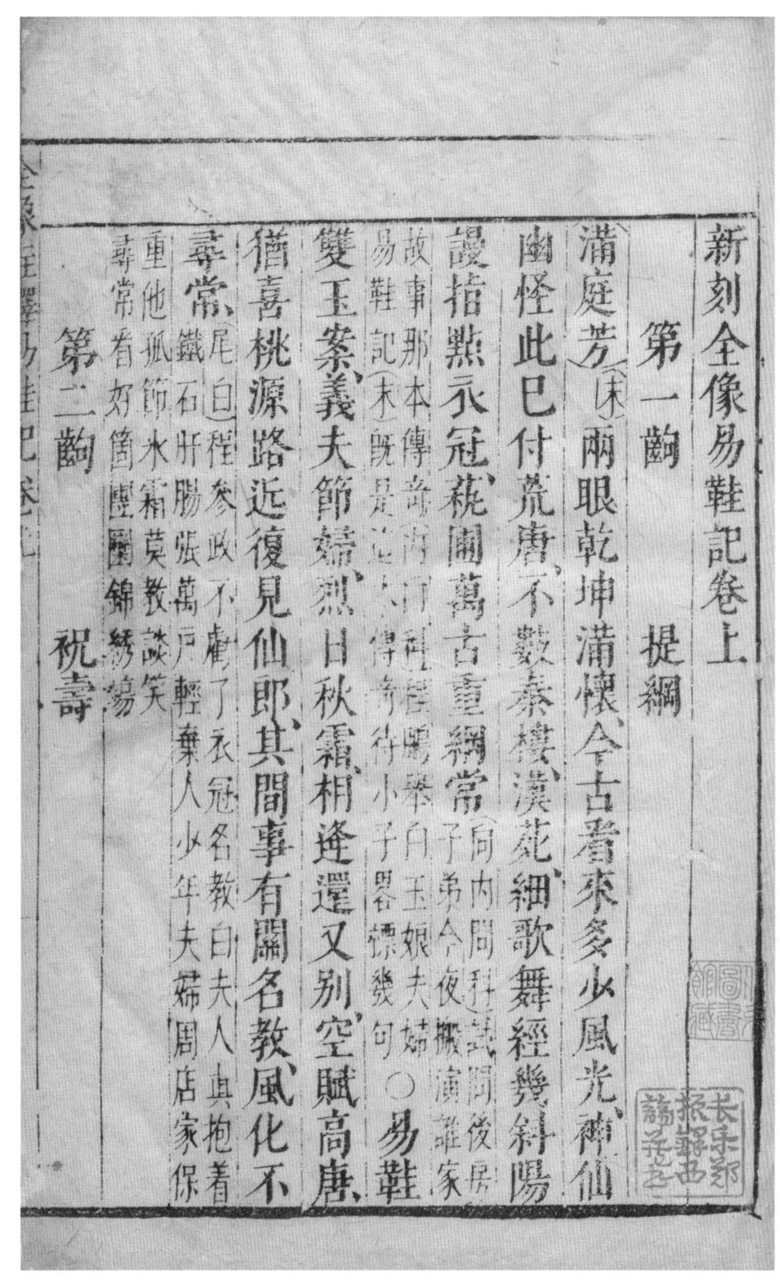

新刻全像易鞋記二卷　〔明〕沈鯨撰

明唐氏文林閣刻本

二册

半葉十一行二十字，白口，四周單邊。眉欄鎸評。版框 21.4×14.5 厘米

16177（10597）

新鐫女貞觀重會玉簪記二卷　〔明〕高濂撰

明刻本　鄭振鐸跋

二册

半葉十行二十字，白口，四周單邊。版框 19.5×13.4 厘米

16227（10715）

家室。以遂于飛。有何不可(生)爹爹在上。若論功名
之事。當遵台命。婚姻成不。何必掛懷(外)既然如此
進安那里(丑)扮進安上抱琴聽月露。洗墨惹烟雲
受得燈窓苦。方成舘閣人。稟上老爺奶奶。有何分
付(外)進安。你可急去收拾琴劍書箱。跟隨大相公
長安赴試。休得遲悞(丑)知道了。腰懸三尺劍。箱捲
五車書(下)(外)孩兒。今日黄
道良辰。你可就此拜别
(園林好)(生)念咫尺驕驄遠遊杰瀟瑟庭幃景幽此去
雲山迤逗揾不住淚雙流按不下苦心頭
(江兒水)(老旦)習學時方就功名志欲酧我那兒上林試展
攀花手未行先問歸時候(外)休因離別重回首快着
絲鞭馳驟豹尾蟠頭佩玉争先左右
(五供養)(生)胷中自剖論所學孰先孰後詞傾三峽水
氣吐五湖秋我那親行景入夕陽衰榔關河空有夢
離恨倩誰收腸断雲霓淚沾紅袖(丑挑行李上科)
(玉交枝)(丑)行囊簇就相公門兒外蘭棹待舟征帆早渡
潮時候休因離別綢繆(老旦進安)大相公呵樟亭風露不慣遊
河橋車馬當先後(生)望白雲頻瞻故丘(外)上青雲名
揚鄉舊
(川撥棹)(老旦)難消受夢初回風雨稠(外)但得你身占鰲
頭占鰲頭繼簪纓佐衮旒(母子唱)(連科)且登臨莫强留(老旦)
我那兒把音書頻寄脩
(尾)(衆)淚痕别處迤紅豆客路不堪回首(老旦)我兒莫把鬧

們相頗動容，細細翻閱数过。於玉簪記的插圖尤為欣賞不已。然終不得不捧書還之。独於錄鬼簿則不忍一釋手。以其中的戏剧資料均為第一手的，少縱即逝，乃向主人力請一假，約以次日歸趙。孙氏慨允我们之清。我们心滿意足，抱書而回。就在當夜，拆書為三，由我们三人分寫之。这是值得通夜無眠地来抄寫的。这部抄本後来由北京大學付之影印，人人均可得見了。过

將近三十年了，當我第一次見到这部書的时候，离开現在。那时趙斐雲將赴宁波訪書，馬隅卿恰好閒居在家鄉。斐雲約我同行。我少年好事，一諾無辞。每工颶風大作，不能作海行了。乃經杭州、紹興，乘大汽車达宁波。我们住在陽明老宅的東廂，晝夜豪談，謀登天一閣不得，則訪書於馮孟顓、朱贊卿、孫祥熊三家。孟顓、贊卿皆尽出所有以資探討。孙君独吝，迟迟乃出明藍格鈔本錄鬼簿，後附有續編者，又明白綿紙刻本女貞观重会玉簪记二書。二書出，它皆闇然失色。我

有之，能不謂為書緣有合乎？十多年前，魚與熊掌，勢不可得兼。不意於十多年後，二書竟能璧合，此書索价至四百金，可謂昂甚。然不能不取之。聚書滿家，獨此二物縈系心頭，似爍爍作光，不僅書是白眉，即遇合亦甚奇也。一九五八年四月十日郑振鐸記，時小园中紅梅正含苞欲放，丁香、海棠均茁嫩葉，而郊外柳色已黃，春光徘徊，中人欲醉。

了十多年，在一九四七年的冬天，杭賈表十勤，購得錄鬼簿及玉簪記，欲以歸予。我久不購書，且方在窮鄉，亦無力以得之。然如見老友，實在捨不得放開它們。不得已，乃舉債以得錄鬼簿。却更無能併購玉簪記了。後聞玉簪記已為徐伯郊所有，則不復作收藏想。不意年初上海古籍書店函告云，更有白綿紙本女貞觀重會玉簪記，欲得之否？頗疑即是前書，姑函索閱。書至，果即是孫氏物也。三十年夢魂相思，終得

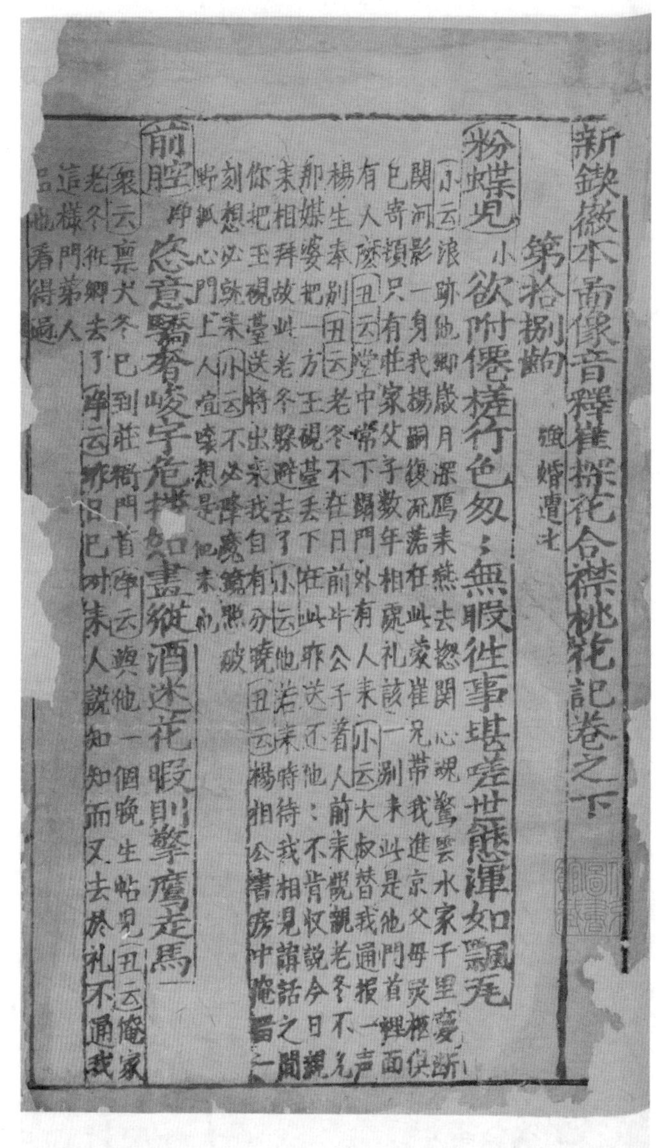

新鍥徽本啚像音釋崔探花合襟桃花記卷之下

第拾捌齣　[illegible]婚遣老

【粉蝶兒】小欲附偎[illegible]行色匆匆無暇往事堪嗟世態渾如飄蓬

(小云)浪跡他鄉歲月深鴈來燕去總關心魂驚雲水家千里夢斷關河影一身我楊嗣復飛落在此處崔兄帶我進京父母靈柩俱已寄頓只有莊家父子數年相處礼該一別來此是他門首裡面有人麼(丑云)堂中常下[illegible]門外有人來(小云)大叔替我通報一声楊生來別(丑云)老冬不在日前半公子着人前來說親老冬不允那媒婆把一方玉硯臺丟下在此那送還他不肯收說今日親來相拜故此老冬躲避去了(小云)他若來時待我相見講話之一聞你把玉硯臺送將出來我自有分曉(丑云)楊相公書房中俺留之刻想必就來(小云)不必聲[illegible]鏡照破斷[illegible]心門上人宣喚想是他來而

【前腔】恣意驕奢峻宇危樓如畫縱酒迷花暇則擎鷹走馬

(衆云)稟大冬巳到莊門首(淨云)與他一個晚生帖兒(丑云)俺家老冬往鄉去了(淨云)昨日已對來人說知知而又去於礼不通我這樣門第人品他看得過

新鍥徽本圖像音釋崔探花合襟桃花記二卷　〔明〕金懷玉撰

明刻本　鄭振鐸跋

一册　存一卷：下

半葉十一行二十一字，白口，四周單邊。版框 19.6×12.3 厘米

16238（10612）

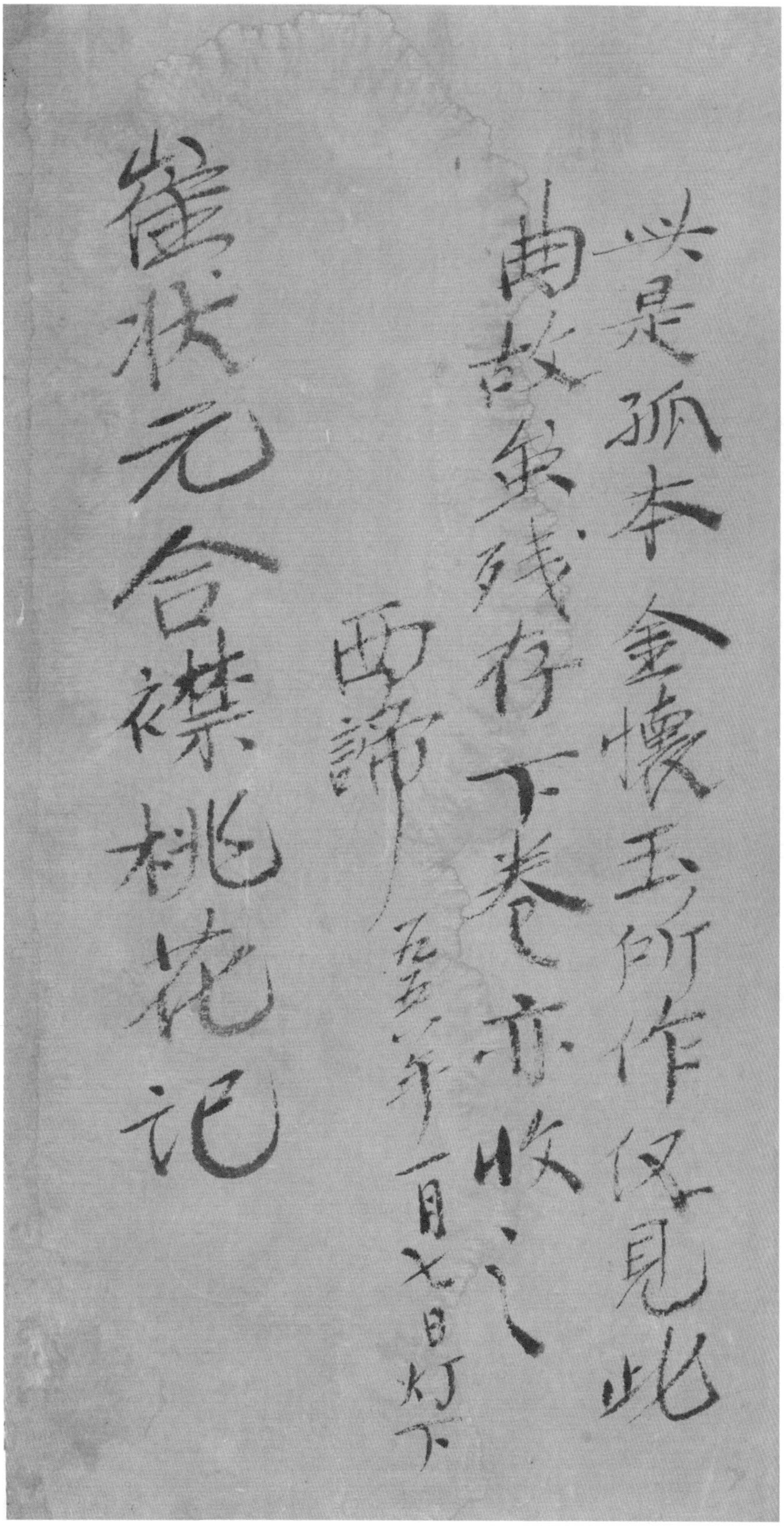

此是孤本金懷玉所作仅見此
曲故只残存下卷亦收之
西諦　五三年一月七日灯下

崔狀元合襟桃花記

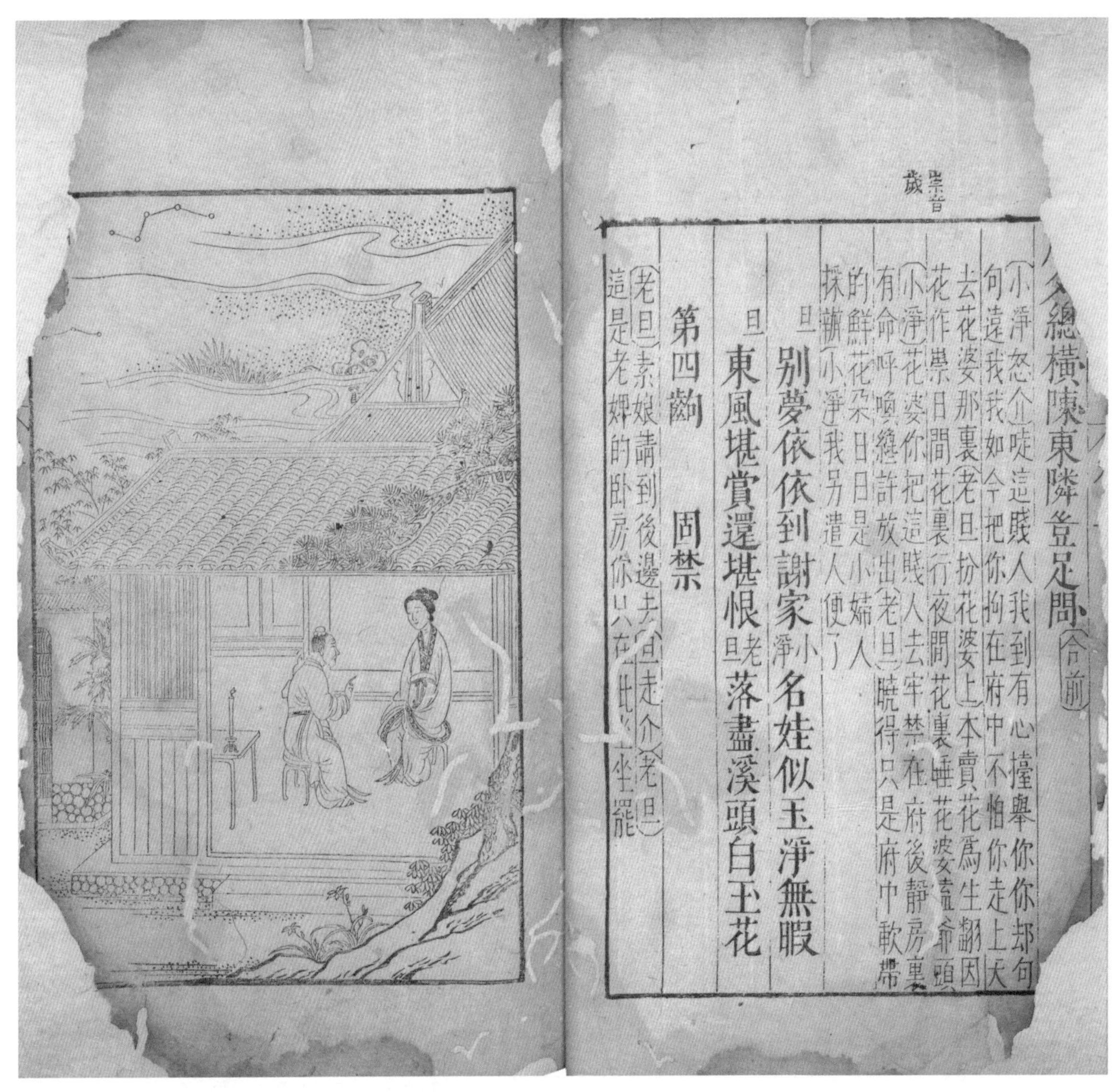

新刻趙狀元三錯認紅梨記二卷　〔明〕徐復祚撰

明刻本　鄭振鐸跋

二册

半葉十行十九字，白口，四周單邊。版框 20.2×13.2 厘米

16222（10601）

新刻趙狀元三錯認紅梨記二卷明萬曆刊本即刻之工至為精美插圖尤為生動有生意予嘗收有白綿紙本一部劫中以迫於債並他書二十餘種讓歸北平圖書館數年來往來胸中無片刻忘之頃北方書友某復持此黃紙印本者予一見即留之雖較遜予之白綿紙本然亦初印精晰人間殆無第三本也失之東隅收之桑榆亦杜門閉閣時一樂也春光遍地飛絮滿天明窗淨几間多此一物頗增顏色　紉秋居士

此本前後均有闕頁暇時當假平館藏本補錄

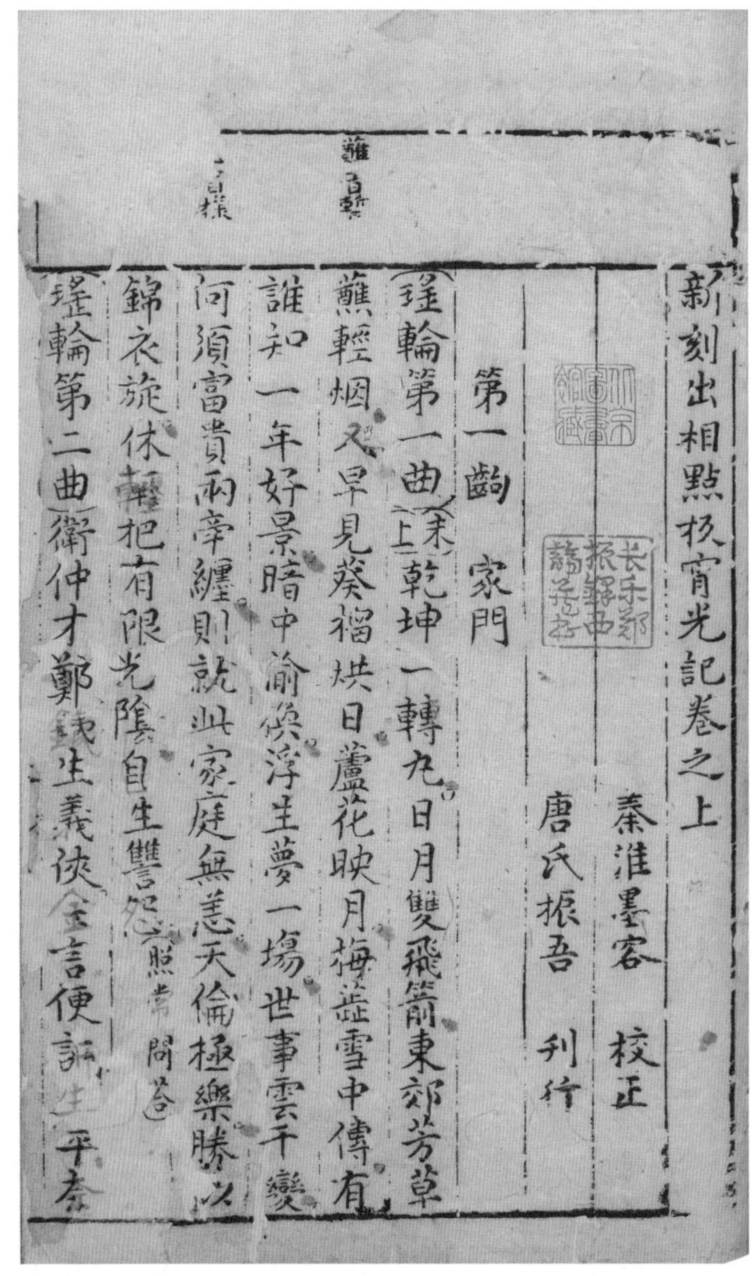

新刻出相點板宵光記二卷　〔明〕徐復祚撰

明唐振吾刻本

一册　存一卷：上

半葉十行二十字，白口，四周單邊。眉欄鐫音釋。版框 20.9×14.0 厘米

16203（10635）

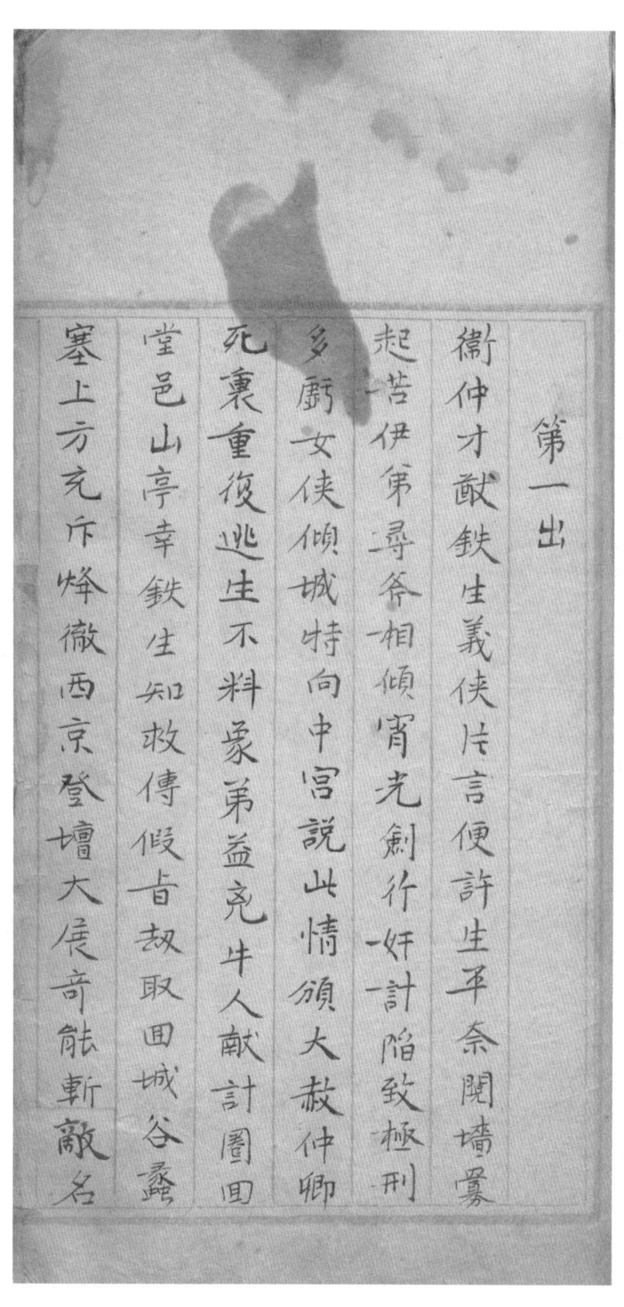

第一出

衛仲才獻鈇生義俠片言便許生平奈閲墻釁

起苦伊弟尋斧相傾宵光劍行奸計陷致極刑

多虧女俠傾城特向中宮說此情頒大赦仲卿

死裏重復逃生不料豢弟益兇牛人獻計圖田

堂邑山亭幸鈇生知救傳假旨劫取田城谷蠡

塞上方允斥烽徼西京登壇大展奇能斬敵名

宵光劍二卷　〔明〕徐復祚撰

清抄本

一册

半葉七行十八字，紅格，白口，四周雙邊。版框 15.5×9.8 厘米

16727（補 599）

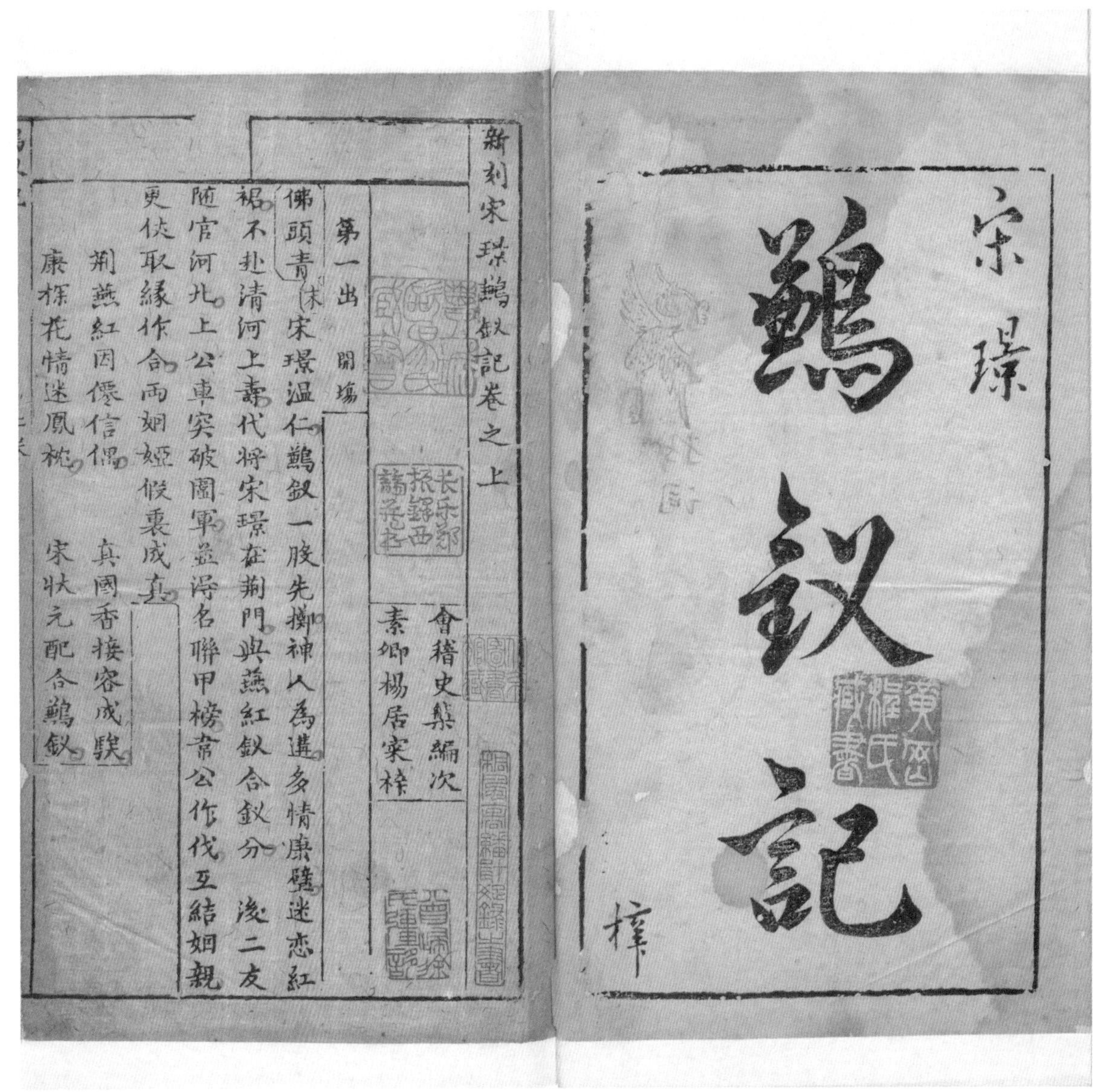

新刻宋璟鶼釵記二卷　〔明〕史槃撰

明書林楊居寀刻本

二册

半葉十行二十五字，白口，四周單邊，無直格。有眉欄。版框 20.7×12.4 厘米

16185（10636）

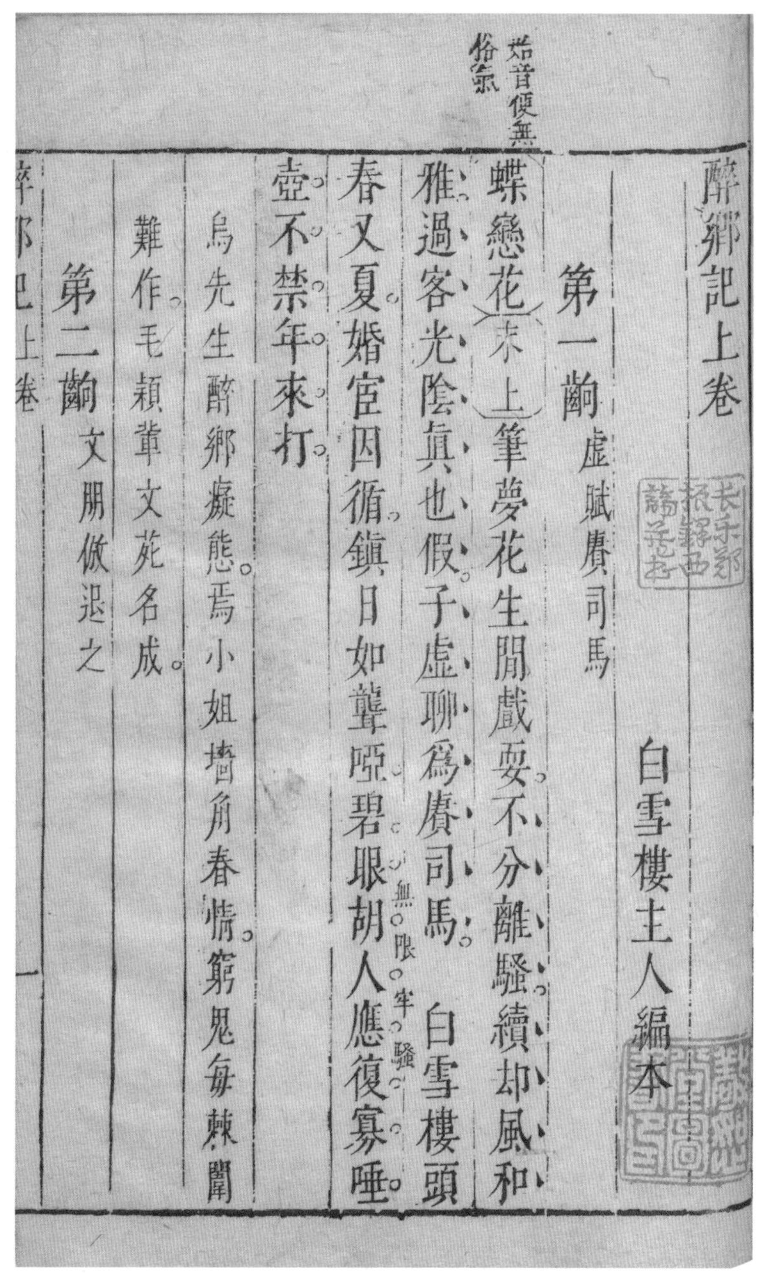

若音便無俗氣

醉鄉記上卷　　白雪樓主人編本

第一齣　虛賦賡司馬

蝶戀花【末上】筆夢花生閒戲耍不分離騷續却風和雅過客光陰真也假子虛聊爲賡司馬　白雪樓頭春又夏婚宦因循鎮日如聾啞碧眼胡人應復寡唖無限牢騷壺不禁年來打

烏先生醉鄉癡態焉小姐墻角春情窮鬼每棘闈難作毛穎輩文苑名成

第二齣　文朋做退之

醉鄉記上卷　一

白雪樓二種四卷　〔明〕孫鍾齡撰

明崇禎刻本　鄭振鐸跋

八册

半葉十行二十字，白口，四周單邊。版框 20.7×14.5 厘米

16241（10613、10614）

樂府第一奇○或題之曰鮮嘲或題之曰答賓戲

東郭記卷上

白雪樓主人編本

第一齣 離婁章句下

西江月【末笑上】莫怪吾家孟老也知徧國皆公些兒不脫利名中盡是乞墦登壟　長袖妻孥易與高巾（超○世○名○言）仲子難逢而今不貴首陽風索把齊人尊捧

走東郭的齊人英雄本色訕中庭的妻妾兒女深情隱於陵的仲子清廉腐漢爭壟斷的王驩勢利先生（妙）【下】

第二齣 人之所以求富貴利達者

此記刻淨淨濃濃凡四十四齣殊見匠心獨運才高難及耳夫科舉未以牢籠天下人才而科舉之敝則庸者登庸而才人見棄處內憂外患交煎之際肉食者唯知固位保祿在野者則愁嘆抑抑無有以國事爲意慮者明帝國之亡固非偶然事也　紉秋書時距得書時已十載矣

予前獲孫仁孺東郭記爲白雪樓原刊本已是得意今復得仁孺醉鄉記於北平益爲之狂喜仁孺才未遇知故滿肚牢愁托之烏有亡是之流以見其意東郭是諷刺此記則譏於謾罵矣明清之間抑塞未遇之士往往喜掇拾李白登科杜默哭廟之三事[illegible]抒其悲憤仁孺亦其流亞也惟彼輩僅以數折短劇寫之仁孺

東郭記二卷六十種曲收入無作者姓氏又見一道光刊袖珍本則已改易作者姓氏矣此是萬曆原刊本有白雪樓主人孫仁孺自序仁孺又号峨眉子未知其里居仕履殆是蜀人或仕遊於蜀者當時蜀中演劇之風亦頗盛也我國諷刺劇最是罕見此戲嬉笑怒罵皆成文章一雋永之人情諷刺劇也作者殆具一肚皮憤世嫉俗之鬱鬱歟予别藏一醉鄉記爲崇禎間刊本亦仁孺所作則三百年來未見翻印本矣

紉秋居士書

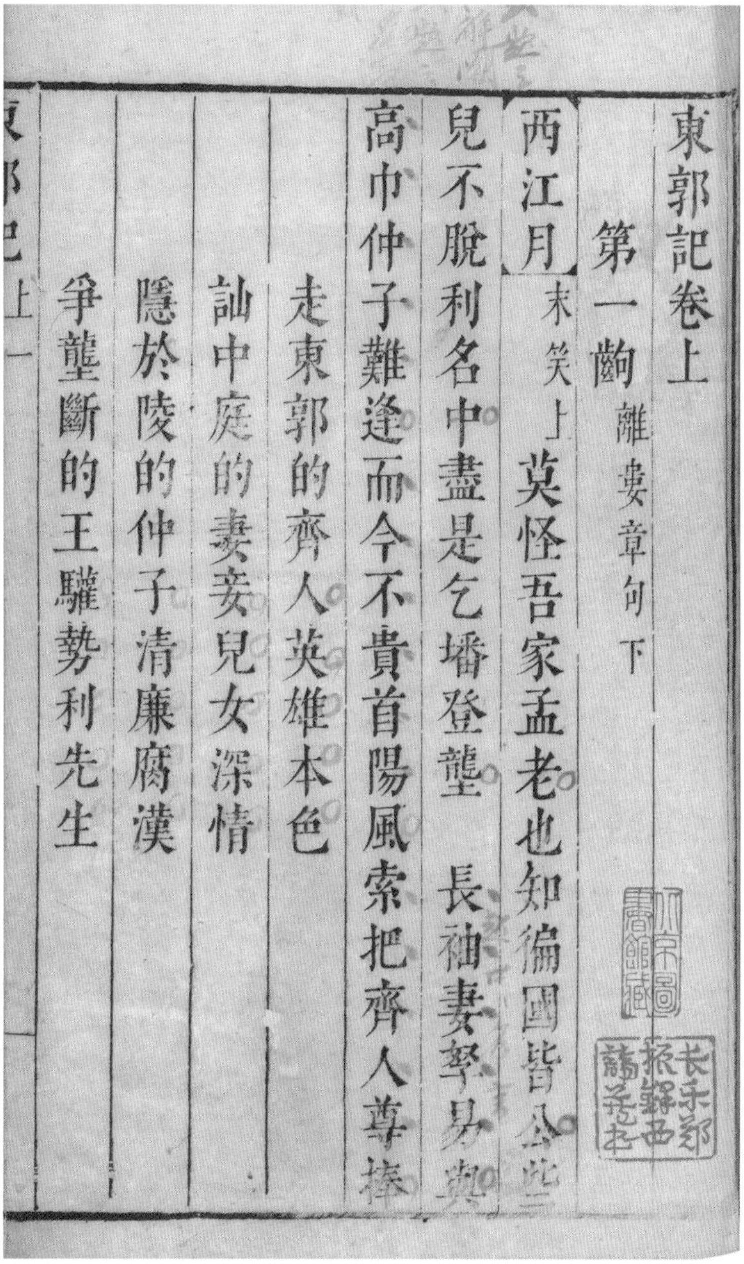

東郭記卷上
第一齣 離婁章句下
西江月 末笑上 莫怪吾家孟老也知徧國皆公些
兒不脫利名中盡是乞墦登壟 長袖妻孥易與
高巾仲子難逢而今不貴首陽風索把齊人尊捧
走東郭的齊人英雄本色
訕中庭的妻妾兒女深情
隱於陵的仲子清廉腐漢
爭壟斷的王驩勢利先生

東郭記 上 一

東郭記二卷 〔明〕孫鍾齡撰

明末毛氏汲古閣刻六十種曲本

一册

半葉九行十九字，白口，左右雙邊。版框 20.0×13.0 厘米

賞甫西廂義仍還魂子塞嬌紅皆以幽情艷詞委婞動人此曲情出乎正而思致陵楚才華艷發模神寫照啼笑畢真使見者魂搖色動則與曲同工合彼三書共成四美

張玉娘閨房三清鸚鵡墓貞文記上

古越孟稱舜著　陳箴言　俞而介　呂玉師　王毓蘭　仝點正

第一齣　標目

玉樓春（末上）楓林一片傷心處、芳艸凄凄鸚鵡墓、自來貞女定多情、謾道情多紛似絮。　我情似海和誰訴、彩筆譜成腸斷句、不堪唱向女貞祠、楓葉翻飛紅淚雨。（沁園春）張女情深、沈郎情重、許結絲蘿奈親心中變、盟辭相左、黄姑織女、隔斷銀河、豪俊王郎、强求配合、好事從來生折磨、相摧挫、義男貞女、雨下枉踡

張玉娘閨房三清鸚鵡墓貞文記二卷　〔明〕孟稱舜撰

明崇禎刻本

一册　存一卷：上

半葉九行二十字，小字單行同，白口，四周單邊。版框 20.3×14.2 厘米

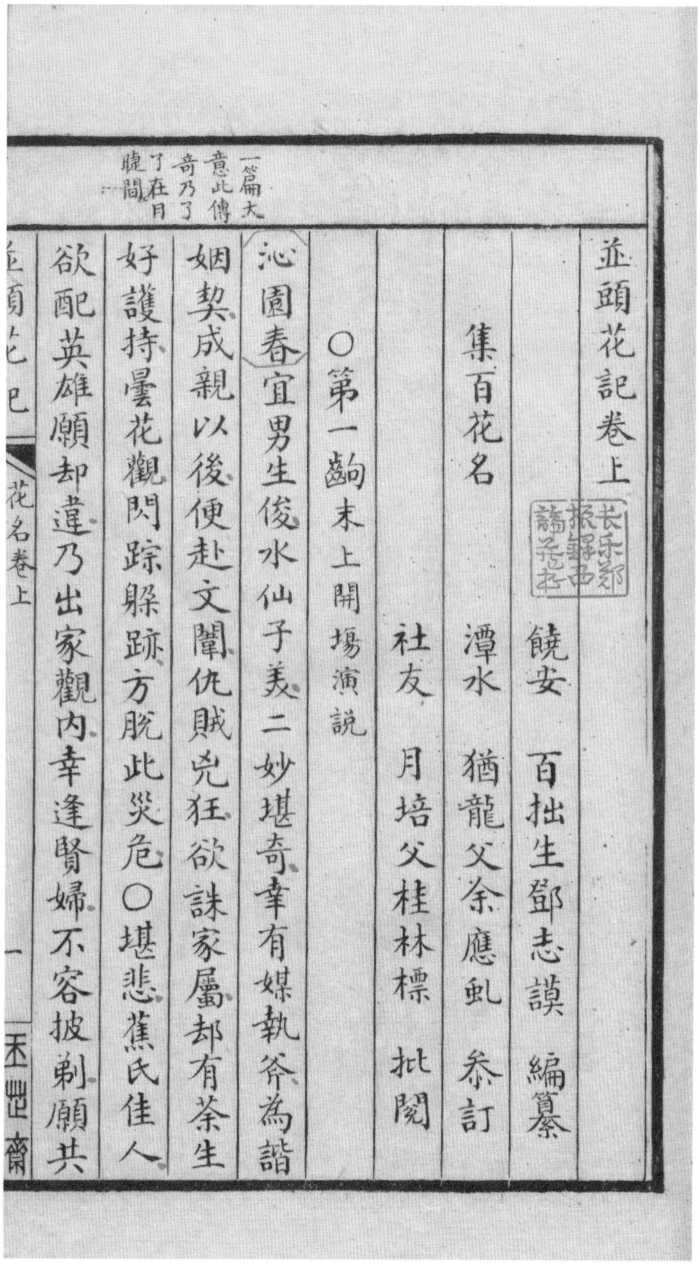
一篇大意此傳奇乃了了在目瞭一間

並頭花記卷上

饒安　百拙生鄧志謨　編纂

集百花名

潭水　猶龍父余應虬　參訂

社友　月培父桂林標　批閱

○第一齣　末上開場演說

沁園春　宜男生俊水仙子羨二妙堪奇韋有媒執斧為諧

姻契成親以後便赴文闈仇賊兇狂欲誅家屬卻有茶生

好護持曇花觀閃踪躲跡方脫此災危○堪悲蕉氏佳人

欲配英雄願卻違乃出家觀內幸逢賢婦不容披剃願共

並頭花記　花名卷上　一　玉芝齋

五局傳奇五種十卷　〔明〕鄧志謨撰

清玉芝齋抄本

八册　存四種八卷：並頭花記二卷、瑪瑙簪記二卷、鳳頭鞋記二卷、新鍥樂府人氏生八珠環記二卷。

半葉九行二十二字，白口，左右雙邊。眉欄記評。版框 23.4×14.5 厘米

16207（10629－10632）

懷遠堂批點燕子箋記二卷　〔明〕阮大鋮撰

清初刻本

二册

半葉九行二十四字，小字單行同，白口，四周雙邊。版框 20.4×12.2 厘米

T02975（11708）

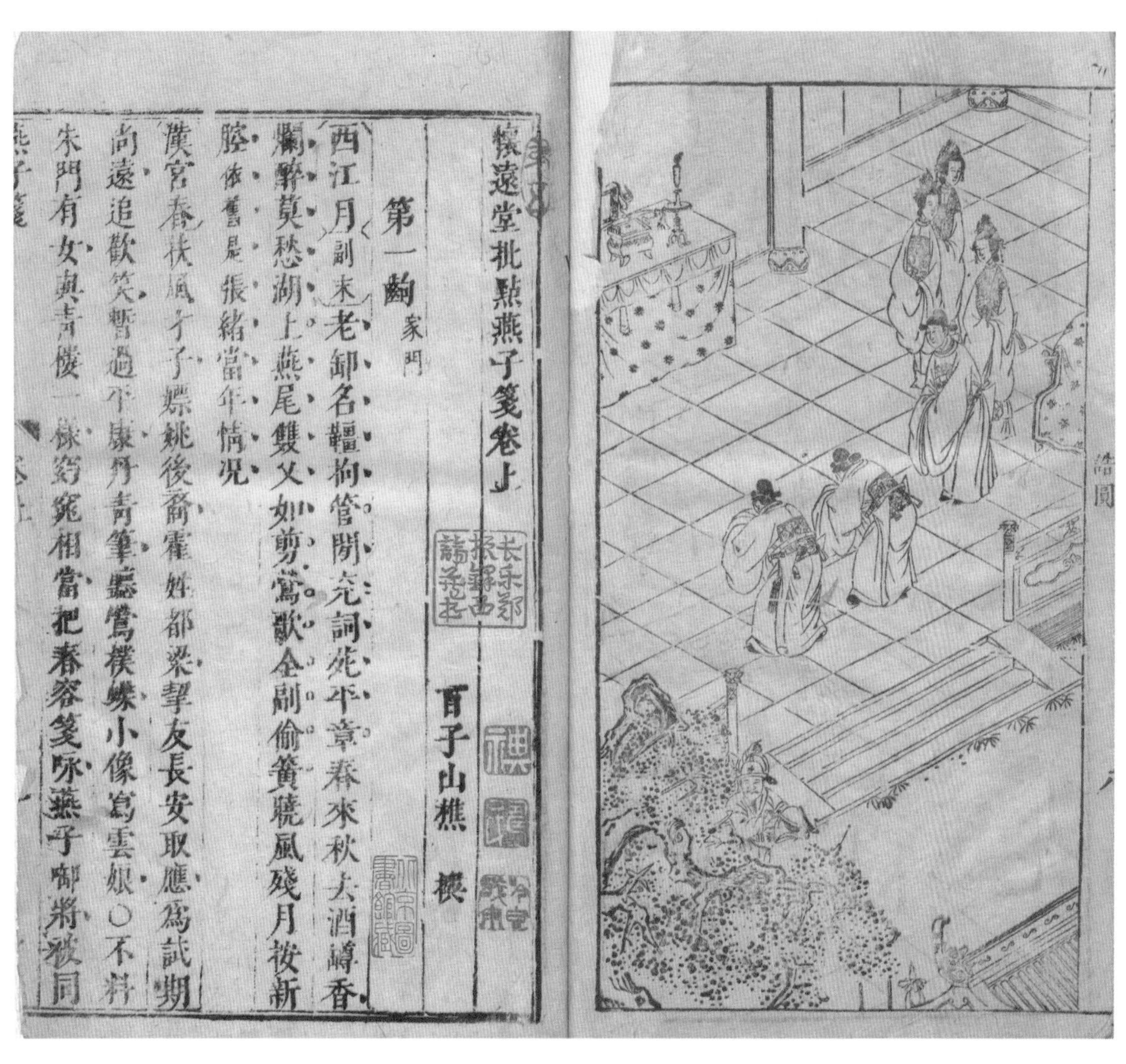

懷遠堂批點燕子箋卷上

百子山樵　撰

第一齣　家門

【西江月】（副末）老卸名韁拘管，閒充詞苑平章。春來秋去酒罇香，懶聽莫愁湖上。燕尾雙叉如剪，鶯歌金剮偷黃。曉風殘月按新腔，依舊是張緒當年情況。

【漢宮春】扶風才子霍都梁，挈友長安，取應為試期尚遠，追歡笑，暫過平康。丹青筆，嬌鶯雙蝶，小像寫雲娘。○不料朱門有女，與青樓一樣窈窕，相當把春容箋咏燕子，啣將被同

燕子箋　卷上

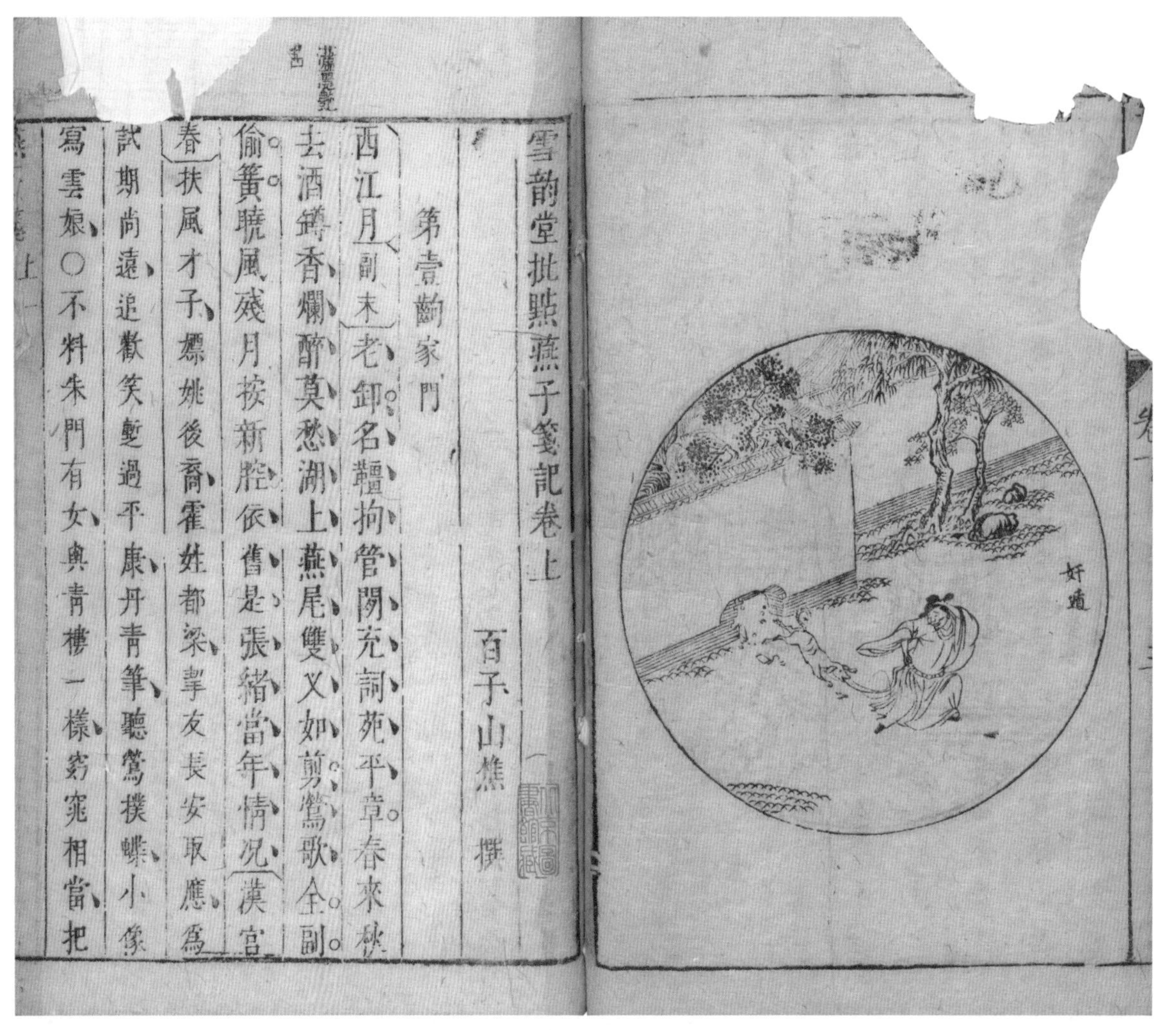

雪韻堂批點燕子箋記二卷　〔明〕阮大鋮撰

清初刻本

二册

半葉九行二十字，小字單行同，白口，四周單邊。版框 20.4×14.2 厘米

詠懷堂新編十錯認春燈謎記二卷　〔明〕阮大鋮撰

明末刻石巢傳奇四種本

四册

半葉九行二十字，白口，四周單邊。版框 20.4×14.2 厘米

16242（10617）

詠懷堂新編十錯認春燈謎記卷上

百子山樵　撰

第壹齣　提唱

西江月〔末上〕聖代文章有價、騷人墨筆流香、百花深處詠懷堂、畫個竹林小像、大阮名高南舍、小兒竊比東方、請君爛醉手中觴、莫管閑愁天樣、〔漢宮春〕京兆才人、宇文生彥、徙住巫陽、別兄隨親之任、前赴湘鄉、上元佳節、黄陵廟、謎合韋娘、沉醉後、官舟誤入、觸怒遂沉江、○後遇官軍擄獲、受許多磨折、獄底淒凉、幸

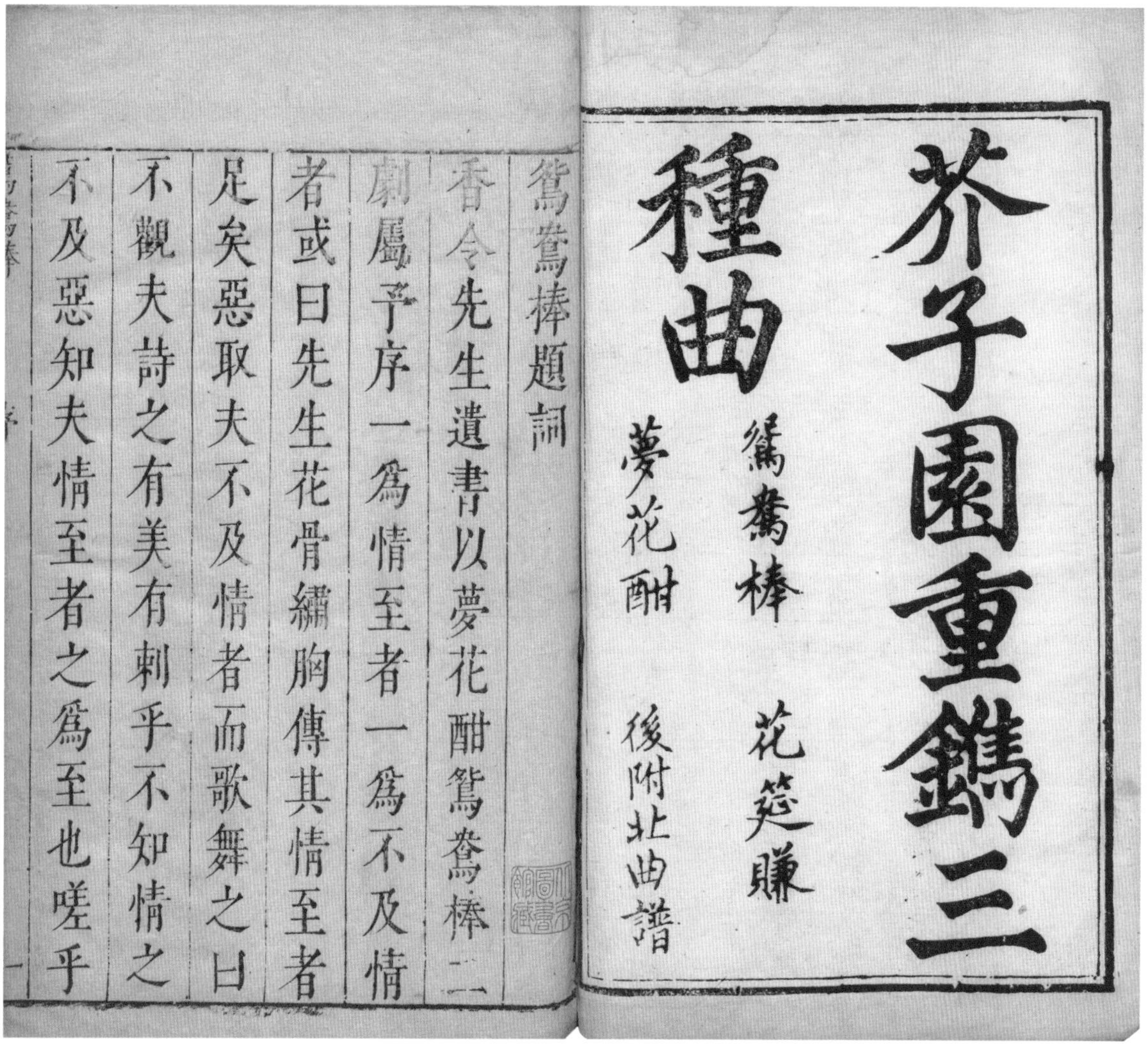
芥子園重鐫三種曲
鴛鴦棒　花筵賺
夢花酣　後附北曲譜

鴛鴦棒題詞
香令先生遺書以夢花酣鴛鴦棒二
劇屬予序一爲情至者一爲不及情
者或曰先生花骨繡胸傳其情至者
足矣惡取夫不及情者而歌舞之曰
不觀夫詩之有美有刺乎不知情之
不及惡知夫情至者之爲至也嗟乎

鴛鴦棒二卷　〔明〕范文若撰

明末刻清初芥子園印范氏博山堂三種曲本

二册

半葉九行二十字，白口，四周單邊。版框 20.2×14.2 厘米

鴛鴦棒卷上

吳儂　荀鴨　填詞

話柄

玉樓春　秋窓竹冷瀟湘紫瑶瑟如聞悲帝子但看春草向春生幾見情人爲情死　書生妾命同遷次夜雨離騷書一紙多情誰用管無情只爲多情腸斷耳

問内介

滿庭芳　薛子迍邅一身落魄錢家有女芳妍因貧

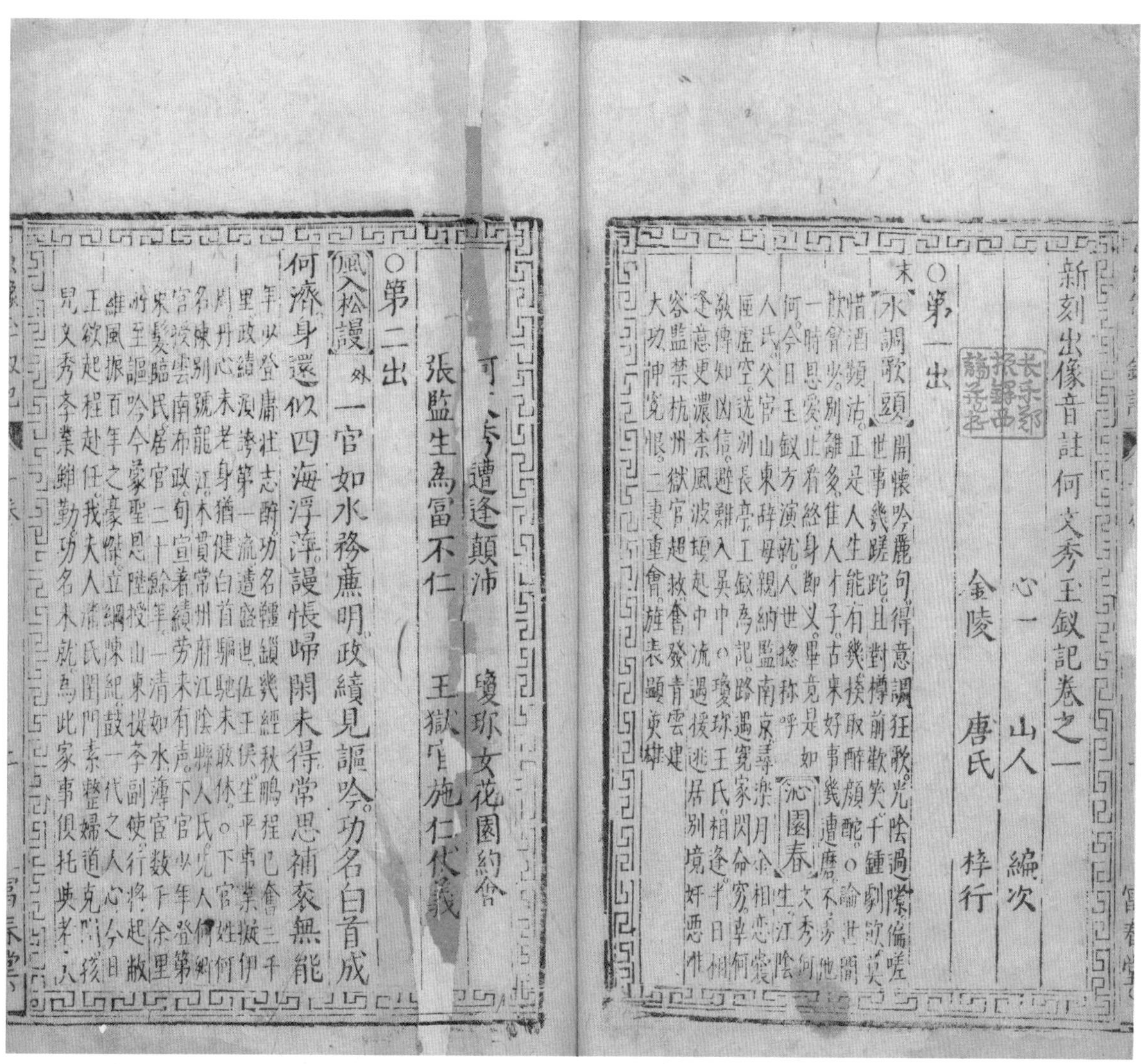

新刻出像音註何文秀玉釵記四卷　題〔明〕心一山人撰

明唐氏富春堂刻本

四册

半葉十行二十字，白口，四周花邊。版框 19.3×13.2 厘米

16183（10585）

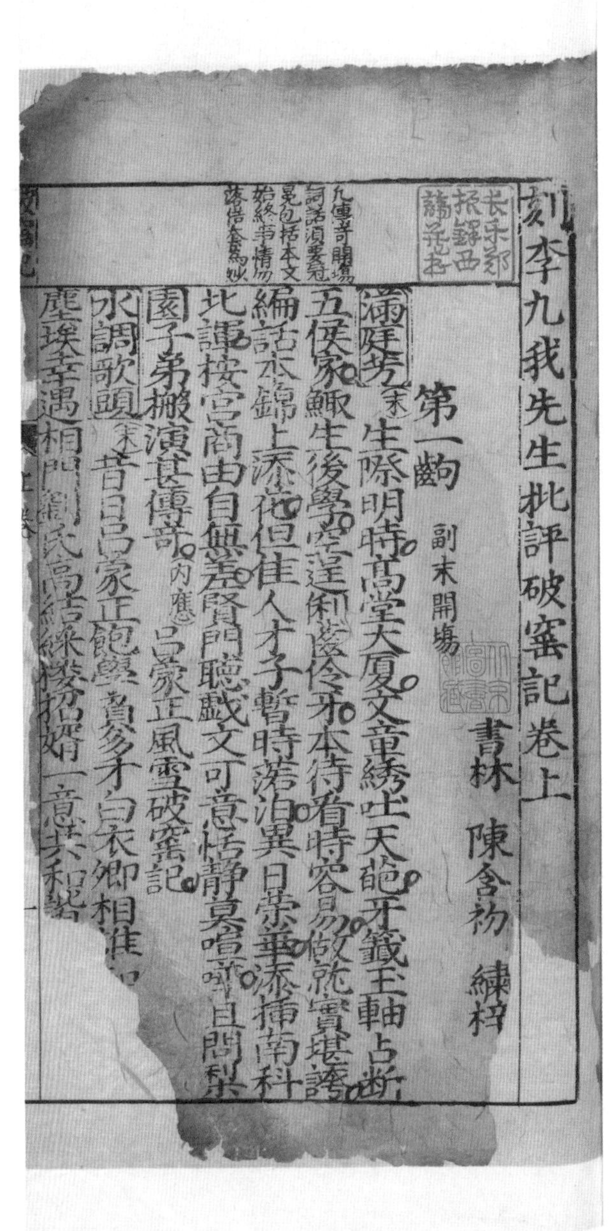

刻李九我先生批評破窰記二卷

明書林陳含初、詹林我刻本

四册

半葉十行二十四字，白口，四周單邊，無直格。眉欄鎸評。版框 20.4×12.5 厘米

16214（10592）

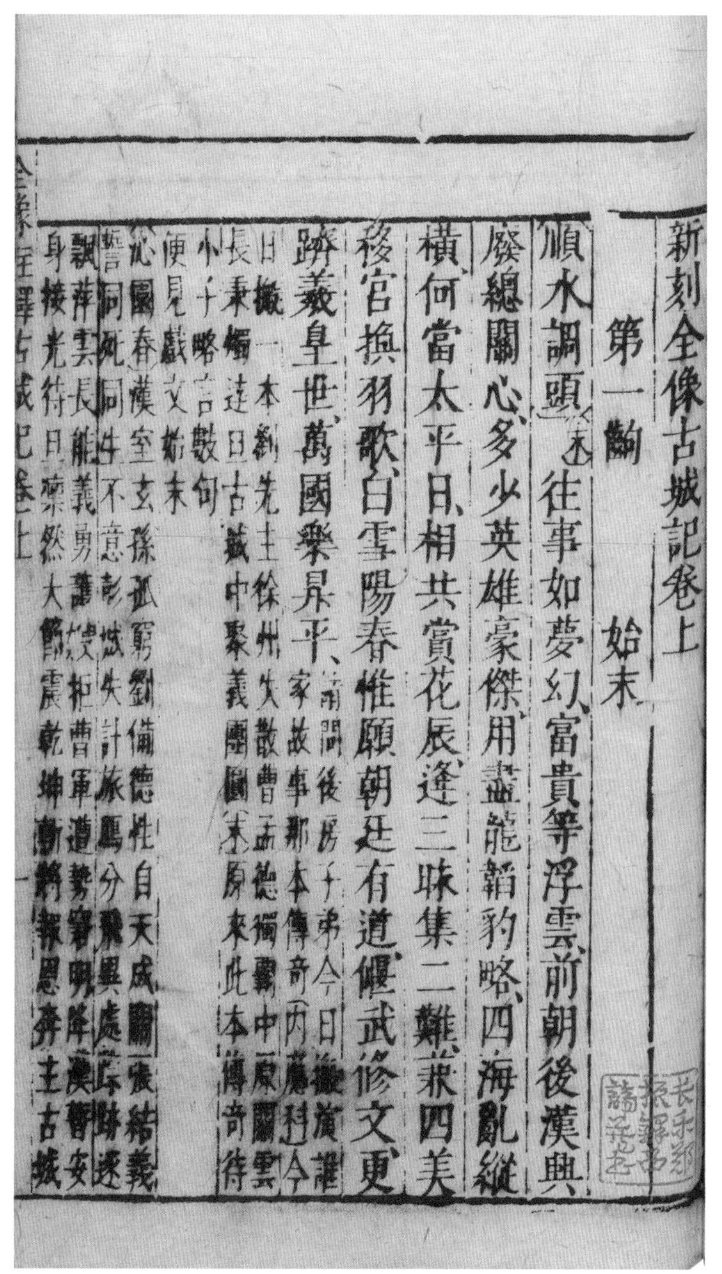

新刻全像古城記二卷

明唐氏文林閣刻本

一册

半葉十一行二十字，白口，四周單邊。眉欄鐫音釋。版框 21.0×14.2 厘米

16186（10600）

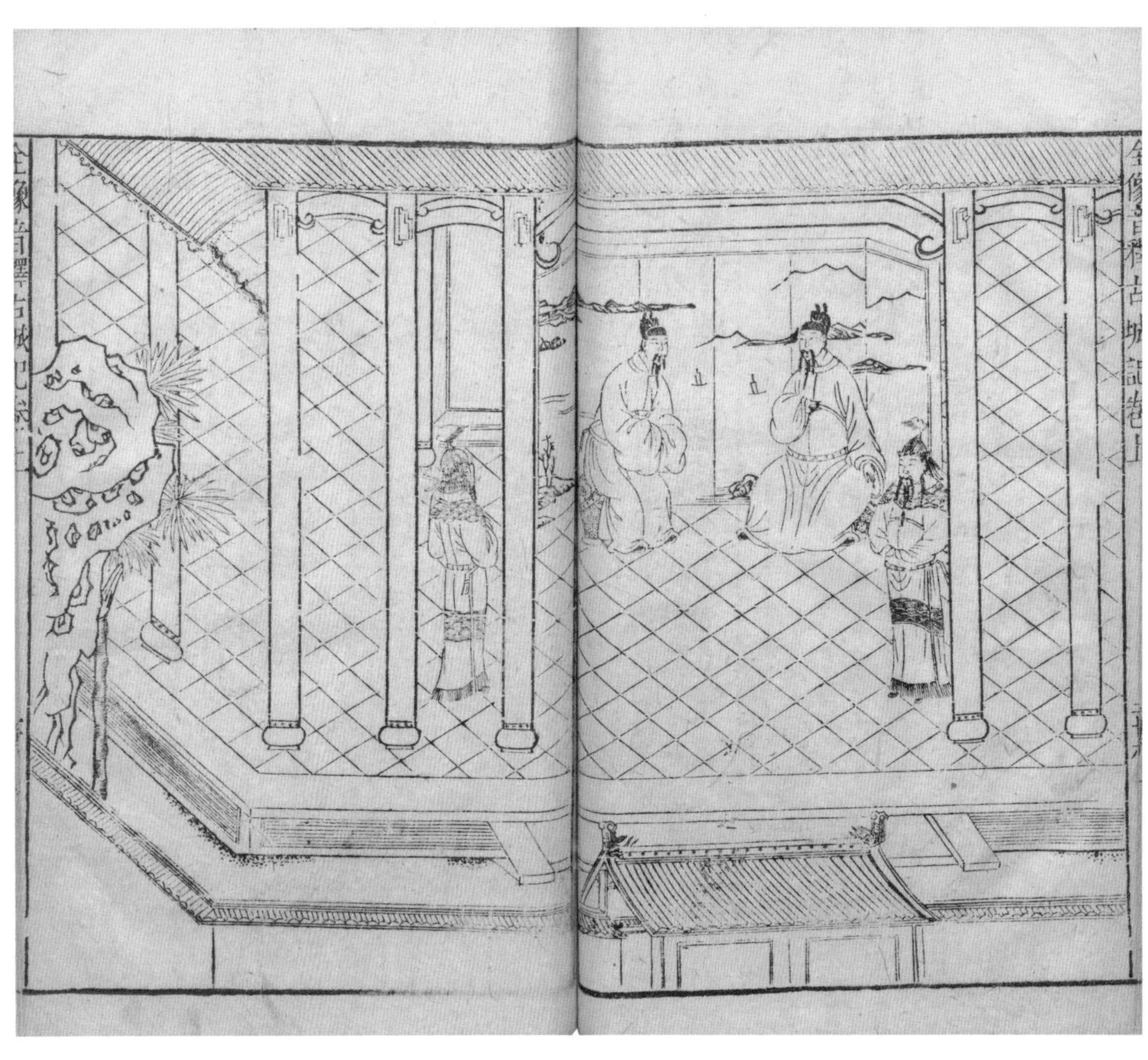
全像音釋古城記卷上
全像音釋古城記卷上

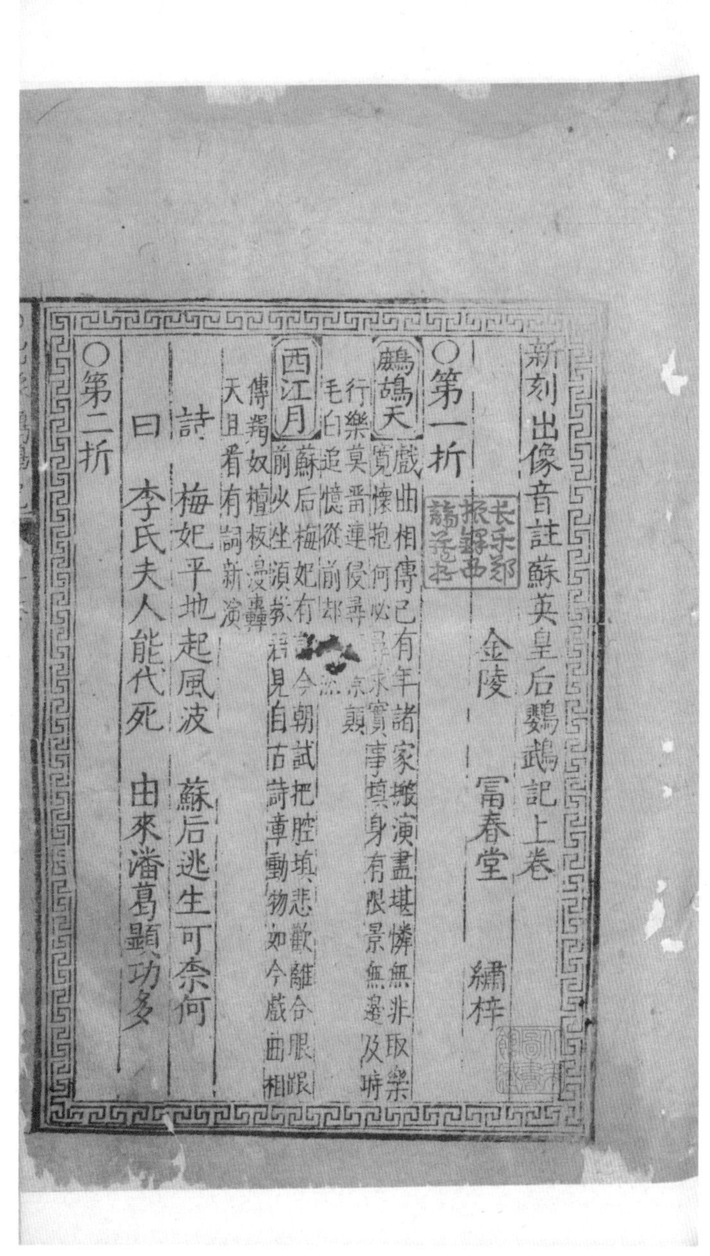

新刻出像音註蘇英皇后鸚鵡記二卷

明唐氏富春堂刻本

二册

半葉十行二十一字，白口，四周花邊。版框 19.4×13.1 厘米

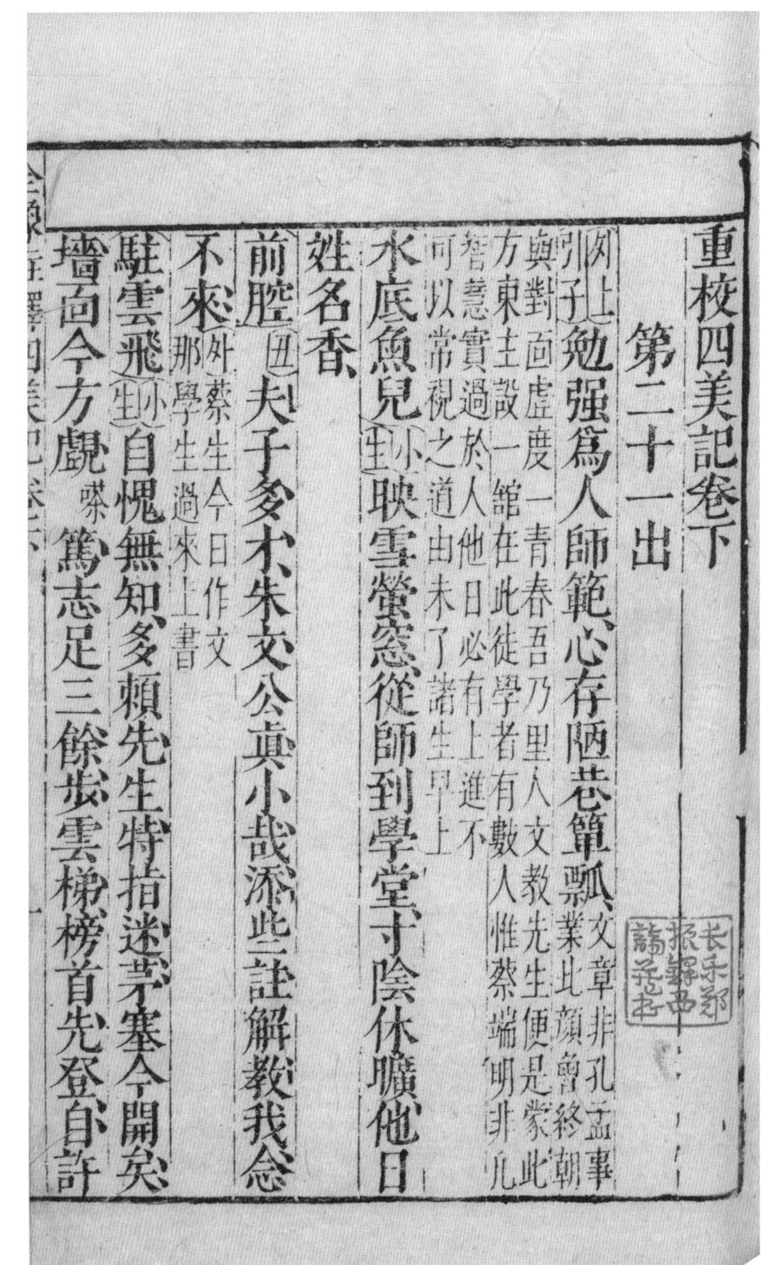

重校四美記卷下

第二十一出

〔丙上〕引子勉强爲人師範，心存陋巷簞瓢，文章非孔孟事業，比顔曾終朝與對面虚度一青春。吾乃里人文教先生便是。蒙此方東主設一館在此，徒學者有數人，惟蔡端明非凡。智慧實過於人，他日必有上進，不可以常視之。道由未了，諸生早上。

水底魚兒〔小生上〕映雪螢窗，從師到學堂，寸陰休曠，他日姓名香。

前腔〔丑〕夫子多术，朱文公真小哉，添些註解教我念不來。〔外〕蔡生，今日作文，那學生過來上書。

駐雲飛〔生〕〔小〕自愧無知，多賴先生特指迷，茅塞今開矣，墻面今方覷。〔嗏〕篤志足三餘，步雲梯，榜首先登，自許

重校四美記二卷

明唐氏文林閣刻本

二册

半葉十一行二十字，白口，四周單邊。眉欄鐫音釋。版框 21.1×14.5 厘米

16375（11715）

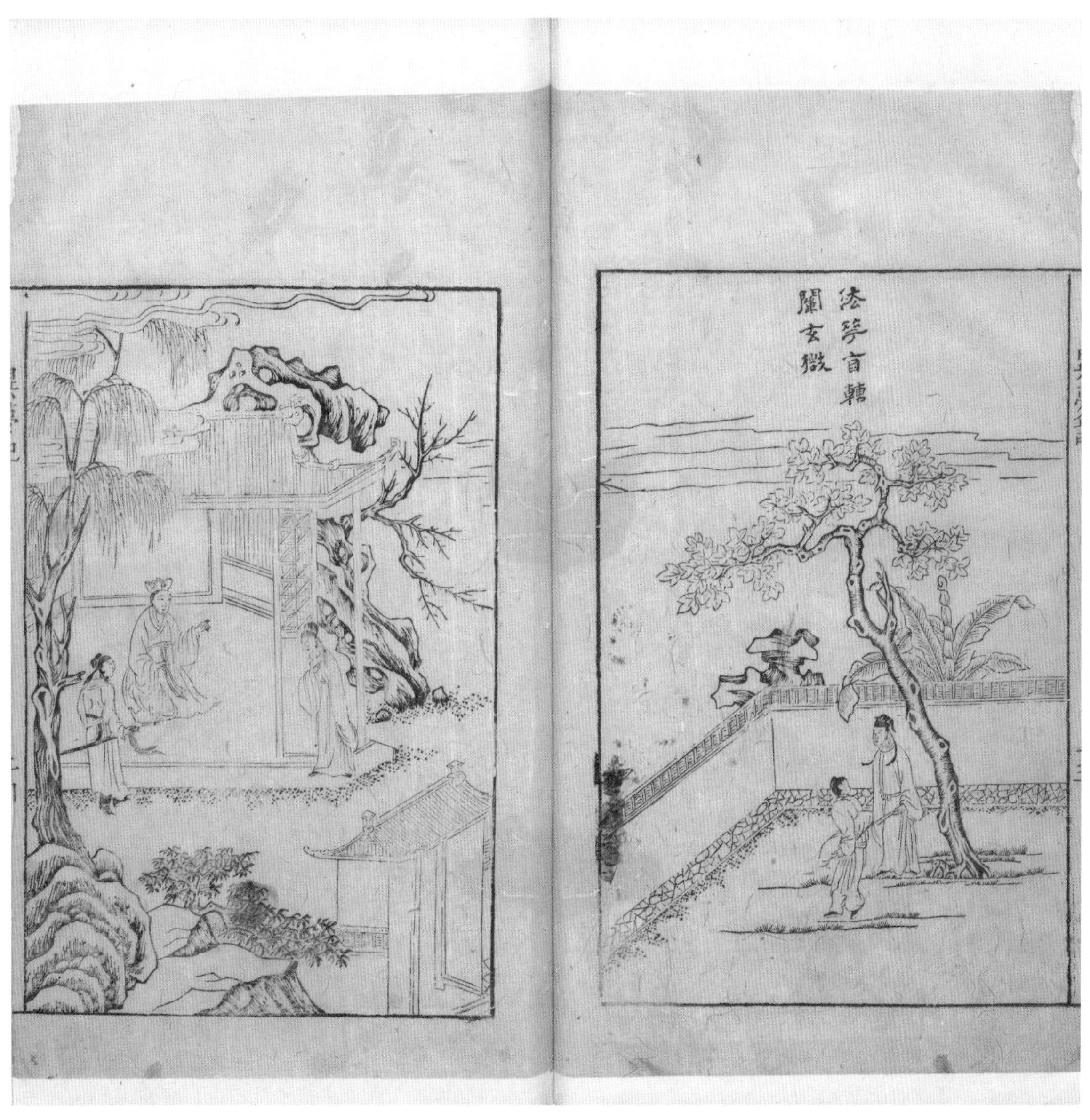

玉茗堂批評異夢記二卷　〔明〕王元壽撰　〔明〕湯顯祖評

明萬曆刻本　鄭振鐸跋

四册

半葉十行二十一字，白口，四周單邊。版框 21.8×14.0 厘米

16235（10618）

玉茗堂批評異夢記卷上

第一齣 開宗

〔如夢令〕（末上）世上百年長夜一熟黄粱堪詫甕底醉求眠知道誰窮誰達醒罷醒罷蕉鹿聚蟻皆假

〔慶清朝慢〕顧女雲容王郎奇俊仙郎合配娉婷驀地花間邂逅眠底傳情兩下投瓊解珮一場幽夢分明風波起朋儕巧計錯配鴛盟 璠璵碎瓊琚折傷心處水府再回生學士攜紅歸去相聚浮萍得意霜飛白簡妖僧毒皺盡潛形成名後種生雙璧好夢完成

顧雲容花間巧遇 王奇俊夢裡傳情

沈氏粹芬閣藏書於劫中散出多經葉銘山手予傾囊得
其七八種其中萬曆刊本皇明英烈傳尤為白眉此異
書也予亦思取之以困於資力略一躊躇已為平賈
所攫攜之北去六七年來恆往來夢寐中未能去
懷去冬書友孫實君獲鹽城孫氏書數十種予
見其目此書赫然在焉予驚喜過望力促實
君郵來不兩月此書果至予翻閱數過如見故人
而實君索值三萬三千金予時囊空如洗無以應

之姑囑其留下意知其必非吾有矣不一月果於友
人張叔平先生案頭見之叔平曰予有此君有且
為君得之可也予亦不欲奪叔平之所好遂置之不
間日過叔平書齋復見此書知已於今春
如值購之矣叔平見予深喜之乃慨然曰此以贈
君如何予大喜遂挾之以歸報之以明刊本馮氏經濟
類編百冊然此為孤本類編則不難得固未能相
提並論也叔平慷慨好義樂成人之美生平所為

多此類若輩無姻事故予實深感之也得此予
之曲庫中復多一奇書矣亟欲印入（影刊）傳奇第
二集中以廣流傳惜春以來物力艱難救死不
遑遑無閒情及此其將待之來春萬物蘇生時
為之乎
中華民國三十四年五月十三日　紉秋記
同時觀鄭穎孫氏散出之三會貞文庵玉簪
記白綿紙印本二冊於富晉書社索十萬金斯

書予與陽卿披雲遊鄭時嘗見之並誌其目
意以為必不可得今可得矣而復無力以得之
吁可嘆也已世間遇合因緣之緣殆皆如此歟
友人張蔥玉近亦留意於此類圖籍蔥玉
有得之之力者也當能致之於架上歟偶憶
及併記於此
紉秋又書

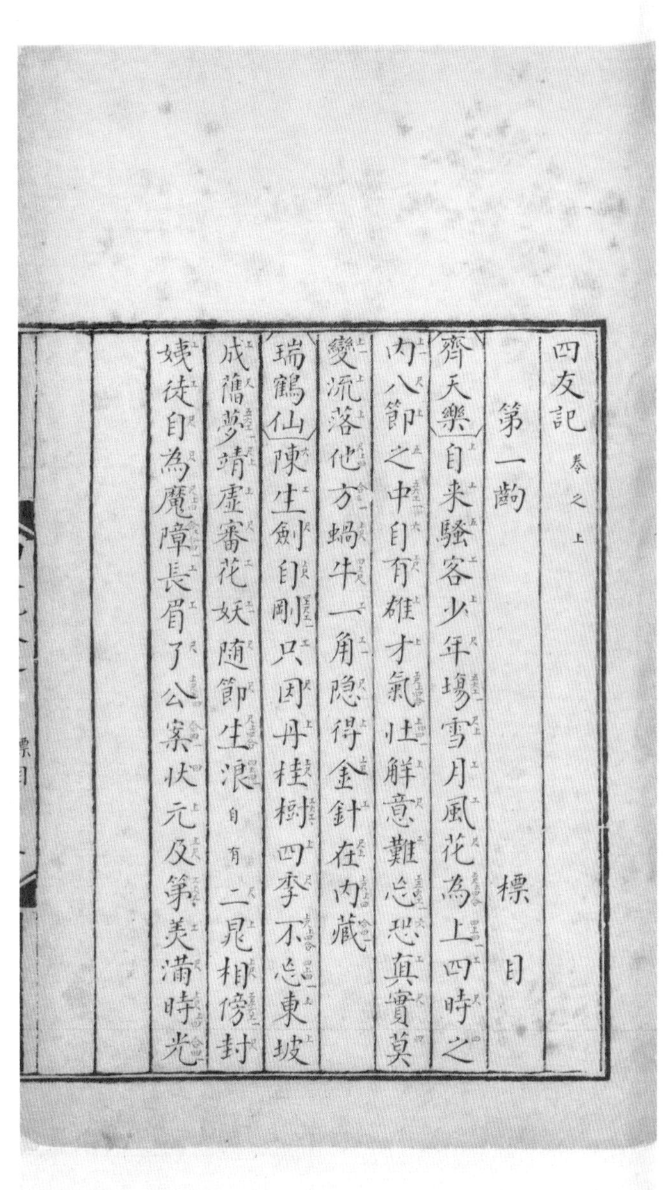
四友記 卷之上
第一齣 標目
齊天樂 自来騷客少年場雪月風花為上四時之
內八節之中自有雄才氣壯解意難忘恐真實莫
變流落他方蝸牛一角隐得金針在內藏
瑞鶴仙 陳生劍自剛只因丹桂樹四季不忘東坡
成循夢靖虛審花妖隨節生浪 自有 二晁相傍封
姨徒自為魔障長眉了公案狀元及第美滿時光

四友記二卷 〔清〕永恩撰

清抄本

四册

半葉十行十九字，黑口，四周雙邊。版框 17.2×13.6 厘米

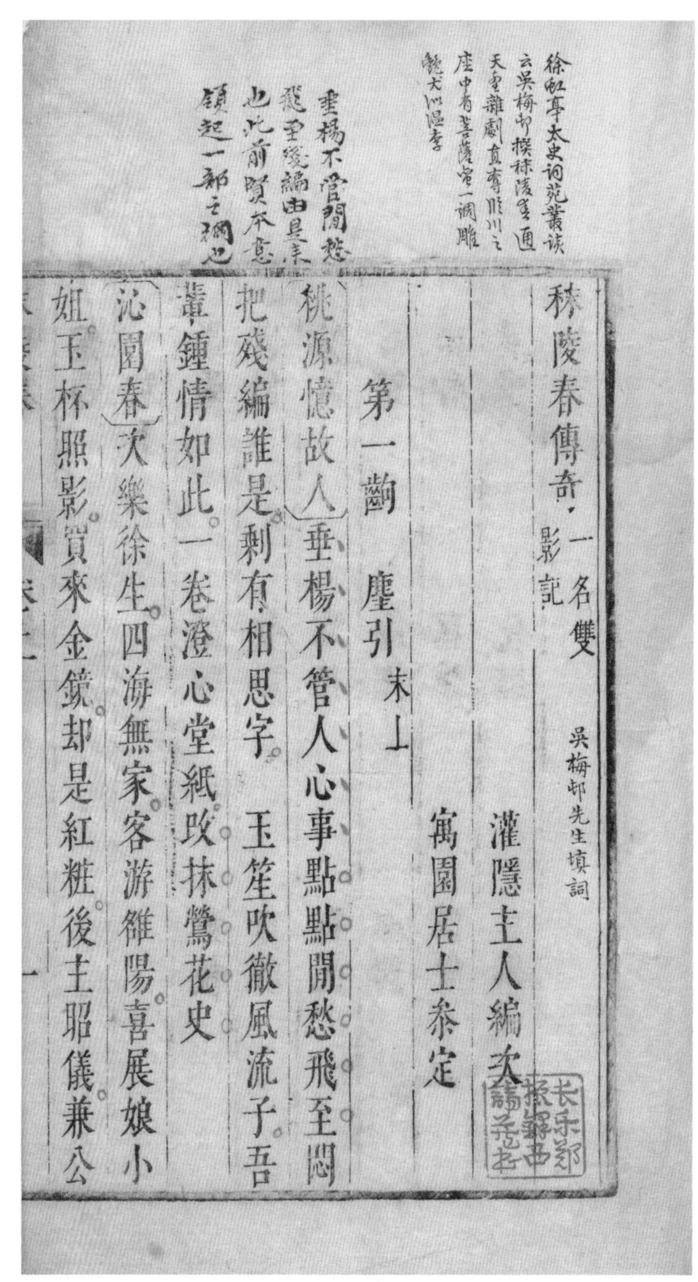

秣陵春傳奇二卷　〔清〕吴偉業撰

清初刻乾隆五十九年（1794）重修本　吴梅批跋並題詩

二册

半葉九行十九字，白口，左右雙邊。版框 19.7×13.1 厘米

16369（10891）

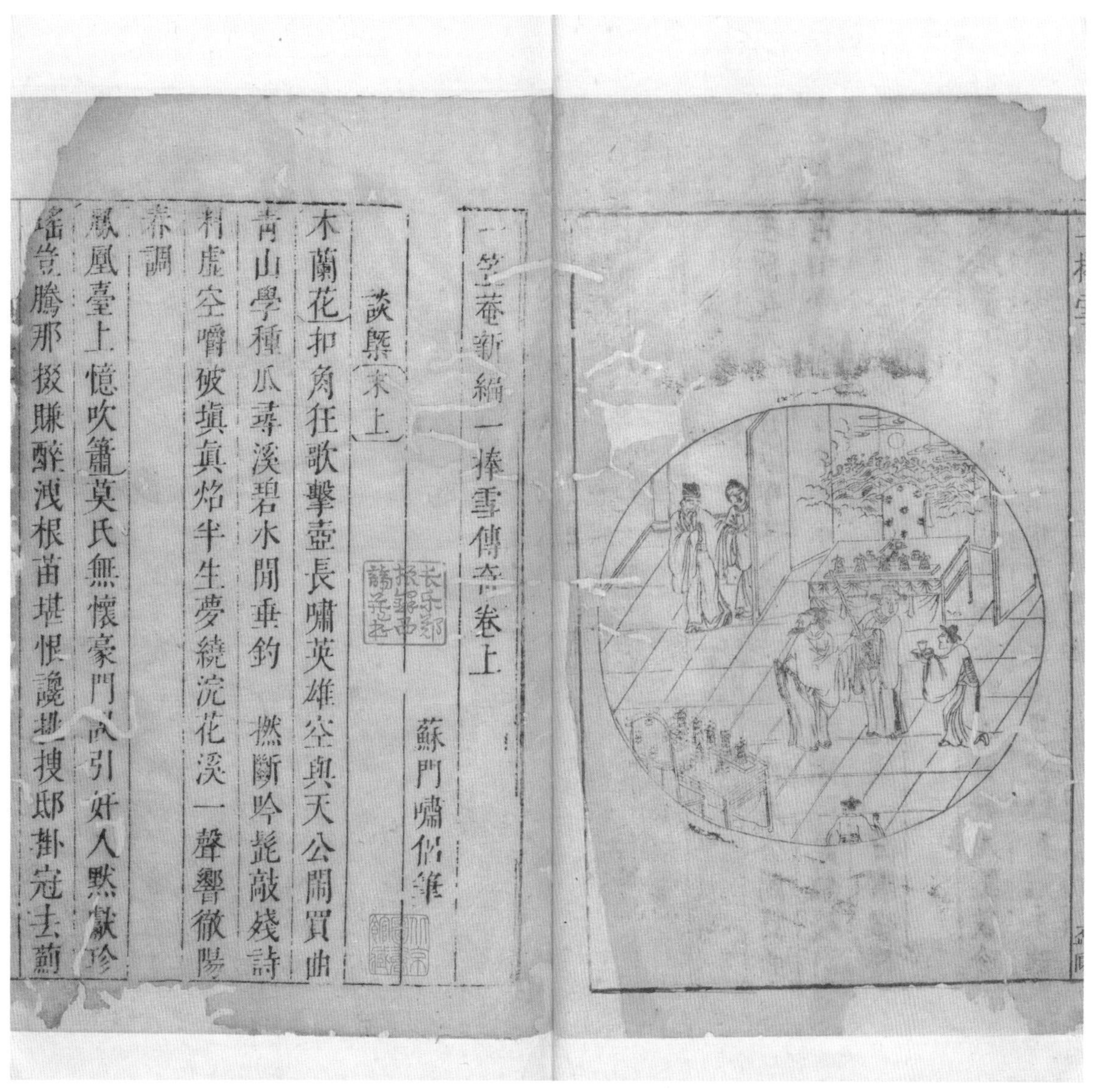

一笠庵新編一捧雪傳奇二卷　〔清〕李玉撰

清初刻本

四册

半葉九行二十字，白口，左右雙邊。版框 20.1×13.7 厘米

16200（10641）

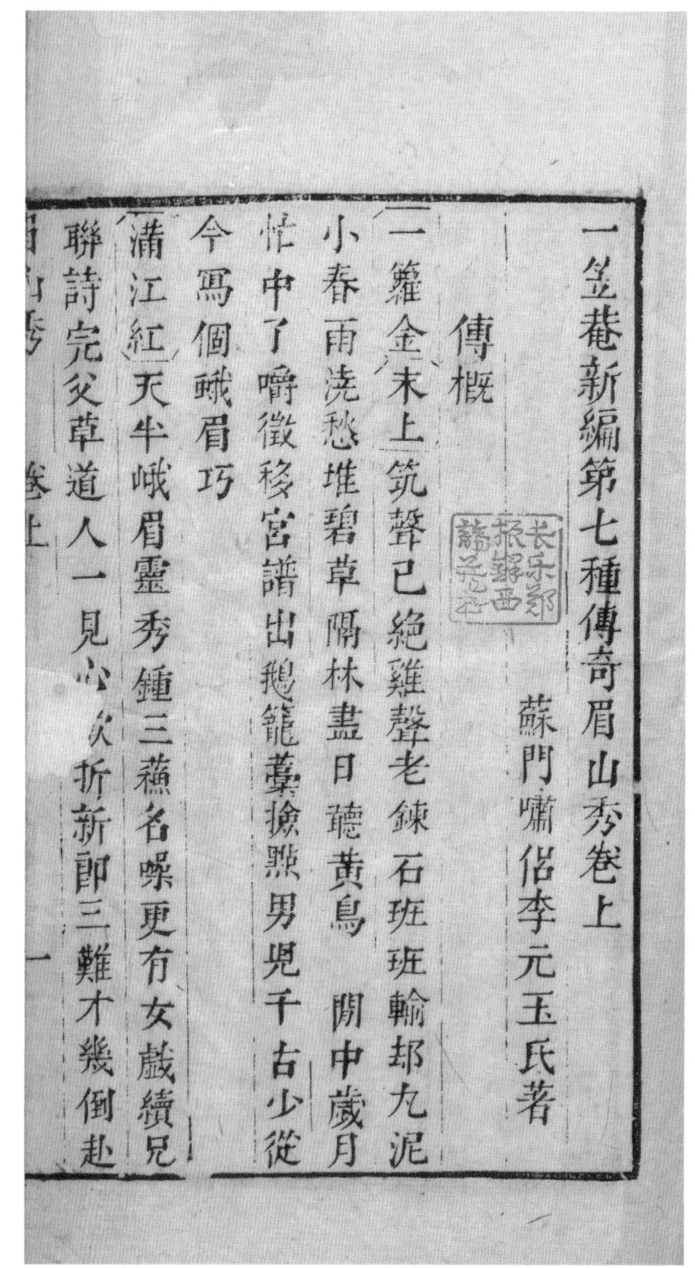

一笠菴新編第七種傳奇眉山秀卷上

蘇門嘯侶李元玉氏著

傳概

【一籮金】末上筑聲已絶雞聲老鍊石班班輸郤九泥小春雨澆愁堆碧草隔林晝日聽黃鳥　閒中歲月情中了嚼徵移宮譜出鶗籠蘘撿點男兒千古少從今寫個蛾眉巧

【滿江紅】天半峨眉靈秀鍾三蘇名噪更有女蕨績兒聯詩完父草道人一見心欣折新郎三難才幾倒赴

眉山秀　卷上　一

一笠庵新編第七種傳奇眉山秀二卷　〔清〕李玉撰

清初刻本

一册

半葉九行二十字，白口，四周單邊。版框 19.5×12.3 厘米

16204（10634）

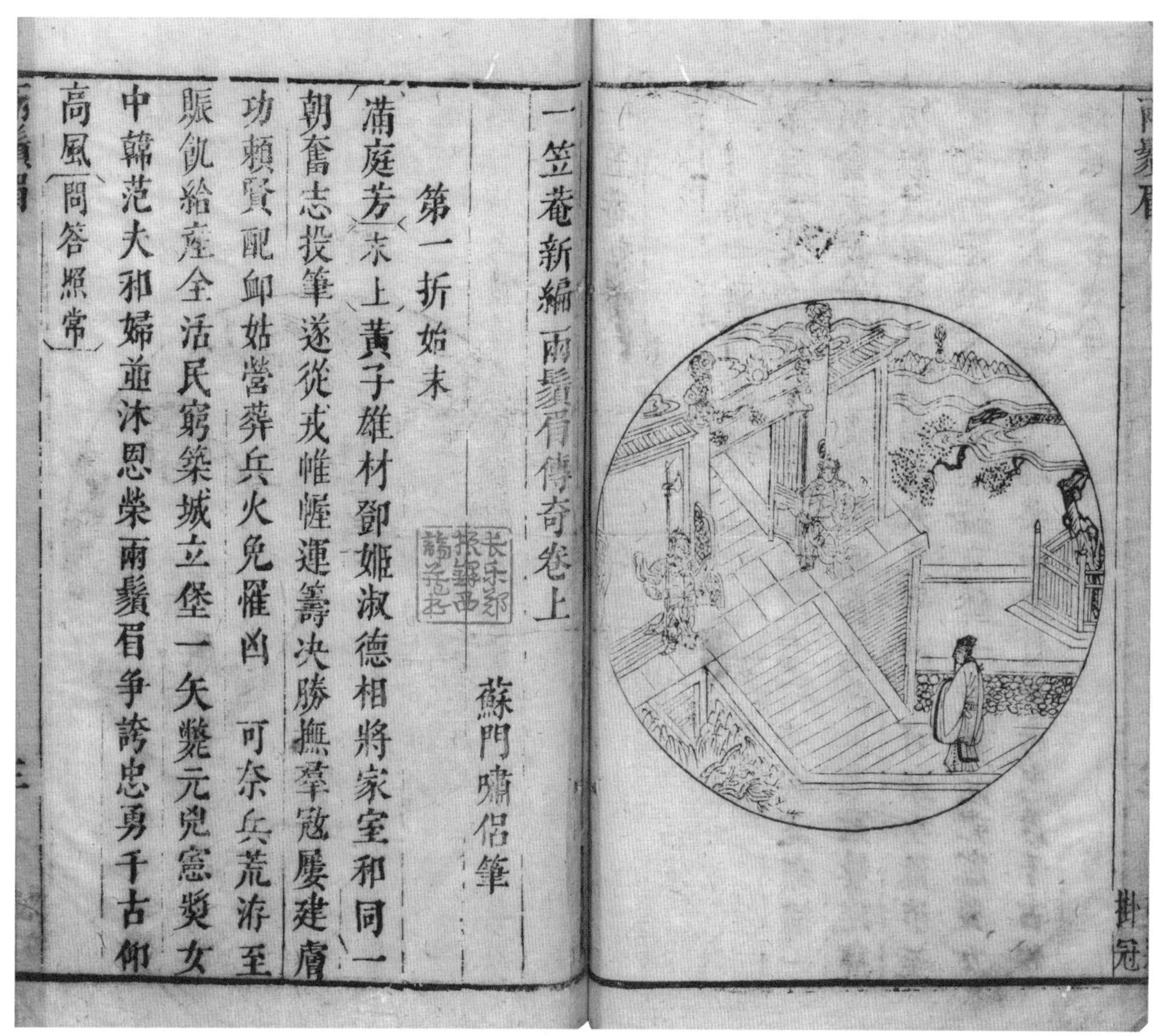
一笠菴新編兩鬚眉傳奇卷上
蘇門嘯侶筆
第一折始末
滿庭芳〔末上〕黃子雄材鄧姬淑德相將家室和同一
朝奮志投筆遂從戎帷幄運籌決勝撫羣寇屢建膚
功賴賢配卿姑營葬兵火免罹凶　可奈兵荒洊至
賑飢給產全活民窮築城立堡一矢斃元兇憲奬女
中韓范夫和婦並沐恩榮兩鬚眉爭誇忠勇千古仰
高風〔問答照常〕

一笠庵新編兩鬚眉傳奇二卷　〔清〕李玉撰

清順治刻本

二册

半葉九行二十二字，白口，左右雙邊。版框 20.2×13.2 厘米

16192（10633）

乾坤嘯

第一 開宗 家门末上

馬府拚房尽忠宗室思還文秀起波渣帝氏宮庭得
寵豺狼肆志播弄爪牙學究方歸花燭鴛鴦頃
地遠天涯趙豹窮途緹酒公文劫奪相逢古庙此際費
嗟呀忠良圖画兒像司馬变形鉄星幽奇異堪誇待
制龍圖台對陰陽兩勘乾坤嘯禍属女娃烏氏昭陽
復位忠良父子撥雲見日野史堪查 来者 烏廷慶 下

第二 外上

齊天樂 拚房感係河東震國事久辞戎馬耿耿孤忠星星

乾坤嘯二卷 〔清〕朱佐朝撰

清抄本

二册

半葉十一行，大小字不等，無欄格

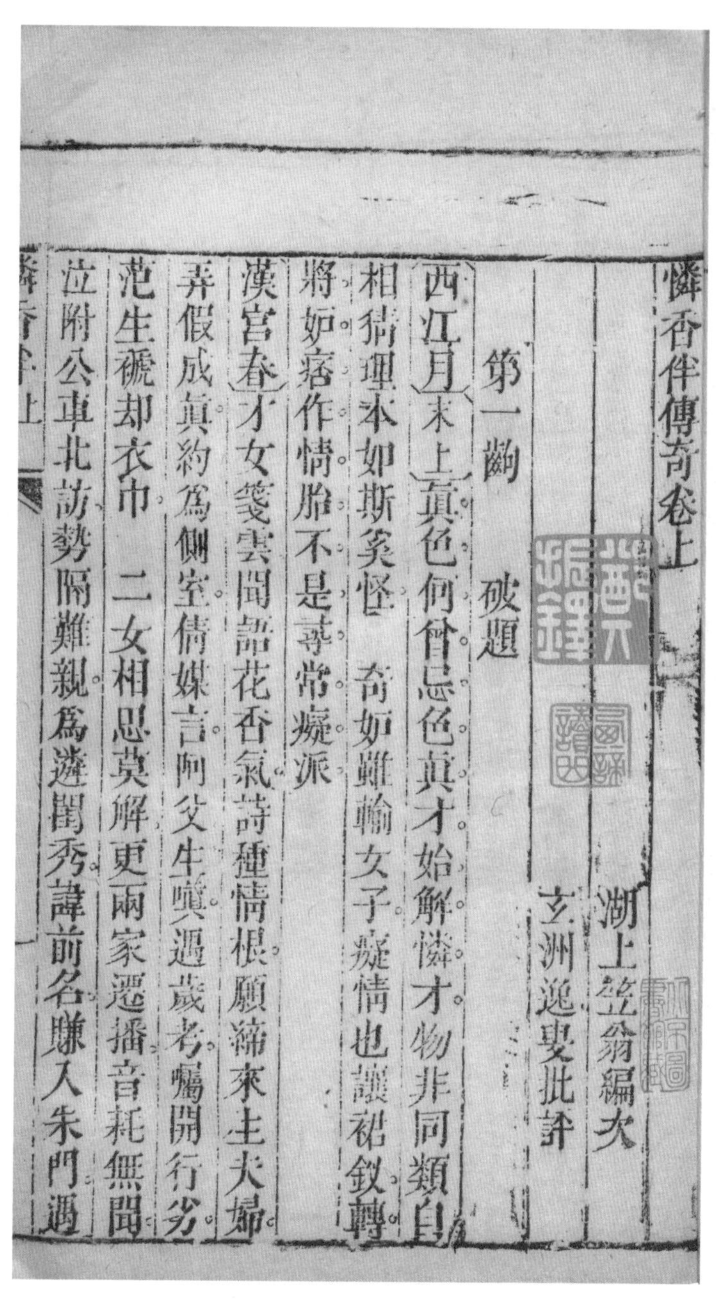

笠翁傳奇十種二十卷　〔清〕李漁撰

清康熙刻本

二十一册

半葉十一行二十二字，小字單行同，白口，四周單邊。眉欄鎸評。版框 22.1×14.7 厘米

T02949（10889）

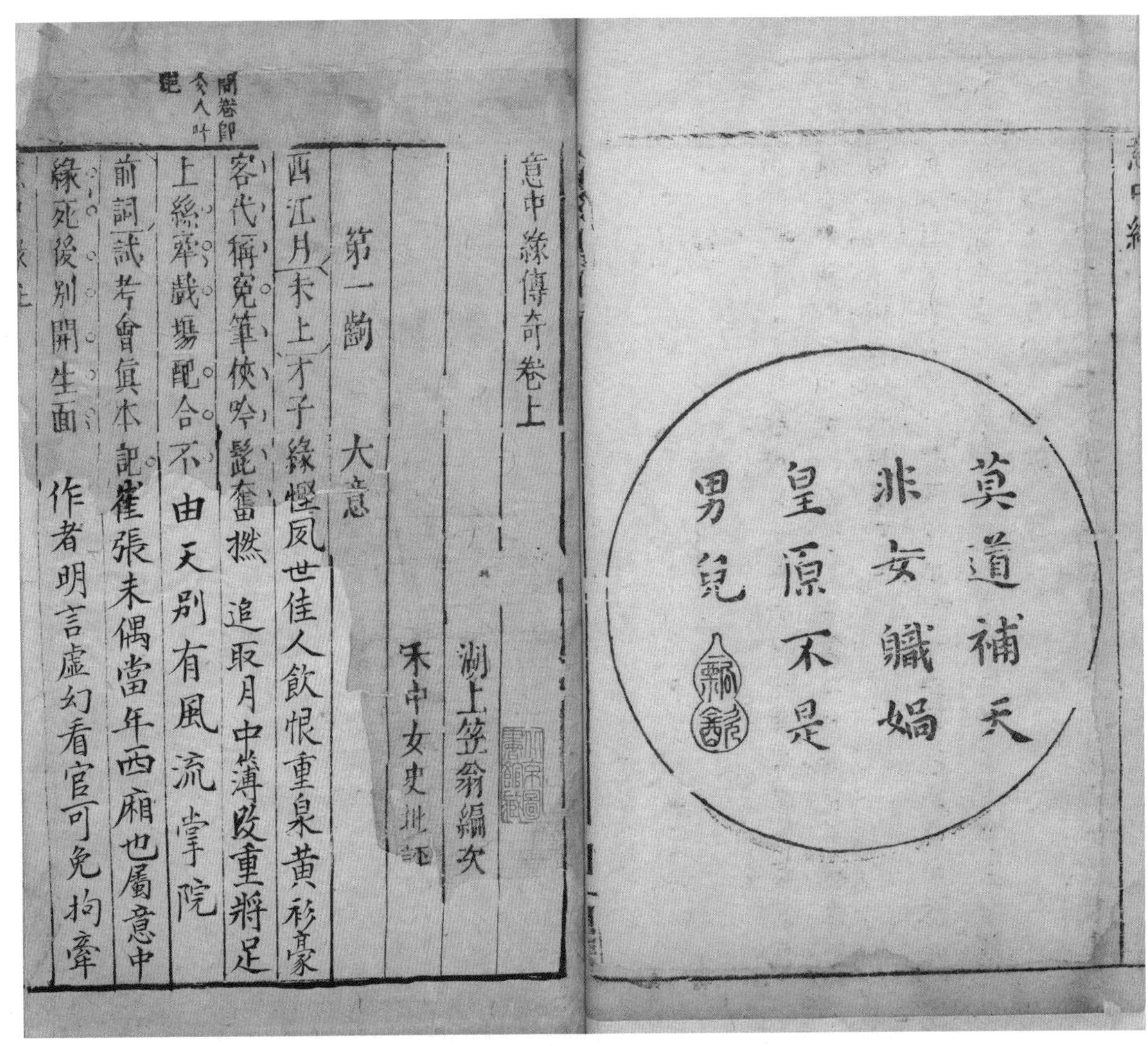

意中緣傳奇二卷　〔清〕李漁撰

清順治刻本

四册

半葉九行二十字，小字單行同，白口，四周單邊。版框 20.2×13.5 厘米

T03461（11384）

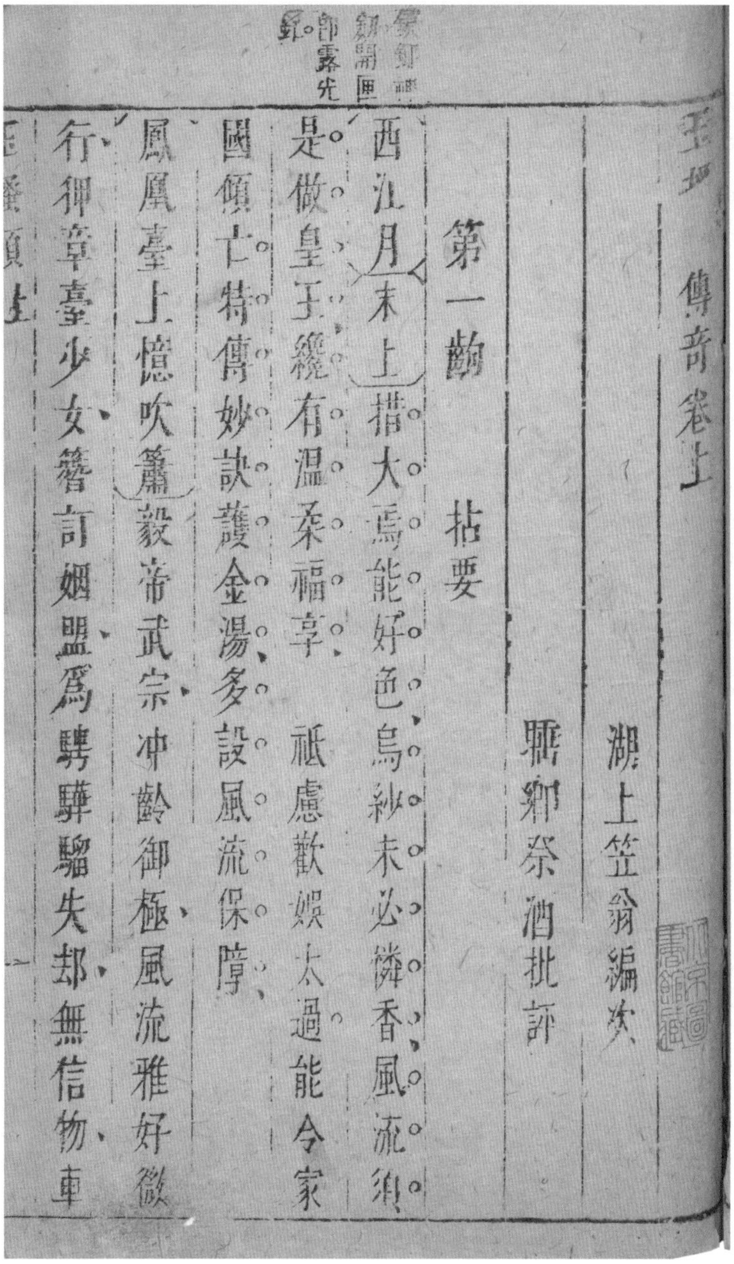

玉搔頭傳奇二卷　〔清〕李漁撰

清順治刻本

一册　存一卷：上

半葉九行二十字，白口，四周單邊。版框 20.3×13.6 厘米

T03459（11196）

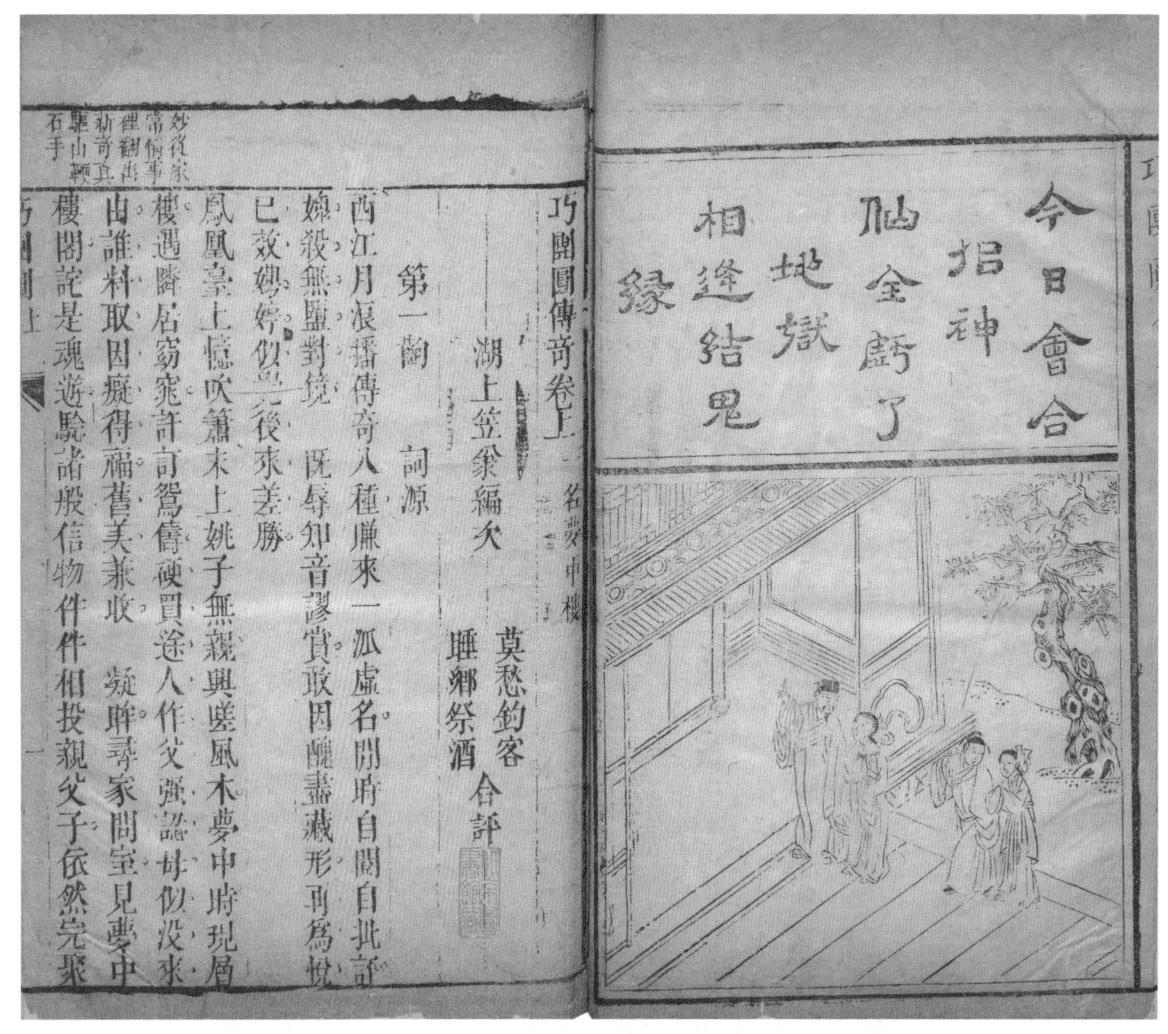

巧團圓傳奇二卷　〔清〕李漁撰

清康熙刻笠翁傳奇十種本

四册

半葉十一行二十二字，小字單行同，白口，四周單邊。眉欄鐫評。版框 22.3×14.8 厘米

T03219（11137）

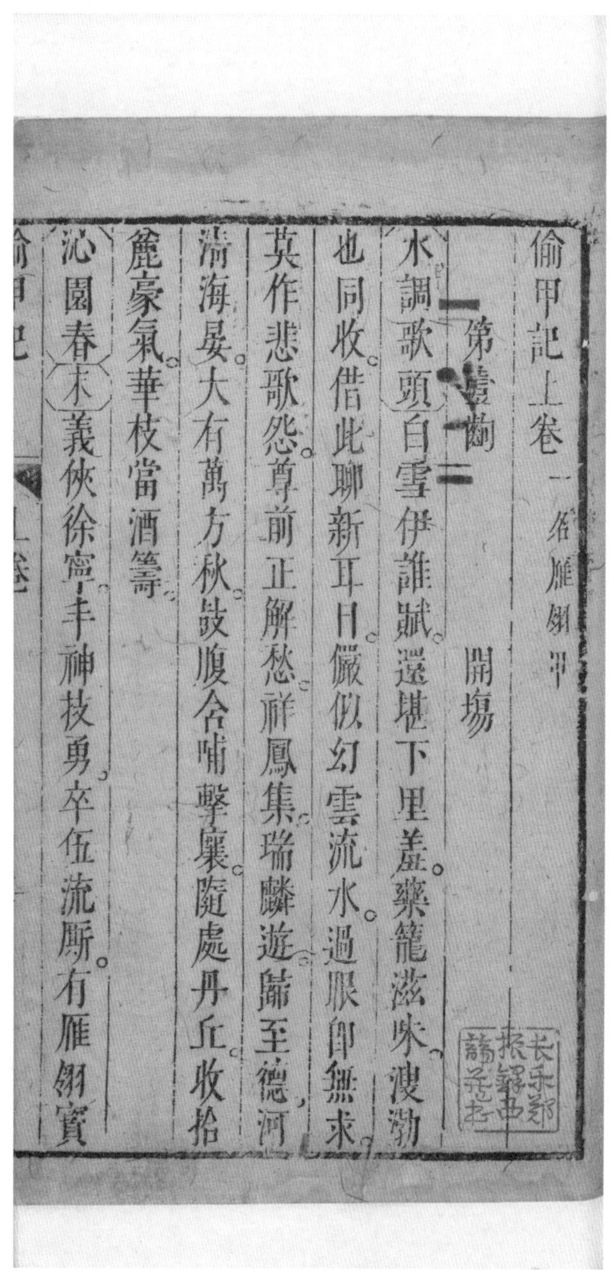

傳奇十一種十九卷　〔清〕范希哲撰

清初刻本

九册　存六種十卷：萬古情一卷、萬家春一卷、偷甲記二卷、魚籃記二卷、四元記二卷、雙瑞記二卷

半葉八行二十字，白口，四周單邊。版框 19.6×12.1 厘米

16273（10677、10687—10690）

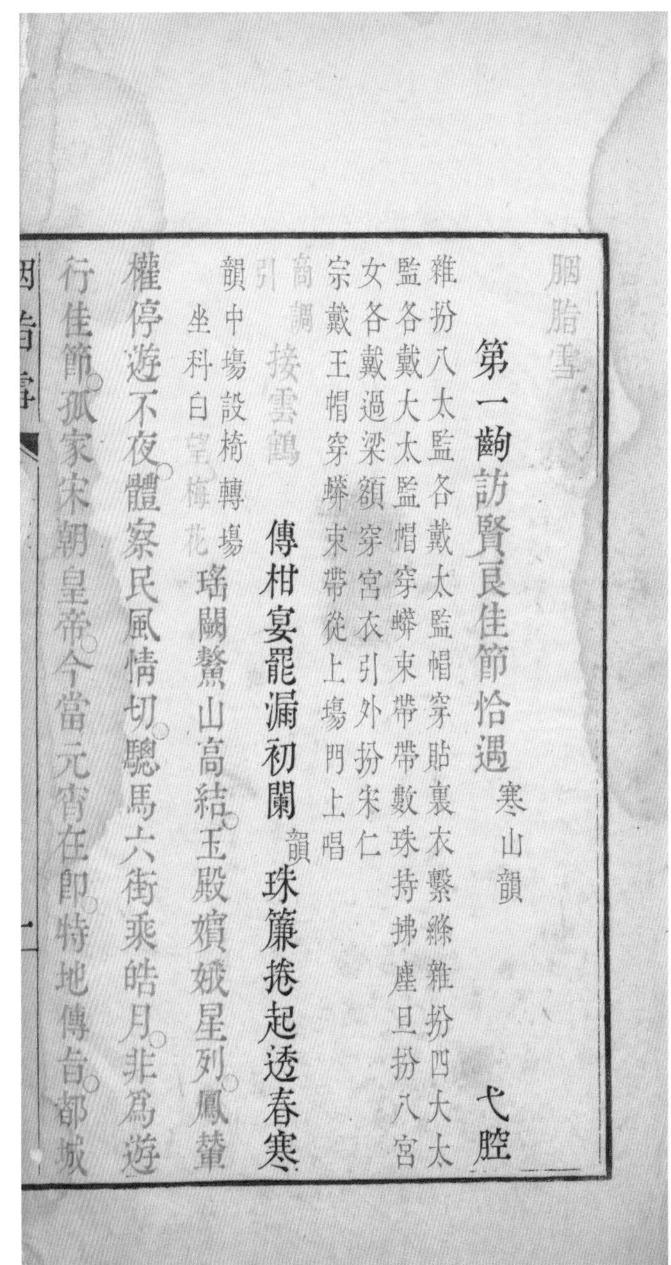

胭脂雪二卷　〔清〕盛際時撰

清内府四色抄本

二册　存一卷：下

半葉八行二十一字，白口，左右雙邊。版框 21.1×13.6 厘米

16378（11590）

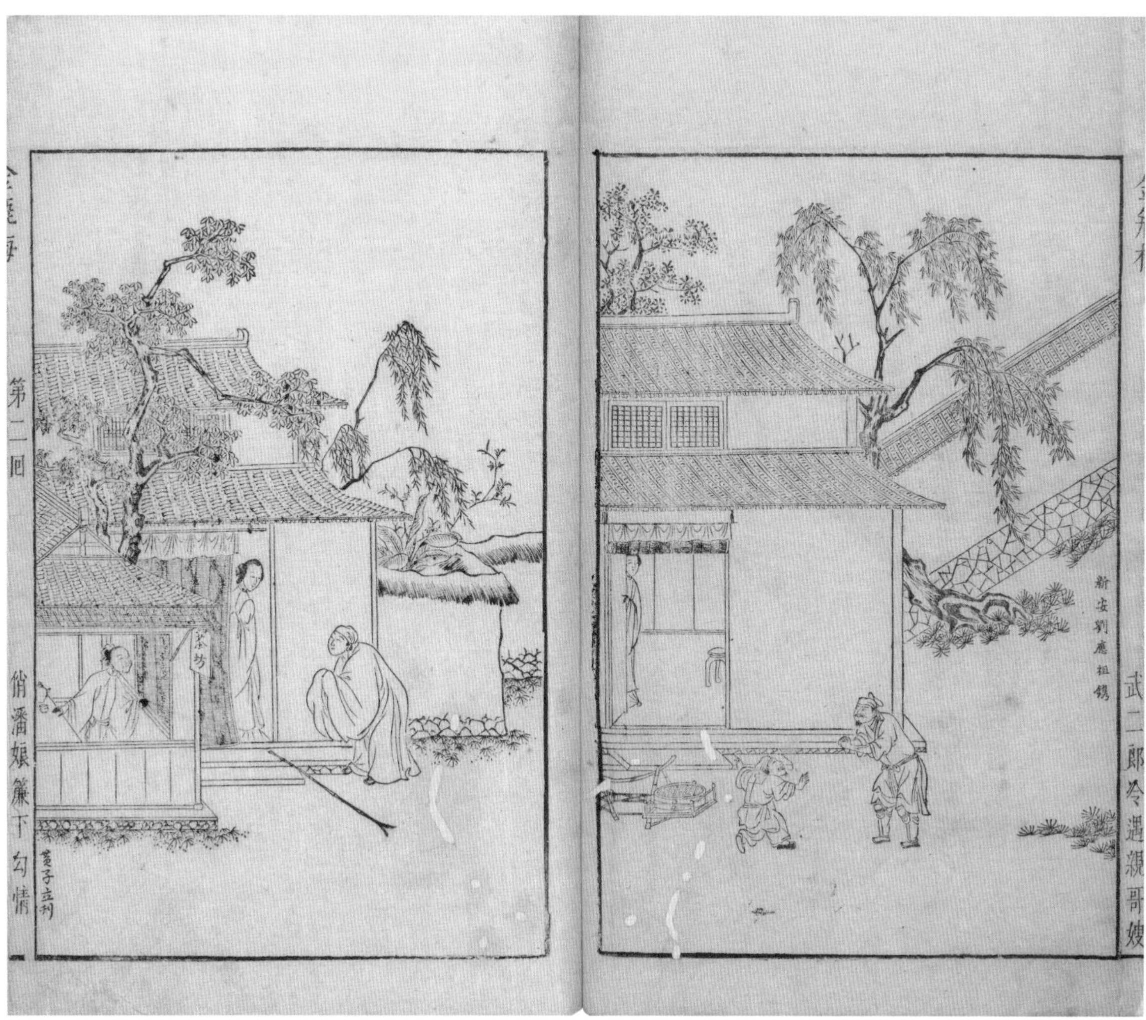

金瓶梅圖不分卷

明末刻本

二册

版框 21.1×14.7 厘米

金瓶梅上卷

第一出　禪師現宗

外扮普静禪師衆扮四侍者執幢旛禪杖香炉随上

【中吕】【粉蝶兒】（外）人世天堂，捻愚夫妄生名相。据不破，是蓮台極樂西方。總待要捨迷途，超苦海，便請先來吃棒。咲他們指鹿爲麞，誰提起甚深無上。（吹打）

外礼座登台介衆侍者茶介（外）遠來世上，豈緣名空。谷送遙野鳥，声片石孤峯。窺色相，儼然天竺古先生。老衲道號普静，生長西天，歷劫苦修，得証果位。偶来遊戲，便起慈悲。你看四大部洲，六道含靈，紅塵滚滚，苦趣茫茫

金瓶梅二卷　〔清〕鄭小白撰

清抄本

二册

半葉八行二十八字，無欄格

16184（10595）

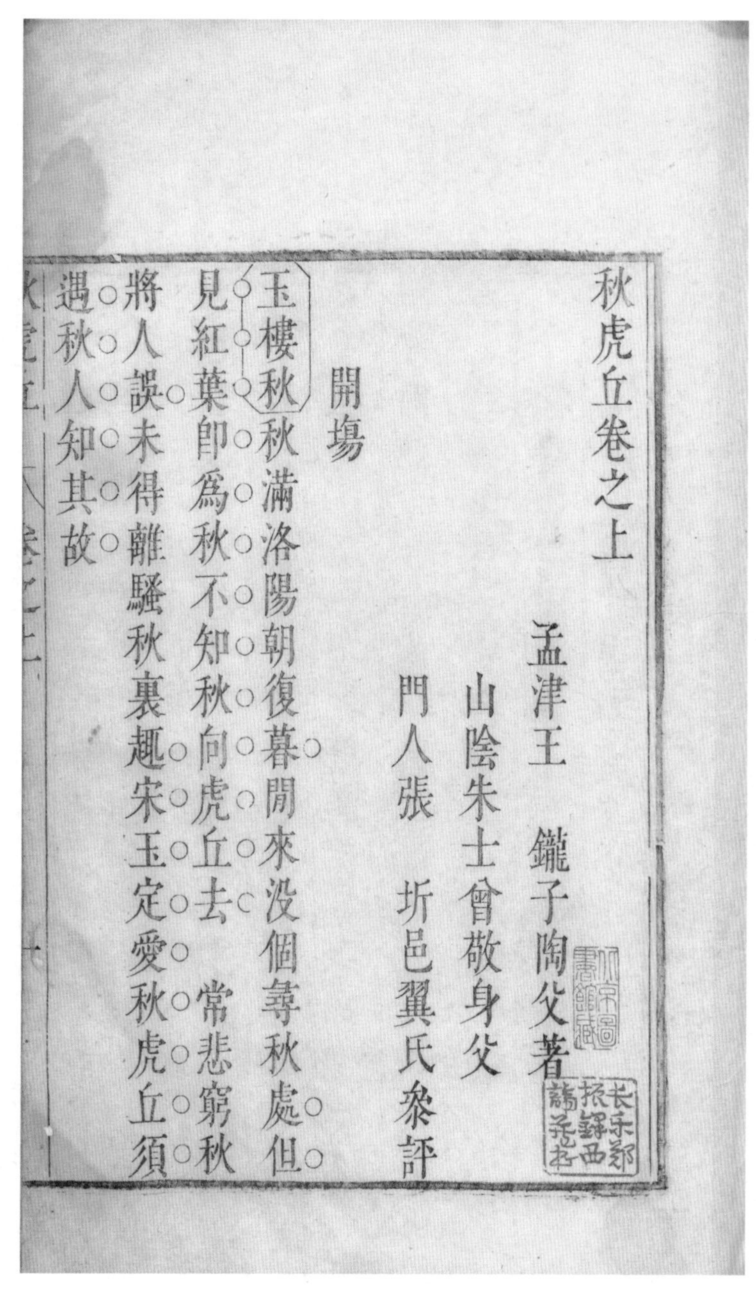

秋虎丘二卷　〔清〕王鑨撰

清康熙刻本　鄭振鐸跋

一册　存一卷：上

半葉九行十八字，小字單行同，白口，左右雙邊，無直格。版框 20.9×14.6 厘米

T03472（11401）

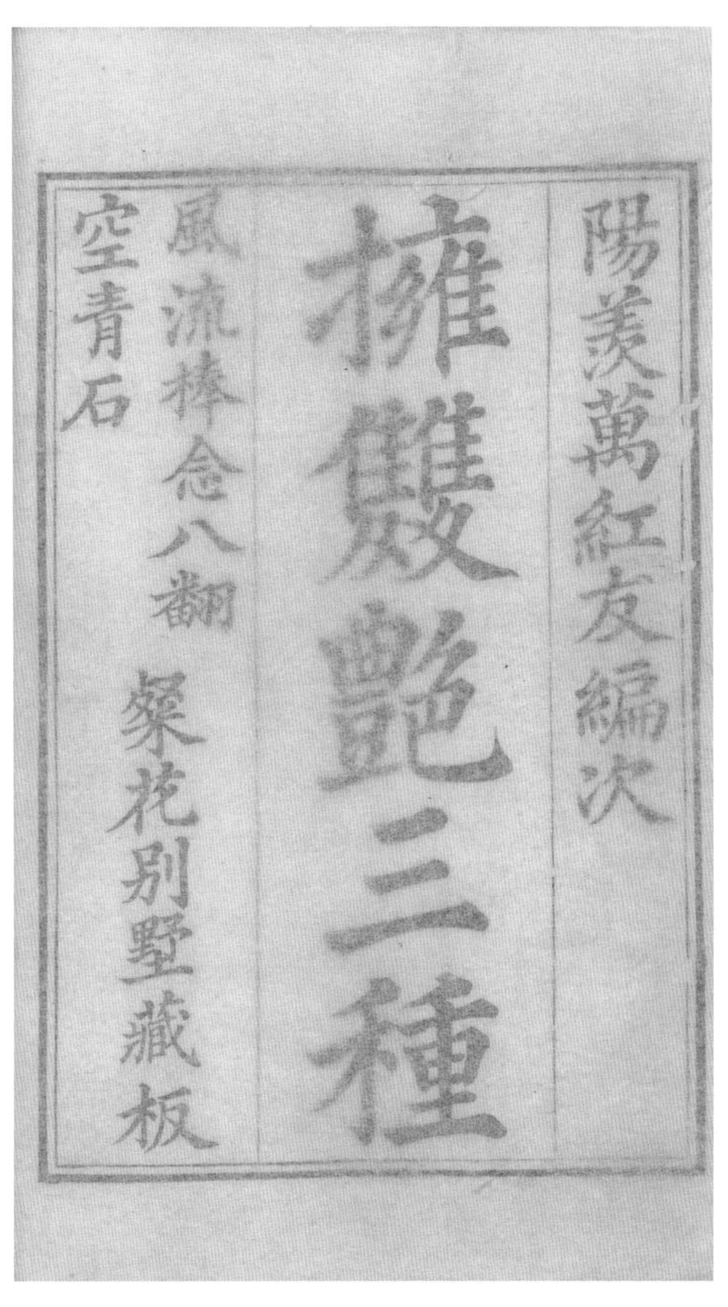
陽羨萬紅友編次
擁雙艷三種
風流棒　念八翻
空青石
粲花別墅藏板

擁雙豔三種六卷　〔清〕萬樹撰

清康熙萬氏粲花別墅刻本

六冊

半葉九行二十二字，白口，四周單邊。版框 18.4×13.3 厘米

16331（10858）

風流跌蕩，疑是郭舍人後身。嘗讀紅友資齋鑑一曲，莊莊乎言之，謂可羽翼經傳。孰知其恢諧幽讕，乃能如此大言小言，無乎不可。

風流棒傳奇卷上

陽羨紅友山農萬　樹編次

古越琛青道人吳秉鈞題評

第一齣　情畧

木蘭花〔末上〕從來惡棒因爭訟，獨有閨刑無可控。犯人只有一名夫，默受敲頭刑法重。　何須醋罐和薑甕，打喜之時先受用。可知此棒喚風流，萬擲千敲渾不痛。〔問答照常〕

鳳樓吟〔笑荊郎風魔無比，塲中卷上題詩，蹇公因謝女，特遴才俊，錯付書辭，奸徒將誑配妾，提兵鬼婦雄雌為倪氏

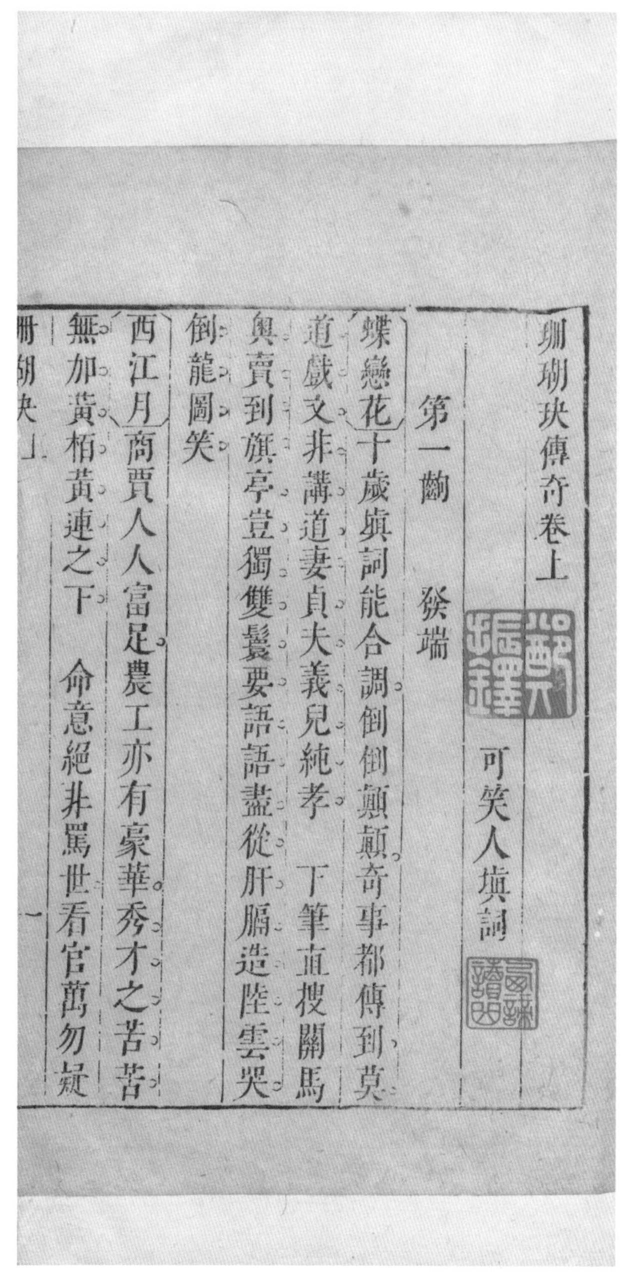
珊瑚玦傳奇卷上　可笑人塡詞
第一齣　發端
【蝶戀花】十歲塡詞能合調，倒倒顛顛，奇事都傳到。莫道戲文非講道，妻貞夫義兒純孝。　下筆直搜關馬奥，賣到旗亭，豈獨雙鬟要。語語盡從肝膈造，陛雲哭倒龍圖笑。
【西江月】商賈人人富足，農工亦有豪華，秀才之苦苦無加，黄柏黄連之下。　命意絕非罵世，看官萬勿疑

容居堂三種曲六卷　〔清〕周穉廉撰

清書帶草堂刻本

八册

半葉九行二十字，白口，四周單邊。版框 19.1×13.6 厘米

16315（11412）

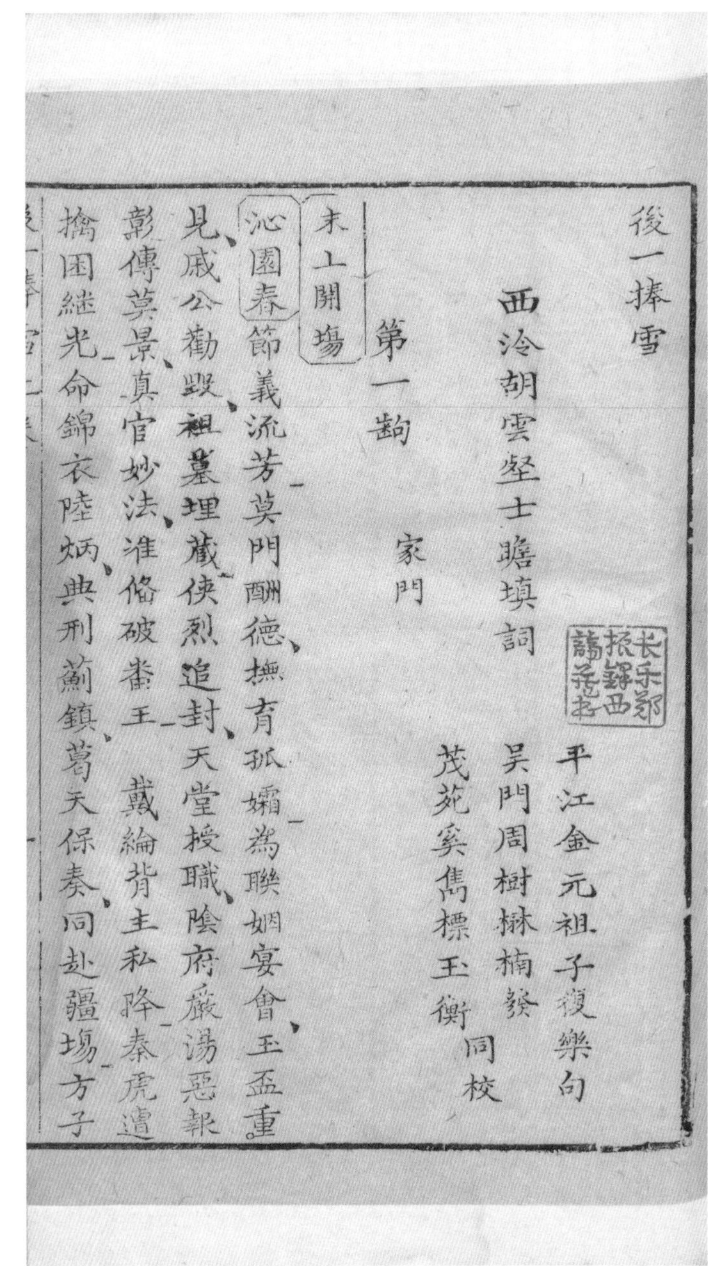

後一捧雪二卷　〔清〕胡雲壑撰

清天樞閣刻本

四册

半葉十行二十三字，白口，四周單邊，無直格。版框 20.8×14.5 厘米

16303（11406）

長生殿傳奇二卷　〔清〕洪昇撰

清康熙稗畦草堂刻本

六册

半葉十行二十字，黑口，四周單邊。眉欄鐫評。版框 20.8×14.5 厘米

16754（補 640）

獻飯　冥追　罵賊　聞鈴
情悔　勦寇　哭像　神訴
刺逆　收京　看襪　尸解
彈詞　私祭　仙憶　見月
驛備　改葬　慫合　雨夢
覓魂　補恨　寄情　得信
重圓

此曲本初演時關繫康熙中一段文人公案初刊本尤罕非他傳奇比也故亟取之　初僧

長生殿傳奇上卷

錢唐洪昇昉思塡詞
同里吳人舒鳧論文
長洲徐麟靈昭樂句

傳槩（末上）

南呂引子　滿江紅　今古情場，問誰箇眞心到底。但果有精誠不散，終成連理。萬里何愁南共北，兩心那論生和死。笑人間兒女悵緣慳，無情耳。　感金石，回天地。昭白日，垂青史。看臣忠子孝，總由情至。先聖不曾刪鄭衛，吾儕取義翻宮徵。借太眞外傳譜新詞，情而已。

情場恨事有情而無緣者不可勝數惟合生死論之則情緣自相牽引故以青陵冢樹爲徵也

長生殿上

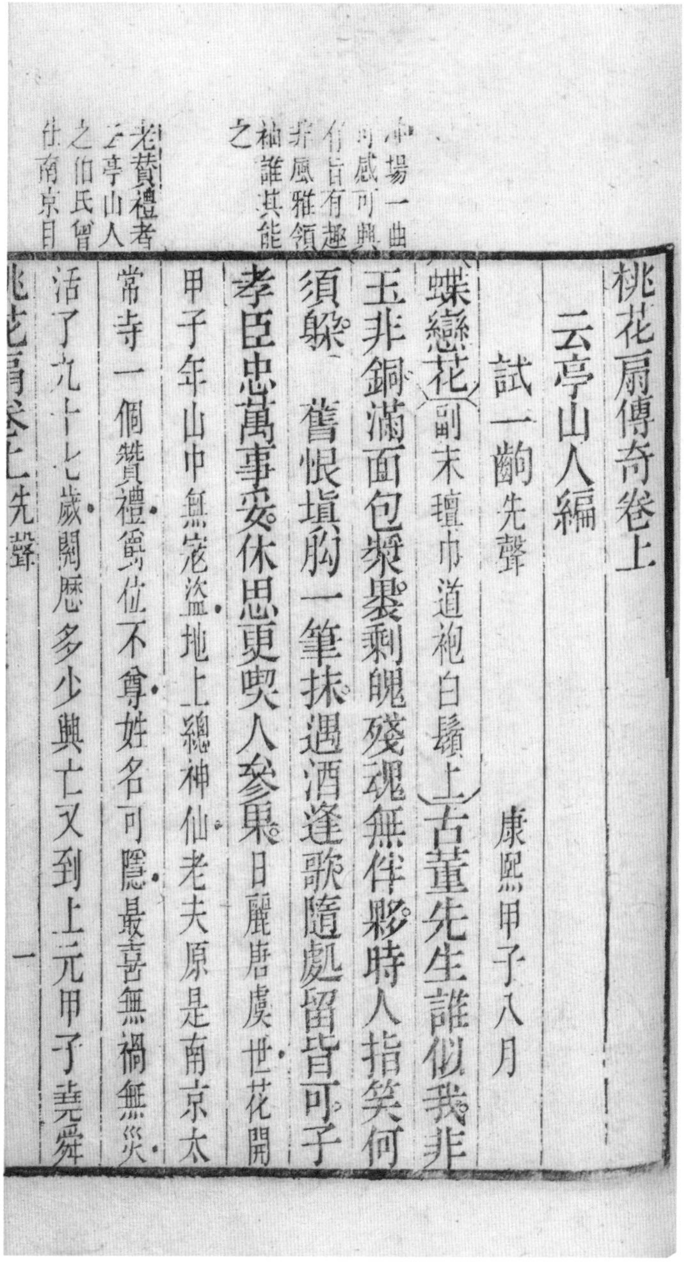

桃花扇傳奇二卷　〔清〕孔尚任撰

清康熙刻本

四册

半葉十行二十字，白口，四周單邊。版框 16.7×12.0 厘米

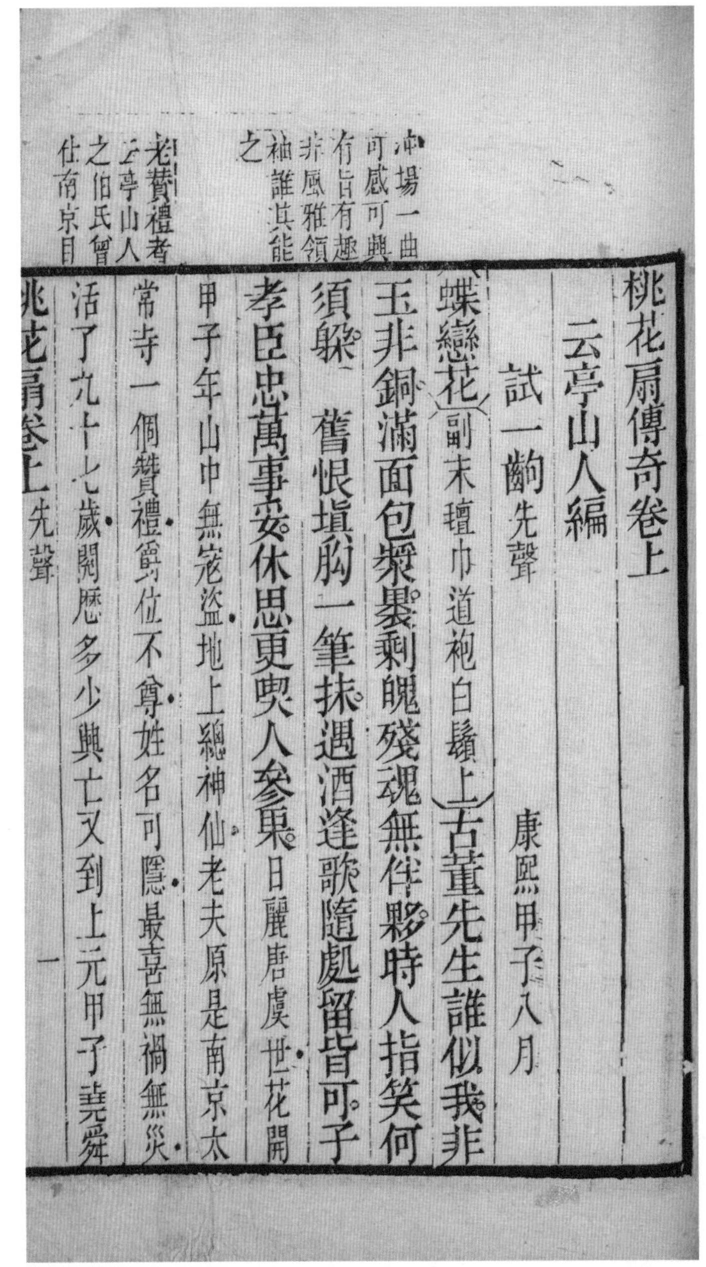
桃花扇傳奇卷上
云亭山人編
試一齣先聲
康熙甲子八月
蝶戀花副末氊巾道袍白鬚上古董先生誰似我非玉非銅滿面包漿裹剩魄殘魂無伴夥時人指笑何須躲舊恨塡胸一筆抹遇酒逢歌隨處留皆可孝臣忠萬事妥休思更喫人參果日麗唐虞世花開甲子年山中無寇盜地上總神仙老夫原是南京太常寺一個贊禮爵位不尊姓名可隱最喜無禍無災活了九十七歲閱歷多少興亡又到上元甲子堯舜

桃花扇傳奇二卷　〔清〕孔尚任撰

清康熙刻本

六册

半葉十行二十字，白口，四周單邊。版框 16.7×12.1 厘米

16873（11366）

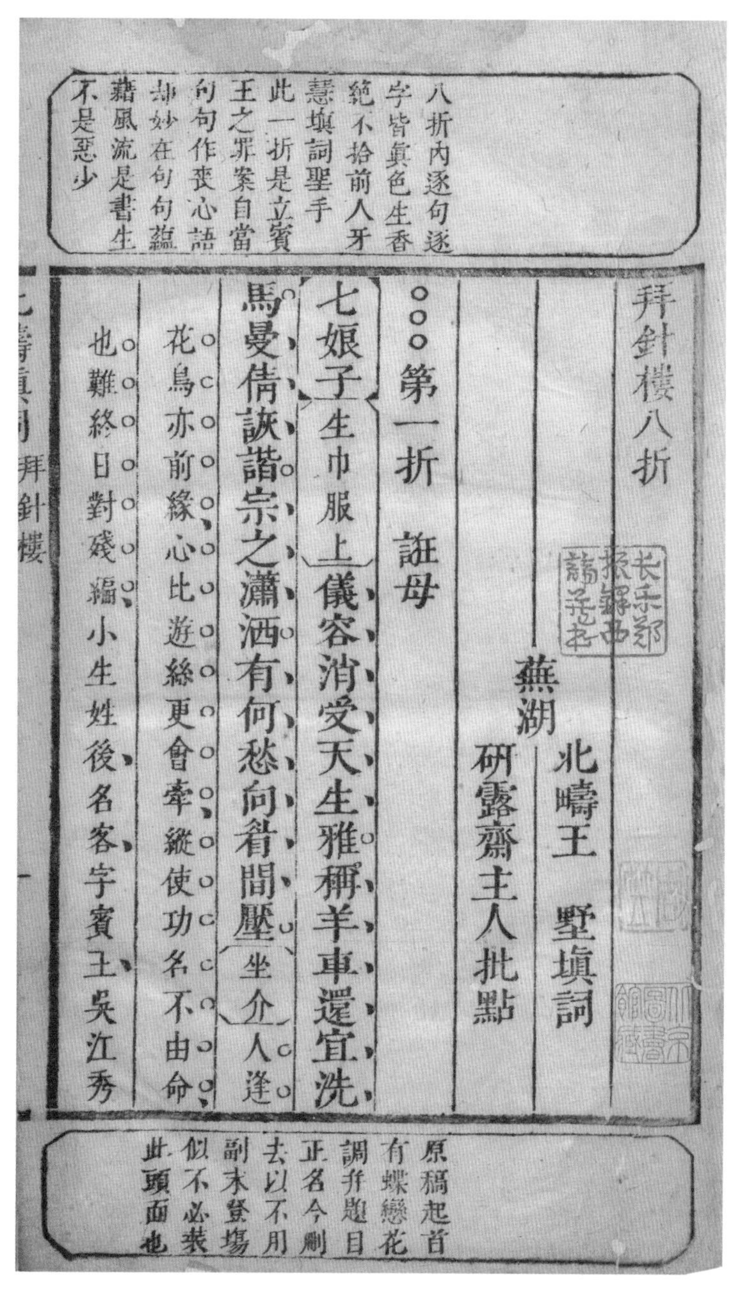

拜針樓一卷　〔清〕王墅撰　〔清〕楊天祚批點

清康熙四十八年（1709）楊氏研露齋刻本

一册

半葉八行二十字，白口，四周單邊。眉欄、脚欄鐫評釋。版框 16.8×13.7 厘米

16357（10856）

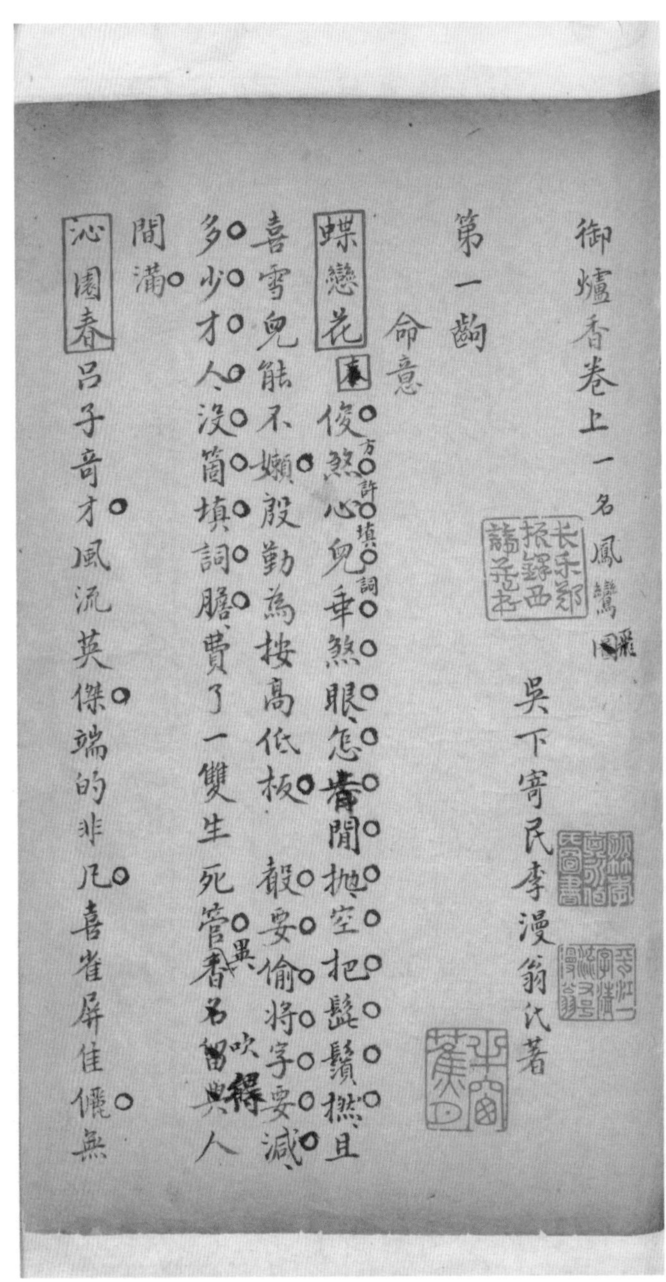

御爐香二卷　〔清〕李漫翁撰

稿本

四册

半葉九行二十一字，無欄格

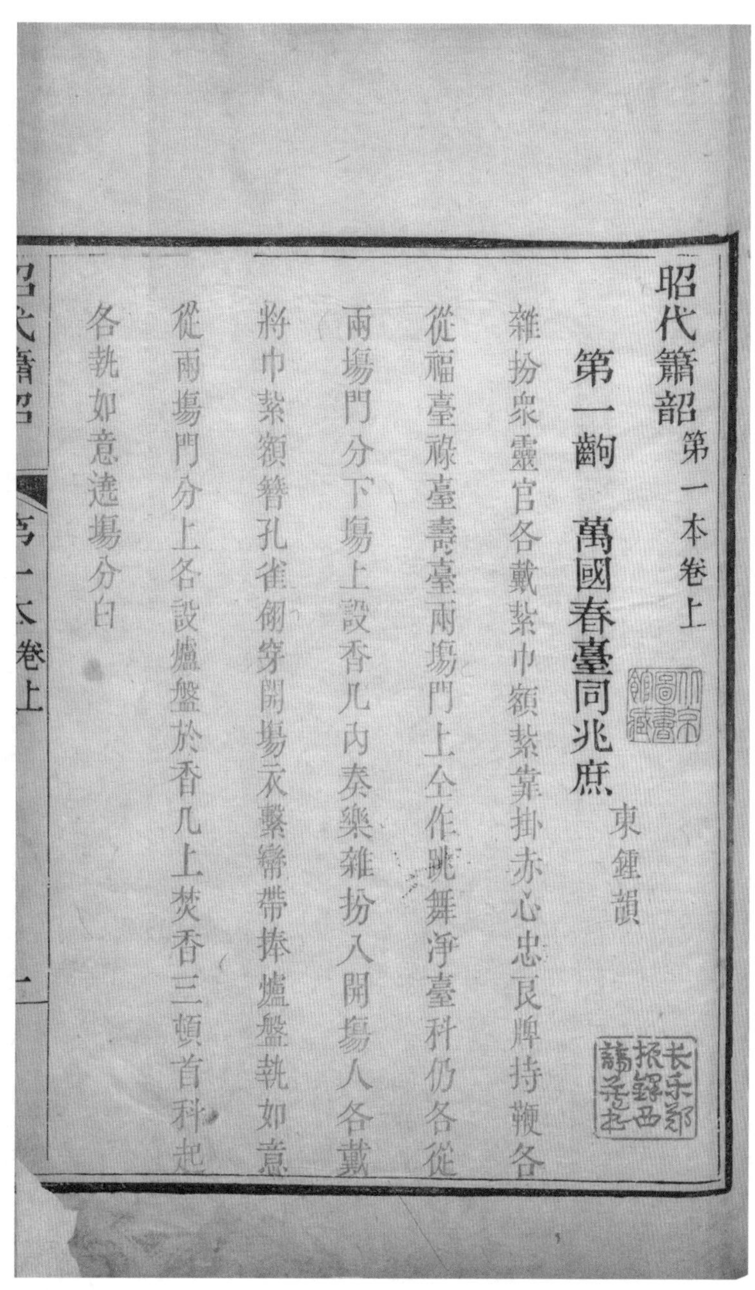

昭代簫韶十本二十卷首一卷　〔清〕王廷章、范聞賢等撰

清嘉慶十八年（1813）内府刻朱墨套印本　鄭振鐸跋

十七册　存十七卷：一至七上、八下至九下、十下

半葉八行二十二字，白口，四周雙邊。版框 20.1×14.9 厘米

16328（10835）

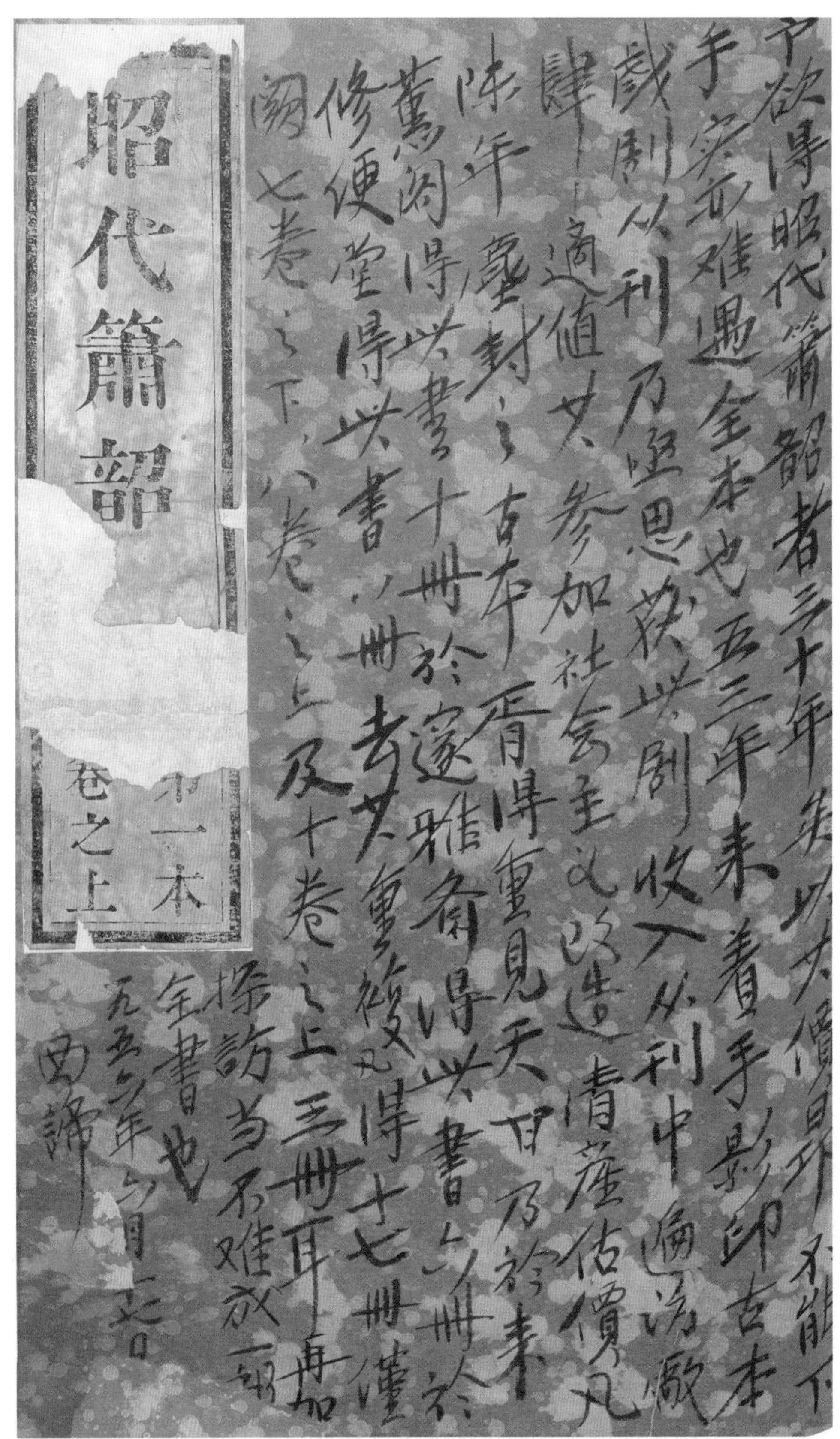
昭代簫韶

第一本

卷之上

予欲得昭代簫韶者三十年矣，以其價昂，不能下手，實亦難遇全本也。五三年來着手影印古本戲劇叢刊，乃堅思獲此劇收入叢刊中。適詢諸廠肆，適值其參加社會主義改造，清產估價，凡陳年壓封之古本，胥得重見天日，乃於來薰閣得此書十冊，於邃雅齋得此書六冊，於修綆堂得此書八冊，去其重複，凡得十七冊，僅闕七卷之下、八卷之上及十卷之上三冊耳。再加探訪，當不難成一部全書也。

九五六年六月十六日

西諦

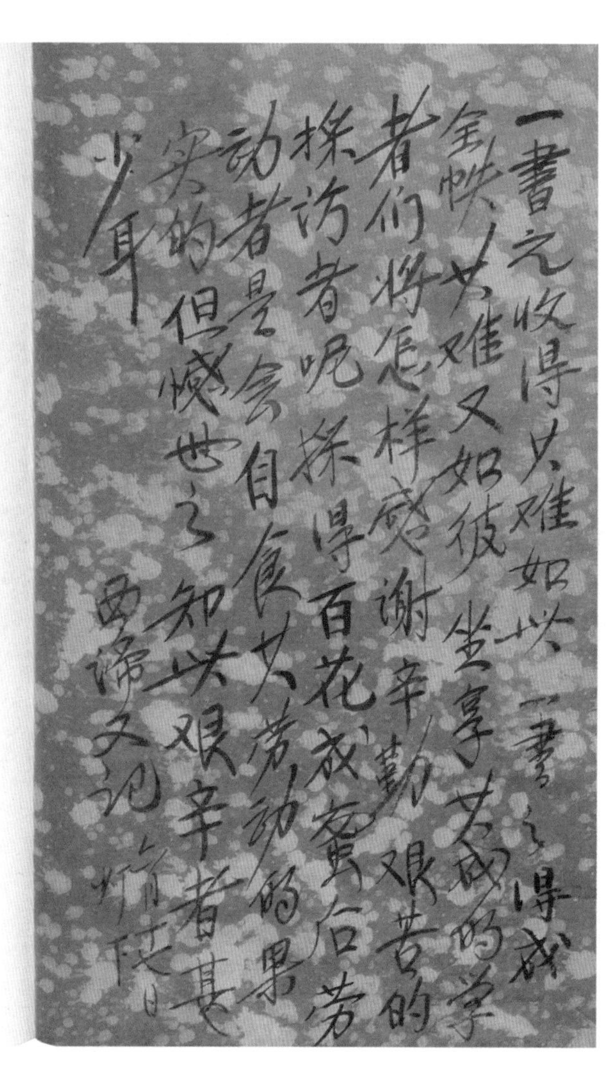

一書之收得其難如此，一書之得成全帙其难又如彼。坐享其成的学者们将怎样感谢辛勤艰苦的採访者呢？採得百花成蜜，合劳动者是会自食其劳动的果实的，但愧世之知此艰辛者甚少耳。西谛又记　六月廿日

昭代簫韶　函肆

五鹿塊傳奇卷上

題目　五義士出救蒲城難

正名　晉公子歸拜周王恩

第一折　鑑義　詩餘皆來東同

西江月末上孽媵喪邦顛覆奸臣害國傾頹祇因寵愛巧相偎早墮機關之内　孝敬反遭危殆忠良偏惹擠排二十餘載事堪懷義演春秋垂誡

沁園春晉肇桐封君當献世巧害東宮及重耳夷吾建邦分守邊疆扞患蠢賊交訌可痛申生無逃大義負屈啣冤禍女戎蒲城難斬袪奔翟燕爾乘龍　五臣豪義

五鹿塊傳奇上　一

五鹿塊傳奇二卷　〔清〕許廷録撰

清抄本

一册

半葉十行二十一字，無欄格

15549（3727）

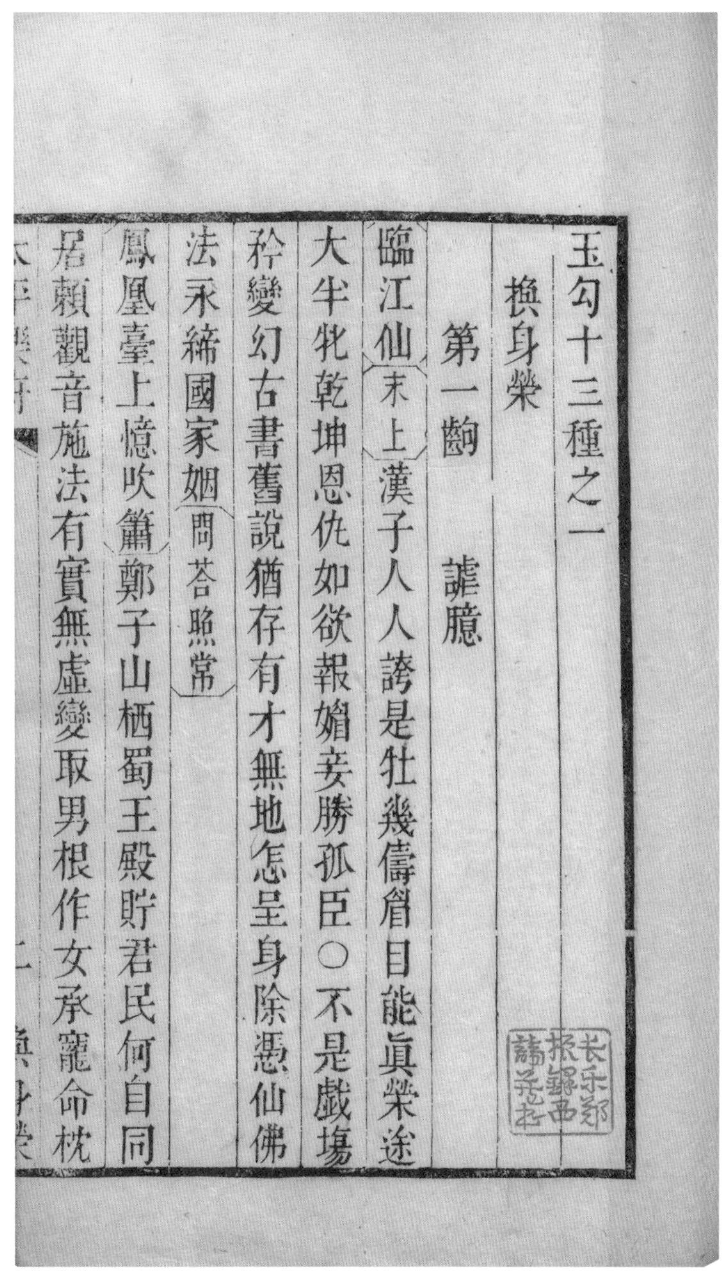
玉勾十三種之一
換身榮
第一齣　謔臆
臨江仙（末上）漢子人人誇是牡幾儔眉目能眞榮途
大牛牝乾坤恩仇如欲報媢妾勝孤臣○不是戲場
矜變幻古書舊說猶存有才無地怎呈身除憑仙佛
法承締國家姻（問荅照常）
鳳凰臺上憶吹簫鄭子山栖蜀王殿貯君民何自同
居賴觀音施法有實無虛變取男根作女承寵命枕
太平樂府　二　換身榮
長樂鄭振鐸西諦藏書

太平樂府玉勾十三種十四卷　〔清〕吴震生撰

清乾隆刻本

十一册

半葉九行二十字，白口，四周單邊。版框 19.6×12.8 厘米

16308（11379）

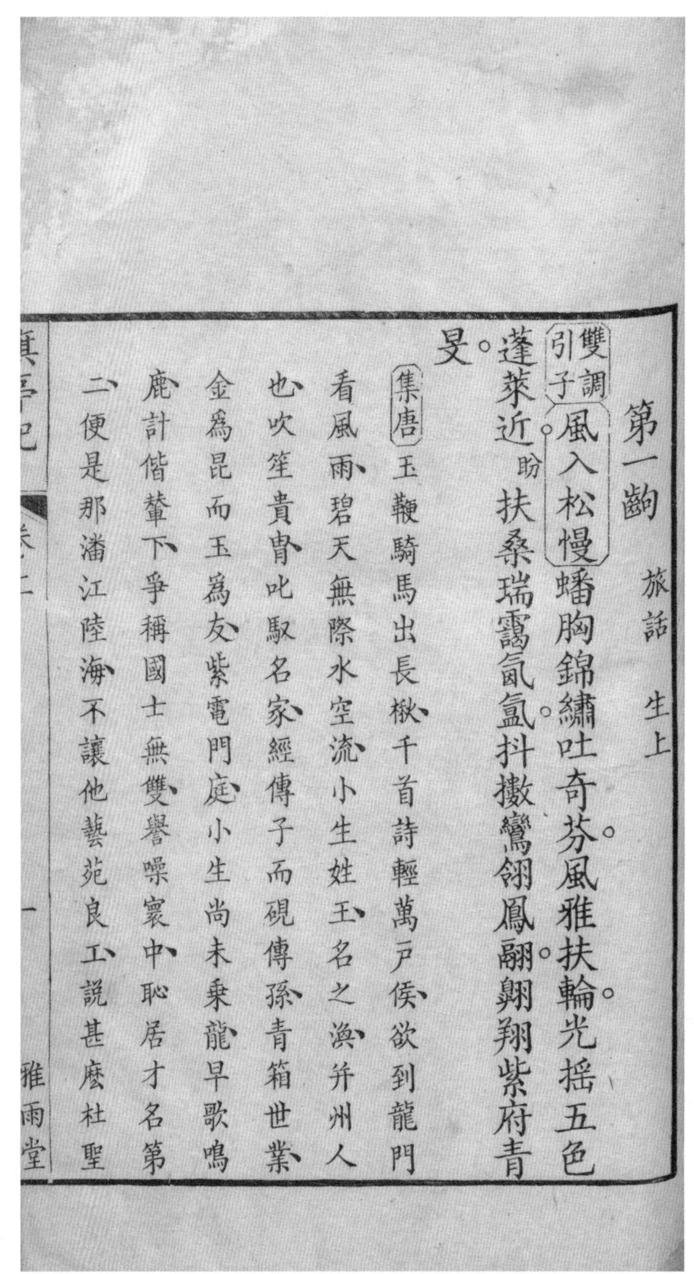
旗亭記　卷上　一　雅雨堂

第一齣　旅話　生上

雙調引子　風入松慢　蟠胸錦繡吐奇芬。風雅扶輪。光搖五色蓬萊近。盼扶桑瑞靄氤氳。抖擻鸞翎鳳翮。翱翔紫府青旻。

集唐　玉鞭騎馬出長楸千首詩輕萬戶侯欲到龍門看風雨碧天無際水空流小生姓王名之渙并州人也吹笙貴胄叱馭名家經傳子而硯傳孫青箱世業金為昆而玉為友紫電門庭小生尚未乘龍早歌鳴鹿計偕輦下爭稱國士無雙譽噪寰中恥居才名第二便是那潘江陸海不讓他藝苑良工說甚麼杜聖

旗亭記二卷　〔清〕金兆燕撰

清乾隆二十四年（1759）盧氏雅雨堂刻本

四册

半葉十行二十一字，白口，四周單邊，無直格。眉欄鐫評。版框 18.5×14.3 厘米

16313（11266）

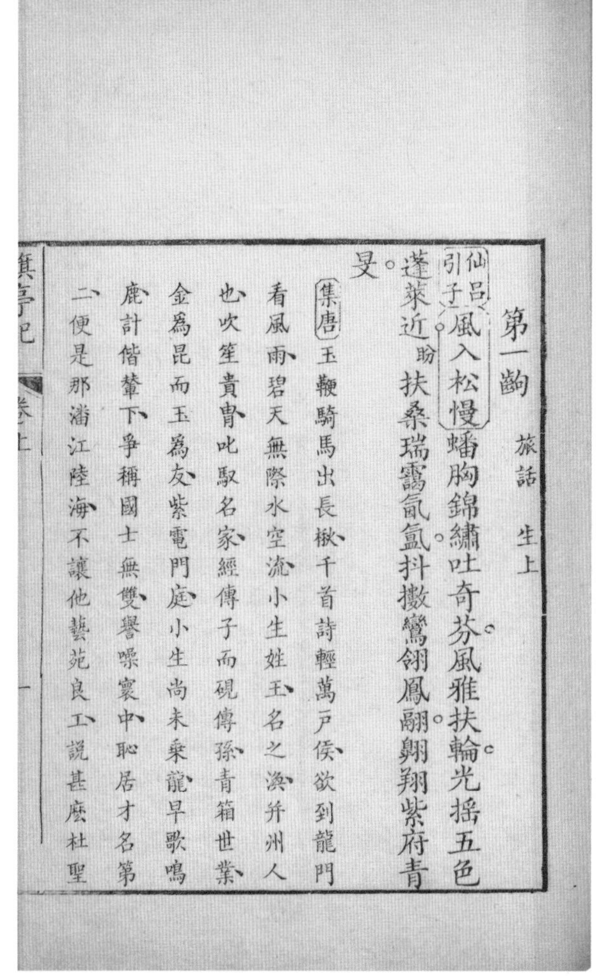

第一齣　旅話　生上

【仙呂引子】風入松慢　蟠胸錦繡吐奇芬。風雅扶輪。光揺五色蓬萊近。盼扶桑瑞靄氤氳。抖擻鸞翎鳳翮。翱翔紫府青旻。

【集唐】玉鞭騎馬出長楸。千首詩輕萬戶侯。欲到龍門看風雨。碧天無際水空流。小生姓王。名之渙。幷州人也。吹笙貴冑。叱馭名家。經傳子而硯傳孫。青箱世業。金爲昆而玉爲友。紫電門庭。小生尚未乘龍。早歌鳴鹿。計偕輦下。爭稱國士無雙。譽噪寰中。恥居才名第二。便是那滿江陸海。不讓他藝苑良工。說甚麽杜聖

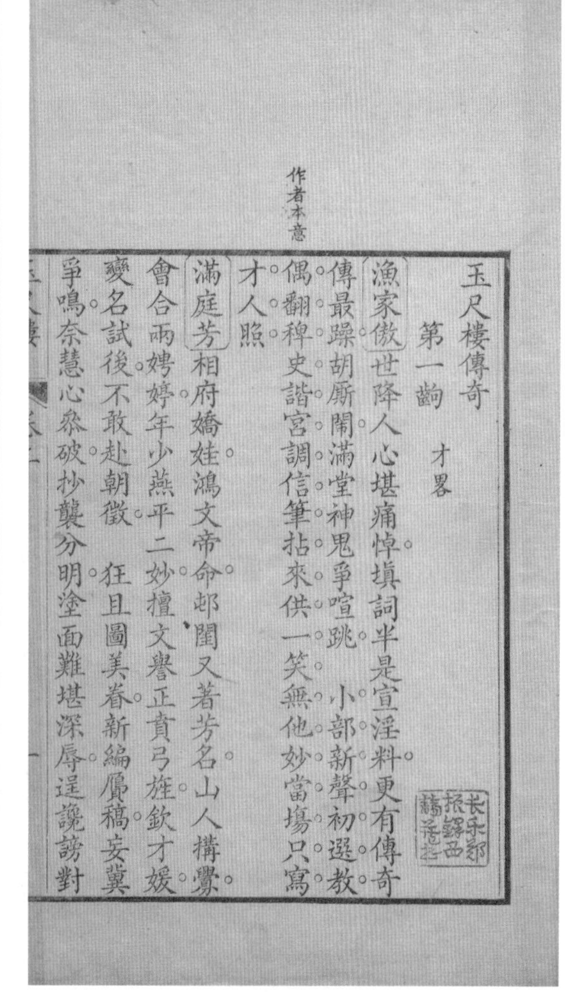

作者本意

玉尺樓傳奇

第一齣　才畧

【漁家傲】世降人心堪痛悼。填詞半是宣淫料。更有傳奇傳最躁。胡廝鬧。滿堂神鬼爭喧跳。小部新聲初選教。偶翻稗史諧宮調。信筆拈來供一笑。無他妙。當場只寫才人照。

【滿庭芳】相府嬌娃。鴻文帝命。郎閨又著芳名。山人搆釁。會合兩娉婷。年少燕平二妙。擅文譽正貢弓旌。欽才媛。變名試。後不敢赴朝徵。狂且圖美眷。新編贋稿。妄冀爭鳴。奈慧心參破。抄襲分明。塗面難堪深辱。逞讒謗對

旗亭記二卷　〔清〕金兆燕撰　**玉尺樓傳奇二卷**　〔清〕朱斧撰

清乾隆盧見曾雅雨堂刻本

四册

半葉十行二十一字，白口，四周單邊，無直格。版框 18.5×14.4 厘米

16340（11003、11004）

先生口不識杯鐺宜有此言　即游戲筆墨動關忠節有心世道人凡所著述均堪不朽　出筆鬆快頭緒復一絲不紊

無瑕璧傳奇上卷

錢唐夏　綸惺齋撰

同里徐夢元徐村評

撮要

敘頭鳳（末上）蘇張口韓歐手回頭自笑吾何有中山醆攢眉向豈憎豪飲愧無佳量讓讓讓　辛和柳才如斗一枝枯管堪追友忠貞樣描來像紅幺纔點旗亭爭唱暢暢暢

慶清朝慢　齊泰謀疎燕藩變起鐵公誓守危城君覎懼淪草莽預剖瓊瑛痛忠遭慘戮有凭屍灑淚是高

惺齋五種　無瑕璧上　二　世光堂

惺齋新曲六種十三卷　〔清〕夏綸撰

清乾隆十八年（1753）夏氏世光堂刻本

二十四册

半葉十行二十二字，白口，四周單邊。眉欄鐫評。版框 20.1×14.2 厘米

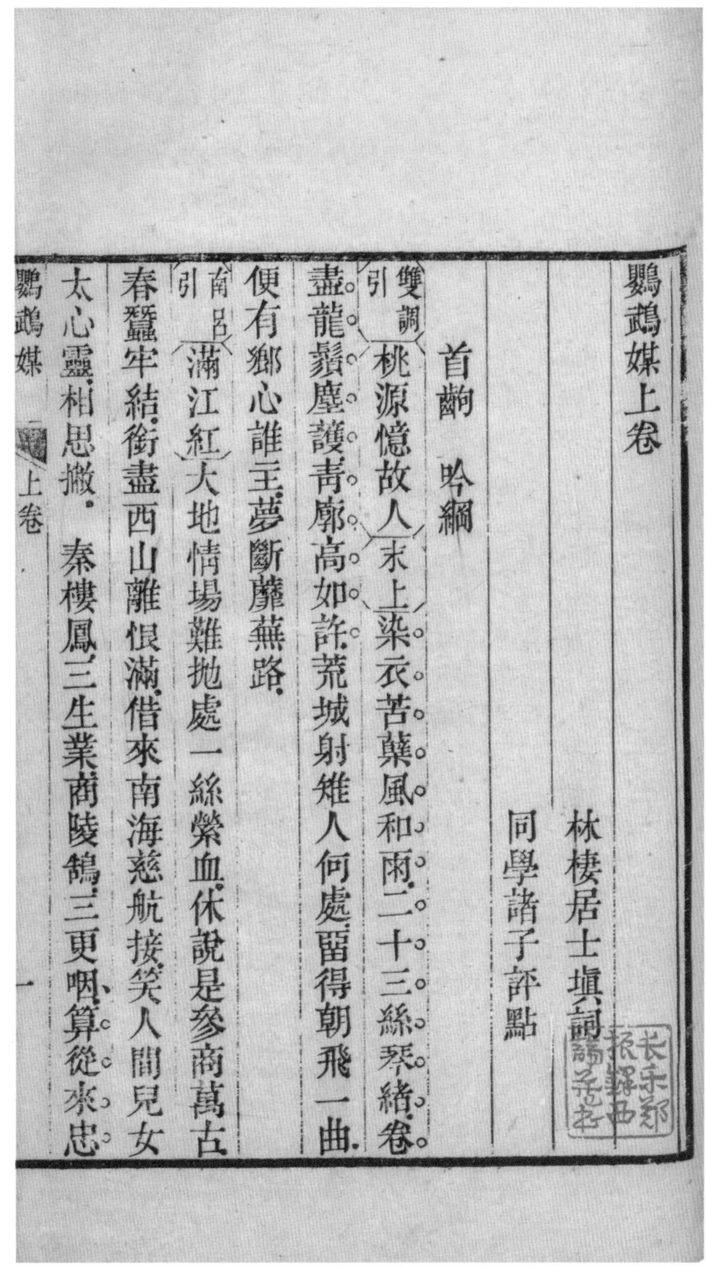

竹初樂府三種□卷 〔清〕錢維喬撰

清乾隆錢氏小林棲刻本

六册　存二種四卷：鸚鵡媒二卷、乞食圖二卷

半葉十行二十三字，白口，左右雙邊。版框 17.6×13.4 厘米

16336（11016、11014）

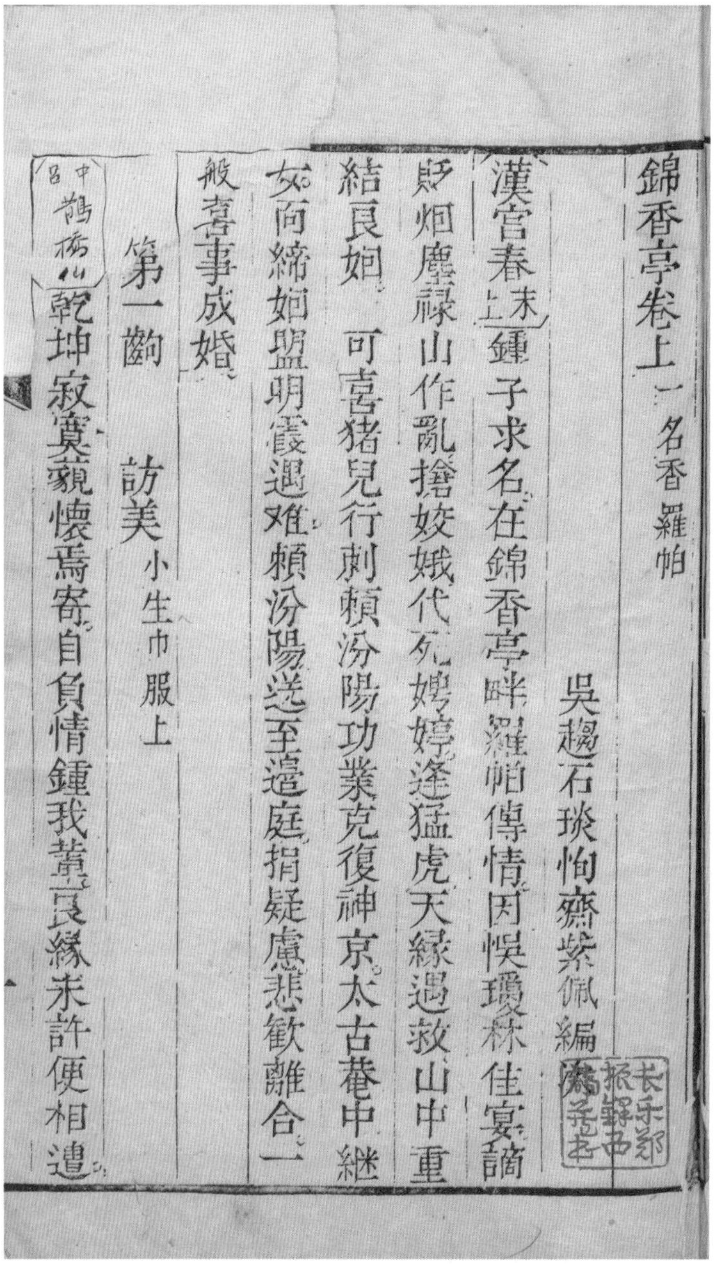
錦香亭卷上　一名香羅帕
吳趨石琰恂齋紫佩編次
漢宮春末上　鍾子求名在錦香亭畔羅帕傳情因悮瓊林佳宴謫
貶炯塵祿山作亂擒姣娥代死娉婷逢猛虎天緣遇救山中重
結良姻　可喜猪兒行刺賴汾陽功業克復神京太古菴中繼
好而締姻盟明霞遇难賴汾陽送至邉庭捐疑慮悲歡離合一
般喜事成婚
第一齣　訪美　小生巾服上
中呂 鵲橋仙　乾坤寂寞窺懷焉寄自負情鍾我輩良緣未許便相遭

石恂齋傳奇四種十二卷　〔清〕石琰撰

清乾隆清素堂刻本

一册　存三卷：錦香亭三卷

半葉九行二十四字，白口，左右雙邊。版框 20.7×14.2 厘米

16365（11040）

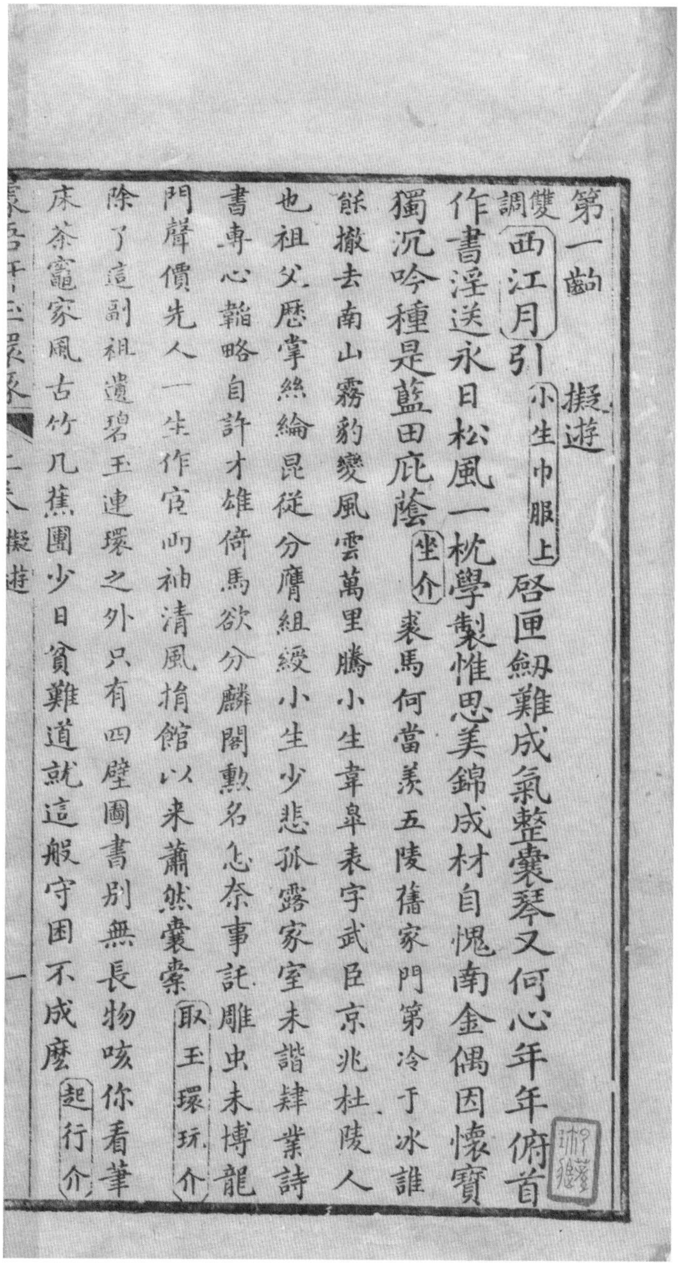
第一齣　擬遊
雙調（西江月引）（小生巾服上）啓匣紉難成氣整囊琴又何心年年俯首作書淫送永日松風一枕學製惟思美錦成材自愧南金偶因懷寶獨沉吟種是藍田庇蔭（坐介）裘馬何當羨五陵舊家門第冷于冰誰餘撤去南山霧豹變風雲萬里騰小生韋皋表字武臣京兆杜陵人也祖父歷掌絲綸昆從分膺組綬小生少悲孤露家室未諧肄業詩書專心韜略自許才雄倚馬欲分麟閣勲名怎奈事託雕虫未博龍門聲價先人一生作宦兩袖清風捐館以来蕭然囊橐（取玉環玩介）除了這副祖遺碧玉連環之外只有四壁圖書別無長物咳你看華床茶竈家風古竹几蕉團少日貧難道就這般守困不成麼（起行介）
擬遊　一

據梧軒玉環緣二卷　〔清〕周昂撰

清乾隆五十三年（1788）此宜閣刻本

二册

半葉十行二十六字，白口，左右雙邊，無直格。版框 20.2×12.2 厘米

16917（11117）

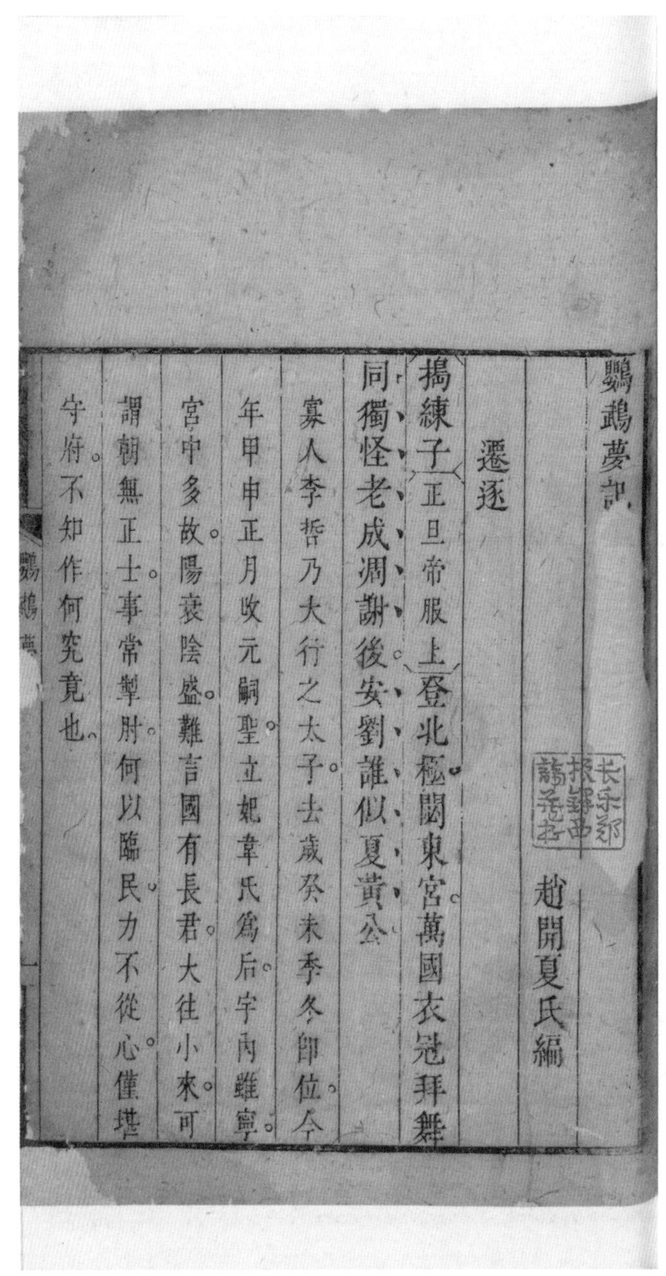

鸚鵡夢記二卷　〔清〕趙開夏撰

清初刻本

一册　存一卷：下

半葉十行二十字，黑口，四周單邊。版框 18.7×14.7 厘米

16372（11405）

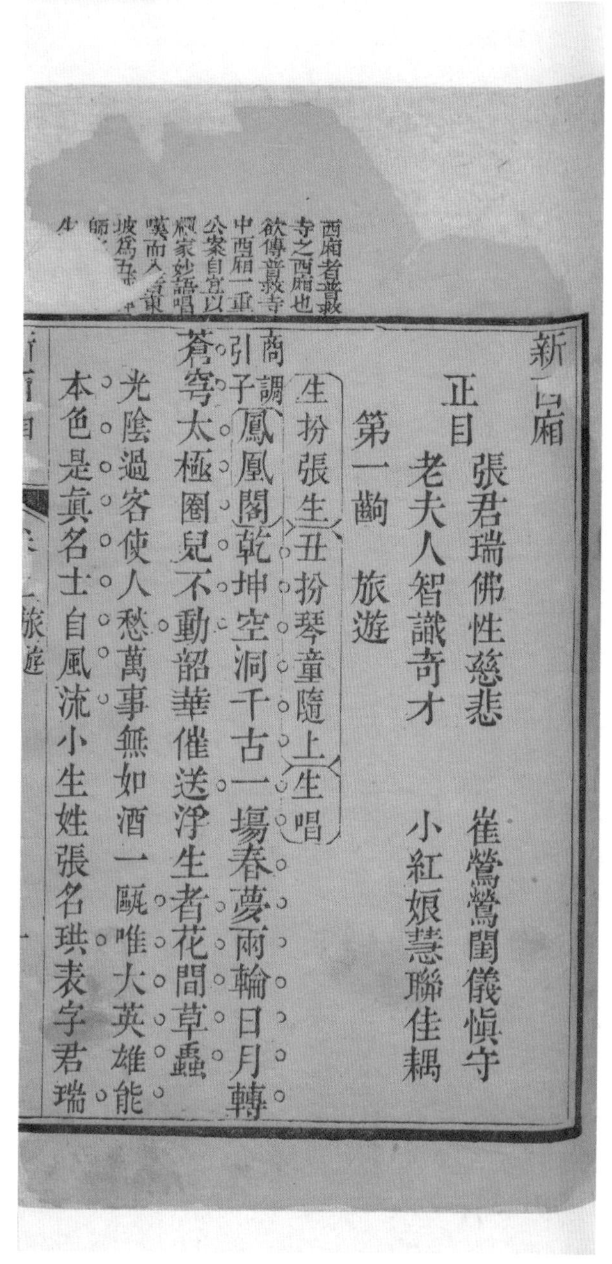

新西廂

正目　張君瑞佛性慈悲　崔鶯鶯閨儀愼守
老夫人智識奇才　小紅娘慧聯佳耦

第一齣　旅遊

生扮張生丑扮琴童隨上生唱

商調引子鳳凰閣乾坤空洞千古一塲春夢兩輪日月轉
蒼穹太極圈兒不動韶華催送浮生者花間草蟲
光陰過客使人愁萬事無如酒一甌唯大英雄能
本色是眞名士自風流小生姓張名珙表字君瑞

新西廂二卷　〔清〕張錦撰　〔清〕范建杲評

清乾隆刻本

二册

半葉九行二十字，白口，四周雙邊，無直格。版框 18.2×13.2 厘米

16347（11025）

蘭桂仙傳奇二卷　〔清〕左潢撰　〔清〕程秉銓評　**曲譜二卷**　〔清〕沈起鳳撰

清嘉慶七至八年（1802—1803）藤花書舫刻本

六册

半葉九行二十二字，白口，左右雙邊。版框 17.6×12.9 厘米

16355（11028）

蘭桂仙傳奇卷上

吳門　沈起鳳　蕡漁　正譜
龍眠　左　潢　巽觀　填詞
皐城　程秉銓　楠村　評點

提綱

【蝶戀花】舉世貪生爭説巧、奇局新開、那管人驚倒、玉惱香愁殘魄了、從來虧苦歸忠孝、萬事惟憑見地早、一念真誠、不爲千秋弔、偌大乾坤人豈少、維風兩箇裙釵小、

【滿庭芳】淑媛蘭芳、嫦娥桂蕚、托生宫氏名門、椿庭五馬、協

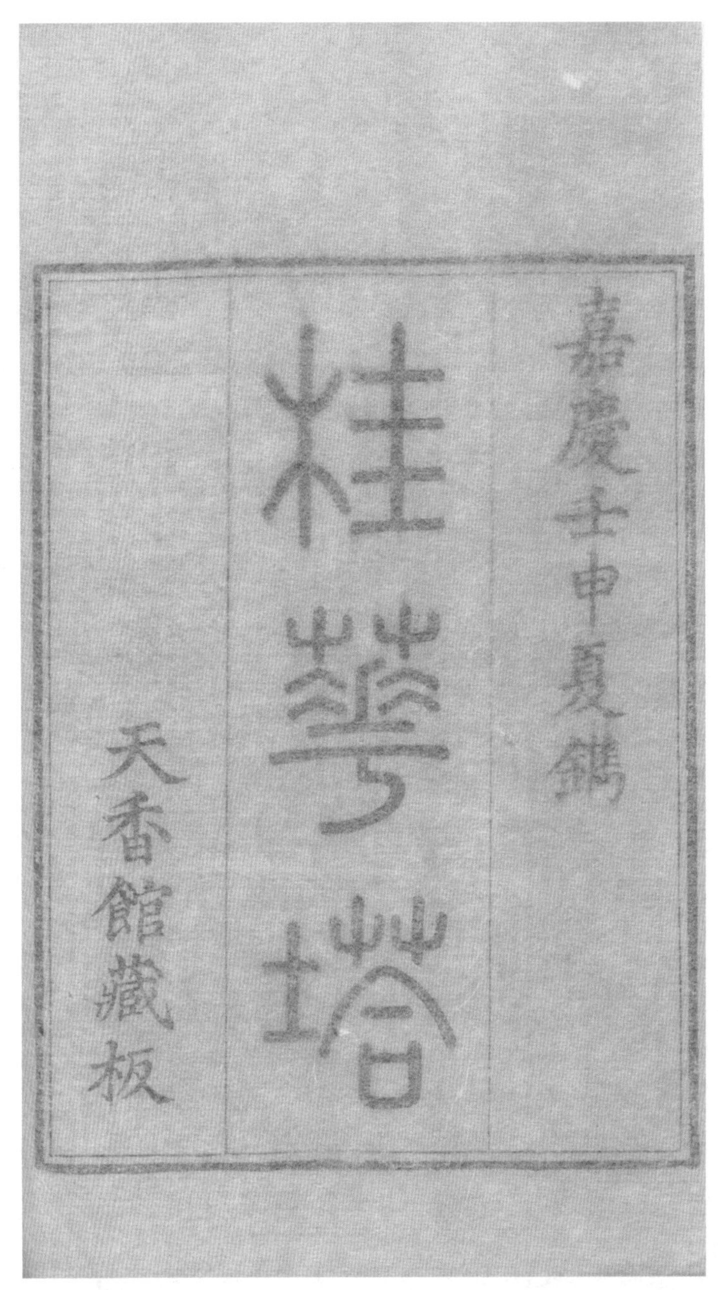

桂花塔二卷　〔清〕左潢撰

清嘉慶十七年（1812）天香館刻本

二册

半葉九行二十二字，白口，左右雙邊。版框 16.9×12.7 厘米

16356（11028）

桂花塔卷上

鈎亭山人論文
古塘樵子填詞
清河居士正譜

〔蝶戀花〕名花合付名人手、節節升高福命天生就、七寶裝成雲外秀、縱然香國何曾有、　利器原經盤錯後、處困能亨、從此榮華久、要與神仙稱契友、人間瑞兆君知否、

〔鳳凰臺上憶吹簫〕工子閒情、黌宮隙地、經營半畝園亭、建天香梵塔、七級芳馨、喜值仙徒典試、駐星軺展謁抒誠、親

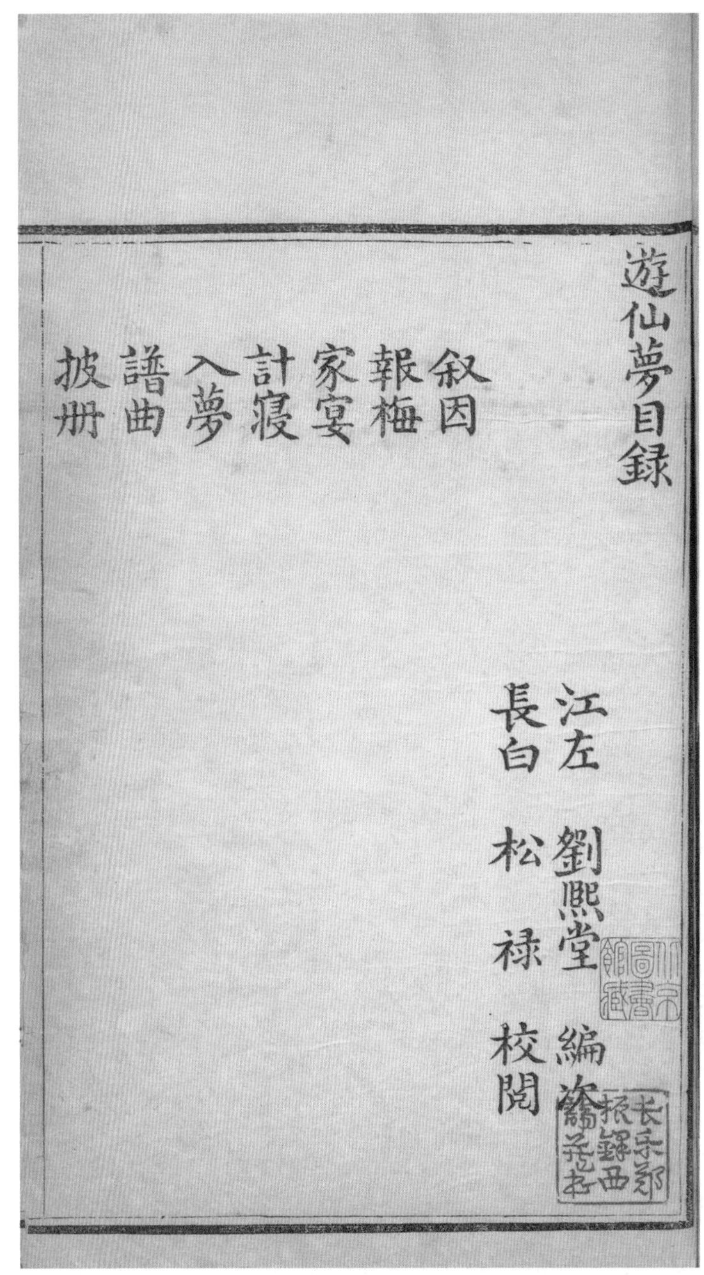
遊仙夢目録

敘因
報梅
家宴
計寢
入夢
譜曲
披册

江左　劉熙堂　編次
長白　松　禄　校閲

遊仙夢不分卷　〔清〕劉熙堂撰

清嘉慶三年（1798）敦美堂刻本

一册

半葉十行二十字，白口，四周雙邊，無直格。版框 18.8×13.0 厘米

叙因

四仙女持幡引貼宮衣雲帚上

〔醉花陰〕金屋齊偕伉儷長倩氷人暗地周張莫因他無我便無良料應是不合同鴛帳棲皇皇淚兩行被横枝兒壓倒羣芳偏不是好姻緣天隨人望

春花秋月美時光好景良宵枕簟涼占斷紅楼應有路巫山一覺語猶香吾乃太虛幻境警幻仙姑是也因人間榮國府中賈寶玉為天上之仙根稱人間之情種一時花攢錦簇緑遶紅圍恐他不悟了期迷失本性因此特地前来招他梦魂兒到我

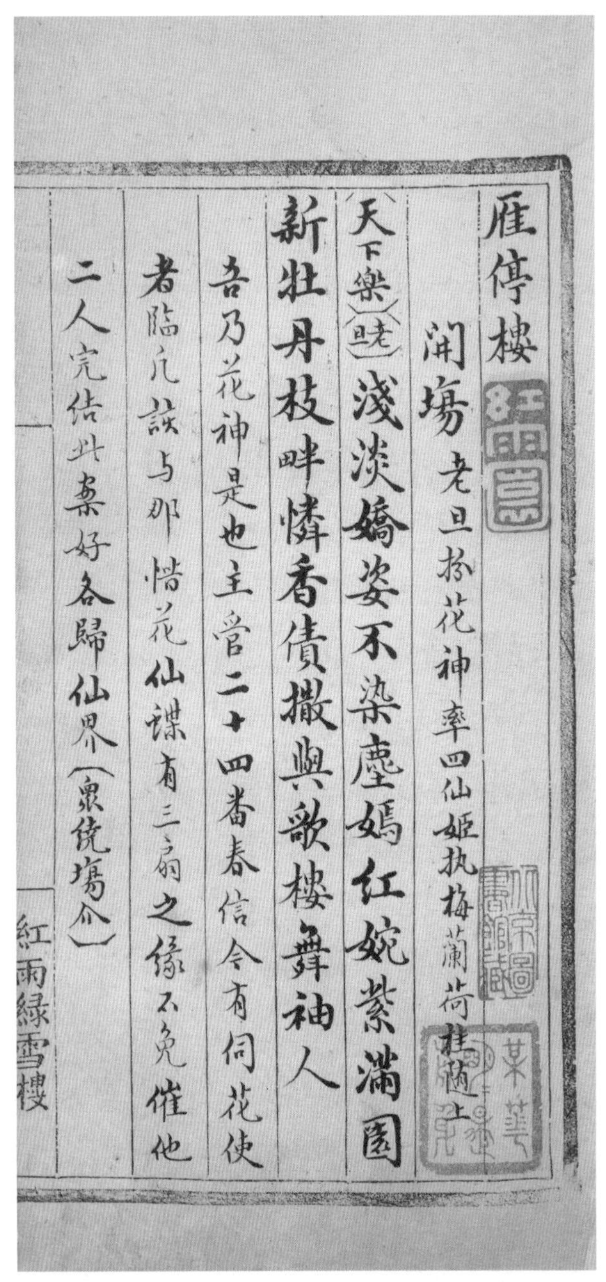

雁停樓

閙場　老旦扮花神率四仙姬执梅蘭荷桂随上

〈天下樂〉〈旦唱〉淺淡嬌姿不染塵嫣紅婉紫滿園新牡丹枝畔憐香債撒與歌樓舞袖人

吾乃花神是也主管二十四番春信令有伺花使者臨凡該与那惜花仙謀有三扇之缘不免催他二人完估此桌好各歸仙界〈衆繞塲介〉

紅雨綠雪樓

雁停樓不分卷　〔清〕羅梅江撰

稿本

二册

半葉七行十六至十八字，小字單行不等，白口，四周雙邊。版框 18.0×9.9 厘米

T04651（11344）

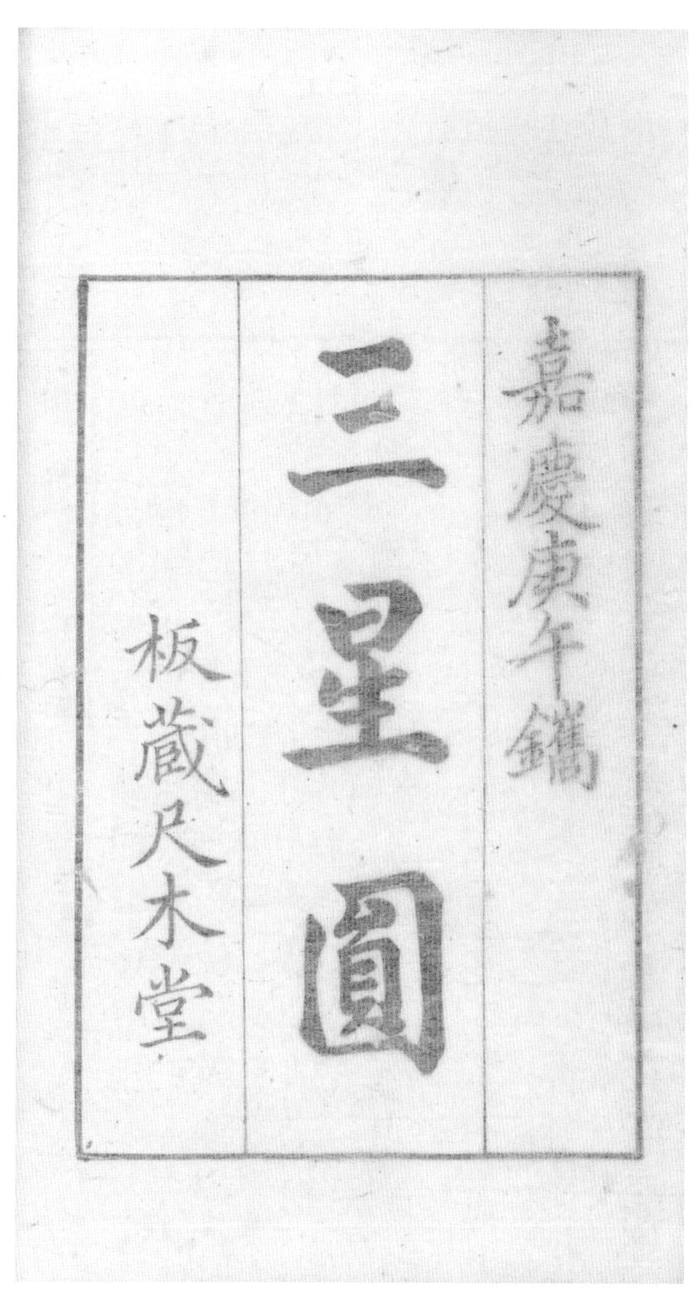

三星圓初集二卷二集二卷三集二卷四集二卷　〔清〕王懋昭撰

清嘉慶十五年（1810）尺木堂刻本

十六册

半葉九行二十字，白口，四周雙邊。版框 19.4×13.5 厘米

16385（11467）

慶觴

（末扮陳祖德三髯摺巾彩服上）

仙呂引子（鵲橋仙）祥烟篆裊彩霞輕罩海日扶桑正曉羣仙飛舄進蟠桃只慮那金姑未到

（鷓鴣天）摘取仙桃下紫霄東方還與細君邀應知天上嫌孤宿南極星聯婺女高介眉壽續鸞膠名心且勸髭時拋未占彩筆生香好先把蛾眉月樣描身入姓陳名祖德表字紹衣浙江錢塘人也自曾祖遷居以來世爲商賈常榷鹽鹺廣有田園堪

春草堂黄河遠二卷　〔清〕謝堃撰

清道光十年（1830）謝氏春草堂刻本

二册

半葉八行十九字，下黑口，左右雙邊。版框 16.9×11.4 厘米

16364（11114）

春草堂黄河遠卷上

佩禾謝堃填詞　梅卿女史按拍

湘舲侍妾校字

傳意（末上）

〔南呂引子〕滿江紅　今古登場。笑同是一般傀儡。卻也要平心而論。誰爲知己。季子黑貂裘敝日。秋孃費盡千端綺。問當年誰唱鮑家詩。秋墳鬼。〔換頭〕廿一部。興衰史。十九省。山川紀。把烟雲變幻收來腕底。初

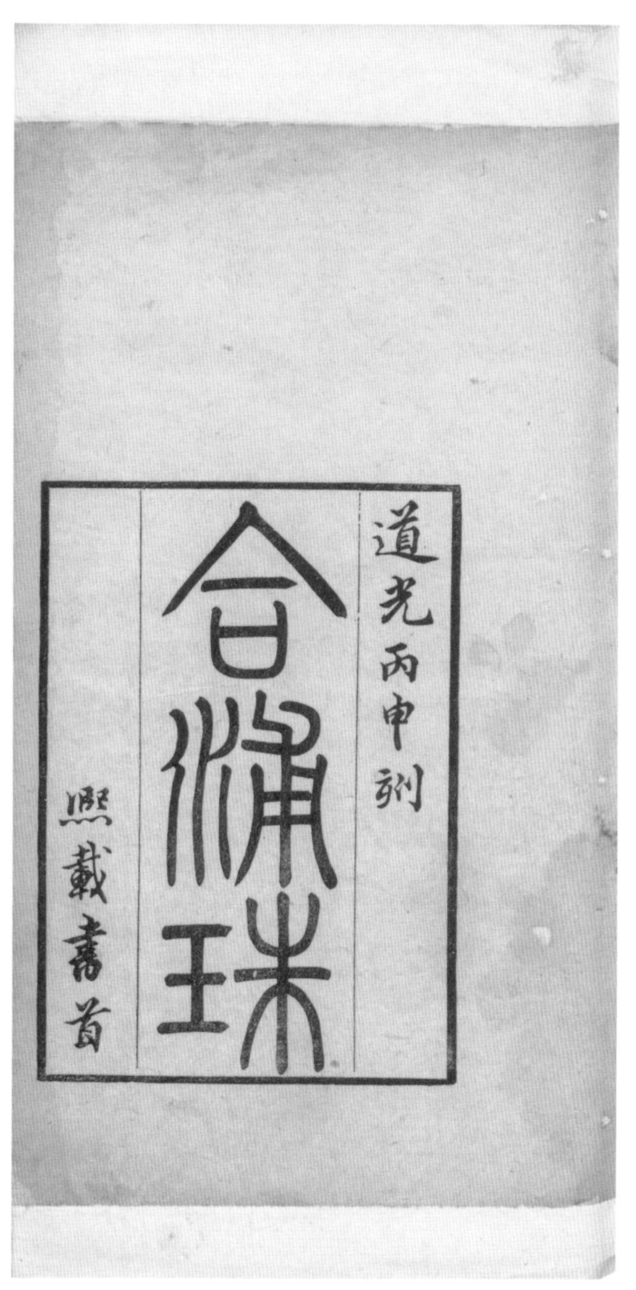

合浦珠傳奇二卷　〔清〕程瀚撰

清道光十六年（1836）刻本

二册

半葉七行十七字，黑口，左右雙邊。版框 13.4×9.2 厘米

16366（11129）

合浦珠傳奇卷上

白沙桂庵居士論文
甘泉芙蓉山樵塡詞
大興海蓮道人正拍

第一齣　蜮伺

場上懸紫風流館扁額場角設書案生巾服上南呂引子一翦梅書劍漂零正少年不受

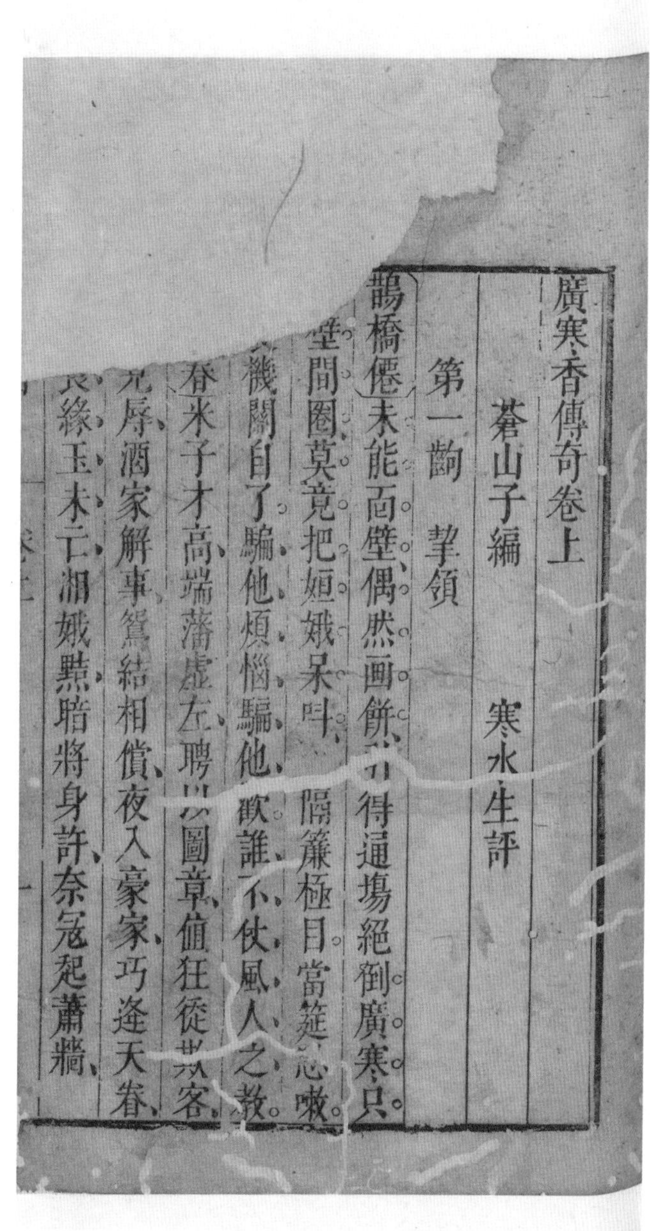

廣寒香傳奇卷上

蒼山子編　寒水生評

第一齣　挈領

鵲橋僊未能面壁偶然画餅討得逼塲絕倒廣寒只壁間圖莫竟把姮娥呆叫隔簾極目當筵忍嗽機關自了騙他煩惱騙他歡誰不伏風人之教

春米子才高端蕃虛左聘以圖章値狂從莊客充辱酒家解事鴛結相償夜入豪家巧逢天眷良緣玉未亡湘娥黠瞎將身許奈寃起蕭牆

廣寒香傳奇二卷　〔清〕徐沁撰

清文治堂刻本

一册　存一卷：上

半葉九行二十字，白口，左右雙邊。版框 18.4×12.7 厘米

16349（11043）

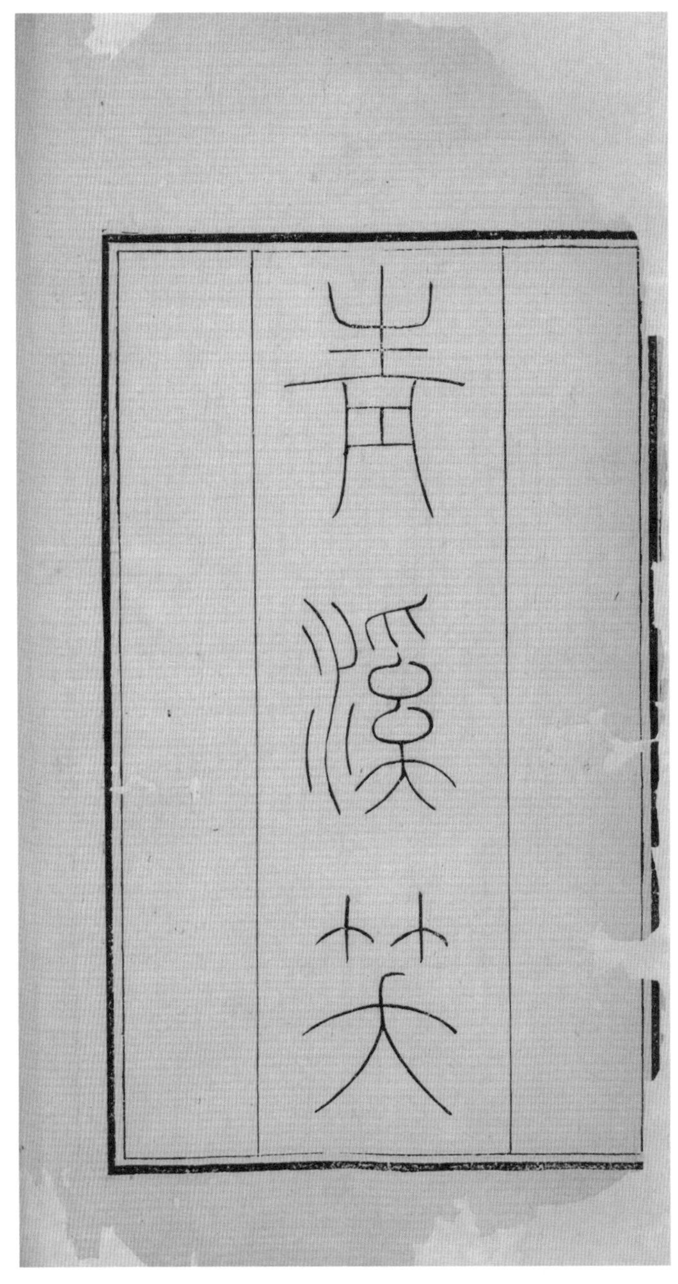

青溪笑二卷　題蓉鷗漫叟撰

清嘉慶刻本

二册

半葉九行二十字，白口，左右雙邊，無直格。版框 16.7×11.6 厘米

16332（10874）

靑溪笑

標意

首譜捐金重高義也雛鬟入歌場幾墮家聲世路悠悠人心不死聞捐金而慕義說教歌而儆邪者能不悚然起敬

玉人可貪微官竟棄見美色之蕩人心有不可以他端解者花塲涉獵尚愼旃哉

桃葉泛舟淸宵趂月比比然曷紀乎此靑樓啼笑飾

銀瓶牡丹　上卷

第一出　降九

四力士二仙翁　二生童引外上

〔点絳唇〕統教談玄太初開展虛无羑總肆群仙指点清修煉　白　混沌初分大道揭清虛碧落永仙鄉陰陽五氣朝元會咲共飡霞歲月長我乃紫府仙宗東華帝君是也先天浮道萬古傳真宣太上深幽贊玉京造化今乃西池王母談教日期祥麟彩鳳二有　外　壇前承應　小生　領法旨　四仙女引老上白　欽悯仙宮何處

銀瓶牡丹三卷三十九齣

清抄本

三册

半葉八行十九字，無欄格

T04778（11068）

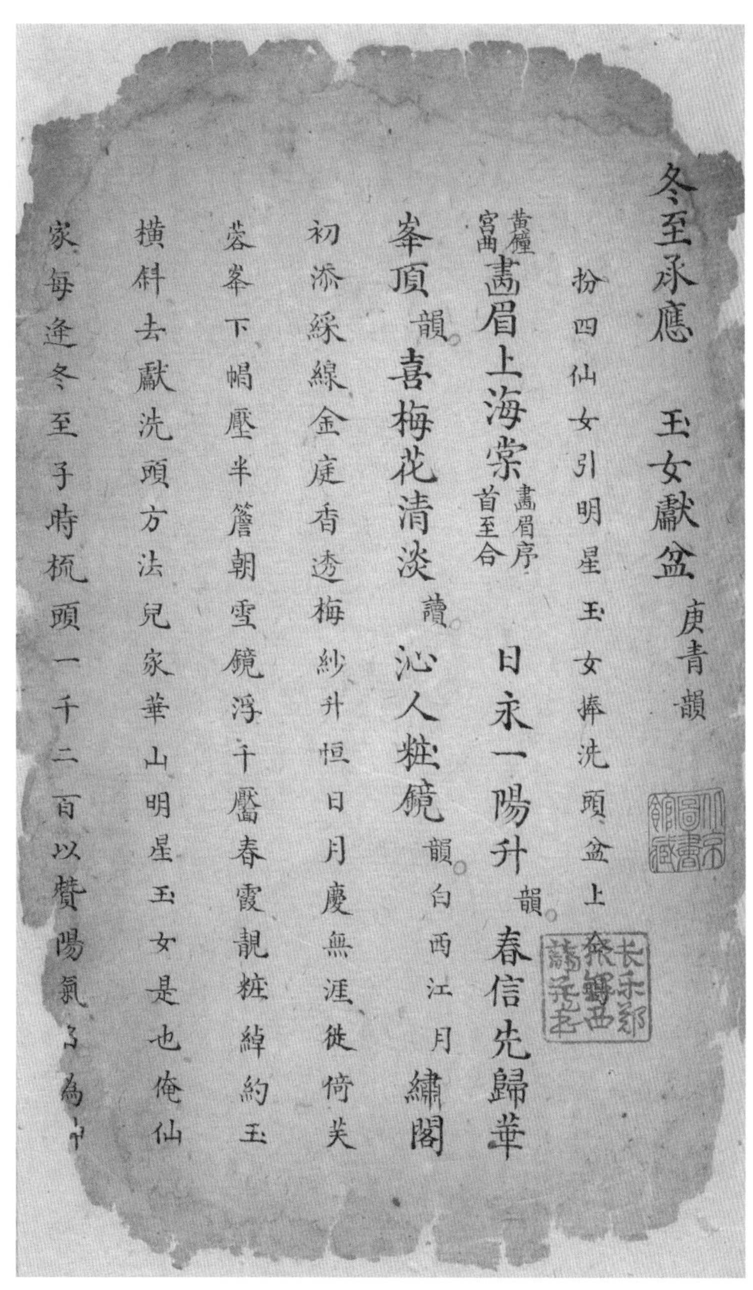

冬至承應玉女獻盆一卷

清昇平署抄本

一册

半葉八行二十字，無欄格

16368（11048）

古佛朝天

衆扮慈雲使者各持彩雲引金剛揭諦從壽臺上場門上擺勢科衆扮沙彌各持旛護三世佛乘雲車蓮花座從壽臺上場門上仝唱

正宮集曲 傾杯賞芙蓉 傾杯序首至五 運際休明萬彙昌 韻 帝德無偏黨 韻 豈但是恩育蒼黎 句 仁覆寰瀛 句 化被蠻夷 讀 澤遍要荒 韻 玉芙蓉四至末 便是俺沙門隱跡蓮臺上 韻 一樣的共沐

清内廷承應劇本二十種二十卷

清昇平署抄本

二册

半葉八行十九字，無欄格

16350（11095）

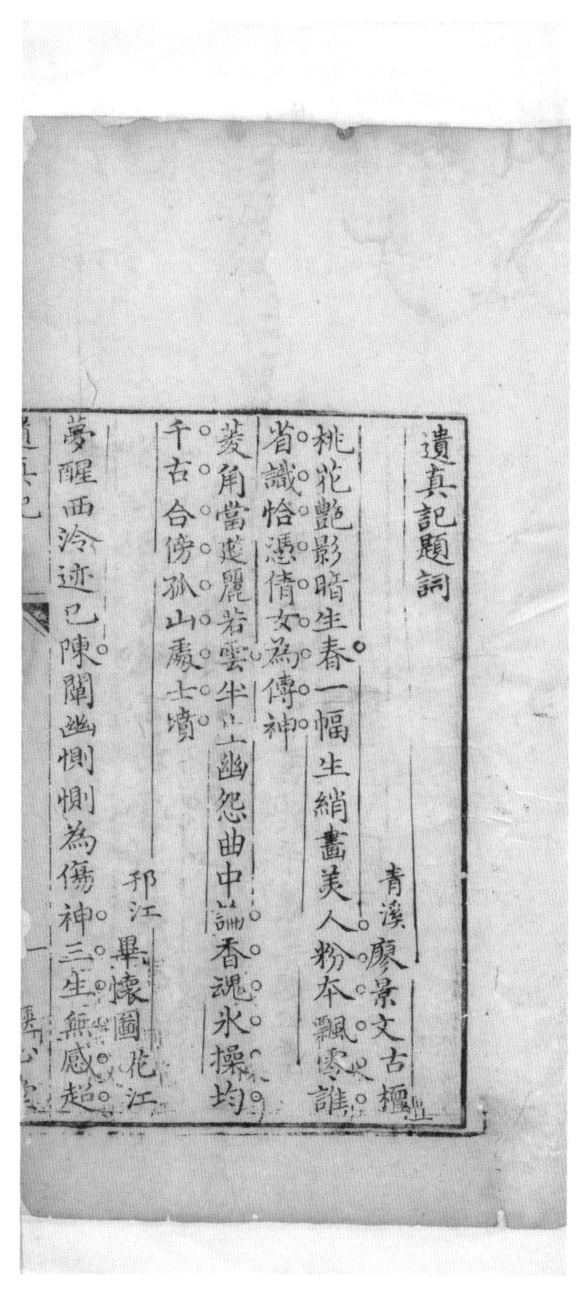

遺真記六卷　〔清〕廖景文撰　**題詞一卷詩話一卷**

清乾隆愜心堂刻本

二册

半葉八行十九字，白口，左右雙邊。版框 16.1×10.4 厘米

16345（11208）

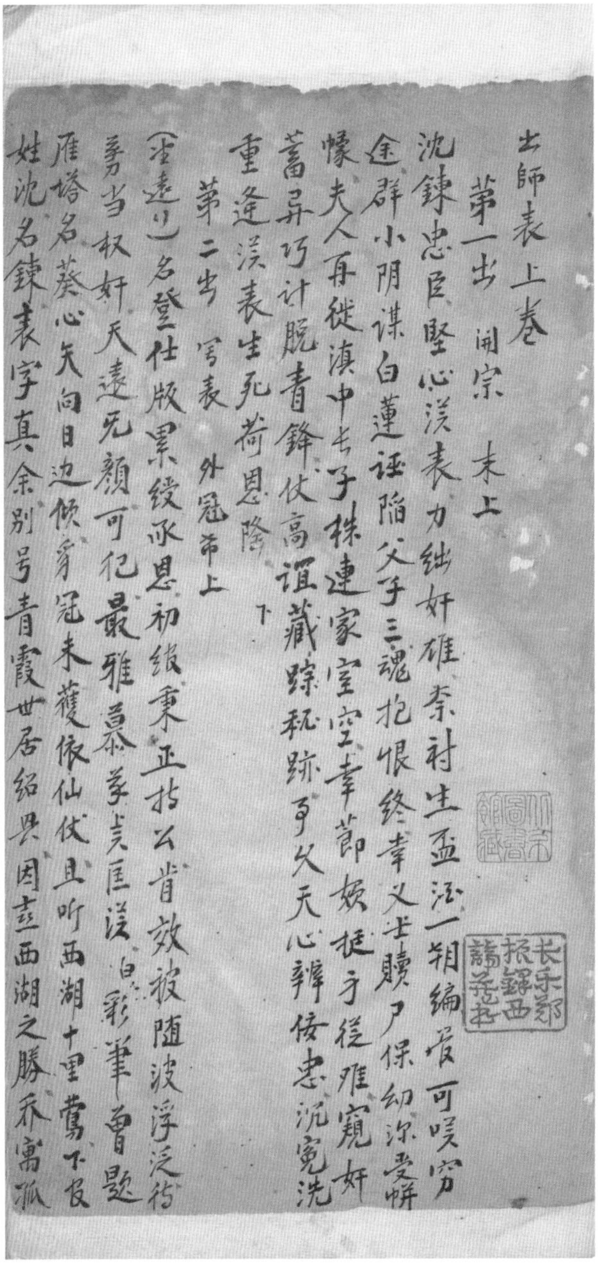

出師表二卷

清抄本

二册

半葉十一行二十餘字不等，無欄格

16344（11197）

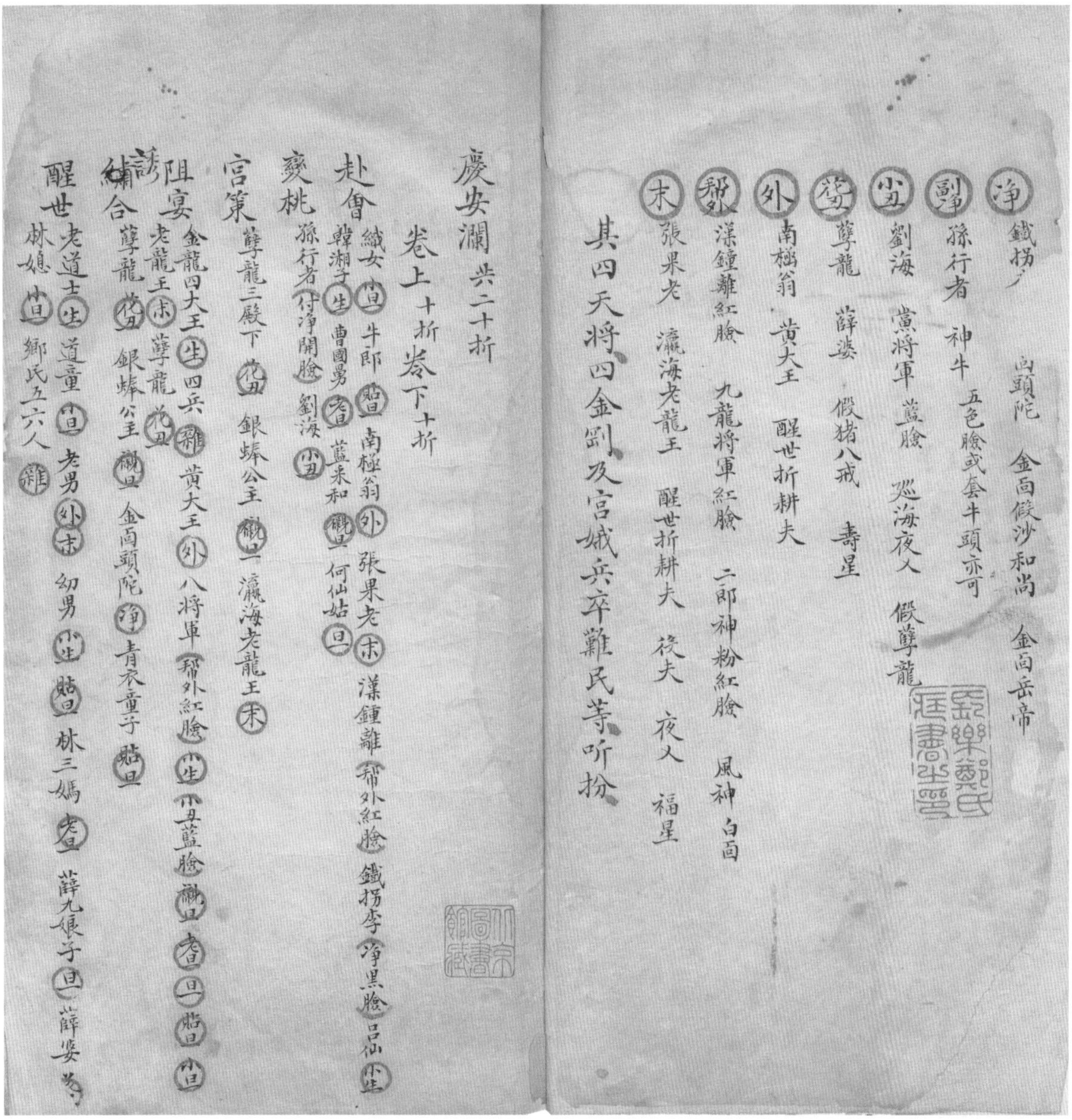

淨 鐵拐 西頭陀 金面假沙和尚 金面岳帝
副 孫行者 神牛 五色臉或套牛頭亦可
丑 劉海 黨將軍 藍臉 巡海夜人 假孽龍
老旦 孽龍 薛婆 假猪八戒 壽星
外 南極翁 黃大王 醒世折耕夫
貼 漢鍾離紅臉 九龍將軍紅臉 二郎神粉紅臉 風神白面
末 張果老 瀛海老龍王 醒世折耕夫 役夫 夜人 福星
其四天將四金剛及宮娥兵卒難民等听扮

慶安瀾 共二十折
卷上十折 卷下十折
赴會 織女(旦) 牛郎(貼旦) 南極翁(外) 張果老(末) 漢鍾離(帮外紅臉) 鐵拐李(淨黑臉) 呂仙(小生) 韓湘子(生) 曹國舅(老旦) 藍采和(貼旦) 何仙姑(旦)
燹桃 孫行者(付淨開臉) 劉海(小丑)
宮策 孽龍三殿下(花丑) 銀蜂公主(貼旦) 瀛海老龍王(末)
阻宴 金龍四大王(生) 四兵(雜) 黃大王(外) 八將軍(帮外紅臉) (小生) (小丑藍臉) (貼旦) (老旦) (旦) (貼旦) (小旦) 老龍王(末) 孽龍(花丑)
誘合 孽龍(花丑) 銀蜂公主(貼旦) 金面頭陀(淨) 青衣童子(貼旦)
醒世 老道士(生) 道童(小旦) 老男(外末) 幼男(小生) (貼旦) 林三媽(老旦) 薛九娘子(旦) 薛婆 芳 林媳(小旦) 鄉氏五六人(雜)

慶安瀾傳奇二卷

清抄本

二册

半葉八行，行字不等。無欄格

16292（11256）

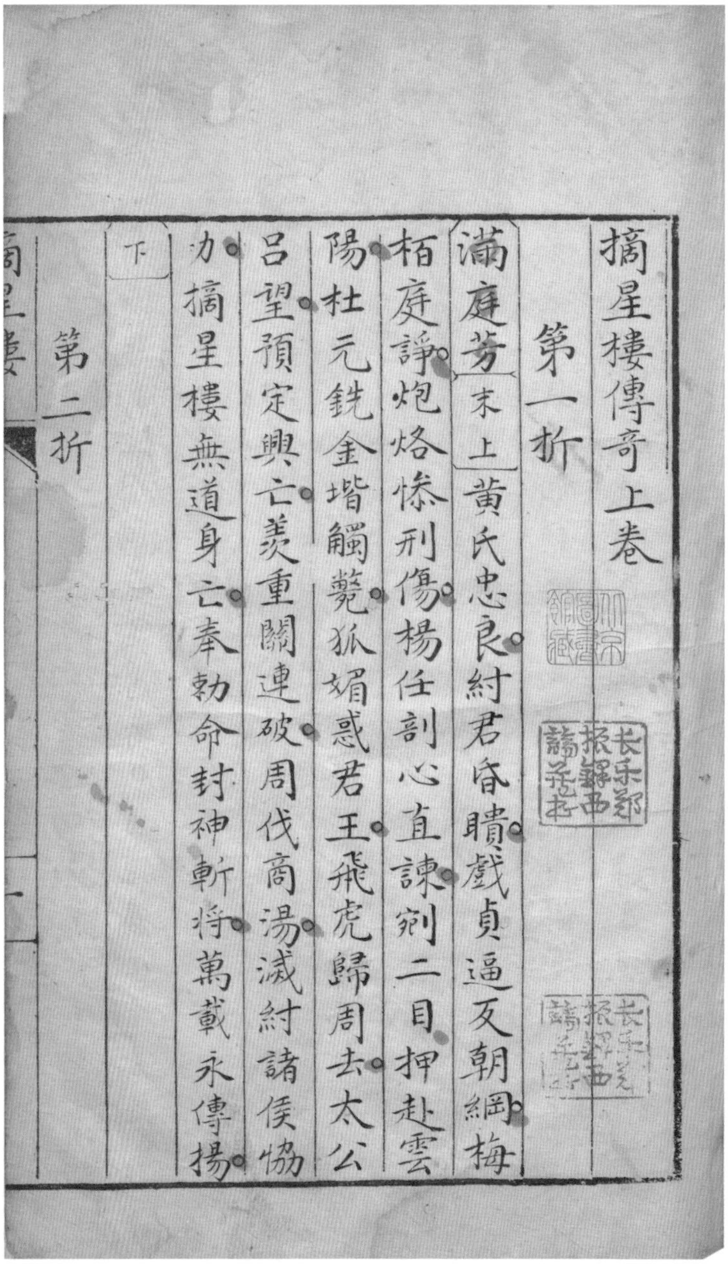

摘星樓傳奇上卷

第一折

滿庭芳 末上 黄氏忠良紂君昏聵戲貞逼反朝綱梅栢庭諍炮烙慘刑傷楊任剖心直諫剜二目押赴雲陽杜元銑金堦觸斃狐媚惑君王飛虎歸周去太公呂望預定興亡羑重關連破周伐商湯滅紂諸侯協力摘星樓無道身亡奉勅命封神斬将萬載永傳揚

下

第二折

摘星樓傳奇二卷 〔清〕劉百章撰

清抄本

一册

半葉九行二十字，黑格，白口，左右雙邊。版框 20.2×13.7 厘米

16377（11714）

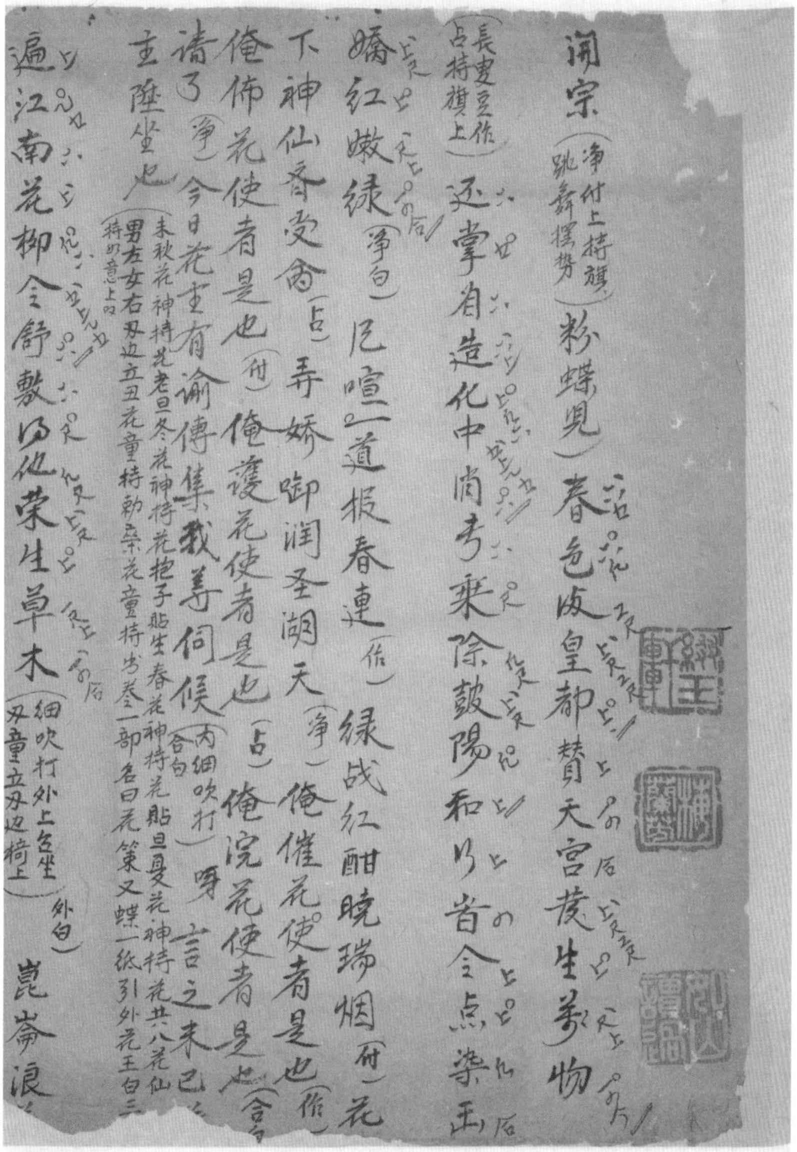

開宗（淨付上持旗，跳舞擺勢）粉蝶兒 春色泛皇都，贊天宮茂生萬物
（長旦立作，占持旗上）還掌着造化中，尚春來，除鼓陽和，巧着今點染玉
嬌紅嫩綠（淨白）瓦喧一道報春連（作）綠戰紅酣曉瑞烟（付）花
下神仙齊受命（占）弄嬌啣潤聖湖天（淨）俺催花使者是也（作）
俺佈花使者是也（付）俺護花使者是也（占）俺浣花使者是也（合
請了（淨）今日花主有諭，傳集我等伺候（內細吹打，合白）呀，言之未已
主陞坐也（末秋花神持花，老旦冬花神持花，抱子貼生春花神持花，貼旦夏花神持花，共八花仙，男左女右分邊立，丑花童持勅桑花，童持書卷一部，名曰花策，又蝶一紙，引外花王白三，持如意上）
遍江南花柳舒敷，乃他榮生草木（細吹打，外上台坐，丑童立分邊椅上）（外白）崑崙浪

兩度梅三卷　〔清〕石琰撰

清抄本

三册

半葉十至十二行，行二十五至三十字，無欄格

16634（補 456）

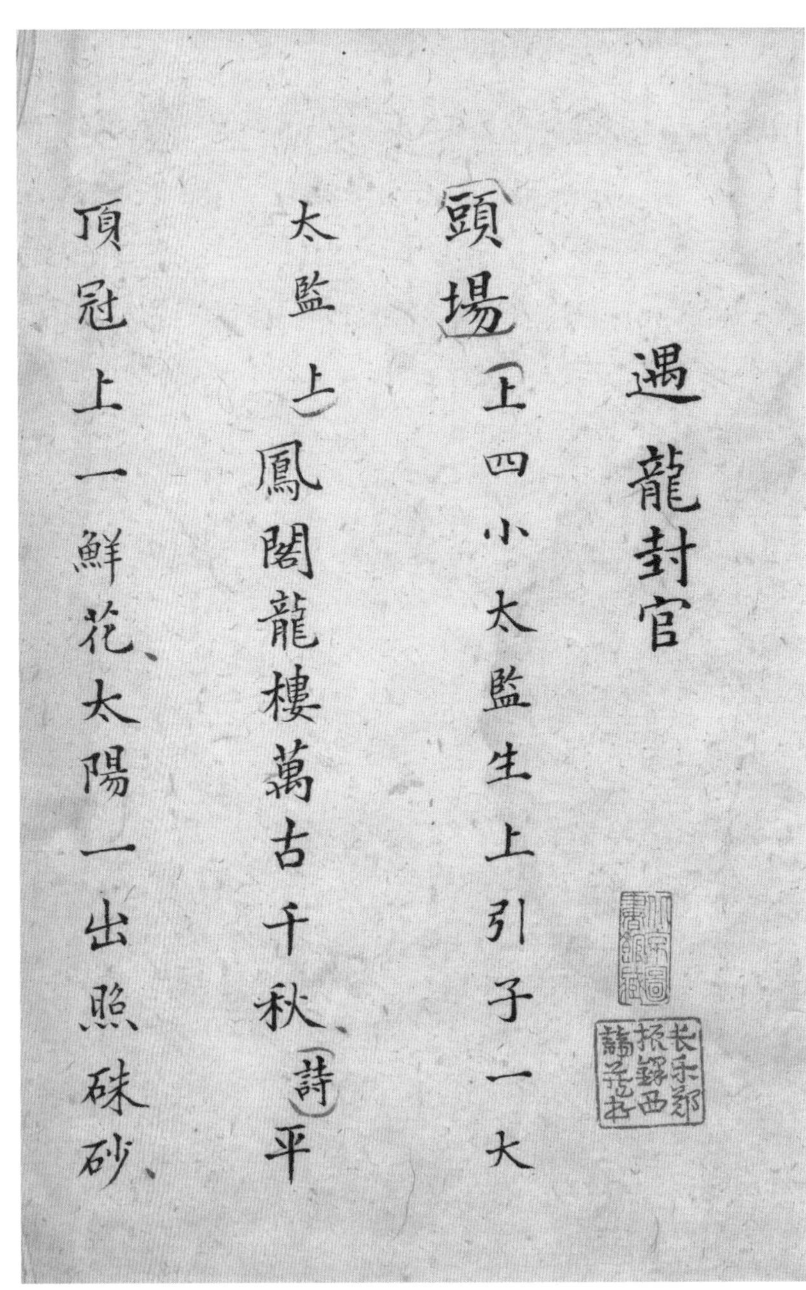
遇龍封官
頭場（上四小太監生上引子一大太監上）鳳閣龍樓萬古千秋（詩）平頂冠上一鮮花、太陽一出照硃砂、

遇龍封官一卷喜崇臺一卷三家店一卷財源輻輳一卷醉寫一卷

清抄本

一册

半葉四行十三字，小字單行同。無欄格

T04777（11177）

朝野新聲太平樂府卷之一　小令一

活字板印

正宮類

鸚鵡曲　俗名黑漆弩

馮海粟

序雲白無咎有鸚鵡曲云儂家鸚鵡洲邊住是个不識字漁父浪花中一葉扁舟睡煞江南烟雨覺來時滿眼青山抖擻緑蓑歸去筭從前錯怨天公甚也有安排我處余壬寅歲留上京有北京伶婦御園秀之屬相從風雪中恨此曲無續之者且謂前後

朝野新聲太平樂府九卷　〔元〕楊朝英輯

明抄本

三册

半葉十行二十字，無欄格

15697（8842）

梨園按試樂府新聲卷上

。諸套數

双調行香子　馬致遠

無也閑愁有也閑愁有無間愁得白頭花能助喜酒解忘憂對東籬思北海憶
南樓（慶宣和）過了重陽九月九葉落歸秋殘菊胡蝶强風流勸酒〻〻（錦
上花）莫〻休〻浮生參透能得朱顔幾回白晝野鶴孤雲倒大自由去鴈来
鴻催人皓首位至八府中誰説百年後則落〻莊周嘆打骷婁愛煞當年魯連
乘舟那个如今陶潛種柳（清江引）青雲與尺王子猷半路里乾生受馬踏街
頭月耳听宫前漏知它恁羨甚麽閑内庾（碧玉簫）鶯也侶歌喉佳節若爲酧
傀儡棚頭題甚麽抱宫囚自也羞則不如一筆勾錦瑟左右紅粧前後朦朧醉
眸覷尺頭黄花瘦（歇指煞）花開但願人長久八閑難得花依旧夕陽暫留酒
中仙塵外客林間友黄橙帶露時紫蟹迎霜候香醪羨蒭酒和花人共我无何
有細杖藜寬袍袖斷送了西風罷手常做快活頭求休閑是非口（錦上花）
展放愁眉休爭閑氣今日容顔老如昨日古往今来你尽知賢的愚的貧的富
的到頭這一身難逃那一日受用了一日是便宜人活百歲七十稀急〻光陰

梨園按試樂府新聲三卷

清宣統二年（1910）趙倬齋抄本　王國維跋

一册

半葉十七行三十字，無欄格

折桂令

村居即事　張小山 六十四曲

全玉 掩柴門嘯傲煙霞隱隱林峦小小仙家楼外白雲窓前翠竹井底硃砂五畝宅無人種瓜一村庵有客分茶春色無多開到薔薇落盡梨花

崔閑齋元帥席上

全玉 綉簾閒語燕兒喃柳眼青嬌杏臉紅酣春日遲遲香風淡淡相府潭潭粧粉黛犀梳玉簪引兒孫竹馬青衫坐客江南妙舞清歌閑論高談

樂府群珠不分卷

抄本

四册

半葉十行二十一字，無欄格

16906（8788）

吴騷集四卷　〔明〕王穉登輯　**二集四卷**　〔明〕張琦、王輝輯

明萬曆刻本（引、目録、卷一，二集卷四配抄本）

八册

半葉十行二十一字，白口，四周單邊。版框 20.2×13.2 厘米

15691（8843）

離恨比天更高果然是天知道和天也瘦了

五供養

青山顛老誰收拾滿地瓊瑤蒼茫冬暮景舉目總蕭條笑我因花起早聽滿耳靈禽喧噪不報些兒喜惹煎熬比風吹面利如刀

好姐姐

一交黃昏靜悄孤另另銀缸相照把燈兒慢挑和衣剛睡着誰驚覺聲寒指冷難成調偷弄飛瓊碧玉簫

川撥棹

雖猜料自來近讀書人心性喬早嫖上金星姿嬌早嫖上金星姿嬌頓忘了臨邛故交漢相如恩愛薄卓文君緣分少

錦衣香

瓓珊了錦字詩差錯了瑤琴操釵分了交股金帶折了連環套鳳凰簪蹀躞玲瓏那得堅牢桃花苑上不通潮傷心總是雨葉風條連枝樹近來也生成恨種愁苗魚雁無消耗水濶山高紅絲繫是誰把冰刀雙攪

漿水令

不索把穿蒼禱告一任他傍人戲嘲盟香夜夜判天[illegible]憂情未訴意攘心勞從前誓都忘却只求眼下他來到

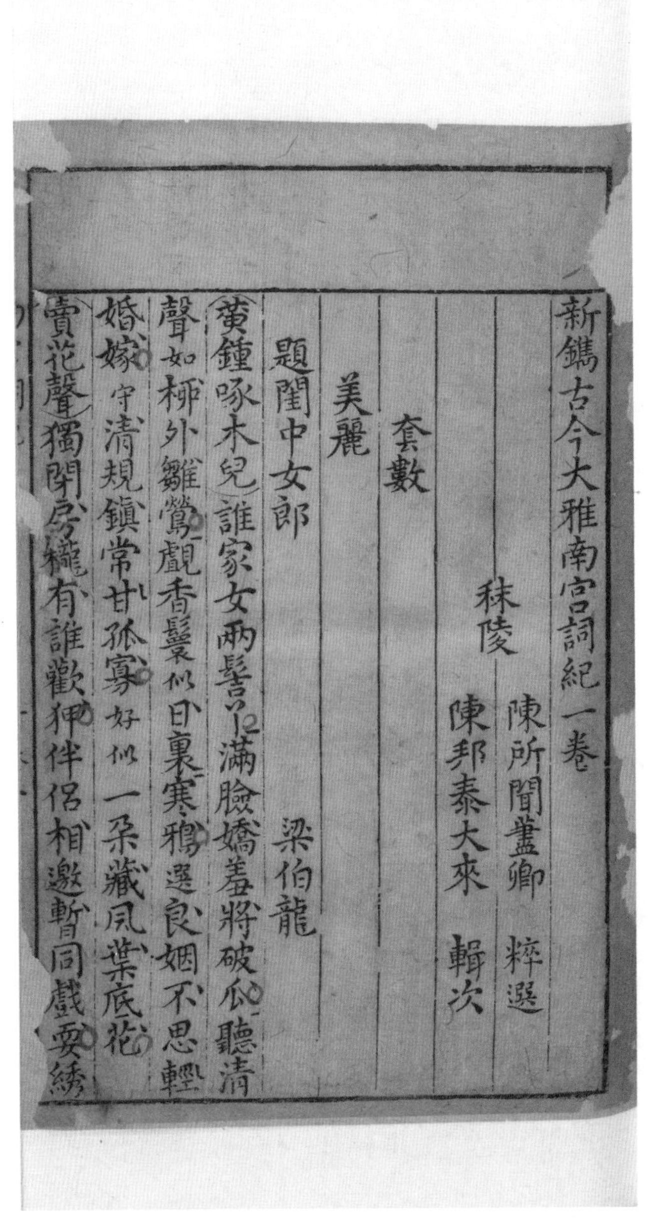

新鐫古今大雅南宮詞紀六卷　〔明〕陳所聞輯

明萬曆三十三年（1605）陳氏繼志齋刻本

八册

半葉十行二十字，白口，四周單邊。眉欄鐫音釋。版框 21.5×14.3 厘米

15732（8885）

新鐫古今大雅北宫詞紀六卷　〔明〕陳所聞輯

明萬曆三十二年（1604）陳氏繼志齋刻本　鄭振鐸跋

八册

半葉十行二十字，白口，四周單邊。眉欄鐫音釋。版框 21.9×14.4 厘米

15733（8882）

新鐫古今大雅北宮詞紀一卷

秣陵　陳所聞蓋卿　粹選
陳邦泰大來　輯次

套數

讌賞

元宵賞燈　明賈仲名

（北黄鍾醉花陰）國祚風和太平了。是處產靈芝瑞艸。聖天子美臣僚。法正官清。百姓每都安樂。喜佳節值元宵。點萬盞花燈直到曉

（南画眉序）花燈兒巧粧描。萬朵金蓮綻池沼。任銅壺

圖四頁。但其中仍有併頁之處。數年之後，復得一初印的殘本，恰好配成全書。其南宮詞紀卷四的第四十九頁、第五十頁，各本皆缺者，復於別一本里湊齊之。於是這部百衲衣似的南北宮詞紀，乃終於成為一部完整無缺的本子了。像這樣完整的南北宮詞紀，恐怕是很少見的。可能是人間無二的本子也。不講版本之學的人，其能

予於三十餘年間，先後收得陳所聞選的南北宮詞紀八部之多。初收的幾部，但求其少爛板斷板而已。後乃進而求其初印無缺字者。但終不免每卷均有缺頁、併頁之處。北宮詞紀卷五及卷六的目錄中，間有各附插圖一頁的。得之，已為之驚喜不置。不意最後乃獲初印的北宮詞紀和南宮詞紀各半部。北宮詞紀卷首並有詞人姓氏三頁，插

今天中國書店把這部書裝訂好送來，整舊如新，乃可閱讀。於燈下細細翻看，頗自喜慰，遂提筆漫記如上。

一九五八年九月三日深夜西諦記

想像得到，一書之求全求備，乃艱苦至此乎？這不是什麼好奇、好事之舉。研究元明文學者能捨散曲不談麼？談散曲者能不備這部《南北宮詞紀》麼？作為科學研究的必備之書，其能沒有最完整不缺的好本子作為研究的根據麼？把這部書好容易地拼湊成為完整不缺的一部，當不是什麼沒甚意義玩弄版本的事。

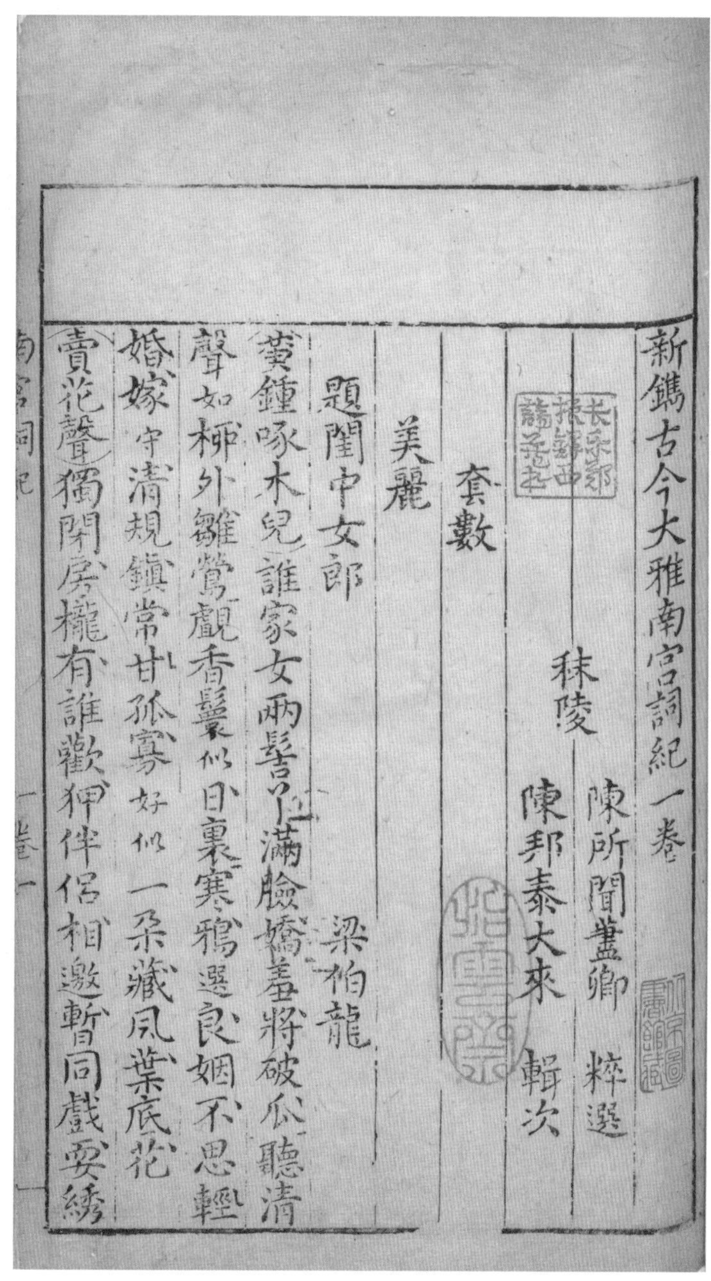

新鐫古今大雅南宫詞紀六卷　〔明〕陳所聞輯

明萬曆三十三年（1605）陳氏繼志齋刻本

六册

半葉十行二十字，白口，四周單邊。眉欄鐫音釋。版框 21.6×14.5 厘米

T00247（8879）

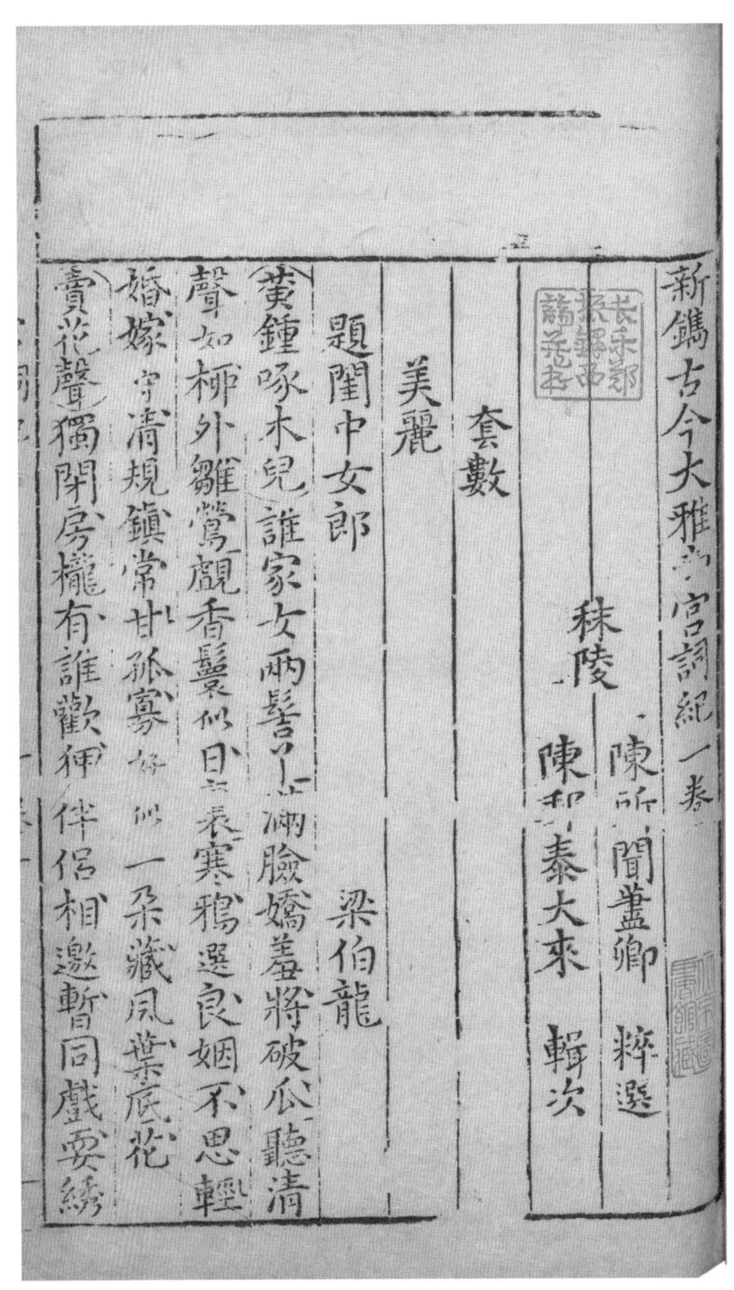

新鐫古今大雅南宫詞紀六卷　〔明〕陳所聞輯

明萬曆三十三年（1605）陳氏繼志齋刻本

六册

半葉十行二十字，白口，四周單邊。眉欄鐫音釋。版框 21.7×14.5 厘米

T00248（8880）

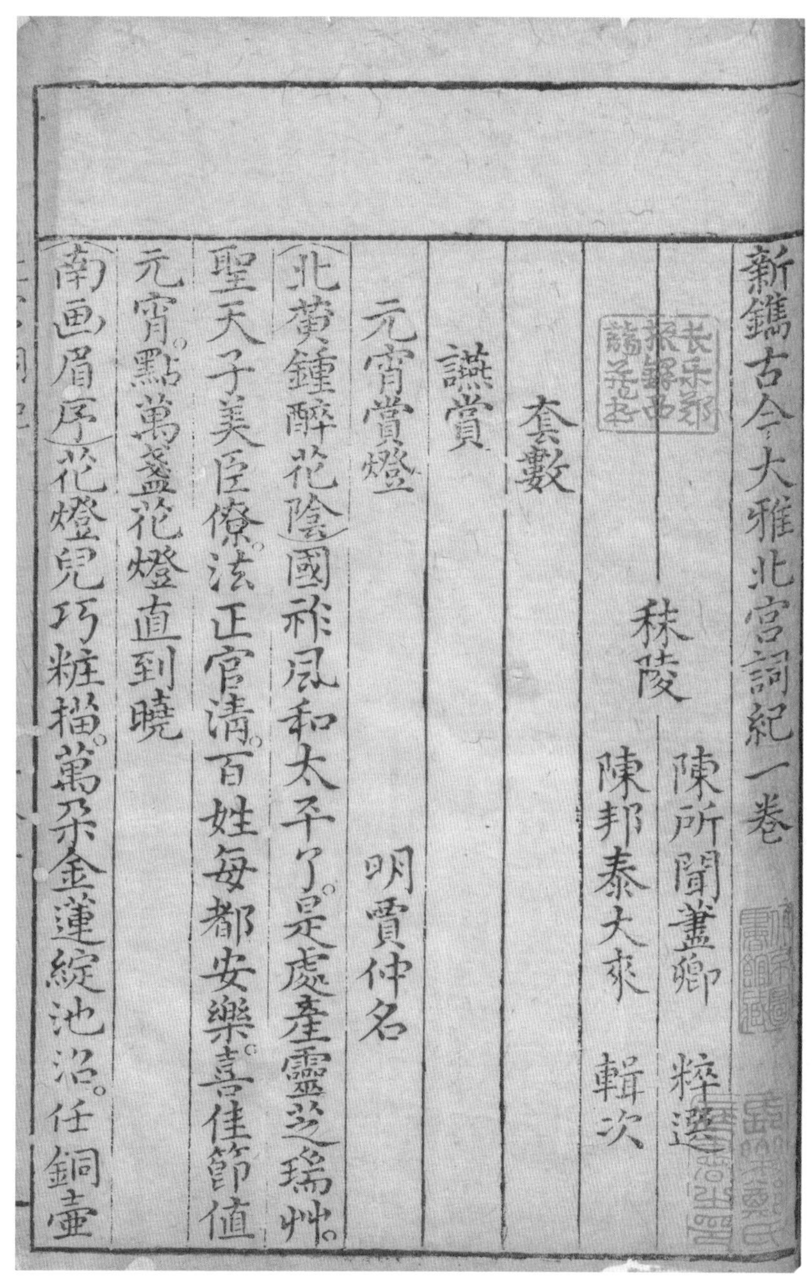
新鐫古今大雅北宮詞紀一卷
秣陵　陳所聞藎卿　粹選
陳邦泰大來　輯次
套數
讌賞
元宵賞燈　明賈仲名
（北黄鍾醉花陰）國泰民和太平了。是處産靈芝瑞草。聖天子美臣僚。法正官清。百姓每都安樂。喜佳節值元宵。點萬盞花燈直到曉
（南畫眉序）花燈兒巧粧描。萬朶金蓮綻池沼。任銅壺

新鐫古今大雅北宮詞紀六卷　〔明〕陳所聞輯

明萬曆三十二年（1604）陳氏繼志齋刻本

六册

半葉十行二十字，白口，四周單邊。眉欄鐫音釋。版框 21.6×14.5 厘米

T00249（8884）

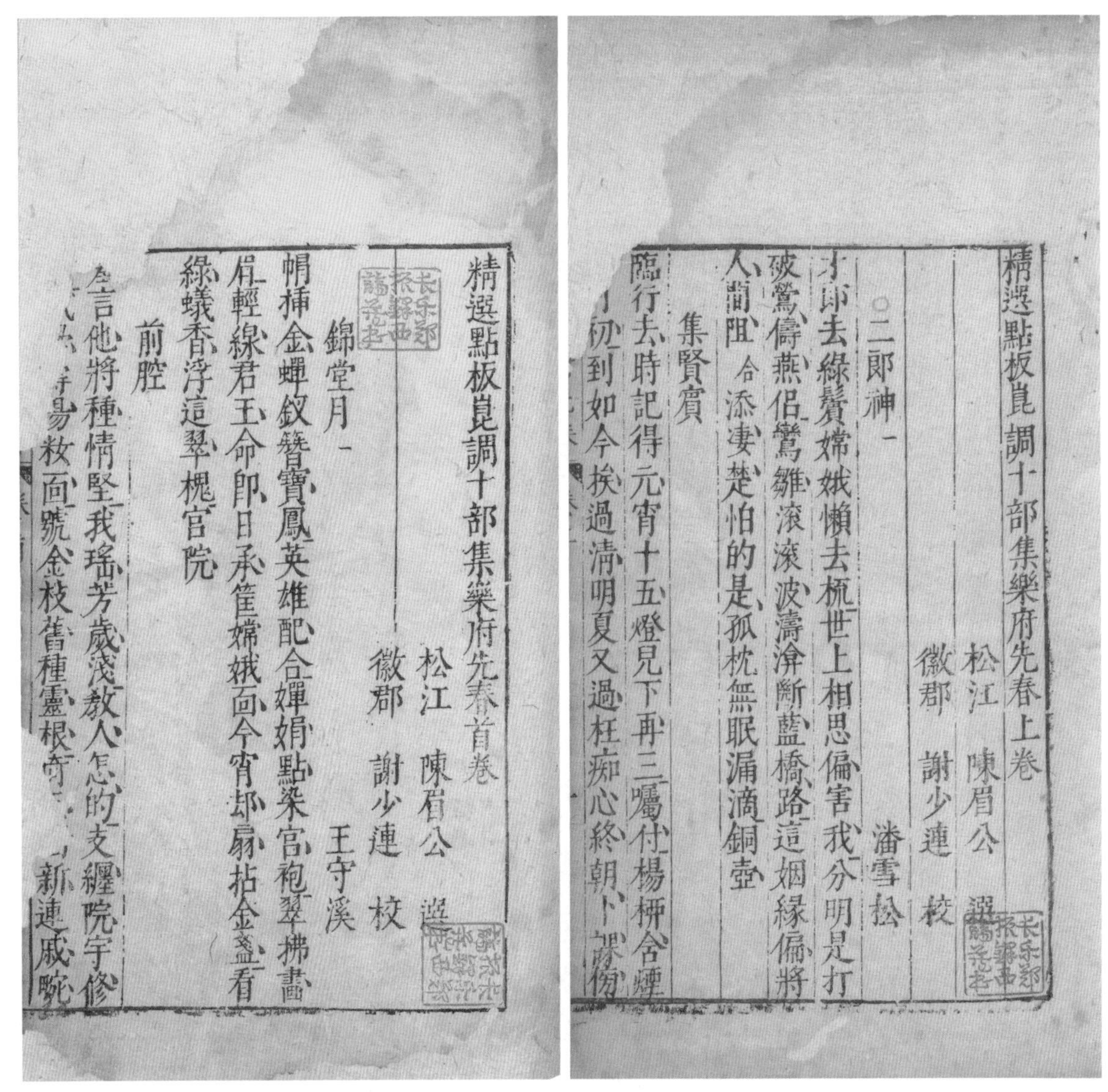

精選點板崑調十部集樂府先春二卷首一卷　〔明〕陳繼儒輯

明刻本　鄭振鐸跋

五册

半葉十行二十一字，白口，四周單邊。版框 20.1×12.9 厘米

15675（8815）

書藏中多一精品亦為明人曲選擷芳一奇物也書凡三卷不作上中下卻
為首卷及上下各一卷不知何意題松江陳眉公選徽郡謝少連校無
序跋殆已佚去首附圖八幀未知全否草書小字題曰黃氏應光鐫畫法
⊙古雅大類吳騷集當是徽郡版畫作家黃金時代之初期作品也所選
均南曲套數首卷凡二十套上卷凡六十五套下卷凡五十七套都為一百四
十二套中如謝木齋張春陽姜鳳阿鄭翰卿馬孟河潘雪松李石麓朱
射陂陳石岳李復初王覌濤宗方城黃葵陽張肖甫徐存甫吳川樓茅
平仲趙穀陽吳崑麓張瀛海諸家所作諸曲選皆未見予摩挲數日
以不堪觸手即付之裝工費氏越半月裝成乃可展閱矣
紉秋居士書

長樂鄭振鐸西諦藏書

杭州書客朱遂翔擅將不全書挖割目錄冒作全書售得善價予甚
少與之交易然彼爪牙遍布徽郡蕭山一帶往往多得奇書善本王壽
珊在世時朱專擅其利尋常儈客自不在其眼中自王氏故後朱失
所依始復見其持藍布包袱往來中國來青諸肆間蓋彼於圖書
每不甚了了唯恐失之賤值不能不以郭石麒為耳目石麒為書友
中忠厚長者從不欺人書業中人無不恃為顧問劫中予閉戶索居
絕人世慶弔往來惟結習未除偶三數日輒至古書肆中閒坐尤以中國
來青二處蹤迹為密一日天陰欲雨予坐中國書店與石麒閒話以
無書可閱為嘆朱忽持一包來予曰此中何書未解包出之乃崑調
樂府先春也予驚喜過望即詢其值立償之挾書以歸書首
尾破爛貌不驚人然實未見諸⊙家著錄之奇書也不僅予叙函

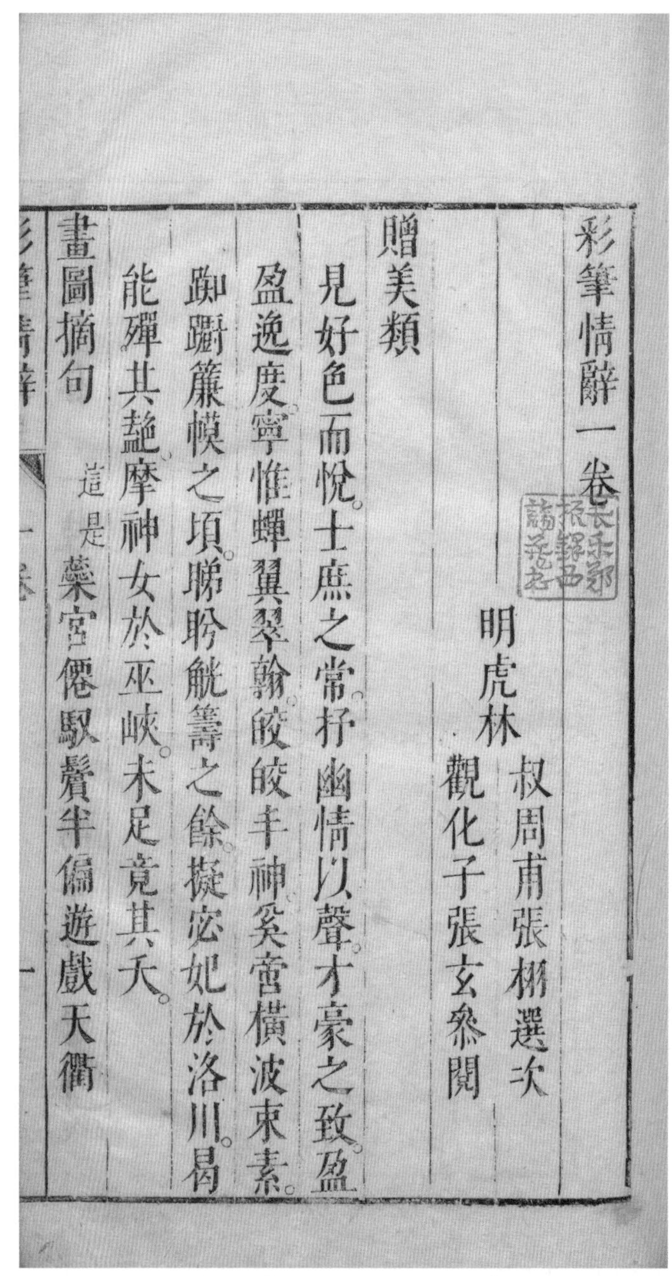

彩筆情辭十二卷　〔明〕張栩輯

明天啓四年（1624）刻本

六册　存六卷：一至二、五至六、九至十

半葉九行二十字，白口，四周單邊。版框 20.6×13.4 厘米

15712（8859）

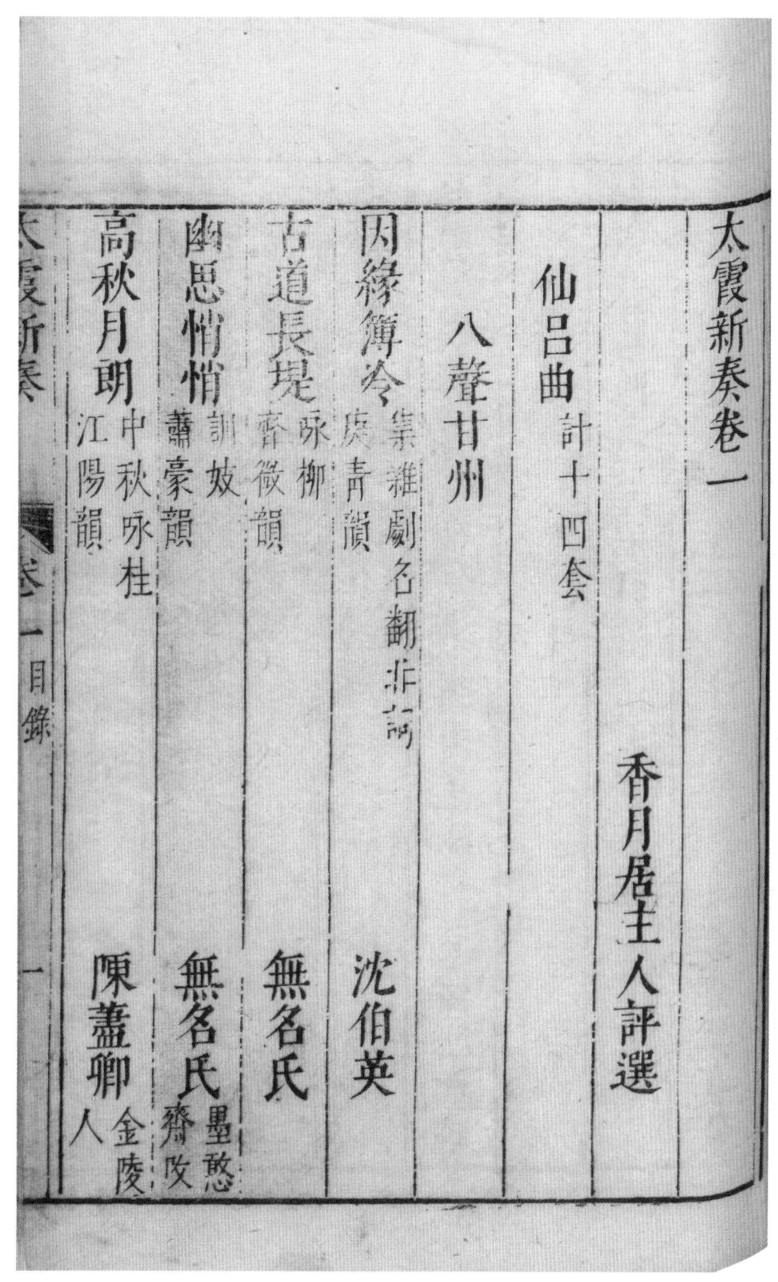

太霞新奏卷一
香月居主人評選
仙呂曲　計十四套
八聲甘州
因緣簿令　集雜劇名翻北詞　庚青韻　沈伯英
古道長堤　詠柳　齊微韻　無名氏
幽思悄悄　訓妓　蕭豪韻　無名氏　墨憨齋改
高秋月朗　中秋詠桂　江陽韻　陳藎卿　金陵人
太霞新奏　卷一目錄　一

太霞新奏十四卷　〔明〕馮夢龍輯

明天啓刻本

四册

半葉八行二十字，白口，左右雙邊。版框 20.2×14.8 厘米

15680（8817）

白雪齋點定
新鐫出相樂府
吳騷合編
武林張府藏板
翻刻千里追究

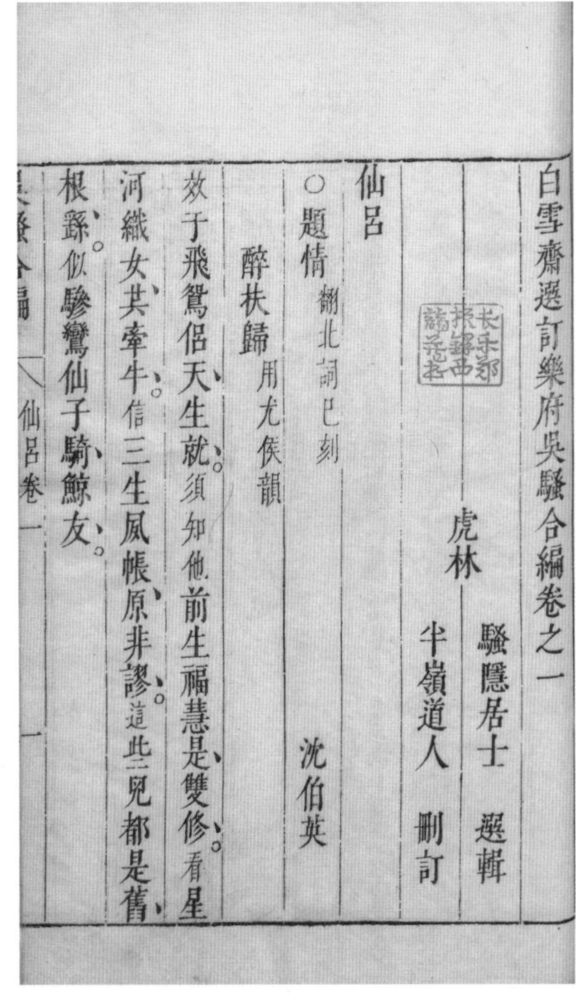
白雪齋選訂樂府吳騷合編卷之一
虎林　騷隱居士　選輯
半嶺道人　刪訂
仙呂
○題情　翻北詞已刻　沈伯英
醉扶歸　用尤侯韻
效于飛鴛侶天生就、須知他前生福慧是雙修、看星河織女共牽牛、信三生鳳帳原非謬、這些兒都是舊根蹊、似驂鸞仙子騎鯨友、
吳騷合編　仙呂卷一

白雪齋選訂樂府吳騷合編四卷衡曲麈譚一卷〔明〕張楚叔、張旭初輯　**曲律一卷**〔明〕魏良輔撰

明崇禎十年（1637）張師齡刻本

八册

半葉九行二十字，白口，四周單邊。版框 20.4×14.6 厘米

15713（8857）

新刊張小山北曲聯樂府卷上

人月圓

今樂府 山中書事 興亡千古繁華夢詩眼倦天涯孔林喬木吴宮蔓草楚廟寒鴉 數間茅舍藏書萬卷投老村家山中何事松花釀酒春水煎茶 秋日湖上 笙歌蘇小樓前路楊柳尚青青畫船來往揔相宜處濃淡陰晴 杖藜閑暇孤墳梅影半嶺松聲老猿留坐白雲洞口紅葉山亭 春晚次韻 萋萋芳草春雲亂愁在夕陽中短亭別酒平湖畫舫垂柳驕驄 一聲啼鳥一番夜雨一陣東風桃花吹盡佳人何在門掩残紅 雪中遊虎丘 梅花渾似真真面留我倚闌干雪晴天氣松腰玉瘦泉眼冰寒興亡遺恨一丘黄土千古青山老僧同醉殘碑休打寶劒羞看 會稽懷古 林深藏却雲門寺回首若邪溪苧蘿人去蓬萊山在

新刊張小山北曲聯樂府三卷外集一卷 〔元〕張可久撰

清抄本

三册

半葉十二行二十四字，無欄格

T03205（8803）

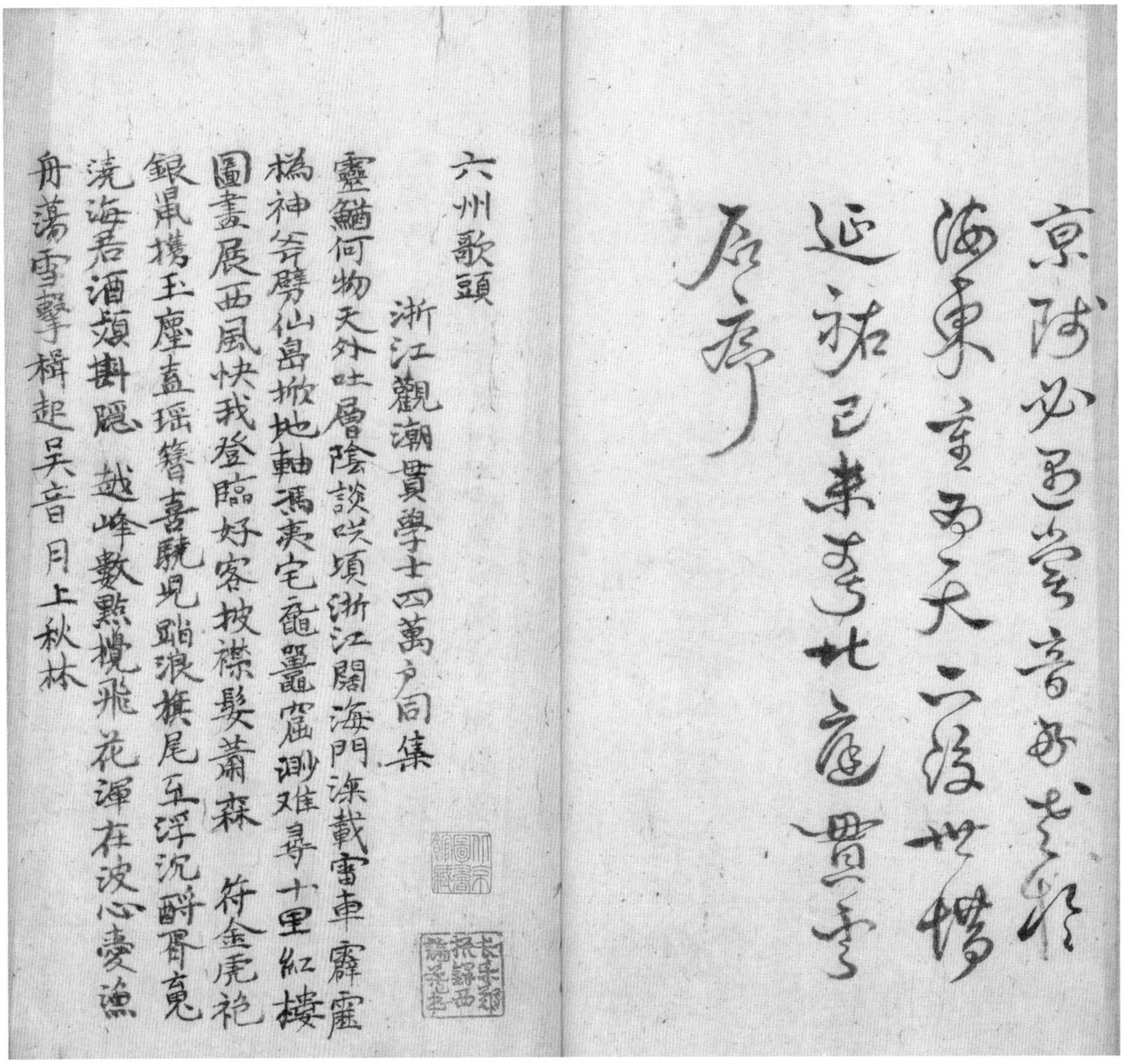
六州歌頭
浙江觀潮貫學士四萬户同集
鼇鰌何物天外吐層陰談笑頃浙江闊海門涞載雷車霹靂
檝神斧劈仙島撳地軸馮夷宅鼉鼍窟渺难尋十里紅樓
圖畫展西風快我登臨好客披襟髮蕭森　符金虎袍
銀鼠攜玉麈直瑶簪喜饒兒蹈浪旗尾互浮沉酹胥冤
澆海君酒頽掛隱　越峰數點攬飛花渾在波心夔漁
舟蕩雪擊楫起吴音月上秋林

張小山樂府一卷　〔元〕張可久撰

明抄本

一册

半葉八行十九至二十三字，無欄格

15664（8791）

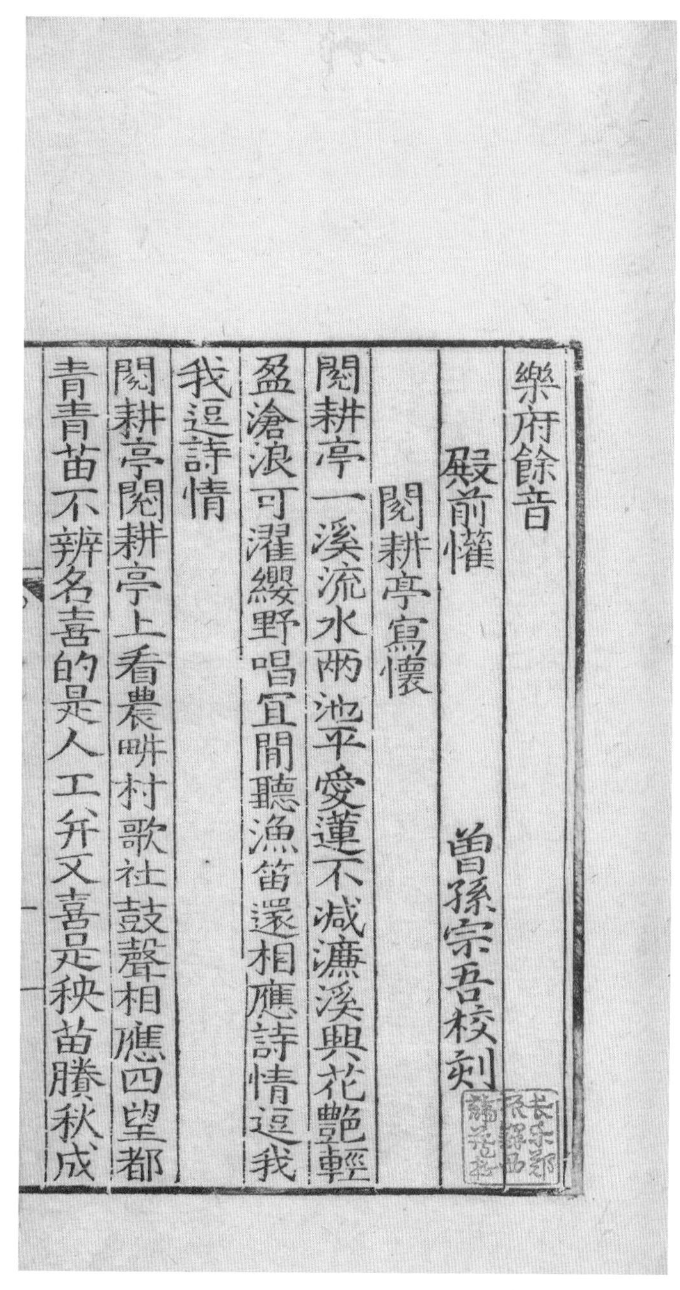

樂府餘音

殿前懽　　曾孫宗吾校刻

閱耕亭寫懷

閱耕亭一溪流水兩池平愛蓮不減濂溪興花艷輕盈滄浪可濯纓野唱宜聞聽漁笛還相應詩情逗我我逗詩情

閱耕亭閱耕亭上看農畊村歌社鼓聲相應四望都青青苗不辨名喜的是人工幷又喜是秧苗騰秋成

樂府餘音一卷　〔明〕楊廷和撰

明嘉靖刻本　鄭振鐸跋

一册

半葉八行二十字，白口，左右雙邊。版框 19.4×12.5 厘米

15676（8794）

樂府餘音一卷　明楊廷和撰　明嘉靖刻本

明本散曲予收得不少，獨無廷和此作。二十年前嘗於北京圖書館見到此本一部，欣羨不已，即鈔錄一部存於行篋。文奎堂從粵東購得莫天一、李文田舊藏書不少，予僅得其數種，此爲非莫、李所藏，然实罕見善本也。亟收得之，爲玄覽堂中的妙品之一。

一九五八年十二月九日　西諦

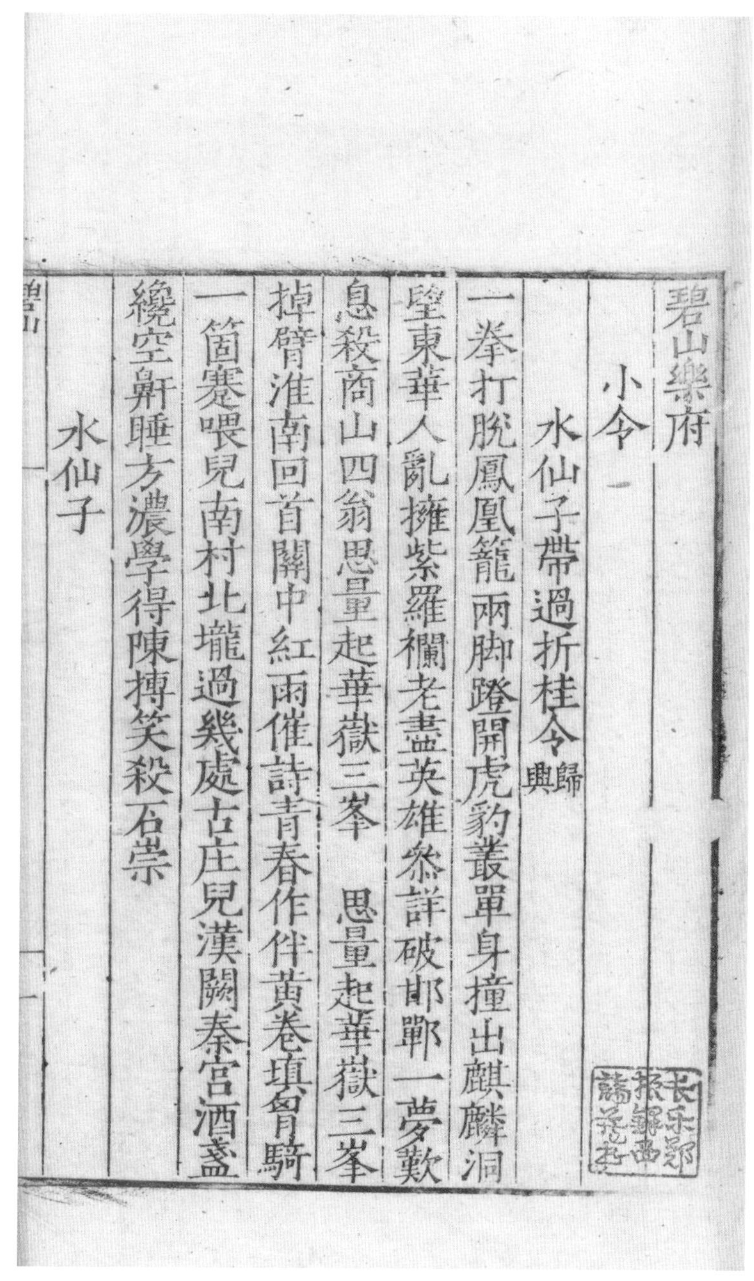

碧山樂府

小令

水仙子帶過折桂令歸興

一拳打脫鳳凰籠兩脚蹬開虎豹叢單身撞出麒麟洞望東華人亂擁紫羅襴老盡英雄參詳破邯鄲一夢歎息殺商山四翁思量起華嶽三峯　思量起華嶽三峯掉臂淮南回首關中紅雨催詩青春作伴黃卷塡胷騎一箇蹇喂兒南村北壠過幾處古庄兒漢闕秦宮酒盞纔空鼾睡方濃學得陳摶笑殺石崇

水仙子

碧山樂府二卷　〔明〕王九思撰

明嘉靖三十四年（1555）張書紳刻本

一册

半葉十行二十一字，白口，四周單邊。版框 18.6×13.7 厘米

15692（8825）

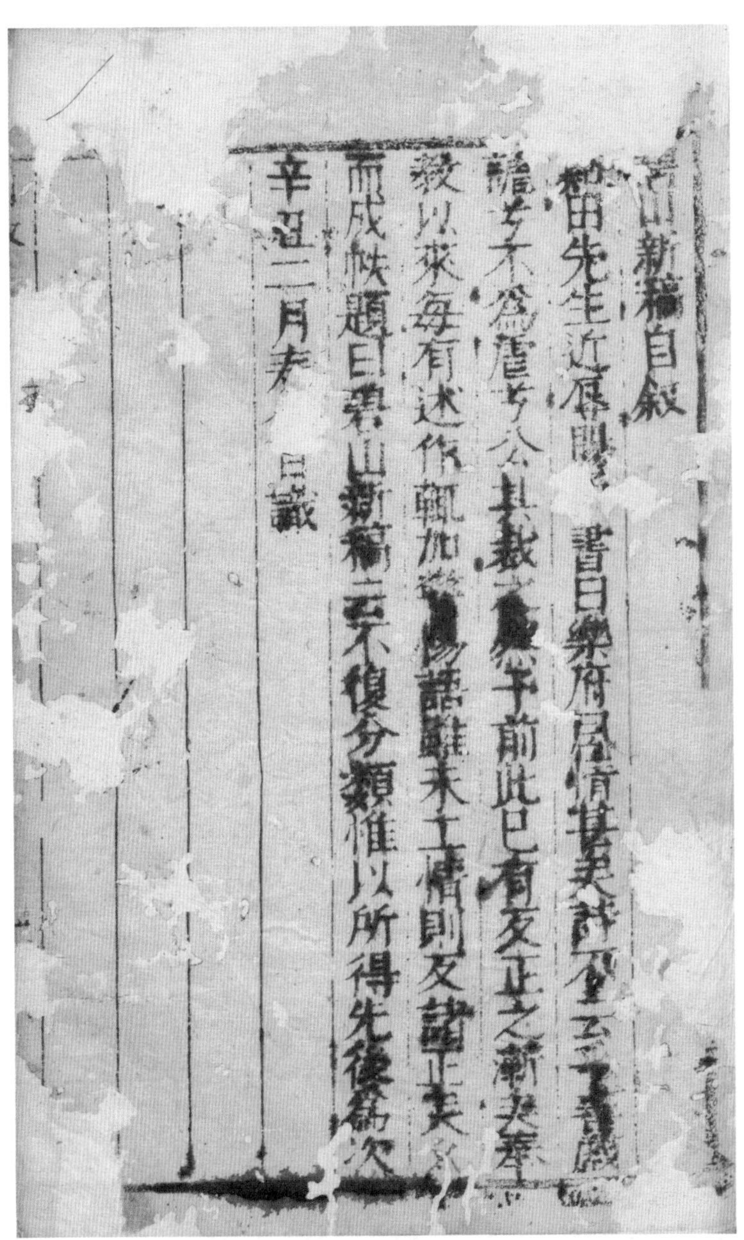

碧山新稿自叙

碧山先生近屏居鄠杜　嘗曰樂府尽情甚矣詩不如也予嘗戲

稿之不爲唐之人其哉之[illegible]然乎前此已有友正之新聲集

數以來每有述作輒加[illegible][illegible]語雖未工情則反諸正矣

而成帙題曰碧山新稿云不復分類惟以所得先後爲次

辛丑二月[illegible]　日識

碧山樂府四卷　〔明〕王九思撰

明嘉靖十二年（1533）王獻刻嘉靖二十四年（1545）翁萬達刻明崇禎十三年（1640）張宗孟遞修渼陂王太史先生全集本

三册

半葉九行二十二字，白口，四周單邊。版框 20.7×13.5 厘米

T00320（8839）

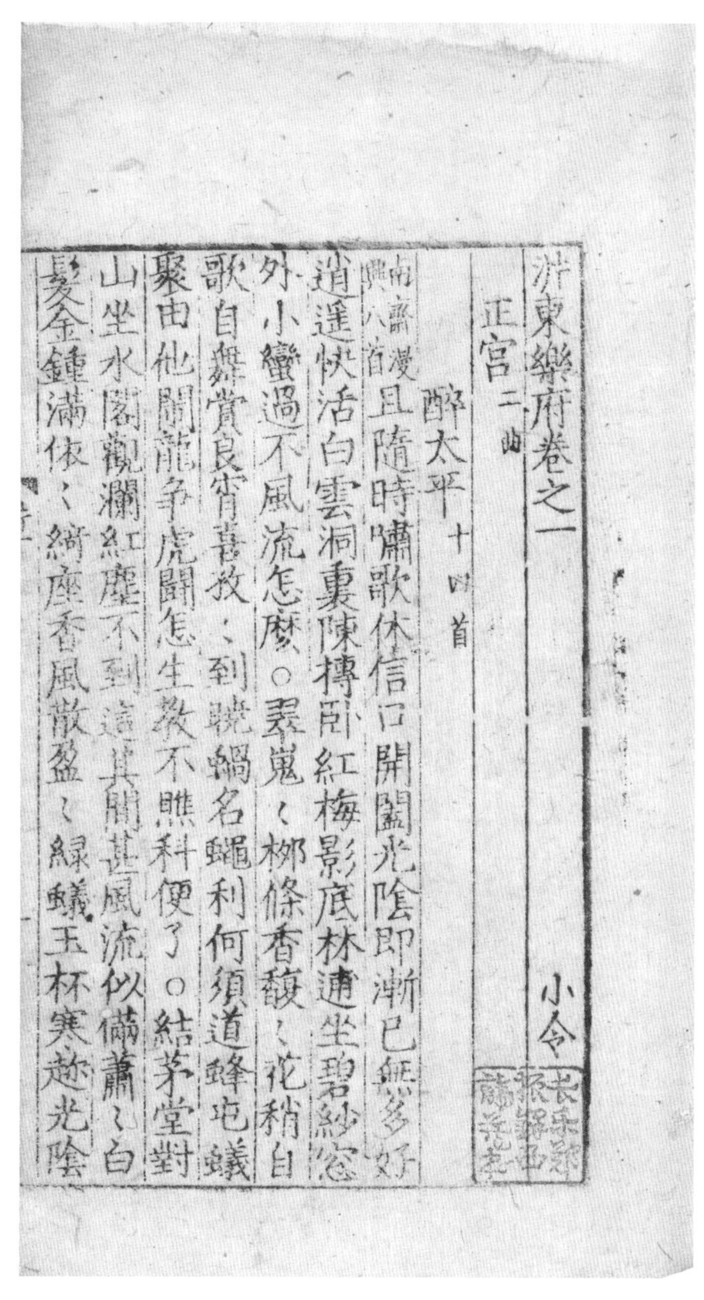

浒東樂府二卷　〔明〕康海撰

明嘉靖三年（1524）康浩刻本

二册

半葉十行二十一字，細黑口，四周單邊。版框 17.6×11.0 厘米

15684（8819）

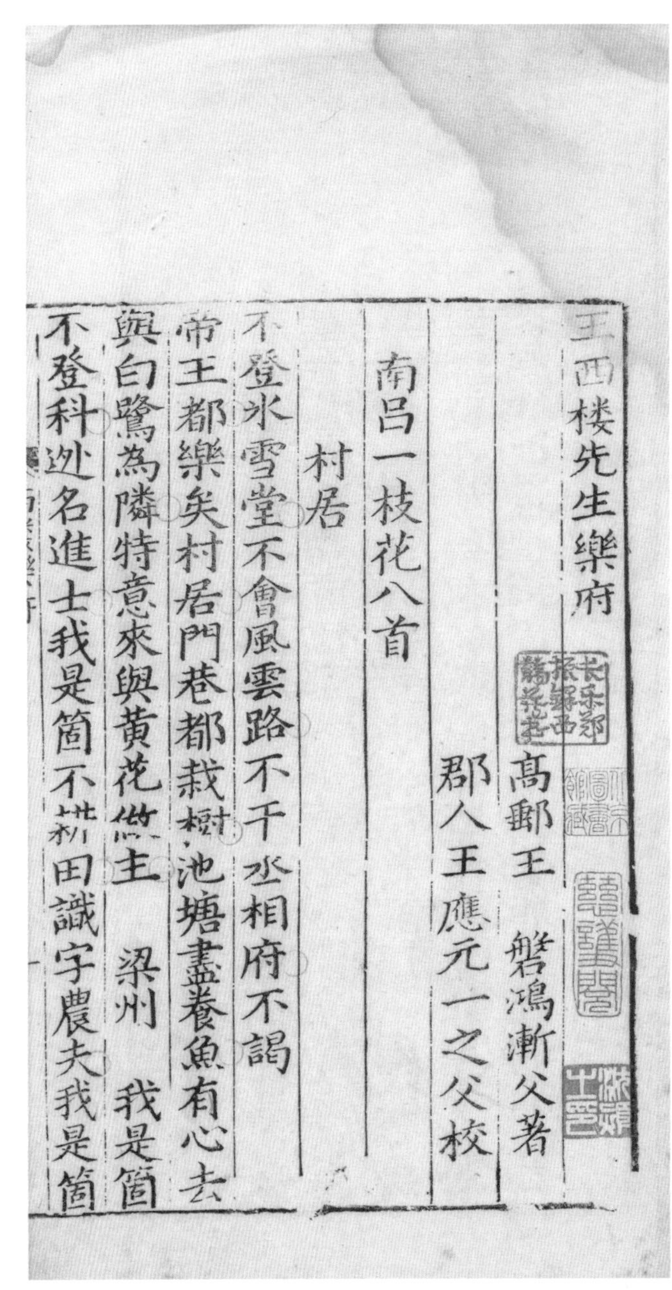

王西楼先生樂府

高郵王　磐鴻漸父著

郡人王應元一之父校

南吕一枝花八首

村居

不登氷雪堂不會風雲路不干丞相府不謁帝王都樂矣村居門巷都栽樹池塘盡養魚有心去與白鷺為隣特意來與黄花做主　梁州　我是箇不登科逃名進士我是箇不耕田識字農夫我是箇

王西樓先生樂府一卷　〔明〕王磐撰

明嘉靖三十年（1551）張守中刻本

一册

半葉九行二十字，白口，四周單邊。版框 21.1×14.3 厘米

15685（8821）

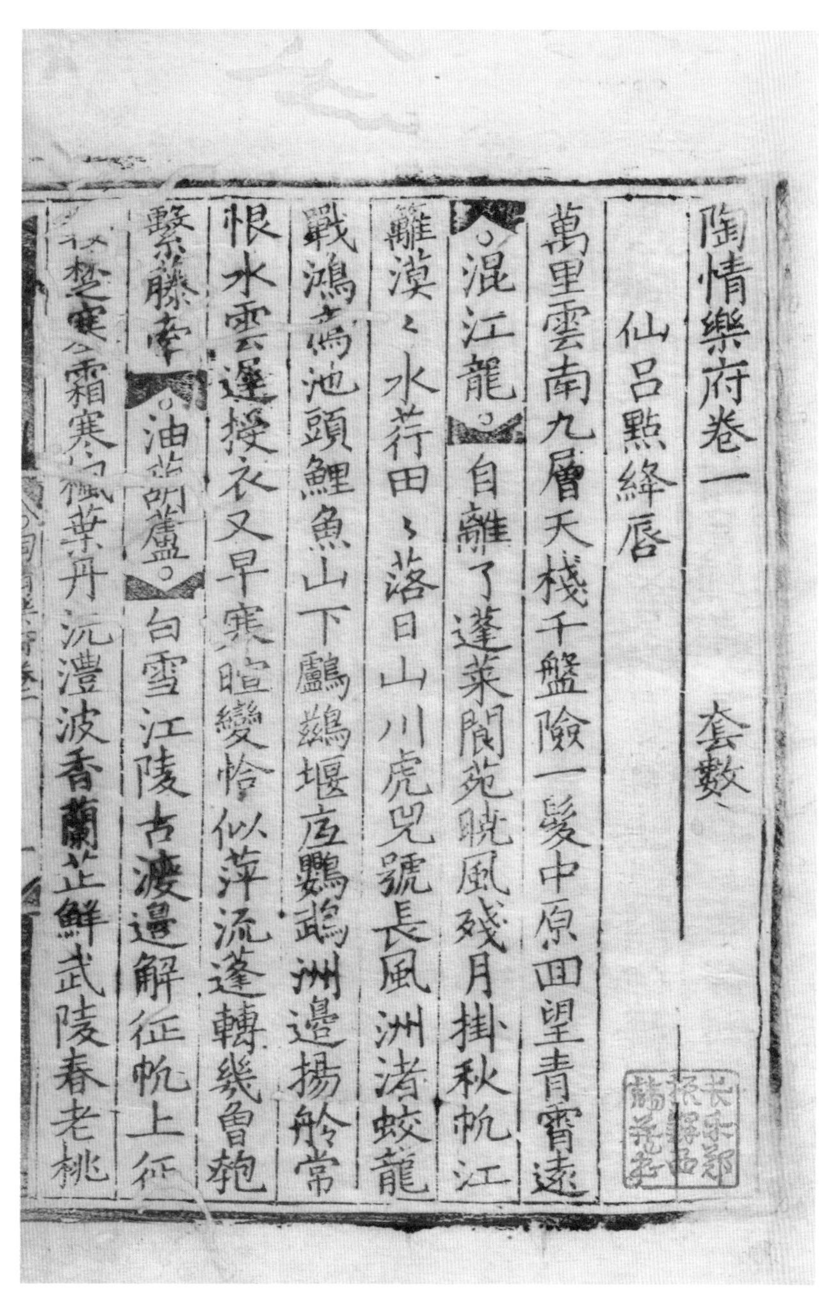

陶情樂府卷一　　　　套數

仙呂點絳唇

萬里雲南九層天棧千盤險一髮中原田望青霄遠

混江龍 自離了蓬萊閬苑曉風殘月掛秋帆江

蘺漠漠水荇田田落日山川虎兕號長風洲渚蛟龍

戰鴻雁池頭鯉魚山下鸕鷀堰底鷿鵜洲邊揚舲常

恨水雲遲授衣又早寒暄變恰似萍流蓬轉幾曾匏

繫藤牽 油葫蘆 白雪江陵古渡邊解征帆上征

[illegible]楚塞霜寒楓葉丹沅澧波香蘭芷鮮武陵春老桃

陶情樂府四卷續集一卷拾遺一卷　〔明〕楊慎撰

明嘉靖三十年（1551）簡紹芳刻本

一册

半葉九行二十字，黑口，四周雙邊。版框 19.3×14.3 厘米

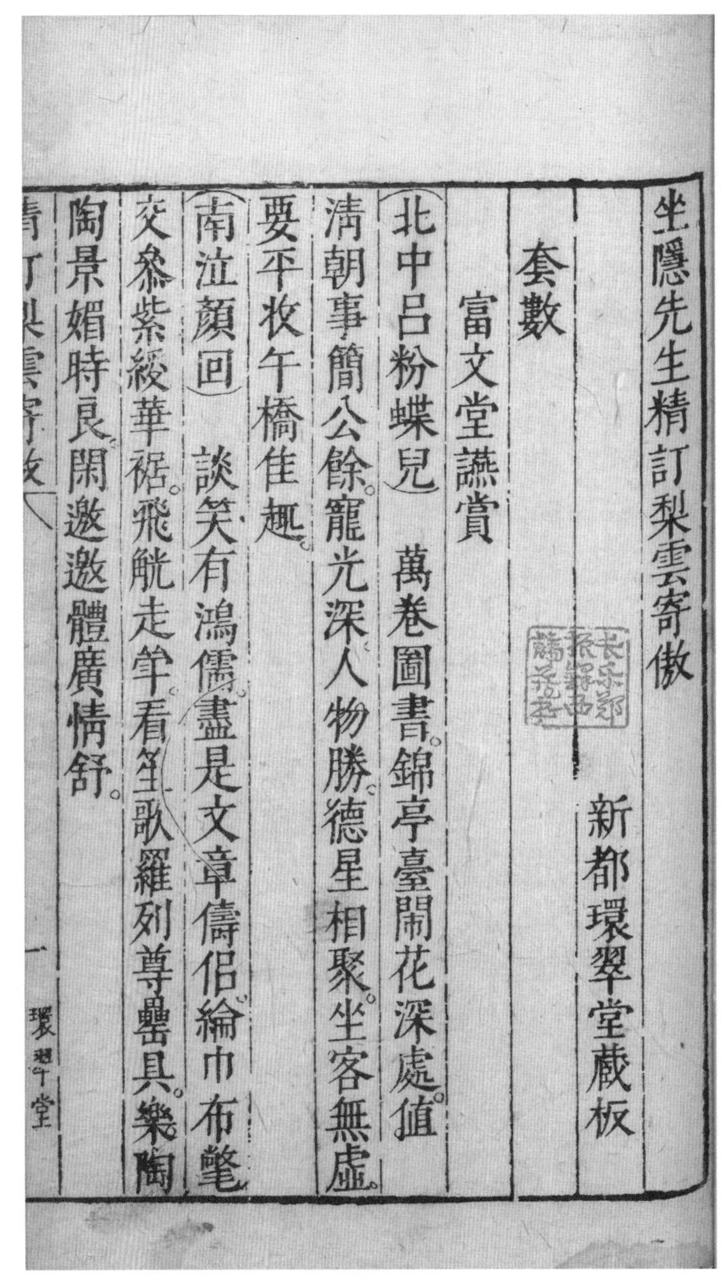
坐隱先生精訂梨雲寄傲

新都環翠堂藏板

套數

富文堂讌賞

（北中呂粉蝶兒）萬卷圖書。錦亭臺閙花深處。值清朝事簡公餘。寵光深。人物勝。德星相聚。坐客無虛。要平攸午橋佳趣。

（南泣顏回）談笑有鴻儒。盡是文章儔侶。綸巾布氅交絲紫綬華裾。飛觥走斝。看笙歌羅列尊罍具。樂陶陶景媚時良。閑遨遨體廣情舒。

精訂梨雲寄傲　一　環翠堂

坐隱先生精訂陳大聲樂府全集十二卷　〔明〕陳鐸撰　〔明〕汪廷訥訂

明萬曆三十九年（1611）汪氏環翠堂刻本

五册

半葉十行二十字，白口，四周單邊。版框 22.0×14.6 厘米

15693（8826—8830）

坐隱先生精訂梨雲寄傲

新都環翠堂蔵板

套數

富文堂讌賞

（北中呂粉蝶兒）萬卷圖書錦亭臺鬧花深處值清朝事簡公餘寵光深人物勝德星相聚坐客無虛要平收午橋佳趣

（南泣顏回）談笑有鴻儒盡是文章儔侶綸巾布氅交紱紫綬華裾飛觥走斝看笙歌羅列尊罍具樂陶陶景媚時良閑遨遨體廣情舒

精訂梨雲寄傲　一　環翠堂

坐隱先生精訂梨雲寄傲二卷　〔明〕陳鐸撰

明萬曆三十九年（1611）汪氏環翠堂刻坐隱先生精訂陳大聲樂府全集本

二册

半葉十行二十字，白口，四周單邊。版框 22.1×14.6 厘米

15671（8781）

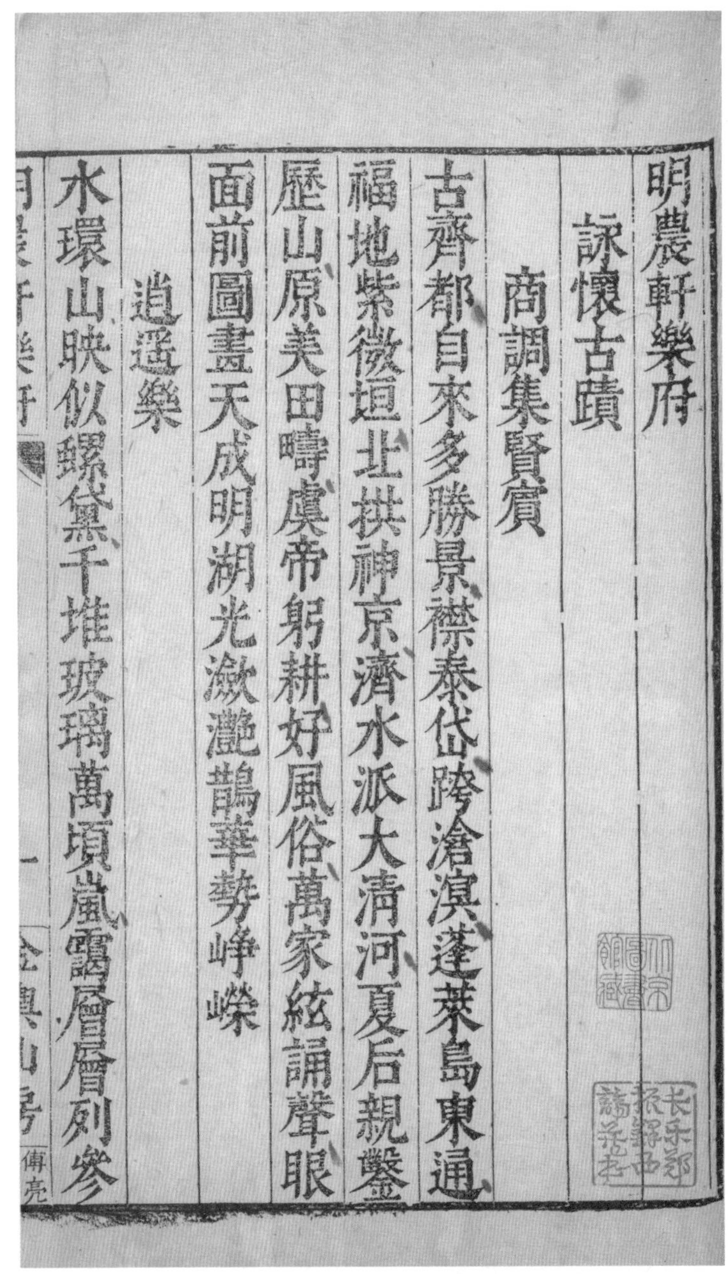

明農軒樂府

詠懷古蹟

商調集賢賓

古齊都自來多勝景襟泰岱跨滄溟蓬萊島東通

福地紫微垣北拱神京濟水派大清河夏后親鑿

歷山原美田疇虞帝躬耕好風俗萬家絃誦聲眼

面前圖畫天成明湖光瀲灩鵲華勢崢嶸

逍遙樂

水環山映似螺黛千堆玻璃萬頃嵐靄層層列參

明農軒樂府 一 金興山房 傳亮

明農軒樂府一卷 〔明〕段士儋撰

明萬曆六年（1578）刻本

一册

半葉九行十九字，白口，左右雙邊。版框 21.9×14.9 厘米

15689（8809）

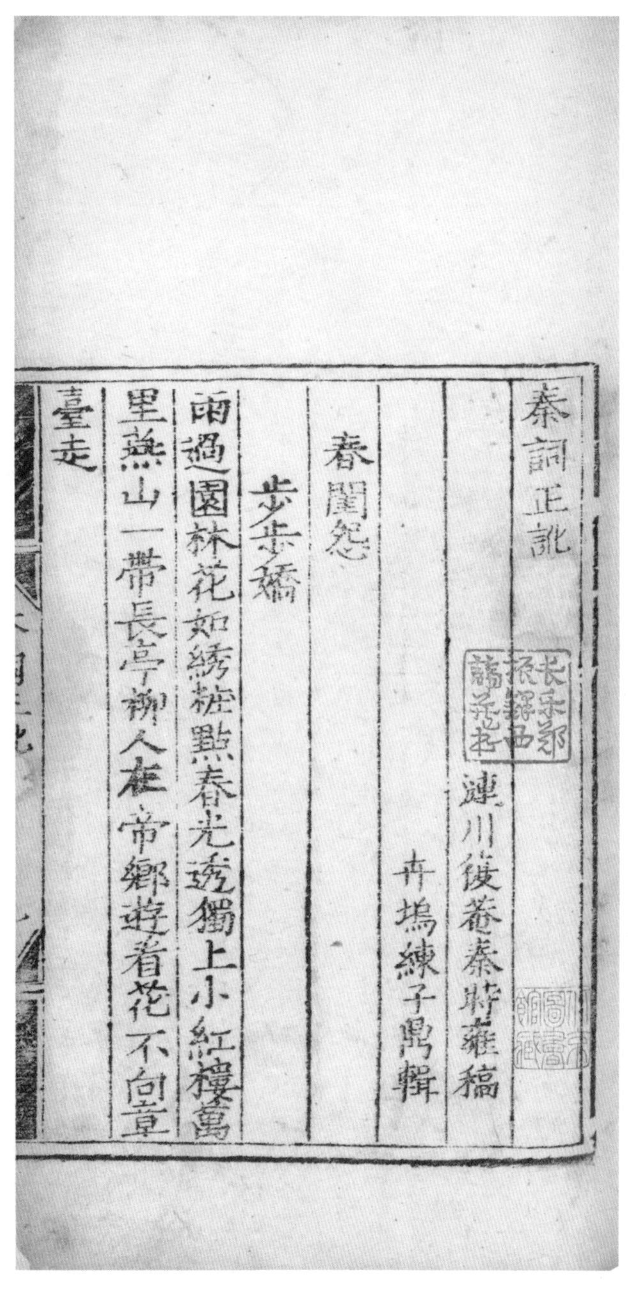

秦詞正訛二卷　〔明〕秦時雍撰　〔明〕練子鼎輯

明嘉靖刻本　鄭振鐸跋

二册　存一卷：上

半葉八行十八字，黑口，四周雙邊。版框 15.4×11.6 厘米

15709（8855）

予收書喜收善本異本於詞曲之少傳本者尤寶愛之每見必收然近來異書日罕無論宋元刊本之詞即明刊本之詞曲亦可遇而不可求劫中亦偶有所得書友徐紹樵為予自江北購來萬曆本詞林摘艷朱遂翔售予萬曆本樂府先春最為愜意當心壬午秋日北平邃雅齋友許有亮南來收書告予曰嘗於揚州某家見秦詞正訛二本為嘉靖黑口本以中縫有挖補疑其不全故未收予聞之驚喜異常力囑其為予購之其時猶以為是秦淮海詞之明刊黑口本予藏明刊本詞不多故甚欲得之數日後許賈北上半月後復至滬上示

予秦詞正訛云果是不全書凡四十五翻書名下亦有挖去痕迹當是二卷而僅存其半者予略一翻閱即驚為奇書蓋是秦時雍作者非淮海詞也雖僅存半部亦是未見難得之書因亟收得之予之藏曲得此大是生色矣時雍號復庵其曲僅見於諸明人選本中不過寥寥數闋耳不意今乃獲其曲集且復是嘉靖黑口本誠奇遇也可見凡事須留心求書尤須不厭其瑣瑣求詳如以為淮海詞不全本而不收則必失之交臂矣復庵曲生辣活潑寫情入骨不類沈寧庵派之浮爛實是明南曲之最上乘無意得之欣喜無已亦劫中杜門時一樂也

紉秋

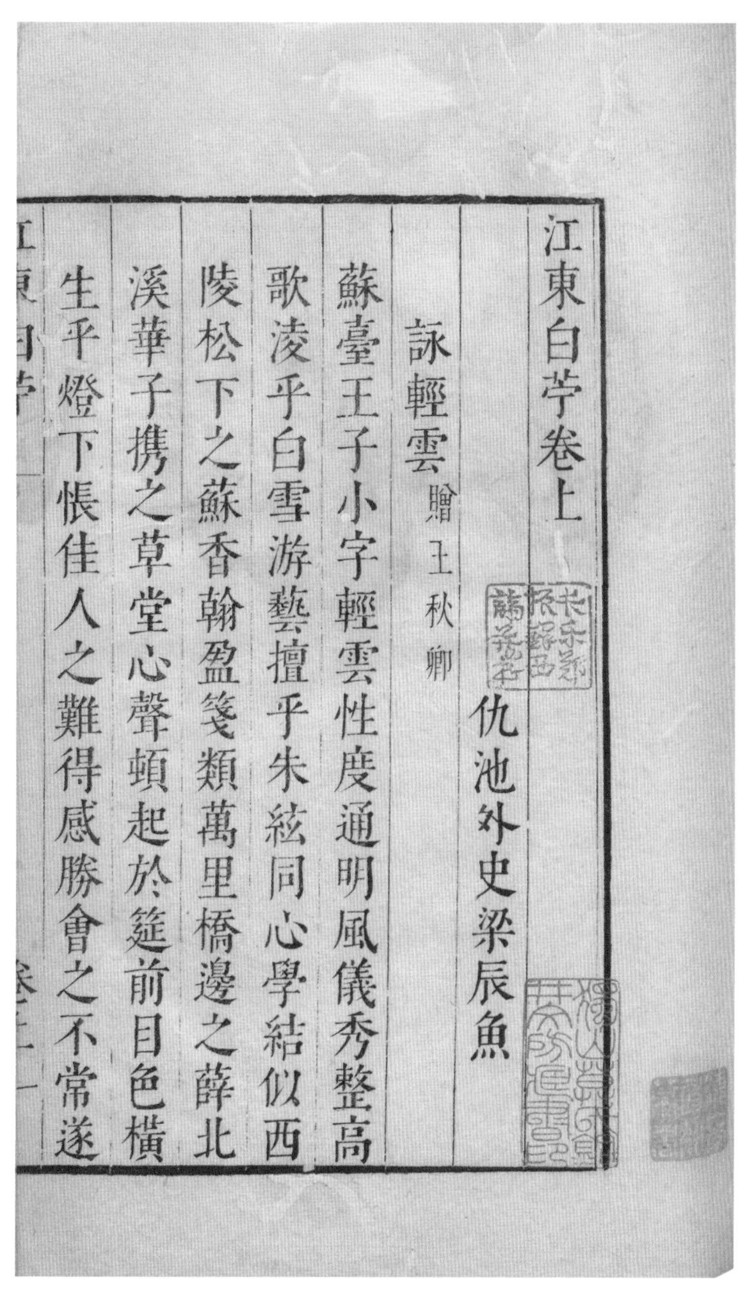
江東白苧卷上

仇池外史梁辰魚

詠輕雲 贈王秋卿

蘇臺王子小字輕雲性度通明風儀秀整高歌淩乎白雪游藝擅乎朱絃同心學結似西陵松下之蘇香翰盈箋類萬里橋邊之薜北溪華子携之草堂心聲頓起於筵前目色橫生平燈下悵佳人之難得感勝會之不常遂

江東白苧 卷上 一

江東白苧二卷續二卷 〔明〕梁辰魚撰

明末刻本

四册

半葉八行十八字，白口，左右雙邊。版框 20.1×12.2 厘米

15696（8835）

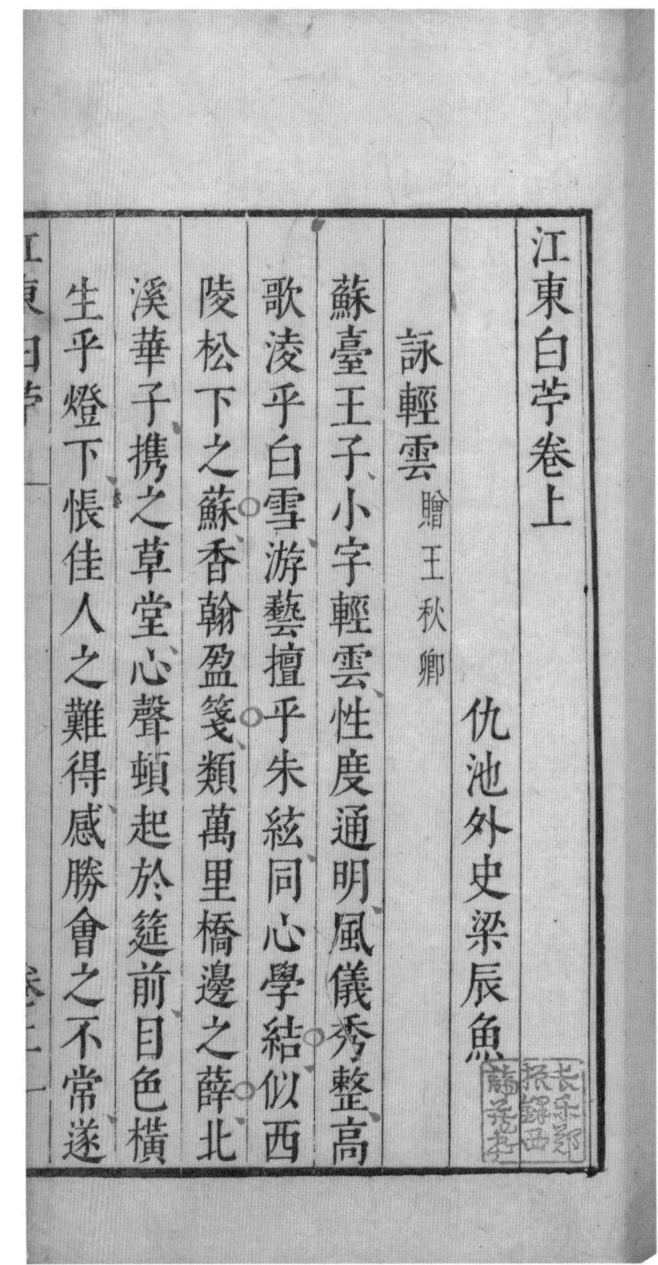
江東白苧卷上
仇池外史梁辰魚
詠輕雲 贈王秋卿
蘇臺王子小字輕雲性度通明風儀秀整高
歌淩乎白雪游藝擅乎朱絃同心學結似西
陵松下之蘇香翰盈箋類萬里橋邊之薛北
溪華子携之草堂心聲頓起於筵前目色橫
生乎燈下悵佳人之難得感勝會之不常遂

江東白苧二卷續二卷　〔明〕梁辰魚撰

明末刻本

一册

半葉八行十八字，白口，左右雙邊。版框 20.0×12.2 厘米

15695（8836）

坐隱先生精訂馮海浮山堂詞稿卷上

新都環翠堂藏板

套數

送李閣老石鹿歸田

（北雙調新水令）狀元歸去馬如飛最喜是功成身退避賢初罷相樂聖且啣杯無限光輝受用足昇平世

（駐馬聽）帝德巍巍千載明良安社稷臣工濟濟兩朝元老鎮華夷黃金[illegible]像甚希奇赤松辟穀真玄秘[illegible]張良學范蠡歸山[illegible]歸湖計

精訂[illegible]樂府[illegible]卷上　一　環翠堂

坐隱先生精訂馮海浮山堂詞稿二卷　〔明〕馮惟敏撰

明汪氏環翠堂刻四詞宗合刻本　鄭振鐸跋

一册　存一卷：上

半葉十行二十字，白口，四周單邊。版框 22.3×14.5 厘米

15655（8790）

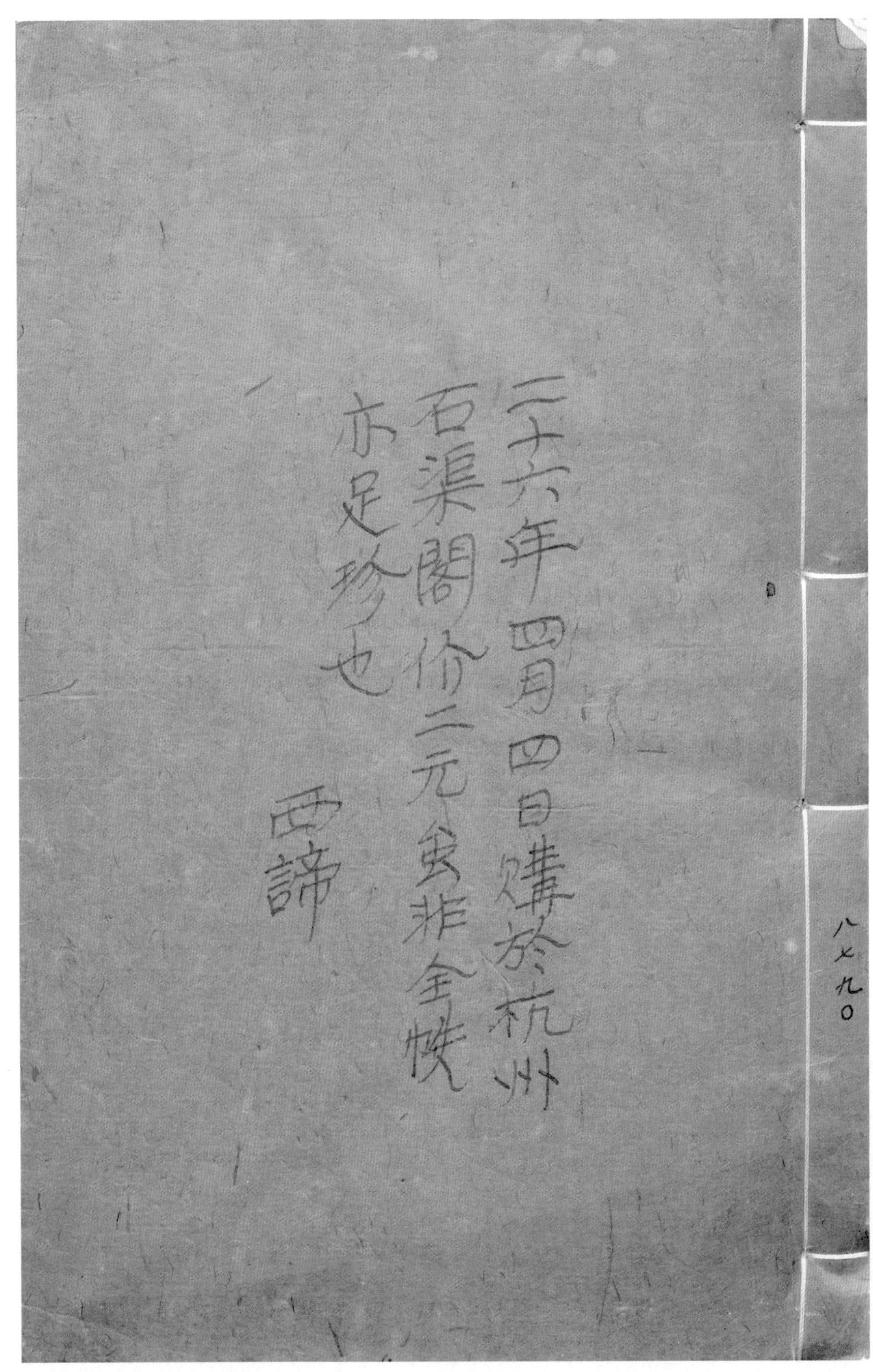

二十六年四月四日購於杭州

石渠閣价二元虽非全帙

亦足珍也

西諦

八七九〇

秋水庵花影集五卷　〔明〕施紹莘撰

清乾隆十七年（1752）博古堂刻本

四册

半葉八行二十字，白口，四周單邊，無直格。版框 19.3×13.3 厘米

15705（8846）

秋水菴花影集卷一

華亭峯泖浪仙施紹莘子野父著

樂府

○○○春遊述懷有序跋

秋去春來愁縈病惱自是傷心南浦其如撲面東風携短笻于錦陣命付花魂漉破葛於玉缸夢回酒國盖竊歎浮生之如寄乃深悲去日之苦多若舍現前之樂事何與身心倘

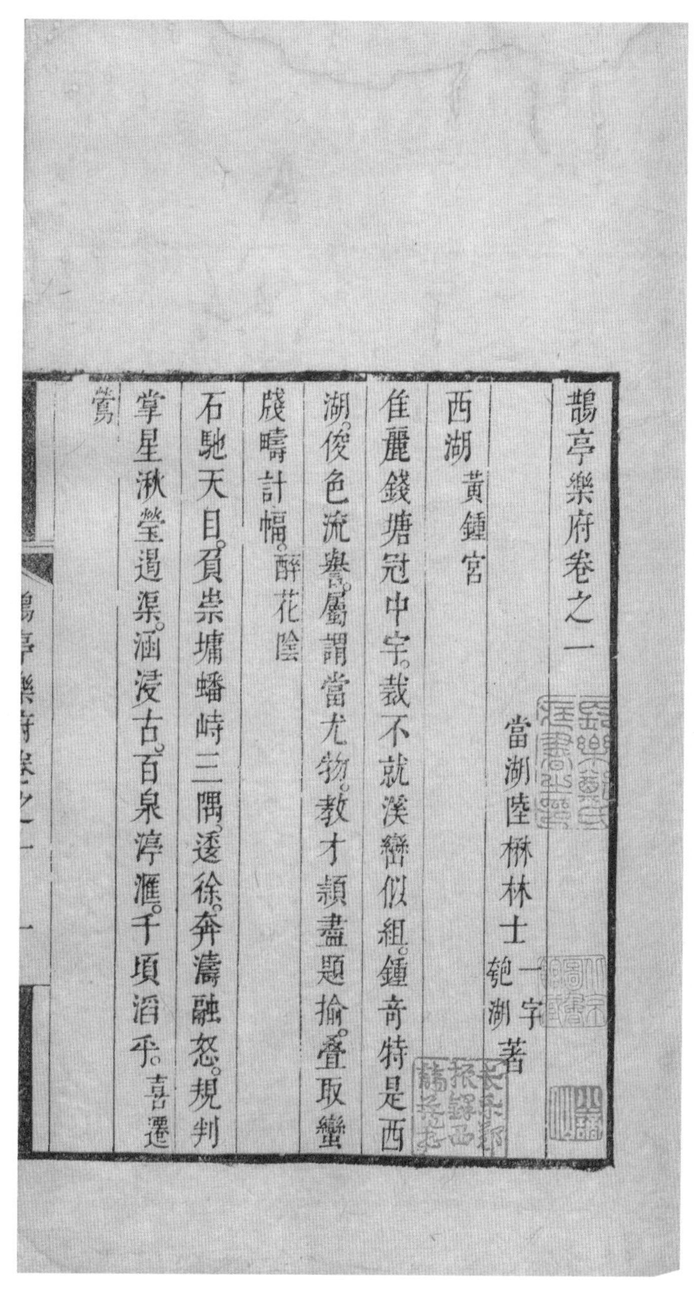

鵲亭樂府四卷 〔清〕陸棅撰

清康熙三十一年（1692）南田草堂刻本

二册

半葉九行十九字，黑口，四周單邊。版框 17.2×13.5 厘米

15682（8801）

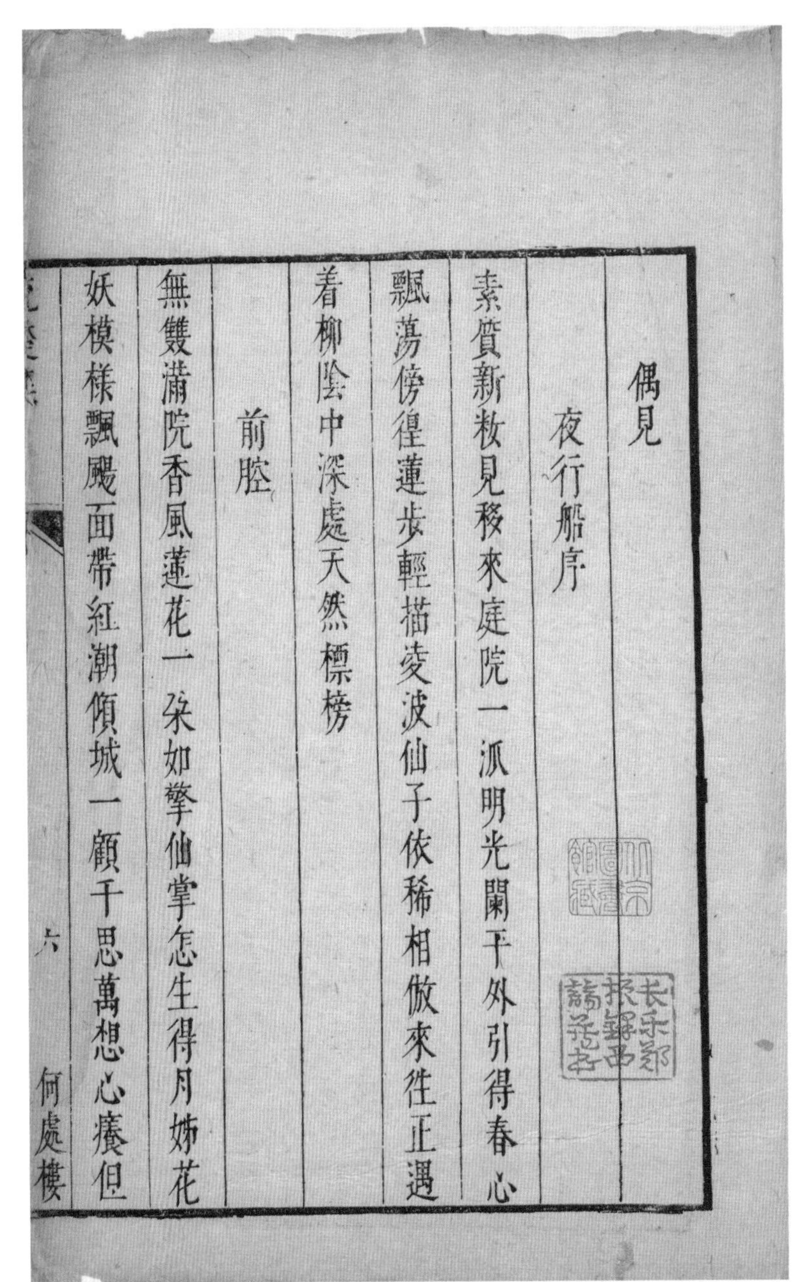
流楚集　六　何處樓

偶見

夜行船序

素質新妝見移來庭院一派明光闌干外引得春心飄蕩傍徨蓮步輕搯夌波仙子依稀相倣來往正遇着柳隂中深處天然標榜

前腔

無雙滿院香風蓮花一朵如擎仙掌怎生得月姊花妖模樣飄颻面帶紅潮傾城一顧千思萬想心癢但

流楚集不分卷

清初何處樓刻本

一册

半葉八行二十字，白口，四周單邊。版框 19.5×13.1 厘米

16423（11800）

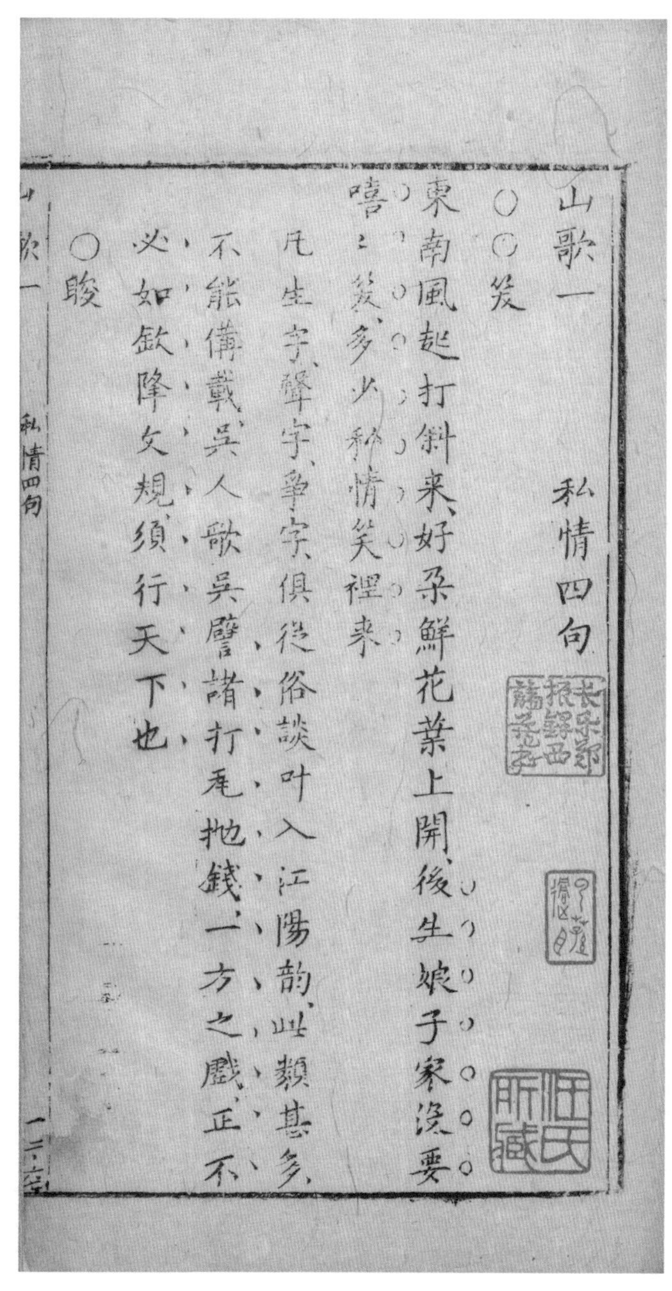

山歌十卷　〔明〕馮夢龍輯

明末刻本

四册

半葉八行二十一字，白口，左右雙邊，無直格。版框 22.2×13.1 厘米

15678（8804）

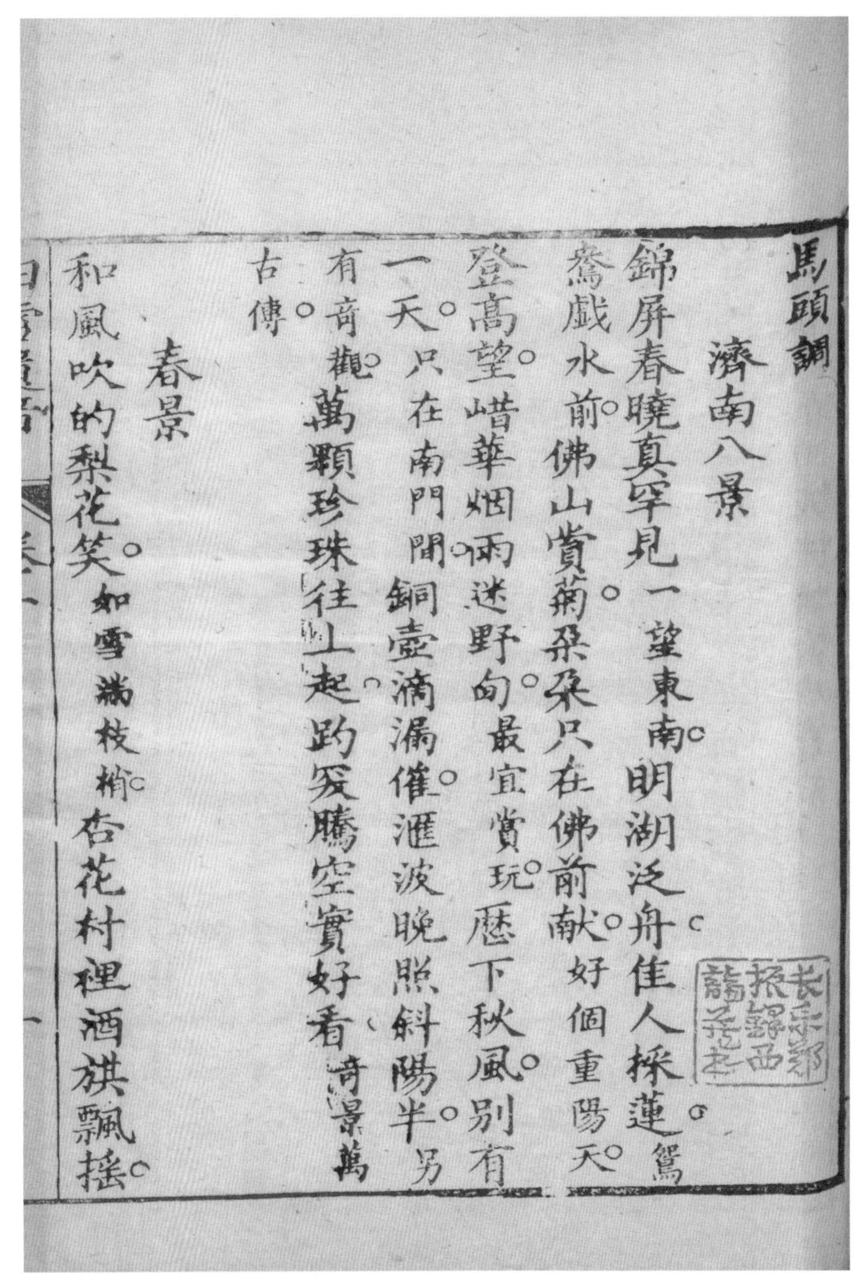

馬頭調

濟南八景

錦屏春曉真罕見。一望東南。明湖泛舟。佳人採蓮。鴛鴦戲水前。佛山賞菊朶朶只在佛前獻。好個重陽天。登高望。鵲華烟雨迷野甸最宜賞玩。歷下秋風。別有一天。只在南門間。銅壺滴漏催。滙波晚照斜陽半。另有奇觀。萬顆珍珠往上起趵突騰空實好看。奇景萬古傳。

春景

和風吹的梨花笑。如雪滿枝梢。杏花村裡酒旗飄搖。

白雪遺音四卷　〔清〕華廣生輯

清道光八年（1828）玉慶堂刻本

八册

半葉十行二十字，白口，四周單邊，無直格。版框16.4×13.5厘米

15724（8887）

詩篇

硭碭威名萬古揚
一統緒幾
次乱离数回平治
漢光武
中興霸業傳青史
人静竹軒閑弄筆

好个併
吞秦楚的漢高皇
四百年許
多佞党不少忠良
刘唐建漢見秦腔
北奔沙
且把那索演一場
羅宴查閑

劇本叢鈔十五種十五卷

清抄本

二十二冊

半葉四行十四字，無欄格

詞林摘艷　甲集

黃鍾醉花陰

聖德巍巍邁三五。感召得五風十雨。集靈瑞産騶虞。出
獻神龜。集慶雲零甘露。醴泉湧勝醍醐。正是
皇朝萬物覩。

畫眉序

春色滿
皇都。正值元宵月三五。看樓臺上下相唤相呼。花陌裏
絃管喧鬨。寶鼎内香煙飛霧。和九衢。車馬喧鬨處。齊

詞林摘豔十卷　〔明〕張禄輯

明萬曆二十五年（1597）内府刻本

十册

半葉九行二十一字，白口，四周雙邊。版框 23.0×16.2 厘米

15666（8780）

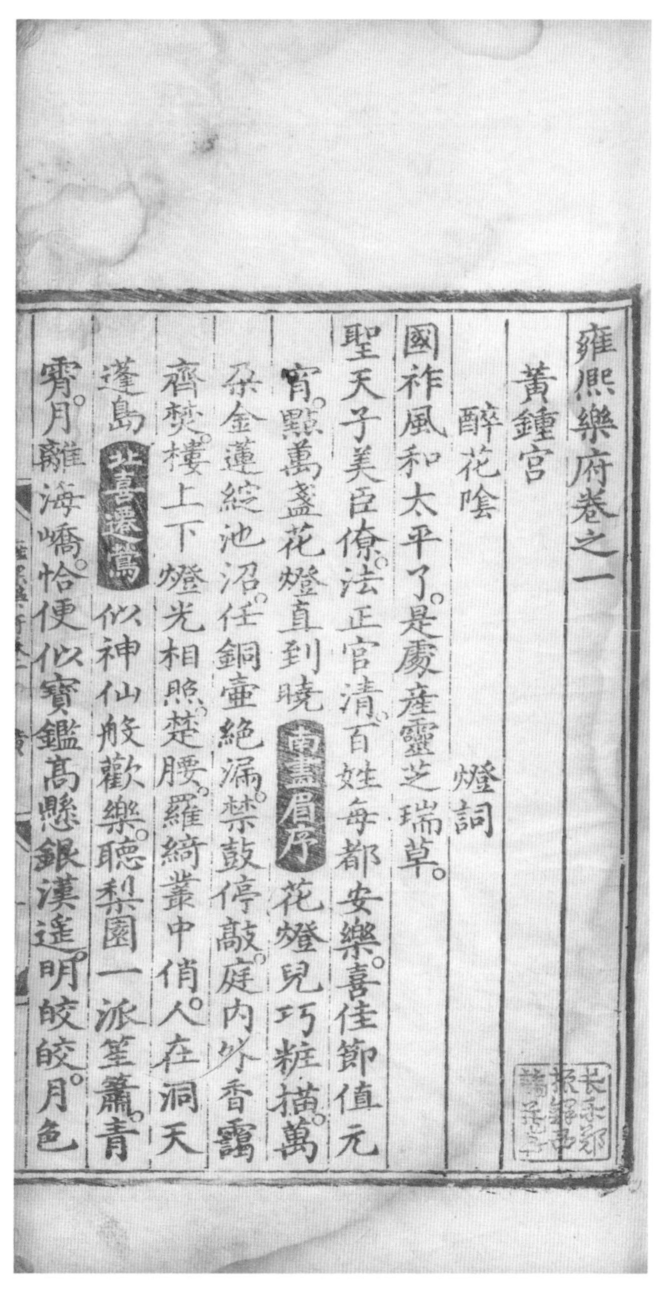
雍熙樂府卷之一
黃鍾宮
醉花陰　　燈詞
國祚風和太平了。是處產靈芝瑞草。
聖天子美臣僚。法正官清。百姓每都安樂。喜佳節值元
宵。顯萬盞花燈直到曉【南畫眉序】花燈兒巧粧攅。萬
朶金蓮綻池沼。任銅壺絕漏。禁鼓停敲。庭內外香靄
齊焚。樓上下燈光相照。楚腰。羅綺叢中俏。人在洞天
蓬島【北喜遷鶯】似神仙般歡樂。聽梨園一派笙簫。青
霄。月離海嶠。恰便似寶鑑高懸。銀漢遙明皎皎。月色

雍熙樂府二十卷　〔明〕郭勳輯

明嘉靖四十五年（1566）荊聚刻本

二十册

半葉十行二十一字，白口，四周雙邊。版框 19.8×13.8 厘米

15723（8869）

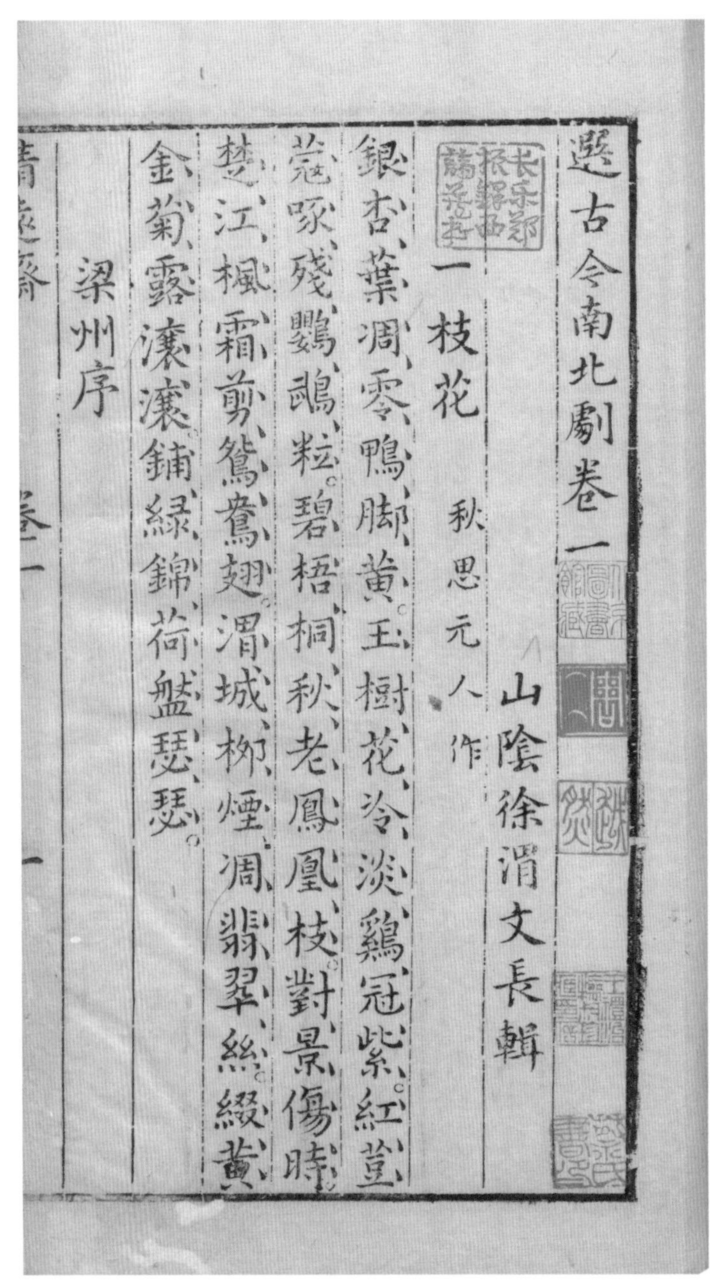

選古今南北劇十卷　〔明〕徐渭輯

明清遠齋刻本

二册

半葉八行十八字，白口，四周單邊。版框 21.8×12.7 厘米

15679（8818）

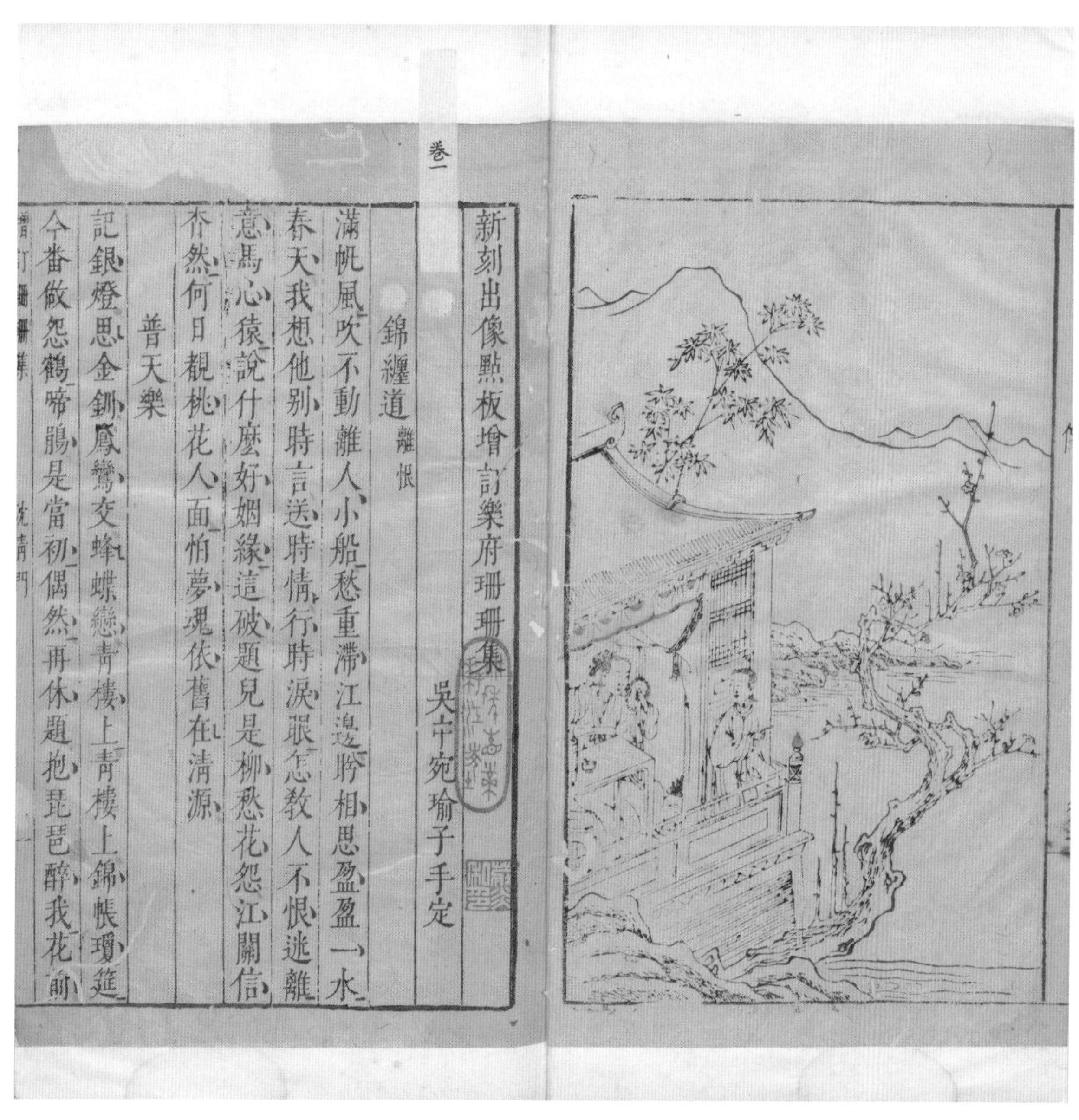

新刻出像點板增訂樂府珊珊集四卷　〔明〕周之標輯

明崇禎刻本

二册　存二卷：一至二

半葉十行二十二字，白口，四周單邊。版框 22.4×14.5 厘米

15670（8778）

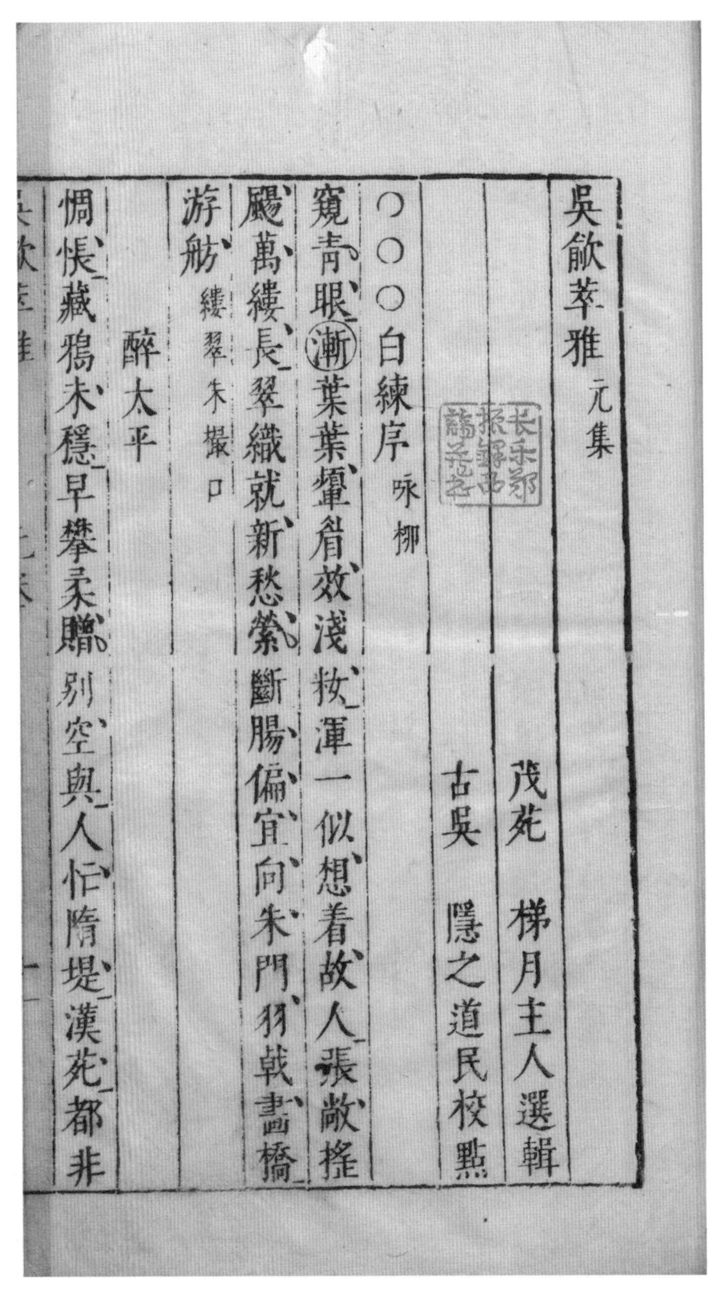
吴歈萃雅　元集

茂苑　梯月主人選輯

古吴　隱之道民校點

○○○白練序　咏柳

窺青眼漸葉葉蹙眉效淺妝渾一似想着故人張敞搓颺萬縷長翠織就新愁縈斷腸偏宜向朱門羽戟畫橋游舫　縷翠朱堤口

醉太平

惆悵藏鴉未穩早攀柔臙別空與人忙隋堤漢苑都非

吴歈萃雅四卷　題梯月主人輯

明萬曆刻本

一册　存二卷：元、亨

半葉九行二十一字，白口，四周單邊。版框 21.4×13.0 厘米

15719（8861）

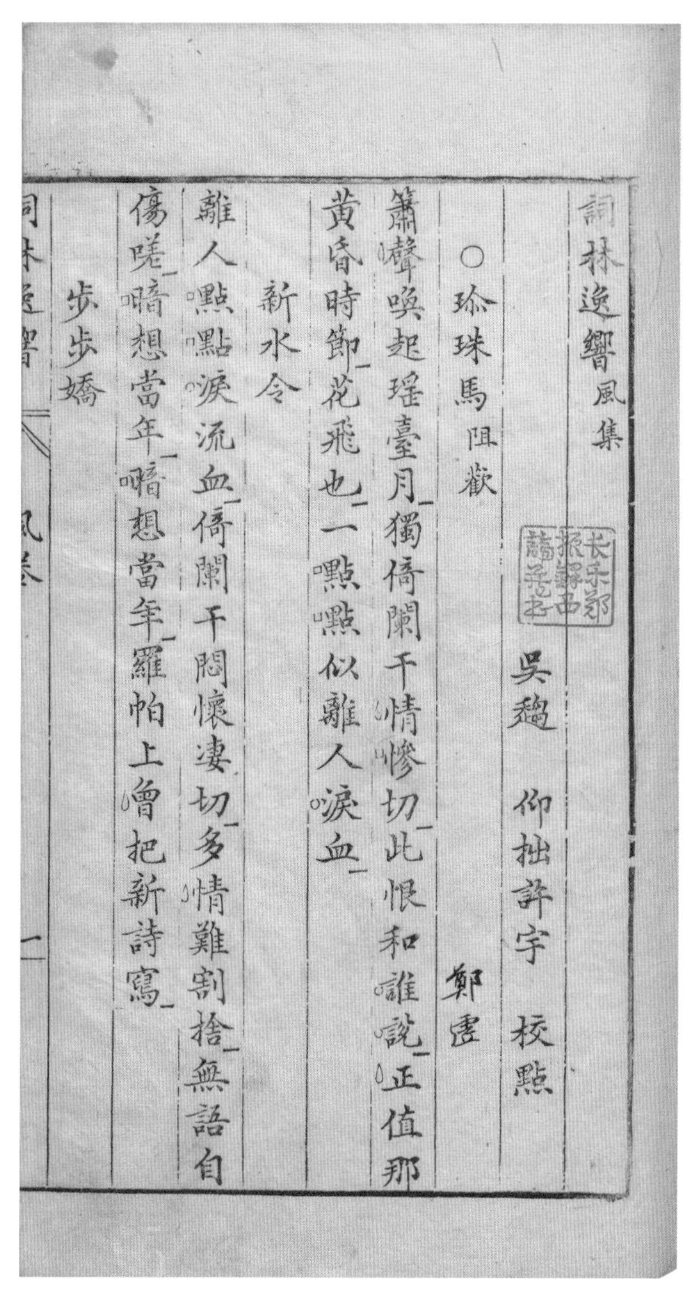

詞林逸響四卷　〔明〕許宇輯

明天啓三年（1623）刻本

十册

半葉九行二十二字，白口，四周單邊。版框 22.3×13.8 厘米

15707（8852）

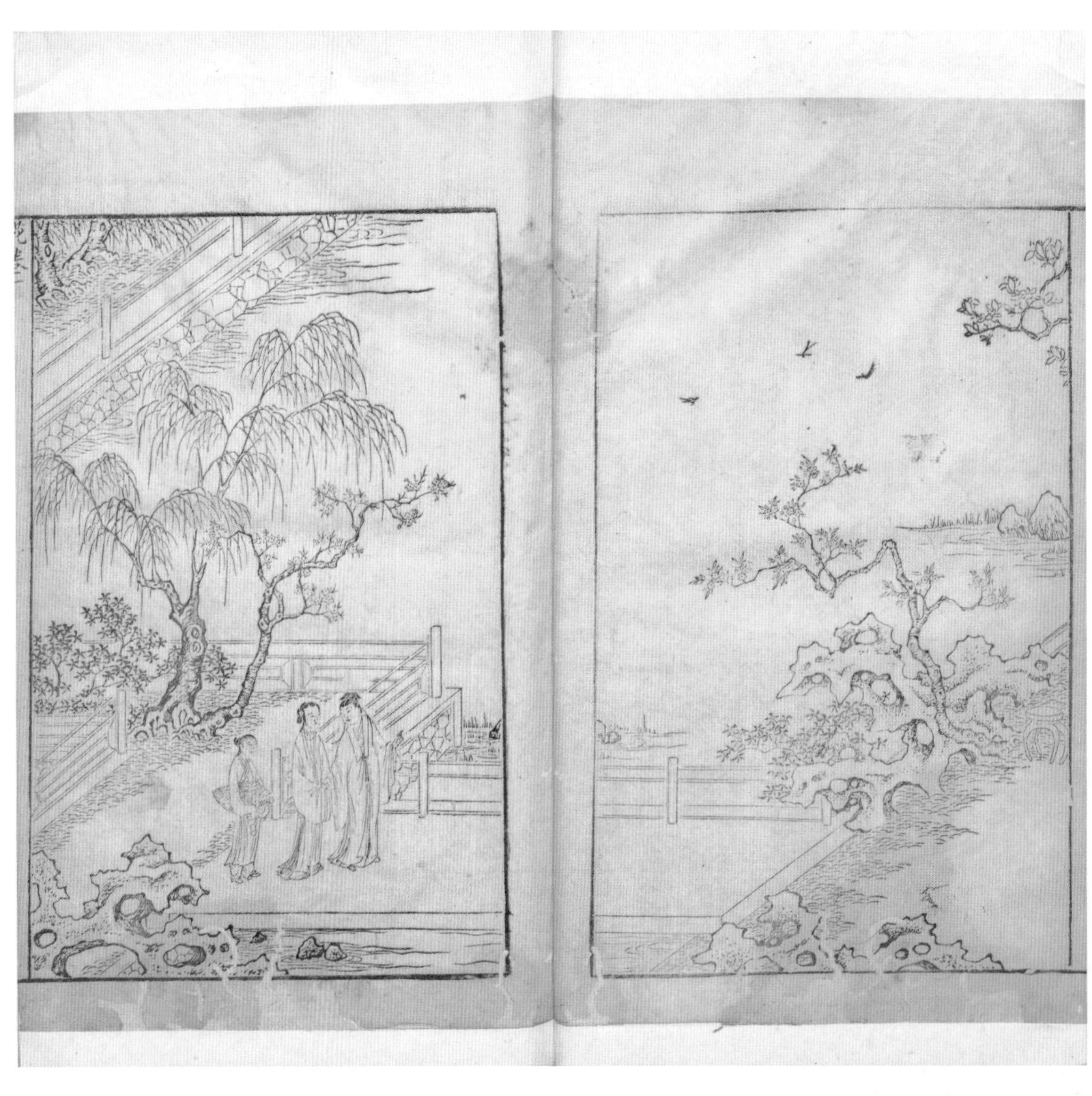

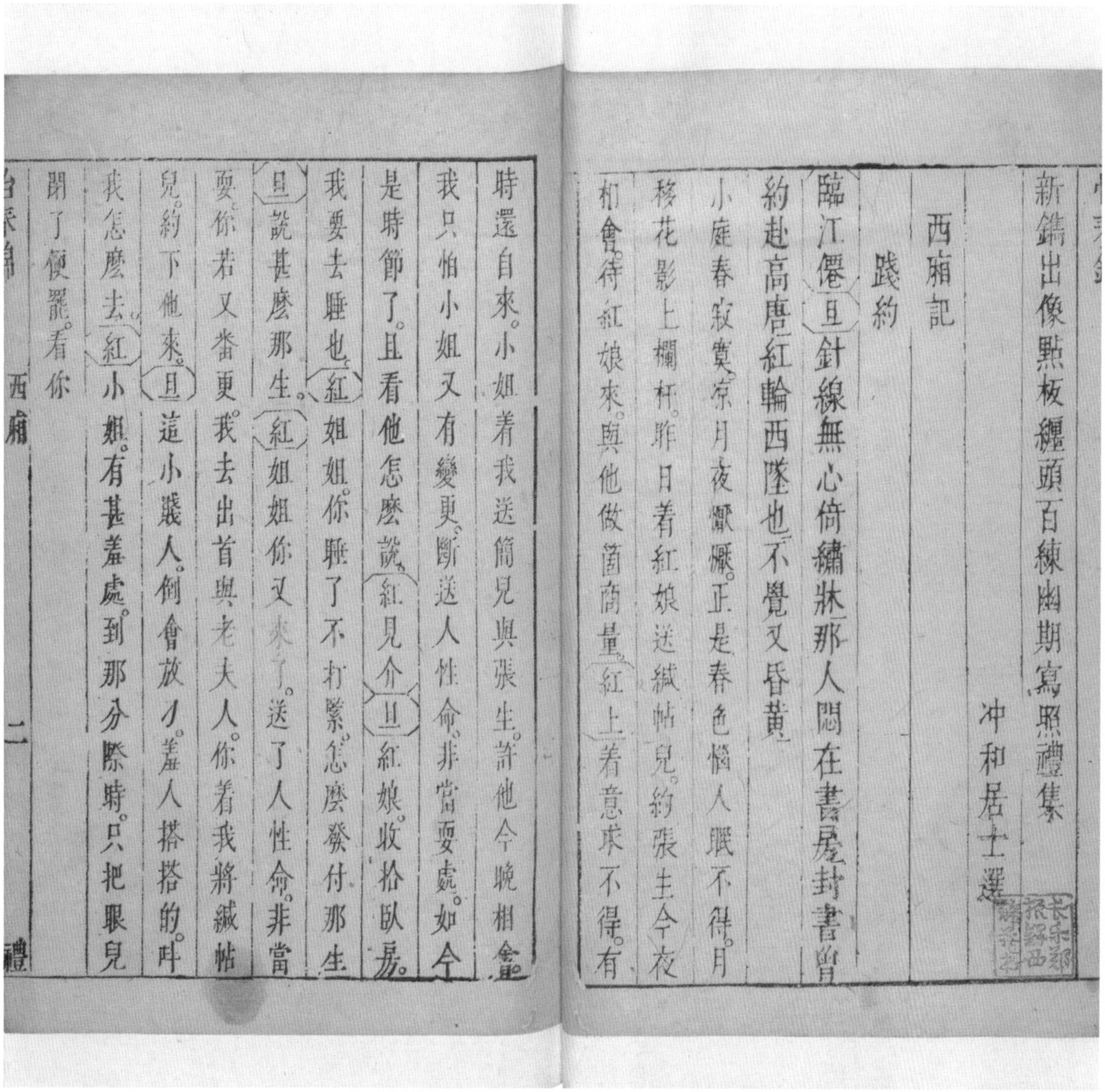

新鐫出像點板怡春錦曲六卷　〔明〕冲和居士輯

明刻本

八册　存四卷：禮、樂、書、數

半葉九行二十字，白口，四周單邊。版框 21.5×14.3 厘米

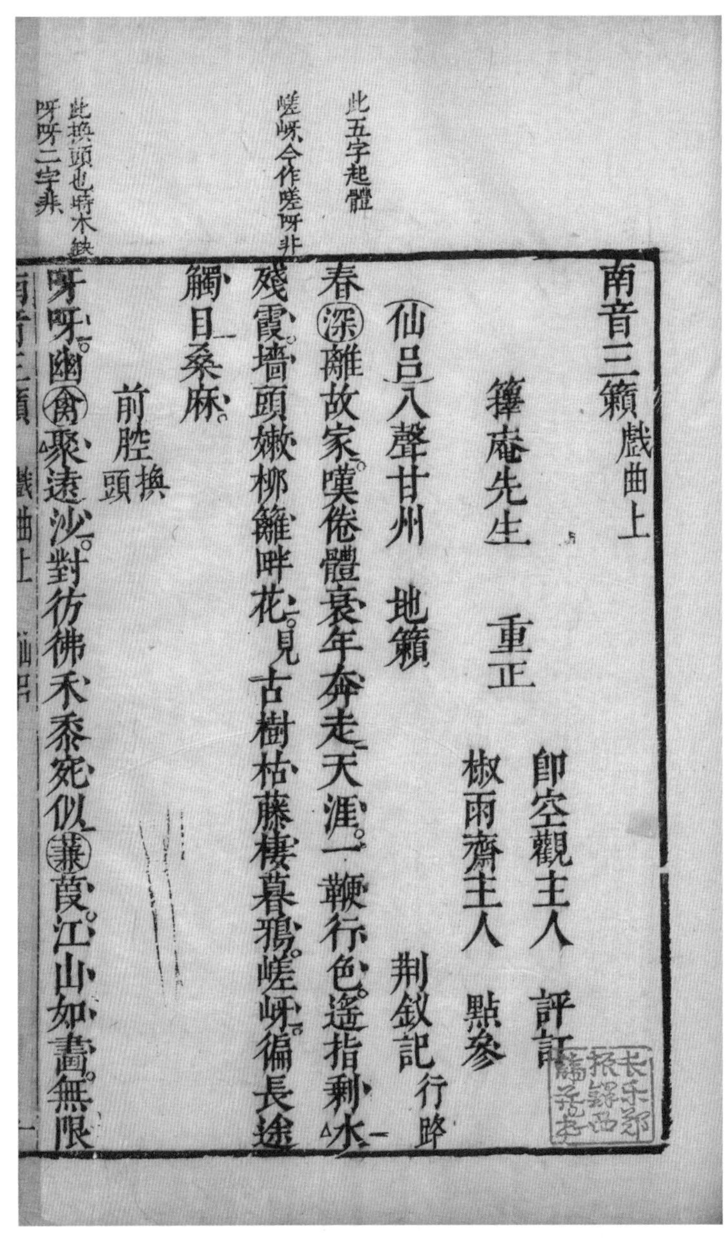

南音三籟四卷　〔清〕袁志學輯　**譚曲雜劄一卷**　〔明〕凌濛初撰　**曲律一卷**

清康熙七年（1668）刻本

四册

半葉九行二十二字，白口，四周單邊，無直格。版框 20.0×13.5 厘米

15748（8840）

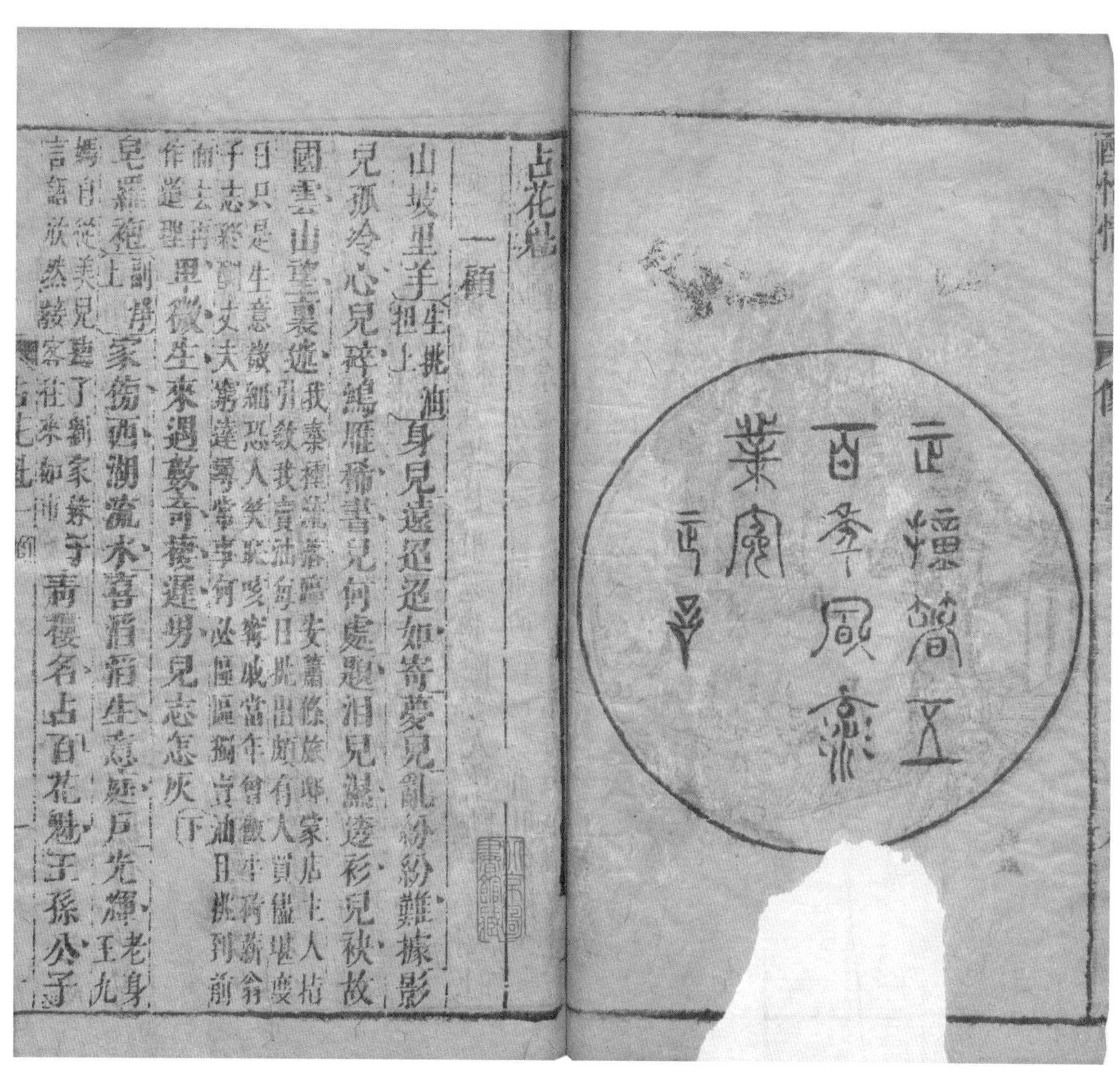

新刻出像點板時尚崑腔雜曲醉怡情八卷　題菰蘆釣叟輯

清初致和堂刻本

八册

半葉九行二十二字，白口，四周單邊。版框 19.1×12.1 厘米

T02719（11317）

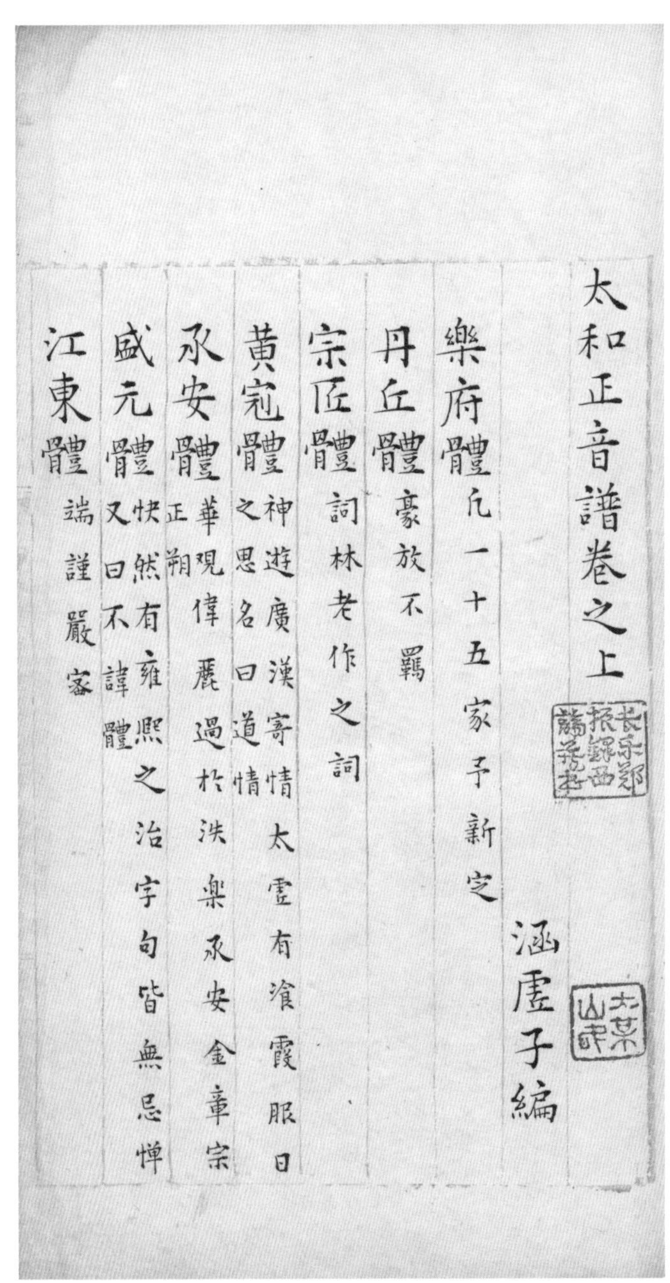

太和正音譜三卷　〔明〕朱權撰

明抄本

四册　存二卷：上、中

半葉九行十七字，藍格，白口，四周單邊。版框 21.0×14.5 厘米

15699（8834）

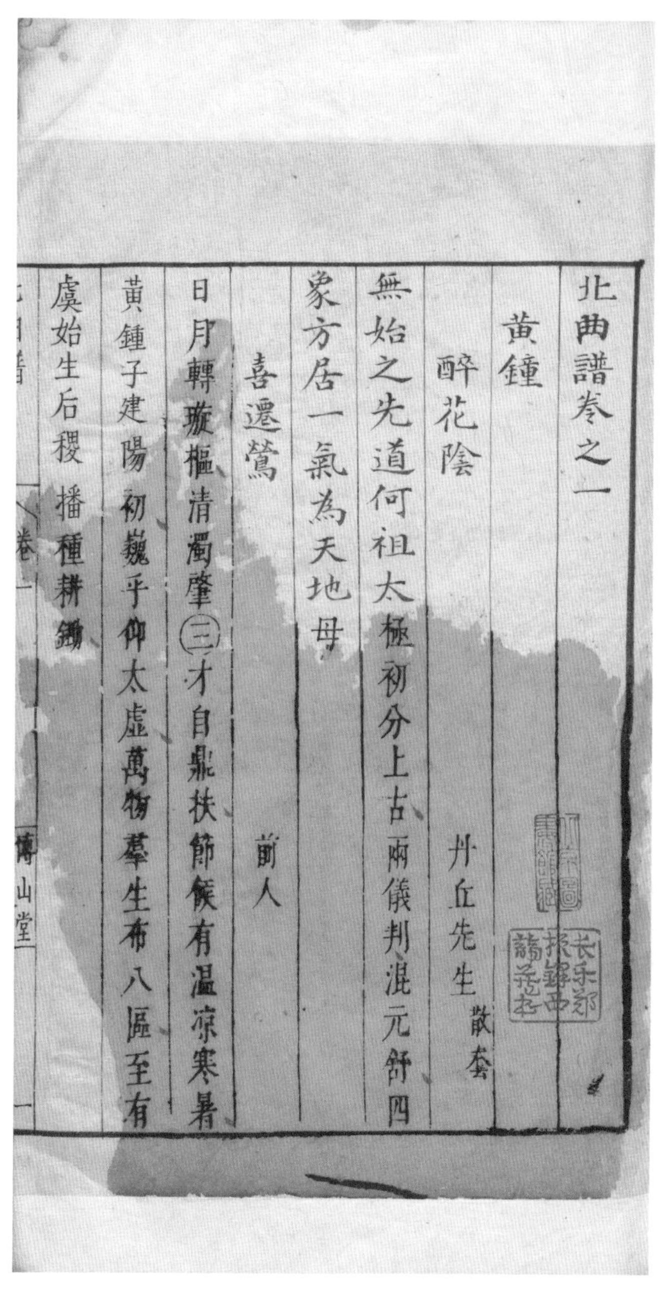

范氏博山堂三種曲六卷　〔明〕范文若撰　**北曲譜十二卷**　〔明〕朱權撰

明末刻清初芥子園印本

二册　存十二卷：北曲譜十二卷

半葉九行二十字，白口，四周單邊。版框 20.3×14.2 厘米

T03224（10894）

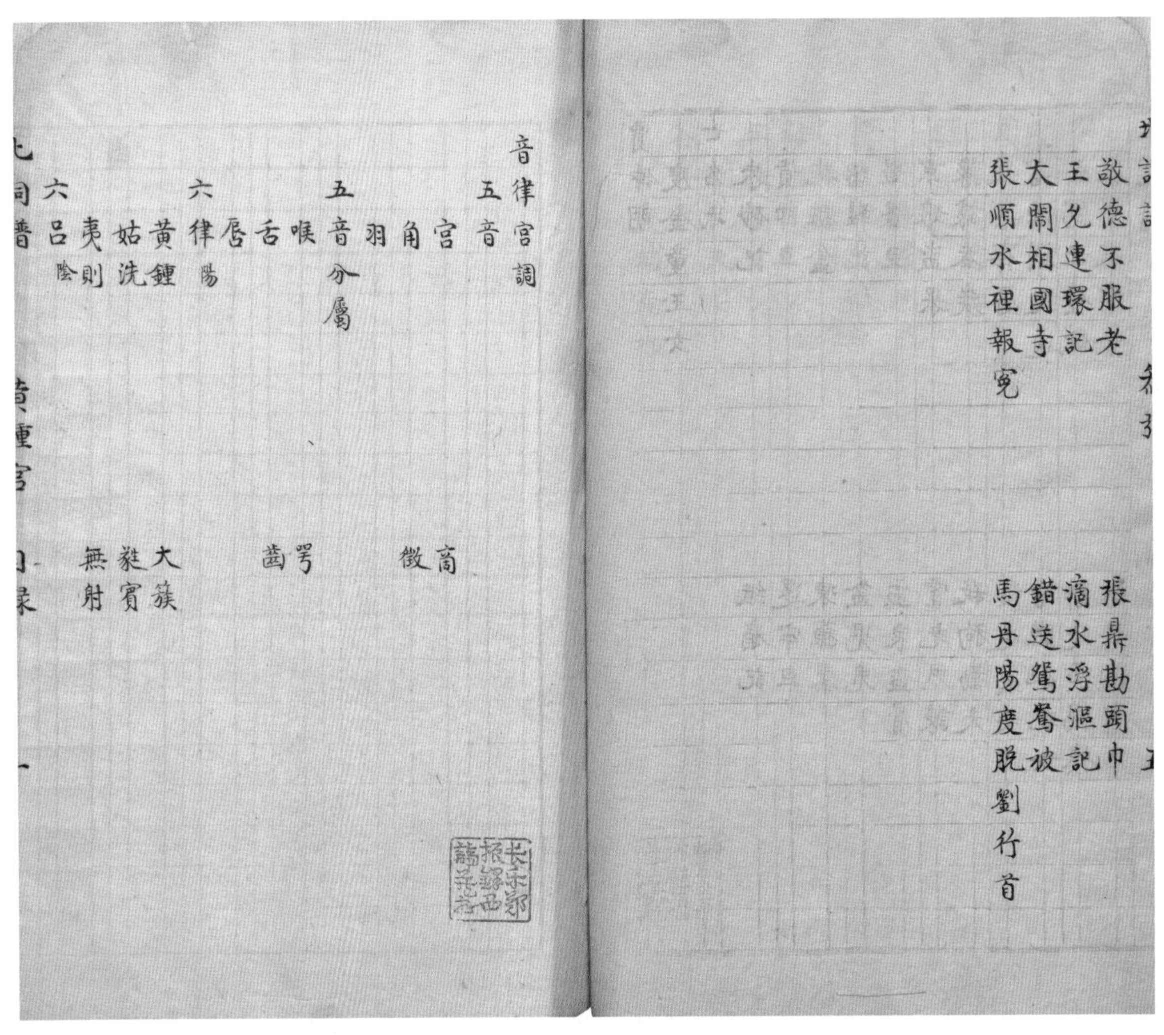

北詞譜十四卷臆論一卷附一卷　〔明〕徐慶卿撰

清抄本

三册

半葉七行二十字，小字雙行同，小黄格，白口，四周單邊。版框 21.4×14.0 厘米

15717（8862）

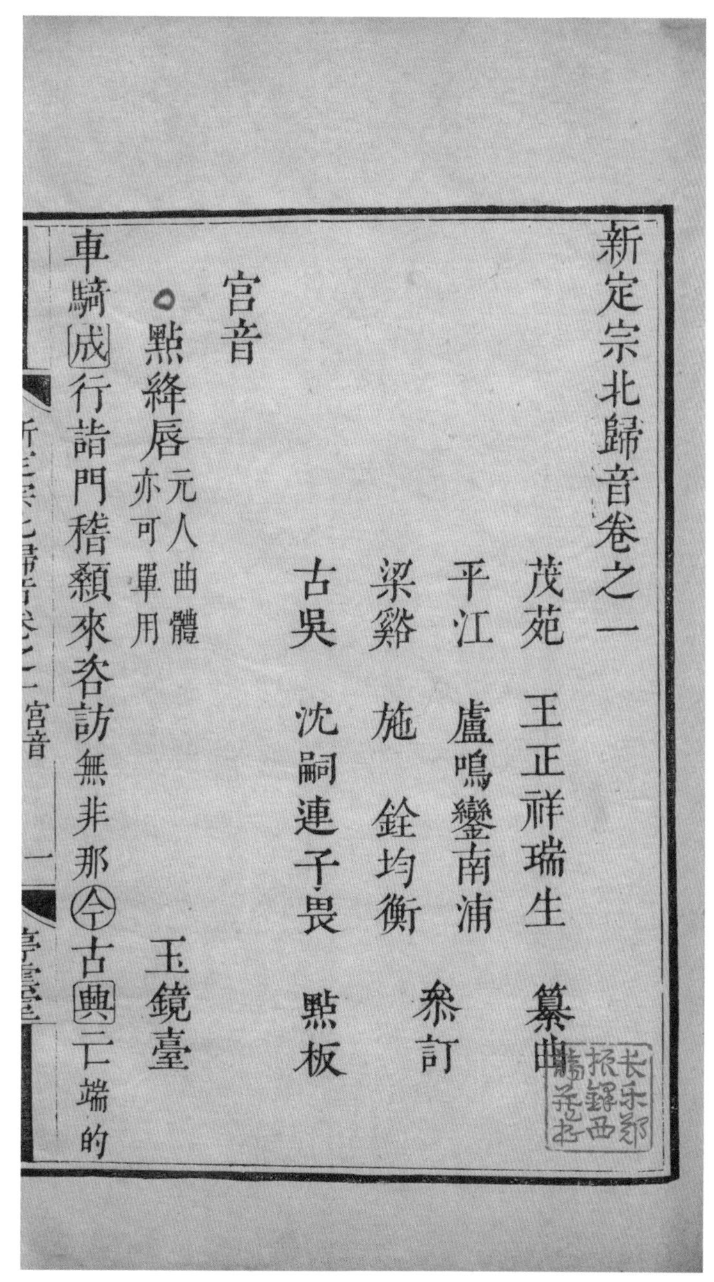

新定宗北歸音六卷　〔清〕王正祥撰

清康熙二十五年（1686）停雲室刻本

六册

半葉八行二十字，黑口，四周雙邊，無直格。版框 19.4×13.0 厘米

16337（10884）

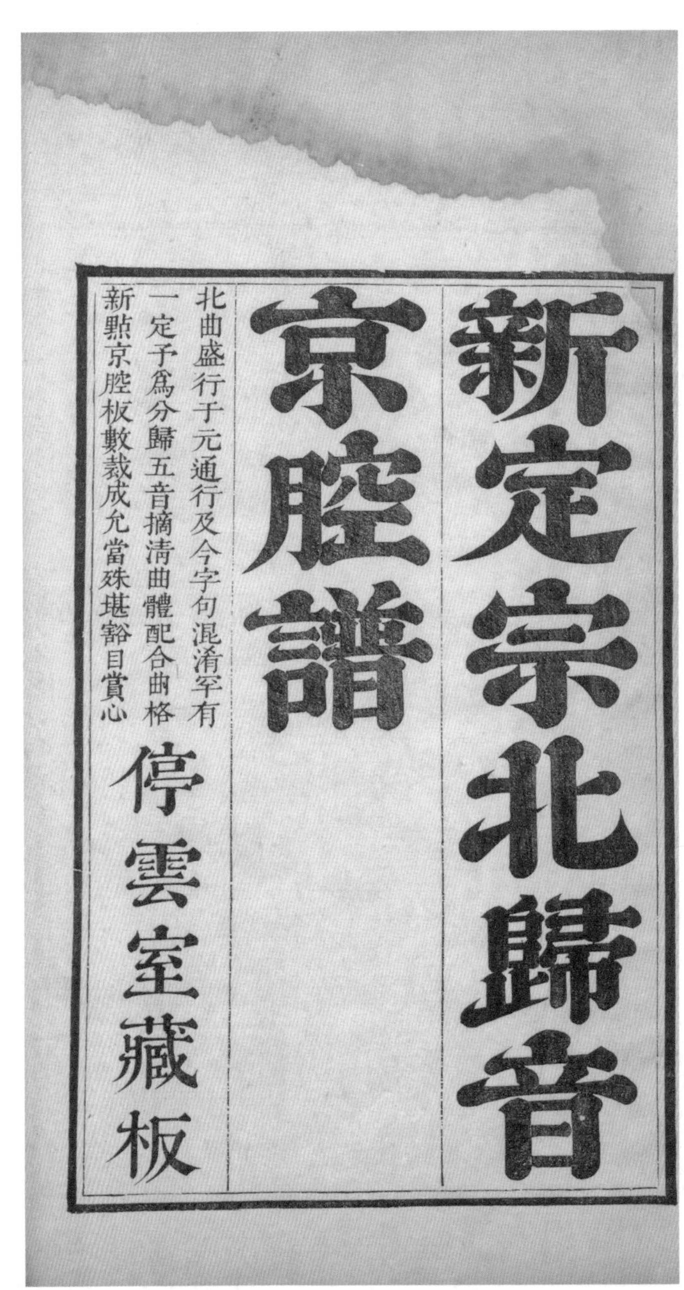

新定宗北歸音

京腔譜

北曲盛行于元通行及今字句混淆罕有一定予爲分歸五音摘清曲體配合曲格新點京腔板數裁成允當殊堪豁目賞心

停雲室藏板

新定宗北歸音六卷 〔清〕王正祥撰

清康熙二十五年（1686）停雲室刻本

四册

半葉八行二十字，黑口，四周雙邊，無直格。版框 19.4×13.0 厘米

16282（11267）

新定宗北歸音卷之一

茂苑　王正祥瑞生　纂曲
平江　盧鳴鑾南浦
梁谿　施　銓均衡　叅訂
荊溪　儲國珍君用　點板

宮音

點絳唇 元人曲體 亦可單用　玉鏡臺

車騎(戚)行詣門稽顙來咨訪無非那(今)古(典)亡端的

元詞備考五卷　〔清〕張大復輯

清康熙二十七年（1688）□君玉抄本

一册

半葉十行三十二至三十五字，無欄格

15672（8799）

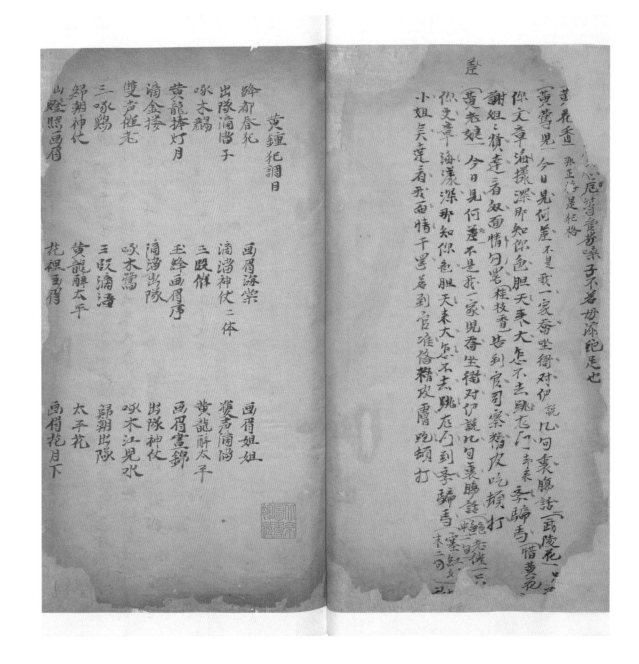

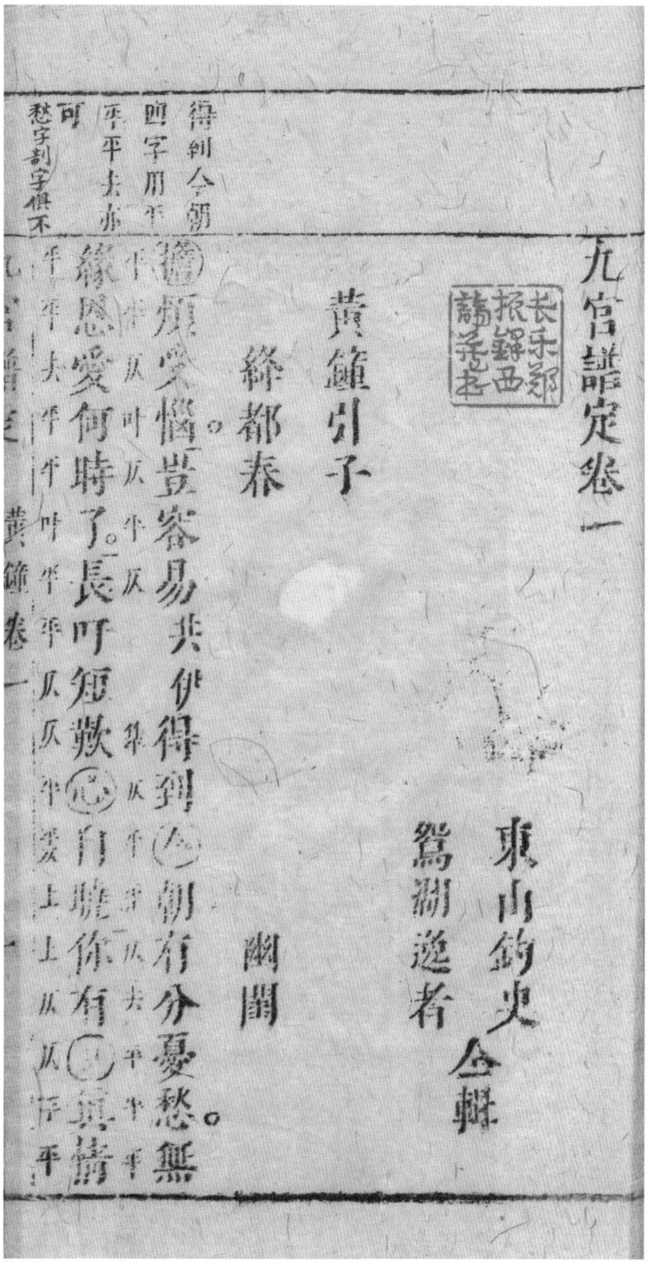

九宫譜定十二卷總論一卷　題東山釣史、鴛湖逸者輯

清初金閶緑蔭堂刻本

四册

半葉七行十八字，白口，四周單邊，無直格。眉欄鐫評。版框 19.9×12.5 厘米

16361（11116）

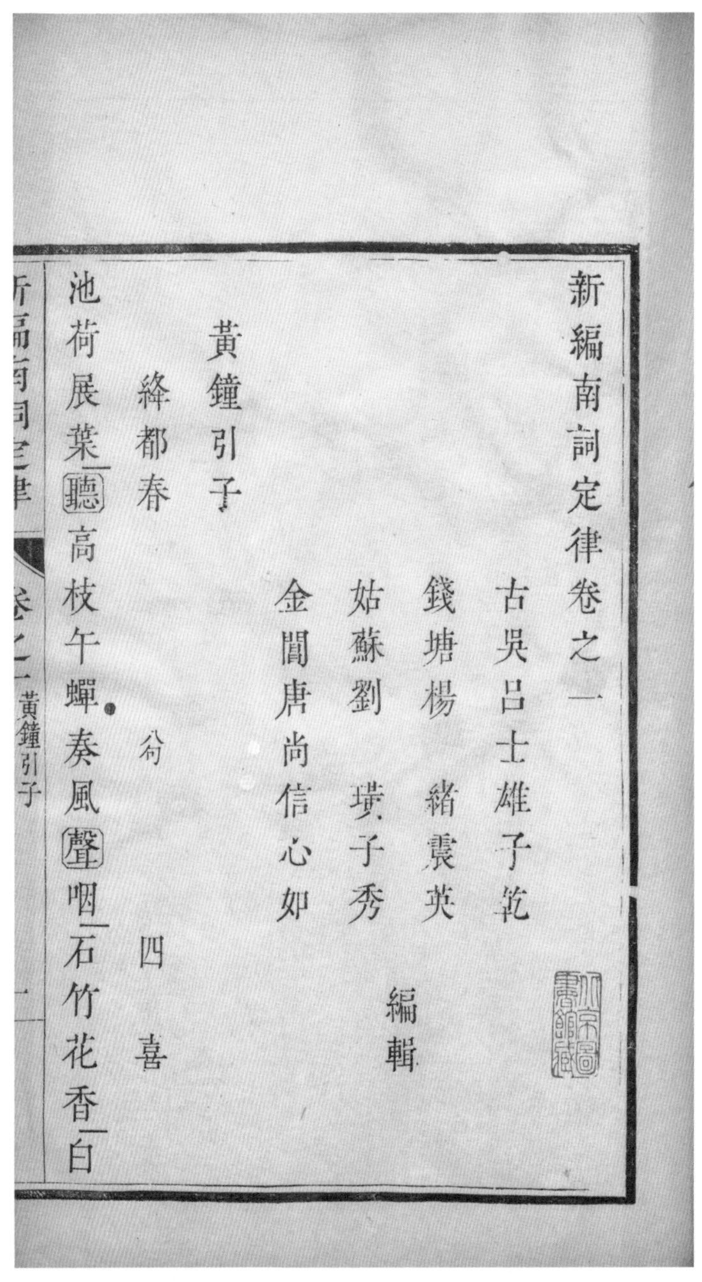

新編南詞定律十三卷首一卷 〔清〕吕士雄等撰

清康熙五十九年（1720）香藝閣刻本

八册

半葉八行十八字，小字雙行同，白口，四周雙邊，無直格。版框 20.6×13.7 厘米

T00284（10878）

直述

詞中有骷髏格并填詞真証者迺春秋至漢及唐詞曲之規梨園之秋也余閱骷髏格前叙云唐太子未嗣位時深心詞賦重禮英才後登大寶最尚詩詞極好歌曲每每以詩易曲偶值景物事類乃即事吟咏恨不能作曲長嘆曰朕當盛世文士蔚興欲作歌曲惜無有定見者時曲師黄旛綽偕二三臣以骷髏格進呈明皇啟閱仄晷忘疲逸興倍常剏建梨園大興歌曲改格爲梢詞曲與焉子弟集焉明皇日讌內廷凡覩景物以三寸金牌書其所見所聞之事隨命詞臣對格以形之其事今之牌名是此而始者也其所獻者或有句讀平仄不合骷髏板式者不加板了詞上批一近字留于格中作

骷髏格一卷辯音連聲歸母捷法一卷　〔□〕顧體仁撰

清初抄本

一册

半葉十行二十五字，無欄格

16884（9988）

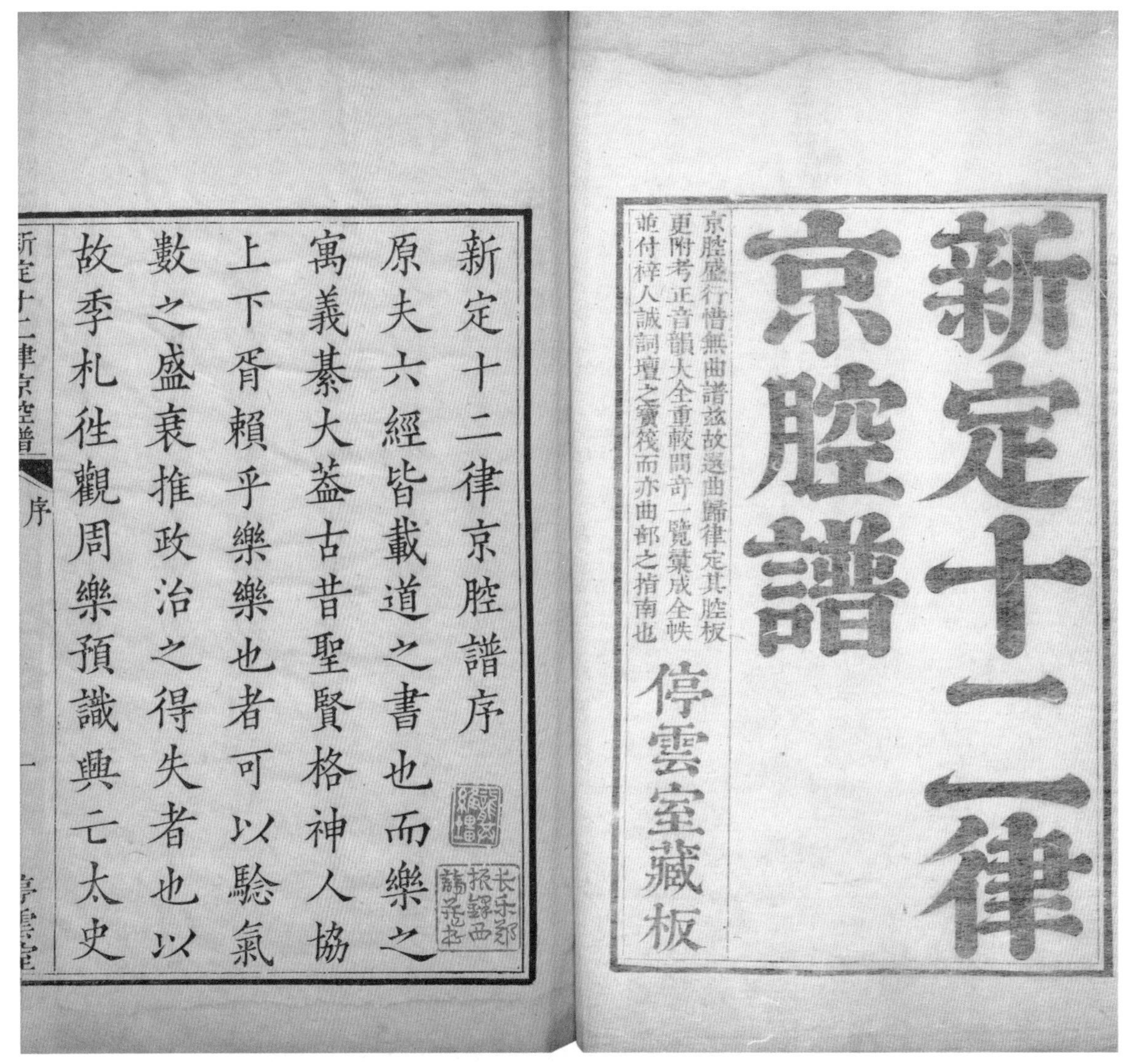

新定十二律京腔譜十六卷　〔清〕王正祥撰

清康熙二十三年（1684）停雲室刻本

十册

半葉八行二十字，白口，四周雙邊，無直格。版框 19.8×13.1 厘米

16387（11574）

新定十二律京腔譜卷之一

茂苑　王正祥瑞生　纂曲
平江　盧鳴鑾南浦
梁谿　施　銓均衡　參訂
荆溪　儲國珍君用　點板

黃鐘律本律曲腔皆似二郎神總無平高調其曲終四字之板附此〇〇〇〇

本律引

二郎神慢　散　曲

十三調古今異同合評

仙呂 即古之大呂 羽調 即古之大簇 北之般涉

正宮 即古之夾鍾 中呂 即古之姑洗

南呂 即古之仲呂 黄鍾 即古之蕤賓

越調 即古之林鍾 商角 即古之夷則

商調 即古之南呂 雙調 即古之無射

大石 即古之應鍾 小石 即古之黄鍾

高平 可出入諸調

附録填詞諸大家律

填詞總論 用韻法論 歌頭曲尾論

用成句法 用対偶法 作長套論

南詞便覽不分卷 〔清〕張大復撰

清抄本

二册

半葉十一行十八字，無欄格

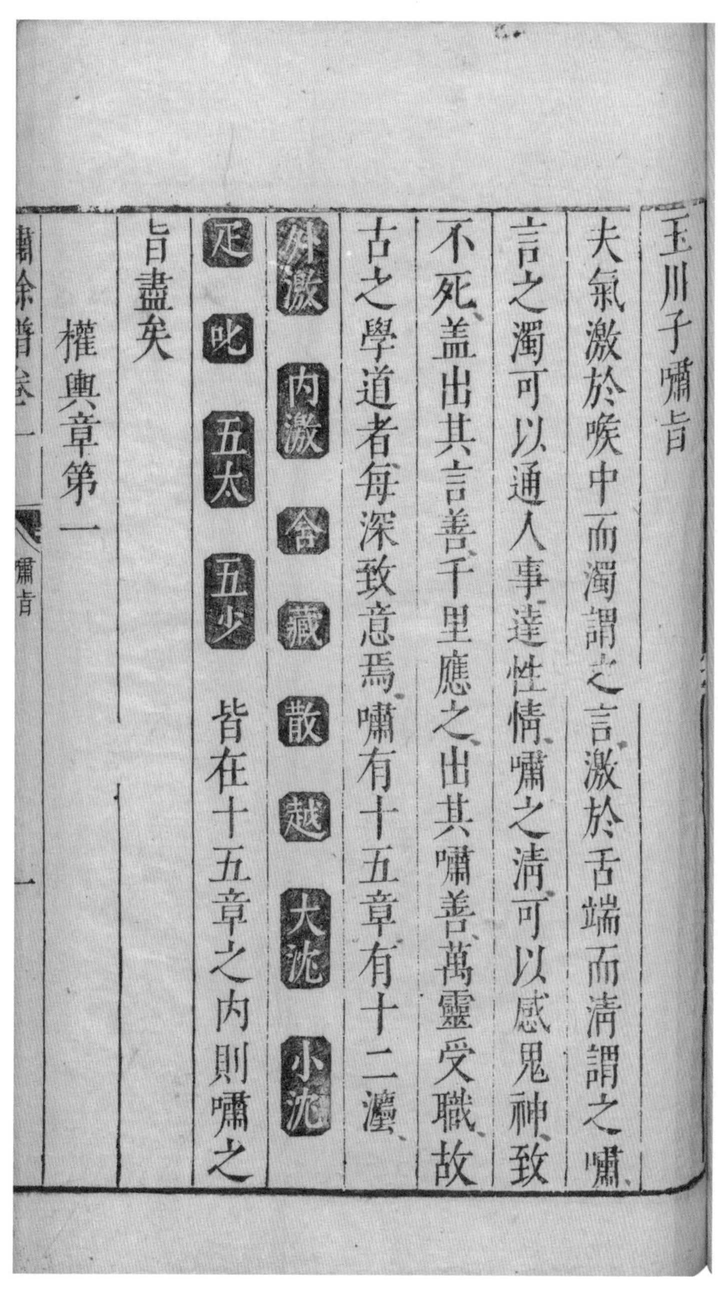
玉川子嘯旨
夫氣激於喉中而濁謂之言激於舌端而淸謂之嘯
言之濁可以通人事達性情嘯之淸可以感鬼神致
不死蓋出其言善千里應之出其嘯善萬靈受職故
古之學道者每深致意焉嘯有十五章有十二灋
外激　内激　含　藏　散　越　大沈　小沈
疋　叱　五太　五少　皆在十五章之内則嘯之
旨盡矣
權輿章第一
嘯餘譜卷一　嘯旨　一

嘯餘譜十卷　〔明〕程明善輯

明萬曆刻本

十册

半葉九行二十字，白口，四周單邊。版框 20.9×15.1 厘米

16343（10877）

曲律卷第一

會稽方諸生王驥德伯良撰

勾餘　柳城翁孫如法世行訂

鬱藍生呂天成勤之校

論曲源第一

曲，樂之支也。自康衢、擊壤、黃澤、白雲以降，於是越人、易水、大風、瓠子之歌繼作，聲漸靡矣。樂府之名昉於西漢，其屬有鼓吹、横吹、相和、清商、雜調諸曲。六代沿其聲調，稍加藻豔，於今曲畧近。入唐而以絶句爲曲，如清平、鬱輪、凉州、水調之類，然不盡其變，而於是始

曲律　卷一　一　方諸館

曲律四卷　〔明〕王驥德撰

明天啓四年（1624）方諸館刻本

四册

半葉十行二十字，白口，四周單邊。版框 20.7×14.0 厘米

度曲須知二卷絃索辨訛三卷 〔明〕沈寵綏撰

明崇禎十二年（1639）沈寵綏刻清順治六年（1649）沈標重修本

八册

半葉八行二十二字，白口，四周單邊。版框 19.9×12.3 厘米

16351（10885）

度曲須知
絃律存亡　翻切當看
北曲正訛考 宗中州韻　入聲正訛考 宗洪武韻 辨正南字
同聲異字考　異聲同字考
文同解異考　音同收異考
陰出陽收考　方音洗宽考
律曲前言　亨屯曲遇

茂苑顧允升暘甫父
松陵張培道叔賢父　較鐫

度曲須知　上卷

松陵適軒主人沈寵綏君徵甫著

曲運隆衰

粵徵往代。各有專至之事以傳世。文章矜秦漢。詩詞美宋度曲劇侈胡元。至我　明則八股文字姑無置喙。而名公所製南曲傳奇。方今無慮充棟。將來未可窮量。是眞雄絕一代。堪傳不朽者也。顧曲肇自三百篇耳。風雅變爲五言七言。詩體化爲南詞北劇。自元人以填詞制科。而科設上

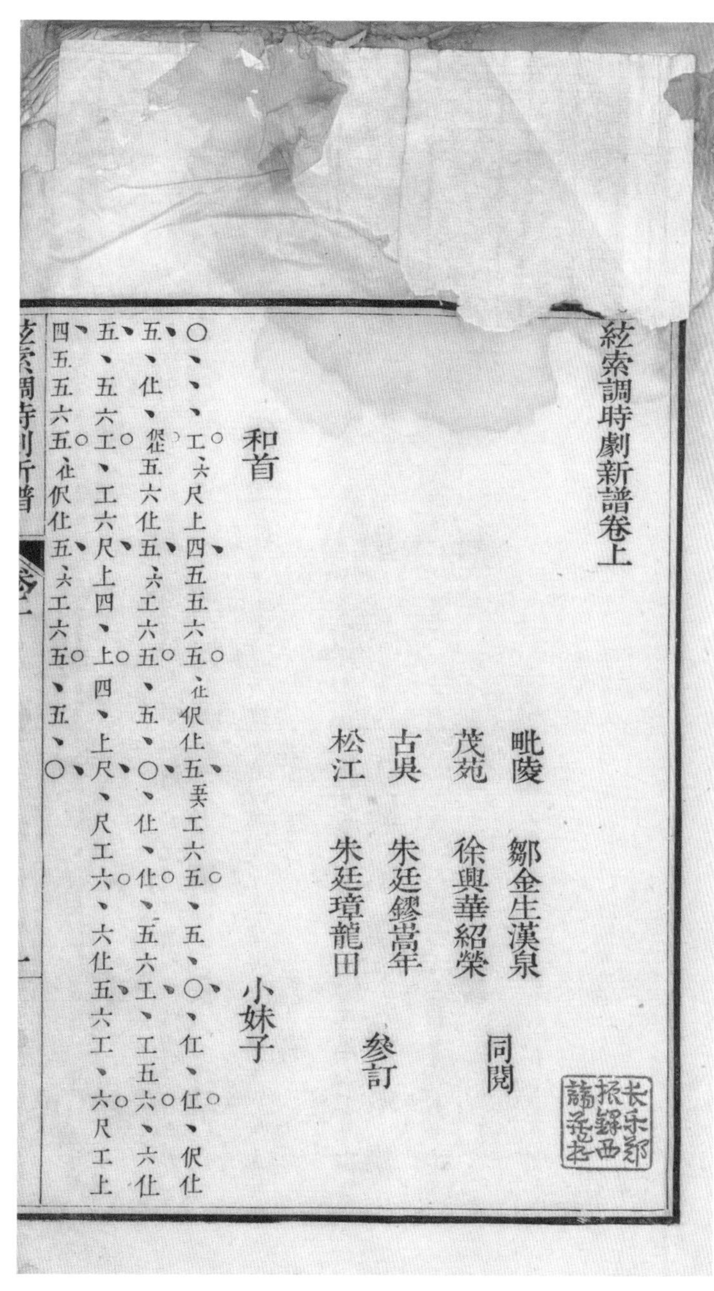

紘索調時劇新譜卷上

毗陵　鄒金生漢泉
茂苑　徐興華紹榮　同閱
古吳　朱廷鏐嵩年
松江　朱廷璋龍田　參訂

和首

小妹子

弦索調時劇新譜二卷　〔清〕湯斯質輯　〔清〕朱廷鏐、朱廷璋參訂

清乾隆十四年（1749）允禄刻本

二册

半葉行字不等，白口，四周雙邊，無直格。版框 21.7×15.6 厘米

16283（11429）

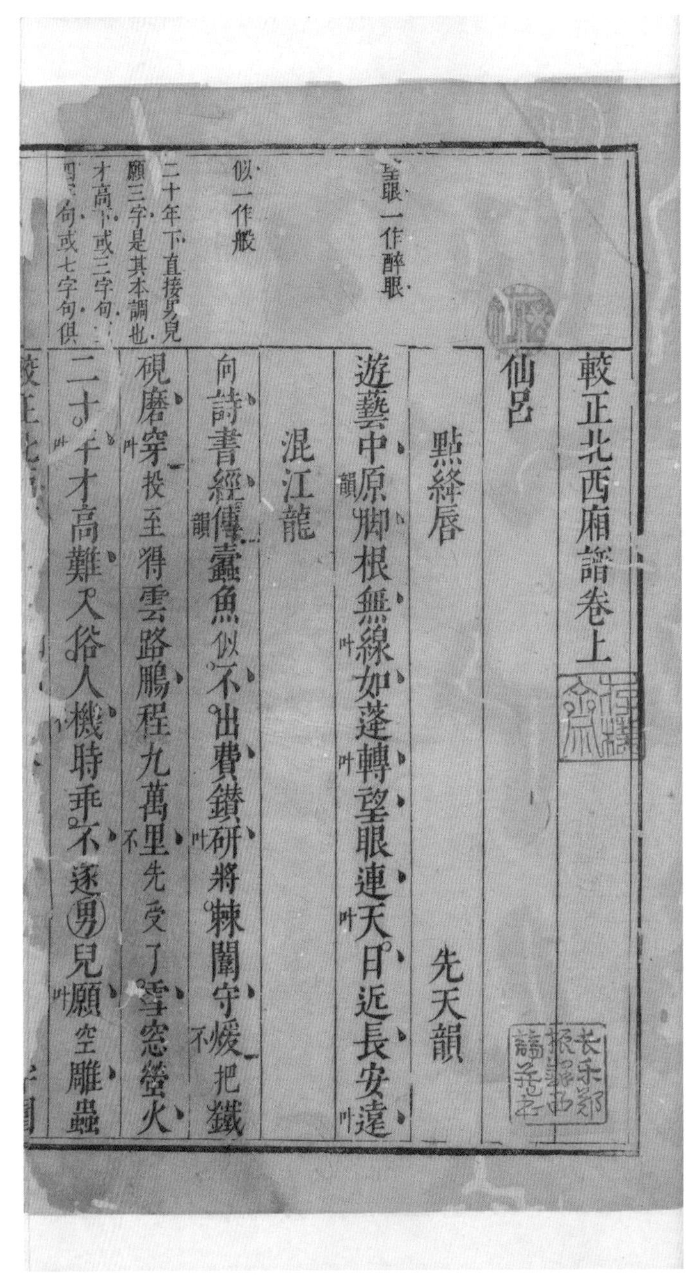

較正北西廂譜二卷 題〔明〕婁梁散人撰

明崇禎十二年（1639）胡世定、唐雲客刻本

二册 存一卷：上

半葉八行二十字，白口，四周雙邊。眉欄鐫評註。版框 21.7×13.6 厘米

16295（10673）

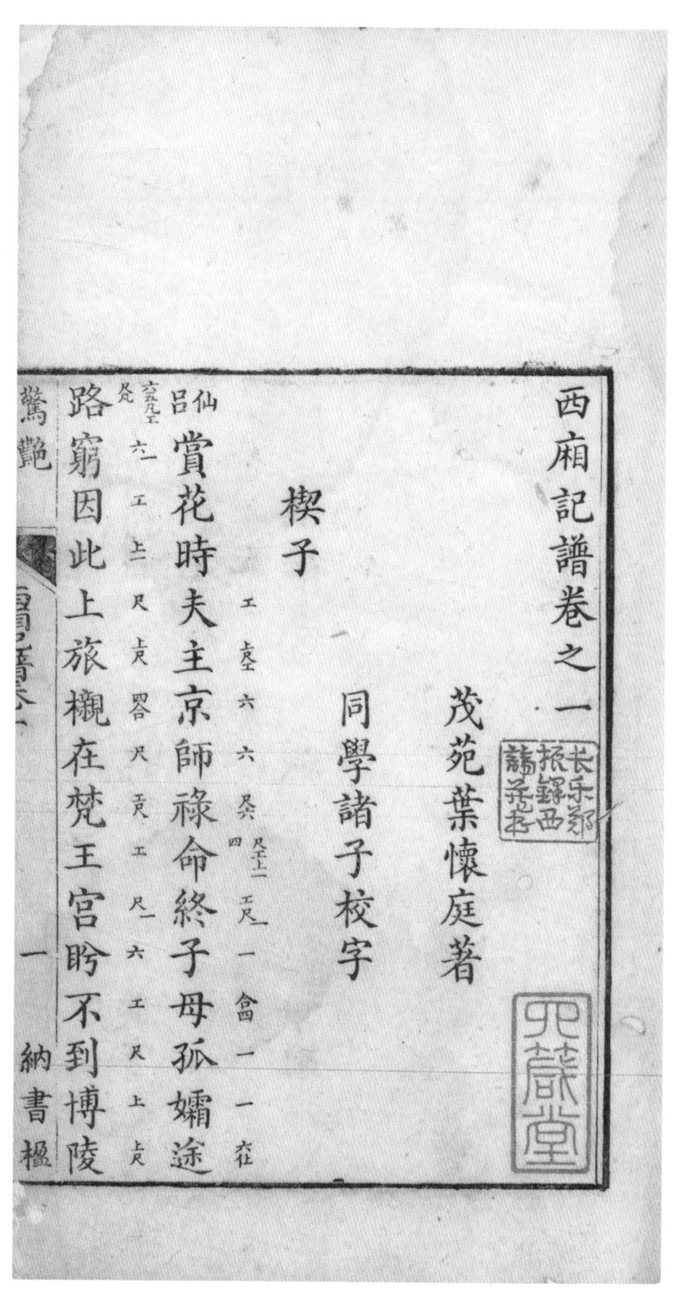

西廂記譜五卷　〔清〕葉堂撰

清乾隆四十九年（1784）納書楹刻本

四册

半葉五行十六字，白口，左右雙邊，無直格。版框 17.5×12.9 厘米

16338（11023）

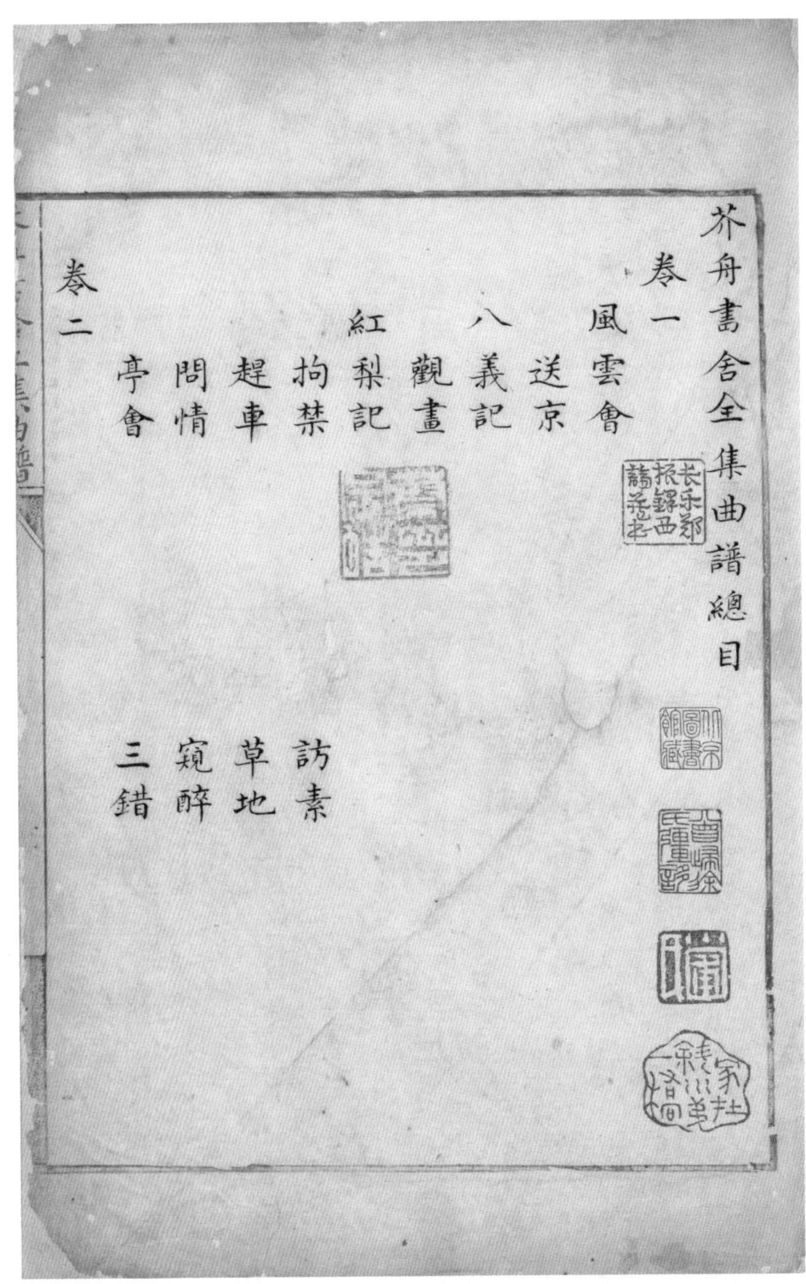

芥舟書舍全集曲譜八卷

清抄本

七册　存七卷：一至七

半葉四行二十七字，藍格，四周單邊。版框 24.8×19.5 厘米

16407（10851）

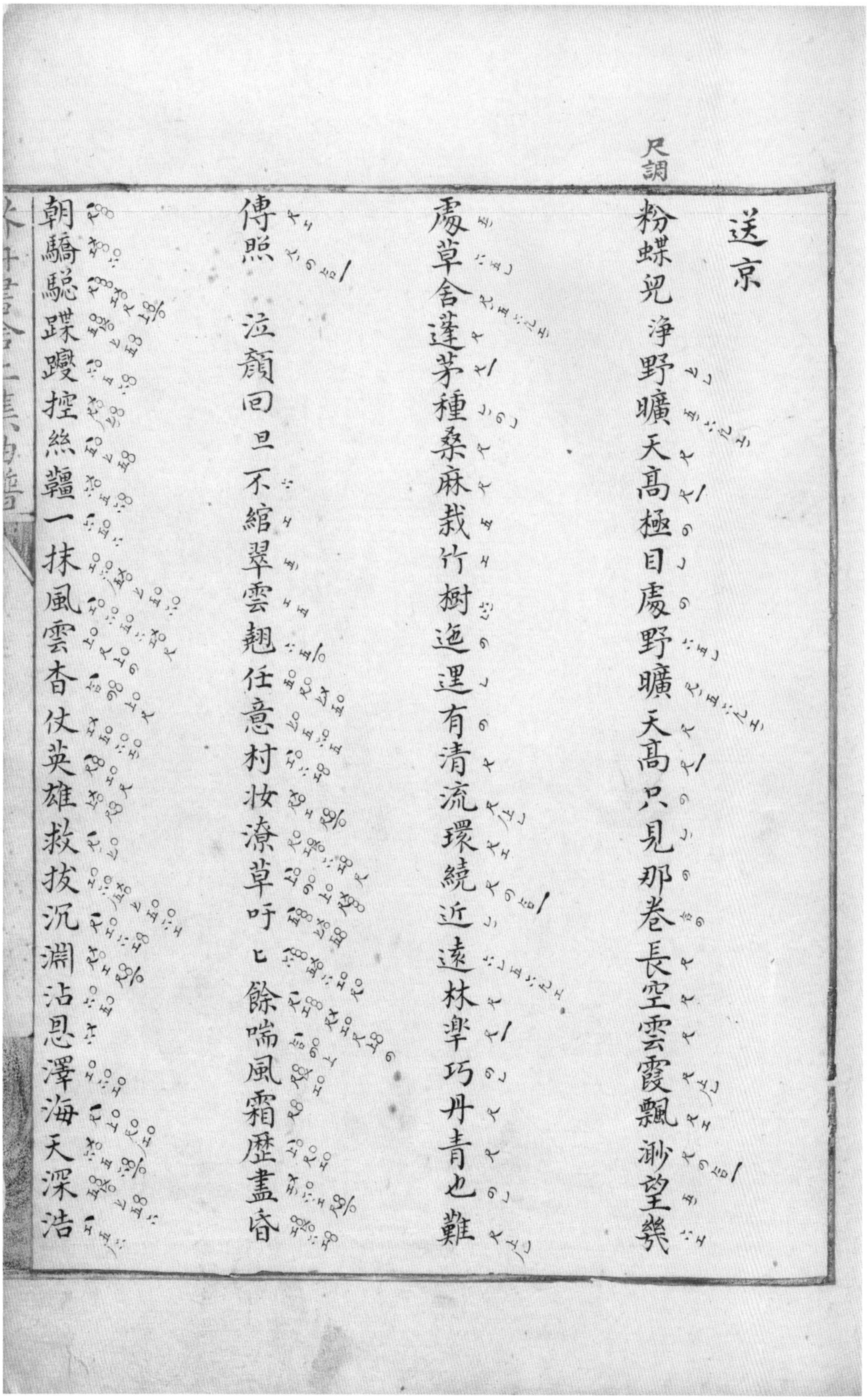

尺調

送京

粉蝶兒 淨野曠天高極目處野曠天高只見那卷長空雲霞飄渺望幾

處草舍蓬茅種桑麻栽竹樹迤邐有清流環繞近遠林巒巧丹青也難

傳照 泣顏回 旦不縮翠雲翹任意村妝潦草吁匕餘喘風霜歷盡昏

朝驕驄蹀躞控絲韁一抹風雲杳仗英雄救拔沉淵沾恩澤海天深浩

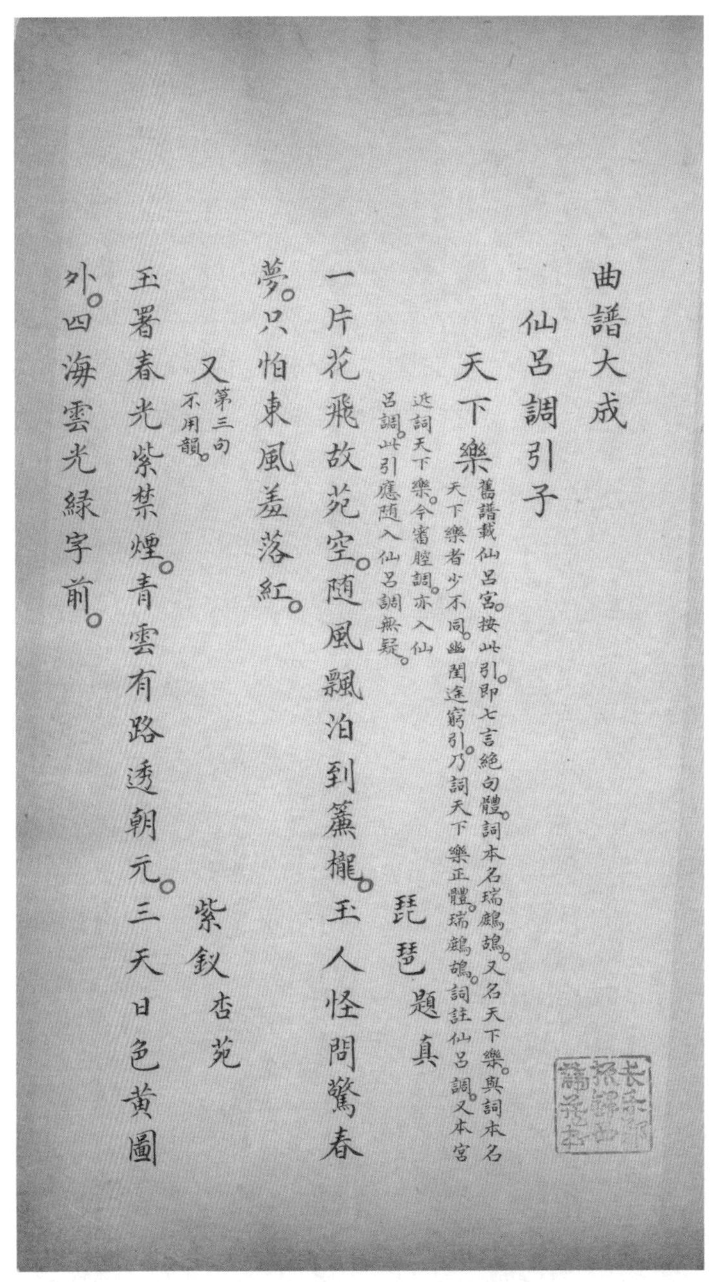
曲譜大成
仙呂調引子
天下樂　舊譜載仙呂宮。按此引。即七言絶句體。詞本名瑞鷓鴣。又名天下樂。與詞本名天下樂者少不同。幽閨途窮引。乃詞天下樂正體。瑞鷓鴣。詞註仙呂調。又本宮近詞天下樂。今審腔調。亦入仙呂調。此引應隨入仙呂調無疑。
琵琶　題真
一片花飛故苑空。隨風飄泊到簾櫳。玉人怪問驚春夢。只怕東風羞落紅。
又　第三句不用韻　紫釵　杏苑
玉署春光紫禁煙。青雲有路透朝元。三天日色黃圖外。四海雲光綠字前。

曲譜大成□□卷

清抄本

十五册　存三十七卷

半葉九行二十字，無欄格

錄鬼簿卷上

前輩名公樂章傳於世者

董解元 金章宗時人以其創始故列諸首云

太保劉公梦正　張子益平章

商政叔學士　杜善甫散人

王和卿學士　閻仲章學士

盍士常學士　胡紫山宣尉

盧疎齋憲使　姚牧菴參軍

史中書丞相天澤　徐子芳憲使

錄鬼簿二卷 〔元〕鍾嗣成撰 **續編一卷**

明抄本　鄭振鐸跋

二册

半葉九行二十字，白口，四周單邊。版框 20.4×14.7 厘米

之復加增補若干人，隅卿、孝慈處鈔出，又就所知補入若干。予窮半日之力，請於隅卿，復傳錄之，就所憶及者又補入若干，隅卿更就予所補者補入焉。此數日放談高論，旁若無人，自以為樂甚。夜寓隅卿老宅東廂，屋頂作穹（半）形，大似明代版西廂中之圖式，古趣盎然。予嘗笑謂二君曰：吾入王伯良校注西廂記之畫中矣。隅卿目為走謀一登天一閣，而終格於范氏族規，不得遂所願。蓋范氏嘗相約，非曝書日，即子孫亦不得登閣也。於是我輩乃謀訪鄞地各藏書家，尽數目之，力於馮孟顓、朱贊卿、孫蜗廬諸氏所藏，皆

卌七年前，趙斐雲先生自北平南下訪書，時馬隅卿先生方歸四明，杜門讀書。我輩偶發豪興，欲至甬訪之，藉以登天一閣。適海上颶風大作，未能成行。便先至杭州，轉紹興至寧波，中途趕車，独雇大汽車一，飛馳而去，西湖、鑑湖之勝皆不暇攬之矣。至則與隅卿先生日夕歡談，意興豪甚。隅卿出札記數冊相眎，皆有關小說戲曲之掌故與史料也。予與斐雲大喜過望，競鈔數十則。又有明代版畫刻工姓氏錄一冊，予覩之，如獲異寶。隅卿云此錄創始於陳大鐙氏，王孝慈得

抄本北大曾付之影印。又於大酉山房見姚氏之今樂考證，亦珍為秘笈，後為隅卿所得，北大亦嘗為之覆印。此行所獲良多，歸裝固不儉也。今者世事大變，隅卿墓木已拱，蝸廬亦已下世。隅卿藏書久散，蝸廬所藏頃亦為估賈挾之滬上求售。予見明藍格抄本錄鬼簿，不能不動心。索六十萬金，乃舉債如其數得之。亟函告斐雲。斐雲云將為一跋以記之。予乃述我輩訪書經過，以貽斐雲。嗚呼！當時少年氣盛，豪邁不可一世。今友朋之樂久失，復誰具好書之癖如我輩者？而斐雲與予亦垂垂老矣。丁亥年十月廿八日鄭振鐸

得覩其精英，為孟顏所藏姚梅伯稿本甚多。予抄得姚氏今樂府選全目，殊為得意。隅卿藏曲子亦不少。蝸廬於書深藏秘固，而於我輩則[illegible]出其佳品，三家女貞文、觀音之錄、玉簪記，是白綿紙本。劫中曾出現於滬市，予無力收之，之為徐君伯郊所得。而為余輩所最驚心動魄，相視莫逆於心者，乃是明藍格抄本錄鬼簿一書。後附無名氏續錄鬼簿一卷，為研究元明間文學史最重要之未發見史料。余輩乃求攜歸細閱一過。蝸廬慨然見允。他書遂亦無心相賞矣。之攜書歸寓，三人之力於燈下一夕抄畢。彼此

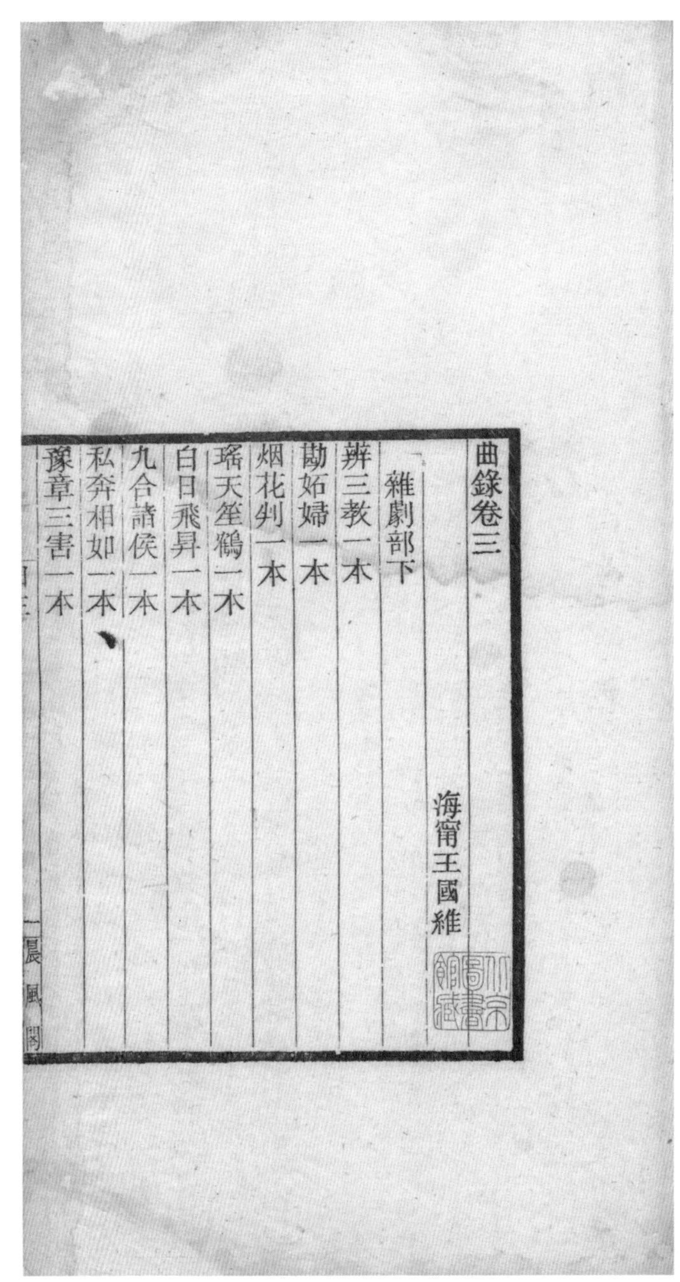

曲録六卷 王國維撰

清宣統元年（1909）沈宗畸刻晨風閣叢書本 鄭振鐸校補

二册 存四卷：三至六

半葉十一行二十一字，黑口，四周單邊。版框 12.7×10.3 厘米

16997（補 473）

酹江集

柳枝集

右二種明孟稱舜選刻雜劇

雜劇新編三十卷

富春堂續刻傳劇十集乙百種

之林閣傳奇

李卓吾評傳奇

陳眉公評傳奇　六合同春

明萬歷戊戌息機子編刻內二十八卷與元曲選複出唯羅貫中龍虎風雲會無名氏符金錠二種爲元曲選所未刻

古名家雜劇八集續古名家雜劇五集共五十二卷

明陳與郊編刻亦多與元曲選複出并刊及徐渭汪道昆之作

盛明雜劇二集共六十卷

不知何人編刊中有沈君庸袁令昭作必明末人也

六十種曲一百二十卷

明毛晉編晉原名鳳苞字子晉常熟人

小令套數部元初名公均有小令套數今見於總集曲譜者殆人人有之然專集之散佚較

雜劇尤甚茲僅錄元明名家之有集名者如右

雲莊樂府一卷見也是園書目

元張養浩撰養浩字希孟號雲莊濟南人官至陝西省行臺中丞謚文忠元史有傳

太和正音譜張雲莊之詞如玉樹臨風

詩酒餘音見錄鬼簿

元曾瑞撰瑞字里見卷二

本道齋樂府小稿同上

元吳本撰本字中立杭州人

金縷新聲同上

元吳弘道撰字里見卷二

崑郭口輯今所傳者有嘉靖庚子嘉靖丙寅兩刻本
庚子本前有楚愍王顯榕序丙寅本前有安肅春山
序皆不言何人所編此書前十五卷以宮調分曲多
選套數亦入雜劇十五卷後半至二十卷則錄南曲
及隻曲四庫著錄十三卷本未足

北宮詞紀六卷南宮詞紀六卷傳刻本
明陳所聞編所聞字藎卿金陵人此書專選元明人
套數

白雪齋吳騷合編四卷見楝亭書目
明騷隱居士楚叔文序并輯

彩筆情辭六卷同上
明張栩序選

四詞宗合刻八册同上
明汪廷訥序輯馮海粟金白嶼王西樓梁少白四家
詞曲海粟名子振攸州人元集賢待制白嶼名鑾明
金陵人梁名里見卷三

南北宮詞十八卷南詞六卷北詞六卷北詞別集六卷

中州元氣十册

仙音妙選

曲海

百一選曲

樂府羣珠

集

集部三

——

彈詞鼓詞類

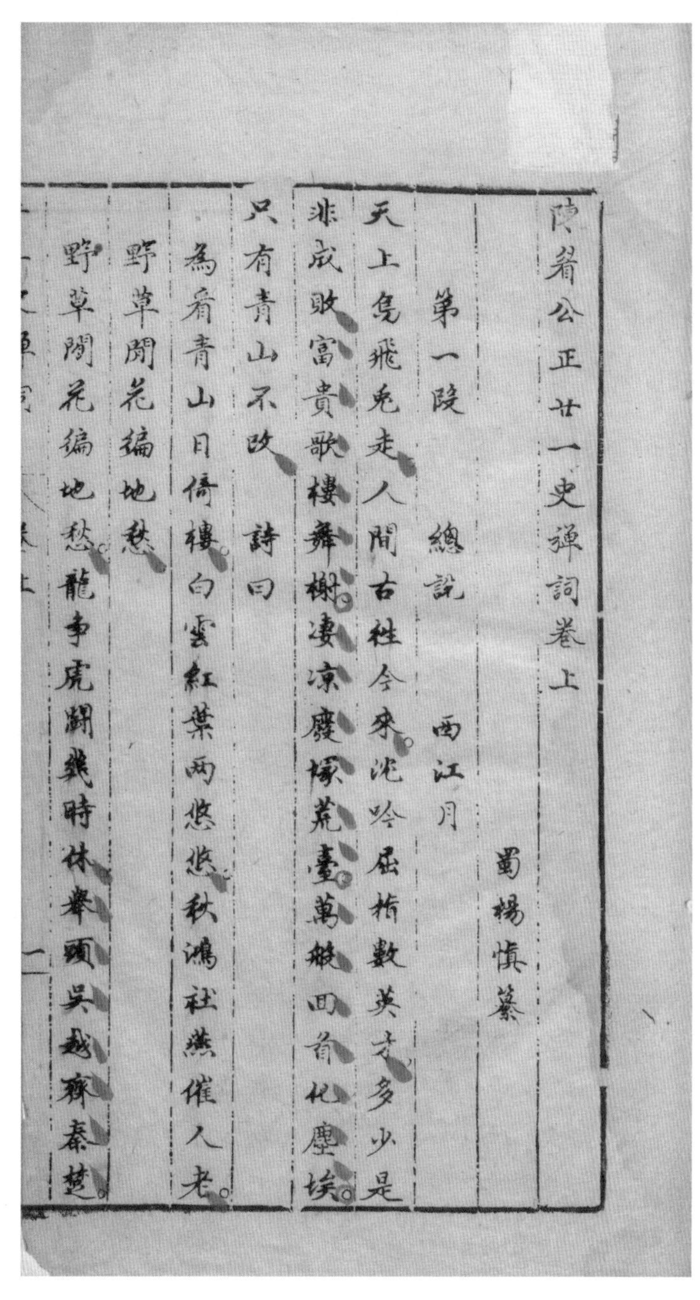
陳眉公正廿一史彈詞卷上
蜀楊慎纂
第一段　總説　西江月
天上烏飛兔走，人間古往今來。沉吟屈指數英才，多少是
非成敗。富貴歌樓舞榭，凄涼廢塚荒臺。萬般回首化塵埃，
只有青山不改。　詩曰
爲看青山日倚樓，白雲紅葉兩悠悠。秋鴻社燕催人老，
野草閑花徧地愁。
野草閑花徧地愁，龍爭虎鬬幾時休。
擡頭吳越齊秦楚

陳眉公正廿一史彈詞二卷　〔明〕楊慎撰

明刻本

二册

半葉九行二十二字，白口，四周單邊。版框 21.4×12.5 厘米

15130（無西諦書號）

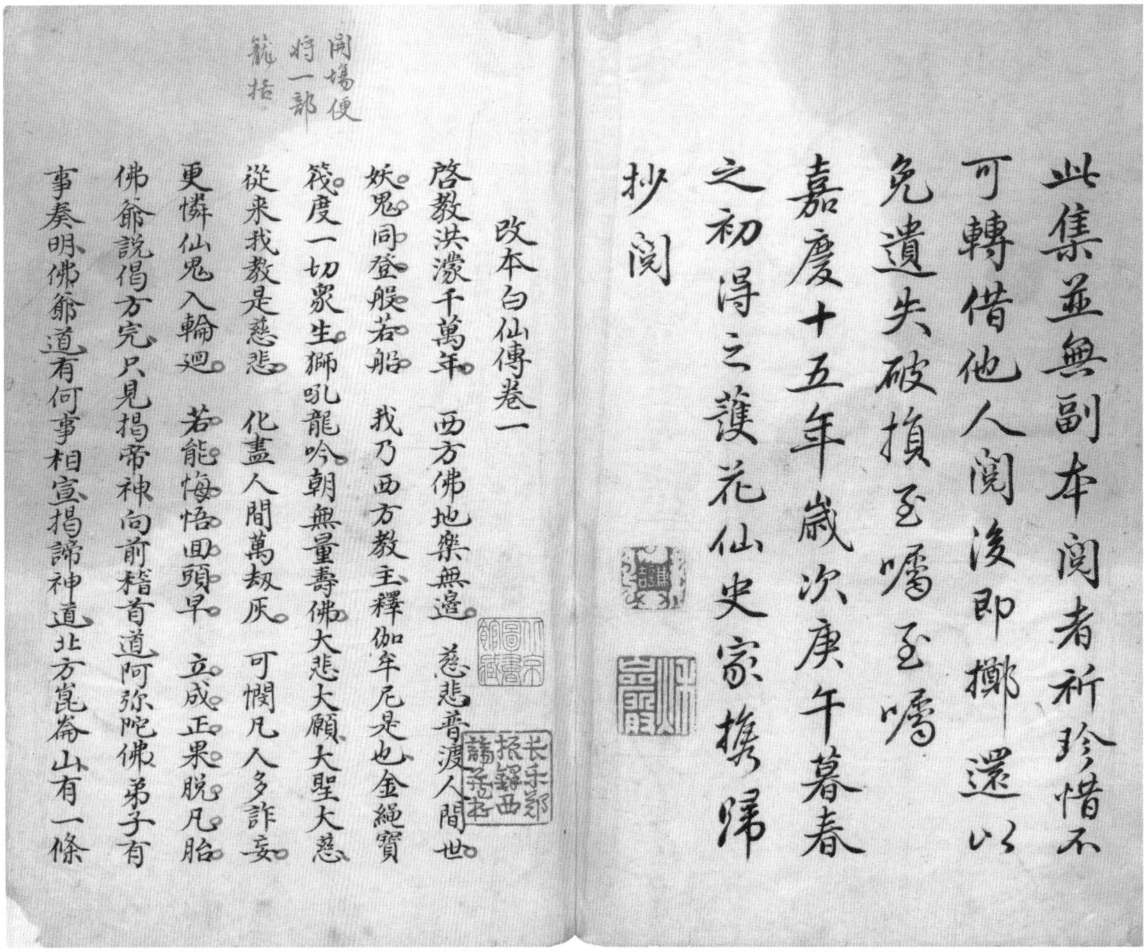

改本白仙傳四卷

清嘉慶十五年（1810）抄本

四册

半葉八行二十三字，無欄格

16894（12080）

新編白蛇精下山許漢文上坟卷之壹

西江月

白蟒青蛇作怪西湖迷惑許仙贈銀事犯遇清官開恩[illegible]二妖
蘇州尋覓散瘟煉藥燒丹行醫惑衆解冤恕盜物遺留恩忘水淹
金山佛寺法海開宝山前只因妖蛇懷状元才有魁星出現二怪潜身逃遁
回杭分娩児男釋门鉢盂法宝边收鎮雷峰塔按留為西湖勝景至
今古跡猶傳閑来無事讀陳篇編作白蛇小傳
几句閑言叙道説的是如来佛升座説因果許浮文玩景遇妖二蛇兩留情盜銀
私贈李君甫当官出首陳知县怜惘許仙發配蘇州白氏覚偶開藥舖散瘟
賣丹神仙廟吊打道士端陽節[illegible]現原形求仙丹几次磨难救児夫斬帕变

新編白蛇傳雷峰塔十卷　題野花老人撰

清抄本

十册

半葉九行約三十字，無欄格

16893（12323）

再生緣卷一

詩 靜坐芸窗憶舊時 每尋閑緒寫新詞
縱橫采筆揮濃墨 點綴幽情書巧思
諭事可為忠孝事 評詩原是拙愚詩
曰 知音未盡观書興 再續前文共玩之
閨帏无事小窓前 秋夜初寒轉未眠 灯影斜揺書案側
雨声頻滴曲欄边 閒拈新思难成句 畧点微詞可作篇
今夕安然權自遣 聊将采筆寫良絲 自古云
婚姻五百年前定 我观来 成敗之由總在天
駿馬尝駝村漢走 巧妻尝伴拙夫眠 这些多是循環理

再生緣二十卷 〔清〕陳端生撰 〔清〕梁德繩續

清抄本

二十冊

半葉十行二十三字，無欄格

孝義真蹟珍珠塔

第一回　子別母吉凶占卦走長途

四季陰晴轉眼百花開謝隨時天公位置總無私何必趨炎附勢女子千金聲價書生繡虎文詞青年攀得月中枝從此後顯揚志遂身到鳳凰池

引春慈親白髮新願將寸草答長春白儒因非為困家貧不是貧小生姓方名卿字子文河南開封府祥符縣人氏先祖方天爵當朝宰相先君景章官居冢宰禍被羅同陷害身亡家破惟母親楊氏在堂誥封一品年近六旬無奈連遭回祿難以容身不得已住在墳墓之旁十分苦楚小生幼年入泮今已十九功名蹭蹬湖海飄零可發浩歎昨日母親命我前往襄

孝義真蹟珍珠塔二十四回

清同治十二年（1873）抄本

四册

半葉十行二十八字，無欄格

16701（補 499）

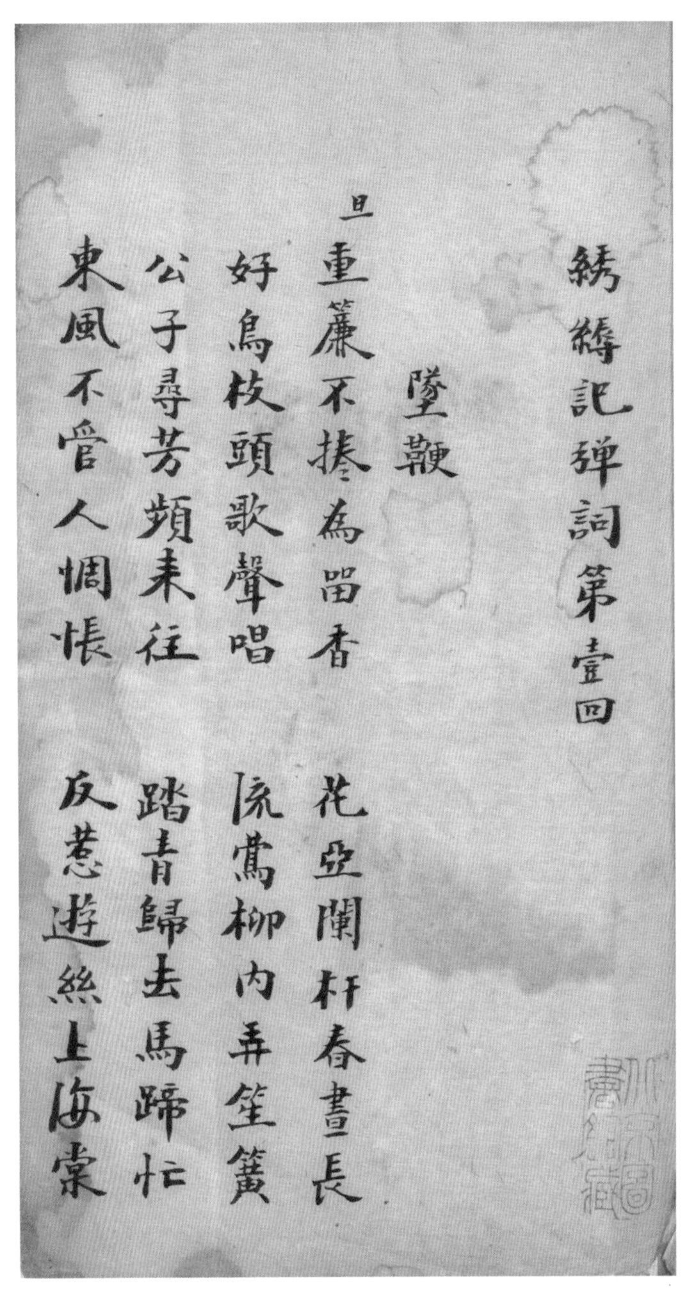

綉縟記彈詞第壹回

墜鞭

旦
重簾不捲為留香　花壓闌杆春晝長
好鳥枝頭歌聲唱　流鶯柳內弄笙簧
公子尋芳頻來往　踏青歸去馬蹄忙
東風不管人惆悵　反惹遊絲上海棠

繡縟記彈詞十三回

清末抄本

十三册

半葉七行十八字，無欄格

T05022（4746）

集

集部三

——

寶卷類 〇〇〇

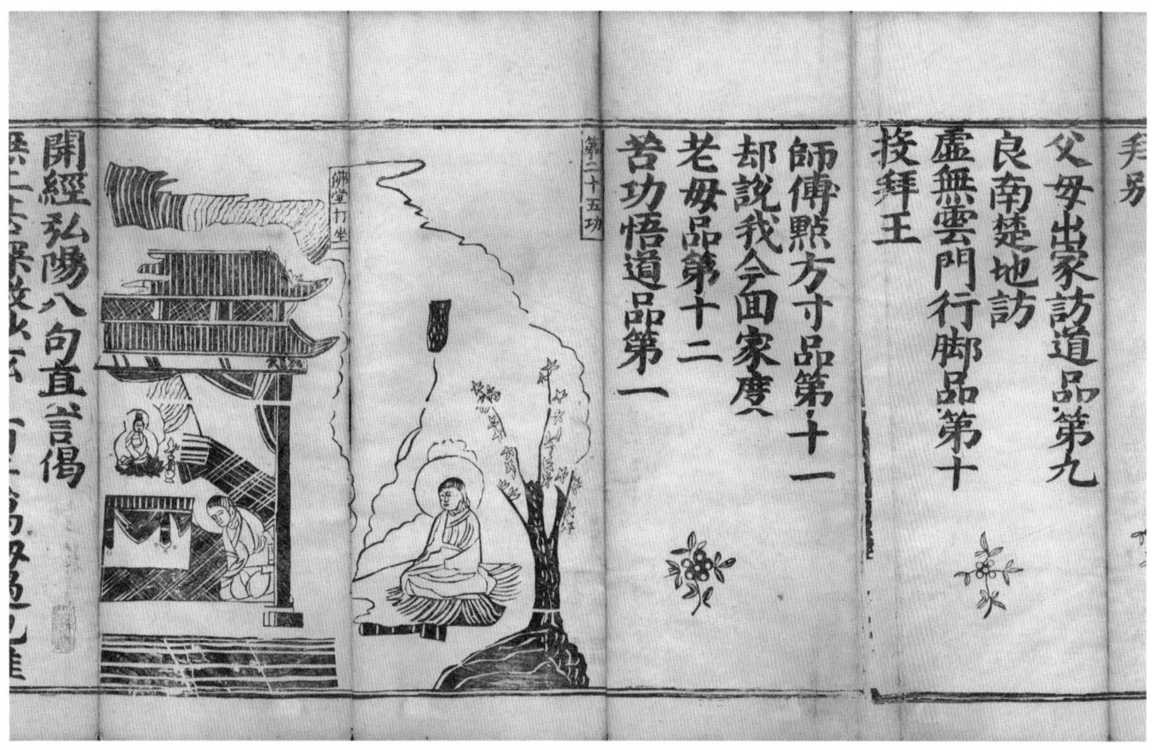
父母出家訪道品第九
良南楚地訪
盧無雲門行脚品第十
投拜王
師傅點方寸品第十一
却說我今回家度
老母品第十二
苦功悟道品第一
第二十五功
佛堂打坐
開經弘陽八句直言偈

弘陽苦功悟道經二卷　〔明〕韓太湖撰

明萬曆刻本

二册

半葉四行十五字，黑口，四周雙邊。版框 31.5×14.1 厘米

T03223（5095）

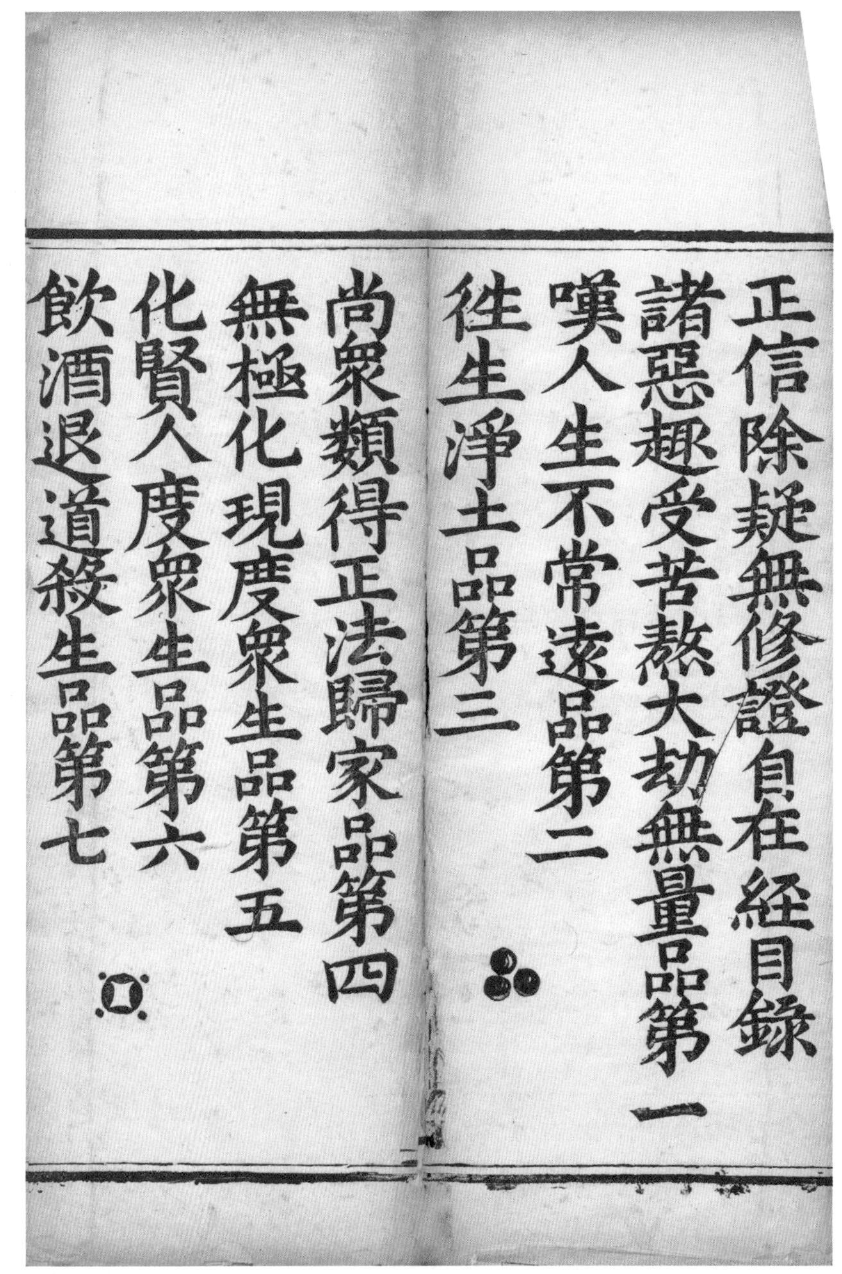

正信除疑無修證自在經目錄

諸惡趣受苦熬大劫無量品第一
嘆人生不常遠品第二
往生淨土品第三
尚衆類得正法歸家品第四
無極化現度衆生品第五
化賢人度衆生品第六
飲酒退道殺生品第七

正信除疑無修證自在經一卷

清刻本

一册

半葉四行十三字，白口，上下雙邊。版框 29.5×13.5 厘米

獄主問師母何名姓尊者曰青提劉四夫
人獄主問罷入牢檢薄無有此名即時出
獄報尊者得知牢中查勘無有師母尊者
曰此獄無有却在何處獄主言曰前面還
有阿鼻地獄鐵圍山中衆生若到永劫不
得翻身

只怕吾師娘在此
還去獄中看虛真

鬼王啓告目連尊　吾師今且聽分明
為師檢薄無名字　前有阿鼻地獄門
尊者聽罷心煩惱　何年子母得相逢
辭別獄主尋娘去　無人作伴自行程

目連救母出離地獄生天寶卷一卷

明抄彩繪本

一册

半開十二行十六字，無欄格

16647（補 965）

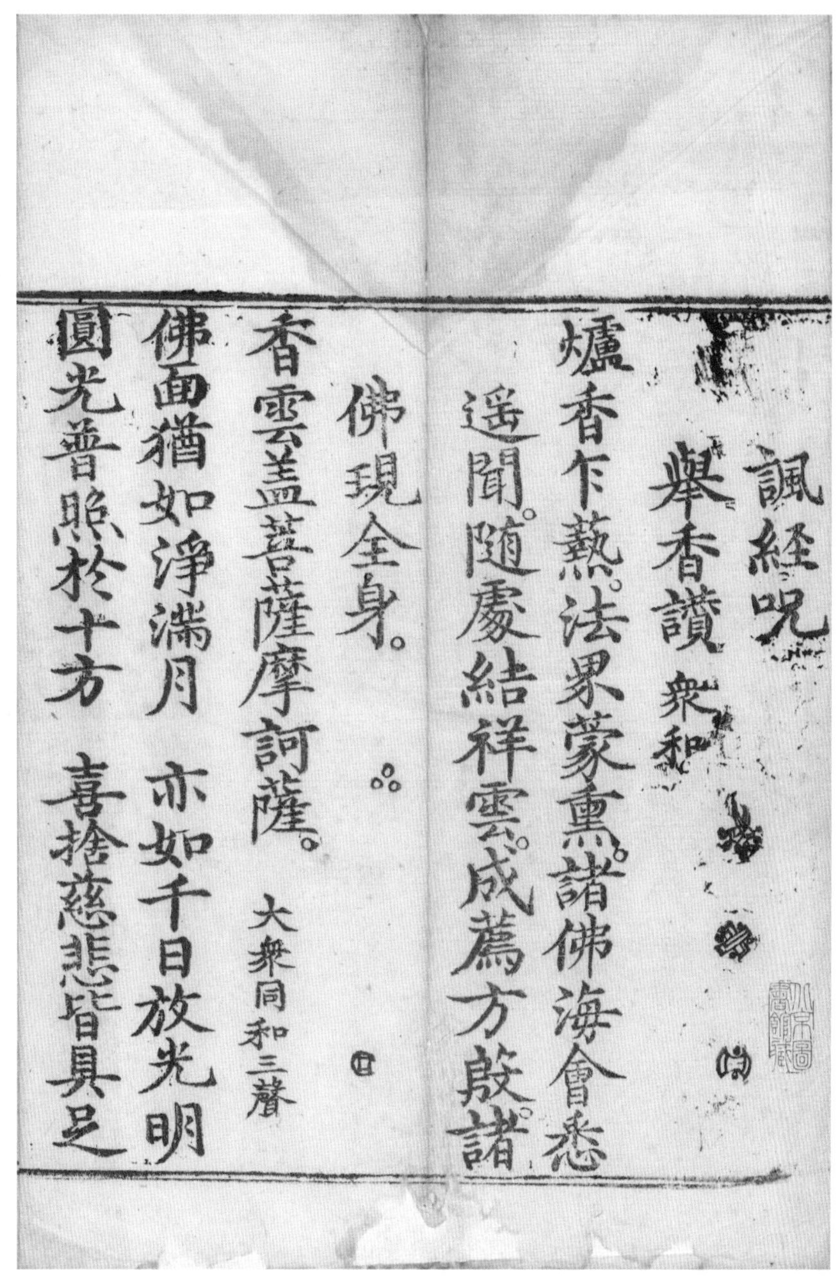

諷經呪

舉香讚 衆和

爐香乍爇。法界蒙熏。諸佛海會悉遥聞。隨處結祥雲。成薦方殷。諸佛現全身。

香雲蓋菩薩摩訶薩。 大乘同和三聲

佛面猶如淨滿月　亦如千日放光明

圓光普照於十方　喜捨慈悲皆具足

佛説大方廣圓覺修多羅了意寶卷一卷

明刻本

一册

半葉四行十三字，白口，上下雙邊。版框 24.5×12.2 厘米

T03206（5097）

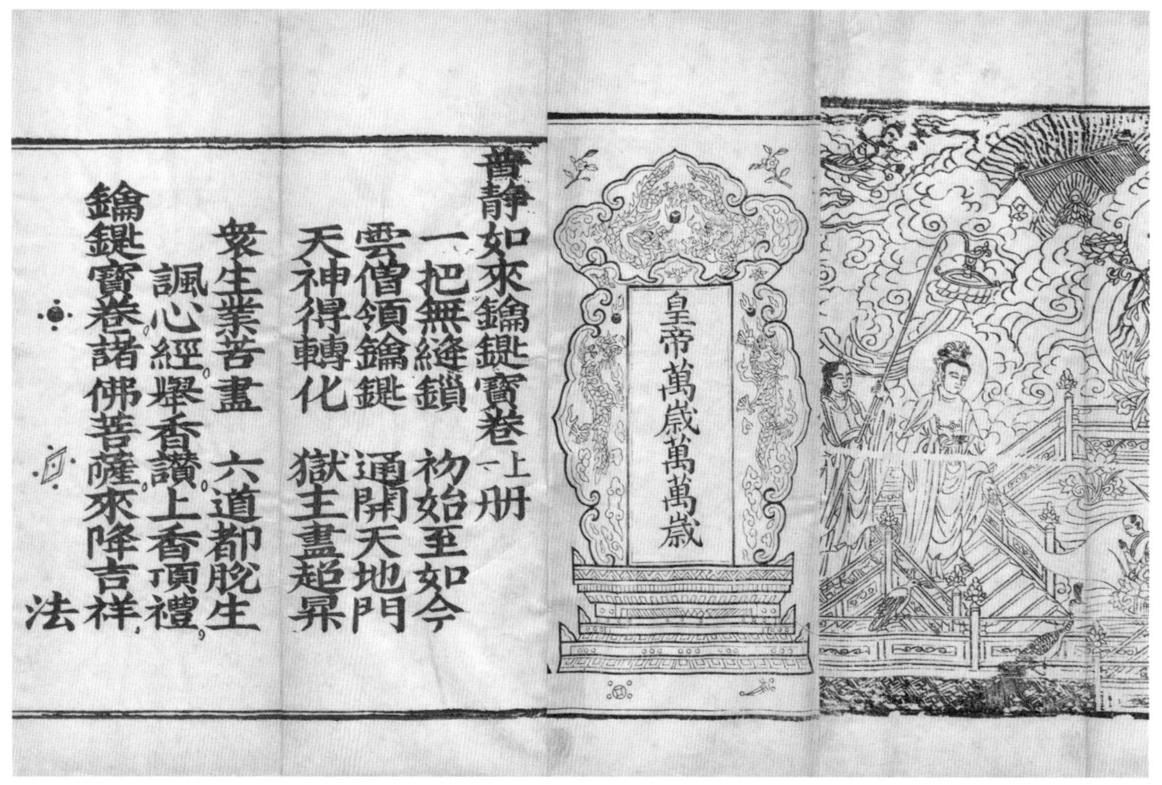

普靜如來鑰匙寶卷六卷

明刻本

四册　存四卷：一至二、五至六

半葉四行十五字，白口，上下雙邊。版框 24.0×11.5 厘米

T03210（補 132）

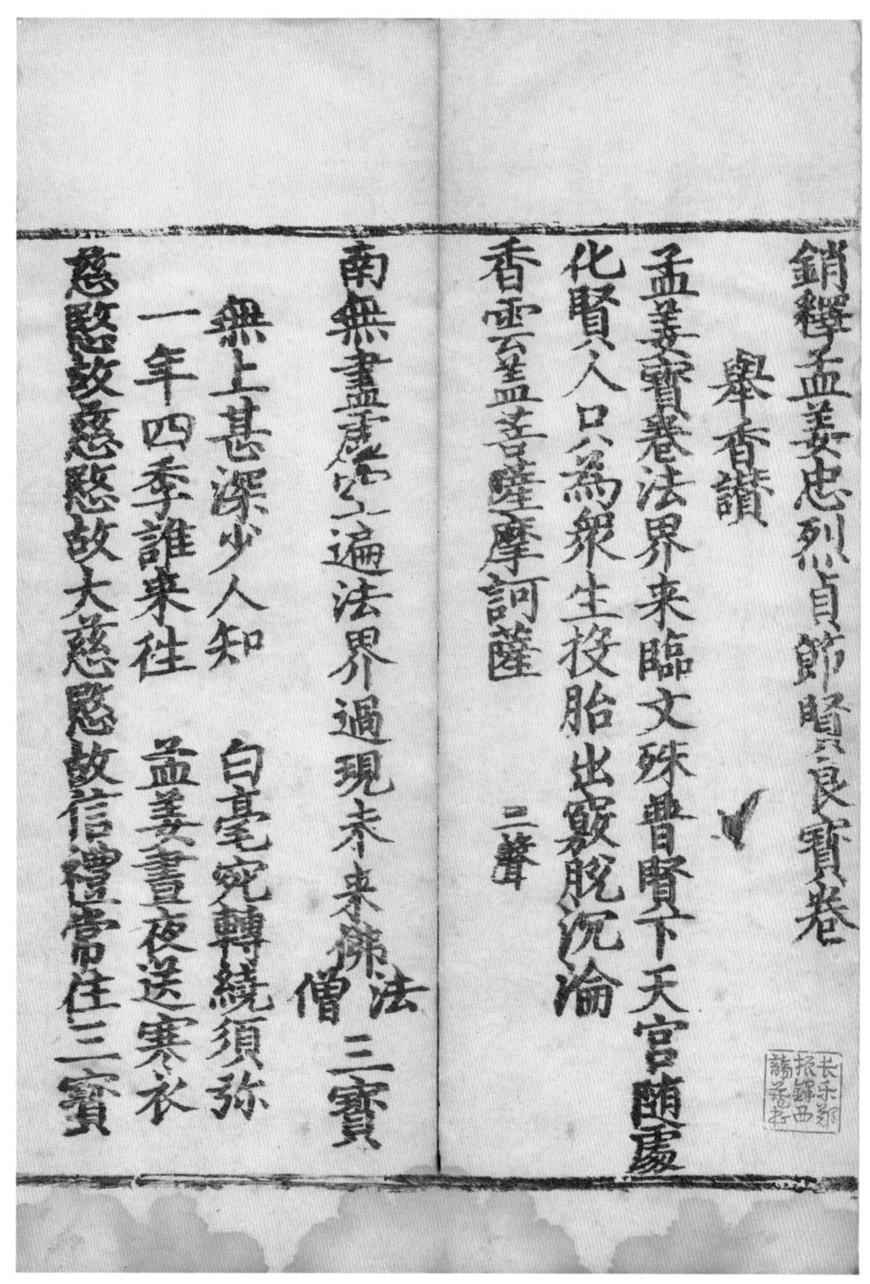

銷釋孟姜忠烈貞節賢良寶卷二卷

明刻遞修本

二册

半葉五行十七字，上下雙邊。版框 25.5×11.5 厘米

16078（10424）

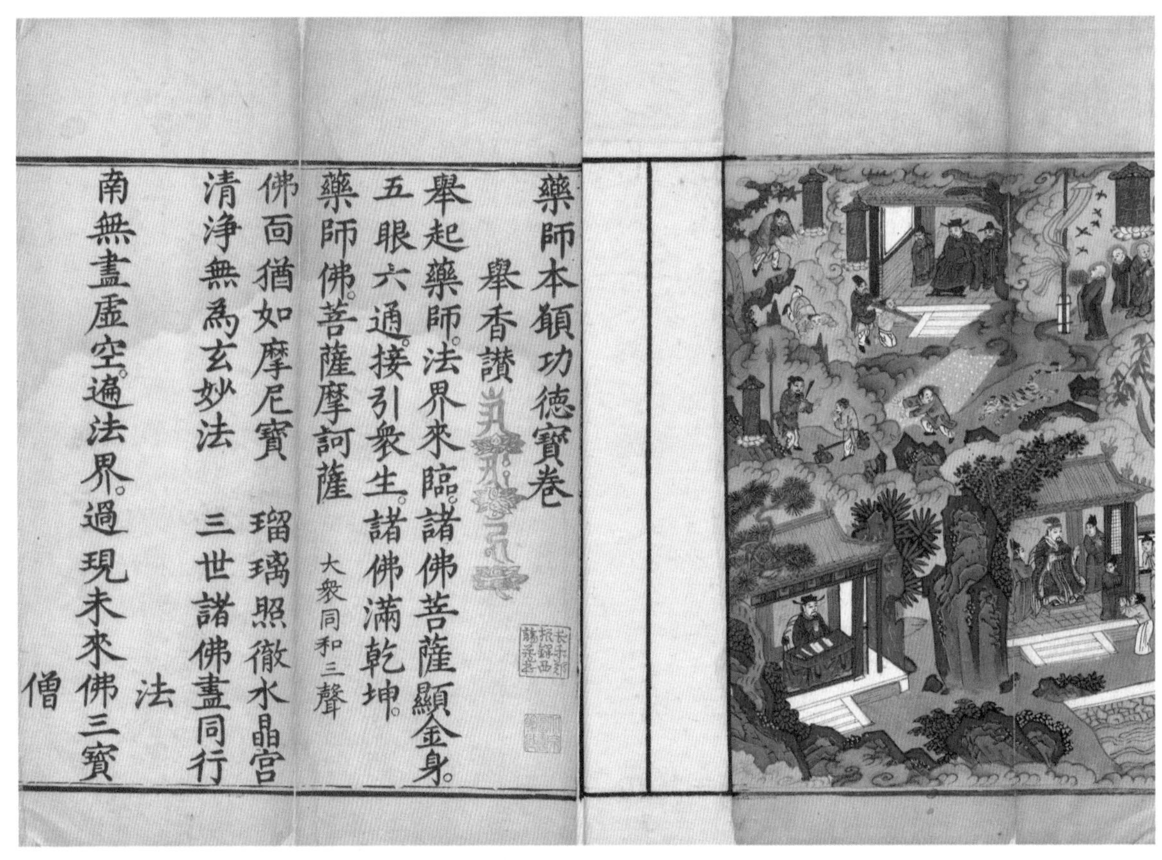
藥師本願功德寶卷
舉香讚
舉起藥師。法界來臨。諸佛菩薩顯金身。
五眼六通。接引衆生。諸佛滿乾坤。
藥師佛。菩薩摩訶薩 大衆同和三聲
佛面猶如摩尼寶 瑠璃照徹水晶宮
清淨無為玄妙法 三世諸佛盡同行
法
南無盡虛空。遍法界。過現未來佛三寶
僧

藥師本願功德寶卷一卷佛說三十五佛佛名經一卷

明嘉靖二十二年（1543）德妃張氏刻本

一册

半葉五行十五字，上下雙邊。版框 26.3×25.5 厘米

16287（10335）

後記

福建長樂素有"海濱鄒魯、文獻名邦"之稱，自古人文薈萃，至今猶盛。著名學者、藏書家鄭振鐸先生正是長樂文化名人的傑出代表。2017年，海峽出版集團鷺江出版社與國家圖書館古籍館聯繫，希望2018年能將國圖收藏的鄭振鐸舊藏善本整理爲圖録出版，以紀念鄭振鐸先生誕辰120周年逝世60周年，這一設想與國家圖書館長期以來對鄭振鐸先生的敬仰以及對西諦藏書的珍視正好契合。雙方從選題策劃到版面設計經過周詳的探討，開始了愉快的合作。

古籍館高度重視此書的編纂，陳紅彦、謝冬榮、薩仁高娃主任認真審定書目，並對書目著録的款項提出要求，對圖片的選擇、書名的擬定、體例的規範等重要内容嚴格把關。幾個科組通力合作，從提歸藏品、選葉到掃描、整理書影，每一環節都一絲不苟。在編纂過程中，對書目的編排、書影選擇仔細斟酌，分類排序既遵從《西諦書目》，又對相同版本略做集中，以符合一般古籍目録的著録習慣；精選書影，力圖全面展示西諦藏書在内容和美學方面的特色。書中的文字信息，從版本到題名卷數、著者及其撰著方式的確定，均反復核查《中國古籍善本書目》《中國古籍總目》等古籍書目，進一步完善和統一著録信息；同時注意吸收最新的學術成果。一年多的時間里，我們與西諦藏書再次相對，摩挲陳編，愈加體會到西諦藏書分量之重。

感謝鷺江出版社對該書的傾力投入和付出。副社長、副總編輯雷戎先生親自擔任責任編輯，多次和我們溝通出版的相關細節；策劃劉浩冰博士認真細緻，精益求精，不斷試驗調整出最佳的彩印效果，並不厭其煩地幾次修改排版，以保證全書的質量。此書出版離不開長樂籍企業家的支持，長樂市長源紡織有限公司鄭永光先生、福建凱邦錦綸科技有限公司余建銑先生、福建省鑫港紡織機械有限公司鄭依福先生等社會賢達爲此書出版襄助實多。本書的出版，也得到福建省政協教科文衛體委員會副主任、福建省出版協會會長林彬先生，福州市長樂區委常委、宣傳部長鄭子毅同志的大力支持，在此一併致謝！

古籍著録是一項需要歷代積累、不斷修訂完善的工作。本次編纂工作較爲倉促，書中錯誤和疏漏在所難免，懇請方家不吝賜教。

編　者

2018 年 12 月 19 日

圖書在版編目（CIP）數據

國家圖書館西諦藏書善本圖録 / 國家圖書館古籍館編 .—厦門 : 鷺江出版社，2019.12
ISBN 978-7-5459-1528-0

Ⅰ. ①國… Ⅱ. ①國… Ⅲ. ①私人藏書—圖書目録—中國—現代 ②古籍—善本—圖書目録—中國 Ⅳ. ① Z842.7 ② Z838

中國版本圖書館 CIP 資料核字（2018）第 278085 號

策　　劃：雷　戎　劉浩冰
責任編輯：雷　戎　王　楓　金月華　陳　輝
裝幀設計：張志偉
營銷編輯：趙　娜
責任印製：孫　明

GUOJIA TUSHUGUAN XIDI CANGSHU SHANBEN TULU
國家圖書館西諦藏書善本圖録（全七册）
國家圖書館古籍館　編

出版發行：鷺江出版社
地　　址：厦門市湖明路 22 號　　**郵政編碼**：361004
印　　刷：天津聯城印刷有限公司
地　　址：天津市寶坻區新安鎮工業園區 3 號路 2 號　　**郵政編碼**：301806
開　　本：889mm × 1194mm　1/16
印　　張：235.5
版　　次：2019 年 12 月第 1 版　2019 年 12 月第 1 次印刷
書　　號：ISBN 978-7-5459-1528-0
定　　價：3800.00 元